LOCUS

LOCUS

LOCUS

LOCUS

from
vision

## from 57　天葬

作者：王力雄
責任編輯：湯皓全
美術編輯：何衫
校對：呂佳眞
法律顧問：全理法律事務所董安丹律師
出版者：大塊文化出版股份有限公司
台北市 105 南京東路四段 25 號 11 樓
www.locuspublishing.com
**讀者服務專線： 0800-006689**
TEL ：(02) 87123898　FAX ：(02) 87123897
郵撥帳號： 18955675　　戶名：大塊文化出版股份有限公司
版權所有　翻印必究

總經銷：大和書報圖書股份有限公司
地址：台北縣五股工業區五工五路 2 號
TEL ：(02) 89902588 (代表號)　　FAX ：(02) 22901658
排版：天翼電腦排版印刷有限公司
製版：源耕印刷事業有限公司
初版一刷： 2009 年 3 月
初版23刷：2018年 10月

定價：新台幣 520 元
Printed in Taiwan

The Destiny of Tibet

西藏的命運

王力雄

著

# 目次

# IV　現代化

# V　西方裁判的國際擂台

# 再版說明

　　二〇〇八年三月的西藏事件發生之後，這本《天葬：西藏的命運》（一般簡稱《天葬》）幾天內賣光了全部庫存，市場脫銷。在此之前，我已決定不再重印，因爲我覺得出版了十年的書應該重新審視，有些觀點需要修正。有人認爲二〇〇八年三月後舉世關注西藏，會使《天葬》熱賣，但我沒有同意藉機重印和上市，因爲既然認爲需要修正，就不該讓還未修正的版本繼續擴散，哪怕喪失了賣書時機。

　　隨後人們不時從各種渠道詢問《天葬》何時可以重新上市，然而二〇〇八年的大部分時間，我都陷在對動盪西藏的觀察和思考中。《天葬》的修正遲遲無暇進入。等我安排出時間，開始著手，卻發現那並非是一個可以按照事先想像開展的工作。《天葬》原書的結構和邏輯環環相扣，即使是局部修正，也會牽一髮動全身，最後結果很可能得把全書推倒重來。

　　這使我陷入躊躇。一方面，我擔心會破壞原書的完整性，當年寫作《天葬》是歷時三年半的日夜推敲，不付出同樣心血無法達到同樣嚴謹；另一方面，很多人並不看好推倒重來的修正，寧願《天葬》保留本來面貌。他們認爲《天葬》作爲不少中國人獨立思考西藏問題的入門書，起到了當年出版推薦詞所稱的作用——「如果你希望只讀一本書，就對全球關注的西藏問題有全貌認識和清晰理解，這本書就是最佳選擇」。在這個意義上，《天葬》已是一個品牌，保留原書面貌既是尊重歷史，也是對當年讀者的負責。

　　然而，我放棄了趁熱印刷，不就是想避免未修正的版本繼續擴散嗎？之所以寧可錯過賣書時機，是出於我不把自己寫的書當作商品，

而是當作信念。只要是信念，就會有潔癖，因爲信念必是堅定不移的，如果產生了懷疑，或是看到了瑕疵，哪怕只有一絲，也要重新思考，進行修正。

這二者到底該如何選擇？反覆權衡的結果，我最終採用了現在的方式——書的正文保持原貌，除了訂正文字錯誤，內容全部不動。在我今天的看法與原書觀點有變化之處，則以在頁下加註腳的方式說明。註腳雖然無法充分展開討論，但是足夠讓讀者看到我的看法和當年有何不同。我希望以這種方式同時兼顧修正觀點和尊重歷史，對個別過期資料也用這種方式做了更新。

鑒於原書也有註腳，所以我在新加註腳後面標明「——二〇〇九年註」，原書的註腳則無這種字樣。另外，原書還有註明引用材料出處的分章附註（附錄於各章之末）。請在閱讀時注意區分這幾種不同的註。

考慮到版權的複雜性，這一版《天葬》沒有收錄圖片。不過今天有了互聯網，讀者完全可以自己去查看。我實驗的結果，這本書裡的大部分場景都可以在網上找到相應圖片，比書裡能收的何止豐富百倍。

五十年前，達賴喇嘛率西藏政府和數萬民眾出走流亡；今天，西藏問題已經成爲國際化程度最高的熱點之一；而未來，西藏問題將是中國繞不過去的考驗與挑戰。這一軌跡最終通向哪裡，有不少擔憂，也有若干希望。每個關注西藏或關注中國的人，都在拭目以待最終的結果。

對於我，這是一個充滿不確定和緊張感的過程。

感謝大塊出版公司對本書的再版。

王力雄

二〇〇九年一月一日

感謝多年來在我遊歷西藏、進行採訪、
討論和寫作此書的過程中為我提供過各種幫助的朋友，
為了避免給他們造成麻煩，這裏不能提到他們的姓名，
但是沒有他們的幫助，
我肯定無法把這本書奉獻給讀者，
從這個意義上講，
他們應該是這本書的共同作者。

# 序

## 一

　　今天，西藏①的資訊幾乎被兩部政治宣傳機器所壟斷。一部在北京，另一部在達蘭薩拉。由於西藏在很大程度上仍處於封閉狀態，其他個人或機構在西藏獨立獲取資訊（尤其是宏觀資訊）是非常困難的，所以不管願意不願意，關注西藏的人大部分只能把兩部宣傳機器當作主要的資訊來源。

　　糟糕的是，那兩個來源提供的西藏資訊幾乎總是相互矛盾、甚至截然相反。面對這種荒謬狀況，解決辦法只好是先選擇立場，決定站在哪一邊，然後就把那一邊提供的資訊當作真的去相信，而把另一來源的資訊全視為謊言。

　　這種方式不見得是人們願意為之，實在也是沒有別的依據去進行判別。西方社會懷疑並反感共產黨國家的宣傳機器，所以西方人和西方傳媒幾乎都相信達賴喇嘛；而那些具有「愛國心」（國家主義立場）的中國人，即使在其他方面反對中共，在西藏問題上卻寧願與中共站在一起。

　　其實若對西藏有稍微深入一點的瞭解，就會覺得真假的判斷並非那樣容易。北京和達蘭薩拉，兩邊所說都有真實的成分，同時也都一

---

①「西藏」這個詞在當今中國的官方語言中，被有意識地用於專指「西藏自治區」。但是藏語中的「博」和英語中的 Tibet，卻是指包括西藏自治區及青海、甘肅、四川和雲南四省藏區在內的所有藏人居住區和整個藏民族。在涉及「西藏問題」時，按照中國官方使用的西藏概念是無法討論的，因此我在本書主要是按「博」和 Tibet 的含義使用西藏的概念。——二〇〇九年註

樣存在許多謊言。儘管達賴喇嘛的個人人格值得尊敬，但他的宣傳機器為了政治目的而進行的宣傳離事實真相之遠，與北京實在也是伯仲難分①。

不過，如果一般的謊言都是說謊者故意騙人，有關西藏的謊言卻往往都出於真誠。對中共來講，它的確是打心眼兒裡認為自己有理由誇耀它在西藏的統治，它給西藏投了那麼多錢和物資，建設了那麼多工程，再說它壓迫西藏，它的委屈和憤怒肯定是由衷的；而達賴喇嘛一方對中共的指責，無論在事實上有多少出入，其基本立場的真誠則更可以確信無疑。

由此顯出進一步的問題：即使不以「相信誰」去判斷西藏問題的是非，而是力圖以事實（儘管瞭解事實非常困難）為根據，也同樣存在著立場問題。不同的立場有不同的標準，同樣的事實就會有完全不同的結論。一些力圖在中共與達賴之間保持公允的學者，他們似乎客觀的研究成果卻總是被對立的雙方各取所需，使他們在事實上違背初衷地成為服務於不同立場的工具，自己的觀點反而表現得左右搖擺，捉摸不定，既無法說明西藏的總體狀態，也不可能說服對立的雙方縮小分歧。

實際上，今天的西藏本身就是一個巨大的矛盾：

——中共統治給西藏社會造成災難性的毀壞，亦為西藏帶來在現代意義上的長足發展；
——藏人既有保留傳統的願望，亦有實現現代化的渴望，而傳統和現代化卻往往相互排斥；
——一邊是西藏城市日新月異的變化，另一邊農村和牧區卻保

---

① 需要承認，我在寫作《天葬》時對達蘭薩拉沒有直接的瞭解渠道。那時網路尚未普及，難以突破資訊封鎖。經過這十多年較多接觸外部情況，我認識到把達蘭薩拉和北京的宣傳機器相提並論缺乏公正。首先比起北京的宣傳機器，達蘭薩拉的宣傳機器十分弱小。雖然它的確也存在事先設定立場、報導不平衡、誇大事實和數字等問題，但那一方面是弱小者面對被壓倒的危險可以理解的聲音變形；另一方面流亡藏人被隔離在西藏本土之外，掌握情況不準確情有可原。而對北京的宣傳機器則不能這樣看。它機構巨大，資源無限，借助權力操縱輿論，利用暴力封鎖真相，系統地製造謊言，這些在二〇〇八年的西藏事件中得到了充分展現。——二〇〇九年註

持著千百年如一的生產方式和生活方式；

　　——藏人對漢人的依賴和對漢人的憎恨存在著一個難以思議的正比關係；

　　——北京對西藏的政策既強硬又軟弱；

　　——漢人在西藏掌握無上的權力，而他們的權力在本質上又往往無效；

　　——一方面大量漢人自發地湧入西藏，另一方面西藏的漢人人心思走，「無人進藏」成為中共治藏的難題；

　　——中共對西藏的統治最寬鬆之時，反招致藏人更多的不滿和國際社會的更多指責；

　　……

同時，還存在著產生於不同立場和評價標準的矛盾：

　　——西藏究竟歷史上就屬於中國，還是直到二十世紀中才被中共所占領？

　　——未來的西藏應該獨立還是歸屬於中國？

　　——中國的國家利益和西藏的民族意願，哪一個應該是更高標準？

　　——首先是應當使西藏普通百姓有更好的物質生活，還是首先需要爭取西藏的民族解放和政治自由，為此不惜流血犧牲？

　　——宗教對西藏社會的作用與價值應該怎樣判斷，是需要繼續置其於社會核心的地位，抑或應該促其淡出西藏的世俗生活？

　　——不管對於中國或是西藏，主權是否值得奉為至高無上，為此而雙方你死我活地鬥爭無休？

　　……

這些矛盾具有如此的根本性，如果研究者把自己的立腳點與這些矛盾置於同一平面，哪怕他的初衷是想公允客觀，也難以駕馭和解決如此不相容的矛盾。而一旦陷於這些矛盾，是不可能找到貫穿一致的

脈絡的，只能被矛盾的雙方來回拉扯，最終或是投向一方以解決立場的統一，或是落入無法自圓的分裂。

我思考西藏問題，多年一直面臨這樣的困難。從去除北京和達蘭薩拉雙方的宣傳謊言著手，考察和確認其中的真實成分，卻發現這樣做的結果是無法建立一個完整框架，無法統一，只能在上述矛盾中身不由己地來回搖擺。

經過長久的困惑，我終於找到了問題癥結所在：我們不能將自己置身於那些矛盾之中，把那些對立當作互不相容的獨立事物，在它們中間進行非此即彼的選擇。需要超越那些矛盾，站到俯視它們的高度，將它們視為統一體，是同一事物之內的不同側面，從而對它們進行整體的綜觀和分析，才能最終找到避免分裂和搖擺的新思路。

從這種高度來看，所謂的西藏問題就不再是僅僅屬於北京和達蘭薩拉的爭執與是非。實際上，西藏問題是當今人類社會共同面臨的問題的集中反映，是一個合併了各種矛盾的典型「病灶」。

這個認識使我多年一直尋找不到的貫穿脈絡隨之在紛紜的歷史迷團中顯現出來。沿著那條脈絡梳理下去，上述那些似乎無法自拔的矛盾分歧便有了一個可以依託的整體框架，有了進行統一認識和解釋的基礎。

在這本書裡，我就試圖以這種新的視角，利用新的框架，對西藏問題進行一次重新認識和解釋。

# 二

我沒有打算把這本書寫成一本學術著作。在我來看，西藏問題首先需要解決的是基本認識，而不是考證局部與細節。如果連基本認識都不正確，再精確的考證也會成為「假帳真算」。

基本認識不能僅從資料和文獻裡得到，更重要的來源應該是經驗——即對西藏的親身經歷和體驗。那不僅因為經驗本身最為真實，還因為經驗能夠幫助人在眾說紛紜的西藏資料中辨別方向。文獻和資料無疑是研究工作的基礎，但是沒有經驗作為依據，目前的西藏文獻和

資料經常是無法使用，因爲它們在每一件事情上都有大量矛盾，往往到了荒謬的地步。

以西藏（西藏自治區）目前到底有多少漢人爲例，達賴喇嘛一九八七年宣布的是，不包括軍隊，西藏自治區的漢人數量已經超過了一百九十萬藏人[1]。這說法在各種國際場合被引用，似乎已經具有權威性。而根據中國方面公布的數字，一九八七年西藏自治區的漢人總數僅爲七‧八八萬[2]，二者相差二十四倍。對兩個數字，應該相信哪個，怎麼確定？人口本該是最清楚的數字，都能差到這種程度，那些早已隨風而逝不可再現的歷史和公案，又會怎樣呢？

除了人爲的有意歪曲，西藏資料的混亂也出於沒有可信的統計。達賴時期的西藏不必說，數字的含混和矛盾讓人常常感覺是隨心所欲的產物。即使在共產黨統治西藏後，引進了更有效的管理技術和文牘體系，數字混亂也照樣讓人吃驚。以官方宣布的藏族幹部數字爲例：一九八○年七月，西藏自治區官員向採訪者提供的數字是四萬七千人，幾周之後，同樣的官員向另外一批採訪者提供的數字是三萬三千人；一九八一年，在同一個月的《北京周報》上，這個數字一次被公布爲二萬七千人，一次被公布爲三萬六千人；一九八二年的官方報紙上，這個數字又變成二萬九千人[3]。照理說手下有多少幹部應該是執政者掌握的基本數字，因此應該是所有數字中最清楚的。一九八○年代中共接管西藏政權已經二十多年，基本數字仍如此混亂，可想別的數字更需要仔細甄別。

加上西藏是一個具有神話傳統的地方。那裡特定的生活環境形成資訊傳遞的口頭性，在口口相傳中加進每個人的想像，常常是傳不了幾個人，一個消息就成了故事。我在黃河漂流時，到鄂陵湖邊的一個藏民帳房喝茶。鄂陵湖是黃河流經的高原大湖。主人講起一個黃河考察隊的船剛剛在鄂陵湖上沉沒。我知道那個考察隊，而且和開船的回族小夥子有過交情，因此非常震驚。主人繪聲繪色描述了沉船細節——船在湖上快速疾駛，湖下有一座山尖似刀的石山，船像魚一樣被山尖剖開了肚子，又像箭一樣扎進水下。聽完他的描述，我實在擔心我的朋友已經性命不保。沒想到沿著黃河再漂了幾個小時，就看到了

我的朋友在岸邊手舞足蹈——他的船不過是在黃河上通過一座木橋時沒有順直，被橋樁頂翻了，人和船皆無恙。這麼近的距離，消息就能變形到如此程度，充分說明藏民族創造神話的天賦。西藏足以讓文學家折服，也實在是一個能讓考據者發瘋的地方①。

關於這一點，一位英國婦女也有同感。她對一九五九年西藏叛亂後流亡在外的西藏難民抱有極大同情。本來她被邀請寫一本報導中共「暴行」的小冊子，但是當她在西藏難民中間做了大量採訪以後，不得不謝絕了寫作。她說：「……憑良心說，沒有收集到一個我認為是『真實的故事』。從本質講，普通的西藏人都是可信的、誠實的，這是無可辯駁的事實。但同時也要認識到西藏人心目中的『事實』與西方人所認為的確鑿證據是不同的。認識不到這點是危險的。西藏農民從生到死都習慣於把傳說和神話當作事實接受……」4

面對這種局面，經驗能為排除其中的困擾起到多大作用？也許有人認為經驗只能寫遊記，不可以作為整體討論的根據。不錯，經驗肯定是局部的和不精確的，但是就好比知道一鍋湯的鹹淡不需要把湯全喝光一樣，只要完成了隨機化（把湯攪勻），一口的味道和一鍋就沒有區別。固然經驗不能回溯歷史，然而經驗會提供感覺。感覺有時比考證更容易判別真偽和抓住本質，許多研究者對此都有公認。我在閱讀西藏資料時亦感受到這一點，如果沒有對西藏的親身經驗，除非事先就選定立場，否則那些彼此對立的資料看得越多反而越糊塗。這時，正是經驗提供的基本認識，給人以想像和判斷歷史真實的可能與自信，才有可能對資料進行判斷和提取，在文字後面找到接近真實的材料。

十幾年來，我走遍了西藏的所有地區（包括青、川、甘、滇四省的藏區）。我曾在那些地方騎馬、步行、用自製的筏子沿河漂流，還有數次開車漫遊西藏。我在許多藏民的牛糞爐旁喝過酥油茶，在不同的寺廟求過宿，會見過各個級別的政府官員，採訪過當年的農奴和貴族，

---

① 有人批評不能把這種特點僅歸為藏人，民間社會一般都有類似性質，而不管是哪個民族，至少漢人在這方面並不遜色。——二〇〇九年註

也和西藏的駐軍打過不少交道。我之所以敢寫這本書，就在於我有親身的經驗，成爲讓我建立信心的基礎。

我不會說這本書能找到關於西藏的什麼眞理，更不會說它可以對解決西藏問題提供「藥方」。按照這本書所遵循的脈絡和邏輯，西藏問題幾乎是無解的，而且那無解有一種宿命式的必然——不難想知：如果人類社會無法解決自身的總體問題，又如何能治好局部發作的一處病灶呢？

也許我只能展開一幅西藏的畫卷，讓你隨我一起在西藏令人神往亦令人心碎的歷史與現實中遨遊。那裡的天湛藍，雪峰耀眼，寺廟金頂輝煌，那裡有靑稞、犛牛、酥油茶和糌粑，幾百萬人民與神靈鬼怪共度了千年寧靜，現在正被碾軋進那片高原的歷史巨輪所震盪。

朋友，讓我們一起爲西藏未來的命運而祈禱。


**註釋**：

1 《達賴喇嘛的五點和平計畫》，見董尼德（Pierre-Antoine Don-net），《西藏生與死——雪域的民族主義》，台灣時報文化出版公司，一九九四年，頁 326。

2 《當代中國西藏人口》，中國藏學出版社，一九九二年，頁 200。

3 譚・戈倫夫（A. Tom Grunfeld），《現代西藏的誕生》，中國藏學出版社，一九九〇年，頁 257。

4 洛伊斯・蘭—西姆斯，《西藏的存在》，頁 133。

# I 主權

納入西方秩序引發的衝突

# 1 主權問題出現以前的中藏關係

　　「國家主權」在當今世界被奉爲最神聖的概念之一，是不容質疑的公理和國際政治的聖經。主權的概念和理論產生於西方，近百年來才在東西方的衝突過程中被中國和東方所接受。然而新秩序的引進同時給東方世界帶來一個誤區——東方人和東方國家在闡述自己的歷史時，往往套用主權標準進行追溯，根據這一西方體系解釋彼此的歷史關係，尋找打歷史官司的依據。這必然隨之生出很多新的混亂和糾紛。東方本是按照自己的體系形成自己歷史的，用別人的體系進行解析，本質上已經失去了活的基礎，而變成死的概念，最終難免不落入玩弄文字的詭辯或唯我所用的強詞奪理。西藏與中國關於歷史的爭論，目前在很大程度上就處於這樣一種狀態。

　　前人所言，歷史就像小女孩的頭髮，任人編成不同的辮子。梳理中國和西藏的歷史，不是我所能及的工作，也不是這本書的目的，但是爲了後面的敍述有一個來龍去脈，也爲了讓那些對中藏歷史關係不太瞭解的讀者知道一個大概，簡略地描述一下歷史概況，似乎是需要的。當然，這裡交代的只能是一個最粗糙的「辮子」。

## 一、公主神話

　　德國電視二台駐北京的記者劉登立在美國長大。他父親曾是國民黨軍隊的軍官，後來在美國定居。從小接受美國教育的劉登立與父親有很多不同看法，其中一個方面就是中國與西藏的關係。父親告訴他，西藏自古就是中國的，一千三百多年以前中國唐朝就把文成公主嫁給

了藏王松贊干布。當時還在上中學的劉登立反問其父，那時候尼泊爾也把公主嫁給了松贊干布，為什麼西藏不是尼泊爾的？把他老爸問得乾瞪眼。

很多中國人都是通過文成公主的神話認識中國與西藏的歷史關係，似乎中國把公主嫁到哪，哪就從此屬於中國了。這是一種有些可笑的邏輯。事實上當時的西藏非常強大，勢力範圍向西越過帕米爾高原，波及阿拉伯和土耳其控制區，向北到今日的中國新疆和甘肅的河西走廊，向東曾經占領中國四川、雲南的大片領土。那個時期的藏民族以征服者的姿態，在整個中亞到處安營紮寨。唐朝開國的李氏家族本身帶有突厥血統和文化背景，把聯姻當作一種平定邊疆的政治行為——可想，嫁一個公主遠比調遣大軍來得便宜。王室的女兒多得很，何況帝王並不嫁自己的親生女兒（文成公主亦只是宗室之女）。唐朝前後嫁到「諸蕃」的公主有十五人之多[1]。在嫁文成公主之前，唐太宗李世民就已經把弘化公主嫁給吐谷渾王，將衡陽公主嫁給突厥處羅可汗之子。對當時那些遊牧民族的首領，能得到一個讓他們傾慕的文明社會（唐是中國古代文明的鼎盛朝代）的公主，那相當於底層粗人娶貴族小姐，心理意義遠遠超過婚姻本身。當時的藏王松贊干布知道了吐谷渾王娶了唐朝公主，也向唐朝提出了同樣的要求。

不知是因為松贊干布態度倨傲，還是因為那時唐太宗對西藏沒給予充分重視，反正一開始唐太宗沒同意。松贊干布大怒，帶領大軍先討伐吐谷渾，繼而攻入唐境，並致書唐太宗：「若不許嫁公主，當親提五萬兵，奪爾唐國，殺爾，奪取公主」[2]，何其豪邁。

固然，以唐朝之強，不至於屈服松贊干布的武力，不過雙方打了一陣互有勝敗的戰爭，足以使唐太宗認識到吐蕃（西藏的古名）不可輕視。當松贊干布再次緩和姿態，撤兵並重派使者帶禮物到長安求婚時，唐太宗便立刻同意將文成公主許配給松贊干布，連其所派的求婚使者都被賜予了琅邪公主的外孫女為妻，可見太宗撫慰吐蕃之心的迫切，所以文成公主進藏在一定程度上應該算是無奈。

文成公主之所以比其他外嫁的公主更留名，大概主要是因為她被嫁得最遠，嫁到最荒僻的地方，一去三十九年，至死沒回中原，因而

從憐香惜玉的角度更值得同情。她在去吐蕃的路上哭得連河都改變了流向（青海境內倒淌河之名的來源），此傳說足以反映後人對她的憐憫。文成公主死後三十年，唐朝又有一位金城公主被嫁到吐蕃。她的傳說就更慘了。金城公主為雍王守禮的女兒，被中宗嫁給吐蕃。中宗親自送金城公主出長安百里，在當時的始平縣與公主分別時，中宗悲涕唏噓，為表達傷感，特赦免始平的死罪犯人不死，免始平老百姓一年徭役，把始平的縣名改為金城（今陝西興平縣），將他與金城公主分手之地命名為愴別里。此說可見為了換取與吐蕃的和平，唐朝皇帝不得不割愛的程度。而原本吐蕃使者是說為吐蕃王子求婚，等公主到了吐蕃，真娶她的卻變成了藏王。公主那時僅十三、四歲，而娶她的藏王贊普，據說老得滿頭白髮和鬍鬚，竟然看不出臉在哪一邊[3]。

不能說中國的公主進藏對發展中國與西藏的關係沒有作用。比如松贊干布自打娶了文成公主，吐蕃十年沒有再對唐朝用兵。然而十年在歷史長河中不過是一瞬間。松贊干布死後，文成公主守寡二十九年，其在世之時吐蕃與唐就不斷發生衝突。以後的百年期間中國幾無寧日。有人歷數那一時期吐蕃與中國的大規模戰爭如下：

> 唐高宗咸亨四年（西元六七三年）命薛仁貴率師十餘萬以討吐蕃，為吐蕃大將欽陵所敗；武后如意元年（六九二）吐蕃入寇，武后遣武威將軍王孝傑大破之；萬歲通天元年（六九六）吐蕃寇涼州，官軍敗績；長安二年（七〇二），吐蕃入寇，四役皆破之；玄宗開元十五年（七二七）吐蕃入寇，王君㚟大破之；十六年蕭嵩敗吐蕃於祁連；代宗廣德元年（七六三）吐蕃寇長安，郭子儀擊敗遁走；德宗貞元二年（七八六）吐蕃入寇陷鹽州等地；貞元五年（七八九），韋皋大破吐蕃，隔年又連破吐蕃，獲其大將論贊熱；貞元十六年（八〇〇）吐蕃又大舉入寇。[4]

其中西元七六三年，吐蕃竟能攻陷大唐首都長安。而當時的吐蕃

首領赤松德贊王就是金城公主所生的兒子①。德宗年間，吐蕃僅從河隴一地就掠走五十萬青壯大唐百姓為奴隸5。唐穆宗長慶年入使吐蕃的劉元鼎行至吐蕃龍支城時，以往戰爭中被俘的唐軍將士「耆老千人拜且泣，問天子安否，言：頃從軍沒於此，今子孫未忍忘唐服，朝廷尚念之乎？」唐代大詩人白居易一首名為《縛戎人》的詩，描寫一個曾被吐蕃俘虜的唐人之悲慘經歷，則是更加生動傳神②。

　　講了這麼多公主，為的是說明以一廂情願的立場，距離事實真相可能遠到怎樣程度。固然，正經從事史學研究的人還不至於把嫁公主當成國家主權的證明，但是過分誇大文成公主對西藏的重要性，卻是一種相當普遍的現象。似乎是因為文成公主進藏才使西藏有了文明，包括醫療知識、技術工藝、烹調知識、蔬菜種子，甚至西藏的佛教都是文成公主帶去的。就算這中間有若干真實，然而過分強調，就成了一種民族自大的傾向，似乎只要漢民族嫁出去一個女兒，就能改變另外一個民族的文明和歷史，並且成為兩個民族世世代代不可分割的根據。事實已經證明這不過是一廂情願的神話。

# 二、蒙古不是中國

　　以大陸的官方修史認定，中國對西藏的主權控制始於十三世紀。

---

① 有些漢文記載認為赤松德贊王是金城公主所生的兒子，西藏民間也有這種傳說，但是西藏社會科學院的學者合著的《西藏通史——松石寶串》（西藏古籍出版社一九九六年）中，考證赤松德贊（墀松贊）是金城公主所嫁的墀德祖丹的次妃芒姆傑的兒子，其出生時金城公主已經去世四年。——二〇〇九年註

② 《縛戎人》全詩如下：
縛戎人，縛戎人，耳穿面破驅入秦。天子矜憐不忍殺，詔徙東南吳與越。黃衣小使錄姓名，領出長安乘遞行。身被金瘡面多瘠，扶病徒行日一驛。朝餐饑渴費杯盤，夜臥腥臊污床席。忽逢江水憶交河，垂手齊聲嗚咽歌。其中一虜語諸虜，爾苦非多我苦多。同伴行人因借問，欲說喉中氣憤憤。自云鄉貫本涼原，大曆年中沒落蕃。一落蕃中四十載，遣著皮裘繫皮帶。惟許正朝服漢儀，斂衣整巾淚滂垂。誓心密定歸鄉計，不便蕃中妻子知。暗思幸有殘筋骨，更恐年衰歸不得。蕃候嚴兵鳥不飛，脫身冒死奔逃歸。晝伏宵行經大漠，雲陰月黑風沙惡。驚藏青塚寒草疏，偷渡黃河夜冰薄。忽聞漢軍鼙鼓聲，路旁走出再拜迎，遊騎不聽能漢語，將軍遂縛作蕃生。配向東南卑濕地，定無存恤空防備。念此吞聲仰訴天，若為辛苦度殘年。涼原鄉井不得見，胡地妻兒虛棄捐。沒蕃被囚思漢土，歸漢被劫為蕃虜，早知如此悔歸來，兩地寧如一地苦。縛戎人，戎人之中我苦辛。自古此冤應未有，漢心漢語吐蕃身。

那時成吉思汗的蒙古騎兵橫掃世界，而吐蕃王朝已經崩潰解體，西藏經歷了四百年的分裂割據，不再具有與蒙古對抗的能力。大小地方割據勢力在大勢之前紛紛向蒙古表示歸順。成吉思汗的孫子闊端汗在西藏選中了當時藏傳佛教的中心——薩迦，命令西藏全境各方勢力都要服從薩迦的領導。此後延續一個世紀的元王朝，一直通過薩迦對西藏實行統治。從歷史學家提供的材料看，也許那時已經具有了某種程度的主權成分。然而問題在於：那到底是蒙古對西藏實施的主權，還是中國對西藏實施的主權？

其實中國那時和西藏一樣，同是蒙古鐵騎征服的對象。說起來還不如西藏，西藏尚能保持相當程度的自治，中國卻是徹底地亡國。無法解釋，一個連自己主權都沒有了的國家，又如何能對別的民族實施主權？元與後來的清不一樣，雖然同是異族入侵後進行統治，但是清朝滿人無論是居住地還是其民族，最終都被整體地同化歸併，融合於中國一體，而蒙古現在仍然有自己的國家，蒙古民族居住在亞洲廣大區域，與中國完全是兩個概念。硬把蒙古對西藏的征服說成中國對西藏的主權根據，這種「阿Q」式的邏輯顯得既奇怪又不誠實。

何況，蒙古和西藏到底是誰征服誰，還可以進一步討論。從軍事角度，西藏肯定不是蒙古的對手。但是西藏有西藏高原的天險，蒙古軍進藏也不是易事。事實上，蒙古並沒有對西藏進行征伐，西藏的歸順是通過西藏薩迦的首先歸順實現的。有蒙古人的軍威做後盾，當時的薩迦班智達給西藏各地僧俗首領發出曉諭，讓他們認清形勢，接受薩迦的——也就是蒙古的——統治，從而結束了西藏近四百年戰禍頻仍的分裂局面[6]。當時元朝向西藏派駐軍隊，目的不在直接統治西藏，主要是為了震懾西藏其他地方政教勢力不得挑戰薩迦政權。元朝中央政府設立掌管西藏事務的機關——總制院（後改為宣政院），由薩迦班智達的侄子八思巴首任統領，而後的各任統領也多為八思巴的族人[7]，也就是說，元朝對西藏的統治，大部分是西藏人自己實行的。

那時的薩迦政權不能完全被視為蒙古的傀儡。雖然西藏在軍事上臣服蒙古，蒙古卻接受了藏傳佛教。甚至當時的蒙古文字都是由八思巴創制的，所以可以說西藏是在精神上反過來征服了蒙古。那時元朝

皇帝對西藏喇嘛教① 狂熱崇信，為此元朝專設一種特殊官職——帝師（皇帝的老師），都是由藏人擔當。帝師位尊百僚，上朝時滿朝文武大臣排列站立，只有帝師享用專座。據說第一任帝師八思巴喇嘛甚至堅持自己的座次應該高於忽必烈大帝[8]。由此足以反映藏人的地位。歷代元朝皇帝即位前都得從帝師受戒，后妃、貴戚、大臣從西藏僧人受戒也蔚為風尚。當時的帝師氣焰萬丈，連其弟子毆打王妃，皇帝也不過問[9]。

在元朝攻滅在長江以南堅守的南宋政權過程中，西藏人積極配合蒙古人。八思巴為此在涿州興建一座神殿，親自為其開光，派一手下法師在其內修密咒法，保佑元軍[10]。而在元軍攻破南宋首都臨安（今杭州）之後，又把投降元朝的南宋皇帝趙㬎送到西藏的薩迦寺，名為學佛，實為使其遠離中土，又能置於可靠人手中確保控制。後來那位南宋的末代皇帝在西藏被殺，威脅元朝的禍根就此徹底除掉[11]。要說這是中國在對西藏行使主權，豈不是有些荒謬。

在元朝的民族等級序列中，藏人屬於色目人等級，高於漢人。藏人擔當的帝師同時兼任宣政院最高首領。宣政院是與中書省、樞密院、御史台地位平等的最高層元朝權力機關，可以直通皇帝。它的職能除了直接管轄藏區所有軍政、民政、財政事務，還負責管理漢族地區的佛教事務。在元朝那種狂熱的宗教氣圍之下，可想這種權力必定是很屬害的。八思巴的弟子楊璉真加去江南擔任釋教總統，為掠奪財寶挖掘南宋皇帝及大臣的陵墓一百一十多座，占良田二萬三千畝，受人獻美女寶物無數，殺害平民多人。當時西藏各色人士紛紛以高等民族的身分跑到中國內地撈好處，有時累百上千，沿途旅店住不下，他們就強住民房，並乘機姦污民女[12]。那時的漢人大都只是敢怒而不敢言。

所以，從當時的歷史現象而論，與其說是元朝中國對西藏建立了主權控制，還不如說是蒙古與西藏聯手對中國實行了統治。

---

① 喇嘛教這個詞是採用漢文典籍中的用法，現在看來並不合適。「喇嘛教」在藏語中沒有對應的詞，而且藏人把這個詞看成具有貶義。他們認為西藏的宗教就是佛教，也可稱藏傳佛教。——二〇〇九年註

# 三、收縮內向的明朝

從歷史資料上看，明朝中國雖然有與西藏的聯繫，但多屬虛的往來（可形容爲「應酬」），幾乎沒有實質性的主權關係。歷史學中一般公認明朝是一個內向和非競爭性的國家，農民出身的朱元璋只想固守中國「內地」，無意再向外發展以避免額外枝節。甚至傳示子孫，規定明軍「永不討伐」的國家凡十五個。當倭寇侵擾中國海岸的時候，朱元璋採取的對策是息事寧人，命沿海一帶的中國居民後撤，並一律不許出海泛舟。與歷代相比，明朝在修建長城上花費的力量最多，也反映明朝帝王的心態[13]。因此，認爲明朝會對萬里之外的偏僻西藏有多少經營興趣，不太令人信服。

大陸史學界爲證明明朝對西藏擁有主權所提供的根據，一是明滅元後，西藏的僧俗首領紛紛上繳元朝的舊敕印信，換取明朝的新敕印信，表示歸順。明朝則對他們進行了重新認可。然而印信只是一個符號，那些首領人沒變，權沒變，仍然自己管著自己的地盤，對外誰強大就向誰表示個歸順，不過是一種投機；明朝眞正的建政只是在毗連藏區的漢人居住地建立了一連串被稱作「衛」的地方機構[14]。由這個名稱（防衛之意）也可以看出，明朝對西藏採取的政策，是當作外敵進行防禦的。

大陸史學界爲明朝中國對西藏主權尋找的根據之二，是明朝對西藏的政教首領賜予了大量名號。一九八五年大陸推出一部號稱「國家重點項目」的史料選輯——《西藏地方是中國不可分割的一部分》（可想集中了對中國有利的史料），其中關於明朝與西藏關係的部分共八十一頁，封授政教首領的內容就占了三十八頁，將近一半[15]。這種封授只是給個虛名——諸如大寶法王、闡化王、西天佛子、大國師之類，毫無實際意義。不過是朱元璋和朱棣等吸取唐朝受吐蕃威脅的教訓，迎合西藏文化所採取的一種懷柔策略，從中不可能產生任何主權關係。

還有一個被當作根據的，是西藏對明朝的「朝貢」及明朝對西藏

的「賞賜」。既然前來上貢,豈非就是表示臣服——這是中國方面的邏輯。從文字記載上看,明朝與西藏的「貢賜」往來確實不少,不過透過「貢賜」的表面,有多少屬於真正表示臣服的內涵就值得懷疑了。我一向主張從小處解讀歷史,冠冕堂皇的大說法往往只起誤導作用,瞭解明朝與西藏的「貢賜」很有意思,也頗能反映歷史上中藏關係的本質,所以不妨對這一方面多說幾句。

自古以來的中國皇帝都把周邊「蠻夷」上貢當作統領萬方之象徵,以此滿足「天子」心態。明朝雖然內向自守,皇帝的這種愛好還是照樣有。然而既然明沒有採取大國擴張的態勢,也就不能產生對「蠻夷」的威懾,使「蠻夷」畏懼或有求於「中央帝國」,那麼能靠什麼保證其能自覺前來「上貢」呢?明朝採用的方法即所謂「厚賞羈縻」。

對西藏的朝貢物品,明廷要求只需當地土特產即可。明太祖說:「其所貢方物,不過表誠敬而已」,東西本身不重要,要的是政治上「稱臣納貢」的象徵。西藏地方的貢品單上幾乎都有馬匹一項,然後是一些氆氌、硼砂、毛纓、酥油、刀劍、明甲和佛畫、銅塔、舍利等宗教品,大部分不值多少錢。

而對西藏朝貢者,明廷給予優渥接待。朝貢者一進入內地,即由軍衛撥兵護送,沿途提供馬匹、車輛、船隻和免費供給食宿,入京後住入會同館。貢品由禮部驗收之後,按朝貢者身分高低給予相應回賜。

一般來講,所有回賜皆遠高於貢品所值。對法王等親自入貢者,賞賜尤為豐厚[1]。賞分兩種,一種是「正賞」——即對上貢行為本身的獎賞;還有一種「價賞」——實際就是給朝貢者所進貢品的酬值[2]。明

---

[1] 即使對西藏地方一般喇嘛僧人前來進貢,也有規定的賞賜如下:「剌麻僧人等從四川起送到京,每人彩緞一表裡,苧絲衣一套,俱本色。留邊聽賞同。其彩緞一表裡,折合生絹四匹,苧絲衣一套,內二件給本色,衣一件折生絹三匹。俱賞鈔五十錠,折靴襪鈔五十錠,食茶六十斤。從桃河起送來者,到京每人折衣彩緞一表裡,後加一表裡,苧絲並竣貼裡衣二件,留邊聽賞同。其彩緞一表裡折生絹四匹。俱食茶五十斤,靴襪鈔五十錠。」(《明會典》卷一一一,禮部六九,給賜二)

[2] 如明廷對西藏所貢馬匹一律給價。宣德以前,不論其等第高下同一給價。宣德元年,禮部奉旨定議按馬匹的等第高下分等給與「價賞」如下:「中馬一,給鈔二百五十錠、苧絲一匹;下馬一,鈔二百錠,紅絲一匹;下下馬一,鈔八十錠,苧絲一匹;有疾瘦小不堪者,每一馬鈔六十錠,絹二匹。」(《明會典》卷一一一,禮部六九,給賜二)

廷以「厚往薄來」為原則，賞賜物品的價值一般三倍於進貢物品所值。賞賜實物一般為茶葉、綢緞、生絹、麻織、棉布。這幾大宗都是藏區的稀缺物品，而且是生活必需品。另有金、銀、紙鈔。僧人還給袈裟、帽靴等。賞賜中茶葉最為藏人珍貴。進貢者往往用賞賜的金銀在內地購買更多的茶葉、藥材、銅鐵瓷器，運回西藏使用或出售，僧人則為修寺廟大量購買金箔、顏料、供器、樂器等。

很顯然，這種「貢賜」之間存在的差價使受賜一方有厚利可圖，「上貢」成為一種合算的生意。「進一羸馬輒獲厚值」[16]。在獲取厚利的吸引下，西藏向明廷「朝貢」的人數不斷增加。貢使入明所受的良好接待，也使入貢隊伍日趨龐大。每個進貢團動輒數百人乃至上千人，浩浩蕩蕩來內地免費「旅遊」，甚至出現「假名冒貢」的現象。甘青、四川藏區的「熟番」，也紛紛偽造印信，冒充烏思藏（衛藏地區）的「生番」進京上貢，參加到這種「貢賜貿易」之中。以致當時形成入貢者「絡繹不絕，賞賜不貲」[17] 的局面，給明朝政府造成很大的財政負擔。明廷不得不頒布級別不夠不許上貢的限制，夠級別的也只許三年一貢，且每一貢的貢使不得超過一百五十人。然而那時的局面是想不讓上貢都擋不住，如國師以下不許貢的規定就沒能執行下去[18]。貢使團人數仍有一團即達到一千四百七十人之多[19]。把別人來占便宜當作對主權的效忠，只能被視為是缺乏自知之明的表現。

最後一項被說成中國對藏主權的根據──明朝與西藏有比較密切的茶馬互市貿易──就更加軟弱了。西藏有馬，中國有茶，兩方互有需要，這種貿易在唐宋時期就已廣為開展。明初由官方壟斷交換，後來變成以民間交換為主。不過不管是官方還是民間的，有貿易就說有主權是不能說服人的，中國現在與世界大多數國家都有貿易往來，豈能意味著對它們都有主權？

## 四、天助西藏

在現代國際秩序建立以前，人類世界的狀況基本是以不同民族之間的征服和融合為主的。早期的部落逐步融合成民族，不同的民族之

間又逐步融合或相互征服，形成後來的國家。在這個過程中，許多民族消失了，合併成更大的民族。

漢族是世界人口第一的大民族。現在的人口數爲十一億以上。即使在三、四百年前的明朝，也有一億五千萬之多。那時漢族人口向周邊擴散的態勢已經很強。在人口稠密的西南，少數民族日益感到漢族人口擴張的壓力，同時也不斷被漢文明同化。即使當時明朝法律禁止人民泛海，仍然有大量漢人從海路向東南亞各國移民[20]。四川是緊鄰西藏的中國省份，也是漢族人口最稠密的省（現在有一億二千萬人，除了世界幾個大國，比其他任何國家的人口都多），爲什麼漢民族多少世紀以來闖關東、走西口、下南洋，至今足跡幾乎遍及全世界，卻唯獨繞過緊挨身邊的二百多萬平方公里的西藏呢？

西藏高原大概在北緯二十七到三十七度之間。如果我們設想把整個西藏高原的高地削平，讓那裡成爲一片廣闊平原，它的緯度正處於亞熱帶和溫帶。北邊緣的位置與濟南、太原、德黑蘭、阿爾及爾或洛杉磯差不多。南邊緣的位置與長沙、南昌、新德里或佛羅里達相當。可想而知，在這樣一個地理區域內的平原地區，應該是遍布森林草原、氣候溫和並且適於農作物生長的。倘若眞是如此，那麼不用懷疑，漢人一定會不可阻擋地擠占進去，就如同他們擠占了廣西、貴州、雲南、內蒙古和中國的東北一樣。那樣，也許今天藏民族早就與漢民族融合成一個民族了，或是在漢人的擠壓下收縮到很小的地區。

之所以西藏沒有落到這樣的結局，那肯定不是出於漢人的「仁慈」，也不是由於西藏人的抵抗——二者之間相差百倍的人口會在歷史長河中淹沒任何抵抗的意志——而是「天」對西藏的幫助。

我在這裡所說的「天」，應該理解爲氣候和地理的總和。也許進一步深入，地球演進過程中的種種偶然和必然也該算在內。但是不考慮那些伸展到上帝之源頭的玄機，從最實在的層面考慮，西藏高原的地理應該是最主要的決定因素。

地質學上有個術語，叫作「喜馬拉雅造山運動」。說的是幾百萬年以前，印度半島向北漂移，頂撞在亞洲大陸上，巨大的能量使得二者接合部（那時在海底）被頂出一道長二千五百公里，寬三百公里的隆

起，那就是今天的喜馬拉雅山脈。雖然這個過程對我們的日常經驗來講，具有完全不同的時空和能量概念，但是不妨這樣形象地想像——就像你用一塊烤餅去頂平攤在麵板上的大麵團，你會看到先是麵團的邊緣隆起，接著與那邊緣相鄰的部分也在你繼續用力之下隨之隆起——那隆起的邊緣相當於喜馬拉雅山脈，隆起的其他部分就相當於今天的西藏高原。在西藏高原上，還有幾道與喜馬拉雅山脈大致平行的山脈——岡底斯山脈、念青唐古喇山脈、唐古喇山脈，還有崑崙山脈、巴顏喀喇山脈等，就像麵團上被擠起的數道褶皺。在地質學上，這些山系也正是被稱作「褶皺山系」。

別以為這種比喻太過小兒科，在上帝手中，我們居住的大地也不過就是這樣一塊麵團。

喜馬拉雅造山運動持續了幾百萬年，據說現在還在繼續，所以西藏高原被稱為最年輕的高原。雖然年輕，但它已經成為目前地球上面積最大、高度最高的高原。把英國、法國、德國、義大利和日本的面積加在一起，也才是它的面積的三分之二。西藏高原的平均海拔在四千米到五千米。眾多的山系都在海拔六千米以上。西藏高原在地球上形成一片巨大的突起。地球的最高點——珠穆朗瑪峰也在其上，所以人們有時也相對於南極和北極，把西藏高原稱為世界第三極——高極。

稱其為第三極，除了海拔高，還有它在寒冷方面也與南極、北極相像。隨著海拔升高而氣溫下降，我在兒童年代對此很不理解，海拔高離太陽更近，應該氣溫更高才對，為什麼反而冷？後來知道大氣層就像一床大棉被，全靠它蓋住地球表面，才能保持溫暖。而海拔越高，大氣層越薄，因此溫度就難以保持。你沒見，無論在多麼炎熱的夏天，那些十分高大的山峰之巔都積著皚皚白雪。

你要是會看氣候圖，會清楚地看到，根據幾個基本的氣候參數——氣溫、氣壓和濕度所描繪出的等壓線、等溫線及等濕線，在西藏高原上全都呈現閉合的分布。這表明海拔高度對氣候的影響超過了緯度的影響。西藏高原因其海拔高度成為一個獨立的氣候單元，與其緯度所處的其他亞熱帶或溫帶地區的氣候完全不同。

你若有機會坐飛機進西藏，而且你的座位正好靠窗，可以向下眺望，你會產生你是在沒有生命的星體表面飛行的感覺。飛機距地面很近，不是因爲飛機飛得低，是因爲高原的海拔高。下面無樹無草也無生命的跡象，千山萬壑綿延而至天邊，數小時無窮無盡地從機翼下掠過，沒有多少變化，和月球的不同似乎只在山頂有積雪和沿著山溝有延伸的冰川。

西藏高原幾乎全部屬於凍土地帶，大部分是永凍土，也就相當於地球上這部分高大的凸起，覆蓋著一塊整體的大冰塊。高原上的大部分降水，也都是以雪、霰、雹等固態形式落到地面上。可想而知，這樣的冰塊上不會有多少植物生長，更不要說大面積地從事農業。

由於大氣稀薄，不能有效地阻隔輻射，白天時強烈的陽光使地表大幅度增溫，太陽一落又迅速冷卻。常在西藏走路的人都有這樣的經驗，一定要在早晨才能涉水或騎馬過河。太陽一升起來，山上的積雪會在日照下融化，匯集進河流，早晨的小溪就會變成寬闊的大河。

一日之內的溫度變化稱爲「日較差」。西藏高原的日較差是很大的，很多地區長年處在一日之內溫度正負交替變化的狀態下。地表土壤反覆融化又反覆凍結，岩石縫隙內的水分也從水到冰反反覆覆。此種熱力脹縮的過程，對山體和岩石表面不斷形成剝裂，亦即我們平常所說的「風化」。這種具有高原特徵的強烈物理風化，在西藏高原的山麓地帶的典型特徵，就是滿山滿溝堆積的碎石，被地質學術語中稱爲「石海」、「倒石堆地形」、「堆積地形」等。從火星「探路者」送回地球的照片上，我看到火星上也有此種地貌，和西藏一些地方出奇地相似。

不過以上所述僅是西藏高原的主要特徵。二百四十萬平方公里的巨大區域上肯定存在許多不同。尤其是雅魯藏布江中游的藏南谷地，那裡海拔較低，與西藏高原的整體氣候有顯著差別。北面有岡底斯山脈和念青唐古喇山擋住了西北部的寒風。南面的喜馬拉雅山東南段山勢較低，且雅魯藏布江拐彎南流，使溫暖的印度洋季風可以從雅魯藏布江河谷及較低的山隙吹進。所以藏南谷地是一個溫和多雨的區域，一年之中只有十二月的平均氣溫在攝氏零度以下，七月的平均氣溫高

達攝氏十八度，與雲貴高原的氣候近似。氣候如此適宜，雅魯藏布江沖積出的河谷平原又提供了豐富和肥沃的可耕地，使藏南谷地成爲西藏文明的發源地。在歷史上，西藏的城鎮和人口一直主要集中在藏南谷地。

如果說西藏高原的其他地區不適宜漢人的農耕生存方式，藏南谷地卻是一直以農業爲主，爲什麼一直到二十世紀，也幾乎沒有看到漢人向那裡遷移呢？

我們需要再從高處俯瞰一下西藏高原這塊「麵團」。

西藏高原北部邊緣的崑崙山脈，南部邊緣的喜馬拉雅山脈，還有沿東西走向橫貫高原的岡底斯、唐古喇等山脈，在西藏高原的西北聚攏在一起，那形狀像是一個口袋被紮上了口一樣，地質學把那裡稱爲「帕米爾山結」。這些山脈以散開的走向延伸到西藏高原東部，又被一系列由南向北的江河攔腰截住──岷江、大渡河、雅礱江、金沙江、瀾滄江、怒江，通稱「六江流域」。這六條江河在層巒疊嶂的群山中橫劈而過。江河年積月累的切割力，在那裡造成落差巨大的高山深谷，形成基本上是兩山夾一江或兩江夾一山的地貌，因此被形象地命名爲橫斷山脈，地質學稱爲「山束」。

數條貫穿的大山脈，加上西端的「山結」和東部的「山束」，把西藏高原圈成了一個橢圓狀的封閉區域。藏南谷地深藏在這個封閉區域的腹心。擋住了四川人的是橫斷山脈。六條大河與大河之間的巨大山嶺橫斷了東西方向的交通。今日每條大河上都架起了可通汽車的鋼筋水泥橋，山上也修出了公路，我走那條路仍然感覺非常艱難。洪水、泥石流、坍方時時發生，每年整個雨季路幾乎總是斷的。翻越那些大山時，常常是汽車行駛好幾個小時才能到山頂。山下波瀾壯闊的大河，在山頂只能看見一條碧綠蜿蜒的細線，而山腰的犛牛，已經變得比最小的螞蟻還小。

正是這種地形，使西藏人得到最好的保護。可以說，這種山脈的特定組合方式，決定了西藏民族的命運及發展歷史。藏文明之所以不被征服同化保存至今，此「天助」應被視爲關鍵。

有一次我從拉薩飛成都，非常清楚地感受到四川和西藏完全不同

的地理環境。那天我飛過的高原萬里無雲，崇山峻嶺如凝固的海浪伸展到天邊。快到成都的時候，四川盆地在前方出現。盆地裡盛滿了雲，使「盆」的感覺格外明顯。西藏高原到有雲處戛然而止，弧形的邊緣像高聳起的盆邊，而「盆」裡的雲海平坦雪白，如同盆中盛著滿滿的牛奶。飛機降落時沉入雲中，落到成都的雙流機場。陰暗潮濕的南方天氣與西藏高原形成鮮明反差，空氣中的氧氣多了，氣溫也一下升高了許多。

如果我是古代的四川人，我太能夠理解，我不會有任何動力去翻越剛剛在機翼下飛過的那海洋一般的崇山峻嶺，遷移到從未聽聞過的藏南谷地。那年代沒有飛機，沒有汽車，只能靠自己的兩隻腳和背在肩上那點兒乾糧。清朝駐藏大臣進藏，肯定具有當時內地進藏的最好條件。他們從成都到拉薩，一般都要走三個月以上。可想而知，普通百姓怎麼走？要走多久？如何在千里的不毛之地和無人區補充給養？顯然更是令人望而生畏。

對內地中國人來講，高原缺氧是進藏最大的天敵之一。一九五一年從新疆進藏的中共軍隊先遣騎兵連，一百五十人裡死了五十六人，沒有一個是戰死的，全都死於高原病和營養不良。其餘的人也大部分病倒。直到一九六〇年代，中國在西藏的駐軍中，高原病造成的非戰鬥減員仍然高達四十％[21]。

一九五〇年代進藏的另一支中共軍隊——西北支隊是從青海進藏的。後來成為中共西藏問題專家的牙含章，當時也在那支隊伍裡，他這樣描寫進軍的情況：

> 我們將要通過的唐古喇山口，最高處達海拔五千八百多米。山上到處冰天雪地，酷寒逼人，特別是兩隻腳凍得實在難熬。高山缺氧更使人受不了，人人頭昏腦脹，腦袋疼得好像快要炸裂，胸口好像壓著千斤重擔喘不過氣來，兩腿虛軟好像陷在淤泥裡提不起腳來。牲畜也因為缺氧，胸脯像風箱那樣大起大落地喘氣，嘴裡噴著白沫晃晃悠悠邁不開步子，再加上雪山缺草，牲畜吃不到東西，又凍又餓，體力消耗非常之大。駱駝和馬匹走著走著，一下趴倒在地，

就再也起不來。在低空盤旋的兀鷹一看見駱駝倒下，就俯衝下來先啄掉駱駝的眼睛，然後成群飛來撕食整頭駱駝。在過唐古喇山的短短幾天時間內，大批駱駝、馬和犛牛死於這種無比險惡的自然環境之中。沿途留下一堆堆牛馬駱駝的骸骨，連綿不斷，成為唐古喇山艱險旅程的路標。[22]

據記載僅是翻那一座唐古喇山，西北支隊就死了幾十人，駱駝死了上萬頭。西北支隊的另一人回憶當時過黃河源頭地區的情況：

> 到了崑崙山下，經過一道很寬的山梁，山梁上橫著很多野牛羊的白骨架子。翻過山梁就進入了黃河源頭地區。「黃河源，黃河源，滿目爛泥灘。」在泥淖草地裡第一天才走了不到四十里，使我終身難忘。那哪裡是走路啊，許多地方不是走的，而是躺下趴下滾出來的。這一天，我們連隊有十幾個同志陷在泥淖裡犧牲了，眼睜睜看著往下沉。那喊叫聲慘呀。他媽的，死在戰場上還落個屍首呢，這算個什麼死法。那些同志死都不會瞑目啊！首長下命令，遇上這種情況不許搭救，不然會犧牲更多的人。有個寧夏兵撲騰著，咕嘟一聲就讓黑泥湯埋得看不見了，只露出一隻手——幾十年來，多少回夢裡都看到這隻手。誰要是在我面前猛一下舉起手臂來，我就忍不住後脊梁發冷……[23]

除了氣候不適，難以獲得補給也是所有進藏軍隊面臨的大問題。那時沿途購買馬草一斤要兩塊銀元，一匹馬一天至少吃十幾斤草，按里程計算比當時的飛機票還貴[24]。絕大部分給養都得在內地解決。軍隊每前進一程，補給運輸線就得延長一程，運輸中遇到的困難也越多，常常就供應不上。一位當年從四川進藏的中共軍官在回憶錄裡，記述當時如何抓「地老鼠」解決饑餓：

> 一是掘地半尺，在洞裡把地老鼠捉住。但地老鼠洞遍地皆是，往往從這個洞裡挖出來，又逃進別的洞裡去。二是用水灌，使地老

鼠群集高處，一次可捉得一群。但有時水源較遠，沒水可灌。三是用煙燻，在洞口點燃碎草，把煙扇進洞裡，燻出地老鼠。但沒有柴草的地方，不能使用此法。最簡便的方法，是用羊皮風箱插入地老鼠洞口，用力鼓風，地老鼠受驚後即從洞內逃出，只須用麻袋將其他洞口堵住，地老鼠便自動進入麻袋。[25]

通過這簡短的描述，不難看出他們對此所下的工夫。人只有餓到一定程度，才可能琢磨出這麼多辦法。

相比之下，倒是西藏人從大山深處走出來要容易。他們適應氣候，熟悉地形，便於就地解決給養。還因為西藏人是一個善於騎馬的民族。在缺乏技術的古代，這一點差別——兩腳與四蹄——往往就有決定性的意義。何況西藏的馬適應西藏高原的缺氧條件，西藏人還擁有能在高海拔地區負載的犛牛，在西藏高原的機動性超過外人。這一點決定了其在軍事上的先天優勢。所以當年吐蕃王朝的軍隊可以自由馳騁地向外擴張，唐朝的軍隊卻很難進入吐蕃的領地。

綜上所述，千年歷史中沒有人驚擾西藏，使她得以安然地生活在雪山深處，首先並非因為藏人多麼有效地捍衛自己的主權，而是在於西藏的「天」保護了西藏。藏民族除了在吐蕃時期曾有短暫向外擴張，其他時間大都收縮在高原腹地不聞世外之事。西藏高原聳立於周邊地區的高度，構成了西藏最牢固的自然疆界。企圖進入西藏的外來者，他們最先面對的不是西藏的人，而是西藏的天。對他們來講，戰勝西藏的天比戰勝西藏的人要困難得多。


**註釋：**

1 一之，《文成公主與漢藏關係》，載《西藏史研究論文選》，西藏人民出版社，一九八四年，頁 110。

2 一之，《文成公主與漢藏關係》，載《西藏史研究論文選》，西藏人民出版社，一九八四年，頁 111。

3 恰白・次旦平措等，《西藏通史——松石寶串》，西藏古籍出版社，

一九九六年，頁119-120。

4 賀覺非，《西康紀事詩本事注》，西藏人民出版社，一九八八年，頁
3。

5 《通鑑》卷二二六，頁5。

6 黃奮生，《藏族史略》，民族出版社，一九八五年，頁185。

7 韓儒林，《元朝中央政府是怎樣管理西藏地方的》，載《歷史研究》
第五十九卷第七期。

8 《國外藏學研究譯文集‧第三集》，西藏人民出版社，一九八七年，
頁278。

9 黃奮生，《藏族史略》，民族出版社，一九八五年，頁189。

10 《漢藏史集》，陳慶英譯，西藏人民出版社，一九八六年，頁172
-173。

11 《紅史》，陳慶英等譯，西藏人民出版社，一九八八年，頁22。

12 黃奮生，《藏族史略》，民族出版社，一九八五年，頁189。

13 黃仁宇，《中國大歷史》，台灣聯經出版事業公司，一九九三年，頁
211。

14 黃奮生，《藏族史略》，民族出版社，一九八五年，頁196。

15 見《西藏地方是中國不可分割的一部分》，西藏人民出版社，一九
八六年，目錄頁。

16 《續文獻通考》卷二九，《國用考》。

17 《明憲宗實錄》卷二一，成化元年九月戊辰。

18 黃奮生，《藏族史略》，民族出版社，一九八五年，頁197、198。

19 《西藏地方與中央政府關係史》，西藏人民出版社，一九九五年，頁
102。

20 黃仁宇，《中國大歷史》，台灣聯經出版事業公司，一九九三年，頁
245。

21 閻海賢，《雪山衛士》，新疆人民出版社，一九九三年，頁27。

22 《西藏文史資料選集‧紀念西藏和平解放三十周年專輯》，西藏人民
出版社，一九八一年，頁182。

23 師博主編，《西藏風雨紀實》，頁69。

24 《西藏文史資料選集・紀念西藏和平解放三十周年專輯》，西藏人民
   出版社，一九八一年，頁 82。
25 《西藏文史資料選集・紀念西藏和平解放三十周年專輯》，西藏人民
   出版社，一九八一年，頁 133。

# 2 中國對西藏的控制

　　到了中國最後一個王朝——清，情況有了變化。清不是漢人的王朝，而是中國東北的少數民族——滿族人滅了明，入主中原而建立的王朝。滿族人對漢人進行少數民族對多數民族的異族統治，控制地廣人多的漢族地區，不得不聯合蒙古人以彌補自己以少治多的力量不足。然而同爲北方部族，滿清政治家又深知蒙古在歷史上摧毀過許多強大王朝，威脅性極強。爲了自身安全，滿人必須能同時控制蒙古。爲了實現這個目的，滿清統治者把目光轉向了西藏。

　　滿人要玩弄連環套的統治術——借助蒙古人在軍事上控制漢人，再借助西藏佛教在精神上控制蒙古人，他們就必須不畏西藏的山高路遠，去經營西藏和控制藏人。

## 一、清代對藏的經營

　　自蒙古人的元朝帝王大興喇嘛教以來，藏傳佛教逐步成爲蒙古全民族的信仰，達賴與班禪也成爲所有蒙古人共同的精神領袖。清朝統治者認識到，如果能夠控制西藏和西藏的宗教領袖，那就可以在很大程度上控制蒙古人。反之，如果不進行這種控制，讓西藏和蒙古自己聯合起來，就很容易形成禍根。輕則失去西部百萬里之地，重則威脅整個大清的社稷江山。那些所謂的維護國家統一、堅持主權完整等目的都是後人的杜撰，肯定不是當時清朝皇帝考慮西藏問題的出發點。

　　爲了利用西藏宗教和對西藏進行籠絡，清朝皇帝帶頭推廣喇嘛教，包括自己受戒。順治年代，五世達賴喇嘛應邀到北京，順治皇帝

親自出城迎接。當時採取的禮儀是二人平起平坐。藏人後來因此而強調，達賴喇嘛與清朝皇帝是「帝一師」關係，而非「君一臣」關係。不過，如果保持客觀心態的話，應該能看到在那種表面的尊崇之下，存在著很強的利用之心。以清最著名的皇帝之一乾隆的話說：「蓋中外黃教總司以此二人（指達賴和班禪——作者），各蒙古一心歸之。興黃教，即所以安眾蒙古，所繫非小。」[1] 除了在目的上表明對西藏宗教出於利用之心，乾隆還特地以「非若元朝之曲庇諂敬番僧也」[2] 之辭，表明自己並非真信西藏宗教。清代史學家魏源對此也有總結：「衛藏安而西北之邊境安，黃教服而準蒙之番民皆服。」[3]

除了從宗教和感情上籠絡西藏，清朝也對西藏採取了政治、行政和軍事上的措施，以達到對西藏的實際控制。清初中國經康熙、雍正、乾隆三朝盛世，國力強大，在當時的亞洲首屈一指，周邊勢力無能與之匹敵。而當時西藏內訌不已，戰亂紛爭，又值以達賴為代表的藏傳佛教格魯派急遽擴張，與自元以來一直統治西藏的蒙古汗王發生激烈的權力爭鬥。各方勢力都需要尋求自己的靠山和保護者，也需要一個居高臨下的仲裁權威，清王朝正好就是這樣一個角色。當時每逢西藏地方統治者之間發生紛爭，雙方都爭著向清廷申辯和解釋各自的行動，爭取清廷援助，清廷也就利用那些時機，或是派兵入藏平亂安撫，或是進行審判裁決，得以實現對西藏的進一步控制，擴大清對西藏的權力和影響。清對西藏進行的重大制度變動或人事變動，幾乎都是在對西藏用兵之後挾餘威而完成的。這是當時西藏與清王朝之間的典型關係。

從另一個角度而言，當時的西藏還有一個抵禦外敵侵略的問題，它北鄰強悍的準噶爾蒙古，南與善戰的廓爾喀人接壤，以它自身的實力，不足以威懾侵略者，發生戰爭也難以取勝。這也使得西藏有依附清廷的需要。有大清的保護傘，可以威懾侵略者不敢輕舉妄動，即使發生戰爭也可以得到救援。清政府利用西藏的這種需要，自十八世紀二〇年代開始在西藏駐軍，系統地控制西藏的要隘、大路等軍事要害，從而進一步控制了西藏。清朝在西藏的駐軍保持了近二百年，一直到清亡。

爲了達到控制西藏的目的，清王朝還有意識地強化自己的仲裁地位，如清初年「蒙強番弱」，故採取「抑蒙扶番」之政策，後蒙古力量逐漸衰落，又改爲「扶蒙抑番」[4]。在西藏內部採取「多立頭目，以分其勢」的策略，使其彼此牽制，不能擅權。當達賴勢力強大之後，轉而扶持班禪以爲平衡。這種分而治之使各方勢力無論是求發展還是求自保，都不能不依附清廷。

　　從一七二七年（雍正五年）開始，清朝向西藏派駐「駐藏大臣」，直到辛亥革命，歷一百八十五年，從未間斷。對於駐藏大臣的角色，今天的北京與達蘭薩拉的宣傳機器各執一詞。北京方面一直宣稱駐藏大臣是中國對西藏具有主權的標誌，是代表中央政府對西藏地方實施主權管理的官員。達賴方面則說駐藏大臣不過是滿清皇帝的大使，負責傳遞消息而已，頂多對西藏政務充當一下顧問的角色，從來沒有實際權力。

　　爲了說明這個問題，我先引用十九世紀末一位名叫達斯（Sarat Chandra Das）的孟加拉校長的描述。一八八一年，他在西藏江孜目睹過駐藏大臣的一次遊行。那次遊行是爲慶祝大清皇帝登基周年舉行的。

　　　　一些人抬著大約兩英尺見方的木板，上面寫著駐藏大臣的官職及對整個西藏行使最高權力的委任狀。除了駐藏大臣的隨員及侍從外，還有來自衛藏地區的大約三百名高僧及達官顯貴。八名中國士兵抬著一頂駐藏大臣的轎子。大約五十名藏兵拉著拴在轎杠上的長繩索。隊伍在聖殿及去世聖人的靈塔前致意之後，由傅拉協攞率領從東門走出寺院。政府官員走在前列，軍需隊尾隨其後。然後是中國官員，最後是乘坐著華麗轎子的首席駐藏大臣。在整個行進過程中，西藏人始終處於次要地位。中國人以一切可能的方式炫耀其至高無上的權力。職位較低的駐藏大臣騎馬跟在後面，他似乎喜歡看戴著沉重鐐銬的囚犯，新近受到刑罰的頭人們在沉重的木枷下呻吟著。這位駐藏大臣的轎子一樣也由八名士兵抬著。他的隨員及侍從也與首席駐藏大臣的隨員侍從相等。他們的衛兵全副武裝著中國的

　　根據當時的感受，達斯得出的結論是：駐藏大臣是「西藏人極爲憎惡的人，西藏人從心底憎恨他們」[6]。

　　達斯目睹上述場面是在一八八一年，那時清帝國已趨沒落，弊端叢生，吏治腐敗，因此不能就此一例而說自設駐藏大臣以後，西藏人就一直心懷憎恨。但是通過達斯的描述至少可以看出，即使在西藏人憎恨駐藏大臣的時候，也不能不讓駐藏大臣擺他的威風，「以一切可能的方式炫耀其至高無上的權力」，而「西藏人始終處於次要地位」。

　　一九五〇年十一月，西藏噶廈政府面對中共大兵壓境時發出的《致聯合國祕書長的呼籲書》，曾經這樣界定清朝中國與西藏的關係：「在一九一二年以前的年代裡，中國皇帝與至尊達賴喇嘛個人之間確實有過親密友好的關係。這種聯繫和交往是滋生於一種共同的信仰基礎之上的、可以準確地描述爲宗教導師與其世俗的追隨者和信徒之間的關係，並不存在政治含義。」[7]

　　然而，「追隨者」和「信徒」在「導師」的領地如此耍威風，是難以說服人的。事實上，清朝皇帝至少兩次革除過西藏最高政教領袖——達賴喇嘛的名號（六世達賴和十三世達賴），規定所有的達賴轉世靈童都要經皇帝批准認可。清還對原屬西藏管轄的地區進行了分割——設西寧大臣治理青海，將東部藏區劃歸四川、雲南等內地省份，在那些地區實行改土歸流，以縮小西藏的地方勢力。至今中共治下的「西藏自治區」，亦是按那時劃分的界線。

　　因此，中國皇帝與達賴喇嘛之間的關係肯定是有「政治含義」的。至少在中國皇帝一方，是把西藏當作臣屬的，而西藏一方，至少也不敢公開反抗。除此，其他的解釋難以自圓其說。

　　然而，換一個角度看，主張西藏歷史上一直保持獨立的看法也不是沒有道理。所謂「天高皇帝遠」形容西藏再合適不過。坐在萬里之外的紫禁城寶座上的中國皇帝，有多少時間顧得上西藏呢？而駐在拉薩的中國皇帝代表——駐藏大臣，對西藏到底有多少實際權力，也的確存在疑問。

有一個小故事對此是很好的註解：在十三世達賴喇嘛時期，清朝的駐藏大臣任命了一個名叫然巴的西藏貴族擔任政府（噶廈）大臣（噶倫）。根據章程規定，駐藏大臣有這個權力。但是十三世達賴喇嘛召見了然巴，對他說：「駐藏大臣已委你為噶廈成員，但你不是我的噶廈成員。」這一句話就足夠了。然巴立刻離開拉薩，回到他自己的莊園不再露面。於是噶廈就去向駐藏大臣呈報——然巴死了。駐藏大臣當然不相信幾天前還好端端的然巴突然會死，可即使懷疑其中有詐，他又上哪去找出然巴，證明其沒死呢？最終他只好同意十三世達賴喇嘛委任的人擔當噶倫。章程賦予他的權力在實際中等於不存在[8]。

這個小故事可以作為當時中藏關係的典型寫照，充分地表現了駐藏大臣的無奈。但是不管怎麼樣，十三世達賴喇嘛不能挺起胸脯對駐藏大臣說：「這是我的國家，我想任命誰跟你沒關係。」所以，應該承認中國對西藏擁有某種程度的控制，只不過那控制的開始時間是在十八世紀的清朝，而非北京所稱十三世紀的元朝。

## 二、是主權還是宗主權

即使把中國控制西藏的起始時間從十三世紀縮短到十八世紀，距今也有近三百年。這三百年的世界版圖有很多變動，絕大多數並沒有在今天構成問題。一些具有愛國心的中國人對此常有不平之心：中國向西藏派遣駐藏大臣（一七二七年）半個世紀以後，美國才在被白人占領的印地安土地上立國（一七七六年），為什麼今天沒有人對美國的主權提出疑問？美國占領夏威夷時，夏威夷已經立憲，而且是國際承認的獨立國，至今還不到一個世紀，為什麼就已經聽不到異議，而且獲得了國際公認的合法性呢？既然如此，為何西方人又認定西藏不能屬於中國，中國對西藏的主權是不合理的呢？

對此不能簡單地以西方霸權來解釋，也不能全歸於「西藏分離主義者」利用西方傳媒操縱輿論。這些因素不是沒有，但是中國對西藏的主權受到這麼普遍的懷疑，肯定不是沒有原因的。

中國的史學家論證中國對西藏確鑿無疑地擁有主權時，最多引用

的根據就是乾隆五十七年（一七九二年）一個名爲《欽定藏內善後章程二十九條》（簡稱《二十九條章程》）的文件①。中國史學家宣稱，那個文件表明清代中國對西藏擁有的主權已經相當充分。

　　《二十九條章程》主要在於明確清代朝廷對西藏擁有的權力。爲了能夠一目瞭然，不妨把其中直接有關這種權力的十八項條款分別以一句話列在下面：

　　第一條　認定包括達賴、班禪在內的西藏主要活佛的轉世靈童；

　　第二條　管理西藏的進出境；

　　第三條　監督西藏造幣；

　　第五條　任命軍官；

　　第六條　藏軍兵餉由駐藏大臣發放；

　　第八條　審查達賴、班禪的收入和開支；

　　第十條　駐藏大臣與達賴、班禪平等處理西藏行政，所有西藏僧俗皆須服從駐藏大臣；

　　第十一條　任命西藏地方官員；

　　第十三條　駐藏大臣每年兩次出巡西藏各地及檢閱軍隊；

　　第十四條　負責外交；

　　第十五條　確定邊界；

　　第十八條　決定各寺院的活佛人選；

　　第二十條　決定稅收；

　　第二十一條　決定免役；

　　第二十二、二十三條　控制宗教界串聯交往；

　　第二十四條　控制和提供交通條件；

　　第二十五條　處置罪犯。9

---

① 這個文件似乎沒有發現漢文原本，因爲漢人歷史學家引用的也都是藏文譯本。其藏文本在西藏政府的歷史檔案裡保存。

中國的史學家們認爲，如果擁有這麼多權力還不叫擁有主權，這世界就沒有主權存在了。西藏獨立支持者所列舉的「西藏歷史上是獨立國家」的主要根據——西藏「有自己的政府與內閣」（但須服從駐藏大臣），「自印貨幣」（由駐藏大臣監造），「自己的法律」（須經駐藏大臣審批），「自己的軍隊」（由清廷建立並受駐藏大臣節制），在此章程前豈非不攻自破？然而爲什麼主權意義如此充分的《二十九條章程》頒布了二百多年，國際社會卻總是認爲那時的中國對西藏頂多只是擁有宗主權呢①？

　　所謂宗主權和主權，二者的區別在哪裡？一九四四年，當時中華民國政府新任駐藏辦事處處長沈宗濂帶領隨員一行經印度赴西藏上任，在新德里曾與當時印度政府（英國在印度的殖民政府）的外交部長卡羅爵士（Sivolar Caroe）討論過這個問題。沈宗濂的英文祕書柳升祺這樣記述：

> 　　沈宗濂問他，我們一直認爲中國對西藏是主權關係，而你們英國人總說是宗主權關係，請問宗主權究竟是什麼含義呢？卡羅爵士笑著說，你把我問倒了，讓我們一起來查書。於是他親自挪動短梯，從上層書架上取下一卷英國百科全書來，同沈宗濂兩人一起研究。研究結果，卡羅向沈宗濂說，對這個詞還很難下定義，宗主權的伸縮性很大，這要看中央政府對一個地方的權力貫徹到什麼程度。如果全部貫徹了，那就是主權，不然，就是宗主權吧。[10]

　　這種解釋也許在法律上不夠嚴密，但這兩個研究者畢竟一個是外交部長，另一個也曾在中華民國外交部擔任過總務司長（沈宗濂還在大學教過書），這種經驗性的結論應該是比較符合實際的。以這個觀點看，如果一七九三年清王朝頒布的上述《二十九條章程》全部都能得到執行，中國對西藏的主權就不該有疑問。而至今這麼多中立史學家

---

① 其實也不僅外國人如此看。一個專業研究清廷滿文檔案的學者曾經告訴我，有些滿文檔案之所以不被允許公開，原因之一就是清朝皇帝在談到西藏時，總是把西藏說成是另一個國家。——二〇〇九年註

都認爲中國在一九五○年代以前對西藏僅擁有宗主權，根源就在於上述章程在西藏遠非全部兌現，大部分時間僅停留於名義而已。

美國卻相反，雖然其占領夏威夷的時間不長，但是它對夏威夷實施了充分的權力，它對夏威夷的主權就從無到有，並且從有爭議再到沒爭議①。

乾隆時代能訂下並在西藏頒布《二十九條章程》，說明至少在那時西藏是臣服中國的。《二十九條章程》是在清軍進藏，大敗進犯西藏的廓爾喀部之後，由率軍的清將福康安負責擬定，奏報清廷批准的。想一想那時的情景，清朝出兵前，廓爾喀軍長驅直入，進日喀則，劫掠班禪的札什倫布寺，繼而向拉薩進軍，全藏震動。而清軍一到，連戰連捷，不但將廓軍全部驅逐出境，且深入廓境七百里，迫使廓爾喀投降納貢，自此成爲大清藩屬。如此解救西藏於危難，西藏上下能不對清廷唯命是從嗎？當時即使有人對《二十九條章程》心存異議，在清軍顯示的威力面前，誰又敢公開反對？

然而，歷史長河凝縮在史書上，雖滿眼皆是大起大落的波浪，在實際進程中，太平無事的日常狀態卻是最多。在那最多的時間裡，清朝並無大軍縱橫西藏，拯救者的光輝和勝利者的威嚴退居日常瑣事之後，西藏也不會時刻都需要來自中國的仲裁和保護。那時清政府控制西藏的固定渠道只有一個——駐藏大臣。《二十九條章程》所列清王朝對西藏的權力，一律明文規定由駐藏大臣履行。中國那時對西藏控制的程度——決定中國對西藏是有主權還是僅有宗主權——也大都要通過駐藏大臣實現。

所以，駐藏大臣是理解中藏歷史關係的關鍵。

---

① 除了有效統治使西方國家得以建立有效主權，後來西方國家又用民主方式（雖然可能存在爭議）進一步得到繼承帝國遺產的合法性。如一九五九年是在夏威夷全民公決通過後，宣布夏威夷作爲第五十個州加入美國聯邦。一九二一年英國同意愛爾蘭獨立時，英愛條約規定北愛爾蘭自主決定加入愛爾蘭或是留在英國，結果多數北愛爾蘭人選擇留在英國。科西嘉島八十％的居民表決願意留在法國，比法國本土居民希望保留科西嘉島的比例還高二十％（不少法國人認爲科西嘉島是負擔，不如讓它獨立）；而西班牙的巴斯克、加拿大的魁北克等，都是經過民眾公決而否定了獨立。因此，西方民主國家雖然也存在民族問題，但只是少數人在進行獨立活動。然而對西藏問題則不能這樣說，因爲迄今爲止，中國還沒有給過西藏人民進行自我選擇的機會。——二○○九年註

# 三、駐藏大臣

　　後人對以前的歷史進行描述，經常一言以蔽之地給一個宏觀結論，似乎歷史從來都有深思熟慮的背景和明確的規劃。其實清朝派出第一任駐藏大臣，只因爲當時的皇帝雍正發了一句話：「著內閣學士僧格、副都統馬喇差往達賴喇嘛處，各賞銀一千兩」[11]。雍正沒有具體的指示，除了一千兩「艱苦地區津貼」，連僧格和馬喇的職位和職權也沒有明確。做一個大國君主，日理萬機，分給西藏的心思可能只是片斷的閃念，或是對某個奏摺的一句批覆，然而那就是一個啓動的開端，統治機器就將在實踐中逐步加工出一套完整的典章制度和運行機制。以下所談駐藏大臣的情況，即爲僧格和馬喇第一次赴藏半個多世紀之後，才最終形成的定制狀態。

　　駐藏大臣分爲一正一副，正職稱「辦事大臣」，副職稱「幫辦大臣」。清政府連續一百八十五年派遣駐藏大臣，共有正副大臣一百七十三任次一百三十五人（有人被任命兩次）被任命爲駐藏大臣，其中有二十三人雖有任命但因各種原因沒有到任[12]。這一百三十五人中，大都爲滿人，其次是蒙族人，只在後期有幾個漢人被任爲副職。

　　駐藏大臣規定任期三年，實際上並不一樣。最長的連續在藏七年（乾隆時期的莽古賚），最短的只有四十天即被召回（嘉慶時期的豐紳）。還有的被派進西藏二次甚至三次。

　　駐藏大臣那時進藏都從成都啓程，一般約需三個月左右到拉薩。西藏高原素有「七八九，最好走」之說，新上任的駐藏大臣多在七月出發進藏。正副兩大臣都駐在設於拉薩的駐藏大臣衙門。衙門駐地幾經變遷。今日拉薩已看不到當年的遺址。

　　清代一位西藏畫家畫過一幅「拉薩圖」（現存北京的歷史博物館）。上面畫的駐藏大臣衙署是在大昭寺西南方向，由數個四合院組成。其中兩個院落內有藏式屋頂的樓房，估計就是史書所載當年正副大臣分住的兩套院落。衙署環繞綠樹，四周矗立六根旗桿，掛著黃旗。

　　藏族學者曾國慶把清朝駐藏大臣分爲佼佼者、平庸者和昏瞶者三

類。他推舉的佼佼者典型是乾隆十五年時的駐藏大臣傅清和副大臣拉布敦。當時新繼任的藏王珠爾墨特為了與七世達賴為首的宗教勢力爭奪領導權，串聯準噶爾蒙古，策劃謀叛達賴。傅清和拉布敦察覺後上報清廷，那時沒有清朝軍隊在藏，乾隆指示他們等待軍隊進藏後再對珠爾墨特下手。然而珠爾墨特勢力漸大，達賴喇嘛被控制，駐藏大臣受監視，朝廷派的兵卻因天高路遙不知何時能到。

《衛藏通志》中描寫，珠爾墨特謀反已在眉睫，兩位駐藏大臣決定「不若先發制人，雖死猶生，亦可使繼之者易為功也」[13]。兩人遂設一圈套，請珠爾墨特到駐藏大臣衙門聽旨議事。珠爾墨特並不疑心勢單力孤的駐藏大臣會怎麼樣，帶人前往。拉布敦假意捧出聖旨，在珠爾墨特跪下聽旨時，由傅清用刀從後面將其砍倒，事先埋伏的人擁出一頓亂棍，珠爾墨特當即斃命。珠爾墨特的人馬隨後前來攻打駐藏大臣衙門。傅清和拉布敦堅守良久。圍攻者堆積柴薪放火焚燒。傅清多處負傷，殺死數名叛兵之後，以刀自刎。拉布敦則揮刀跳下樓，直殺得腸子從傷口流出滿地（古籍文言形容為「委蛇於地」），最終戰死。

《衛藏通志》如此評點他們此舉的意義：

> 夫衛藏距京師萬有餘里，公（指二位大臣）鎮其地，戍兵寡弱，外不足以制其力，內不足以奪其權。設珠爾墨特竟舉兵反，番民性怯懦，勢必舉而從之，以向隸版籍之地，一旦賊陷，即使以身殉，事已無及，勞師糜餉，致貽聖主西顧，憂疇職是土，顧可以一死委其責耶？公獨奮不顧身，毅然定大計，乘其未發，誘而誅之，餘黨雖擾攘，而渠魁既殲，如瓦解冰泮，無能為難，不旋踵而就縛，盡付厥辜。公雖死，而全藏以安，國威以振，是非霍光之誘斬樓蘭所可同日語也。[14]

當時情況的確如此。雖叛亂者殺死駐藏大臣及隨從一百多人，但珠爾墨特已死，群龍無首，只搶了駐藏大臣衙門的銀庫就鳥獸散。原在珠爾墨特控制下的七世達賴喇嘛這時恢復了權力，將珠爾墨特的黨羽捉拿歸案，或凌遲，或斬首，或絞死，西藏很快就恢復了秩序。待

四川總督策楞帶兵進藏後，西藏局勢已穩。乾隆指示「此措置唐古忒（清對西藏的稱呼）一大機會也，若經理得宜，自可永遠安寧」。策楞制定了一系列有關藏政的措施，使中國對西藏的控制由此獲得進一步加強。

清朝前期，其臣屬猶存開國一代打天下的血氣，官爲二品（相當現在的省部級）尚能揮刀喋血。按曾國慶評判，清朝前期能列入佼佼者的駐藏大臣有九人，清後期只有三人[15]。在一百多位駐藏大臣中，佼佼者總共只有十二人，剩下的皆爲平庸乃至昏聵之輩。

這一點乾隆自己也承認。他的說法是：「向來大臣內才堪辦事之人，多留京供職……派往駐藏辦事，多係中材謹飭之員。」「向來駐藏大臣往往以在藏駐紮視爲苦差，諸事因循，惟思年期界滿，幸免無事，即可進京。」[16] 不奇怪，今天有數小時即從北京到拉薩的飛機，去西藏工作都被視爲苦差，可想當年。官場向來是越有才幹者越有活動能力，也越可能免於被派往艱苦地區，所以駐藏苦差除了推給平庸無能之輩，還往往落到那些「被議降革之員」，變成「發邊效力贖罪」的性質。那些人或是心有餘悸，謹小慎微，「以無事爲大事」；或是「幸得差委，身名既不足惜，益肆無忌憚，魚肉藏民，侵吞庫款」。

駐藏大臣及其下屬遠離朝廷耳目，自成一體，難以制約，如果沒有自覺的個人操守，很容易滋生腐敗。他們雖然難以真正行使任命西藏各級官員的權力（如然巴的故事），但是制度規定所任命的官員都要由駐藏大臣與達賴喇嘛共同上奏清廷才可獲批准，駐藏大臣往往就利用這個提名權換取金錢。清末整頓藏務的欽差大臣張蔭棠在其奏摺中揭露，這種交換已形成固定價碼：提名噶倫收銀一萬二千兩，提名代本、甲本等各官，收銀二三千至數百兩不等，「額外需索，猶不止此」[17]。駐藏大臣及其下屬還利用各種報銷的機會進行貪污。如張蔭棠查辦的駐藏大臣有泰，其「犒勞」占領拉薩的英軍只花費一千五六百銀兩，向朝廷報銷的數額卻達四萬；其去印度與英方談判的花費六七百兩，報銷的數額卻是兩萬。其他各項委任私人，朋比分肥，憑權納賄，剋扣兵餉的事，不勝枚舉[18]。

駐藏大臣在西藏銳意經營還是不思進取，與當時在位的皇帝對西

藏持什麼態度也有很大關係。清朝前期爲了羈縻蒙古，穩定社稷江山，皇帝對西藏問題比較重視，駐藏大臣一般也不敢過於怠慢。如上面所說的珠爾墨特事件之後，乾隆皇帝痛斥傅清和拉布敦前任駐藏大臣紀山怯懦無能，在藏期間曲意逢迎珠爾墨特，導致其恣意妄行，釀成事端，只是念在紀山之父爲國陣亡的面上，從寬免予公開斬首，賜其自盡①。嘉慶年間的駐藏大臣文弼，只因駁回西藏地方首領向淸廷求賞和討封號的請求，而沒有向朝廷彙報，查出後即被革職19。

從史料上看，那時期的淸朝皇帝可比現在的中國領導人對西藏問題更加關注而且具體，往往對駐藏大臣的奏摺動輒批覆幾百字，連對達賴喇嘛的父親回原籍是否還用頭品頂戴，也批示：「在籍不應戴用，俟假滿回藏時再用」②。

---

① 《淸高宗實錄》卷三八五，頁一二：

十六年三月乙丑，諭曰：「紀山前歲駐藏怯懦無能，事事順從珠爾默特那木扎勒，任其恣意妄行，與之盟誓，以致逆謀姿肆，此番西藏之事，紀山實爲罪首，是以拿交刑部治罪，業照部議應斬監候，秋後處決。尙不意其悖謬妄亂，更有出於情理之外者。今據策楞、兆惠、班第、納穆扎爾等奏稱：『紀山此番駐藏，令兵丁演戲，班名自樂，時與珠爾默特那木扎勒宴會觀劇，日在醉鄉。並送珠爾默特那木扎勒八抬轎，仍派轎夫前往敎演番奴抬轎，以肆其志』等語。伊在藏如此行爲，及傅清、拉布敦至藏，乃以體制裁正珠爾默特那木扎勒，遂成嫌隙。設令紀山早能持正，珠爾默特那木扎勒亦必自知斂戢。是傅淸、拉布敦之死，皆紀山之喪心無恥，曲意逢迎，有以致之也。紀山之心，蓋希冀苟且度日，過此二年，得代回京，而於國家大體，藏地安危，一切置之度外。大臣如此存心，尙可問乎？大臣尙可倚任乎？此案策楞等四人合奏，證據明確，實可髮指。紀山之父，陣亡賚恤，朕所深知，紀山即犯贓私重辟，朕必原情曲宥，至關係軍國重務，朕不容屈法。豈陣亡後裔遂可偷生附叛乎！紀山本應即肆市曹，仍念其先代陣亡，姑從寬賜其自盡。」

② 從《淸代駐藏大臣傳略》中摘錄一段爲例：

四月辛亥，據奏達賴喇嘛之呼畢勒罕等恭遞奏書貢物，並於坐床後專差巴雅爾堪布赴京。

旨：准由川就道。

五月乙酉，文幹等奏藏台營汛應需公費請籌款生息一摺。

旨：前後藏、江孜、定日等處駐防綠營官兵，修製軍械，需費較多，後藏營汛及前藏弁兵向無公費，遇有差操，均須自行籌備，其江卡等汛官兵支藏台庫鹽折餉銀，往返需費，例無開銷；弁兵俱形竭蹷，自係實在情形。著照所請，准其移咨四川總督，於司庫應解西藏銀內扣留一萬兩，發商生息，將每年所得息銀解藏作爲公費，仍於西藏夷情司員衙門備貯庫銀撥抵川省藩庫，扣留生息之數。所有解到公費，並著立定限制，撙節動用，餘存銀兩仍交備貯庫收存，陸續補還撥項。其每年用過銀數，咨部查核，以杜浮冒。

六月甲辰，據奏達賴之呼畢勒罕坐床時可否照前賞用黃轎、黃韁、黃鞍坐。

旨：著仍准賞用。

又奏：賞給前世達賴喇嘛金印，可否仍用。

旨：准仍用。

而到清朝後期，蒙古和西藏都不是社稷的主要問題了，皇帝對國是也不那麼上心了。一九〇四年，面臨英軍將要以武力進入西藏的嚴重局面，當時的清朝皇帝在駐藏大臣報告情況的奏摺上也僅僅批了一個「閱」，再無其他[20]。

江山是皇帝的，皇帝都不關心，駐藏大臣自然更會鬆弛。這也是清朝後期的駐藏大臣較前期更爲平庸和昏瞶的原因之一。

## 四、架空

北京方面的歷史學家認爲《二十九條章程》將西藏的行政人事權、宗教監管權、軍權、司法權、外交權、財稅權統統集於駐藏大臣之手，以至有「駐藏大臣之許可權，有超於各省督撫者」之說[21]。然而當年正是因爲乾隆認識到「藏中諸事，任聽達賴喇嘛及葛布倫等率意徑行，大臣等不但不能照管，亦並不預聞，是駐藏大臣竟成虛設」[22]，爲了改變這種局面，才立下《二十九條章程》，希望以此讓駐藏大臣掌握實權。沒想到百餘年後的張蔭棠，仍然得爲駐藏大臣被達賴喇嘛譏諷爲「熬茶大臣」而痛心（熬茶是藏傳佛教一種布施之稱。駐藏大臣的職責之一，是在宗教慶典時代表大清皇帝向西藏僧眾發放布施。達賴此稱意指駐藏大臣別無他事）[23]，而末代駐藏大臣聯豫，也繼續抱怨「達賴喇嘛夜郎自大，一切事權，咸欲操之於己」[24]。

中國對西藏的控制程度，看來並沒有因爲有了個《二十九條章程》而發生實質性的變化。

中國方面對此一般是把責任歸於駐藏大臣，從張蔭棠抨擊駐藏大臣「一切政權，得賄而自甘放棄」[25]，到中共藏學家指責駐藏大臣「庸碌無能，惟知坐鎮，一切委之達賴喇嘛轉付噶倫等，沒有實際控制其實權」[26]。他們認爲《二十九條章程》已經使中國具有了對西藏進行主權控制的制度，問題只在於駐藏大臣沒有很好地執行。似乎只要駐藏

---

（續上頁註）

六月丙寅，據文幹奏達賴喇嘛之父羅布藏年扎可否賞給爵銜頂帶。

旨：給頭品頂戴。

大臣恪於職守，中國對西藏的主權就能夠充分實施，而中國在西藏的權力鬆弛甚至流於形式，也是因爲駐藏大臣盡職不力、庸碌無能或放任自流。

如果駐藏大臣全都是所謂「佼佼者」，情況是否就可以變化呢？

駐藏大臣的能力大小與盡職與否，肯定對中國在西藏的控制力有一定影響，但是把全部問題都歸於這個原因，其實是掩蓋了實質。

不難想知，世上沒有哪個當權者願意當傀儡，也沒有哪個民族的領袖願意受外族統治。如果面臨大軍壓境，那是沒有辦法，如果外族軍隊已經撤離，當地統治者無疑就會想方設法把臣服變成徒具名義的假象，而讓自己獲得盡可能多的獨立自主。

理論上，西藏人若敢反叛，清廷隨時可以派大軍進西藏。但是只要不是公然造反，清廷是不會有決心讓大軍遠涉千山萬水進藏的。西藏人明白這一點，他們會避免與北京公開作對。那麼，他們要對付的，無非就是駐藏大臣及其手下一班人而已。

在長達一百八十五年時間裡，先後進藏的一百三十五位駐藏大臣，彼此肯定有很多不同之處。將他們分爲「佼佼」、「平庸」與「昏瞶」等不同類型也不是言之無據。然而綜觀歷史，決定駐藏大臣在西藏之基本狀態的，並非是他們之間的不同，反而是他們之間共有的特點更具有決定意義。

他們之間的共同特點是：

第一，他們的隨員數量很少。一般情況下，在駐藏大臣衙門裡工作的文職人員多時幾十人，少時十幾人，其中除了官員以外，文書、翻譯、財務等工具性人員也包括在內。雖然拉薩一般保持數百清軍，但駐軍職責是純軍事性的，駐藏大臣衙門的日常工作，只能靠兩名駐藏大臣和手下數量很少的文職人員去做。

第二，駐藏大臣及下屬在西藏的時間短，一般爲三年，這決定其總體趨勢是向外流動的，心不在藏，根不在藏。

第三，駐藏大臣及下屬主要集中在拉薩，只跟西藏上層社會打交道，對西藏基層政權與社會的情況既無法瞭解，也談不上控制。

有了這三個共同特點，就決定了駐藏大臣不可能在西藏掌握實際

權力，他們到底是「佼佼者」、「平庸者」、「昏瞶者」雖然也有影響，已經不是決定性的。且不說西藏人是否願意服從駐藏大臣，三個特點的存在，事先就已經使駐藏大臣失去了掌握實權的能力。

史料中很少記述駐藏大臣的日常工作和具體活動，但是可以想像，西藏有上百萬平方公里土地和上百萬人口，沒有一個上千名官員和公務人員組成的權力體系（即政權）是無法管理的。僅駐藏大臣手下的屬員數量之少，就已經決定了其不可能在西藏直接行使權力。

事實正是如此，到一九五九年中共全面建政以前，西藏從來都是由當地政權體系統治的。清代駐藏大臣的人力只夠與西藏高層統治者打一對一的交道。如果西藏統治者服從駐藏大臣，完全按照他的指示去指揮政權體系，駐藏大臣才算輾轉地有了對西藏的權力。這樣的時候不能說沒有，如清朝大軍在藏期間，西藏統治者可能不得不對駐藏大臣言聽計從、尊崇有加。然而大多數時間，西藏統治者並不面臨被大清帝國武力廢黜的威脅，指望掌握著當地一切權力及物質資源的統治者，對幾個勢單力孤的外來人唯命是從，毫無道理。

雖然《二十九條章程》規定「噶倫以下的首腦及辦事人員以至活佛，皆是隸屬關係，無論大小都得服從駐藏大臣」（第十條），然而對官場行為稍有瞭解，就不難看出這是一句空話。對西藏政權各級官員來講，駐藏大臣是一個異族人，文化隔膜，語言不通，人緣不熟。他們不可能把忠誠和服從獻給這樣的人，而不惜得罪本地統治者，這是基本的官場常識。別說還有民族感情、宗教虔誠和文化認同等其他因素的作用。所以，駐藏大臣無法繞過當地統治者直接指揮西藏政權。

但是《二十九條章程》賦予了駐藏大臣任免西藏文武官員的權力，他為什麼不可以靠這種權力控制西藏政權體系呢？

以對藏軍軍官的任命為例。當時藏軍有六個相當於團的編制，首領為代本，下轄十二個如本（營長），二十四個甲本（連長），一百二十四個定本（排長），再下面還有久本（班長）。按照「二十九條」章程，這些軍官都應該由駐藏大臣和達賴喇嘛共同挑選和任命。問題是，駐藏大臣上哪去挑選這數百名軍官？他人生地不熟，平時住在拉薩，很少能跟分散在各地的藏軍打交道，與代本以下的基層軍官更是難有

來往。除非他有一個人事部門，平時能代他去各地考察挑選。然而他一共就那麼幾個屬員，毫無可能。結果就成了只有達賴喇嘛一方能夠提出名單。而駐藏大臣面對名單上那些他念都念不順口的藏文名字，除了同意，還能有什麼選擇呢？

這個道理可以推想其他政府官員的任命。當年西藏政府僅在拉薩就有五十多個機構[27]，拉薩以外還有眾多的宗（縣）、谿（區）等基層政權。駐藏大臣一樣無從去提任命名單，因此他的任命權也就一樣徒有虛名。正如史書所載：「噶倫、代本等缺，向來雖由駐藏辦事大臣奏補，但實係達賴喇嘛酌定補放，交駐藏大臣具奏；其餘商上孜本、商卓特巴及各大小營官亦均由噶倫等酌擬人數，然後由達賴喇嘛挑定，駐藏大臣俱不過問。」[28]

理論上，駐藏大臣至少可以瞭解經常與之打交道的西藏高層官員，如噶倫和代本之流。他應該能對這一層的任命提出自己的名單。但是前面講過的然巴之「死」，已經說明了駐藏大臣的無可奈何。

不錯，然巴如果願意當噶倫，他可以投靠駐藏大臣，而不是背著死人的名義去度餘生。然而三年一換的駐藏大臣就像無根的浮萍來來去去，達賴喇嘛的威嚴卻終生籠罩著西藏每一個人及其家族。在這不成比例的兩個靠山之間，當「藏奸」的選擇顯然是不明智的。駐藏大臣因此只能抱怨「番官唯達賴之命是聽」[29]，而絕無可能在藏人中間建立自己的陣營。

上述屬員少、在藏時間短、與基層絕緣三個特點，還造成駐藏大臣的資訊貧困。人少則耳目少，加上語言不通，耳目又多一層遮蔽（聯豫奏稿中有「漢人之能解藏文者，奴才衙門中，不過一二人，藏人之能識漢字者，則猶未一見」）；如果能夠長時間地扎根西藏，學會語言，發展地方關係，可以在一定程度上彌補，卻又是三年一換，剛開始瞭解情況就換上另一撥新人。在這種狀態下，除了任人擺布，實在也別無選擇。再者，駐藏大臣即使發覺自己受騙，面對那些扯皮推諉軟磨硬泡，往往也毫無辦法。聯豫抱怨：「……往往扎飭之事，遲至數月，而不稟覆，或藉口於達賴未歸，或託詞於會議未協，雖極力催詢，置若罔聞……」[30] 表面上，西藏官員對駐藏大臣表現得恭敬服帖，所謂「外

示誠樸」，實際行動卻是「陰實抗違」，完全按自己的而非中國人的意志對西藏進行統治。

　　這就像乘客和司機發生分歧時，司機不需要公開與乘客對抗，他只需以車出了問題，或是需要加油，或是前方不許左轉等無數理由，就能迫使乘客服從他，哪怕乘客就是他的頂頭上司。司機能做到這一點，在於他比乘客有資訊優勢。駐藏大臣就處於這種乘客地位。儘管乘客可以懷疑司機是撒謊，但除非乘客自己就是汽車專家，否則肯定理論不過司機。以駐藏大臣的處境，對西藏政權之車又如何能成爲專家呢？

　　一九○四年英國軍隊入侵西藏，初始是以要求談判開端的。當時的英國政府並不支持榮赫鵬上校（Francis Younghusband）對西藏採取軍事行動。所以榮赫鵬每向西藏境內挺進一段，就要求駐藏大臣前往談判。如果早一點進行積極的外交活動，也許能避免後來的結局。而當時的駐藏大臣裕鋼，以及後赴任的駐藏大臣有泰，皆以西藏當局不支應「烏拉」爲由而不前往，最終導致對抗逐步升級，英軍一直打進拉薩。有泰在拉薩見榮赫鵬時，仍以西藏人不支應「烏拉」爲自己沒有及早與之見面進行辯解。榮赫鵬爲之暗笑，遂將這個辯解當作中國在西藏沒有主權的證明[31]。

　　所謂「烏拉」是西藏地方的一種差役體系，在此主要是指交通運輸方面的勞役，由那些承擔勞役義務的百姓按照政府的命令，爲公務人員在西藏境內行走提供人力、畜力和食宿。堂堂淸政府的駐藏大臣，在面臨邊境戰爭之如此大事時，竟不能調動行路用的區區馬匹，還談何對西藏擁有主權？

　　後來的中國歷史學家幾無例外地把有泰這個理由視爲託辭，指責其「庸懦無能，辱國已甚」。也許從總體上，這種指責沒有錯。但是從另一個角度考慮，有泰爲什麼偏偏挑選這個託辭，並不見得全是空穴來風。至少在平時，駐藏大臣經常在使用烏拉方面受刁難，才能隨時拿它當作搪塞的理由。

　　我完全相信西藏人當年會利用這個手段對付駐藏大臣。雖然《二十九條章程》專門有一條把派烏拉的權力賦予駐藏大臣，規定「由駐

藏大臣和達賴喇嘛發給加蓋印章之執票，沿途按執票派用烏拉」（第二十四條）。但即使你開出再多的執票，他要麼說馬匹太瘦，不堪重負，要麼說大雪封山，無法前行，要麼對烏拉接力的任何一個環節暗中授意，把你拋在前不著村，後不著店的地方挨餓受凍。既不懂馬又不懂路的駐藏大臣除了任其擺布，還能有什麼別的辦法？靠這種手段，西藏人不需要公開對抗，卻能把駐藏大臣的行動完全限制住。倘若連在西藏行路都受制於人，可憐的駐藏大臣又如何談得上治理西藏呢？

我用「接口」比喻清代的駐藏大臣制度。那時的西藏保持完全自治，自成一體。駐藏大臣只是北京伸向西藏的一個「接口」，與西藏的本地統治者——達賴喇嘛和噶廈政府——進行一對一的聯繫。清朝對西藏的所有控制，都必須經過這一對「接口」之間的轉換才能實現，別無他途。只有西藏一方的「接口」接受並服從清政府的指令，中國對西藏的控制才能實現。

清代中國對西藏有無主權的問題，在這裡也就有了一種更具體的判斷：如果西藏的「接口」完全服從北京「接口」的指令，中國對西藏就有主權；如果西藏架空北京的「接口」，只是在諸如外交、國防一類大問題上表示服從或不敢違抗，那就只能算是宗主權；如果西藏的「接口」完全不聽從北京，甚至割斷「接口」，那就什麼權也沒有了。

## 五、東方式關係

今天，達賴喇嘛的海外流亡政府聘請西方人士擔任他們的國際公法顧問，以國際法的標準，從歷史上尋找西藏不曾隸屬於中國的法律根據。西方學者也做出這樣的結論：即便在清朝最強盛的時期，中國對西藏的宗主權「從來沒有形式化過，而且也沒有任何條約或是其他和談來確定雙方的權力和義務」[32]。北京方面也養了一大群法律、歷史等方面的專家，搜羅出許多類似《二十九條章程》那樣的證據，並從國際法的角度分析其中的主權表現，證明中國對西藏的主權之歷史合法性。

挑選出以上這段文字中的關鍵字——國際法、法律根據、形式化、

條約、權利和義務、合法性等，可以發現，雙方運用的都是本來不屬於東方歷史的概念。無論中國還是西藏，在歷史上都不曾用現代主權的觀念認識和約定相互的關係。西方概念被確立爲全球性的國際秩序，被東方接受認可，並在中藏關係中被雙方強烈地意識和爭取，只是十九、二十世紀之交才開始。二者之間許多似是而非的結論和糾纏不清的是非，根源都在把西方概念硬套在東方的歷史上。

如果一定要用主權、宗主權的概念判斷清代的中藏關係，我同意中國那時對西藏的控制更類似宗主權，而缺少主權性質。雖然西藏向中國朝廷表示臣服，在多數時間和多數問題上，這種臣服僅僅停留在名義上，或者只是一種以假作眞的遊戲。表面上，駐藏大臣被擺在重要位置。如前面引用的孟加拉校長的描述，駐藏大臣盡可以威風凜凜地遊行，西藏官員盡可以在出席場面時居於次要地位，甚至駐藏大臣可以拘押西藏頭人，鞭打沿街的西藏百姓，然而在對西藏的實際統治中，駐藏大臣卻起不了多少實際作用。西藏統治者以其特有的圓滑和耐性，通過架空駐藏大臣維持了實質上的獨立。

不過我不認爲那是一個在控制和反控制的鬥爭中誰勝誰敗的結果，反之，也許那正是當時的中藏雙方所共同追求、雙方都滿意的、因而也是最爲自然與合理的結果。

不錯，駐藏大臣對被架空有怨言，清朝皇帝也常表達不滿，但那一般只是在西藏出現較大問題、脫離了正常運行軌道時，才會受到重視並付諸解決。例如一七八八年和一七九一年兩次廓爾喀侵略西藏，起因於六世班禪的弟弟沙瑪爾巴叛離西藏，唆使廓爾喀進藏搶劫扎什倫布寺的財寶。當時西藏方面既沒有向駐藏大臣通報沙瑪爾巴的叛逃，廓爾喀第一次入侵後，達賴又自行允諾對廓爾喀賠銀贖地，也不與駐藏大臣商量，後因付不起賠款引起了廓爾喀第二次入侵，清朝不得不興師動眾，派大軍進西藏才算平息。這種勞民傷財使乾隆惱火，因此才嚴令整頓藏務，制定了《二十九條章程》，以加強控制西藏的外交與邊防。類似的整頓，在有駐藏大臣的一百八十五年之間，只有幾次。其餘大多數時間，清朝設置駐藏大臣的目的，只是維持一個統治西藏的象徵，而不是進行具體的統治。

理解這一點，需要認識中國古代政治觀與西方政治觀的區別：

　　美國加州大學戴衛斯校區的韓格理教授發現，歷來關於中國古代國家的論說，從啟蒙時代的思想家，到當代政治歷史、政治學與社會學的學者，無不是以得之於西方國家結構的概念，如科層制、世襲科層制、專制政體、獨裁政體以及活動於其中的各種角色的概念，來描述中國國家的屬性。這種作法，在他看來，常導致無法確認且誤導的結果。根據韓氏的概括，西方的政治結構具有兩個基本特徵，即集中化的權力觀念和行政性的政治組織觀念。在這裡，政治權力基於意志，且由一象徵性的中心向四方擴散，所謂「行政科層制」即是由這種命令結構中產生的組織類型。上面提到的各種概念如科層制、官僚、統治者乃至於「國家」，均是由這種關於政治組織及國家合法性的中心主義的觀念導引出來。然而，在中國的政治組織裡面，這些觀念是站不住腳的。在這裡，權力並非產生於意志，服從亦非基於命令。韓氏認為，中國人的權力觀乃是建立在為達成秩序而在和諧中運作的角色以及由禮所界定的角色關係上面。由此而形成的政治組織是由具有層級化排列的角色組合所構成，這些角色組織基本上自我維持，而沒有與明顯的命令結構相聯繫。[33]

　　後面幾行的加重是我加的。我認為有助於幫助理解古代中國與西藏的關係。在古代中國的世界觀中，「天下」是以中國為中心的。那時中國周邊沒有更先進的文明，中國可以一直保持強烈的文化優越感，視其他民族為「化外之邦」的「夷」「狄」「蠻」「番」。古代中國不以政治共同體界定國家，只關注一家一姓的王朝，而王朝的合法性在於其必須代表中國文化的正朔，正如梁漱溟所說「是基於文化的統一而政治的統一隨之，以天下兼國家的」[34]。

　　身為「中央之國」的君主，中國歷代皇帝對周邊民族的統治，放在首要地位的並非領土、資源、邊界等那些「物」的事物，而是「禮」。只要那些「夷」「狄」「蠻」「番」對中國文化表示臣服和尊崇，使「中央帝國」的尊嚴得到滿足，其他都屬細節，不需要過分操心。

正因為如此，古代中國從來不以法律界定自己的領土，只要在文化或政治上表示臣服，就一概被認為屬於中國。加上「無為而治」的傳統帝王哲學，寧願讓那些「化外之邦」自己管理自己，所以古代中國的邊界一直十分模糊。

> 重內輕外，詳近略遠，駢舉四方以示政權之歸於一，則天下在地理上政治上都被認為已完整。至於「四方」的細部，卻不是古人的主要關懷。若必以西人說一不二的方式去檢驗，則古人的「天下」是很難在地圖上再現的。歷代中國邊疆的贏縮常以千里計，倘以西人以固定疆域為國家要素的概念衡之，則中國豈非要到近代許多賣國條約因割地而劃定邊界後才成其為「國」？但對昔日的中國朝野人士來說，只要本土（main body of homeland）穩定，邊界的波動並不妨礙「中國」概念的完整。[35]

對東西兩種文化來說，西方觀念中的「大」是由「小」構成的，「大」是一種清晰的事實，必須由準確界定的細節進行說明和確立；東方觀念中的「大」卻更多地接近一種意境，拘泥「小」反可能使其受到破壞，因而常捨「小」以求「大」。中國帝王有「普天之下莫非王土」的心態[①]，卻動輒以封疆裂土進行賞賜，一旦惱怒，遠隔萬里也可發兵討伐，順心時卻什麼都好說，抑或一時顧不過來，像宋太祖那樣用鎮紙在地圖上一劃，便將大渡河以西統統拋棄不要——「置於度外，存而不論」了。

從國力上來講，古代中國不是不能征服和控制周邊的民族社會，而是沒有必要。只要其不構成危害，符合「禮」的秩序——表示臣服就可以。古代中國的周邊總是存在形形色色被朝廷認可的藩王，也經常分封諸侯。我想在清代的中國皇帝眼裡，西藏就是這樣一種角色。

---

[①] 清雍正年間，越南與中國發生了四十里邊地爭執，雍正諭曰：「朕統御宇內寰宇，凡臣服之邦，皆隸版籍。安南既列藩封，尺地莫非吾土……況此四十里之地，在雲南為朕之內地，在安南為朕之外藩，毫無所分別。」乾隆時期，甚至把英國來華使節稱為外藩朝貢使臣，那時的地圖也把西方國際（英、法、義）列入外夷朝貢國（見張植榮《國際關係與西藏問題》）。

這可以被視爲一種統治方式，卻難以完全用當代的主權或宗主權概念進行解釋。

中國皇帝最重視「禮」所確定的尊嚴——「唯此爲大」。只要滿足這個「大」，其他局部細節都可以模糊，或當作滿足尊嚴的交換物。而中國周邊那些弱小民族，更重要的「大」則首當生存安全和實際利益。爲此，尊嚴倒是可以模糊一些。這同樣是東方式的思路。並非認爲尊嚴不重要，而是把它當作極有價值的資源，以交換實際利益。那時西藏對中國名義上的臣服，很大程度就是源於這種需要。清代中國使西藏擺脫了自元以來蒙古汗王的統治，扶持格魯教派進一步居於統領地位，在與世俗權力的鬥爭中幫助以達賴爲首的宗教權力取得勝利，北京還爲西藏提供豐厚的賞賜、必要的仲裁和對外防禦的保證……西藏得到如此之多的好處，所須付出的僅僅是在表面上對中國做出臣服姿態。那種臣服停留在名義上，只是一種以假作眞的遊戲，讓中國皇帝「君臨天下」的心理感覺滿足，而西藏並不因此喪失實質上的獨立。相反，堅持強硬的態度會惹惱中國皇帝，西藏會受到大兵征伐，統治者會遭罷黜，人民也將塗炭，在這種得失對比中，明智的選擇是什麼，其實是很清楚的。

前面所講的駐藏大臣的遊行場面加上「然巴死亡」的故事，我想就是清代中國和西藏之關係的縮影。


註釋：

1《衛藏通志》卷首，《高宗純星皇帝御制喇嘛說》

2《衛藏通志》卷首，《高宗純星皇帝御制喇嘛說》。

3《聖武記・國朝綏撫西藏記（下）》。

4 那彥成，《平番奏議》。

5 約翰・麥格雷格，《西藏探險》，西藏人民出版社，一九八八年，頁238。

6 約翰・麥格雷格，《西藏探險》，西藏人民出版社，一九八八年，頁243。

7　梅‧戈德斯坦（M. Goldstein），《喇嘛王國的覆滅》，時事出版社，一九九四年，頁 736。

8　查爾斯‧貝爾，《十三世達賴喇嘛傳》，西藏社會科學院西藏學漢文文獻編輯室，一九八五年，頁 45、46。

9　恰白‧次旦平措等，《西藏通史——松石寶串》，西藏古籍出版社，一九九六年，頁 779-786。

10　柳升祺，《西藏文史資料選輯》第四輯，頁 73。

11　《清世宗實錄》卷八二，頁 4。

12　《清代駐藏大臣傳略》，吳豐培等編撰，西藏人民出版社，一九八八年，附錄，「清代駐藏大臣一覽表」。另參見曾國慶，《清代駐藏大臣淺探》，載《藏族史論文集》，頁 171、172。

13　吳豐培、曾國慶，《清朝駐藏大臣制度的建立與沿革》，頁 104。

14　《衛藏通志》，西藏人民出版社，一九八二年，頁 283。

15　曾國慶，《清代駐藏大臣淺探》，見《藏族史論文集》頁 171、172。

16　《衛藏通志》卷九，頁 315；《清高宗實錄》卷一三九三，頁 11。

17　《清季籌藏奏牘》第三冊，《張蔭棠奏牘》卷二，頁 17。

18　《清季籌藏奏牘》第三冊，《張蔭棠奏牘》卷二，頁 17。

19　《清仁宗實錄》卷二五一，頁 16。

20　榮赫鵬，《英國侵略西藏史》，西藏社科院資料情報研究所編印，一九八三年，頁 67。

21　丁實存，《清代駐藏大臣考》。

22　《衛藏通志》卷九，頁 315。

23　《清季籌藏奏牘》第三冊，《張蔭棠奏牘》卷二，頁 17。

24　《聯豫駐藏奏稿》，西藏人民出版社，一九七九年，頁 47、48。

25　《清季籌藏奏牘》第三冊，《張蔭棠奏牘》卷二，頁 17。

26　吳豐培、曾國慶，《清朝駐藏大臣制度的建立與沿革》，頁 61、62。

27　《西藏自治區概況》，附件三，「原西藏地方政府組織系統表」，西藏人民出版社，一九八四年。

28　吳豐培、曾國慶，《清朝駐藏大臣制度的建立與沿革》，頁 62。

29　《聯豫駐藏奏稿》，西藏人民出版社，一九七九年，頁 92。

30 《聯豫駐藏奏稿》，西藏人民出版社，一九七九年，頁 16。

31 《清季籌藏奏牘》第三冊，《張蔭棠奏牘》卷二，頁 17。

32 見董尼德，《西藏生與死——雪域的民族主義》，台灣時報文化出版公司，一九九四年，頁 101。

33 梁治平，《習慣法、社會與國家》，《讀書》雜誌一九九六年第九期，頁 49。

34 梁漱溟，《中國文化要義》，《梁漱溟全集》第三卷，山東人民出版社，一九九〇年，頁 294。

35 葛佳淵、羅厚立，《「取法乎上」與「上下左右讀書」》，《讀書》雜誌一九九五年第六期，頁 31。

# 3 確立主權的互動

　　也許可以說，人類近代史的主要特徵之一就是西方崛起。十八、十九兩個世紀，西方以不可遏止之勢向全球擴張、征服和殖民，打破了原本在歐洲以外自成一體的每個封閉社會（包括中國和西藏），所有抵抗都以失敗告終，西方從勝利走向勝利。到了二十世紀，人類基本都納入到以西方文明爲主導的國際社會。

　　不奇怪，維繫和運行這樣一個國際社會的基本觀念和秩序，必然是來自西方。既是同一個國際社會，不可能容許兩種或多種不同的觀念與秩序，其他觀念和秩序都需要變化。在下面我們所要講的故事中，西藏就是因爲堅持自己的觀念與秩序，付出了慘敗與恥辱的代價。中國比西藏更先一步嘗到苦果。除非你有讓人家服從你的實力，否則只有接受人家的規則。不改變就挨打——這就是國際「叢林」的規則。

　　在近現代世界，非西方國家的很多問題都來自按照西方標準對自己所做的改變。在那些改變中，除了被強迫進行的改變，還有把西方原則視爲公理而自覺地追隨。傳統割裂、平衡喪失、文明衝突和社會震盪，還有轉型之中的困惑茫然，民族精神的分裂以至歇斯底里……非西方國家在這種改變中付出的代價之大是難以估量的。

　　如果世界停留在十八世紀不變，上一章所描述的清代中國與西藏的關係——一方得面子，一方得實惠——應該是一種在模糊狀態下獲得自然平衡的恰當方式。然而，一旦接受西方的主權觀念，中國和西藏就不得不轉換到新體系，按照新的規則調整相互關係，甚至需要用新的標準改寫歷史。可想而知，讓中國接受主權觀念，它就要對西藏實現明確的主權控制；而西藏接受主權觀念，它要的卻是擺脫中國而

獨立。二者原來可以和平共處的模糊關係，不可能納入必須明確界定的主權體系。因此，進入主權體系，中藏雙方的關係就不能不成爲對立的。

按照主權的定義，西藏人可以認爲自己一直擁有實質上的主權，它有符合獨立國家定義的領土、人民和政權三要素，有獨立的軍隊，發行自己的貨幣，並有自己獨特的文化。而中國則以西藏歷史上的臣服姿態爲根據，宣稱自己擁有法律意義上的主權。即使延續長達近二百年的駐藏大臣對西藏沒有實質性權力，但其中具有的統治象徵，卻足以使北京產生一種相當根深柢固的心理意識——西藏是屬於中國的。這種意識不僅存在於北京的王宮，也已經成爲大多數中國人的集體意識，而且可以很自然地與近代主權概念畫上等號。

雙方的這種對立，在主權體系以及相應的民族主義意識形態背景下，變得日益尖銳。傳媒時代造成的民眾參與，使得對立越發難以調和。可以說，中國和西藏迄今發生的一切，早在西方開始尋找新大陸和向中國販賣鴉片的時候起，就已經埋下了命定的劫數。整個二十世紀的中藏關係史，核心就是主權觀念的確立、套用和調適，這個過程產生了大量衝突，奠定了中國與西藏當代關係的基礎，延續到現在，並將一直延續到相當久遠的未來。

# 一、西方出現

自十七世紀英國開始在印度次大陸殖民，其勢力範圍逐步從沿海地區向北擴展。到十九世紀下半葉，已經達到喜馬拉雅山脈，與西藏相遇。那時，印度在大英帝國的殖民體系中已居於中心地位，爲英國提供大量資源，也積聚了英國的巨額投資，被稱爲大英帝國的生命線。爲了保衛這條生命線，大英帝國和它的印度殖民政府隨時警惕對印度產生威脅的任何可能。

由於印度次大陸南部有印度洋爲天然屏障，英國的警惕主要針對北部的亞洲大陸。那裡有中國、俄國兩個超巨型大國。即便中國在當時尚不足慮，俄國卻讓英國不能掉以輕心。當時俄國勢力已經擴展到

蒙古和中國的新疆，與印度只剩西藏高原擋在中間。爲此，英國就有了控制西藏的戰略需要，使其成爲橫在俄國與印度之間的緩衝區。印度人 D.R.曼克卡爾曾這樣寫：

> 英帝國主義曾是那一時代最強大的國家——它皺一皺眉頭，其他國家都不能漠然置之。儘管這樣，他們還唯恐在什麼地方出現某種紕漏，因此，把它的殖民地印度的國防安排得無懈可擊。他們在印度四周建立了廣闊的安全區。它的防禦要塞實際上東到新加坡西至亞丁。

> 根據這項政策，位於印度東北邊界的西藏必須是獨立的，而且對印度必須是友好的，同時，還得受英國支配。[1]

雖然英國皺一皺眉頭，別的國家都不能漠視，西藏可不吃它那一套。英國甚至根本敲不開西藏的大門。在西方人寫的有關西藏的書中，總是有很多篇幅描寫他們進藏所受到的攔阻。有人統計，在二十世紀以前的全部年代，大約只有四十個西方人訪問過西藏，其中只有幾個人真正到過如神話傳說那樣神祕的拉薩。

爲什麼那個年代的西藏對西方人防範到如此地步，這是一個令人納悶的問題。西方人將其歸於西藏人奇怪的思維，或是喇嘛們擔心異教徒會動搖他們的地位。中國的控制肯定也是原因之一。在中國對西藏具有較大影響力時，規定西藏實行閉關鎖國政策，即使緊鄰的尼泊爾和喀什米爾商人，也只允許每年進藏一次到三次，外人到拉薩更要受到嚴格控制[2]。

當時中國封閉西藏的目的，也許是爲了避免西藏再生出廓爾喀入侵那樣的麻煩事來，以及爲了控制蒙古與西藏的私下往來。不過在一八四八年的鴉片戰爭以後，西方的堅船利炮讓中國人嘗到了苦頭，深深地震撼和影響了中國的官場，以後的歷任駐藏大臣，肯定會不斷地向西藏上層社會描繪西方人的邪惡與可怕。

在與西方較量遭到一系列慘敗之後，晚清中國從抗拒洋人變成了懼怕洋人。西方探險家紛紛要求他們的政府向中國政府施加壓力，允

許他們對西藏進行考察①。然而這時，即使洋人拿著清政府總理衙門發給的護照，已經把西方人視為魔鬼的藏人也堅決不許他們進藏了。無論中國的駐藏大臣怎麼勸導（若勸導不成，駐藏大臣將遭朝廷處分3)，也不能改變藏人對洋人的畏懼和勢不兩立的決心。光緒五年（一八七九年），以達賴和班禪為首，率全藏四十八個僧俗機構向清廷上了一個名為「全藏公稟永遠不准洋人入境」的請願書，現在讀起來頗有意思：

掌辦商上事務通善濟嚨呼圖克圖恭奉達賴喇嘛班禪額爾德尼率領闔藏眾呼圖克圖三大寺堪布新舊佛公、台吉、僧俗番官軍民人等公具切實甘結，懇請欽差駐藏辦事大臣松代為奏咨事。伏查洋人入藏遊歷一案，屢接駐藏大臣譯文內稱，立定條約，准其入藏，奏明之件，萬無更改。各國到時，漢番一體照護，勿滋事端等因。並面奉屢次剴切曉諭，遂將藏中向無洋人來過，並習教不同，恐於佛地有礙。闔藏僧俗大眾公立誓詞，斷不准其入藏，情甘具結，實在情形，大眾苦衷，懇求駐藏大臣代為咨報矣。而西藏世世仰蒙大皇帝天恩，振興黃教，保護佛地，何能仰報高厚鴻慈於萬一，豈敢執意抗違不遵。惟查洋人之性，實非善良之輩，侮滅佛教，欺哄愚人，實為冰炭，斷難相處。茲據闔藏僧俗共立誓詞，不准放入，出具切結。從此世世不願生死，永遠不准入境。如有來者，各路派兵阻擋，善言勸阻，相安無事。如或逞強，即以唐古忒之眾，拚命相敵。諒在上天神佛庇佑佛地，大皇帝恩護黃教，斷不致被其欺壓而遭不幸也。謹將闔藏僧俗官民大眾公議苦衷傷心情形，出具切實甘結，特求駐藏大臣代為奏咨，切望皇恩無疆以救闔藏眾生之性命也，謹呈。
4

---

① 光緒二年七月二十六日（一八七六年九月十三日）的中英煙台條約另議專條：
現因英國酌議，約在明年，派員由中國京師啟行前往，遍歷甘肅、青海一帶地方，或由內地四川等處入藏，以抵印度，為探訪路程之意。所有應發護照，並知會各處地方大吏暨駐藏大臣公文，屆時當由總理衙門察度情形，妥為辦給。倘若所派之員，不由此路行走，另由印度與西藏交界地方派員前往，俟中國接準英國大臣知會後，即行文駐藏大臣查度情形，派員妥為照料，並由總理衙門發給護照，以免阻礙（《光緒條約》，卷一，英約，頁16）。

八年之後，「前後兩藏上下南北康藏各屬寺院僧俗地方大眾頭目」等又聯合上了一份類似的請願書，仍然誓言對洋人「待至男絕女盡，情願復仇力阻」，對中國准許洋人進藏，「發給路照牌票」表示反對5。對藏人而言，禁止洋人進藏，已經不是一個理性決定，而幾乎成了根深柢固的本能。

早期企圖進入西藏的西方人大部分是以個人身分活動的傳教士或探險家，阻擋他們進藏並不難。但是到了十九世紀末期，西藏面對的西方已不再是個人，而是一個當時世界最強大的帝國，一個具有深遠野心和充分謀略、掌握著先進武器並且被高效地組織在一起的西方民族。

為了進入西藏，英國人先向西藏派出被稱為「班智達」的間諜。那是從西藏人不太防範的亞洲人中招募的，事先都要進行長達兩年的訓練。在他們裝扮成朝聖者或商人進入西藏時，隨身行李都有祕密夾層，衣服有暗袋。他們的手持轉經輪裡裝的不是經文，而是記錄沿途情報的筆記。他們可以把筆記轉寫成韻文，邊行走像背誦經文一樣把它們背誦下來。班智達的主要使命是繪製西藏地圖，為了不暴露，他們不得不用原始的辦法，例如距離是用步數量出來的。在行走過程中，他們用念珠充當計數器，每撥一粒珠子代替旅程中的多少步。他們的步子必須保持均勻跨度，這種測量特別需要自我約束及精確度。他們經常需要獨自一人行走幾千公里，還要努力修正不規則地形造成的誤差。為了確定方位，他們每天要多次進行太陽及星星的觀測，記下每次觀測的資料。測量各個地理位置的海拔高度，是通過測量水在那裡的沸點（一般是在裝作燒茶時進行）。由他們所繪製的地圖，後來通過以科學手段進行的重新測量，被證實具有難以置信的準確性6。

面對著這樣一個深謀遠慮且堅韌不拔的對手，西藏人像把頭埋進沙子的鴕鳥一樣，採取了不理睬、不對話、我行我素的態度。然而兩個民族既已相遇，僅是一方想躲是躲不過去的。英國人的向北擴張把尼泊爾、不丹、錫金、查漠—喀什米爾相繼納入其控制，而不丹和錫金過去一直是西藏的藩屬，二者就不可能不發生衝突。

為了西藏和錫金的邊界問題，藏軍與英軍在一八八八年發生首次

交戰。由於那場戰爭沒有擴大,雖然結局是藏軍失敗,西藏方面卻沒有受到太大震動。當時是由中國清朝政府出面解決衝突的,其一方面約束藏人克制,另一方面與英國人進行談判,經過長達數年的交涉,達成了一系列針對西藏問題的條約和協定。

然而那些條約和協定卻沒有一項能付諸實行,西藏人根本不承認。他們的理由是那是中國人簽的而不是西藏人簽的條約,因此對西藏沒有約束力。他們照樣對英國人關閉大門,不予理睬。英國人這才認識到,中國對西藏的權力只是個名義,實際是不能控制西藏的,敲開西藏的大門,必須和西藏統治者直接打交道。

在英國人還沒明白這個道理以前,與中國人在錫金大吉嶺就西藏問題進行談判的時候,西藏方面也有一個代表在場。他名叫夏扎,是西藏噶廈政府的噶倫之一。他顯然受到了輕視,中國人稱他為「蠻子」,英國人也沒想到讓他代表西藏在條約上簽字。他當時給人留下印象的,只是一次他將一位英國女士擠下了大路,被路見不平的英國青年揪住了脖子,受到當眾羞辱[7]。

以小看大,這個小插曲也能反映英國人對西藏的態度。不能譴責那位英國青年不對,尊重和保護女士是西方的美德之一。但是按照西藏的倫理,婦女應該給男人尤其是給喇嘛讓路,而不是理所應當地搶在他們前面。這是兩種文明的不同標準,不能說哪一個就一定對而另一個就一定錯,問題是當兩種文明遭遇的時候,應該接受哪一個標準?西方人就是這樣,只要你違反了我的標準,我就認為你違反了天意公理,是不文明的,就要上去揪你的脖子。

這種時候,你要是伸張自己的文明和標準,除非你有反過來揪住對方脖子的實力。然而可想而知,一個西藏老喇嘛怎麼是英國小夥子的對手呢?


# 二、大炮上課

西藏人不理睬英國人與中國人簽訂的條約,繼續我行我素。他們毀掉英國人在錫金邊界立的界碑,像過去一樣隨便穿越邊境,趕著牛

羊到邊境另一側去放牧。中國答應印度貨物可免稅通過西藏的亞東關卡，西藏人卻照樣徵稅。西藏商人可以自由到印度去做生意，英國人卻不被允許進入西藏。在英國人以破壞條約指責西藏人時，西藏人就裝糊塗，說中國駐藏大臣從未把條約給他們看過，條約也未經西藏政府同意，所以條約無效。而當英國人打算與西藏政府直接交涉的時候，西藏人卻又會讓他們去找駐藏大臣，推託一切外交權都在中國人手中，他們不能僭越中國皇帝。從第一次英藏戰爭到第二次英藏戰爭之間的十幾年中，西藏人一直就在跟英國人玩這種東方式的遊戲，指望以推託扯皮消磨對方，將己所不欲之事化解於不了了之中。

中國人的作法也大同小異，把條約不能執行的責任一股腦推給西藏人，說他們不服管束，罵藏人「愚昧無知，蠢如鹿豕」。當時英國在印度的殖民總督寇松勳爵（Lord Curzon）對此感歎：「在對西藏政策問題上，我們似乎在一個惡性循環的圈子裡轉圈。如果我們與西藏交涉，要麼得不到答覆，要麼就是叫我們去同駐藏大臣打交道；如果我們與駐藏大臣交涉，他就會尋找藉口，說他無力對西藏施加任何壓力。」[8]

英國人開始明確地、堅決地要求與西藏統治者直接對話。他們無法容忍自己落入可笑的境地。如榮赫鵬後來對西藏人發表的演講中說：「吾英人可以經商於俄、德、法及其他諸大國中，亦可經商於中國之滿洲、蒙古、土耳其斯坦及其他藩屬中，惟於西藏，獨不許進行貿易。此種偏頗不公之事，殊不適於正直文明之民族如君等也。」[①][9] 西方人把自己的標準強加於人並將其視為公理的態度，在這段話中表露無遺。

英國人首先希望能與十三世達賴喇嘛以通信的方式溝通。那時十三世達賴喇嘛已經成為西藏說一不二的統治者。即使他不按照英國人

---

① 此段話摘自榮赫鵬（Francis Younghusband）自己寫於一九一○年的一本書中。這本書一九三四年被譯成中文。我看到的是西藏社會科學院資料情報研究所於一九八三年以「內部資料」之名重印的版本。文字仍然是三○年代的半文言文，書的名字被叫作《英國侵略西藏史》。榮赫鵬想必不會給自己的書取這樣一個名。但因為找不到榮赫鵬的原書，也沒有三○年代的中譯本，所以只能用此書名，並引用其半文言式的譯文，也算是一種有趣的寫照。

的思路考慮問題，只要能對上話，總可以通過談判取得進展。然而印度總督寇松連續數次致信都得不到回答。一八九九年寇松致十三世達賴喇嘛的信在六個月後被原封不動地退還，西藏官員表示他們不敢向上轉呈。寇松委託專人去拉薩親自送信，達賴喇嘛照樣拒絕予以答覆，連信都不拆，原信退回時，信封上的封戳宛然尚在[10]。當時的西藏人就是這樣，似乎只要搗上耳朵，蒙上眼睛，任你怎麼做怎麼說一概不看不聽，你就死活沒招。

英國人也有辦法，你對我不聞不問，我就揍你，打疼了你，你就不得不睜開眼睛，跟我對話了。一九○三年，在印度總督寇松的策劃下，一個武裝「使團」——堪稱外交史的奇蹟——開始向西藏境內挺進。寇松任命的「交涉使」（亦為「使團」團長）榮赫鵬是一個渴望著建功立業的冒險家和意志堅強的帝國軍官。對這個武裝「使團」的使命，英國國內、包括當時的帝國政府有很多反對意見，所以「使團」初始階段非常謹慎和緩慢，每前進一段就停下，要求西藏派遣有決定權的高層政府官員前去談判。

西藏人繼續堅持不聞不問的策略。一路上只有低級官員與榮赫鵬周旋。他們除了不停地重複拉薩當局要英國人撤退的要求，仍然是連信也不敢轉交。榮赫鵬只有採取把信當面念給他們聽的辦法，指望他們能把聽到的內容向上轉達。

中國的駐藏大臣也始終沒有出面。後人指責駐藏大臣失職，駐藏大臣辯解是藏人不提供烏拉。關於這一點，最近由幾位藏族歷史學家寫的《西藏通史》這樣寫：

> 軟弱無能的清政府命令駐藏大臣裕鋼親赴崗巴宗與英方進行和談，阻止發生武裝衝突。但是，西藏地方政府和三大寺的代表認為：「原先雖在隆吐山戰敗，但元氣尚可恢復，可駐藏大臣升泰反對抗英，結果失去了大片領土。如果這次駐藏大臣再度反對的話，那將會誤大事的。」因此，不同意駐藏大臣赴崗巴議和。當時駐藏大臣裕鋼及兩位幫辦處於無奈，向皇上呈報西藏情況後辭去了職務，清朝就委任有泰為駐藏大臣，委任納欽為駐藏幫辦。[11]

由此看來，駐藏大臣的辯解並不完全是假話。所謂隆吐山戰敗，指的就是一八八八年那次英藏戰爭。當時因為清朝政府及早採取與英方談判解決的態度，避免了戰爭進一步擴大，西藏人也因此沒有對雙方的實力差距產生清醒認識，以為西藏堪與英軍一戰，只是輸在駐藏大臣自行放棄抵抗。所以，這次西藏在堅持不與英方正面接觸的同時，大規模集結藏軍和各地民兵，決心以武力阻擋英國「使團」的前進。

等到雙方真正在戰場上交手時，與其說那是雙方之間的戰爭，毋寧說是一方對另一方的屠殺。西藏戰士雖然經常表現出令人讚歎的英勇，但是其武器的原始和軍事素質的低下，使其完全不是英軍對手。每次戰事，英國軍官率領的印度和廓爾喀士兵幾乎總是以死傷幾人的代價，殺死成百的西藏人。以至戰鬥過後，那些講究榮譽感的英國軍官情緒低沉，無心慶賀。英國國內報紙則紛紛抨擊「使團」的殘無人道，甚至英國議會也將其評述為「對手無寸鐵之人的大屠殺」[12]。為此，英國《每日郵報》當時派出的隨軍記者埃德蒙‧坎德勒（Edmund Candler）在他後來寫的書中這樣辯解：

> 藏人十分固執自信，直到教訓了他們多次之後，他們才知道自己那些武裝起來的烏合之眾和英王的軍隊差別太大。根據後來發生的事件來看，很顯然要不是我們狠狠地教訓了他們一頓，我們就不會有任何進展。格玉的屠殺只是將無法避免的事件給提前了。是由於藏人的愚蠢，才使我們捲入了戰爭的漩渦。要想讓他們認識到英國是一個強國，英國的軍隊需要認真對付，就非得殺掉他們幾千人，否則就沒有指望。[13]

奇特的是，中國當時的駐藏大臣有泰，也有著和英國人相似的想法。他在給清政府外務部的電報中，把英軍的進犯和勝利當作迫使藏人服從清朝的一個機會：「今欲折服其心，非任其戰，任其敗，終不能了局……倘番眾果真大敗，則此事即有轉機，譬如釜底抽薪，不能

不從吾號令也。」①14 有泰認為西藏戰敗可以給藏人教訓，也可以證明中國和駐藏大臣的正確，因為有泰和他的前任都反覆警告藏方避免釁端，要與英國人磋商妥協，不得以武力抵抗，否則戰爭一經開始，後果必定慘重。既然藏人不聽，拒絕與英國人談判，也不讓駐藏大臣調解，他們自嘗苦果就是活該。所以有泰在戰事緊迫、藏軍連連大敗之時，以幸災樂禍的心態隔岸觀火，甚至有心思帶著手下人給他買的西藏女人，到拉薩附近的柳樹林裡唱歌跳舞。

對有泰的行為，後來中國人提起只表示氣憤，然而那其中除了有泰的個人品質可以譴責，還應看到更深一層：當時西方的知識和標準尚未在中國完成破舊立新，上千年沉溺於東方統治權謀的中國官吏——尤其是偏遠地區的地方官——尚沒有獲得綜觀世界潮流的眼光，甚至還不能清楚地理解「主權」到底為何物。有泰倒不一定是有意喪權辱國，而是他首先還沒有懂得什麼是主權，什麼是現代意義上的國家。

關於那場戰爭的具體過程，許多著作都有詳盡描寫。在這裡摘兩段引文，可能更有助於得到直觀感受。艾德蒙‧坎德勒在英軍與藏人的第一次戰鬥中負傷，被送回印度治療，三個月後他重新返回西藏，又路過當時的戰場。

---

① 有泰致外務部電報的全文為：「咸電敬悉，內稱抵任已久，何以與英員尚未接洽等因。查此番邊事，相持多年，泰到任數日，即晤商達賴，剴切開導，奈始終執迷，不肯支應夫馬；察其言語，且處處疑忌漢官，未便力爭，只好緩圖辦法。旋准英員榮赫鵬照會內稱：定日開赴江孜，請攜主權番官，面商一切，益請嚴飭不得妄動等因。當經照覆該英員，請勿再進，倘能退回亞東地帶，則此事易於轉圜，否則恐其桀驁不馴，出乎情理之外，將來通商立約，事事為難各等語。並據請譯咨達賴，兼兩次詳訊，示以聖旨，曉以利害。嗣據其覆文內稱：已在骨魯地方與英人交戰而敗，傷斃番官四員、番兵數百名。並稱保守藏疆，應由番邊作主，已飭前藏一帶士兵起程，請大皇帝諭調大兵，資助軍餉各等情，披閱之餘，令人髮指。此事既經開釁，決裂已成，而又似非決裂者，蓋英人戰勝之後，頗具不忍人之心，即其照會前來，仍是處周藻密，以邦交為重；惟藏番執拗無理，膽大妄為，即儀秦復生，亦無所施其辯。昔年隆吐之戰，大致相同；今欲折服其心，非任其戰，任其敗，終不能了局。目前不獨不支夫馬，難以進言，且屢此聖訓煌煌，並不遵守，雖未敢形諸公牘，而言語之際，違悖頗多；唯有鎮定處之，俟有隙再圖善策。好在英人深知底蘊，不致有礙邦交，不過將來多費唇舌。倘番眾果再大敗，則此事即有轉機，譬之釜底抽薪，不能不從吾號令也。此係實情，祈為轉奏……」

我發現那些倒下去的藏人仍躺在原地。有個人在撤退時，子彈穿過了肩部，他回轉頭，面對著我們的槍彈倒下了。另外一個則用指頭勞而無功地扯著地上的草，這時草叢中正開放著一朵鮮豔的粉紅色報春花。萎縮的手臂、大腿看上去都短些了，令人可怕。小溪邊，屍體成堆，焦乾的皮膚看上去就像鐵鏽，如同木乃伊一般。在旋風中，從一顆腦袋上掉下來的一束黑髮圈圈捲了起來。屍體身上的東西全給扒光了，只是除了偶爾可以見到的一點點布條之外，這樣屍體比全裸著還要難看，另外就留下了頸部一些不值錢的護符。由於這些東西的神祕力量，無人認為這些東西值得拿走。大自然倒顯得慈祥一些，在他們的周圍撒滿了春天美麗的花朵。[15]

另一段引文是西藏方面的材料。在西藏現存的歷史檔案中，有一封一九○四年藏方前線指揮部成員西爾邦朗童寫給噶廈政府全體噶倫的信，敘述他奉命去召集和整頓潰散藏軍的經歷，從中可以看到當時藏軍潰敗的程度。

……來到仲仔溪達村時，遇見許多潰散的藏兵。我們叫過來八名藏兵，其中一名帶著洋槍。自稱是代理代本甲扎的代表，並說他們是派來守衛山頭的，因不敵而逃來。我倆勸他們不要再逃跑了，同我們一起去仲仔。他們口稱遵命，但最後還是逃走了。

我們到達屬於噶丹的山廟牧場時，發現朗溪卡之僧官洛曲和哲蚌寺的三名代表以及部分喇嘛正在這裡休息。我們問他們是幹什麼的？他們說是山頭失守後逃跑來的。我們勸這位僧官率領他的人同我們去仲仔。僧官不答而離去。哲蚌寺的三名代表建議我們先說服僧官。於是，我們追趕僧官洛曲直到奴瑪山後時，見僧官洛曲和大批藏兵正在彼處燒茶休息。經查問，始知這些藏兵是從彭波地區調來的，僧官則是該部的督戰官。我二人勸他們要以政教大業為重，齊心協力共同對敵，要求同我們去仲仔集中待命。該僧官和藏兵回答說，他們從彭波來的藏兵原有一百八十名，多數已戰死，現只剩六十餘人。大家已經盡了忠，等等。那僧官洛曲不但不勸說藏兵，

反而煽動藏兵謾罵我兩人，特別是二人離開此地一段路後，他們向我們開了一槍。感謝三寶護佑，我們沒有被打中。一個僧官，竟然如此目無法紀，槍口對著自己人，使我們的生命處於內憂外患中。對僧官的這種非禮，使人難以容忍，但因寡不敵眾，當時只好作罷。

我們於二十三日黃昏前到達仲仔地方，當詢問潰散部隊的去向時，據仲仔溪卡的溪本反映，喇嘛軍由軍餉部派往江孜，但據說多數人在途中逃散……第二天，從江孜逃來的人傳說，江孜宗和寺廟已被敵軍攻占，我方守軍被打散，等情。因此，朗如騎兵無法去江孜。眼下，管家貢熱去曲江年楚河以北地方尋找噶曹喇嘛並召集散兵。我令朗如騎兵和那曲、那倉的餘部去白朗宗集中。一方面阻止我軍繼續向北逃散；一方面令其堅守住現有陣地……

……與軍餉官和日喀則宗本們研究禦敵之策。他們說：想盡一切辦法抵抗敵人是應該的，但手中無兵啊！據悉，江孜的大部分藏兵經倉貢、仁則開走了；山南的藏軍駐紮在年楚河以北，別處基本無兵。如果河北的藏兵不認真抵抗，就連淺渡也難以守住……[16]

在中共的官方修史中，有大量對藏人在那場「愛國抗英鬥爭」中表現出的英雄主義的描述，北京政府近年還在當時的主戰場江孜修建了紀念館。然而從上面這封信中，哪裡看得出英雄主義的蹤影？

一九〇四年八月二日，帶著大炮機槍，踏著血泊前進的英國「使團」開進了他們的目的地——拉薩。在此之前，西藏人已經完全喪失了鬥志。二十八歲的十三世達賴喇嘛帶領一小夥隨從逃離了拉薩，流亡蒙古。面對著高聳於拉薩上方的布達拉宮輝煌金頂，英國人這樣表達他們的自豪之感和對西藏人的蔑視：

喇嘛用盡了他們在物質方面和精神方面的手段阻攔我們，他們依靠中世紀的武器和各式各樣的雜牌現代武器同我們較量，他們舉行了求助於天的儀式，整天誦經，一本正經地詛咒我們，然而我們還是過來了。[17]

駐藏大臣有泰以牛羊「犒勞」佔領了拉薩的英軍。英軍未進拉薩以前，他就寫信對英國人的「長途跋涉」表示慰問，說他曾向達賴喇嘛力爭，不應該對英國人「無禮至此」，並為藏人的無禮「深引為羞辱」[18]。他和榮赫鵬一見面就找到了共同語言，兩人互相傾訴對藏人的厭惡。榮赫鵬表示極能諒解有泰在西藏的困難，因為他自己剛剛有同樣的經歷，他們共同認為「藏人實一極端頑固之民族」。有泰對因西藏人的抵抗給英軍造成的「困苦之經歷」，再次表示「深抱不安」。榮赫鵬在回憶錄中寫道：「余因過去數年中迭與頑梗愚昧之藏人做長時無謂之晤見，今得晤此君，亦殊感欣慰也。」[19] 中國政府將有泰撤職查辦後，榮赫鵬非常不滿，認為中國任命駐藏大臣，「應選用有泰一流人物」[20]。

後來中國人把有泰定為「賣國」理由是足夠的。他作為中國在西藏的主權代表，面對榮赫鵬迫使西藏人簽署喪權賠款的條約，不但「無一語匡救」，還又哄又壓地督促西藏人屈服[21]。正如隨後去查辦他的欽差大臣張蔭棠所斥——「誠不知是何肺腸」。

我想，除了顢頇怯懦和昏瞶，在有泰的「肺腸」深處，可能還始終在轉動著一個中國人的小心眼——儘管面對的已經是一個全新的時代和全新的對象，他仍然以為可以像線裝書記載的老祖宗們那樣，玩弄「以夷制夷」的古老把戲罷。

## 三、清末對西藏的新政

不過，一九○四年英軍入侵西藏之最後解決，某種程度上的確是「以夷制夷」的結果。只不過那次「以夷制夷」並非出自中國人的權謀，而是西方世界內部的矛盾所決定的。

寇松和榮赫鵬儘管不乏英雄主義和對帝國的效忠，但是以其地處一隅的局限性，這著西藏棋就一步而言走得雖然精彩，在二十世紀西方強權政治的大棋盤上，卻並不一定有利於大英帝國的整體戰略。

當時在亞洲參與大爭奪遊戲的西方大國主要是英國和俄國。英一俄關係是問題的焦點。殖民南亞的英國與控制了遠東、蒙古並已擴展到中國新疆的俄國之間，只剩下西藏高原是避免它們直接遭遇的緩

衝地帶。從避免龍虎鬥的角度，兩個大國願意保持這種隔離。何況「天助西藏」，在那片廣闊的高原上，實現控制和建立軍事力量所需要的成本，對兩大帝國都是難以承受的負擔。所以，對英國來說，莫不如承認當時軟弱而幾乎搖搖欲墜的中國對西藏具有宗主權，而和俄國達成雙方都不把勢力範圍擴展到西藏的諒解。

對於這一點，當時被派去西藏進行對外交涉的溫宗堯有鞭辟入裡的分析：

> 蓋西藏者無獨立資格，我不能保之，則屬於英，而有害於俄之中亞細亞；屬於俄，而有害於英之印度。兩國必出死力以相爭，而大局決裂，此兩國所不願也。[22]

溫宗堯因此反對朝內防備英國或防備俄國孰先孰後的爭論，認為當時形勢是有利於中國對西藏經營的：

> 臣竊謂自我言之，則英、俄皆當防閑。自英、俄言之，則防英者俄，防俄者英，中國當趁此各有忌憚之時，急整理西藏內政，恢復主權……假使中國能增加治理西藏之權力，則英、俄方且贊助不遑。[23]

中國迅速地行動起來。英軍對拉薩的占領和其後西藏人在刺刀逼迫下簽署的拉薩條約，極大地刺激了中國統治者和精英集團，也由此劇烈地改變了中國對西藏歷來採取的無為而治的政策。他們認識到，如果再用以往那種東方式的關係維繫西藏，則西藏無需日久就將徹底喪失。正如張蔭棠所說：「及今不極力整頓，十年後西藏恐非我所有，不特川滇不得安枕，而內外蒙古也從此多事矣」[24]，要防止這種喪失百萬里國土的下場，就必須盡快在西藏建立起明確的、符合現代國際（西方）標準的主權。

中國在和西方遭遇以來，處處挨打，接連慘敗，早已失去了與西方直接對抗的勇氣和信心。在其接受與實踐西方的主權標準過程中，

從來也只嘗到恥辱的苦果。而這回在西藏，不用冒與西方直接對抗的風險，卻可以有一次大刀闊斧伸張主權的實踐，哪怕僅從釋放中國統治集團和精英集團內心挫折感的角度，也有了足夠的動力。所以，儘管那時的晚清王朝已經衰落到接近崩潰的邊緣，卻以回光返照的猛力，對西藏進行了中藏關係史上程度空前的一次主權實施，其銳意讓西方世界也刮目相看。

一個意味深長的現象是，這一次被委以整頓藏務的官員，大都有過在西方的經歷。主持與英國談判西藏問題條約的唐紹儀曾留學美國；赴藏欽差大臣張蔭棠曾做過清政府駐舊金山的領事和駐西班牙的代辦；新任駐藏大臣聯豫曾出使歐洲；副大臣溫宗堯也曾在香港上過學。

一方面有上述英國和俄國的互相牽制，給中國在西藏的宗主權獲得國際承認創造了有利條件；另一方面也是唐紹儀、張蔭棠等中國代表在外交談判中力爭，一九〇六年在印度簽訂的中—英關於西藏問題的條約，改變了榮赫鵬一九〇四年占領拉薩期間與藏人簽訂的條約。榮赫鵬的條約排除了中國對西藏的宗主權，而在新條約裡，英國重新承認中國在西藏擁有最高權力，並要求中國保證不許其他外國進入西藏[25]（這是英國承認中國宗主權的主要出發點）。一年以後，英國與俄國簽訂條約，要求彼此都不插手西藏事務，雙方在條約中共同承認了中國對西藏擁有宗主權[26]。以致榮赫鵬痛心地感歎：「吾人三年前取得之權利，今悉為俄方犧牲也。」[27]

當時的情況有點像兩個勢均力敵的強盜，都不願意讓一件財寶落入對方手中，為了避免彼此拔刀相見，兩敗俱傷，寧願承認財寶屬於一個弱小的第三者。不過不管當初的動機是什麼，這些條約是西方對中國擁有西藏的正式認可，為後來中國全面統治西藏提供了國際公法方面的依據，其延續的影響至今仍然束縛著西方各國的官方政策，而不論他們在內心對西藏獨立運動多麼同情。

中國堅決地改變了與西藏之間那種東方式的模糊關係。有泰之流以管不了藏人為理由，推託自己對西藏所負的責任，雖然說的是實話，卻實在是缺少主權意識，才能做如此可笑的推託。主權就是要為所屬

領土和臣民發生的一切負責。只有管得了才叫主權，管不了從何而談主權。所以中國政府首先承擔了榮赫鵬在拉薩條約中強迫西藏人所付的賠款。那筆賠款的名義是賠償英軍入侵西藏所花的軍費，雖然是典型的強盜邏輯，也沒有中國方面在那個條約上簽字，財政拮据的中國政府還是迫切地將那筆巨額賠款攬到自己帳上，並且要求一次付清。當時榮赫鵬要求西藏的賠款額為藏人絕不可能擔負的七百五十萬印度盧比，隨後提出可分七十五年付清，每年十萬盧比，在全部賠款付清以前，英國有權在西藏境內的春丕保持駐軍，作為保證西藏交付賠款的抵押。後來，那筆賠款雖然被英國政府減到二百五十萬盧比，按照條約上的賠款進度，春丕仍須被英軍占領二十五年。中國政府要求一次付清全部賠款，目的就在讓英軍立刻撤出西藏，免得其在天長日久的占領過程中，實現對西藏潛移默化的影響（可能這正是榮赫鵬的目的之一）。經過中國代表反覆交涉，極力堅持，最終達成了分三年付清賠款的協議。而且在交付賠款的過程中，中國方面想盡各種方法避免英國與西藏直接接觸，以體現自己的主權。閱讀對當年那些細節的記載，可以看出中國那時已經按照西方的概念和規則，開始玩起外交場合的主權遊戲，以致連講究細節的西方人都感覺過於煩瑣。同時，中國政府撤職查辦了駐藏大臣有泰，對其手下多名官員及西藏本地官員也進行了嚴厲處罰，整個西藏為之震動。

西方的大炮震醒了中國的統治者，使他們認識到「中央之國」以「藩屬」方式治邊的時代已經過去。在列強環繞的現代國際關係中，主權的基礎建立在明確的邊界劃分上，邊疆的穩定已成為國家安全的首要因素。「藏地東西七千餘里，南北五千餘里，為川滇秦隴四省屏蔽，設有疏忽，不獨四省防無虛日，其關係大局實有不堪設想者」[28]。又如聯豫所說：「在閉關自守之日，以中馭外，以腹制邊，未嘗不可圖治。若值環海交通，與國鄰接，隱施蠶食之謀，顯逞虎眈之欲，則邊地一日不安，即腹地一日不固。」[29]而穩定邊疆，首先需要在邊疆地區建立起符合國際準則的主權，原來那種與西藏之間的「接口」式關係，這時顯然就是不夠的了。

社會由政權進行統治和管理。所謂主權，離開政權無從體現，掌

握政權才能擁有主權。在以往中國與西藏的「接口」式關係中，西藏政權始終由西藏本地統治者（達賴或攝政）掌握，自成一體。理論上，只要西藏統治者服從，通過他們控制西藏政權和社會，也能實現主權控制。事實卻證明，除非有極大的利益吸引或是強大的武力威懾，誰也不會甘心頭頂還有更高的權力。即使在利益和威懾面前不得不表示臣服，他們也會以架空的方式，使其臣服只停留於名義，中國還是難以控制。所以晚清政府一方面在外交場合堅持中國對西藏的主權，同時則抓緊開始在西藏實行新政，目的就是要控制西藏政權。

對西藏實行新政，清政府的一文一武兩位要員是代表人物。文的是前面提過的張蔭棠，武的是至今仍然名震川藏的趙爾豐。

張蔭棠是廣東南海人，曾任清政府的外交官，兩次中國與英國談判藏事條約，他都是中方的主要代表。一九〇六年到一九〇八年之間，他被派到西藏整頓藏務。選擇一外交官整頓藏務，此舉反映了清政府對西藏問題的定位。張蔭棠以欽差大臣身分到藏不久，朝廷擢升他為駐藏幫辦大臣，他堅辭不受。他知道駐藏大臣在藏人中已失去威信，戴上那麼一個帽子，對個人雖是升遷，卻會「蹈常襲故，復為藏人所輕視，反致一事不能辦……於大局無益而有害」[30]。可能他心裡還有沒說出口的理由，去做幫辦大臣，上面還有一個為正的辦事大臣，事事掣肘，關係難處，莫不如保持欽差大臣的威嚴和自由，更有利於其在藏的使命。

張蔭棠進藏後，首先大刀闊斧地清除時弊，整肅吏治，參奏了駐藏大臣等一批貪官污吏，使其受到懲處。他在藏人心目中威信較高——他帶進西藏的花種至今仍被藏人稱為「張大人花」——此舉為關鍵因素。老百姓喜歡「包公」式的清官，此乃不分民族的群眾心理。其實張蔭棠的治藏思想和措施，對當時的西藏實為顛覆性之威脅。張蔭棠口才不錯，他曾抱病到大昭寺給西藏僧俗官員演講物競天擇之理與富國強兵之道，講得聽者感動流淚。他發布全藏的《傳諭藏眾善後問題二十四條》也寫得恩威並重，選幾段奇文共賞：

……西藏介居英俄兩大國之間，因係中國屬土，故英未敢吞併。

如有奸臣進讒，或勸袒英，或勸袒俄，此皆可殺。或英俄行反間之計，勸爾背漢自立，歸他保護，此係吞併之詭謀，切宜勿聽。中國撫有西藏二百餘年，未嘗取西藏一文錢入中國，反為西藏糜費去數千百萬。實念西藏百姓與中國血脈一線，如同胞兄弟一樣。大皇帝撫莫大之恩，爾子孫世世不可忘。

西藏內力未充，不可輕開邊釁，與人戰爭，自取滅亡，宜忍小忿以圖自強。凡事稟命大皇帝然後行，爾藏官平日亦要講究萬國交涉公法……開埠辦法，種種不同，必如何方能不失主權，而興商利，稍有不慎，事權為人所牽制，而通商適成漏卮，商戰之敗，害尤烈於兵戰。方今地球上萬國交通，斷無閉關絕市而可以立國之理。稍知時務者，當破除昔日禁民貿易之迂見，蓋商務旺則其國富，國富然後可以籌餉製械而兵強，自然之理也。

拉薩城破，達賴出奔，實為唐古特千年未有之奇辱。爾等宜將戰敗殺戮慘狀繪為圖畫，懸諸三大寺門口，永遠不忘此恥。勿謂今日和約可長恃，當常思念敵人猝來挑釁，長驅直進，爾等有何策以禦之？知舊兵不可用，不能不改練洋操也；知舊槍不可用，不可不改製快炮也；糧餉不厚，不能得士卒之死力也；偵探不密，不能知敵軍之內情也；地圖不精，營壘不能占形勢也；測量不準，槍炮不能命中也。事前不能一一籌備，敵至復束手無策，爾等其熟籌方略以對……

張蔭棠規劃的治藏方案，核心可用他自己說的一句話概括：「惟整頓西藏，非收政權不可，欲收政權，非用兵力不可」[31]。其具體措施，集中體現在他向朝廷上奏的「治藏十九條」中。瞭解中國的治藏歷史，此十九條不可不讀，故全文附錄於書後。

仔細琢磨，你會發現，今天中共統治西藏的方法，仍在張蔭棠的十九條裡打轉，甚至連具體到聯絡尼泊爾以制約印度，今天都照辦不誤。張蔭棠在西藏的具體作為，這裡無須羅列。他在西藏時間較短，僅有一年多。其作用主要在於籌劃和倡導，當時付諸實施的並不多。他為中國在新的國際形勢下如何對西藏確立主權提供了政策基礎。繼

他之後主持藏務的駐藏大臣聯豫，雖然出於嫉妒而對張蔭棠進行排擠，但是在推行收取西藏政權的治藏政策方面，兩人實為一脈相承。聯豫的作用是在張蔭棠籌劃的基礎上，進行了進一步的實施和推廣。

張蔭棠和聯豫在藏期間，正好是十三世達賴喇嘛為躲避英軍連續五年流亡在外，造成藏人群龍無首，為中國人收取西藏政權提供了有利時機。他們清除西藏官員中的親英派人士，重新任命噶倫等官員，改革政權體制和設立新的政府機構。聯豫比張蔭棠更進一步，力主由駐藏大臣直接管理全藏政事，將全藏政權收至駐藏大臣衙門系統，而不再通過噶廈政府。還有比聯豫更激進的主張，甚至提出把西藏改為中國一個行省，徹底結束藏人治藏的局面，以絕後患。

當時若能做到西藏改省，張蔭棠和聯豫都不會不願意，但是且不說能否克服藏人的反對，首先中國自身就存在不可解決的問題，別說改省，連以駐藏大臣主管藏事的設想，都在很大程度上落空。這個中國自身存在的問題，後面將在「無人進藏」一節裡進行討論。不過，當時在康區同時辦理藏事的趙爾豐，倒是以「改土歸流」的方式，最終實現了收取政權。

所謂的「康」，指包括今天西藏東部、四川西部以及雲南西北一角的橫斷山地區①，是藏族三大地理區域之一及藏語康方言的分布區。由於地理相交，康區也是藏漢兩民族交流比較密切的地區。歷史上，康區主要由當地的世襲土司統治，個別地區間或由拉薩派官管理。十九世紀與二十世紀之交，康區隨拉薩對北京的離心傾向增加，也陷入多事狀態，發生多次暴動，攻擊清朝官員和西方傳教士，燒毀天主教堂，連在巴塘主持屯墾的駐藏幫辦大臣鳳全也被殺死。趙爾豐奉命帶兵出征平定，從此開始了他對康區（中國當時稱其為「川邊」）藏事的經營。

趙爾豐祖籍襄平（今遼寧省遼陽市），漢軍正藍旗人，屬較早為滿人效力的漢人之系。其父做過山東泰安知府。趙爾豐在四川為官時，曾鎮壓哥老會暴亂捕殺數千人，被稱為「趙屠戶」。他對康區也採用同樣暴烈的手段，為了征服當地的土司和頭人，殺人無數，打了不少惡

---

① 青海省南部藏區（現玉樹自治州）也屬於康。——二〇〇九年註

仗。著名的戰鬥如打鄉城桑披寺，其僧人將前往談判的清朝官員剝成皮筒塞草懸掛。其寺地形險要，半年而攻不下，軍糧斷，趙爾豐與士兵同以草熬牛皮爲食。當時他指揮切斷桑披寺水源，一月後守寺藏人竟將三四斤活魚扔出取笑，令全軍毛骨悚然，漫山搜尋，後因一士兵偶然掉進土穴，才找到深埋於地下的輸水管。桑披寺終破於斷水。寺廟被焚，數百僧眾遭屠殺[32]。

平定叛亂之後，趙爾豐被任命爲川滇邊務大臣，開始在康區實行「改土歸流」。所謂改土歸流，就是把當地世襲的土司，換成由清政府任命的、可以隨時流動的外來滿漢官員，消除土司割據的政體，納入與中國內地一致的州縣制政權體系。改土歸流進一步激發了康區各地土司的反抗，趙爾豐治理川邊六年，南征北戰，幾乎是不停地打仗，廢除了明正、德格、巴塘、理塘爲首的大小土司和昌都、乍丫（察雅）等活佛的政治地位，驅逐了拉薩派在康區的官員。

閱讀當年有關改土歸流的舊檔案，頗有趣，如被要求放棄土司權力的魚科土司上書趙爾豐：

> 欽差大臣台前：小的魚科土司具懇稟事，情因小的自先年以來，不比他們牛廠，小的於大皇上屬下，每年上納銀子，大臣均是知道的，哀懇大臣准小的照前一樣居住，賞張執照，沾感不淺；如難允准，要繳印信號紙，懇先飭綽斯甲、革什咱兩土司呈繳印信後，小的亦隨即呈繳。

趙批覆如下：

> 稟悉。該土司懇求照前居住，賞給執照，均准如所請，至應繳印信號紙，乃奉旨之件，各處土司一律辦理，豈有綽斯甲、革什咱不令呈繳之理；惟爾懇求先飭該兩土司繳印之後始呈繳等情，實屬荒謬，同是繳印，何分先後？本督部大臣，豈有偏私，如朱倭、白利、靈蔥均已繳案，該土司何不以朱倭等比較，而以綽斯甲、革什咱爲衡？似此野蠻無知，本應懲辦，姑從寬宥。[33]

趙爾豐征服和改流的地區約計東西三千餘里，南北四千餘里，設府、所、州、縣三十餘處，後來建立西康省，由此得初具規模[34]。其後三十年在康地的漢官，無不得利於趙爾豐當年的餘威。雖然西康省直到一九二八年民國時期才正式設立，但是趙爾豐經營川滇藏務時就已有此設想。他曾上奏「平康三策」[①]，第二策就是「改康地爲行省」。第三策更進一步，「移川督於巴塘，而於四川、拉薩各設巡撫，仿東三省之例，設置西三省總督，藉以杜英人之覬覦，兼制達賴之外附」[35]。

　　由於趙爾豐殺戮頗多，藏人（尤其是藏人上層）對其恨之入骨。清政府一九○八年任命他爲駐藏大臣，兼任川滇邊務大臣，等於把主要的西藏事務全部交給他管。因拉薩方面激烈反對，他實際未去拉薩上任。趙爾豐有殘暴的一面，曾一次斬首逃兵七十餘人，但是也有廉潔公正的一面，曾在路途發現一家百姓無隔夜之糧，而地方官不知，即以嚴懲。他訓導地方官：「知縣是知一縣之事，即知人民事也。故勤政愛民者，因愛民而勤政。非勤政爲一事也，愛民又爲一事也。凡民有疾苦，而官不能知之，不能救之，是賊民者也」[36]。對他這種恩威並重，當年康區的普通藏人百姓頗多信服。他在辛亥革命時被起義民眾所殺，其婢女爲救他而死，隨後其生前衛士又去刺殺革命軍頭目爲他復仇，也可略見他平時爲人一斑。

　　對清末西藏推行的新政，在不同的立場可以有不同的評價，不過從現代化的角度，那的確是西藏的第一次現代化輸入。張蔭棠、趙爾豐、聯豫等人，除了對藏區進行收權方面的政治改革，也在經濟、文化、教育、衛生等方面爲西藏帶來了一系列新事物。如平治康川道路，

---

[①]《清代駐藏大臣傳略》記趙爾豐平康三策：「首將腹地三邊之猓夷收入版圖，設官治理。三邊地皆猓猓，界連越西、寧遠，諸番夷山居野處，向無酋長，時出劫掠，邊民苦之。然地多寶藏，產藥材尤富。三邊既定，則越西、寧遠亦可次第設治，一道同風，此平康第一策也。故事：駐藏大臣及六詔台員每出關時，悉在爐城奏報某月某日自打箭爐南門或北門入藏，相沿既久，英人每執奏報爲言，以爲爐城以西，皆屬西藏轄地，每與交涉，理屈詞窮，界限牽混，堂奧洞開；力主改康地爲行省，改土歸流，設置郡縣，以丹達爲界，擴充疆宇，以保西陲。此平康第二策也。川藏萬里，近接英鄰，山嶺重沓，寶藏尤富，首宜改造康地，廣興敎化，開發實業，內固蜀省，外拊藏疆，迨勢達拉薩，藏衛盡入掌握，然後移川督於巴塘，而於四川、拉薩各設巡撫，仿東三省之例，設置西三省總督，藉以杜英人之覬覦，兼制達賴之外附，此平康第三策也。」

敷設川藏電線，雇比利時工程師架設河口鋼橋；開辦工廠；創設郵局；選派年輕藏人到內地學習工藝；在拉薩建立商品陳列所供藏人參觀；編練新軍，辦陸軍學堂和巡警教練所，設步警和馬警維持治安；趙爾豐在康區創辦學堂六十多所，親自爲其編寫課本；聯豫在西藏各地也創辦了二十多所新式學堂；還出版發行了藏文白話文報紙，設立譯書局、印刷廠等。

　　至今回頭審視清末對西藏的新政，從中國的角度，爲了納入以主權爲框架的國際體系，對西藏收權也許是迫不得已的，不可不爲。但是張蔭棠、趙爾豐共犯一個通病，即在收權之外，還企圖以漢文明改造藏人。張蔭棠在西藏翻譯散發小冊子，向西藏老百姓灌輸孔孟之道的綱常倫理，提出「西藏宜遵用大清正朔」。他推行漢文教學，爲此個人捐獻五十兩金砂、三百五十兩銀錠，作爲漢文考試優異的藏人學生之獎學金。他甚至提出「當喇嘛娶妻生子的聽便，並可充任農工商兵諸業」，「喇嘛白晝不必誦經，宜兼做農工商業以生財，不可望人布施」。對此，藏官和喇嘛的回答是：「若照指示，聽喇嘛自願娶妻，黃教必定衰敗，萬難辦理」[37]。趙爾豐不但強迫藏人子弟學漢話，還要求藏人家族都採用漢姓。至今康區有不少姓漢姓的藏人，多是那時傳下來的。他在改變風俗方面，細到要求藏人改變以吐舌頭表示尊敬的習慣，規定男女青年在藏袍裡面還要穿褲子，甚至因爲他認爲藏人的天葬風俗不好，也要求改變[38]。

　　對西藏收權，威脅的僅是原來掌權的西藏上層統治集團，即使遇到反抗，範圍也有限。只要日子過得好（或至少不比原來壞），多數老百姓對到底由誰掌權並不眞正關心。然而對西藏社會實行同化政策，就等於把衝突的對象擴展到全體百姓。歧視一個民族的傳統風俗文化並強令其改變，一定會激起民眾的共同憤恨。一旦民眾與民族上層站到一起進行反抗，收權和同化就可能都遭到失敗，且由此播下的民族仇恨，也將長期難以化解。

　　我曾以「異質同構」的概念分析這個問題。對異質化程度較高的民族實行主權統治，不收政權是不行的——即需要保證政權的「同構」

①，但同時應該特別注意文化上的寬容，給其社會生活方面的「異質」以充分的自由空間。這兩方面應該是相反相成的關係，才能達成一種平衡狀態。不過，無論是清末對西藏的新政，還是後來中共在西藏的統治，這方面的平衡狀態幾乎從來沒有出現過。這也是西藏始終是中國的一個難題之原因所在。

## 四、西藏有了選擇

　　這是一個連鎖反應：西方以主權標準對西藏的介入刺激了中國在西藏確立主權的行動，中國的行動則刺激了西藏徹底擺脫中國控制的願望。在東方式的朦朧關係中，西藏可以用「架空」方式保持實質上的獨立，以表面臣服換取實在利益，一旦被中國納入明確的主權結構，那就成了真正的臣服，權力遭剝奪，對西藏統治者而言是失去最大利益，是任何別的利益都不能交換的。

　　何況，日趨沒落的晚清中國還能給西藏什麼利益呢？西藏以往臣服北京的理由——尋求保護和仲裁——已不存在。一方面，從外交而言，當時的中國在國際爭端中連連蒙羞，連自保都困難，又如何可能保護西藏。經歷了兩次與英國交戰的失敗，西藏對這一點有切膚之痛的認識；另一方面，從西藏的內政而言，十三世達賴喇嘛作為西藏政教最高權威的地位當時已經相當穩固，也不再需要依靠北京的仲裁和支持。

　　一九〇〇年，俄國一支持有中國政府批准之護照的考察隊在藏東察木多（昌都）地區瑣圖村受到藏人阻擋。中國護照不能說服藏人讓路，用考察隊首領科茲洛夫的話說：「射手比任何中國護照更可靠」[39]。在與藏人的衝突中，俄國人槍殺藏人二十一人，傷十九人，焚燒房屋並掠奪馬匹，然後毫無損傷地揚長而去。事件發生後，俄國人沒受到任何處置，反被中國方面護送出境。而對要求官府作主的藏人，清政

---

① 我說的「同構」指的是政權一體化。非一體化的「接口式」權力關係難以保證主權，不過這是針對統治型權力而言，如果是自下而上的民主權力，「同構」就不一定必要，「接口式」的聯邦關係也可以形成主權。——二〇〇九年註

府一拖再拖，拖了三年。最後是由清政府按每個死者八十兩銀子，每個傷者十六兩銀子，共付二千零三兩銀子就算了事。當時的駐藏大臣裕鋼在結案後寫了一份奏摺，僅看那份奏摺①，已經足夠理解藏人爲何要拋棄中國另尋靠山。

　　西方尤其是英俄勢力在亞洲的迅速擴張，使原本僅爲中國專有活動領域的西藏，處在了中、英、俄三個大國之間的三角地。中國不再是對西藏而言的唯一強者，且事實表明，中國遠不如另兩個大國。十三世達賴喇嘛曾經把尋找新靠山的希望寄託於俄國。他把俄國當成信奉佛教的國家，從而希望能重現元朝那種結構——由西藏人充當精神領袖，一個強大的世俗帝國充當信徒、施主兼軍事上的保護者。他在一九○四年逃出拉薩躲避英國人，也許就抱著與俄國人建立聯繫的願望，企圖依靠俄國抵抗英國。但是當他到達與俄國距離已經很近的庫倫（今天蒙古共和國的首都烏蘭巴托）時，俄國在對日戰爭中失敗，

---

① 奴才裕鋼跪奏：爲瑣圖重案辦理完結，請獎出力各員，以示鼓勵恭摺，仰祈聖鑒事。竊查察木多所屬瑣圖地方，前因俄人遊歷，番民被害日久案懸，經奴才於上年九月間奏明辦理撫恤，免釀他釁。旋由外務部議奏飭藏派員速往撫辦，奉旨：依議，欽此。旋行到藏，欽遵辦理。本年二月間奴才復將派員前赴該處日期，附片奏聞在案。自委員到瑣圖後，迭據稟報，會同察木多文武及番屬呼圖克圖等傳集該處被害番民家屬等剴切曉諭，允爲恤賞，毋滋他釁，初據各番民等聲稱，俄人從前遊歷至此，恃強焚殺，各番民等無辜遭害，至殞命二十一人，受傷十九人之多，當時因先奉有駐藏大臣屢（屢）次曉諭保護俄人遊歷之文，嗣又奉諭，靜候辦理，是以不敢報復於前，甘心忍耐於後。乞今事將四載，各番民等流離困苦，不堪言狀，總求委員代稟，必須俄人抵償番民之命，賠出房產失物。若用大皇帝幣銀撫恤，番民等萬不敢領等語，由委員等具稟前來。經奴才迭次批飭，竭力撫導，務今感戴天恩，毋任始終執迷去後。該番民等仍執前言，堅不肯領恤銀。復經奴才行飭察木多倉儲巴格桑榮墊約同午丫呼圖克圖等同至該處勸導，並由委員等宣諭皇仁，擇番民中之稍能領悟者，再四指說利害。直至本年八月，始據各番民等遵辦，願領恤銀，當由委員等酌議，其被害一命者賞銀八十兩，計二十一命，共銀一千六百八十兩；受傷一名者賞銀十六兩，計受傷十九名，共銀三百二十三兩，合共恤賞銀二千零三兩，分別發給該被害家屬人等承領取具，察木多呼圖克圖及各該民等切實夷結完案，並由呼圖克圖等呈進謝恩佛匣。請爲代奏，稟報前來。奴才伏查此案事起交涉，肇釀番民多命，情節既屬重大，辦理甚難措手。奴才自光緒二十六年冬間，初據察木多文武稟報，即屢咨總理衙門、理藩院等處，商請辦法，並由四川督臣迭次電達北洋大臣及外務部，往返咨商，迄難定案。中間尚有藏番生事，欲調三十九族地方番兵追往與俄人爲難，亦經奴才開導了息。二十七年因奉聞該處番民有停支大道差使之意。奴才復派文案委員知府何光樊輕騎簡從，前往開導，幸而遷延三載，始獲撫恤完案，實各番民等感戴皇仁，不敢始終與俄國爲難，且恤銀無多，事半功倍，初非奴才意料所及，幸賴皇上天威，竟得消弭巨患……（中國第一歷史檔案館，《朱批奏摺》，外交類，第一八二卷，第七號文件）

俄國國內發生一九○五年革命，舉國混亂，十三世達賴喇嘛的幻想也不得不隨之破滅。

那一段十三世達賴喇嘛陷入痛苦的彷徨，甚至居住地都成了問題。他的宗教地位超過庫倫的蒙古大喇嘛，後者被對比得相形黯淡，大量信徒把供奉送給達賴喇嘛，使其蒙受損失，於是庫倫大喇嘛改變了對達賴喇嘛的歡迎，逐漸變得無禮，搗毀了達賴法座，還當著達賴喇嘛的面吸煙[40]。世態炎涼令人寒心，連宗教領域也非淨土。十三世達賴想回西藏亦受各方阻礙，不能實現。他還是沒有擺脫掉中國的控制。當他被召到北京給慈禧太后祝壽時，也許他還有與清廷達成諒解的一絲希望。多數史書認為他與中國的最終決裂，在於慈禧太后堅持要他見面時下跪。雖然西藏在世俗權力中臣服中國，但是達賴喇嘛從來認為自己的宗教地位至高無上。何況從前五世達賴喇嘛到北京時，不但未曾下跪，清帝還出城遠迎。然而時過境遷，當年的清朝為了安蒙古需要籠絡西藏，此時的清朝則需要表現自己對西藏的主權。西藏的政教合一使達賴喇嘛不僅是宗教領袖，還是西藏世俗權力的最高代表，所以他必須下跪。為了解決這個爭執，十三世達賴喇嘛觀見的時間拖後了半個月，最終的妥協是達賴喇嘛以單腿跪拜慈禧太后與光緒皇帝。這對從來以神自居的達賴喇嘛，內心屈辱是可想而知的。而這種屈辱是迫於沒有民族前途的無奈，痛苦就會更深，也必然使他產生更強烈的逆反心理。

慈禧太后與光緒皇帝見了十三世達賴喇嘛之後，僅在一個多月內，兩人相繼死亡。本已千瘡百孔的晚清王朝陷入更加風雨飄搖、朝不保夕的境地。那時達賴喇嘛一直逗留在北京，貼近地目睹清王朝的腐朽和沒落，肯定會進一步加強他擺脫中國控制的決心。他此次在外流亡五年的時間，極大地開闊了眼界，磨練了意志，建立了關係，使他從雪山深處的神王變成了一個民族領袖和政治家。

趙爾豐、聯豫等在康區和西藏實行的新政，也深深地刺激了十三世達賴喇嘛，西藏的自由和傳統，包括達賴喇嘛自己的統治地位都受到威脅，等於從根基上毀滅西藏社會。慈禧與光緒一死，十三世達賴喇嘛立刻就踏上回西藏的歸程，並且在途中就開始遙控藏人進行抗

爭。

　　前面提到過，張蔭棠在其整頓藏務的初始就強調：「惟整頓西藏，非收政權不可，欲收政權，非用兵力不可」。其時中國對西藏唯一的威懾只剩用兵。隨著達賴喇嘛即將回歸，藏人對中國統治的反抗越來越強烈。四面受敵的駐藏大臣聯豫要求清政府向西藏增兵，以保證自己的──同時也是中國的──權力在西藏的有效性。一九○九年，清政府下令四川組織一支兩千人的川軍，在將軍鍾穎的率領下向拉薩進發。達賴喇嘛深懼中國軍隊進藏的威脅，下令西藏軍隊和民兵以武力阻止。從而又促使清廷命趙爾豐的軍隊爲進藏川軍增援護送，導致更多軍隊進入西藏。

　　這是一個互動升級的過程。不僅僅限於軍事衝突，還造成雙方心理的對抗，反過來再影響政治局勢。將十三世達賴與聯豫之間的衝突做一歸納，可以看到這種互動升級形成一個鏈條，一直導向雙方最終決裂。十三世達賴到達拉薩時，川軍還在路上，雙方還沒撕破臉皮，聯豫率領下屬出城迎接，達賴因爲心中憤恨川軍進藏，對聯豫視若不見；聯豫因此惱羞成怒，立刻尋釁報復，先是強說達賴私購俄國軍火，帶人闖進布達拉宮檢查，沒查到，又派人截下尚在途中的達賴行李，開箱搜查。結果軍火沒有搜到，達賴的物品卻丟失了不少；試想達賴怎麼嚥得下這口氣？隨之的反措施是下令藏人罷差罷糧，斷絕對駐藏大臣衙門的一切糧草和夫馬供應，並禁止藏民與漢商貿易；聯豫的回應則向北京報告達賴「陰蓄異謀，亟宜防維」，請在進藏川軍之外再增兵進藏；當中國軍隊一路擊潰藏軍而逼近拉薩時，達賴曾試圖與聯豫講和，聯豫卻意氣用事，不肯妥協；加上臨時組建的川軍多流氓之輩，軍紀極差，途中受藏人阻擊又心生恨意，進拉薩後即槍傷藏民，侮辱藏官；出於對中國完全失去信任，也出於對已成水火之勢又擁有武力優勢的駐藏大臣的恐懼，剛剛流亡五年，回拉薩僅數月的十三世達賴喇嘛又一次出逃，再度踏上流亡之路。

　　十三世達賴喇嘛的這一次出逃頗爲奇特。他急奔而去所投靠的，恰恰是造成他上一次流亡的敵人──英國。一九一○年二月二十一日，達賴逃進英國控制的錫金（隨後進入印度）。當時他一定要住進英

國人的房子、並在英國士兵的保護下才感覺安全[41]。正如榮赫鵬所驚歎:「世事之翻雲覆雨,變化不測,寧有甚於此者?」[42]達賴做出這種選擇,一方面因為剛從北方返回的他知道重返北方不會找到希望;另一方面,雖然英國人曾以大炮轟開了拉薩大門,但是與滿清官員的腐敗霸道相比,他們的禮貌、守信和慷慨給西藏人留下深刻印象,態度也隨之發生轉變。當然,這種選擇還反映了十三世達賴喇嘛作為一個政治家的大膽和靈活。

以十三世達賴喇嘛的此次逃亡為起點,西藏上層社會改變了歷史上一貫臣服北京的政治路線,開始了以爭取西方支持為資源的近代「西藏獨立」運動,一直延續到今天。

據那一段時間與十三世達賴接觸密切的英國人查爾斯・貝爾記述,十三世達賴喇嘛當時的構想是按照不丹與英國簽訂的條約模式建立英藏關係,即將西藏的對外事務置於英國的控制之下,由英國提供保護,而西藏保持內政方面的自治[43]。令達賴沮喪的是,英國拒絕了他的提議。貝爾是這樣解釋的:「就我們來說,去承擔亞洲高原一百萬平方英里的防務是極端愚蠢的行為。」[44]為此,榮赫鵬深感不滿:

> 在昔哈斯汀士、波格爾、忒涅、克遵乃至一九〇四年我輩之參加使節者,皆欲設法勸導藏人遵循尋常國際交往之慣例。今則達賴喇嘛及全部政府人員咸來投奔吾人,求吾人維持其直接交往之權利,求吾人派遣英國官吏,甚且攜帶軍隊前往拉薩,並求與印當局締結聯盟。此種變局,殆一切人類史上所僅見。百五十年來,吾人向彼方所求而不得者,彼今自動向我要求,而我當局乃以避免干涉之旨趣答覆之。前此為貫徹對藏之要求,吾人不惜出兵拉薩,恫以武力,今藏人自動輸誠於我,而我反拒人於千里之外焉。[45]

後面將有專門一節討論西藏高原建立防務的成本,顯然貝爾的解釋比榮赫鵬的感情用事更接近事實,即使英國當時有這樣的願望,也不可能有這樣的能力。失望的十三世達賴繼續他的努力,他在一九一一年給俄國皇帝尼古拉二世(Nicholas II)寫的信,典型地表達了他

那時的態度和選擇：

> 恩治廣闊大地之大皇帝尊前：
>
> 　　敬啟者。我西藏國與滿清國之間僅屬施主和福田之關係，並無領屬關係。為了逐步滅掉我西藏國，誘惑藏民，企圖奪取所有權力，傷害佛教，殺害僧侶，強奪財物，其虐待難以言表，這種踐踏仍在繼續。因此，無法與之保持近親之關係。西藏之事全靠俄英兩國締結條約，方才維持到今日，現在西藏國全體君臣一致要求依靠兩個大國實現獨立。故此，本達賴喇嘛我啟請大皇帝，兩國即刻磋商，並向各大國宣傳，給予援助，特別是滿清方面包藏禍心，可能會冒認西藏為其領土，出兵滋事，望兩個大國進行磋商，無論如何對實現獨立給予堅決的支持和提攜……46

　　俄皇雖然回信表達了對西藏的愛護之心，也只是停留在口頭上。為如此荒涼巨大的西藏承擔責任過於沉重，且看不出能得到多少回報，莫不如讓中國繼續它的宗主權，維持原有格局。為了對英國人表示俄國沒有私下與藏人交易，俄皇還把達賴的信轉給了英國，使達賴一度在收留他的英國人面前極為尷尬47。

　　清政府因為十三世達賴的出逃對他進行了最嚴厲的處置——革除其達賴名號，另選靈童重立達賴。這在宗教信仰者眼裡簡直是匪夷所思，一個世俗政權如何有資格決定誰該當神！但是中國統治者不在意這種邏輯矛盾。皇權在中國被視為最高權力。皇帝不拜佛，理論解釋是「現世佛」不拜「未來佛」，皇帝本身就是佛。達賴喇嘛僅僅是菩薩的化身。套用世俗的科層觀念，佛比菩薩的官大得多①，廢了他又如何！這種國家對宗教的管制在中國一脈相傳，到中共時期達到登峰造極，這是後話。

　　當時，甚至還有就此廢除達賴制度的意見，如溫宗堯在其奏摺中

---

① 世俗人往往認為佛比菩薩的地位要高，但是佛教中眾生是平等的，佛和菩薩也都是眾生，所以也是平等的，沒有高低貴賤之別。——二〇〇九年註

建議：「達賴既革，當以呼圖克圖分任藏事。利用轉世迷信之愚，永廢達賴之制，則番官各自樹幟，而英俄無從牢籠。」[48] 這種徹底廢除達賴制的主張一直為一些中國人所堅持，中共內部至今有人認為，中共治藏的最大失誤就是在「平叛」或「文化大革命」期間，沒有抓住時機廢除達賴，使其成為以後一系列西藏難題的根源。

不過有一點是顯見的，自川軍進藏，達賴出走，駐藏大臣在西藏的處境大為改觀。聯豫推行的新政與改革也大都是在那以後才得到落實。所謂「軍至則改觀矣，達賴革則屏息矣」[49]，中國在其本身最衰落的時期，卻對西藏實現了有史以來最有力的控制。榮赫鵬如此評說：「中政府銳意經營西藏，經營結果，使西藏政府徒擁虛名」[50]。然而，這種變化只是一時威懾的結果。中國仍然沒有在西藏建立自己的政權體系，靠的還是西藏本地官員行使政府職能，也即二者依舊是「接口」關係，只不過此時的「接口」相對過去較為服從而已。

只要還是「接口」關係，即使達到最理想狀態——西藏方面百依百順、言聽計從，本質上也是蘊涵危機的。因為這種主權依賴的是一個並非能由主權自身把握的變數——即西藏「接口」的忠誠。只要西藏「接口」隨時決定不那麼百依百順，或是脫離與北京的對接，中國對西藏的主權頓時可以成為虛有。

當然，西藏「接口」是否能夠和敢於脫離中國，除了其自己的意願，更重要的還得考慮北京的威懾。晚清王朝在西方列強面前儘管軟弱無能，對西藏卻是「瘦死的駱駝比馬大」，軍事力量占有絕對優勢。這種威懾像一條「繩索」，把西藏與中國硬性地「捆綁」在一起。這一直是西藏獨立的最大障礙，也是西藏分離勢力從來都必須面對的首要問題。雙方力量差距如此懸殊，以致西藏除了等待「天賜」以外，幾乎沒有希望靠自己的努力擺脫中國。

對十三世達賴喇嘛，這個「天賜」是不期而至的。當他處於最為絕望的時刻，中國內地城市武昌的一次軍隊起義引發了整個中國的連鎖反應，史稱辛亥革命。十四個省相繼宣布獨立，延續幾千年的中國皇朝幾個月內土崩瓦解，陷入一片混亂。革命黨和保皇派紛爭不已，群雄並起的軍閥擁兵自立，劃地割據。這種混亂不久就波及到中國的

駐藏官員和軍隊之中。

　　後人敍述那一段歷史，往往用人云亦云的套話，如「駐防西藏的漢族士兵起而擁護共和派」[51]，「駐藏川軍起義響應辛亥革命」[52]等，這種話寫在書上堂而皇之，然而事實真相遠非如此宏觀和純粹，甚至很委瑣。考慮到類似情況在未來不是沒有可能重演，所以我想把這一段往事講得細一些。

　　當年入藏川軍士兵皆從社會底層招募，多流氓無產者。其時四川民間社會有一基礎廣泛的江湖組織，人稱哥老會，亦稱袍哥。川軍中哥老會勢力極大，大部分士兵都入了會[①]。而軍官多爲學生，不善治軍，無事時尚能維持局面，一有變局則必大權旁落。辛亥革命的消息傳到西藏，首先軍心動搖。據當時在西藏親歷整個過程的人記述，促使譁變的直接原因是川軍炮隊一個袍哥頭子在聯豫轎夫所開的飯館內發生口角，繼而發展成群毆。聯豫聽信自己轎夫的一面之詞，認爲炮隊有造反之意，下令收炮隊的槍。炮隊眾兵正在疑懼之時，恰見聯豫轎子往營地來，其實只是空轎路過，聯豫不在轎內，炮隊士兵都以爲是來捕殺他們，遂即譁變[53]。

　　譁變後，哥老會成爲指揮核心和組織資源。他們一不做，二不休，乾脆綁架聯豫，由袍哥接管軍隊。然而他們沒有政治路線，先是模仿革命，成立議會，後又宣布勤王，向西藏政府勒索十萬兩銀子和五千匹牛馬做回內地的盤纏。藏人一方面不敢不從，同時也盼著漢軍早日離藏，寧願花錢送瘟神。可是漢軍得了錢又不走了，抱著非亂不能生財的心理，在拉薩趁火打劫。「皆思飽掠財物，挈之以歸故鄉，意在此而不在彼」[54]，「白晝率兵四出，探知殷實番家，即誣以藏有變兵，入室抄去資財，形同盜賊，誣百姓爲變兵，即拿回梟首剁指」[55]。當時拉薩陷入混亂，槍聲不斷，「日未落路上無行人，居民一夜數驚」。漢

---

[①] 當年川軍管帶陳渠珍在其所著《艽野塵夢》一書記錄如下情節：「適駐春多排長王雨膏，因處罰兵士稍失當，哥老會即在郊外『傳堂』，罰之跪。其執行首領，一正目也。長綺自喇嘛寺樓上瞥見，而不解其何故，使春林查之。春林以哥老會規告。長綺大怒，曰：『排長處罰一士兵，而正目挾哥老會之力，竟可使排長長跪，尙成何軍隊耶！』乃嚴核哥老會組織，及其首領姓名，乃知官兵入會者，已占全軍百分之九十五。」

人內部派別紛爭，革命和保皇兩副面孔翻來覆去，內訌不斷。駐守江孜、日喀則、亞東的中國守軍，也受拉薩局勢的影響，相繼譁變，分成不同派別，自立山頭，各行其是。

對漢人統治早有不滿的西藏各地則乘機舉事。在中原動盪、前途不明、人心思歸的情況下，駐藏軍隊喪失鬥志。後藏最早開戰，當從江孜派出的救兵趕到時，被圍漢軍已將槍枝賣給藏軍，換取藏軍網開一面，逃往印度。江孜援軍也隨之模仿，賣槍為旅費，自行離藏。清政府派駐江孜的官員皆先後擅自棄職，離開西藏。

拉薩開戰始於漢軍攻打拉薩三大寺之一的色拉寺。當事者有人說是因為色拉寺拒絕為漢軍調動支應烏拉[56]，有人說是因為色拉寺僧兵開槍打傷了漢軍士兵[57]，但是都認為本不必以開戰方式解決，之所以非要攻打色拉寺，是因為色拉寺內金器甚多，漢軍中有人企圖藉此機會搶掠。他們本以為大炮拉出去一擺，藏人就會屈服。沒想到打了一天也沒有攻下，參戰軍士無心苦戰，紛紛溜走，連大炮都扔在外面沒人管。結果藏軍反倒包圍漢人軍營開始攻打。所謂響應革命的「議局」這時無人理事，物品也被眾人哄搶一光。聯豫和統帥鍾穎重新掌權，處決了當初領頭反叛者。此後聯豫離藏，繞道印度回內地，鍾穎擔任主要指揮，帶領漢人在藏人攻打和圍困下堅守了八個月。

流亡印度的十三世達賴喇嘛此時返回西藏，領導藏人開展了全面驅趕中國人的獨立戰爭。當時的西藏噶廈政府以達賴喇嘛的名義發表如下通告，以今天的眼光，可以視為地道的獨立宣言：

> 內地各省人民，刻已推翻君王，建立新國。嗣是以往，凡漢遞致西藏之公文政令，概勿遵從，身著藍色服者，即新國派來之官吏，爾等不得供應，惟烏拉仍當照舊供給。漢兵既不能保護我藏民，其將以何方法鞏固一己之地位。願我藏人熟思之。至西藏各寨營官，刻已召集，歃血同盟，共同進行。漢人官吏軍隊進藏，為總攬我政權耳。夫漢人不能依據舊約，撫我藏民，是其信用既已大失，猶復恣為強奪，蹂躪主權，坐令我臣民上下，輾轉流離，逃離四方，苛殘惡毒，於斯為極！推其用意，蓋使我藏人永遠不見天日矣。孰使

之，皆漢人入藏使之也。自此以後，凡我營官頭目人等，務宜發憤有為，苟其地居有漢人，固當驅除淨盡，即其地未居漢人，亦必嚴為防守，總期西藏全境漢人絕跡，是為至要。[58]

藏人的武器不如拉薩漢軍，一時無法將他們徹底消滅。拉薩所有漢人——包括商人和普通老百姓——都龜縮到軍營中。藏人將他們嚴密圍困，斷絕其給養來源。當漢軍知道不戰再無生還希望時，才開始「死力抗拒」，連漢人百姓也加入了戰鬥[59]。

從以後生還者的描述中，通篇可見當時被困慘狀和盼望救兵的心情——「迫日久食盡，遂有烹子而食者」；「狗馬已食盡，飛鳥無至者，終日四望遠山，惟盼援兵，終不果來」；「不出戰時，惟四望救兵，極目浩歎，並指山凹雪化處之黑影為救兵，夜間流星指為川軍之號燈，群相告語，蓋生機已將絕矣」[60]。以往西藏出事，全靠內地派軍增援——這是北京對拉薩的根本威懾所在。然而正值國內分裂，群雄並起，各方心思全在爭權奪利之上，哪還有餘力去管遠在天邊的西藏。當時身在印度的駐藏參贊陸興祺「迭電中央及滇、川求救，情詞哀切不忍聞」，各方「均以大局未定，不能顧及」[61]。

後來西藏的反叛擴展到康區，由於趙爾豐被殺，邊務廢弛，鎮守康區的軍隊因無處發餉互不相救，使大部分地區失守。四川和雲南的軍閥從保護勢力範圍的目的出發，終於出軍。滇軍從滇西北進藏，四川都督尹昌衡則親自率軍西征。兩路皆戰事順利，連戰連捷，康區不久解圍。川、滇兩省軍閥隨之產生控制西藏的野心，打起保衛主權、解救拉薩守軍之名，向北京要餉，準備進軍西藏。

在後人所編一本名為《民元藏事電稿》的集子中，共收民國元年（一九一二年）四月到十二月中，北京政府與地方之間有關西藏問題的來往電報二百三十九封，其中有六十五封是四川與雲南爭奪經營西藏之權利，以及北京政府進行調解的內容，占到四分之一以上[62]。從這

個比例中，足以見出那些當事者把心思用在什麼地方①。不過不管軍閥的眞實動機是什麼，對中國來講，由內地軍閥控制西藏怎麼也比讓西藏自立有利於中國對西藏的主權。當時的戰況表明，即使國亂當頭，但靠內地一省之兵，西藏也難以抵抗，並不需要中國以舉國之力。然而當二十七歲的四川都督尹昌衡率軍平定康區、解了昌都之圍後，準備長驅直入進軍拉薩時，卻被袁世凱的北洋政府連續急電所阻止。

後人論定此舉爲袁世凱之賣國行爲。當時民國新立，中國分裂爲大小軍閥的領地，中央政府在各方面都極爲虛弱，甚至有名無實。爲了獲得號令地方的合法性，獲得列強承認是當務之急。當時英國是西方領袖，世界最強國，而英國則以不承認袁世凱政府爲威脅，不許中國進軍西藏。這對袁政府的確是致命的威脅。政客在這種選擇面前，誰會把日常掛在嘴上的「民族大義」眞正作爲出發點呢？

川、滇軍閥之所以在進軍西藏的問題上受北京制約，不能完全自行其是，一方面是因爲需要名正言順，更重要的是需要軍餉。進軍西藏花費巨大，地方財政難以負擔，有北京的批准，就成了爲國家辦事，國家當然應該負擔一切費用。拿國家的錢，擴大自己的軍隊，占領新

---

① 摘錄其中滇軍前線總指揮殷承瓛罵川軍以洩憤的電報，可以感覺當時的氣氛：「國務院、參謀部、陸軍部、雲南蔡都督、打箭爐尹都督、各省議會、各報館鈞鑒：滇川軍情暨藏中危象，已迭電呈請滇都督報國務（院）有案矣。奉覆，飭滇軍暫駐鹽井，又奉飭撤還滇境。尹督復電至，謂滇軍踵至，無地可容，險窘不測等語。伏思滇以邊瘠之區，本屬自顧不暇，迭承大命，促令西征，而求救之文又急於星火，我都督情不得已，始選將出師，三月以來，雖兵不行而損失已巨，事方得手，忽飭駐井，忽飭退滇，承瓛甲胄一身，本可應機作息，而數千健兒，分道馳出，一瞬千里，何能操縱自如。在承瓛號令不一，旣已大失軍心，在鈞院朝令夕更，亦恐有妨軍政。進旣不可，退又不能，狼狽之間，責言交至，自言及此，亦難堪矣。夫寥廓無限，幕天席地者，此萬里烏斯也，驅川同胞七千萬衆以實之，不過恒河之一沙，太倉之一粟耳。川滇兩軍共爲數千，何所謂不能容者。此可以覘川人之器，見尹督之量矣。前清康乾時，大軍入藏，一駐西寧，一駐青海，一駐昌都，一駐霍耳，如尹督所言，四軍會集，不知如何險窘，更不知何以能容三藏以外別有所以處之乎！浮誇之言，亦無辯駁之價值。不知究竟川軍現發若干人，占領若干地，何時克復巴、里，何時直抵拉薩，尚希明確指示，破我暈盲。否將別命上將，立統六師，風迅雷厲，蕩平烏斯，此上略也。不然則劃分區域，明定權限，申命憤勉，有志之某某省，明出間攻，分道合擊，此中略也。再不然則令近藏各省，相續殖邊，以防爲剿，以屯爲守，觀釁而動，進退裕如，此下略也……轉瞬沉淪，莫如先發大命，飭滇班師，將來亡藏史上，若掛有西征滇軍之一姓一字，滇雖死，不爲雄鬼，以奪其魂，亦爲厲鬼，以擊其腦。皇天后土，共鑒斯言。殷承瓛叩。梗（二十二日）印。」（《民元藏事電稿‧藏亂始末見聞記四種》，西藏人民出版社，一九八三年，頁 68）

的地盤，這對軍閥是名利雙收的交易。北京先是同意四川西征，隨後又嚴檄禁止，這對已經動員起很大力量的四川無疑是個打擊。不過在四川與北京的字面交涉中，是看不到名利而只有國家的。當時的四川護都胡景伊給袁世凱的電報這樣寫：

> ……川邊既靖，銳勝之師，不克占領要隘，揚威徼外，中道屯阻，戰士咨嗟，遠域早寒，凌霜沾雪，不令作戰，尤足摧傷士氣。尹都督捷音迭奏，破竹成功，不惟前敵健卒，勇氣百倍，人人具撼山搖嶽之概，內地將士，亦莫不奮興鼓舞，秣馬厲兵，請效後勁。景伊雖寒劣，並擬躬率精銳，資其臂助，洗馬拉薩之濱，勒銘雪嶺以外，定使蕃服如舊。金甌不缺，藏人綏輯，五族一家，匪惟蜀疆之福，實民國之慶。徒以條約牽掣，易客為主……直足令賈生痛哭，韓子腐心。固知大總統垂顧邊圍，必有深略遠謀，但雌伏久甘，禍即未已，主權悉失，尤引為奇恥大辱……[63]

國務院的回電則重申禁止進藏：

> ……惟現在時局孔棘，財政困難，正如病夫，元氣已傷，百孔千瘡，尚須調攝，豈可竟忘遠慮，輕啟釁端。望遵迭次前電，勿得進入藏境，致滋漁利……[64]

困守拉薩的中國駐軍終未盼到援軍，彈盡糧絕，最後組織敢死隊，以突襲方式擒獲了達賴家眷為質，雙方才在尼泊爾的調停下談和。漢人交出一切武器彈藥，被驅趕出藏，從印度取道回內地。收繳武器時，連身帶小刀、牙籤均被沒收；出藏途中，西藏當局傳諭百姓不賣漢人食物；英國官員則率隊押解出藏漢人，「居然似地主送客之意」[65]。回國後，統帥鍾穎在北京被處死，內中情由複雜，這裡不表。

十三世達賴喇嘛在歷盡了多年挫折和絕望之後，終於實現了徹底擺脫中國人的目標。他明智地認識到，「西藏之所以得救，應當歸功於中國革命的爆發，而不應當歸於別的原因」[66]。然而多數藏人則把中國

革命解釋爲報應——「中國軍隊侵占拉薩一年半以後，中國就爆發了革命，清朝皇帝就被推翻，爲什麼？因爲它虐待宗教領袖達賴喇嘛」[67]。

　　一九五〇年代，中國又一次占領了拉薩乃至全西藏，並且以空前的程度虐待了達賴喇嘛及整個西藏民族，這次的報應卻來得不像上次那樣及時，至今還沒有看到端倪。但是可以相信，盼望獨立的西藏人正在晝思夜想地等待出現相同的報應——中國再一次發生分裂和動亂，那將是西藏再次實現獨立的可能所在，而且幾乎是唯一的可能。

　　那種期待並非完全是幻想。

## 五、民國對西藏的口頭主權

　　自一九一一年清王朝結束到一九四九年中國共產黨奪取政權，維持三十八年的中華民國幾乎自始至終陷在難以自拔的內憂外患中。先是延續多年的軍閥混戰；蔣介石剛剛奠定統一格局，日本侵略又使其投入長達八年的抗日戰爭；等到日本投降，在抗日戰爭中坐大的中共立刻展開了奪取政權的戰爭。民國政府常常是焦頭爛額，自顧不暇，對偏遠的西藏更是難以分出多少精力。這種狀況使西藏獲得了一個寬鬆空間，從而在長達四十年的時間裡，得以維持完全獨立。以往西藏雖然可以通過「架空」方式得到實質上的獨立，但是身邊有頤指氣使的駐藏大臣，境內有耀武揚威的清軍，總是不免處處掣肘。那四十年的獨立卻是徹底的，頂多與民國政府來點虛與委蛇的周旋，一切都是自己說了算。那一段歷史至今仍被很多人視爲西藏是獨立國家的根據。

　　不僅如此，中國的內亂還使西藏能夠以武力收復昌都、德格等康區的很大一部分土地，把邊界大大地向東推進。固然十三世達賴喇嘛實行的新政及藏軍從英國得到新式武器，都是其取得戰爭勝利的因素，不過最大原因還是應該歸於中國內地的動盪。當年指揮川軍西征所向披靡的尹昌衡在權力鬥爭中被袁世凱關進監獄，新起的四川軍閥則相互打得不可開交，連省會成都都成了他們的巷戰戰場。藏軍圍困昌都時，守將彭日升屢屢求援，民國政府任命的川邊鎭守使卻因爲與

彭素有矛盾，坐視不救，致使昌都陷落，彭日升被藏軍俘虜，最終客死西藏。隨後英國人又從外交上介入，迫使民國承認了藏軍勝利後的漢藏邊界。

民國之初的二十年，是中國最弱而西藏最強的時期。十三世達賴喇嘛歷經民族災難的考驗和流亡的磨練，成爲偉大的民族領袖。他在驅趕漢人獲得獨立後，實行了一系列新政，對藏軍進行了大規模的擴充和改編；引進英國、日本和俄國的訓練方法；聘請外國教官；派藏族軍官進英式軍官學校學習；進口新式武器；發展西藏的兵器工業；西藏第一次向西方派出留學生；他還建立銀行，發展礦業、郵政，促進貿易等。西藏社會在張蔭棠、聯豫推行新政的基礎上，進一步得到現代化的啓蒙。西藏取得的成績致使英國最終「擔心西藏相對於中國來說太強大，並可能導致西藏的擴張侵略和獨立」，從而拒絕向西藏繼續出售武器[68]。

如果英國人眞有這種擔心，那是過於誇張了。以中國的幾億人口對西藏的一二百萬人，西藏再強又能強到哪去？即使在民國只能全神貫注於內部事務而對西藏無暇以顧時，僅爲對付川邊的地方軍閥，就牽扯了西藏大部分軍力。這個事實甚至主導了當時的西藏政治和外交。舉例說，一九二〇年西藏和尼泊爾發生爭執，尼泊爾威脅要進攻西藏，由於西藏軍隊都用於防衛中藏邊界，不敢調回對付尼泊爾，就不得不屈服於尼泊爾的壓力[69]。

西藏歷史上一大公案——十三世達賴喇嘛與九世班禪喇嘛的決裂，原由也可以追溯至此。維持防衛中藏邊界的軍隊，一直是西藏政府沉重的財政負擔。隨著中國逐步被蔣介石統一，西藏還需要進一步擴軍以增強抵抗中國的實力。這些原因使十三世達賴不得不做出西藏歷史上破天荒的決定——向寺廟徵稅。雖然此前十三世達賴與九世班禪之間已經存在矛盾，但是並不到決裂程度。歷史上班禪喇嘛統治著以日喀則爲中心的後藏地區，他是除西藏政府以外的最大土地所有者，不僅擁有大片莊園，還管轄著十多個宗（相當於縣）。班禪自成體系，自己收稅自己花，從不向拉薩上交。達賴的新稅令規定班禪領地以後要擔負西藏四分之一的軍費開支，這引起班禪的強烈不滿。隨著

矛盾尖銳，最終發展到九世班禪於一九二三年底逃亡中國，投奔民國政府，從此成為西藏「親漢派」的領袖及十三世達賴的終生敵手。

　　為擴軍備戰而增加稅賦，不僅導致了班禪外逃，也普遍得罪了僧侶和貴族階級。他們支持西藏獨立，但是當需要他們為與中國的對抗付代價的時候，就生出不滿之心了。尤其危險的是，要具備與中國對抗的實力，需要使軍隊走向現代化，由此必然產生對西藏傳統秩序的挑戰。在其他階級都要為與中國對抗付代價時，最大的得益者只有軍隊。接受了新思想並且受過西式訓練的軍官們是一個年輕而有朝氣的團體，他們有現代知識和團體精神，致力於西藏的現代化事業，並往往把西藏傳統視為導致西藏落後的原因。他們相信西藏的前途和安全要靠軍事力量保證，而不是喇嘛們的祈禱。他們羨慕並在生活中效仿英國人，衣著西服革履，見面握手，打網球和馬球。軍隊口令用英語，奏樂用英國國歌——「上帝保佑吾王」[70]。某種程度上，他們內部的思想認同和團結已經具有了革新黨派的味道，因此對西藏傳統政治而言，成為十分危險的力量。喇嘛們不能容忍其世襲權威受到威脅，他們認為西藏作為舉世無雙的佛國，最需要保護的首先是宗教的無上地位，否則，以削弱宗教為代價，保衛的是一個墮落為世俗的國家，還有什麼意義呢？

　　這確實是一個根本性的問題。十三世達賴喇嘛也不能不考慮。雖然他深知軍隊對保證他的世俗權力及對抗中國的作用，但他同樣不能容忍任何對宗教權威的挑戰，因為他自己的世俗權力之源頭，就在宗教。

　　隨著羽翼逐漸豐滿，西藏的軍事集團開始把改革矛頭對準達賴喇嘛。他們私下串聯，簽訂盟約，企圖讓達賴放棄世俗權力，只充當宗教方面的精神領袖，從而改變西藏傳統社會政教合一的體制。這顯然已經超越了不可逾越的底線。十三世達賴隨即將那些具有親西方傾向的軍官解職。出於避免遭到反抗的考慮，解職都是以非政治的微不足道的理由，如有幾位軍官被免職是因為他們按照英國人的髮式剪髮。十三世達賴喇嘛由此決心削弱軍隊，並使西藏從現代化的進程退卻。[71]

這個轉折也導致了十三世達賴對外政策的變化。他發現依附英國並不僅僅是找個靠山的問題，隨之而來的還有西方民主思想的滲透。前者在關鍵時刻不一定靠得上，英國從沒打算爲西藏與中國開戰或爲西藏擔負防務開支，後者卻對西藏社會具有顯而易見的顛覆性威脅。相比之下，具有專制傳統的中國在這方面倒是危害小一些。另外，從現實考慮，自從改革派軍官被解職，西藏軍隊就開始滑向衰落。一九三一年，藏軍與中國軍隊在康區和青海發生戰爭，結果遭到慘敗，西藏丟失了不少領土，漢藏邊界再次西移，使中國對西藏的軍事壓力進一步加強。如果在削弱軍隊的同時，還要繼續與中國保持對抗，其結果很可能會導致更大的失敗。精明的十三世達賴喇嘛及時做出與中國修好的姿態，開始在中國與英國之間玩起平衡遊戲。

　　中國人後來常常引用十三世達賴的幾句話，說明他「擁護祖國統一」。一是他在一九二〇年對甘肅地方政府的幾個進藏代表所說：「余親英非出於本心，因欽差（指聯豫——作者）逼迫過甚，不得已而爲之。此次貴代表等來藏，余甚感激，惟望大總統從速特派全權代表，解決懸案。余誓傾心內向，同謀五族幸福。」[72]一是一九三〇年他在拉薩接見國民黨政府一名藏漢混血的女職員時所說：「英國人對吾確有誘惑之念，但吾知主權不可失，性質習慣兩不容，故彼來均以虛與之周旋，未予以分釐權利。」就西藏與中國在康區的領土之爭，他表示：「都是中國領土，何分爾我。」[73]暫且不說記載這些話的都是負有使命的中方人員，他們的記載是否準確，是否爲了表現自己功績而有意誇張和附會，即使十三世達賴眞這樣說了，就能斷定是他的心裡話嗎？他既然可以對英國人「以虛與之周旋」，爲什麼不能對中國也用同樣手法呢？說幾句好聽話不算難事，就像他對英國人「未予以分釐權利」一樣，中國又何嘗得到了什麼？以口頭幾句話就斷定說話者的內心，不但與政治領域的規律不符，就是在日常生活中也未免過於天眞。

　　英國人查爾斯・貝爾這樣描寫十三世達賴喇嘛對他和中國人的不同態度：

　　一九一九年至一九二〇年在拉薩的中國使團和七個月後我所率

的使團之間，差別非常懸殊！他們在拉薩停留的四個半月期間只會
見過達賴喇嘛兩次。為了弄清其是否身藏武器，每個成員都遭到無
禮的搜身。進行搜身的時候，他們在羅布林卡等了兩個小時，然後
才被引到達賴跟前，通過翻譯進行交談。

我剛一到，索本（膳食主管）即給我們兩人端來酥油茶。在拜
訪和接見一般西藏人的時候，傭人總是站在後面，你什麼時候喝，
他就什麼時候給你倒。但是達賴喇嘛要我們單獨在一起，而且不要
浪費時間。所以索本總是一倒完茶就走開。為了遵守西藏的禮貌，
我呷了兩口，於是我們兩人誰也不再喝：我們兩人都全神貫注於我
們的討論之中了。因此，我們完全單獨在一起，沒有第三者的干擾。

我們以後的多次談話涉及到許多國家、許多議題，甚至比在大
吉嶺時還要多，因為這時我對西藏的瞭解遠比過去多，而且現在是
在全西藏的心臟拉薩。我們經常交談一小時左右。

我從房門出來的時候，在二十碼內一個人也沒有。他們總是三
五成群地坐在長廊的盡頭一起聊天。當我走過走廊的時候，他們就
會起立，向我投以友好的微笑，似乎是在說：「這就是直接同我們
的達賴喇嘛談話的人，而且只有他們兩人在一起。」[74]

貝爾所提的中國代表團，就是回來轉達了十三世達賴「傾心內向，
同謀五族幸福」之談話的甘肅省代表團。由此可以看出，即便達賴對
兩頭都是「以虛與之周旋」，態度也有明顯不同。

十三世達賴喇嘛重新靠攏中國，大部分是迫於無奈，而談不上什
麼「擁護祖國統一」。他的內心深處應該是巴不得中國陷入四分五裂，
永遠不要統一和強大的。貝爾描述過另一個細節，當十三世達賴聽到
日本已經向中國使用軍事手段施加壓力的時候，「他的臉上閃耀著愉
快的神情」[75]。十三世達賴沒有活到日本全面侵略中國的一天，否則那
對他一定是值得慶祝的節日。事實上，如果沒有日本對中國的侵略，
西藏很可能在民國時期就會重新被漢人軍隊重新占領，而不是非等到
共產黨時期。即使在與日本交戰時，蔣介石也曾強硬地表示要派軍隊
進藏，要求「西藏必須服從中央命令，如發現西藏有勾結日本情事，

當視同日本,立派飛機轟炸」[76],並真的在青康方面對西藏做了軍事部署。

十三世達賴喇嘛在一九三三年年底逝世,享年五十七歲。他執政三十七年,領導了——並在很大程度上實現了——西藏獨立的事業。他的死使中國看到了利用和平手段重返西藏的契機。一九三四年,以弔唁十三世達賴喇嘛的名義,民國政府派參謀次長黃慕松為專使進藏。那是一九一二年中國人被逐出西藏以來中國第一次大員進藏。黃慕松模仿清朝駐藏大臣,走四川到西藏的傳統路線,儀容儀式也甚講排場,力圖喚起西藏人對中國統治的回憶。

在黃慕松使藏日記中,記載了他在拉薩參加典禮時的隊列:

一、馬隊三十騎;

二、儀仗全副;

三、軍樂隊一班;

四、僧俗官四員領導;

五、彩亭,中置玉冊玉印,外用黃皺紗圍繞,遍縶彩球,國旗黨旗交叉於前,四人肩舁;

六、郭隊長率衛士四人護亭;

七、專使乘大轎;

八、全體職員乘馬;

九、衛士十人。[77]

不過他能做的也就限於擺擺場面,中國和西藏的關係並沒有得到實際進展。據他記述,他帶去與西藏談判的中國立場是:

甲、請西藏首先認定之前提二點:

　　一、西藏當然為中國領土之一部分。

　　二、西藏服從中央。

乙、對西藏政治制度之聲明:

　　一、共同尊崇佛教,予以維護及發揚。

二、保持西藏之原有政治制度，可許西藏自治，於西藏自治權限範圍之內之行政，中央可勿干預。其在對外，則必共同一致，凡關於全國一致性質之國家行政，應歸中央政府掌理，如：

　　㈠外交應歸中央主持。

　　㈡國防應歸中央籌劃。

　　㈢交通應歸中央設施。

　　㈣西藏重要官吏經西藏自治政府選定後，應呈請中央分別加以任命。

丙、中央既許可西藏自治，則為完整國家之領土主權計，自應派遣大員，常川駐藏，代表中央，一面執行國家行政，一面指導地方自治。[78]

對比可知，以上國民黨政府的立場，也是後來共產黨與西藏談判「和平解放」的基礎。西藏不得不接受共產黨的主張，是因為共產黨的大軍已經挺進西藏，它別無選擇。而國民黨政府僅僅靠儀仗隊的威嚴是嚇不住西藏人的。

從十三世達賴喇嘛圓寂到十四世達賴喇嘛親政的十八年間，履行攝政職能的西藏政府基本保持十三世達賴喇嘛的方針，一方面虛與委蛇地對中國進行口頭迎合，另一方面堅定地保持西藏實質上的獨立。他們對黃慕松表示，「與英人來往，純為一種交際，西藏不能獨立，惟中國可靠，但辦事步驟，不宜過急」[79]，口徑與十三世達賴喇嘛如出一轍，就是不對具體問題做承諾，反過來全是要求從中國得到好處。最終黃慕松無功而返，其使藏成果是在拉薩留下了一部電台和一個聯絡機構。西藏政府隨後照樣同意了英國人也在拉薩設立電台和代辦處，此舉足見其玩弄平衡的意圖。

黃將軍返回內地即被任命為國民政府的蒙藏委員會委員長，主管西藏事務。他把重新控制西藏的希望寄託在當時正在內地流亡的九世班禪喇嘛身上。西藏之所以產生達賴班禪兩大活佛並存的制度，功能之一就是在達賴去世時，班禪可以繼續履行宗教領袖的職能，不致在下一世達賴長大成人之前存在太長的真空。九世班禪喇嘛自一九二三

年逃離西藏後一直由中國政府供養，如果他能在此時返回西藏，無疑有利於中國對西藏發揮影響。西藏及青康地區的藏人當時掀起要求班禪回藏的呼聲。而西藏政府擔心班禪返藏會削弱他們的權力，增強西藏的親漢勢力，口頭對班禪回藏表示歡迎，實際上層層設置障礙。然而無論如何，一個機會已經出現在中國面前，急於返藏的九世班禪喇嘛可以給中國提供足夠的合法性，甚至可以「在班禪的請求下」動用武力，在把班禪送回西藏的同時重新控制西藏。

正在這時，中國發生了「七七事變」，日本開始向中國大舉進攻。中國變得更加需要依靠西方了。英國一直反對班禪返藏，更不會容忍中國對西藏用武。民國外交部立刻對派兵護送班禪返藏的方案提出異議，強調「此時國難緊急，在國際情形上，總以不引起任何強大友邦之反感爲宜」[80]。國民政府只好暫且放棄經營西藏，全力對付日本人的進攻。一九三七年八月的行政院會議決議：「抗戰期間，班禪應暫緩入藏」。漂泊中國內地十五年、處心積慮盼望返藏的九世班禪喇嘛受此打擊，三個月後即與世長辭，年僅五十五歲。

因爲班禪進藏問題陷入僵局的中藏關係由於班禪去世所緩解。接替黃慕松任蒙藏委員會委員長的吳忠信借十四世達賴喇嘛坐床之際，再度以中央大員身分進藏。他對西藏採取了從感情入手進行籠絡的作法，爲此禮品就帶了三百多馱，給達賴個人的禮品得八十多人抬。吳忠信的隨員朱少逸記載，給達賴的禮品內有：

> 赤金紀念章一枚，重約三兩；金字銀屏四扇，長均五尺，寬二尺；紋銀浮圖一，花瓶二，高各三尺許；紋銀果盒一，徑盈尺；珊瑚佛珠一串，計一百零八顆，粒皆大如拇指；綠玉碗二，精凝滴翠；福州漆掛屏四扇，技巧絕倫；餘如湘繡屏畫、景泰藍器、細瓷餐具、金絲地毯，以及各色綢緞呢絨、粗細茶葉，凡二十六色、二百四十餘件，純係國產名貴之品，價值在十萬圓以上，饋贈之厚，創民國以來之新記錄。[81]

西藏三百多六品以上的僧俗官吏，均有饋贈。西藏三大喇嘛寺上

萬僧人,也都得到布施,平均每人給藏銀七兩五錢,吳忠信自稱「此次布施之範圍既廣,而每人所得之實惠,亦爲空前所未有也」[82]。他還帶去一畢業於德國漢堡大學的醫學博士,在拉薩大行醫道,妙手回春,「活人無算」,治癒的病人包括達官顯貴乃至活佛,同行者爲此贈詩:「佛能活人難自活,君能活佛更活人」[83],與共產黨後來在西藏搞「統戰」的手法如出一轍。

然而所謂政治,基本特點之一就是不被感情左右。西藏統治者收下厚禮,並沒有因此改變原則,甚至吳忠信在坐床典禮之前見一見轉世靈童的要求都不同意,直到吳忠信以帶團離藏爲要脅,才取得藏方妥協。隨後又在坐床典禮的座位排列上發生爭執。最後是照駐藏大臣舊例給吳忠信安排的座位,這即被視作體現中國主權的重大勝利,爲以後中國人多次援引。殊不知僅把主權體現在這點小事上,本身就已經說明這種主權的虛假與無奈。

當時的西藏攝政熱振歷來被中國史界評價爲「熱愛祖國」、「擁護統一」。吳忠信進藏時熱振對其態度友好,然而凡涉及實際問題,都圓滑地推託,使吳忠信進藏基本未取得實際成果。在吳忠信的親筆記載中,熱振對民國政府要求在拉薩設立駐藏辦事長官公署一事回答如下:

㈠藏中內情複雜,人民疑慮夙深,此時驟設高級機關,易滋生誤會。㈡英國代表古德在此未去,正密切注意中央與西藏問題之開展,不無顧慮。㈢按照十三輩達賴向例,此等重大案件必先交僧俗民眾大會解決,預計萬難通過,屆時徒損中央威信,本人心殊不安。㈣此次完成達賴坐床典禮,漢藏情感恰臻圓滿,此時吳委員長盡可先行返京覆命,本人在此當再徐爲運用,總期達到中央希望。㈤本人受中央厚恩,無時不思竭誠圖報,既有所見,不能不掬誠相告。[84]

其圓滑程度,可以略見。熱振真正表現出「親漢」,是在與其後任攝政達札進行權力鬥爭處於下風之時。那時他的代表向民國政府提出

三項要求：一、請求中央下令要達札交權；二、借款二十萬元作爲幫助熱振復出的活動經費；三、如果前兩項不成功，務請國民政府派軍隊和飛機支援，迫使達札交權[85]。所以，親漢不親漢，關鍵在有用沒有用。指望西藏人自覺維護中國對西藏的主權，不過是自作多情。

一九四九年中國又面臨政權崩潰。國民政府在中共的強大攻勢面前節節敗退，引起西藏上層的擔憂。一位西藏的貴族官員後來回顧說：「我們長期同國民黨打交道，因而已經很清楚，無論他們怎樣說（西藏是中國的一部分），都不能把他們的主張付諸實踐。例如，他們甚至連派軍隊護送班禪活佛進藏都不能做到。他們聲稱要做這做那，但是他們什麼也做不到……另一方面，我們知道共產黨非常強大，因爲我們每天都聽到這裡或者那裡被他們占領了……這些人的言行確實很認眞。」[86]

同時，噶廈政府認識到，這是自中國發生辛亥革命以來又一個可以利用的時機。他們找了一個對國民黨政府來說似乎冠冕堂皇的藉口——清肅共產黨，邏輯卻頗爲牽強：漢人中有共產黨，將來會把解放軍引進西藏，共產黨皆祕密工作者，隱藏甚深，無法區分辨別，因此爲保險起見，只有將全部漢人驅離西藏。

一九四九年七月，西藏政府派兵包圍國民政府駐藏各機構，封閉電台，限制漢人活動自由。但是這一次沒有發生武裝衝突（在藏漢人沒有軍隊和武器）。噶廈爲漢人舉行了宴會和送別儀式，然後分批將所有漢人在藏軍押送下送至印度，驅離西藏。西藏又一次徹底割斷了與中國的所有聯繫。

國民黨政權那時已經自身難保，除了幾句軟弱的口頭表態，不可能做出實質性回應。從一件事可以看出其政權機器瓦解的程度。當年國民政府駐藏辦事處的工作人員常希武回憶，他在一九四九年七月九日十六時，用備用電台把噶廈驅漢的消息以「十萬火急」之等級發往重慶總台，第二天上午十點又與重慶總台再次通報，並收到對方的收妥憑證[87]。然而國民黨政府住印度新德里的大使直到七月二十一日才得知西藏驅漢，那時漢人官員已經全部離開拉薩。國民政府的中央機構，則拖到八月八日才回電噶廈表示抗議[88]。

西藏從一九一二年到一九五一年四十年間，實現並保持了完全的獨立。無論中國人怎麼狡辯那段時間它對西藏實行了何種主權，都只能被歸於牽強附會。從這個角度評論，那是足以使西藏獨立事業自豪的四十年。然而歷史有時會安排一些伏筆，最終是禍是福要在時間進程中逐步顯現。中國人比西藏人更早地進入國際社會，接受了西方的主權標準，並且學會了如何與國際社會打交道。當它無力對真正控制西藏做出實際行動的時候，它就把主要精力放在向世界不停地宣稱西藏屬於中國，在各種外交場合咬文嚼字，堅持自己對西藏的主權，在任何涉及到西藏問題的文件上進行字面的堅守。國民黨政權在這一點上做得很認真。同時西方國家也不能無視中國作為一個大國的存在，尤其又是二戰時期的盟國，於是它們滿足於當時的現實——一方面在口頭上承認中國對西藏的宗主國地位，另一方面則把西藏當作一個實際上獨立的國家（這種雙重標準是後來西藏政治地位混亂的來源之一）。

當時的西藏卻沒有從東方式的思維轉變。正因為它已經獲得了實際上的獨立，就寧願把自己封閉在雪山深處，不理睬外面事情，也不認為有必要去和中國人爭論那些口頭概念。查爾斯·貝爾記述了十三世達賴喇嘛不願進入國際社會的理由。十三世達賴這樣解釋：

> 它們中的一些國家可能希望向西藏派駐代表，其他國家的旅遊者也可能希望進入我們的國家。這些代表和旅遊者就可能向我本人和西藏政府提出一些使人為難的問題。我們的風俗習慣往往與歐美不同，而我們又不希望改變這些風俗習慣。基督教的傳教士也有可能來西藏，企圖傳播基督教，就有可能與我們的宗教唱反調，這是我們不能容忍的。[89]

當歷史為我們拉開距離，回頭再看十三世達賴喇嘛的選擇，不能不說是犯了一個錯誤。如果西藏在長達四十年的獨立期間，充分利用中國無暇西顧的有利時機，積極進入國際社會，爭取確立西藏獨立主權的合法地位，後來共產黨占領西藏時，西藏就不會落入那樣孤立無

援的境地。西藏未來的歷史，也可能因此有所不同。

直到共產黨的大軍已經兵臨城下，西藏才想起派人到國外求援。當西藏特使以一九一四年的《西姆拉條約》為根據，說明中國對西藏沒有主權，西藏是一直作為獨立國家進行活動時，當時的印度總理尼赫魯（J. Nehru）對西藏特使的態度很不客氣，他批評西藏人說：

> 中國從未承認過《西姆拉條約》，中國人認為西藏是中國的一部分。西藏人認為，由於中國沒有簽署《西姆拉條約》，所以西藏是獨立的。可是西藏在當時沒有做出任何明確的決定，這是一個錯誤。後來，當你們有時間和機會做（關於獨立的）事情時，你們卻什麼都沒有做，這又是一個錯誤。在此期間，中國表現得非常高明，在國際社會廣泛宣稱西藏是中國的一部分……90

尼赫魯何嘗不希望西藏獨立而獲得一塊與中國（尤其是好鬥的共產主義中國）之間的緩衝區，但是他只能一針見血地告訴西藏人，以國際法驗證，沒有充足的理由認為西藏是獨立的。

確實，歷史應當以事實為主要根據，但是主權概念卻首先是在法的意義上存在。法的基礎就是那些看似虛的允諾和表態。因此，不管中國過去是否實際控制了西藏，在法的意義上卻難以剝奪它對西藏的權利。這就是世界各國從官方的角度，迄今一直難以把西藏與中國割裂開的原因。西藏四十年的自我封閉，無形中幫助固化了一種有利於中國的國際格局，成為主張西藏獨立的人難以跨越的障礙。

而當時的西藏噶廈政府在致聯合國祕書長的呼籲書中，還以一種標榜口氣描述自己的封閉：

> 數百年來，西藏人長期在遠離塵世的高山深處過著隱居生活，臣服於世所公認的佛教領袖達賴喇嘛的統治，接受他所賜予的福澤恩惠……作為一個獻身佛教教義的民族，西藏人很早就具備了避開戰爭、和平安寧地生活、寬容待人的處世哲學和技巧，他們憑藉自己所處的地理天險來保衛自己的國家，從不捲入其他國家和民族的

事務。[91]

今天，西藏人認識到了那時的錯誤。十四世達賴喇嘛的私人祕書丹增格其這樣說：「一九五○年之前，我們西藏人真是白癡。與其一成不變地自我孤立，不如對外開放和對外建立外交關係……很明顯，如果當時的西藏政府懂得利用這一段時間去和外國建立正式的外交關係……中國在一九五○年代也就沒有辦法這麼輕鬆地就把西藏的主權問題給擺平。」[92]

十四世達賴喇嘛談起那一段事情，也有同樣的看法。他在回答法國記者董尼德（Pierre-Antoine Donnet）的採訪時說：「是的，西藏是完全地忘了要自我建設……整個社會、宗教界、政治圈甚至攝政本身都太無知了。他們根本就不知道外界到底發生些什麼事情。他們依舊以為西藏是塊神仙地，因此高高在上不會受到人世間各種糾紛的波及。真是盲從瞎信。」[93]


**註釋：**

1 D.R.曼克卡爾，《誰是六二年的罪人》，西藏社會科學院漢文文獻編輯室，一九八五年，頁6。

2 《二十九條章程》二、十四、二十三條。見恰白・次旦平措等，《西藏通史——松石寶串》，西藏古籍出版社，一九九六年，頁779-786。

3 《西藏是中國不可分割的一部分・史料選輯》，西藏人民出版社，一九八五年，頁389。

4 中國第一歷史檔案館，軍機處錄副奏摺，民族類，第一○四六卷，第二號文件。

5 《西藏是中國不可分割的一部分・史料選輯》，西藏人民出版社，一九八五年，頁390-391。

6 約翰・麥格雷格，《西藏探險》，西藏人民出版社，一九八八年，頁225-235。

7 埃德蒙‧坎德勒，《拉薩眞面目》（*The Unveiling of Lhasa*），西藏人民出版社，一九八九年，頁 6。

8 埃德蒙‧坎德勒，《拉薩眞面目》，西藏人民出版社，一九八九年，頁 7。

9 榮赫鵬，《英國侵略西藏史》，西藏社會科學院資料情報研究所，一九八三年，頁 91-92。

10 榮赫鵬，《英國侵略西藏史》，西藏社會科學院資料情報研究所，一九八三年，頁 49-50。

11 恰白‧次旦平措等，《西藏通史——松石寶串》，西藏古籍出版社，一九九六年，頁 901-902。

12 約翰‧麥格雷格，《西藏探險》，西藏人民出版社，一九八八年，頁 299。

13 埃德蒙‧坎德勒，《拉薩眞面目》，西藏人民出版社，一九八九年，頁 1。

14 《清季籌藏奏牘》，有泰，卷一。

15 埃德蒙‧坎德勒，《拉薩眞面目》，西藏人民出版社，一九八九年，頁 77-78。

16 《西藏文史資料選輯‧第七輯》，西藏自治區政協文史資料研究委員會編，一九八五年，頁 97-100。

17 埃德蒙‧坎德勒，《拉薩眞面目》，西藏人民出版社，一九八九年，頁 165。

18 榮赫鵬，《英國侵略西藏史》，西藏社會科學院資料情報研究所，一九八三年，頁 189。

19 榮赫鵬，《英國侵略西藏史》，西藏社會科學院資料情報研究所，一九八三年，頁 202。

20 榮赫鵬，《英國侵略西藏史》，西藏社會科學院資料情報研究所，一九八三年，頁 317。

21 榮赫鵬，《英國侵略西藏史》，西藏社會科學院資料情報研究所，一九八三年，頁 189。

22 《清代駐藏大臣傳略》，吳豐培等編撰，西藏人民出版社，一九八八

年，頁 285。

23 《清代駐藏大臣傳略》，吳豐培等編撰，西藏人民出版社，一九八八年，頁 285。

24 《清代駐藏大臣傳略》，吳豐培等編撰，西藏人民出版社，一九八八年，頁 266。

25 見「中英續定藏印條約」，《光緒條約》，卷八三，英約，頁 5-12。

26 黃奮生，《藏族史略》，民族出版社，一九八五年，頁 304-305。

27 榮赫鵬，《英國侵略西藏史》，西藏社會科學院資料情報研究所，一九八三年，頁 246。

28 《清代駐藏大臣傳略》，吳豐培等編撰，西藏人民出版社，一九八八年，頁 263。

29 《聯豫駐藏奏稿》，西藏人民出版社，一九七九年，頁 137。

30 《清代駐藏大臣傳略》，吳豐培等編撰，西藏人民出版社，一九八八年，頁 266。

31 《清代駐藏大臣傳略》，吳豐培等編撰，西藏人民出版社，一九八八年，頁 263。

32 黃奮生，《藏族史略》，民族出版社，一九八五年，頁 316。

33 賀覺非，《西康紀事詩本事注》，西藏人民出版社，一九八八年，頁 23-24。

34 《清代駐藏大臣傳略》，吳豐培等編撰，西藏人民出版社，一九八八年，頁 282。

35 《清代駐藏大臣傳略》，吳豐培等編撰，西藏人民出版社，一九八八年，頁 275。

36 《清代駐藏大臣傳略》，吳豐培等編撰，西藏人民出版社，一九八八年，頁 279。

37 黃奮生，《藏族史略》，民族出版社，一九八五年，頁 312。

38 黃奮生，《藏族史略》，民族出版社，一九八五年，頁 315。

39 科茲洛夫，《蒙古和喀木》，莫斯科，一九四七年，頁 257-258。

40 恰白·次旦平措等，《西藏通史——松石寶串》，西藏古籍出版社，一九九六年，頁 914。

41 查爾斯·貝爾,《十三世達賴喇嘛傳》,西藏社會科學院西藏學漢文文獻編輯室,一九八五年,頁 72-76。

42 榮赫鵬,《英國侵略西藏史》,西藏社會科學院資料情報研究所,一九八三年,頁 297。

43 查爾斯·貝爾,《十三世達賴喇嘛傳》,西藏社會科學院西藏學漢文文獻編輯室,一九八五年,頁 114、123。

44 查爾斯·貝爾,《十三世達賴喇嘛傳》,西藏社會科學院西藏學漢文文獻編輯室,一九八五年,頁 123-124。

45 榮赫鵬,《英國侵略西藏史》,西藏社會科學院資料情報研究所,一九八三年,頁 297。

46 恰白·次旦平措等,《西藏通史——松石寶串》,西藏古籍出版社,一九九六年,頁 919-920。

47 查爾斯·貝爾,《十三世達賴喇嘛傳》,西藏社會科學院西藏學漢文文獻編輯室,一九八五年,頁 105。

48 《清代駐藏大臣傳略》,吳豐培等編撰,西藏人民出版社,一九八八年,頁 285。

49 《清代駐藏大臣傳略》,吳豐培等編撰,西藏人民出版社,一九八八年,頁 285。

50 榮赫鵬,《英國侵略西藏史》,西藏社會科學院資料情報研究所,一九八三年,頁 274。

51 節昂列夫,《中華民國時期的西藏》,載《國外藏學譯文集·第十輯》,西藏人民出版社,一九九三年,頁 23。

52 《西藏文史資料選輯·第五輯》,頁 64。

53 見周恒昌等四十六名前駐藏軍官所寫《藏亂紀略》,載《民元藏事電稿·藏亂始末見聞記四種》,西藏人民出版社,一九八三年,頁 153-154。

54 《民元藏事電稿·藏亂始末見聞記四種》,西藏人民出版社,一九八三年,頁 163。

55 《民元藏事電稿·藏亂始末見聞記四種》,西藏人民出版社,一九八三年,頁 15。

56 憂患餘生，《藏亂始末見聞記》，載《民元藏事電稿・藏亂始末見聞記四種》，西藏人民出版社，一九八三年，頁 124。

57 見袁鑠等二十名前駐藏軍官所寫《藏事陳略》，載《民元藏事電稿・藏亂始末見聞記四種》，西藏人民出版社，一九八三年，頁 146。

58 牙含章，《達賴喇嘛傳》，頁 240。

59 憂患餘生，《藏亂始末見聞記》，載《民元藏事電稿・藏亂始末見聞記四種》，西藏人民出版社，一九八三年，頁 126。

60 憂患餘生，《藏亂始末見聞記》，載《民元藏事電稿・藏亂始末見聞記四種》，西藏人民出版社，一九八三年，頁 128、130。

61 尚秉和，《西藏篇》，載《民元藏事電稿・藏亂始末見聞記四種》，西藏人民出版社，一九八三年，頁 139。

62 《民元藏事電稿・藏亂始末見聞記四種》，西藏人民出版社，一九八三年。

63 《民元藏事電稿・藏亂始末見聞記四種》，西藏人民出版社，一九八三年，頁 76。

64 《民元藏事電稿・藏亂始末見聞記四種》，西藏人民出版社，一九八三年，頁 84。

65 憂患餘生，《藏亂始末見聞記》，載《民元藏事電稿・藏亂始末見聞記四種》，西藏人民出版社，一九八三年，頁 131。

66 查爾斯・貝爾，《十三世達賴喇嘛傳》，西藏社會科學院西藏學漢文文獻編輯室，一九八五年，頁 115。

67 查爾斯・貝爾，《十三世達賴喇嘛傳》，西藏社會科學院西藏學漢文文獻編輯室，一九八五年，頁 117。

68 梅・戈德斯坦，《喇嘛王國的覆滅》，時事出版社，一九九四年，頁 85。

69 梅・戈德斯坦，《喇嘛王國的覆滅》，時事出版社，一九九四年，頁 85。

70 朱少逸，《拉薩見聞記》，載《西藏學漢文文獻叢書第二輯》，全國圖書館文獻縮微複製中心，一九九一年，頁 44。

71 梅・戈德斯坦，《喇嘛王國的覆滅》，時事出版社，一九九四年，頁

134-140。

72 朱繡，《西藏六十年大事記》，見《藏族史略》，民族出版社，一九八五年，頁 335。

73 劉曼卿《康藏輶征》，見《藏族史略》，民族出版社，一九八五年，頁 350。

74 查爾斯‧貝爾，《十三世達賴喇嘛傳》，西藏社會科學院西藏學漢文文獻編輯室，一九八五年，頁 222-223。

75 查爾斯‧貝爾，《十三世達賴喇嘛傳》，西藏社會科學院西藏學漢文文獻編輯室，一九八五年，頁 348。

76 《西藏地方與中央政府關係史》，西藏人民出版社，一九九五年，頁 262。

77 黃慕松，《使藏紀程》，載《西藏學漢文文獻叢書第二輯》，全國圖書館文獻縮微複製中心，一九九一年，頁 319-320。

78 吳忠信，《西藏紀要》，載《西藏學漢文文獻叢書第二輯》，全國圖書館文獻縮微複製中心，一九九一年，頁 7-8。

79 黃慕松，《使藏紀程》，載《西藏學漢文文獻叢書第二輯》，全國圖書館文獻縮微複製中心，一九九一年，頁 343。

80 《西藏地方與中央政府關係史》，西藏人民出版社，一九九五年，頁 249。

81 朱少逸，《拉薩見聞記》，載《西藏學漢文文獻叢書第二輯》，全國圖書館文獻縮微複製中心，一九九一年，頁 82-83。

82 吳忠信，《西藏紀要》，載《西藏學漢文文獻叢書第二輯》，全國圖書館文獻縮微複製中心，一九九一年，頁 44。

83 朱少逸，《拉薩見聞記》，載《西藏學漢文文獻叢書第二輯》，全國圖書館文獻縮微複製中心，一九九一年，頁 95。

84 吳忠信，《西藏紀要》，載《西藏學漢文文獻叢書第二輯》，全國圖書館文獻縮微複製中心，一九九一年，頁 74。

85 《西藏地方與中央政府關係史》，西藏人民出版社，一九九五年，頁 266。

86 梅‧戈德斯坦，《喇嘛王國的覆滅》，時事出版社，一九九四年，頁

630。

87 常希武，《「驅漢事件」前後見聞》，載《西藏文史資料選輯・十七》，民族出版社，一九九五年，頁 46。

88 《西藏地方與中央政府關係史》，西藏人民出版社，一九九五年，頁 280。

89 查爾斯・貝爾，《十三世達賴喇嘛傳》，西藏社會科學院西藏學漢文文獻編輯室，一九八五年，頁 349。

90 夏格巴，《西藏史》第二卷，載《喇嘛王國的覆滅》，時事出版社，一九九四年，頁 696。

91 梅・戈德斯坦，《喇嘛王國的覆滅》，時事出版社，一九九四年，頁 736。

92 董尼德，《西藏生與死——雪域的民族主義》，台灣時報文化出版公司，一九九四年，頁 39-40。

93 董尼德，《西藏生與死——雪域的民族主義》，台灣時報文化出版公司，一九九四年，頁 40。

# 4 主權與實力

　　中國和西藏以東方式關係交往了上千年，雖說也有交惡之時，總
體來講是和諧的。直到雙方開始接受近代國際社會的主權觀念，需要
把原來的東方式關係按照新標準重新定位和梳理，這時西藏是否屬於
中國，名義與實質就必須統一，再不能像原來那樣分離。這是兩種不
同系統所進行的轉換，首當其衝的問題在於如何才能完成轉換，如何
才能把原來模糊的東方式關係轉變成清晰的主權關係呢？

　　既然過去的東方式關係是模糊的，就決定了不可能以西方式的清
晰將其爭辯明白。事實上，雙方雖然一直按照新的主權體系尋找各自
的依據，卻只能是越爭越糊塗。

　　在我看，從東方式關係轉換到西方式關係，在這樣完全不同質的
兩個系統之間實現轉換，是不能按照後者的標準去評價前者的，尤其
是不能按照後者的標準重新安排前者已經形成的關係。現實的態度應
該是承認既成事實，而對舊系統和從舊系統向新系統轉換過程中的是
非「既往不咎」。

　　這種結論似乎缺乏道德基礎，既成事實大部分都是實力較量的結
果，認同這種既成事實似乎是贊成「以大欺小」。不過我認為這實在是
別無選擇。實力並非僅是從東方體系向現代主權體系轉換的現實依
據，其實也是主權體系自身得以維繫的重要基礎。現代國際關係中的
威懾、談判、影響力、均衡、妥協等關鍵因素，實力在其中的作用都
是一目瞭然的。連西方世界的領頭國──美國的誕生，也是實力的結
果，不是嗎？墊在美國立國基礎下的，是道德更多，還是印地安人的

屍骨更多①？

　　二十世紀上半葉，中國的國民黨政權分不出足夠實力西顧，又受西方制約，西藏因此才可能保持四十年獨立。等到中共奪取了政權，大陸統一，沒有大敵，國際關係上不再受西方制約，而結盟的蘇聯無意干涉中國對西藏的行動②。兩個妨礙中國把西藏納入主權控制的因素都不復存在，這時，在實力上占有絕對優勢的中國就一定會重返西藏。

# 一、不成對手的較量

　　我在青海果洛旅行的時候，聽當地人講過這樣一個故事：當年中共軍隊準備進駐果洛地區時，先派人與果洛大頭人進行接觸。果洛部落素以驍勇善戰著稱，男人經常從事劫掠作爲謀生手段。據說果洛大頭人當時可以調動八千男人參加戰鬥。在接待中共軍代表時，大頭人集中了他的上千戰士在周圍揮槍舞刀，列隊奔馬，盡情炫耀。隨後他以得意口吻向中共代表扎西旺徐（也是藏人，後任中共政權的青海省副省長）提了一個著名的問題：「中國大還是果洛大？」

　　十三世達賴喇嘛流亡印度時，在準備去見英國的印度總督之前，也問過一個問題：「總督會講藏話嗎？」1這種故事多少令人聯想起「井

---

① 這是中國人用於反擊西方最常用的說法。西方人對此的回答是殖民時代已經過去，西方當年的錯誤不能作爲中國今天可以照樣做的理由。如果不考慮時間因素，任何根據都會在無限追溯中無從立身。然而中國和西方世界在時間上幾乎每一步都有錯位。中華帝國腐朽的年代，正是西方列強兇悍之時；當西方國家從殖民地撤出，中國卻以前所未有的強勢進軍西藏，導致達賴喇嘛帶領數萬藏民流亡他國；隨後當民主、信仰自由和文化多元在西方成爲文明進步原則時，中國卻在西藏開展了砸毀寺廟、禁絕宗教的文化革命；今天，當人權高於主權在西方世界成爲普世價值觀時，中國仍然以主權爲至上，不惜把人權踏在主權腳下。正是這種時間錯位，使得中國在西藏問題上總是被西方指責。然而中國對此並不認可，憑什麼只能由西方確定時間標準，把西方當作判斷中國錯位的原點？只要中國有足夠的實力，西藏屬於中國的事實就不可改變。不過即使只看實力，今日世界也要考慮新的因素。全球化已經使得實力對比不僅僅存在於兩個當事者之間，還要加進國際社會的因素。其他國家和民衆究竟持有什麼態度，也已經成爲相當重要的砝碼。——二〇〇九年註

② 與西藏地位差不多的外蒙古，因受蘇聯保護，中共即不敢採取行動，儘管毛澤東過去曾表示過要重新將外蒙古納入中國，眞到中共執政時則不再提起。

底之蛙」的寓言。一九四九年九月三日，中共針對西藏政府七月的驅漢事件發表了一篇題爲《絕不允許外國侵略者吞併中國領土——西藏》的社論，第一次明確提出了「要解放西藏」。面對正在勢如破竹占領整個中國的中共，西藏政府以「西藏外交局」的名義發表了一封被認爲「天眞得出奇」的信，給中共領袖毛澤東，要求中共不得進入西藏，並且還對歷史上已經劃歸了中國內地省份的領土管轄權提出要求①。

不過，從目前得到的材料看，即使是中共高層，在與國民黨進行的內戰取得全局勝利之前，也沒有認眞地考慮西藏問題。一九四九年三月舉行的中共七屆二中全會，對各大野戰軍進行的戰區劃分還不包括西藏。直到一九四九年十月宣布成立中共的「中華人民共和國」之後，重新調整戰區，西藏才劃歸當時由劉伯承任司令、鄧小平任政委的第二野戰軍。

但是，因爲中共占領中國的戰爭是由北向南推進，第二野戰軍在西南的作戰任務還很重，而西北的第一野戰軍（簡稱「一野」）戰事基本結束，所以中共中央曾設想先由西北軍區（以一野爲主）負責「解放」西藏，而後再由西南軍區負責管理西藏。一九四九年十一月二十三日，中華人民共和國成立不到兩個月，毛澤東給西北軍區的彭德懷發出準備進藏的電報。電文如下：

德懷同志並告賀習劉②：

（一）覆班禪電略加修改即可發表。（二）經營西藏問題請你提到西

---

① 信件全文如下：
「致北平中央人民政府主席
尊敬的毛澤東先生
西藏是一個盛行佛教的獨特國家，她預先註定要由觀世音的化身（達賴喇嘛）來統治。惟其如此，西藏自古迄今都是一個獨立的國家，其政治統治地位從來沒有被任何一個外國接管過；西藏還保衛自己的領土，使其免遭外來的侵略，西藏一直是一個信仰宗教的民族的樂土。
鑒於青海和新疆等地比鄰西藏這一事實，我們希望得到中國軍隊不超過漢藏邊界或不對西藏採取任何軍事行動的保證。因此，請按照上述要求向駐紮在漢藏邊境的軍政官員頒布嚴格的命令，懇請盡快給予答覆，這樣我們才能放心。至於從前被併入中國版圖的那些西藏領土，西藏政府希望在中國的國內戰爭結束之後舉行協商談判並加以解決。」（梅‧戈德斯坦，《喇嘛王國的覆滅》，引自英國外交部檔案）
② 賀，即賀龍；習，即習仲勳；劉，即劉伯承。

北局會議上討論一下。目前除爭取班禪及其集團給以政治改造（適當地）及生活照顧外，訓練藏民幹部極為重要。西藏問題解決應爭取於明年秋季或冬季完成之。就現在情況來看，應責成西北局擔負主要的責任，西南局則擔負第二位的責任。因為西北結束戰爭較西南為早，由青海去西藏的道路據有些人說平坦好走，班禪及其一群又在青海。解決西藏問題不出兵是不可能的，出兵當然不只是西北一路，還要有西南一路。故西南局在川康平定後，即應著手經營西藏。打西藏大概需要三個軍，如何分配和何人負責指揮現在還難決定。但西北局現在即應於藏民幹部準備問題及其他現在即應注意之問題做出計畫。你們意見如何，盼告。[2]

　　彭德懷不願意為將來要交給別人管轄的地盤去打仗，尤其西藏是那麼一個艱苦、陌生且巨大的地方。當時中共幾乎無人瞭解西藏。彭德懷為找理由推掉進軍西藏的任務，派當時任西北軍區聯絡部部長的范明率人做了近一個月的調查研究，才在一九四九年十二月三十日給毛澤東覆電，強調從西北進軍西藏道路艱難，每年只有四個月可以通行，部隊入藏準備工作需要兩年等[1]。

---

[1] 彭德懷的電報內容如下：

「中央並報毛主席：

(一) 前電示準備一九五〇年夏秋配合進軍西藏，據調查由哈拉木倫山口，經奇里湖塔木薩齊到日喀則之線，以西屬後藏，以東屬前藏，全藏人口不到二百萬。前藏拉薩附近地區及雅魯藏布江流域人口較密，農業為主，牧畜次之。後藏多屬遊牧區，住居不固定。從于田、和田翻越崑崙山至西藏邊境黑河由鹽湖須行十七天，純小路，騾馬不能通行，人煙稀少。據聞由黑河由鹽湖至拉薩騎行需要四十天，一說需兩個月。從南疆入藏是為困難。飛機飛越崑崙山亦需特種裝置。另哈什噶爾經浦犁、帕米爾高原東腹道馱馬可行，唯須經印度境內，東行入藏。北路好走，但因政治限制，故不可能。

(二) 由青海大河壩經博塞圖庫特爾別里布圖經唐古喇山口（即青康藏三省交界上，係雪山，需五天才能通過積雪），黑河至拉薩此道步行需兩天半，除接近拉薩之三天係農業區外，全係遊牧區。

(三) 由青海玉樹經西康、恩達、嘉黎、太昭至拉薩，此路較上述之大路易走，唯大河壩、玉樹至昌都北係遊牧區，昌都嘉黎、太昭係農業區，可就此取部分糧食，總之由青海、新疆入藏困難最大，難以克服。由打箭爐分兩路，一路經理唐、科青，一路經甘孜、昌都。兩路入藏，較青新兩路均易。如入藏任務歸西北，須在和田、于田、玉樹屯兵屯糧，修築道路，完成入藏準備，需要兩年。且由南疆入後藏及由大河壩入前藏兩路每年只有四個月（即五月中旬至九月，可通行，其餘八個月，因大雪封山不能行動。(續下頁)

彭德懷對西北進藏的困難頗有誇張。倒不一定是故意謊報。我對此有經驗，在西藏問路，人們總會有意無意地向你渲染甚至誇張艱難和危險。中共首腦誰也不瞭解西藏真實情況，對彭德懷的報告無從反駁，但是毛澤東擔心夜長夢多，肯定不會願意兩年之後再進藏。正在蘇聯訪問的毛看了彭德懷的電報後，便決定把進軍西藏任務派給西南軍區。至少他知道，歷史上駐藏大臣都從四川進藏，那裡的路必然是通的。一九五〇年一月二日，毛從莫斯科發回電報，改派西南軍區出兵西藏②。

　　毛澤東一聲令下，中共進軍西藏的準備工作立刻轟轟烈烈地展開。被派進藏的部隊是「二野」（第二野戰軍）第十八軍。當時中共的解放軍已是大兵團體制。十八軍有三萬餘兵力；為了保證進軍西藏，

---

㈣ 蘭州、西寧兩處，現有藏民訓練班共約三百人（係甘青兩省藏民），松潘、懋功亦派有代表數十人，到蘭州致敬，班禪已回西寧塔爾寺，如入藏歸西南軍區擔任，上述藏民群眾訓練班，將來可能爭取部分送二野隨軍入藏。」（吉柚權，《白雪──解放西藏紀實》，中國物資出版社，一九九三年，頁 6-7）

② 電文如下：

「中央、德懷同志，並請轉發小平伯承賀龍三同志：

㈠ 德懷同志十二月三十日關於西藏情況及入藏路線的電報業已收到閱悉。此電請中央轉發劉鄧賀三同志研究。

㈡ 西藏人口雖然不多，但國際地位極其重要，我們必須解放之，並改造為人民民主的西藏。由青海及新疆向西藏進軍，既有很大困難，則向西藏進軍和經營西藏的任務應確定由西南局擔負。

㈢ 既然由西北入藏每年只有五月中旬到九月中旬共四個月的時間可以通行，其餘八個月大雪封路，不能通行，則由西康入藏之時間恐亦相同。而如果今年四月中旬至九月中旬不向西藏進軍，則須推遲至一九五一年才能進軍。我意如果沒有不可克服的困難，應爭取於今年四月中旬開始向西藏進軍，於十月以前解放西藏。為此，建議：〔甲〕、請劉鄧賀三同志於最近期內（例如一月中旬）會商一次，決定入藏部隊及領導經營西藏的負責幹部等項問題，並立即開始布置一切；〔乙〕、迅即占領打箭爐（即康定），以此為基地籌劃入藏事宜；〔丙〕、由現在（一月上旬）至西康西藏的接壤地區，修好汽車路或大車路，準備於四月中旬開始入藏；〔丁〕、收集藏民，訓練幹部；〔戊〕、聞西藏只有六千軍隊；而且是分散的，似乎不需要我在上次電報中提議的三個軍，而只需要一個充足的軍或四個師共約四萬人左右的兵力，即已夠用，惟須加以特殊的政治訓練，配備精良武器；〔己〕、入藏軍隊可定為三年一換，以勵士氣。

㈣ 進軍及經營西藏是我黨光榮而艱苦的任務。西南剛才解放，西南局諸同志工作極忙，現又給此入藏任務，但因任務重要，且有時間性，故作如上建議。這些建議是否可行，請西南局籌劃電覆為盼。

毛澤東
一月二日上午四時於遠方」

（見吉柚權，《白雪──解放西藏紀實》，頁 2-3）

又成立了後方支援司令部，包括八個工兵團、一個重型機械營、兩個馬車團、兩個馱騾團、四個汽車團，還有兵站、倉庫、醫院、通信分隊和空運大隊等近兩萬人；又動員了近兩萬士兵和民工修建了爲進藏部隊補充給養的甘孜飛機場；爲擔負進藏任務的十八軍提供五千個帳篷、五萬件雨衣；每人發四雙膠鞋、兩套單衣、一套襯衣、一件絨衣、一副手套、一副帶色風鏡；團以上幹部各製作皮大衣一件；所有馬匹帶五副以上蹄鐵，配以帆布槽與鍘刀；配發適應康藏情況的藥品，帶相當數量黃金，以便到藏後向印度購買必需品；還在重慶製作了八十萬斤餅乾，分批攜帶，以在不能生火時食用；從新疆、青海、內蒙等地購買幾萬匹馬，並從二野每個軍抽一千匹馬組成運輸團；又從西康的巴塘、甘孜等地動員了二十萬頭犛牛支援運輸……3。

當時中共各機構對進軍西藏的部隊幾乎是有求必應，全力保證，可從一件小事上看出。因爲高原氣候忽冷忽熱，部隊進軍途中發生了流行性感冒，前線指揮部向後方發電，要求運一些生薑和糖。發報時薑、糖之間漏了一個頓號。後方機構沒見過薑糖，也無處購買，便自行組織研製，把薑和糖混在一起研磨，再壓成片狀。那種薑糖又甜又辣，結果是沒人要吃4。

上述條件也許現在看起來不算什麼，但是對於一直靠「小米加步槍」打天下的解放軍，當時已足夠壯觀。而對西藏來講，這樣一部龐大的戰爭機器則是它完全不可匹敵的。更何況在這支浩大的進藏軍隊後面，還有數量超過西藏總人口好幾倍的近五百萬解放軍。

當時西藏擁有的軍隊僅在萬人上下，且作戰能力極爲低下。從中共方面對藏軍的研究摘取若干片段，可窺藏軍大致面貌：

> 藏軍指揮機構簡單，無作戰地圖，一切由指揮官一人決定，所以戰術思想落後，戰鬥動作混亂，不善於組織火力，不會選擇地形，也不會構築工事。汝本（相當營長）以上指揮官的指揮部離火線很遠……
>
> 藏軍無會議制度，工作均為口頭布置……每天中午或晚上，各代本團均由格更領著念經約半小時，並順便清點人數。

藏軍本身無訓練機構。

部隊思想全靠神權統治，以念經、保護達賴等迷信宣傳來控制部隊。戰前須打卦問卜選擇吉日出戰，並要燒香叩頭，求神靈保佑。戰鬥中士兵不講戰略戰術，身背「噶烏」（護身符），口念咒經，亂打亂衝，勝則窮追猛打，敗則各自逃命。

官兵均攜帶家小，出發拖兒帶女，行軍速度緩慢。

官兵年齡普遍偏大……其中有六十歲的老兵，五十年軍齡的排級幹部。[5]

如果說以上研究出於中共，有偏頗之嫌的話，一九二七年藏裔的印度政府官員諾布頓珠訪問拉薩時，也以尖酸刻薄的口吻描述了當時藏軍和警察的狀況：

藏軍每天都在操練，但是他們的制服實際上已經破爛不堪了，他們中的許多人一隻腳穿著靴子，另一隻腳卻赤裸著，每當我途經羅布林卡和堅色林時，他們總是向我行乞。警察大約有二百人，他們的衣著比藏軍更破。我發現，如果能夠想到辦法或找到機會，藏軍和警察部隊中的每一個人都想從這裡逃走。[6]

一九三六年，駐錫金的英軍遠東司令尼姆（Brigadier Neame）前往西藏，對藏軍進行了一次比較徹底的調查與評估。他寫的報告表現出對藏軍狀況極為不良的印象：

作為一個民族的西藏人是絕對不崇尚武力的，統治階級的思想和能量都被宗教事務大大地吸引住了。喇嘛官員和文武官員分享了所有權力。西藏政府和與軍隊有關的官員對健全的軍事組織、管理和訓練幾乎沒有什麼主見。兩個總司令——一個喇嘛，一個軍人——沒有什麼軍事經驗。任命的代本和將軍是沒有經過什麼軍事訓練的貴族。有經驗的正式軍士沒有升任如本（級別較低的軍官）以上的……野外訓練實際上從未進行。在和平時期，軍隊受雇為政府

當苦力。手槍、機槍和劉易斯槍的瞄準練習從未舉行,來福槍的瞄準練習也做得很少。結果,西藏東部的現役軍隊在軍事行動中不能有效射擊,徒糜彈藥。對槍枝的關照和擦洗被認為極差。[7]

　　西藏方面往往把自己的軍力孱弱解釋為西藏是一個佛教之邦,愛好和平而厭惡戰爭。從文化方面,這不能不說是一個原因,然而更重要的,還在於西藏政治制度的故步自封。以當年晚清王朝之腐朽,竟然能成為對西藏而言的「新政」之源,並且還得以很大力量克服西藏對「新生事物」的抵抗,可想西藏保守的程度。西藏上層社會的既得利益者們只關心固守其統治地位,改革有可能造成變動,產生威脅,於是他們便總是加以抵制。為了保證權力不受威脅,西藏統治者盡量削弱軍隊。美國藏學家梅‧戈德斯坦(M. Goldstein)在他的書裡寫道:「西藏政府故意不讓藏軍代本們接受專門的軍事訓練,以免造成軍事將領勢力強大的局面;相反,他們所奉行的軍事政策是,任何一名官員都可以充當藏軍代本或其他軍官。」[8]另一方面,藏軍士兵皆來源於所謂「差巴」——即那些為了能從政府租種土地、以出人當兵抵差稅的農奴家庭。藏兵是終身制,年輕力壯時去當兵,直到老了才退伍。他們大都在兵營娶妻生子,過家度日。這樣的軍隊如何打仗?
　　一九三四年,十三世達賴喇嘛圓寂以後,曾經在英國生活、擔任過藏軍總司令的龍廈試圖推動一次改革運動,把西藏納入現代化軌道。然而他遭到的下場是被挖掉了雙眼。從他受刑的過程,也能看出西藏與當時整個世界走向的距離:

　　　　挖眼的辦法是,將一根光滑而呈圓形的犛牛骨置於被監禁者的太陽穴上,然後用皮帶把頭纏繞束縛起來,最後用一根木棍在頭頂上轉動,直到眼珠掉出來為止……挖眼之刑非常殘忍,用皮帶勒了之後只出來一個眼珠,於是繞傑巴(專事斷肢挖眼一類酷刑的施刑者——作者)不得不用小刀把另一隻眼珠挖出來。然後把滾燙的油倒進眼窩裡燒灼傷口。據龍廈之子拉魯‧次旺多吉回憶,在龍廈被釋放後,挖眼的地方有一塊很大的疤痕。[9]

龍廈改革運動的失敗及龍廈的垮台①被稱爲「西藏現代史的重大轉折點」，是「動搖喇嘛王國基礎的一個重要因素」10，其後的西藏，完全趨向了封閉保守。

　　西藏在政治與社會制度方面的保守，不能完全用相對主義的觀點進行解釋——似乎只要沒有外來入侵，西藏原本的狀態已經足夠好，並不需要改革和發展，也不應該用進步或落後的概念進行評價。西藏社會本身的問題，後面再談，既然全世界都在發展，西藏的地緣隔離也已不再是其他民族難以逾越的屏障，這時仍然一意孤行地故步自封，就難免不陷入被動和挨打的境地。從這個角度，舊西藏的統治者

---

① 在龍廈被抉目五年之後，一九三九年隨民國蒙藏委員會委員長吳忠信到西藏的朱少逸，曾在拉薩見到剛剛出獄的龍廈，並在他的《拉薩見聞記》裡記述了他們見面的談話：　乃曰：「……拉魯公子常來敝廬談及吳委員長此次來藏，於辦理達賴坐床事宜外，不多涉及政治，此亦吳委員長愛護藏人之意，然百千萬人正對吳委員長抱有無窮之希望，而中央特派主管邊政長官來藏，復爲西藏歷史上之第一次。龍甚望吳委員長能乘機有所決斷。藏民之痛苦深矣！吳委員長仁人當能解救藏民之痛苦！」余聞龍言，覺其口才便捷，思想清晰，因之應對之間，更不得不格外審慎，以免其所乘，遂答曰：「君言誠是，吳委員長在未來藏前，常接各方報告。抵藏後，復目睹西藏實情，深知藏民生活痛苦，非設法增進生產，改良政治，不足以挽救危機；但此次最大之任務爲主持第十四輩達賴坐床典禮，且中央治藏原則爲尊重黃教，安定藏局，在此兩原則之下，吳委員長實不擬對藏事有所更張，致啓紛擾。中央於西藏同胞，不分階級，不限派別，均一視同仁、一體愛護，總期政教事務，能更爲發展，人民痛苦，能逐漸解除，稍緩時日，中央當有以副藏人之望也。」龍聞余言，沉吟少頃，繼復謂：「中央愛護藏民，眾所周知，然龍仍願不揣冒昧，向吳委員長有所建議者，乃以機會不可錯過也。吳委員長係大人物辦大事者，回返中央後，政務紛繁，更何暇顧及藐小之西藏。龍甚願吳委員長，趁此時機，解決一切，設此日以吳委員長之地位聲勢，而無所展布，則後來者更難辦理矣！憶前清張欽差蔭棠駐藏時，曾創設農務局、建設局、鹽茶局等機關，至今藏人猶受其利。吳委員長至少亦應立一計畫，交由西藏政府執行，西藏當政者愚昧無知，吳委員長與之講道理講客氣，眞如對牛彈琴，安能望其瞭解？彼等又如頑皮之學童，老師仁愛優容，於是學童濫交密友，日趨放縱；一旦老師赫然震怒，饗以馬鞭，則學童又安分如初矣；試觀自尼波爾人來藏，拉薩即成爲尼波爾人之勢力；英國人來藏，拉薩即成爲英國人之勢力；今中央主管大員來藏徹底解決藏事，實易如反掌耳！果中央尙以西藏爲中國之領土者，則解決藏事不容再緩！」余以其言語鋒利，步步逼緊，亟謀收束談話，答曰：「先生觀察之透澈，見解之高超實令人欽佩不置，鄙人當向吳委員長詳細報告，以備採擇，惟目今國際形勢複雜，西藏問題雖屬中國之內政問題，而牽涉頗多，操之過激，反生窒礙，先生洞明國際大勢，當能悉其癥結。」最後余請其隨時以藏事意見貢獻中央。龍詢吳委員長行期，余答以十日左右。龍愕然似有所失，旋歎曰：「龍自雙目被抉後，似心靈亦被抉去，往日一切，恍如隔世，今日因談及吳委員長入藏事，偶憶一二，拉雜陳之，其他恐非所知矣！苟時間允許，龍願竭盡全力，爲吳委員長效勞。但以行將就木之人，究不知在人間尚能掙扎幾時也！」語後默然者久之，其心情似極沉痛。余除寄以無限同情外，實無語可以慰藉。

不能說沒有責任。

中共進軍西藏以二野十八軍的三萬兵力為主，從西康直逼藏東重鎮昌都。另外幾個方向的部隊也同時出兵配合：陳賡一部兩個團從雲南進藏；新疆王震派遣一先遣部隊向藏西阿里出發；西北軍區的獨立支隊從玉樹進軍。四路進軍，對西藏形成合圍之勢。

西藏噶廈政府將藏軍三分之二的兵力（約七千至八千人）集中於昌都和金沙江一線，採取了與中共正面決戰的戰略，企圖阻擋中共進藏的主力部隊。這是一個毀滅性的錯誤。以素質和裝備皆處於劣勢的藏軍，與兵力多數倍以上、剛打完取勝中國之戰爭的解放軍進行陣地戰，無異以卵擊石。四十年後，當年進藏的十八軍第二參謀長李覺將軍這樣評論：

> 當時西藏噶廈沒有懂軍事的人。它那些沒有軍事素養、沒有經過訓練、沒有作戰經驗、沒有正規編制、沒有精良裝備、沒有後勤保障的老弱殘兵，不應該與經驗豐富、兵強馬壯的共產黨軍隊搞陣地戰。他們應該主動放棄金沙江防線，把我們入藏部隊放進去，集中優勢兵力打後勤，阻我後撤，讓天然的地理氣候條件發揮作用，讓入藏部隊自行毀滅。用這種方法來對付入藏軍隊，何愁西藏守不住？[11]

確實，以中國之大，人口之多，進行人與人的戰爭，西藏無論如何是不成對手的。噶廈政府在戰略上的不明智，關鍵就在於企圖與中共進行人對人的戰爭，而不是把西藏的天作為抵抗的主力。西藏的天是西藏人的朋友和同盟者，卻是中共軍隊的大敵。在後來藏軍主力被消滅，中共軍隊進藏已無軍事抵抗，僅面對西藏的天，其進藏的艱苦程度還被形容為「第二次長征」。長征是一九三〇年代中共紅軍在江西根據地失敗以後歷時二年的一次突圍逃亡（後來才打起「北上抗日」旗號），前有堵截，後有追擊，行程二萬五千里，從開始的三十萬人，最後只剩三萬人，堅苦卓絕。參加過長征的十八軍軍長張國華對進軍西藏的總結是：「進軍西藏和紅軍北上抗日所經受的艱苦相比，只有

過之而無不及。」[12] 可想西藏的地理環境和氣候條件給中國軍隊帶來多大困難。

西藏人在自己的土地上熟悉地理，善於隱蔽，有騎兵的機動性和號令群眾堅壁清野的可能，如果不是早早地在決戰中把自己的實力消耗一空，保存一定有生力量與戰鬥意志，採取堵截、騷擾、各個擊破、打得贏就打、打不贏就跑的游擊戰，肯定可以給進藏的中共解放軍增加更大的困難與傷亡。尤其是應當避免正面作戰，主要以中共軍隊的後勤供應線為攻擊目標。西藏人口稀少，不毛之地多，中共軍隊孤軍入藏，失去其在中國內地擅長的「取之於民」補給方式（無民可取亦無物可取），軍隊補給的主要物資只能來自中國內地，因此必須有一條漫長的後勤供應線跟在部隊後面。隨著深入西藏，後勤線將越拉越長，防衛必然脆弱，更容易被打斷。對大部隊而言，後勤則不戰自垮。本來只能勉力對付西藏之「天」的中共軍隊，再加上一分「人」的敵手，其進藏是否會有階段性的破產就成了未定之數。那時，西藏手裡的牌就將多一些，加上中共當時又陷入了朝鮮戰爭，西藏獲得更多的選擇不是沒有可能的。

可惜的是，西藏當時沒有採取適合自己的戰略，反而把主力部隊調往昌都遠迎中共軍隊，等於幫助中共軍隊在作戰期間把後勤線大大縮短，而且其後勤線皆在其可以免受攻擊的控制區內（當時的金沙江以東的康區已被中共「解放」）。中共軍隊充分利用西藏把藏軍主力送上門的機會，制定了「一口吃掉」的作戰方案。一方面，從正面向固守金沙江一線和昌都地區的藏軍發動緩慢進攻，不將其擊潰，牽制藏軍，使其舉棋不定，不至於向西藏縱深回逃；另一方面，祕密調動主力部隊向藏軍後方迂迴包抄，斷其退路，完成對藏軍的合圍，將其一舉全部殲滅，從而達到消滅藏軍主力、瓦解西藏抵抗意志、迫使西藏當局歸順的目的。

開始於一九五〇年十月六日的昌都戰役基本順利地實現了中共軍隊的作戰意圖。不到萬人的藏軍在幾百公里的寬大正面組織防禦，間隙很大。中共軍隊的迂迴部隊分多路渡江。藏軍通訊落後，難以把中共軍隊的行動迅速上報指揮中心，形成明確判斷。直到各處失敗潰退

到昌都的藏軍官兵不斷帶回戰敗與傷亡的消息，表明戰禍即將降臨昌都，面對這種形勢，駐守昌都的藏軍司令阿沛・阿旺晉美多次與拉薩噶廈政府聯繫，請求將指揮部後撤到洛隆宗。十月十五日，阿沛的侍衛官錯果再一次通過無線電台與噶廈的侍衛官都然娃進行口頭交涉，這次交涉在西藏社會中成為一次著名的對話：

> 錯果對都然娃說：「請注意，我們已（用密電碼向拉薩方面）發去了三封急電，尚未收到一句答覆，究竟發生了什麼事？就我們來說，我們深知自己處境困難，因而對我們來說一分一秒都是至關重要的。如果您不給我們一個答覆，我們將無所適從。」
>
> 對此，都然娃答覆說：「此刻正是噶廈官員們舉行郊宴的時候，他們全都參加郊宴去了，你們發來的密碼電報正在加以翻譯解讀，瞭解電報內容之後我們就給你們覆電。」錯果對都然娃的答覆感到惱怒，毫無顧忌地帶著西藏式的絕交口吻氣憤地說：「讓他們的郊宴見鬼去吧！儘管我們受阻於此，西藏受到外來威脅，而且我們的命運每時每刻都可能發生改變，但是你還在那裡胡扯什麼郊宴。」[13]

如果藏軍早些回撤，也許還能多保持一些實力。但當時西藏的決策者誰也不想對撤出昌都的決定負責任。以往西藏總是能人算不如天算地度過種種危機，依然幻想著神助的噶倫們帶著僥倖心理照常參加郊宴，以避免面對昌都的告急。而駐守昌都的阿沛本人，雖然亦為噶倫之一，也不希望由自己承擔放棄昌都的聲名，待在昌都消極等待拉薩指示。一直拖到十月十七日，阿沛才不得不決定撤退，然而那時已經失掉時機，中共解放軍以驚人的速度晝夜兼程地完成了合圍，剛好搶在藏軍前面。除了少量藏軍騎兵逃離，藏軍主力退路被斷。阿沛・阿旺晉美面對兵敗如山倒的局面，知道繼續抵抗已經無效，只得下令繳械投降。歷時兩周的昌都戰役結束，占整個西藏正規軍實力三分之二的昌都守軍被全殲，包括阿沛・阿旺晉美在內的一批軍官及二千七百多士兵被俘，昌都、類烏齊、寧靜等大片地區被解放軍占領，通往拉薩大路的門戶洞開。西藏武裝抵抗中共進藏的能力基本就此瓦解。

昌都一役使西藏喪失了可以憑藉的軍事資本。拉薩企望的外國干涉卻如水中撈月。英美等西方國家除了口頭表示同情，沒有任何實際行動。最希望西藏保持獨立地位的無疑是印度，但是權衡利弊，它也不願意為此與強大好鬥的共產黨中國成為敵人。西藏陷入絕境。然而這種內外交困並沒有使西藏上層得到足夠清醒，他們反而把西藏的命運完全押到神佑之上。

　　昌都戰役之前，噶廈政府就是以卜卦抽籤的辦法決定應該讓哪些人出使國外去求援，以及誰適於去哪個方向，理由是這種出使對西藏的命運特別重要，因此必須要由神來指定[14]。昌都戰役失敗後，西藏不得不同意與中共方面談判，並答應了中共提出的談判前提——承認西藏是中國的一部分。這使當時逗留在新德里的西藏特使有了與中共使館進行接觸的基礎。當雙方已經商定次日在中國使館舉行午餐會時，剛親政的十四世達賴喇嘛要求對此舉行一次問卦儀式，結果得到的神諭是：承認西藏是中國的一部分會給西藏帶來危害。於是拉薩急電通知西藏代表團取消先前的決定，而那時，中共使館的汽車已經停在西藏代表團門外，準備接西藏代表前去參加約好的午餐會了。

　　西藏代表團好不容易圓了場，並按照拉薩的指令去北京談判，中共大使館亦幫助他們做好了一切去北京的準備，結果出發前又收到了拉薩命令他們取消計畫的電報，因為在羅布林卡舉行的再一次抽籤問卦顯示，不應派遣西藏特使去北京[15]。對此類種種可笑的行為，十四世達賴喇嘛後來也承認：「認為我們只需要祈禱，毋須做任何人為努力就可以拯救我們的國家，這一信念是知識有限所造成的，從這點來看，宗教感情實際上成了障礙。」[16]

　　事實上，不到十六歲的達賴喇嘛在西藏失敗的昌都戰役後提前親政，取代達扎攝政，也是在「神」的指點下實現的。約翰・F・艾夫唐在他的《雪域境外流亡記》中這樣描寫：

　　　　甘丹曲均被召到了羅布林卡，正式進行了一次降神作法。保護神附身於他之後，他從坐著的位子上站了起來，大聲嘶叫，渾身急遽抖動。侍從們立即將降神作法用的頭盔戴在他頭上，緊緊地在他

下巴下面繫好帶子，曲均走到達賴喇嘛的寶座跟前，獻了一條長長的白色哈達，然後就回到座位上坐下了。當向這位請教的時候來臨時，眾噶倫必恭必敬地尋求指導，一位祕書拿著一幅卷軸，念著寫在上面的正式請求。曲均又一次走到達賴喇嘛跟前，清清楚楚地說：「立他為王。」接著倒在地上，降神作法也就結束了。[17]

神沒有給西藏任何特殊的惠顧。面對中共大軍壓境，年輕的達賴一度與他的臣屬跑到靠近印度的邊境小城亞東，在那裡觀察事態的發展。那一段時間，以昌都敗將阿沛為首的一個西藏代表團前往北京，與中共就西藏的前途談判。對中共方面要求的進軍西藏，藏人別無選擇——同意，是和平進軍，不同意，則是武力進軍，反正中國占領西藏已不可阻擋。最終，阿沛的代表團與北京簽署了著名的《十七條協議》，同意中國對西藏進行「和平解放」。這時，十四世達賴喇嘛怎樣選擇，到底是去印度流亡，還是返回拉薩與中國合作，這樣一個於西藏民族具有決定意義的問題，最終決定也是出自占卜打卦的結果。按照打卦的結果，十四世達賴返回了拉薩。

把決策交給神是一種平息紛爭和推託責任的巧妙手段，卻肯定不是有益於民族命運的手段。當然，不管是靠神諭指示還是靠理性選擇，西藏都不可能在與共產黨中國的對抗中取得勝利，根本原因就在實力差距。在一個以實力為基礎的世界主權體系中，如此懸殊的實力差距，決定了西藏不可能不被中國重新控制。而且正因為西藏曾經一度擺脫了中國，重新返回西藏的中國就必將對西藏進行更嚴密的控制。

後來的歷史正是按照這樣的邏輯發展的。

## 二、中印在西藏邊境的戰爭

如果西藏是獨立的，中國與印度的邊界只有很小一段接壤（在中國新疆與印度控制的喀什米爾地區之間）。西藏被中國納入主權控制之下，西藏與印度的一千四百五十公里接壤就成了中國與印度的邊界。加上被印度吞併或控制的不丹與錫金邊界，中國與印度的實際接

壞達到二千二百五十公里。

　　兩個亞洲大國緊密地挨在一起。這兩個大國都是新興的民族主義國家，按照主權標準，都有過恥辱的歷史，因此在主權方面都格外地敏感和激烈。恰恰這一條邊界的很多段落，在歷史上都處於東方式的模糊狀態中，沒有明確地劃分過，甚至有雙方都不管的地段。納入新的主權體系，要把原本的模糊轉換成明白，發生衝突就成了必然的。

　　在今天中國印製的各種地圖上，西藏南部有一片地區只標著寥寥無幾的城鎮地名。不瞭解情況的中國人如果想去那一帶走走，離很遠就會被邊防軍擋住，印度軍隊就在對面。他們會發現那片地區事實上只在中國地圖上屬於中國。如果換一張印度地圖，那片地區是印度的「阿魯納恰爾邦」，定居在那裡的印度人比全西藏的人口總和還多兩倍。目前中印兩國的實際領土控制線是中國一直不承認的「麥克馬洪線」。畫在中國地圖上、實際卻在印度控制下的土地達九萬二千多平方公里之多。

　　二十世紀以來，隨著英國勢力沿著印度大陸不斷向北擴張，與西藏發生碰撞，出現了需要以西方式主權精確劃界的問題。一九一四年三月，在印度召開的「西姆拉會議」上，英國政府的代表麥克馬洪（Sir H. McMahon）提出了一條英方勘定的分界線，那條分界線與此前國際上習慣認定並在各種官方（包括英國）出版物和地圖上一直沿用的分界線不同，大大向西藏縱深推進，把原本在西藏境內資源最豐富的九萬多平方公里劃進了大英帝國的印度殖民地。

　　無法確切知道當年西藏當局的動機，有一種說法是麥克馬洪許諾給西藏五千支槍和五十萬發子彈，還有一種說法是西藏人根本不明白邊界被竄改了，如英國人貝爾所說「西藏人不會畫地圖」，反正西藏代表在那個條約上簽了字。因為當時的西藏已經擺脫了中國控制，雖然中國政府不同意，也沒阻擋住所謂「麥克馬洪線」的產生。今天，中國出版的地圖繼續按傳統劃界，印度地圖則早已經把「麥克馬洪線」當成了正式的合法邊界[18]。

　　一九五〇年以前，不管雙方的地圖怎麼畫，那片爭議地區沒有駐軍，不設邊防，行政建制也不存在或徒有虛名，老百姓按照祖祖輩輩

的方式生活，國際政治與他們無關。一九四九年後，大概是新獨立的印度看到一個咄咄逼人的新中國正在產生，而且即將向西藏挺進，只有趁其尚未全面控制西藏時先下手為強。從一九五○年，印軍開始向北推進，到一九五三年，「麥克馬洪線」以南地區全部被印度實際控制。中共那時剛剛進藏，沒有能力做出實質性反應。而當時的印度政府在國際社會又對新中國採取友好姿態，中共也不好翻臉。

除了「麥克馬洪線」的領土爭端，中國與印度在中段邊境和西段邊境還有另外三萬五千多平方公里的領土爭議，其中西段的三萬三千平方公里，目前大部分被中國控制。

中國和印度在歷史上有很多相像之處，惺惺相惜，一九五○年代兩國同為世界反殖民主義陣營的中堅力量，兩國領導人意氣相投，彼此傾慕，照理應該保持很好的關係，然而在主權爭端面前，一切都會勢在必然地退居次要地位。一九六二年，這兩個亞洲巨人為邊境爭端打了一場震驚世界的戰爭，從此相互為敵幾十年，即使有時出現短暫緩和，兩國的未來也將始終是潛在的對手。

一九五○年代，當中印同為反對帝國主義和殖民主義陣營的旗手時，兩國容忍了邊界存在的爭議，雙方在一九五四年還就西藏問題簽訂了包括相互尊重領土主權、互不侵犯、互不干涉內政、平等互利、和平共處五項原則在內的雙邊協定。但是當一九五九年西藏發生反對中國統治的廣泛起義——中國人稱之為「叛亂」——後，印度政府收留了逃亡的十四世達賴喇嘛及跟隨他的數萬西藏難民，中國政府對此耿耿於懷，自此以後兩國邊境爭議就迅速上升，邊境爭端成了中國對印度進行攻擊的焦點。

從中國方面編的一部《西藏大事輯錄》中看，自一九四九年到一九五八年，輯錄中沒有一條與中印邊界有關。然而自十四世達賴喇嘛一九五九年流亡印度之後，當年就開始出現中印邊界爭端的條目，此後年年都有，一直延續。這裡只摘錄一九五九年的有關段落，可略見概貌：

九月八日　　周恩來總理寫信答覆印度總理尼赫魯關於中印邊界

問題的來信。希望尼赫魯總理和印度政府立即採取措施，撤回越境進入我塔馬頓、朗久和兼則馬尼等地的印度軍隊和行政人員，使中印邊境的緊張局勢立刻緩和下來。

九月十一日至十三日　全國人大常委會舉行擴大的第六至八次會議。十一日，周恩來總理做了關於中印邊界問題的報告；十三日，陳毅副總理做重要發言，朱德委員長在會議結束前講了話。最後，會議通過了關於中印邊界問題的決議。

九月十二日　《人民日報》發表社論：《中印邊界問題的真相》。

同日　西藏自治區籌委會舉行座談會，許多西藏著名人士在會上發言，堅決擁護我國政府對中印邊界問題的嚴正立場，憤怒抗議印度軍隊無理侵占我國領土。

九月十四日　拉薩市各族各界代表一千多人集會，駁斥印方關於中印邊界問題的言論，堅決擁護第二屆全國人大常委會關於中印邊界問題的決議。會上，班禪額爾德尼做了書面講話。

十月二十六日　我國外交部發表聲明，公布了一九五九年十月二十日和二十一日，印度武裝人員侵犯中國西藏地方的西北邊境，並進行武裝挑釁的事實真相。

十一月七日　周恩來總理就中印邊界問題寫信給印度總理尼赫魯，建議：中印兩國的武裝部隊立即從東邊的所謂麥克馬洪線和西邊的雙方實際控制線各自後撤二十公里。

十二月二十六日　我國外交部照會印度駐華大使館，以大量事實說明中印邊界從沒有正式劃定過。大部分已由國際協定正式劃定的說法，是完全不符合事實的。[19]

　　要說中印邊境爭端在達賴喇嘛流亡後突然如此集中地發生，在時間上完全是巧合，難以令人相信。從一九五九年以後，這種衝突不斷升級，到一九六二年，發展到了相當激烈的地步。僅一九六二年七月上旬，北京和新德里之間互換的抗議照會即高達三百七十八次[20]。同年九月，雙方開始發生小規模交火；十月二十日，中國軍隊向印度發動大規模進攻，中印邊境戰爭正式開始。雖然目前沒有證據斷定中印戰

爭是中國在西藏問題上對印度的報復，但根據上述時間順序，不能不認爲有一定關係。

　　一九六二年的中印戰爭，中國在軍事上取得了絕對優勢和勝利。其擊潰印軍、向前推進速度之快，有時連中國軍隊的指揮系統都無法控制。印度人自己的書這樣寫：

> 　　在這場速戰速決的閃電戰中——實際上，戰爭持續了不超過十天——中國人到達東北邊境特區麥克馬洪線以南兩百英里的阿薩姆平原的邊緣，抵達了卡門邊區伏特山他們的主張線。
> 　　在東北邊境特區另一端的魯希特邊區，他們向南和西南方向推進了一百英里，強占了從基比杜到瓦弄和哈渝梁的大片領土，他們還到達了距迪格博伊油田僅剩下八十五英里的地方。
> 　　在東北邊境特區中段的蘇班西里和西安邊區，中國人從麥克馬洪線上的一些地方僅向前推進了三十至四十英里……[21]

　　據印度國會披露的官方數字，印軍死傷六千七百六十五人。中國方面宣布俘虜了包括一名准將和十六名軍官在內的印軍官兵九百二十七人[22]。

　　一九六二年十一月二十一日，在開始戰爭一個月後，中國單方面宣布停火，立刻撤軍，並宣布爲了表現誠意，不僅退回到戰爭開始以前的實際控制線——即「麥克馬洪線」，還從「麥克馬洪線」繼續後撤二十公里，與印軍脫離接觸。

　　馬克斯韋爾在《印度對華戰爭》一書中寫道，當中國軍隊取得重大勝利的時候，中國政府突然宣布單方面無條件撤軍，這與其說讓全世界都鬆了一口氣，不如說是讓全世界都目瞪口呆。世界戰爭史上還從沒有過這樣的事情，勝利的一方在失敗者還沒有任何承諾的情況下，就單方面無條件撤軍。

　　我在西藏期間，曾就中國爲什麼自動撤軍尋找答案。透過毛澤東的帝王意氣、國際政治的萬千風雲，在那些濃豔色彩背後，我認爲最重要的因素，還是要歸結到一個老老實實的技術問題（當然也是實力

問題）——在西藏高原上保障後勤的困難。

因爲中共的保密制度，目前無法接觸有關的軍事檔案，不能確切地瞭解當時中國軍隊後勤保障的具體狀況，我之所以能下這個結論，是出於我對西藏氣候狀況、道路條件和運輸困難的親身體驗，以及我對西藏軍事後勤供應的現實狀況的瞭解。在下一節我會專門談這個問題，我相信通過類比可以獲得相應的認識。

西藏軍區林芝軍分區的防衛區正是當時對印作戰的東線主戰場，從林芝軍分區原副司令李春的回憶中，可以看出那時中國軍隊的後勤系統多麼落後：

> 反擊戰開始後，我們沿江一路下推，一個連擊潰了印軍上千人。沒有公路，印軍想不通，中國軍隊靠什麼供給給養？以爲我們有什麼高級食品，吃一頓能管好幾天。其實，我們就是靠老鄉支前，靠犛牛運輸。那一仗，支前的犛牛就有三萬多頭。這邊的所有物資，還有傷員烈士，都是靠老鄉背。一〇〇迫擊炮彈，一人只能背一發。五十人運，幾分鐘就敲出去了。家家戶戶都出人，十二三歲的孩子也支前。當地老鄉十二三歲就能背一百四五十斤，不穿鞋。德東下邊扎西家的小男孩，才四歲，跟爸爸媽媽一起，他背了四筒罐頭，有八斤重，爸爸牽著他爬山支援我們。沒有老鄉，我們根本沒法打勝仗。[23]

當時中國軍隊得到戰區老百姓的支持，未見得是把他們當成共產黨漢人的軍隊，而是從統一西藏的角度。那一帶歷史上一直爲藏文明覆蓋。被稱爲「風流神王」的六世達賴喇嘛倉央嘉措，就出生在「麥克馬洪線」以南的印控區，老百姓對西藏保持一定的向心力並不奇怪。那種靠犛牛和老百姓的雙肩維繫的後勤支援，不可能長久，也只適用於最前線。戰爭主要的物資供應，是靠汽車從上千公里外的中國內地運上來。

西藏的冬季，道路隨時可能被大雪封住。積雪有時達幾米深，人畜皆不能通行，更別說車輛。中國軍隊在西藏邊境進行戰爭，裝備給

養來自中國內地，而從中國內地進藏的幾條幹線公路全有被大雪封山的可能，從幹線公路通向中印戰場的支線公路，因爲大都需要進入或穿越喜馬拉雅山脈，更是隨時可能封閉。

我在一九九〇年代數次駕駛汽車在西藏長途旅行，到過當年與印度發生戰爭的邊境地區，對那裡行車艱難深有體會。三十多年以前的道路條件，只能更爲惡劣。

由於西藏緯度低，降水量相對較多，尤其是與印度接壤的喜馬拉雅山脈，常常受印度洋暖流影響，氣候無常，雨雪集中。夏天的雨水常常造成山洪、泥石流、山體坍方，阻斷公路。至今從四川進西藏的川藏公路，每年夏天的絕大部分時間都不能通車。我曾在那裡被泥石流困過三天。我也曾在新疆進西藏的公路見過長達幾公里的大坍方。公路全部被埋在倒塌的山石下。從雲南進西藏的公路有一段八十多公里的坍方區，嚴重時可同時出現上百處坍方。密布在西藏高原上那些數不清的大小河流更是讓人提心吊膽，說不定什麼時候就把車陷在河中間。每年從夏季一直延續到十月，西藏的雨季才算過去。

中國軍隊一九六二年之所以選擇十月下旬對印度發動進攻，我想正是因爲需要躲過雨季，以使運輸作戰物資的道路條件更有保障。然而進入十一月，西藏便開始面臨大雪封山的威脅，加上天寒地凍，道路冰雪，行車困難又開始增加。現代戰爭一個重要特點就是作戰物資的大量消耗，猶如一部巨大的吞吐機器，必須在最短時間內有序地調動、運輸和分配盡可能多的物資、給養和武器彈藥，才能維持戰爭的延續。而西藏高原上的運輸問題是中國軍隊後勤體系幾乎無法解決的瓶頸，試想中國如果不及時停止作戰，即使開始階段可以獲得大勝，一旦大雪封山，運輸線中斷，勝利是否還能保持住呢？

印度當時在軍事實力上不如中國，但是從保證後勤的運輸條件上，卻比中國有利得多。其背後是南亞平原，有條件修建良好的公路網，運輸幾乎暢通無阻。一旦戰爭變成長久對峙，雙方在運輸條件方面的差距就會產生越來越大的作用。何況，應印度政府的要求，美國和英國已經開始將大批軍火運抵印度，爲印度的後勤優勢又加上了一份籌碼。尼赫魯還向英美要求提供十五個轟炸機中隊，以空中打擊阻

止中國軍隊[24]。當時急於遏止中國及共產主義勢力的西方國家正在介入，而中國那時與蘇聯吵翻，已經得不到「社會主義陣營」的支援。世界輿論異口同聲指責中國。印度國內則掀起了前所未有的愛國主義浪潮，朝野一致，發誓要把戰爭進行到底。

毛澤東的軍事思想一向是「不打無把握之仗」。當時的條件和形勢沒有給中國長久保持勝利的把握——關鍵就在西藏高原對後勤的制約。從這一點上說，中國在一九六二年十一月二十一日宣布的單方面停火和撤軍，可以被視為一種精確的算計。

在西藏高原上進行主權之爭，對實力的要求是格外高的。

## 三、建立邊防的代價

一九九六年夏天，我在布達佩斯的中歐大學訪問時，斜對著我房間的那個門上貼著一面「雪山獅子旗」——那是西藏獨立運動的象徵。後來我認識了那門裡的主人，她是西藏流亡政府派到中歐大學學習的研究生。她十分忠誠西藏獨立的事業，一談話就會宣講流亡藏人的信念和觀點。在聽她宣講的過程中，我曾問了她一個問題——如果西藏實現獨立，將怎樣建立邊防？

我問這個問題，完全是從技術的角度。作為一個主權國家，邊防是其基礎之一。尤其當接壤國家是有威脅的，或者是領土存在著爭議的時候，邊防能力就更是主權的保障。西藏脫離中國，不會是中國心甘情願的結果。即使一時是以政治解決，西藏想保持長久的獨立，也不能沒有強大的邊防做後盾。

然而，這種邊防完全是實力的體現和競賽。暫且不說西藏與中國進行戰爭需要多大實力，即使是在和平狀態下維持基本的邊防，西藏是否有足夠的實力？我之所以提出這個問題，是因為我深切地知道在那片被稱為世界第三極的廣闊高原上，建立和維持一個邊防體系是多麼艱難和昂貴。

中國在西藏的駐軍，是我在西藏多次旅行中打交道最多的群體之一。那不是由於我與軍隊有什麼特殊關係，而是因為它是西藏境內最

完整和有效的一個體系。很多地方，除了軍隊以外，你找不到任何可以得到幫助的地方，甚至除了軍隊，你就根本找不到別的人。

　　很少有人知道中國在西藏的駐軍數量是多少（那屬於軍事機密）。我曾做過一個推算：中共前總書記胡耀邦一九八〇年進藏時，曾在一次共產黨幹部的內部會議中提到，當時整個西藏自治區的軍隊和地方加在一起，一共有三十萬漢人[25]。而在中國政府部門對西藏自治區的人口統計（那種統計不包括軍隊）中，一九八〇年西藏自治區的漢人為十二萬二千四百人[26]。如此算下來，一九八〇年中國駐藏軍隊中的漢人在十八萬左右。因為軍隊還有一定少數民族（包括藏族）成員，所以駐藏軍隊的總數要超過十八萬人[①]。中國軍隊於八〇年代初裁軍四分之一。如果西藏駐軍也以相同的比例裁減，裁軍後的西藏駐軍人數應該在十二萬左右。

　　在西藏流亡政府公布的材料中，中國的西藏駐軍為如下編制：

> 　　在西藏自治區有六個軍分區。其中包括兩個獨立陸軍師，六個邊防團，五個獨立邊防營、三個炮兵團、三個工程兵團、一個通訊總隊、二個通訊團、三個運輸團、三個獨立運輸營、兩個雷達團、二個師又一個團的地方武裝、一個獨立武警師、六個武警獨立團，外加第二炮兵的十二個火箭部隊。在大西藏地區，解放軍空軍有十個軍用機場。[27]

　　這些數字不能證實，只做參考。其中提到的「大西藏」是與「西藏自治區」不同的概念，我將在下一節解釋。按「大西藏」的範圍統計，中國駐軍的數量肯定還會大得多。如上述西藏駐軍有三個運輸團，那只是駐在拉薩的三個團。而擔負青藏線一條公路的軍事運輸，據報導就有九個汽車運輸團[28]。其他幾個汽車運輸團平時駐在青藏公路北端的青海格爾木。

---

[①] 注意這些數字僅是「西藏自治區」內的數字，並非包括整個西藏地區。一般來講，中國有關西藏的統計數字只針對「西藏自治區」，而達蘭薩拉有關西藏的統計數字都是針對後者。這種針對不同範圍卻又都冠以「西藏」之名的統計，是造成目前人們對西藏認識混亂的原因之一。

格爾木是一九五〇年代在柴達木盆地的荒灘上建起的一座軍城，作用就是保證對西藏的軍事供應。格爾木出城向南幾十公里就是西藏高原的北緣——崑崙山脈。鐵路目前只修到格爾木，因此那裡成為供應西藏的物資轉運站。西藏所需物資的八十％從格爾木進藏。格爾木八十％的職工是直接或間接地為西藏物資供應服務[29]。青藏公路上，隨時可以看到長達幾十輛上百輛的軍車車隊滿載物資駛往西藏。

　　當年中共十八軍進藏，開始只有三個步兵師三萬餘人。隨著進軍深入，運輸補給線不斷延長，後方機構迅速膨脹，相繼成立了汽車部隊、工兵部隊、兵站系統、航空站和地勤站等，全軍總人數擴大到七萬餘人。實際上真正深入西藏的部隊只有八千多人，其他人都是服務於後勤，相當於每進藏一個人，後方要有八個人支援[30]。

　　之所以要建立如此龐大的後勤，在於西藏本地無法籌措軍事物資，連基本的生活物資也相當匱乏。即便是做飯取暖的燃料，對西藏的中國駐軍都是問題。士兵們經常被派出尋找可供燃燒的牛羊糞便，大概在全世界的軍隊中也屬少見的奇特任務。西藏高原面積雖大，能夠種植糧食的地區卻極少。生產的糧食僅夠本地人吃。如果中國軍隊就地購買糧食，立刻會引起糧價飛漲，市場緊張，以至擴展為社會不穩。中共解放軍剛進藏時就出現過那種局面。

　　西藏沒有石油，而油料是現代戰爭的血液。西藏的石油製品全部要從中國內地運去。在用油罐車運油的年代，由於運輸距離長，每運抵西藏兩車油，要消耗一輛相同油罐車運的油。後來中國人花巨資鋪設了一條長一千零八十公里的輸油管線，其中九百多公里位於海拔四千米以上的地區，八百六十公里通過長年凍土帶，過十座大山，還有雷暴區、熱溶湖塘、冰川等高原特有地形。整條管線長年由一個團的軍隊守衛和維護。那條輸油管線只是把油從格爾木送到拉薩，其他地區和邊防部隊的用油還是要靠汽車運送。

　　我在有些邊防連隊看到每晚只開兩小時的電視。雖然看電視是士兵的主要消遣，但因為沒有充足的燃油供發電機，軍官只好命令有計畫地使用。有的連隊甚至為了分一支蠟燭，也要召開共產黨的支部會（黨支部是連隊的最高權力機構）做決定，然後再開全連軍人大會把

決定解釋明白[31]。

如果不是在西藏，缺什麼東西可以通過社會商業系統購買，駐藏軍隊的所有物品卻無一不要靠後勤供應。後勤系統出現的任何問題，也就無一不影響到軍隊的生存狀態。我看到過一篇報導，一九八五年時駐守西藏里孜的某連隊，吃的是一九六二年的大米。大米的年頭比全連士兵平均年齡大一歲[32]。我的親身經歷是一九九六年去普蘭，曾在那裡的邊防連吃過一九八二年的罐頭。

中國士兵應該算比較能吃苦的，需要的物資數量相對較低。但是隨著經濟發展和生活水平普遍提高，現在與過去也已不可同日而語。以營房來說，迄今已經經歷了四代：一九五〇年代是在地上挖個坑，上面蓋上頂；一九六〇年代是土坯房；一九七〇年代發展到石頭和木料結構；一九八〇年代改為鋼筋水泥；現在已經開始向樓房過渡了。每一步發展，物資供應都要成倍甚至數倍地增長。一九八〇年代一九九〇年代之交，每個邊防士兵年需物資一·二噸[33]，到一九九六年，每個士兵已經需要一汽車運量的物資——即四至五噸。這僅是和平時期，遇到戰爭還將成倍增加。美軍在朝鮮戰爭中步兵單兵日耗物資二十九公斤，在越南戰爭中攀升為一百一十七公斤，到波灣戰爭更達到二百多公斤。中國軍隊即使僅按美軍在近半個世紀前的朝鮮戰爭標準，單兵年需要物資也得在十噸以上，如果達到九〇年代波灣戰爭的標準，單兵年需要物資將達到驚人的七十多噸。

且不和美國軍隊比，僅僅為了解決邊防連隊的危房改造、把煤爐取暖改成土暖氣、用太陽能提供洗澡水、照明用電和吃上蔬菜這五項最基本的生活條件，西藏阿里軍分區就花了二千多萬元，等於他們所駐防的阿里地區一九九五年全年的財政收入（二千一百九十萬元）。導致成本如此之高的主要原因就在運輸。不算物資的價值，一車物資僅運費即為四千五百元，相當於八個西藏農牧民年人均收入①。西藏道路狀況之差，使得運輸損耗高得驚人。一車玻璃從格爾木拉到拉薩只有十五％完好，一車水泥則有五十％撒到公路上[34]，更使成本大大增加。

① 一九九四年西藏農牧民年人均收入為五百六十五元，見《西藏統計年鑑·一九九五》，表2-4。

還有不通公路的地區，運輸費用就更貴。西藏墨脫縣駐軍一個營，需要的物資全靠雇傭老百姓翻山越嶺往裡背，一九九〇年的秋季運輸，運進物資二百噸，僅付給民工的運費就達二百二十多萬元[35]。

　　中國軍隊也曾考慮過用直升機運送給養。但是青藏高原海拔高，氣候惡劣，一般直升機飛不了。據說一架中國造的直升機飛一趟墨脫，落地後竟發現機身拉長一尺，飛機就此報廢。中國軍隊後來選購了美國製造的「黑鷹」直升機專飛西藏高原，因為地形複雜，氣候惡劣，連續摔了好幾架。一九九一年，中國七大軍區之一——成都軍區的好幾位高級將領在西藏視察防務，也因飛機失事而殉職。現在，沒有極特殊的情況，飛機基本不敢飛。不過，如果西藏邊防真都改用由直升飛機保證供應的話，七百萬美元一架「黑鷹」，加上油料和龐大的地勤系統，為此一項，西藏邊防的代價又要增加多少？

　　在西藏，維持和平時期的邊防已屬不易，而若想具有抵抗侵略或進行戰爭的能力，成本之高更是難以想像。舉例說，維持一個邊防團的日常開銷和官兵工資，一年所需一千萬到二千萬元。而一輛能在西藏使用的裝甲車，價值二百萬元左右，配備一個裝甲團至少要一二百輛裝甲車，僅在裝甲車上的一項花費，即是幾億元。

　　論及邊防與道路的關係，會發現西藏若要建立自己的邊防，在道路方面存在一個嚴重問題。因為邊防離不開公路，所以邊境地區需要修築與邊境線大致平行的環邊境主幹公路，以保證邊境地區的戰略調動和物資流動，同時從環邊境主幹公路向邊境線輻射支線公路網，保證邊境前線部隊的後勤供應——這是保證邊防的基本條件。中國進軍西藏四十多年，凡是西藏與其他國家的邊境，基本建起了這樣格局的公路體系①。如果西藏獨立，建立自己的邊防，除了在與印度、尼泊爾接壤地區現在已有環邊境公路，更重要的是，應該在其與中國接壤地

---

① 按照印度人的看法，中國之所以打六二年中印戰爭，一個重要的原因就是為了從新疆到西藏那條沿著邊境的幹線公路。那條公路穿過中國與印度在西部的領土爭議區，對於中國西部邊防的戰略地位十分重要。周恩來曾在一九六〇年向尼赫魯提出建議，以承認東部所有爭議的麥克馬洪線換取那片地區，遭到尼赫魯拒絕，至今中國仍然占領著那片地區。此事足以說明公路對邊防的重要程度（見 D.R.曼克卡爾《誰是六二年的罪人》，西藏社會科學院漢文文獻編輯室，一九八五年，頁 92-93）。

區建立環邊境公路體系，才能保證西藏對中國的邊防。然而打開地圖即可看出，在達賴喇嘛所認定的西藏與中國之邊界，西藏方面不存在這樣的環邊境公路體系（倒是在中國一側有包圍西藏的公路體系）。多年來，中國人所建設的川藏、青藏、滇藏等公路，還有成都到那曲的三一七公路、西寧到昌都的二一四公路，全都指向西藏腹地，使中國可以隨時迅速地向西藏調兵。僅從這種道路條件，西藏所處的戰略地位就已相當不利。

當然，西藏一旦獲得獨立，理論上可以自己修造防衛中國的環邊境公路。然而實際上，在西藏高原修造公路的困難和成本，是西藏自身無法承受的。以中國的財力、物力和人力，幾十年時間才建起西藏現有的公路體系。舉川藏公路為例，一九三〇年代國民黨政府就開始修建從成都到康定一段。全路徵用民工不下二十萬，疾病或事故死者一千五百人。一九四〇年十月勉強通車，由於路基不固，秋冬積雪難以通行，春夏苦於山洪，難以維護，又不得不放棄使用而改道重修[36]。中共進軍西藏後，再次起用十幾萬士兵和民工，用四年時間，挖掘二千九百多萬立方米土石方（相當於挖一條十五米寬，三米深，一千三百里長的運河），架起四百三十座橋梁，修築了三千七百八十一座涵洞，翻越二郎山、折多山、雀兒山、甲皮拉山、色霽拉山等十四座大山，橫跨大渡河、瀾滄江、金沙江、怒江等十多條中國著名大河，最終建成二千四百一十六公里長的川藏公路。修路過程死亡三千多人，平均不到一公里就有一個死者[37]。中國花在西藏道路上的錢，多年累計得有幾十甚至上百億（僅一九七四至一九八五年的青藏公路整治工程就耗資八億多元[38]）。可以說，在西藏高原修路，步步都是鈔票和屍骨鋪成的。那些鈔票和屍骨攤到偌大的中國之上，也許還不那麼突出，若由西藏自己承擔，就非常可怕了。

所以，我問服務於西藏流亡政府的那位女學生的問題，雖然是技術性問題，卻是一個關鍵。西藏現在屬於中國，由中國負責邊防，需要防衛的只是西藏與其他國家接壤的邊境，中國只須在西藏建立半圈邊防。如果西藏獨立，西藏需要的則是自己建立一整圈邊防，可想而知得部署多少軍隊，建立多麼龐大的後勤體系、交通網絡以及通訊設

施。即使西藏能搞到那麼多錢（令人懷疑），又從哪裡得到那麼多士兵呢？即使讓所有的青壯年男性藏人都當兵，對付中國夠不夠呢？

關於這一點，達賴喇嘛曾經提出過一個「西藏和平區」的設想。一九八七年九月二十一日，他在華盛頓對美國國會的演講中，提出解決西藏問題的五點和平計畫。他對他的建議解釋說：

把西藏建立成和平地區，意味著中國在西藏的部隊及軍事設施的撤除；這樣印度也就可以撤走駐防在喜馬拉雅山靠近西藏地區的部隊及軍事設施。這一切都將根據國際條約進行，以滿足中國在安全顧慮上的合理要求，並且促進西藏、印度、中國及其他同一地區內民族之間的信心。每一個有關國家都獲得利益，尤其是中國和印度，因為這麼一來不但強化了他們的安全感，並且減輕了為了維持喜馬拉雅山沿線疆界的龐大軍事開銷。

在過去，中國和印度之間的關係從來就不緊張。一直要到中國部隊侵入西藏，取得了第一次和印度接壤的地區之後，兩大列強的關係才緊張起來，終於造成了一九六二年的戰爭。從那個時候開始，危險的意外事件層出不窮。如果他們像過去一樣被一個廣闊友好的緩衝國家隔離，這兩大超級人口大國要重修友好關係，將不是一件難事。[39]

達賴喇嘛沒有提到中國撤軍後，西藏自身是否要建立邊防。瑞士是一個中立國，卻一直把加強自身的防衛能力作為保證中立地位的基礎。而且既然是做一個中立國，防務的建立就只能依靠自己，對西藏就更加困難。假如達賴喇嘛對此的設想是西藏乾脆不要邊防，完全靠中國、印度兩大國的自覺和國際條約對它們的約束，保證它們不跨越西藏的邊界，那未免過於理想化。

固然，國際間存在著不設防邊境，現代國家的主權已經在相當程度上靠國際秩序保證，而非一定要靠武力，因此大量小國才能安全生存。但是所謂國際秩序，那是一定有威懾在其背後的。小國自身可以沒有實力，但它所依賴的國際秩序卻不能沒有實力，只不過那實力是

由其他大國或聯盟提供罷了（如科威特與海外戰爭）。中國和印度都是大國，甚至在某些方面可以算超級大國。國際秩序對這樣的大國，效力往往是有限的，原因在於它們有對抗國際秩序的相當實力。也許在好的狀態下，它們可以遵守條約，自覺地維護西藏領土的完整和不受侵犯，但是如果狀態不那麼好，或是有了變化呢？國際政治翻雲覆雨，什麼都有可能發生。為了應付這樣一個世界，治理國家的出發點應該從最壞的可能出發，而不是把希望寄託在最好的可能上。

達賴喇嘛把中國和印度的矛盾解釋為失去了西藏隔離。但是前面說過，西藏之所以過去具有獨立地位，是因為那時的亞洲處於「東方式關係」。一旦亞洲接受了現代主權體系，過去的狀態就會發生變化，不僅西藏的獨立地位難保，中國和印度兩個亞洲巨人的相互衝突和提防也是勢在必然。這不是能夠以善良願望為轉移的。就算中國與印度之間在今天重新隔開了一個西藏，兩方在現行主權意識和國際戰略的思維框架中，仍會隨時猜疑對方控制西藏的企圖，互相採取先下手為強的舉動，最後還是可能演變成在西藏高原上的衝突。

對我提出的問題，那位西藏女學生把希望寄託在中國實現民主化上，她認為民主的中國不會侵略西藏。這種回答不太有說服力。印度獨立之後就已經是民主國家，但是並沒有妨礙它打了數場國際戰爭，至今還與同樣是民主國家的巴基斯坦劍拔弩張。即使是美國那樣的頭號民主國家，凡涉及國家安全，又何曾手軟過？哪怕僅僅是為了在這個自然疆界已經失效的時代，防止環繞西藏的二十多億人口（中國加印度）對西藏自發的蠶食和滲透，西藏也不能不建立邊防[1]。

那麼，如果獨立的西藏一定需要建立邊防，問題就歸結到如何去付建立邊防的代價，以及由誰去付這個代價上了。

---

[1] 對這一節論述的內容，蒙古國也許可以作為反例。其領土面積為一百五十六‧六五萬平方公里，人口二百五十萬，僅與中國的邊境就長達四千六百七十公里。按理要比西藏獨立建立自身的邊防負擔要重，但是從蘇聯解體至今十幾年，一直自己管理邊防。其成功的主要因素，應該是中俄之間希望達成的關係平衡，保證了雙方自我約束，不去破壞蒙古的邊防。——二〇〇九年註

# 四、中國必守之地

依靠西藏自己的人口和資源，肯定無法建立足以抵抗外部軍事威脅的邊防，甚至難以建立可以有效遏止外部流民蠶食的邊防，而西藏又不能不建立邊防，那麼它唯一的選擇就是只有依靠一個大國，以獲得建立邊防的人力物力，或者乾脆由那個大國為它承擔整個防務。

它能依靠哪一個大國呢？

西方國家顯然靠不上，雖然歐美有實力，對西藏獨立也最為同情，但畢竟與西藏沒有地緣關係，遠水解不了近渴。西藏在地理上夾在中國與印度兩個大國之間，這決定它別無選擇，不是依靠中國，就是依靠印度。西藏人自己也承認這一點：「西藏夾在中國與印度兩個大國之間總是左右為難，兩面壓、兩面擠，因為西藏的地理位置，總要靠一邊。」[40] 歷史上西藏所以需要承認中國的宗主權，原因之一就是需要中國提供的軍事保護。然而未來西藏的獨立就是與中國分離，是對中國統治的擺脫，那麼僅憑其向外的慣性，也會使它自然倒向印度。何況達賴喇嘛及他治下的十數萬西藏難民，還受了印度收養幾十年之恩。不管達賴喇嘛怎麼表示獨立的西藏將保持中立，最終的政治選擇並不是口頭允諾決定的。只要西藏沒有獨立建立邊防的能力，安全的需要就會使其從中立走向結盟。

我們先看西藏與印度結盟的可能性，以及由此對中國產生的影響。至於達賴喇嘛關於西藏留在中國之內實行高度自治（一國兩制）的設想，下一章再進行討論。

自古以來，西藏對印度就有很高程度的精神認同。由於印度是佛教起源地，篤信佛教的藏民族對印度始終保持一種精神上的崇拜和嚮往。曾在拉薩色拉寺學經十年的日本和尚多田等觀對此印象深刻：「西藏人認為印度是出聖人的國家，對印度避免批評，對它表示絕對的尊敬。在這一點上自古迄今絲毫未變。」[41]大量古代藏文史籍都把藏民族說成是印度王室之後，雖然後世學者們認為那無非是想與釋迦牟尼攀親戚的牽強附會，然而對藏民族的心理影響卻是長遠和巨大的[42]。共產

黨進軍西藏後，向藏人宣傳西藏是中國的一部分，有些藏人就反駁說西藏一定要屬於哪的話，也是更應該屬於印度[43]。

從地理上，印度與西藏的交通遠比從中國內陸進藏方便快捷。在依靠畜力旅行的時代，從大吉嶺到拉薩只需兩周，而成都到拉薩則要費時三月。清末及民國時代，從中國到西藏上任或辦事的官員，不少人取道印度。即使繞一大圈，也比從中國境內走快得多。一九五○年以前的西藏，絕大多數貿易與印度進行，貴族子弟到印度上學，從西藏寄往中國的信也由印度中轉。那時的印度對西藏人生活的影響遠比中國為大。即使是今天，中國內地與西藏修通了公路，有了汽車和飛機，在西藏仍然會感覺印度離得更近。我從成都開車進藏，耗時近半個月（路遇泥石流和坍方），感覺經歷了千辛萬苦才到拉薩。而從拉薩只需一天，就能暢通無阻地到達邊境縣城亞東，再向南一點就是印度控制下的錫金。一九五○年達賴喇嘛即住在亞東的東嘎寺觀望解放軍進藏形勢，只要風頭不對，一抬腿就可以到印度。——有風險即去印度，這已經成為二十世紀以來西藏上層人物的習慣動作。

印度是能夠為西藏提供邊防、足以和中國匹敵的大國嗎？在許多中國人心目中，印度是一個有許多貧民、暴力事件和古怪風俗、出產大量歌舞電影的落後國家。很多中國人還會沾沾自喜地回顧一九六二年的中印戰爭中印度軍隊如何不堪一擊。然而今非昔比，目前印度與中國的差距，已經遠非中國人自以為是的那樣大。

駐守西藏邊防的中國軍人最清楚這一點。他們直接面對印度。中國邊防至今還有一些段落靠騾馬運輸（甚至人背肩扛）保證後勤，印軍一方卻已經普遍使用直升飛機。印度的綜合國力不如中國，軍費開支在一九八○年代卻曾達到中國的近兩倍。即使中國在一九九○年代大幅增加軍費，也仍然沒有趕上印度①。一九六二年那場失敗的恥辱使印軍臥薪嘗膽，一九七一年打的印巴戰爭，印軍表現就已經相當出色。據國外軍事專家評價，印度目前具有全世界最優秀、吃苦性最強、裝

---

① 印度一九九七至九八財政年度的軍事預算為三千五百六十二億盧比（約九十九億美元），比上年增加二十三％（路透社一九九七年二月二十八日報導），中國同財政年度的軍事預算為八百零五‧七億元人民幣（約九十八億美元），比上年增長十一‧三％。

備最完善的山地部隊，能夠成功地抵抗中國的任何進攻。

印度歷史上長期經受帝國主義殖民統治的屈辱，獨立後演變成一種反彈式的擴張衝動。印度的開國總理尼赫魯曾在其所著《印度的發現》一書中寫道：「印度以它現在所處的地位，是不能在世界上扮演二等角色的，要麼做一個有聲有色的大國，要麼銷聲匿跡。」獨立以來的四十多年中，印度幾乎向所有接壤的鄰國提出過領土要求。在邊境爭奪方面，它一直採取鍥而不捨的積極姿態。西藏的中國邊防部隊時刻都能感受來自印度的頑強壓力。

目前，在中印兩國有爭議的十三萬平方公里土地中，印度占領著其中的四分之三，並且是地理環境好、資源也豐富的地區。至一九八○年代末，印軍在中印邊界集結兩個軍部，八個師，三十六個旅，以及空軍、情報單位等，總兵力已達二十多萬人，並擁有十四條公路幹線、六條空中航線、五條衛星通訊線路和十六個野戰機場，還有流亡的西藏人組成的「印藏特種邊境部隊」。《印度的軍事力量和政策》斷言：在印中邊界，印方擁有比中國更強的山地作戰部隊和火力，飛機也比中國先進。尤其在東線，步兵有著十八比一的絕對優勢。印度陸軍參謀長公開宣稱：印中邊境的局勢完全在印度的控制下[44]。

一九六二年戰爭的積怨並未隨時間全部消解，戰敗的恥辱使印軍臥薪嘗膽，期待洗恥。而中國雖然取得當時的軍事勝利，卻因為主動撤回麥克馬洪線以北，沒有「收復」原來有爭議的領土。一九八七年，印度議會通過法令，正式在「麥克馬洪線」以南的中印爭議地區建立「阿魯納恰爾邦」，使其對爭議地區的占領合法化。當時中國軍隊中有人強烈地主張再打一場中印戰爭，像一九六二年那樣收復失地（當然不會再放棄），只因當時中共高層一心發展內地經濟，無意作戰，還因為後勤系統從技術上難以為戰爭提供可靠保證，最終作罷。迄今為止，中印兩方都存在主戰派。我多次聽到駐藏的中國軍人表示中印將來必有一戰的看法，據說同樣的論調在印方也同樣存在。

且不說這兩大亞洲巨人最終是否會戰，但存在某些危險因素是不可否認的。而按照國際政治的規則，有危險存在，就不能不做相應打算。外交努力和軍事準備都是重要的，但是從宏觀角度看，在中國與

印度的未來關係中，對中國威脅最大的就是西藏獨立。

弄清楚這一點，需要看一下達賴喇嘛的西藏地圖。一位採訪過達賴的台灣記者看了那份地圖後，以一種震驚的口氣說：「那可是把中國砍掉了一小半！」

在一般大陸中國人的心目中，西藏就是中共建政後劃設的「西藏自治區」，面積一百二十二‧八四萬平方公里，占中國總面積的八分之一。然而達賴喇嘛的西藏卻從來是另一種概念。達賴喇嘛對西藏的範圍有一個定義——「所有藏人居住區」[45]，即藏文明覆蓋的全部地區。具體地，達賴喇嘛是這樣說：「我指的西藏，不只是共產黨所劃分的西藏自治區，也包括青海、甘肅、雲南、四川過去屬於西藏三區的地方，含有十個自治州和兩個自治縣。這些傳統的藏區，英語叫 Tibet，涵蓋整個六百多萬西藏人民。它的現狀用一句政治術語來講，都是變成了中國的殖民地。」[46]

達賴喇嘛的西藏在漢語裡被稱為「大西藏」（還有一種將其按衛藏、康和安多而合稱為「三藏」）。達賴喇嘛的地圖除了包括西藏自治區，還包括現在的青海省，甘肅的南部，四川西部和雲南的西北部，甚至還向新疆和貴州有延伸。「大西藏」囊括了整個西藏高原，面積比西藏自治區大一倍，在整個中國版圖中，已經占到四分之一還強。

西藏自治區是人為劃分的行政區劃，「大西藏」的概念更適於從民族、歷史和文化的角度把握整體的西藏。這裡且不爭論哪一個概念更合理，一般來講，中國人所說的西藏，都指前者，達賴方面所說的西藏，都指後者。以後凡聽到談西藏，一定先要弄清楚是哪一個西藏。因為「西藏」概念的不同，會導致並且目前已經導致了大量的混亂。我在前面提到的關於西藏到底有多少漢人的爭論，中共與達賴方面的數字相差幾十倍，除了兩方對數字的修飾，還有一個原因就是出於概念不同而統計的範圍不同。一個西藏是一百二十萬平方公里的西藏自治區，另一個西藏是面積大一倍的 Tibet（且囊括漢人相對稠密的漢藏接合地區），統計出來的數字怎麼可能一樣呢？

西藏流亡者所要求的西藏獨立，或者是達賴喇嘛現在所主張的西藏高度自治，其西藏概念都是指大西藏。假如大西藏的二百多萬平方

公里土地從中國分離出去，中國的西部邊疆將向腹地收縮上千公里。在現在的中國版圖上打兩條對角線，交點——也就是中國的中心——在甘肅天水。而大西藏獨立，天水離新的「國境線」只剩一百多公里距離，現在的中國中心那時就變成了邊疆。中國歷史上出現國難危機時，腹地四川往往被當作「大後方」，或「偏安」，或「陪都」。而四川省的省會——成都，距「藏人居住區」也只有一百多公里。西藏獨立將使四川一變而為中國的邊防前線。而素稱華夏文明中心的西安，距「西藏國」的邊界也不過四百多公里。

一方面，達賴喇嘛的地圖如此深入中國腹地，同時與同樣主張獨立的蒙古人和維吾爾人所畫的「蒙古國」和「東土耳其斯坦國」地圖也存在不少衝突[47]，埋伏了一旦中國解體後它們之間的糾紛。另一方面，達賴喇嘛的地圖卻將中國與印度一直有爭議、並且進行過流血爭奪的領土劃給了印度[48]。那裡也曾是藏文明覆蓋的地區，符合達賴喇嘛所定義的大西藏之概念，為什麼不堅持對那裡的主權要求呢？

當然，這不難理解，西藏流亡者寄居印度，在人矮簷下，不能不低頭。然而除了其中不得已的成分，中國人會由此判斷，這也表明達賴喇嘛和他的流亡政府，已經明確地選定了他們未來所要依靠的對象。當北京看到達賴喇嘛在他的書裡表示印度比中國更有理由聲稱擁有西藏主權的如下詞句時，一定感到十分氣惱：

> 從許多年來到今天，印度人民和政府已經給予我們西藏難民非常多的幫助，包括經濟上的援助以及其他許多方面的幫助——儘管印度自己在經濟上有極大的困難。我懷疑是否有其他的難民會被其居停國如此地善待。這種情誼我永遠銘感心中。當西藏難民不得不要求更多的金錢援助時，成千上萬的印度兒童甚至無法接受基本的教育。
>
> 雖然實情如此，但是只有印度才有權利來援助我們。因為佛教是從印度傳到西藏，此外伴隨佛教傳入，還有許多其他重要的文化影響。因此我心中毫無疑問地認為印度比中國更有理由聲稱領有西藏主權。中國對西藏只有過些微的影響力。我常常把印度和西藏的

關係比喻成老師和弟子的關係。當弟子有困難時，幫助弟子就是老師的責任。[49]

對此，中國的國家戰略制定者們會怎麼想？邏輯已經非常清楚——既然獨立的西藏必須依靠一個大國建立邊防，那個大國就只能是印度無疑。而既然在中國戰略家的心目中，中印之間存在著發生戰爭的危險，那麼西藏一獨立，就相當於印度的軍事力量可以不發一槍一彈便長驅幾千公里，部署到中國的腹地。可想而知，讓中國失去如此廣闊的屏障，暴露出致命「軟腹」，是他們從國家安全的角度絕對不能接受的。

能夠進入西藏高原，印度的導彈就能打遍中國全境。低地的中國軍隊對印軍將成仰攻之勢。戰爭是在中國腹地進行，遭殃的是中國的財產。而西藏屬於中國，西藏高原成為保護中國的天險。今天被認為無用的不毛之地，那時是不怕戰火的迂迴空間。印度卻毫無遮蔽地暴露在南亞平原上，面對中國軍隊以下山之勢的俯衝。所以，防備與印度未來可能發生的衝突，是中國不可能允許西藏獨立的底線所在，這是無法逾越的鴻溝。將來不管中國由什麼人上台執政，出於這一考慮，都難以對西藏獨立的要求後退或妥協，即使他們在上台前有過另外的看法[①]。

不從別的方面考慮，僅在中國內地感受一下人山人海的擁擠，就不會懷疑，讓中國放棄二百四十萬平方公里的土地，那是它連想也不會想的問題。即使未來不可能真把人口遷移到西藏去，只為了還存在一塊廣闊天地，能使感覺上獲得一點虛幻的鬆快，也足以使中國統治者抓住西藏不放。不錯，那裡大部分是不毛之地和不適於生存的高海拔，但是人類已經開始設想有一天移民月球或火星。西藏再高，也沒有月亮高，生存條件再苛刻，也比火星好得多。一旦人類的資源和空間緊張到了那一天，中國有西藏這樣一個低得多的「月亮」，豈不就是

---

[①] 這種論斷也不盡然。蒙古國獨立也使中國與俄國之間的屏障縮短一大半，使北京大大靠近前線。然而無論是國民黨政府還是共產黨政府，都在蘇聯壓力下，不得不承認了蒙古國的獨立。因此不能斷言這種歷史未來不會在西藏重演。——二〇〇九年註

最大的優勢。

更何況，保持領土完整在當代主權體系當中，已經成為當權者最重要的合法性證明，僅為其自身不被國人指責為「賣國賊」，他們也往往會為「寸土」而必爭，乃至大動干戈，何況是早被他們當作自己領地的四分之一個國家！

在我來看，西藏是否能獨立，說到底只有通過兩種方式。一是西藏自身能以武力戰勝中國；一是中國自己最終認識到，西藏對中國的意義與中國受到的壓力相比已是得不償失，因此不如放棄西藏。第一種方式，相信沒有多少人會認為是可能的。而第二種方式，通過上面的論證，也可以看到沒有太大希望。在一個以國家安全和利益為最高原則的主權結構世界上，中國面對的上述情勢具有生死攸關的性質，再大的國際壓力都難以成為對等交易物，因此不管未來什麼人治理中國，也無論實施什麼社會制度，中國都不會放棄西藏。

這個結論並不攙雜我作為一個中國人的國家主義情結，我只是設身處地地按照主權結構的邏輯進行推導。我並不贊成這種強權理念，但遺憾的是它就是今日世界的現實。對此，為獨立事業奮鬥的西藏人認識得同樣清楚。達蘭薩拉一位藏人在與打著國際秩序旗號的海外中國民主人士辯論時，以憤慨的語氣這樣說：

> 當年蘇聯讓波羅的海三國獨立，各國政府馬上承認。二戰時，史達林（J. Stalin）吞併這三國，各國不是也馬上承認了嗎？類似的例子在歷史上、在現實中比比皆是。政客永遠是以投機為本能，政治永遠是以本身的利益為出發點，世界各國政府決定一切事情，首先考慮的是自身利益，而不是正義，彭先生將正義維護者的桂冠根據需要奉獻給世界各國政府，未免有點輕率。如果說政府理性是指避重就輕，避害趨利，則說得過重；如果說是堅持道義原則，則差之千里也。[50]

而作為中國民主事業象徵的異議人士魏京生，在談到應該把達賴喇嘛請回拉薩時，理由之一也是避免「讓一幫玩火的冒險家包圍」身

在印度的達賴喇嘛。他認爲達賴喇嘛「心裡應該非常清楚：脫離了與漢族人的聯盟，野心勃勃的印度人也不會比漢族人更好，錫金、不丹、尼泊爾就是將來獨立的西藏國極好的榜樣」[51]。

魏京生這種思路中的國家主義色彩是顯而易見的，由此也是對未來民主中國會以道義方式解決西藏問題之願望的一種警醒。問題不在於魏京生本人，其根源應該追溯到當今世界的主權體系。沒有任何一個國家可以單獨地放棄那個體系的原則，哪怕那國家是由聖人所領導的。

**註釋：**

1　查爾斯・貝爾，《十三世達賴喇嘛傳》，西藏社會科學院西藏學漢文文獻編輯室，一九八五年，頁81。

2　西藏黨史資料徵集委員會編，《和平解放西藏》，西藏人民出版社，一九九五年，頁46。

3　楊一眞，《進軍西藏紀實》，載《西藏文史資料選集・紀念西藏和平解放三十周年專輯》，西藏人民出版社，一九八一年，頁142-146；吉柚權，《白雪──解放西藏紀實》，中國物資出版社，一九九三年，頁46-48。

4　楊一眞，《進軍西藏紀實》，載《西藏文史資料選集・紀念西藏和平解放三十周年專輯》，西藏人民出版社，一九八一年，頁144。

5　陳炳，《藏軍史略》，載《西藏文史資料選輯》，頁85-99。

6　梅・戈德斯坦，《喇嘛王國的覆滅》，時事出版社，一九九四年，頁139。

7　阿拉斯塔・蘭姆，《古德使團與十四世達賴喇嘛的轉世坐床》，載《國外藏學譯文集・第十輯》，西藏人民出版社，一九九三年，頁97-98。

8　梅・戈德斯坦，《喇嘛王國的覆滅》，時事出版社，一九九四年，頁258。

9　梅・戈德斯坦，《喇嘛王國的覆滅》，時事出版社，一九九四年，頁213，拉魯・次旺多吉訪問記；拉魯・次旺多吉，《回憶我的父親龍

廈・多吉次傑》。

10 梅・戈德斯坦，《喇嘛王國的覆滅》，時事出版社，一九九四年，頁
   217。

11 吉柚權，《白雪——解放西藏紀實》，中國物資出版社，一九九三
   年，頁 138。

12 吉柚權，《白雪——解放西藏紀實》，中國物資出版社，一九九三
   年，頁 311。

13 梅・戈德斯坦，《喇嘛王國的覆滅》，時事出版社，一九九四年，頁
   716，瑪恰・次旺俊美訪問記。

14 梅・戈德斯坦，《喇嘛王國的覆滅》，時事出版社，一九九四年，頁
   645。

15 梅・戈德斯坦，《喇嘛王國的覆滅》，時事出版社，一九九四年，頁
   725-729。

16 約翰・F・艾夫唐，《雪域境外流亡記》，頁 39。

17 約翰・F・艾夫唐，《雪域境外流亡記》，頁 41。

18 見《簡明不列顛百科全書》卷五，頁 696；譚・戈倫夫，《現代西藏
   的誕生》，中國藏學出版社，一九九〇年，頁 93-96；金輝，《墨脫
   的誘惑》，香港天地圖書有限公司，一九九二年，頁 76-79。

19 《西藏大事輯錄・一九四九年——一九八五年》，西藏農牧學院馬列教
   研室與西藏自治區黨校理論研究室合編，一九八六年，頁 122-131。

20 D.R.曼克卡爾，《誰是六二年的罪人》，西藏社會科學院漢文文獻
   編輯室，一九八五年，頁 43。

21 D.R.曼克卡爾，《誰是六二年的罪人》，西藏社會科學院漢文文獻
   編輯室，一九八五年，頁 73-75。

22 D.R.曼克卡爾，《誰是六二年的罪人》，西藏社會科學院漢文文獻
   編輯室，一九八五年，頁 74。

23 金輝，《墨脫的誘惑》，香港天地圖書有限公司，一九九二年，頁 88。

24 D.R.曼克卡爾，《誰是六二年的罪人》，西藏社會科學院漢文文獻
   編輯室，一九八五年，頁 73。

25 中共西藏自治區委員會政策研究室編，《西藏自治區重要文件選

編》，頁 30。

26 《當代中國西藏人口》，中國藏學出版社，一九九二年，頁 200。

27 趙曉薇，《論西藏之自由選擇》，載《中國大陸知識分子論西藏》，台灣時報文化出版公司，一九九六年，頁 146-147。

28 人民日報，《祖國給西藏插上騰飛的翅膀》，載《西藏四十年》，西藏新聞工作者協會，一九九二年，頁 208。

29 《內地人在西藏》，西藏人民出版社，一九九六年，頁 81。

30 楊一眞，《進軍西藏紀實》，載《西藏文史資料選集‧紀念西藏和平解放三十周年專輯》，西藏人民出版社，一九八一年，頁 145-146。

31 金輝，《墨脫的誘惑》，香港天地圖書有限公司，一九九二年，頁 151。

32 昊夫等，《無人區的人們》，載《雪域之光》，江蘇人民出版社，一九九一年，頁 383。

33 昊夫等，《無人區的人們》，載《雪域之光》，江蘇人民出版社，一九九一年，頁 380。

34 余平，《珠峰作證》，載《西藏四十年》，西藏新聞工作者協會，一九九二年，頁 222。

35 金輝，《墨脫的誘惑》，香港天地圖書有限公司，一九九二年，頁 182。

36 賀覺非，《西康紀事詩本事注》，西藏人民出版社，一九八八年，頁 66。

37 《紀念川藏青藏公路通車三十周年文獻集‧第一卷》，西藏人民出版社，一九八四年。

38 中共西藏自治區黨史資料徵集委員會編，《西藏革命史》，西藏人民出版社，一九九一年，頁 91。

39 《達賴喇嘛的五點和平計畫》，見《西藏生與死——雪域的民族主義》附錄，台灣時報文化出版公司，一九九四年，頁 325。

40 達瓦才仁在「漢蒙藏對話——民族問題座談會」上的發言，見《北京之春》電子版第五十四期。

41 多田等觀，《入藏紀行》，中州古籍出版社，一九八七年，頁 100。

42 格勒,《論藏族文化的起源形成與周圍民族的關係》,中山大學出版社,一九八八年,頁 62-70。

43 樂於泓,《進藏日記摘抄》,載《西藏文史資料‧第九輯》。

44 以上數字和引文皆摘自供職於中國軍隊的作家金輝在西藏對中印邊境的採訪記,《墨脫的誘惑》,香港天地圖書有限公司,一九九二年。

45 《世界日報》,一九九四年二月九日。

46 《像朋友那樣真誠相待──達賴喇嘛訪談錄》,《北京之春》電子版第三十五期。

47 趙曉薇,《論西藏之自由選擇》,載《中國大陸知識分子論西藏》,台灣時報文化出版公司,一九九六年,頁 157。

48 蕭蒂岩,《達賴喇嘛論》,載《西藏社科論文選》,西藏人民出版社,一九九一年,頁 117。

49 達賴喇嘛,《流亡中的自在,達賴喇嘛自傳》,台灣聯經出版事業公司,一九九〇年,頁 177。

50 夏爾宗德丹,《以公道面對西藏》,《北京之春》電子版第五十四期。

51 魏京生,《給鄧小平的信》,一九九二年十月五日。

# II 革命

## 確立主權的手段

「革命」是共產黨辭彙中出現頻率最高的辭彙之一。尤其是毛澤東時代的中國共產黨，把「革命」概念供奉得如同宗教箴言，神聖無比，並要求所有中國人都把革命當作終極目標，為之奉獻畢生。如果在那時有人說革命不過是一種工具，是用以達到某種實用目的的手段，肯定會被認為是離經叛道的異端邪說，甚至受到嚴厲懲罰。

然而，發誓要實現共產主義、消滅私有制和一切剝削階級的中國共產黨，在最初解決西藏問題時，並沒有表現出革命的企圖。他們願意放棄在社會制度與意識形態上的分歧，容忍西藏保留被他們指稱的「最黑暗的封建農奴制」，甘願讓西藏的「百萬農奴」繼續生活在水深火熱中，要求的只是西藏「回到祖國大家庭的懷抱」。很明顯，中共當時解決西藏問題，主權是第一位的，革命是可以讓步的。

西藏是中共最早進行的「一國兩制」嘗試（比香港的「一國兩制」早將近半個世紀）。在與西藏統治者談判的時候，凡屬社會制度方面的分歧中共全部妥協，甚至主動做出保證不變的承諾。中共關注的焦點在主權，所以他們在事關主權的問題上表現得特別強硬，寸步不讓。假若中國對西藏的主權能夠得到確實保證，中共可能並不在意讓西藏的「一國兩制」繼續維持下去。儘管中共領袖從來都蠱惑人民視革命為終極目標，他們自己則是經常很靈活地把革命當作手段。一旦那手段與其想達到的實用目的發生衝突，革命就可以被撇在一邊。

流亡西藏人認為，中共對「一國兩制」的承諾從一開始就是騙局，共產黨是不可能不對西藏進行革命的，後來的事實也證明了就是如此。這種看法當然不錯。等到中共能夠完全控制西藏的時候，他們一定會用自己的一套共產主義制度取代西藏的傳統制度。但是改變西藏的制度不是中共政權的迫切目的，它可以等，也確實做出了等下去的決定。中共之所以提前在西藏展開社會革命，是因為一九五〇年代末西藏發生了大規模武裝反抗。那種局面使中共認識到，中國對西藏的主權不可能在「一國兩制」的狀態下得到保證，真正在西藏建立牢靠的主權，只能把西藏納入與中國一體的「一國一制」。這時革命仍然是作為手段，作用是摧毀西藏的舊政權和滋生

反叛的社會基礎，建立完全服從中國的權力體系和社會結構，最終目的仍然是在確立中國對西藏的主權。

　　就是在這個意義上，我說中共在西藏的革命，儘管戴上了種種「解放」、「翻身」、「人民當家作主」的桂冠，其本質，不過是二十世紀以來中藏之間主權之爭的進一步延續而已。

　　至於再往後，革命在西藏氾濫成災，完全在形而上的層面陷入瘋狂而脫離了確立主權的意義，那已經不是專門針對西藏的革命，而是在中國的「一國一制」中，西藏不可避免地與中國其他部分共同遭到的席捲。

# 5 「一國兩制」的失敗

　　吹捧鄧小平的人，把「一國兩制」說成是鄧小平為解決香港問題所做的天才構想，是開天闢地的歷史首創。但是「一國兩制」的發明權並不屬於鄧小平。香港與中國的「一國兩制」目前剛剛開始，西藏與中國的「一國兩制」卻是從一九五一年就已經實行，在維持了八年之後，最後以戰爭和流血告終。

　　中共推出西藏的「一國兩制」和香港的「一國兩制」，目的都是為了解決主權問題。香港的「一國兩制」是否能成功，還需要時間觀察，而西藏的「一國兩制」，歷史已經證明是一個失敗。

## 一、「和平解放」

　　一九五〇年秋天，中共解放軍在藏東昌都一戰消滅了藏軍主力，顯示了對西藏的絕對優勢之後，隨之又做出和平姿態。他們對藏軍俘虜友好款待，將連排軍官八十五人、士兵二千五百六十二人遣散釋放，發給俘虜回家路費銀元二萬多，馬匹五百一十匹[1]。這種大剛大柔兼而有之的形象，對藏人同時產生了懾服和籠絡的效果，使其失去繼續抵抗的信心和意志。被遣返的俘虜把中共的好名聲帶到西藏各地，同時中共又避免了管理關押數千戰俘的負擔。

　　昌都戰役後中共停止了軍事行動，一方面等待西藏高原不宜作戰和行軍的冬天過去，一方面看昌都戰役的教訓是否會說服西藏當局進行談判，接受中共提出的「祖國統一」之要求。這期間，面對國際社會指責解放軍「侵略」西藏，中共在其對外公告中表現出的態度極為

輕蔑：

中華人民共和國中央人民政府願明確宣布：

西藏是中國領土不可分割的一部分，西藏問題完全是中國的內部問題。中國人民解放軍必須進藏，其使命是解放西藏人民，捍衛中國的邊疆。這是中央人民政府堅定不移的政策。[2]

這種使國際社會震驚的傲慢口氣，清晰地表明新中國渴望洗刷百年卑躬屈膝的恥辱。西藏所指望的國際社會干涉，對以這種口氣說話的政權顯然不會收到效果。何況西藏歷史上的法律地位，不能給國際干涉提供足夠的根據，因而美國和英國在當時都拒絕對西藏提供實質性援助；聯合國不願意討論關於西藏遭到中國侵略的議案；與西藏唇齒相依的印度也只作口頭文章；西藏只剩幾千殘軍守衛昌都通向拉薩的要道，強大的解放軍隨時可能向拉薩進軍，抵抗幾乎全無希望。孤立和不堪一擊的絕望之感籠罩著舊西藏統治者的心靈。拉薩房價猛跌，甚至以幾千大洋就可以買下一棟貴族的私宅[3]。

噶廈政府決定把剛剛親政的達賴喇嘛轉移到西藏與錫金的邊境，以防中國軍隊再次重演昌都戰役的故計，以迂迴包抄的方式切斷他們逃往印度的後路。亞東是喜馬拉雅山南麓一處海拔較低、山清水秀的地方。達賴喇嘛一行住在亞東的東噶寺。那是一個很小的寺廟，幾年前我去拜訪時，裡面只有幾個年長僧人領著一群出家的兒童。寺廟院裡有一隻拴在鐵鏈上的猴子，見人就齜牙咧嘴地翻筋斗。達賴住過的房間仍然保留當年原樣。裡面有兩張床，那時達賴晚上睡覺還需要他的老師陪同，可想不會有太多的決策能力。噶廈政府也從拉薩轉移到亞東辦公。亞東的地理位置適於同時進行兩手準備：一方面與中共開展議和談判，觀看局勢發展；另一方面隨時可以跨出邊境，流亡印度。

現在回頭看歷史，西藏無論如何不能避免被中國占領，不管是國際社會還是西藏自身，都沒有力量阻擋中共軍隊進藏。雖然如此，西藏被占領的方式卻可能不同，而中國以哪一種方式占領西藏，對西藏後來的走向也會有不同影響。中共當時做好兩手準備，一是「和平解

放」，一是武力攻打。中共高層更希望前者，那意味著「西藏自願回歸祖國大家庭」，既有利於對外的形象，又符合共產黨的意識形態，也能減輕戰爭負擔，所以它極力向「和平解放」的方向引導。

現在，事過境遷，有人卻開始對當時的和平結局感到後悔。那時身為中共進藏十八軍高級指揮官的李覺將軍，四十年後就這樣重新設想歷史：

> 如果噶廈不死守金沙江，而是採用游擊戰來截斷我供應線，分割、分散我兵力，拉長我戰線，在運動戰中集中優勢兵力將我各個擊破，有可能徹底拖垮入藏部隊。如此一來，我們只能……採用步步為營、穩紮穩打的蠶食戰術，每前進一步，公路交通跟進一步，後勤保障跟進一步，鞏固一步。多路進軍相配合，最後迫使它的全部力量集結於拉薩，將它一舉殲滅。徹底摧毀這個統治集團之後，我們再返回來對平民、對下層僧俗官員講民族、宗教政策，建立以藏族翻身農奴和共產黨領導骨幹相結合的政權。這樣，雖然時間長一些，或許一年兩年，或許三年五年才能真正解放全西藏受壓迫的農奴，但是所成立的政權就相當穩固，也許就不存在一九五九年的叛亂，就不存在一九八七年以後的騷亂。[4]

如果沒打昌都戰役，當年的西藏勢態也許會向李覺將軍期望的方向發展。然而昌都慘敗使噶廈完全失去了繼續抵抗的信心。同時，急於促成「和平解放」的中共又把話說得非常動聽：

> 人民解放軍入藏之後，保護西藏全體僧侶、人民的生命財產，保障西藏全體人民之宗教信仰自由，保護一切喇嘛寺廟，幫助西藏人民開展教育和農牧工商業，改善人民生活。對於西藏現行政治制度及軍事制度，不予變更。西藏現有軍隊成為中華人民共和國國防武裝之一部分。各級僧侶、官員、頭人等照常供職。一切有關西藏各項改革之事宜，完全根據西藏人民意志，由西藏人民及西藏領導人員採取協商方式解決。過去親帝國主義與國民黨之官吏，如經事

實證明，與帝國主義及國民黨脫離關係，不進行破壞和反抗者，仍可一律繼續任職，不咎既往，人民解放軍紀律嚴明，忠誠執行中央人民政府上述各項政策。尊重西藏人民宗教信仰風俗習慣。說話和氣，買賣公平，不妄取民間一針一線，借用家具均經物主同意，如有損毀，決按市價賠償。雇用人、畜差役，均付相當代價。不拉夫，不捉牲畜。[5]

比起一九○四年時面對榮赫鵬使團的狀況，西藏統治者總算聰明了一些，雖然照例有多次變卦反覆，最終還是同意與中共進行談判。當時阿沛·阿旺晉美作為昌都戰役的戰俘，已經在共產黨控制的昌都住了將近半年，被噶廈任命為與中共當局談判的首席代表，從昌都直接去北京進行談判。這個任命似乎有點奇怪，阿沛人在昌都期間，每天受共產黨的影響；去北京一路走了近一個月，各處皆予最高規格接待；當時在中共西南局任書記的鄧小平親自到重慶機場迎接；到北京時，周恩來和朱德到火車站迎接。共產黨那時的「統戰」很能籠絡人心，比起國民黨統治的腐朽，共產黨也確實給當時的中國社會帶來一番新氣象，使人受到吸引和鼓舞。讓阿沛去談判，在感情上難免自覺不自覺地受中共影響。後來達賴喇嘛稱談判最終達成的《十七條協議》（全稱為《中央人民政府和西藏地方政府關於和平解放西藏辦法的協議》）是在逼迫下簽署的：

> 協議是作為最後通牒方式提出的，不讓我們的代表提出任何修改意見或建議。對他們進行了侮辱、謾罵，並威脅要對他們使用暴力，對西藏人民採取進一步的軍事行動。也不讓他們向我和我的政府進一步請示。[6]

這看起來不是中共的做事方式，中共也也沒有必要那樣。談判從一九五一年四月二十九日開始，到五月二十三日正式簽署協議，簡單粗暴的最後通牒用不了二十五天的時間，肯定經過了多次反覆和討價還價。無疑，談判肯定是由中共方面主導的，這絲毫不奇怪，勝者在

談判中占有優勢，對誰都是這樣。

爲了一目瞭然，這裡把《十七條協議》中的每一條用一句話概括如下：

一、西藏屬於中國；

二、西藏同意解放軍進藏；

三、西藏自治；

四、西藏現行制度、達賴和各級官員的地位不變；

五、六、恢復班禪地位；

七、維護西藏宗教；

八、藏軍改編爲解放軍；

九、發展西藏教育；

十、改善西藏人民生活；

十一、中國不強迫西藏改革；

十二、對西藏官員不咎既往；

十三、進藏解放軍遵守軍紀；

十四、中國掌管西藏外交；

十五、中國在西藏設立軍政委員會和軍區司令部；

十六、中國擔負其在西藏所需的經費；

十七、協議於簽字蓋章後立即生效。[7]

中共代表在談判過程中，堅持由於過去受到帝國主義控制，所以西藏才對祖國有了「非愛國主義的態度」。西藏代表最初否認西藏存在任何帝國主義勢力的活動，但是中共代表提醒說，那是因爲西藏人還沒有識破他們。最後西藏代表不得不說：「如果他們在那裡，那你們就把他們趕走。」對條款的具體內容，雖然西藏代表不喜歡中國在西藏駐軍和由中國掌管西藏外交的條款，但是他們理智地認識到沒有別的選擇，對此必須同意。他們曾拒絕在談判中加進有關班禪的條款，那是歷史遺留的問題，與這個談判沒有必然聯繫，但是中共方面認定西藏解放與班禪回歸是不可分割的，必須一攬子解決。中共方面把班

禪作爲牽制達賴的一張牌,從一開始就處心積慮地予以安排。這與歷史上清朝政府和民國政府採取的政策一脈相承。雙方衝突最大的是有關中國在西藏設立軍政委員會的條款。梅·戈德斯坦在他書裡這樣描寫:

> 當西藏代表問軍政委員會的目的是什麼時,中共代表答覆說,這要視在履行《協議》時西藏的需要而定。西藏代表不贊成中共代表所做的解釋,他們說這與《協議》中所規定的中央人民政府不會改變現存的制度的內容相矛盾。這種分析激怒了中共代表,他們氣憤地回答說:「你們是在說你們打算同中央人民政府作對吧?如果是這樣的話,那你們就回去好了,沒有必要再待在這裡。我們將派人民解放軍進藏。」於是西藏代表力圖讓中共代表平靜下來,便建議休會。在這段時間,西藏代表進行了內部交談並決定必須老老實實地接受。儘管在《協議》的其他各點都曾產生過分歧,但是這是唯一的一次中共代表表示,如果西藏代表不同意這一點,將派軍隊進藏進行武力威懾。在中共代表看來,這一點至關重要,因為這就允許他們建立自己永久性行政管理機構。[8]

既然中共去西藏是爲了確立中國對西藏的主權,而主權是由政權直接體現的,它就不可能不打算建立自己的政權體系。中共不願意明確解釋的軍政委員會,實際上的目的是一旦形勢需要,它就隨時可以把西藏政府置於一旁,自行接管西藏政權。

協議的最後一條也很重要,因爲它意味著不需要西藏噶廈政府和達賴喇嘛批准,這項協議就已經可以開始實行。儘管在談判開始時,阿沛表示他不具有簽署一項協議的權力,後來他又矛盾地同意在協議上寫上他是「全權代表」[9]。而且不知什麼理由,西藏談判代表沒有要求先把談判結果通報西藏政府,待獲得批准後再對外公布。結果,達賴喇嘛本人以及西藏地方政府是通過北京的廣播得知協議內容的,他們立即致電西藏代表表示反對,阿沛等也因爲簽署了這樣一個協議,而被許多藏人視爲是對西藏的叛賣。

中共充分利用了協議最後一條賦予的合法性，在達賴和噶廈政府對協議表示正式同意以前，就開始向西藏進軍。一九五一年五月二十三日《十七條協議》簽字；七月一日，中共進藏大部隊就從四川甘孜向西進發；七月二十五日，十八軍進藏先遣支隊從昌都出發；八月二十八日，進藏主力部隊向西藏挺進；九月九日，先遣支隊到達拉薩。在此期間，噶廈政府束手無策，唯一的辦法就是拖延。一直拖了五個月，直到解放軍主力部隊也已到達，在拉薩城外安營紮寨，才在一九五一年十月二十四日，以達賴喇嘛的名義向北京發出了正式批准協議的電報。

電報文字用的是典型的中共式語言，與其說是承認協議，不如將其看作是對兵臨城下無可奈何的回應：

中央人民政府毛主席：

今年西藏地方政府、特派全權代表噶倫阿沛等五人，於一九五一年四月底抵達北京，與中央人民政府指定的全權代表進行和談。雙方代表在友好的基礎上，已於一九五一年五月二十三日簽訂了關於和平解放西藏辦法的協議。西藏地方政府及藏族僧俗人民一致擁護，並在毛主席及中央人民政府領導下，積極協助人民解放軍進藏部隊，鞏固國防，驅逐帝國主義勢力出西藏，保護祖國領土主權的統一，謹電奉聞。

西藏地方政府達賴喇嘛
西曆一九五一年十月二十四日
藏曆鐵兔年八月二十四日[10]

毛澤東在兩天之後（一九五一年十月二十六日）給達賴覆電表示祝賀。同日中共軍隊即開進拉薩，並舉行了耀武揚威的入城式。不久西北方向進藏的中共軍隊也到達拉薩，並與在其之前到達的中共十八軍比賽威風。全體官兵被命令用羊血代替鞋油擦亮棕色馬靴。部隊長范明乘坐的吉普車是用犛牛馱進西藏的零部件，進城前才裝配起來。女兵一律騎馬或駱駝。士兵隊列行進皆齊步踏腳，高喊行進口號，數

里之外都能聽到[11]。同時,中共軍隊陸續開赴日喀則、江孜、亞東等一系列西藏重鎮,自此西藏全面落入中國的軍事控制。

　　達賴喇嘛是在一九五九年流亡印度之後才公開宣稱《十七條協議》非法,理由是那是一個在武力威脅下被迫簽訂的協議,是不平等的。然而合不合法,不能以批准協議時心裡願意還是不願意衡量。藏人後來提出的那些對談判的指控即使都是真的,在達賴喇嘛正式批准協議時也都已存在。如果當時放棄了對那些指控的追究,後來也就難以把它們重新當作理由。何況人類歷史上多少條約都是在強權下簽訂的。在國際關係史上,作爲戰爭產物的和約,如經典的《威斯特伐利亞條約》(一六八四年)、《維也納條約》(一八一五年)、《凡爾賽和約》(一九一九年)等,戰敗一方都可以說那是在武力威脅下簽署的,也都可以被它們認爲是不平等的[①]。

　　　退而言之,如果武力威脅下簽署的條約非法,那麼在同樣的標準下,不但《十七條協議》是非法的,而且一八五六年《西藏與尼泊爾條約》以及一九〇四年的《英藏條約》也都是非法的。但是西藏一貫獨立論者在描述西藏的歷史和法律地位時,往往使用雙重標準:一方面他們毫不猶豫地指責武力威脅下的《十七條協議》爲非法,另一方面卻認可同樣在武力威脅下的《西藏和尼泊爾條約》和《英藏條約》的合法性,並且堂堂正正地用這兩個條約作為西藏有權簽署國際條約,從而具有獨立的國際人格的重要證據。如果擯棄雙重標準,那麼結論應該是也只能是:上述三個條約要麼都非法,要麼都合法。但是這對他們也是個兩難選擇,因為如果它們都非法,那麼西藏在歷史上就缺少或減少了其獨立的重要證據;如果都合法,那麼《十七條協議》毫無疑問地意味著這種獨立的終結。[12]

---

[①]《十七條協議》的合法性還需要從另一個角度考慮——作爲一個由雙方簽訂的協議,需要對協議進行完整實施,而不能只實施部分條款,不實施另外的條款。《十七條協議》中關於西藏制度不變、達賴地位不變、不強迫西藏改革、維護西藏宗教等條款,從一九五九年三月的拉薩事件後就不再實施,而這種改變沒有得到簽署協議的另一方——達賴喇嘛和西藏地方政府的同意。在這種情況下,《十七條協議》應該被認爲已經終止,而且雙方也的確都宣布了終止協議。——二〇〇九年註

冷靜和理性地看，《十七條協議》應該是當時西藏所能爭取的最好結果。阿沛‧阿旺晉美以現實的態度較好地完成了談判。收到噶廈表示反對的電報時，阿沛向噶廈表示，如果不同意他談下來的協議，就請派另外一個代表團來接替他。西藏上層內部當時形成了兩種意見，一種是反對與中國妥協，主張達賴喇嘛流亡印度；另一種則是願意與中國合作，接受《十七條協議》，但是誰都沒有堅持與中國人繼續作戰到底。有意思的是，西藏的僧侶大都持後一種態度。在他們的一再請求下，達賴喇嘛於一九五一年八月回到拉薩，再經過一再拖延，最終正式表態接受了《十七條協議》。

今天，流亡在外的西藏人認為當年把西藏就那樣拱手讓給中國人，是西藏上層人士犯下的罪行。倫敦西藏基金會主任平措旺傑這樣指責當時的拉薩政府：「在中國剛開始入侵西藏的時候，沒有採取任何可以阻止中國軍事行動的措施……讓他們進入西藏，就是把西藏送給中國的第一步。」[13]當記者問到他那時只剩幾千藏軍，如何抵擋數以十倍計的中共解放軍時，他豪邁地回答：

> 這根本就不是問題。即使藏族人民沒有受過軍事訓練，我相信他們可以作戰。我們和你們西洋人不同，我們每個人都有武器，最低限度，絕大部分的藏民都有武器。很簡陋的武器，沒錯，但是還是武器。何況他們對打鬥早就習以為常，有時候甚至是趨近於殘酷的鬥爭。一旦他們決定要幹，他們就會幹到底，哪怕是犧牲性命也在所不惜。因此，如果當時的西藏政府說：「我們的國家面臨著危險，所有的同胞必須起而戰鬥，我們沒有別的選擇。」整個民族都會熱烈響應參加動員的。[14]

的確，當時的西藏貴族與僧侶寧願苟且偷安。只要他們自身特權不受威脅，就相信中國人的進入不會給西藏帶來壞處。不管是作戰還是流亡，都會使他們失去原本舒適的生活，這是他們不願面對現實的原因之一。然而，戰爭畢竟不是街頭打鬥，光靠勇氣也不能保證獲得勝利。現在在倫敦生活的平措旺傑盡可以想像當年西藏該如何戰鬥，

指責歷史是容易的，誰都能做，但實際上可供當年西藏決策者進行選擇的餘地，實在已經很小。

無疑，《十七條協議》肯定是中共的勝利。那是西藏第一次明確承認中國的主權，使中國統治西藏有了合法性，同時《十七條協議》也給中共提供了逐步改變西藏地方政府和改造西藏社會的著手之處。它的勝利基礎確實在於軍事實力，不過，在現代主權秩序中，實力強大的一方獲勝，只是一種正常的邏輯。

反而，比較一下當年清朝政府施加給西藏的《二十九條章程》，中共的《十七條協議》至少在文字表面顯得寬容得多，態度也友好得多。

《二十九條章程》除了兩條單純談軍隊的裝備（第七和二十六條），一條越俎代庖地超越西藏政府下令免差徭役和稅收欠款（第九條），其他全部條款都是施加給西藏的限制性條款，幾乎沒有任何協商氣氛，通篇皆是「不得非議」（第三條）、「即予嚴懲」（第五條）、「加以懲罰」（第八條）、「都得服從」（第十條）、「不得逾規亂為」（第十一條）、「不准參與政事」（第十二條）、「予以查究」（第十三條）、「必須按照」（第十四條）、「立即革退」（第十六條）……之措辭，只能感覺到清廷居高臨下的權威和權力，命令西藏無條件服從。

《十七條協議》除最後一條說明生效日期外，有實質內容的十六條條款中，北京對西藏地位做出保證和對北京進行約束的有八條，占一半。且通篇宣稱民族平等、民族自治。固然，那可以被視為一種玩弄形式的伎倆，北京在協議中是獲得實質優勢的。但是與北京當時在實力上的優勢相比，它在協議中獲得的優勢還是比較收斂的。拉薩與北京畢竟不是同一水平的對手，剛剛遭到軍事上的大敗，又受著解放軍的三面重圍。與制定《二十九條章程》的清朝相比，中共強勢有過之而無不及，即使直接用軍事手段占領西藏，打進拉薩，西藏又有什麼能力對抗？所以，從最低的意義來講，《十七條協議》的簽訂至少延長了達賴喇嘛和噶廈政府的八年統治。

## 二、兩難「統戰」

「統戰」（統一戰線）是中共政治術語中一個專有辭彙。早在俄國革命時期，列寧（Lenin）就為共產黨人制定了這樣的策略：「要利用一切機會，哪怕是極小的機會，來獲得大量的同盟者，儘管這些同盟者是暫時的、動搖的、不穩定的、靠不住的、有條件的。」[15] 毛澤東把這種實用主義策略發展到極致，不但創造出「統戰」這樣一個政治術語，還在中共內部設立了專門的「統戰」機構（稱為「統戰部」），並將「統一戰線」與「黨的建設」、「武裝鬥爭」合稱為保證中共勝利的「三大法寶」。

我在寫這一節時，由於記不得所謂「三大法寶」的其他兩「寶」是什麼，打了一連串電話詢問我認為有可能知道的人。有意思的是，他們大多數都跟我一樣，記不住另兩「寶」是什麼，但是每個人都能立刻說出「統一戰線」來。從這個小插曲，可以看出「統戰」在中共政治體系中的地位及其影響力。

中共在一九五〇年代解決西藏問題，除了一開始打了昌都戰役，摧毀了西藏的軍事力量和抵抗信心之外，後來一直是以「統戰」為主要手段的──即以懷柔政策，爭取西藏上層的合作，最終達到在西藏確立中國主權的目的。這種所謂的「不戰而屈人之兵」，在中國古代兵法一直被置於「上上」地位。

中共與阿沛率領的西藏代表團簽訂了《十七條協議》之後，毛澤東立刻派遣當時的中共軍委辦公廳主任張經武，以「中央政府代表」的身分前往西藏。張經武是毛澤東的湖南同鄉，參加過北伐戰爭，一九三〇年加入中共，一九三二年在瑞金任中共紅軍軍事教導團團長，紅軍長征時為毛澤東身邊的軍委直轄教導師師長、中央軍委縱隊參謀長，屬中共元老級人物，亦是毛的心腹。張經武當時進藏的首要任務就是「統戰」。

在離開北京赴藏之前，據說張經武專門就一個問題向毛澤東做了請示──要不要給達賴磕頭？毛澤東的回答是，達賴要他磕他就磕。

據說毛還笑著補充說：「不外乎磕個頭嘛，這有什麼？為了全西藏人民的解放，你就給他磕個頭有什麼關係？」[16] 這段小故事是後來中共西藏軍區一位作家在他的關於「西藏和平解放」的書中透露的。不管是否屬實，的確可以表現出毛澤東為達到目的能屈能伸的風格。

一方面，張經武帶著毛澤東的親筆信和禮物，繞道印度奔赴亞東去「統戰」達賴，勸說他返回拉薩，接受《十七條協議》；另一方面，向拉薩進軍的中共軍隊以優良的軍紀努力解除西藏老百姓的恐懼。以十八軍進藏前制定的《進軍守則》為例，有關愛民和尊重西藏風俗方面的條例占了絕大部分（在共三十四條中占十九條）。這裡摘錄下來，可以看出其用心之良苦：

......

十、戰鬥期間不住民房、不借民物；

......

十二、在康藏地區一律以銀圓和藏洋為主要通貨，嚴禁使用人民幣；

十三、不論部隊機關，一律不准派用「烏拉」；

......

十六、在康藏地區只准按照工委所規定的內容進行宣傳，不得宣傳土地改革、不得宣傳階級鬥爭；

......

十八、藏人送禮可收其一：「哈達」或其他輕微禮物，並應回敬「哈達」，及其他適當的禮物；

十九、藏人禮節多以鞠躬伸舌表示卑下敬畏之意，我們可以點頭答禮，不得因好奇而嘲笑；

......

二十一、藏人愛在溫泉洗澡，男女不分，我軍人員絕不要參插其中；

二十二、藏人請吃東西，要少吃，碗裡要剩一點，以示禮貌；

二十三、和藏人接觸，不可問哪個是哪個的老婆，更不要打藏

人的家狗；

　　二十四、要切實尊重藏民風俗習慣，做到與藏民融洽無間，必須克服嫌藏民髒、厭惡情緒；

　　二十五、對土司頭人要尊重，既要反對看不慣和厭惡不滿情緒，也要防止單純團結上層，不積極團結教育廣大群眾的現象；

　　二十六、對於民兵、僧民武裝，要大力進行政治爭取，盡量避免與之作戰，爭取無效時則堅決殲滅之；

　　二十七、對俘虜不殺不辱，不沒收私人財物，不動其「神誥」和吃肉用的小刀，傷虜要給予安慰治療，藏兵屍體要動員群眾按當地風俗妥為安葬；

　　二十八、保障西藏人民信教自由，保護喇嘛寺廟及一切宗教設施，不得因好奇而亂動，更不得在群眾中宣傳反迷信或對宗教不滿的言論；

　　二十九、未經同意不住寺廟，不住經堂；

　　三十、戰時嚴禁借住或參觀喇嘛寺廟。平時如欲參觀，必須先行接洽，在參觀時不得隨便迫不及待摸佛像，不得吐痰放屁；

　　三十一、如有喇嘛要求參軍，概不收留，並應妥為勸說，送回寺院；

　　三十二、不得在寺廟附近捕魚、打獵、打鷹雕、宰殺牲畜，不得到「神山」砍柴、遊逛，更不得隨意打槍；

　　三十三、藏區舊有之行政人員如不反對我軍，可繼續任職，如已逃亡，則盡量爭取回來……17

　　正像後來當了中共西藏自治區黨委第一書記的十八軍指揮員陰法唐所說：「雖然那時和西藏老百姓語言不通，但是你給他的水缸裡打滿了水，把他的院子掃乾淨，他總會明白你是在給他做好事吧！」進藏中共軍隊的模範軍紀給沿路西藏百姓留下了「仁義之師」的印象，並通過他們廣為傳播。中共軍隊到達拉薩後，為了避免擾民，嚴令只有持警備司令部通行證者才得進城，並且禁止參觀布達拉宮和三大寺18。

當時中共對西藏的經營主要立足與西藏上層合作，除了西藏政權依然歸屬噶廈政府，中共在西藏設立的各種機構，也大量吸收西藏上層人士。昌都是中共通過軍事勝利占領的地方，但是在具有政權性質的「昌都地區人民解放委員會」中，九個副主任中的七個由藏人擔當，其中只有一個藏人是共產黨，另外六個都是當地上層人士；委員會中的三十五名委員基本都是上層人士；下屬的十二個宗「解放委員會」，有漢人官員十四人，藏人官員一百五十四人，所有藏人官員均係上層人士[19]。當年西藏中共工委的統戰部長陳競波還提供了這樣的數字：

> 一九五六年西藏自治區籌備委員會成立以後，在西藏自治區籌備委員會各種機構中，對上層人士進行了大量安排。當時全區中上層人物（含主要土司頭人）約六千餘人（其中四品官二百零五人，五品以下的二千三百人，宗教界二千五百人），已安排了二千一百六十三人，尚有三千四百人未安排，計畫在一九六〇年全部予以安排。[20]

中共剛進藏的幾年被有些研究者視為北京與拉薩的「蜜月」。當美國抵制西藏的羊毛出口時，西藏四百多家羊毛商積壓了兩年多的羊毛，全部被北京在西藏成立的國營貿易公司以三倍於當時市價收買，總值四百多億元（舊幣）[21]。漢人幹部以其公正、自律、平易待人受到普通藏人的歡迎。中共解放軍靠開荒解決自己的糧食副食，平抑通貨膨脹，減輕西藏負擔。當時的「蜜月」，可以從達賴喇嘛一九五四年在北京為毛澤東寫的一首詩中得到反映：

> 啊！毛主席！您的光輝和業績像
> 創世主大梵天和眾敬王一樣，
>
> 只有從無數的善行中才能誕生這樣一位
> 　領袖，
> 他像太陽普照大地。

您的著作像珍珠一樣寶貴，

像海浪一樣洶湧澎湃，

遠及天涯。[22]

一九五四年，中共邀請達賴與班禪去北京參加「全國人民代表大會」。中共中央特地指示「達賴來京，張經武必須同行，妥為照護……保證達賴途中絕對安全」[23]。張經武當時對外保持中央政府代表的身分，對內任中共西藏工作委員會（簡稱「西藏工委」）書記，是中共在西藏的最高領導人。在護送達賴從川藏線進京的路上，張經武和他帶領的一批中共幹部，行走不離達賴左右，休息不離達賴左右，精心護衛。隨十八軍進藏的記者趙慎應對當時張經武護送達賴的情況有這樣一段記述：

一天，大隊人馬來到接近泥石流地段名叫拉玉的地方。張經武在築路部隊和當地群眾中調查天氣和泥石流情況，戰士和群眾說，近日內爆發泥石流可能性不大，但由於山石鬆動，山坡上拳頭大、斗大的石頭飛滑下來的危險隨時都會有的。

戰士們說，對泥石流也絕不敢大意，就在前幾天，泥石流突然爆發，築路部隊一個排的戰士無一幸免地全部被泥石流吞沒了。這幾天，戰士們又冒著生命危險，前仆後繼，趕修公路，公路勉強修好，但仍不能通車。

……

次日，達賴一行出發，到達泊龍泥石流坍方地段，築路部隊在三、四百米長的泥石流區的山坡上，布置了一個連的戰士，一步一崗，兩步一哨，手持紅旗，在泥石流隨時都可能爆發的一面山坡上，硬是人挨人地築成一道人牆，保護達賴喇嘛順利通過。

當大隊人馬通過山石不平的泥石流區時，年已半百的老將軍、中央駐藏代表張經武走在年輕的達賴喇嘛左邊靠山一側，保護著、攙扶著年輕的達賴喇嘛，張經武的副官李天柱，也不停地跑前跑後，忙著幫助攙扶達賴，他們緊張而又小心地一步步走過了亂石臨路。

李天柱後來回憶說，很幸運，那天沒有發生意外，但是我們確實是決心以自己的頭顱、身軀、生命來保護達賴的。[24]

　　達賴喇嘛在他獲得諾貝爾和平獎之後所寫的自傳中，也記述了這一段行程：

　　　　一路上死了三個人，都是共軍，只死了三個人，這實在是僥倖。他們沿著路邊站成一列，保護我們免受雪崩之災，自己卻不慎摔下山谷而死。也有一些騾子墜崖摔傷了。

　　　　一天傍晚，張經武將軍來到我的帳篷，向我報告明天的路況會更壞，我們得下騾步行；他會親自挽著手，全程護送我走完這一段路。當他說這些話時，我覺得張將軍不但會管我的兩位總理，他還可以威嚇大自然。

　　　　第二天，張將軍一整天伴隨著我。他比我老很多，而且不適合擔任這種工作，跟他在一起實在很累。我也擔心如果張將軍的大限到了，那些不斷從上面掉下來的石頭分不清誰是誰。

　　　　在整個行程中，每一次我們都是往插著紅旗的人民解放車的哨站休息。中共的士兵會前來提供我們茶水。有一次我渴極了，不等找到我自己專用的杯子，就接過茶水喝下去。口渴稍減之後我才發現杯子真髒，杯緣有食物碎渣和口水痕跡，真噁心！我想到小時候是怎樣被特別呵護，但是現在！以後每當想到這件事，我都忍不住笑出來。[25]

　　顯然，達賴喇嘛對張經武的印象不好。張經武曾逼迫他撤換了噶廈政府的兩位首席噶倫，也就是他在上文中提到的兩位總理。他把張經武形容為「一位專橫、傲慢的人」。無疑，張經武如此細心地保護達賴，肯定也不是出於他個人對達賴喇嘛的熱愛，而是達賴的安全對西藏形勢太重要了。以張經武的地位，沒有人比他更清楚這一點。達賴出任何一點問題，他是無法向毛澤東交代的。當時連鄧小平都要親自去檢查達賴和班禪在北京住所的安全保衛情況，並且有些誇張地恫嚇

西藏工委的聯絡部長徐淡廬：「達賴、班禪住的這兩個地方，如果有一個蒼蠅飛進來由你負責。」[26]

中共付出的心血沒有白費，對西藏的「統戰」至少在開始階段取得了相當的成功。達賴和班禪在北京逗留了七個月。在這期間，年輕的達賴幾乎迷上了毛的新中國和馬克思主義。他發現這些共產黨人主張的平等、正義等，正是佛教精神。他甚至一度想成為一個共產黨員。

> 我開始非常熱中於和中華人民共和國配合的可能性；我越讀馬克思主義，就越喜歡。這是一種建立在對每一個人平等、公正基礎上的系統，它是世上一切病態的萬靈丹。就理論上來說，它唯一的缺點是以純然物化的觀點來看人類的生存。這種觀點我無法同意。我也關心中共在追求他們的理想時所用的手段。我覺得非常僵化。雖然如此，我還是表達了入黨的意願。我確信，迄至目前仍然確信，有可能綜合佛法和純粹的馬克思主義──真的可以證明那是一種有效的施政方式。[27]

達賴喇嘛在他的《自傳》中寫到，毛澤東給他的最初印象很真誠。

> 毛表示我能到北京，他很高興。他繼續說中國到西藏的整個目的是要幫助西藏人。「西藏是個偉大的國家。」他說：「你們有輝煌的歷史。很早以前你們甚至曾經征服中國許多土地，但是現在你們落後了，所以我們要幫助你們。在二十年之內你們就會領先我們，到時候就輪到你們來幫助我們。」我簡直不敢相信我的耳朵，但是他說得那麼確定，不像是門面話。[28]

從「統戰」出發，為了不招致藏人的反感，當時中共對西藏政府拖延或拒不執行《十七條協議》，也以睜一眼閉一眼的態度對待。毛澤東在一九五二年這樣告訴西藏人：

> 成立軍政委員會和改編藏軍是協議上規定了的，因為你們害

怕，我通知在西藏工作的同志，要他們慢點執行。協議是要執行的，但你們害怕，只好慢點執行，今年害怕，就待明年執行，如果明年還害怕，就等後年執行。[29]

同時，他在共產黨內部這樣解釋：

> 我們在目前不僅沒有全部實行協議的物質基礎，也沒有全部實行協議的群眾基礎，也沒有全部實行協議的上層基礎，勉強實行，害多利少。他們既不願意實行，那麼好罷，目前就不實行，拖一下再說……
>
> 各種殘民害理的壞事讓他們去做，我們則只做生產、貿易、修路、醫藥、統戰（團結多數，耐心教育）等好事，以爭取群眾，等候時機成熟，再談全部實行協議的問題。[30]

事實上一拖就是八年，當初差點導致談判破裂的有關成立軍政委員會的條款，一直拖到達賴流亡也沒有實行，而協議規定的藏軍改編爲解放軍，兌現的僅僅是解放軍向藏軍發了軍服，授了軍銜，實質性的改編絲毫未動，而且相當一部分藏軍後來成爲西藏暴動的參加者。

但是西藏人並沒有因此放心，因爲有數萬人的解放軍永久地駐紮進了西藏。這是西藏歷史上從來沒有過的。清朝雖有過大軍進藏，戰事一完即撤出，平時留在西藏的常駐軍隊只有千把人。當年十三世達賴喇嘛因爲反對清政府增派三千川軍入藏而流亡印度，足見藏人是多麼反對中國軍隊駐紮西藏。而此時漢人軍隊增加了十數倍，部署在西藏的周邊和腹心。那引起的恐懼是中共怎麼運用「統戰」手法也無法消除的。

除此之外，意識形態方面的衝突和互不信任也是不可避免，時時發生的。包括這樣的小事：

> ……兩件事使達賴對毛產生恐懼。一次是藏人在京慶祝新年，毛澤東受邀出席。在慶祝儀式中，毛看到主人向空中拋擲糕點敬獻

佛祖時，他也抓了兩撮，將一撮朝上方扔了，然後狡黠地一笑，將另一撮扔在了地上。

另一件事是，毛曾花了很多時間，向達賴建議該如何管理西藏。談得興起時，將頭貼在達賴的耳旁低聲說：「你人不錯，態度很好。但記住，宗教是鴉片。第一，它降低人口，因為和尚尼姑要單身；第二，它忽視物質建設。」年輕的達賴驚恐地低頭掩飾慌亂和恐懼，因為他心中在回答：你是在摧毀佛教。[31]

毛澤東也同樣不信任達賴。一九五六年，關於達賴喇嘛去印度參加慶祝釋迦牟尼涅槃二千五百周年紀念活動的問題，毛澤東在中共的八屆中央委員會第二次會議上專門講了一段話：

> 佛菩薩死了二千五百年，現在達賴他們想去印度朝佛。讓他去，還是不讓他去？中央認為，還是讓他去好，不讓他去不好。過幾天他就要動身了，勸他坐飛機，他不坐，要坐汽車，通過噶倫堡有各國的偵探，有國民黨的特務。要估計到達賴可能不回來，不僅不回來，而且天天罵娘，說「共產黨侵略西藏」等等，甚至在印度宣布「西藏獨立」；他也可能指使西藏上層反動分子來一個號召，大鬧其事，要把我們轟走，而他自己卻說他不在那裡，不負責任。這種可能是從壞的方面著想。出現這種壞的情況，我也高興。我們的西藏工委和軍隊要準備著……你要打，我就防，你要攻，我就守。我們總是不要先攻，先讓他們攻，然後來它一個反攻，把那些進攻者狠狠打垮。[32]

那一次，達賴的確產生了留在印度不歸的念頭，共產主義和他的佛國不可能共處，稍有一點清醒的頭腦都不難做出這種判斷。但是在猶豫了四個月之後，他最終還是返回了西藏。原因之一是中共許諾六年之內不搞觸及西藏傳統制度的改革（周恩來甚至對達賴允諾，如果六年後還沒有準備好，可以把這個時間再延長五十年[33]），另外也是因為印度總理尼赫魯不想惹麻煩，不願意給年輕的達賴提供流亡條件。

當時的中國已經開始陷入集體性的共產主義狂熱。相比之下,實行「一國兩制」的西藏反差極大。那時被派進西藏的中國人絕大多數都是軍人、幹部或國家職工,即所謂「革命隊伍」的成員。他們被灌輸的意識形態使他們對西藏社會處處看不慣。他們把西藏歸納為「三多」——窮人多、壓迫多、神靈鬼怪多。在他們眼裡,西藏在經濟上是封建農奴制,在政治上是神權至上的政教合一制,上層社會驕奢淫逸,底層人民生活困苦。他們認為革命的目的就是讓窮人翻身做主人,也是他們之所以投身革命的理想。但是,中國內地早已被打倒的「剝削階級」在西藏仍然高高在上,他們作為革命者,卻被要求對那些「剝削者」表示尊敬,對此他們產生了越來越多的抵觸。

即使在中共高層,也有對這種「混淆階級陣線」的「統戰」表示不耐煩的。西藏軍區作家吉柚權採訪當年西藏工委聯絡部長徐淡廬後,記錄了這樣一段故事:

> 一九五五年五月,達賴一行回到四川成都,正值朱德、聶榮臻、郭沫若等川籍中央領導在成都。另外,周恩來和陳毅參加亞非會議回國,也要到成都停留,四川省的接待任務很重,省市委領導都非常繁忙,再加上要接待達賴這一行一百多人,任務就更加繁重。
>
> ……李井泉由於接待幾位四川籍中央領導的任務重,不願見達賴,只由四川省省委書記、省長負責接送和設宴招待達賴。
>
> 徐淡廬知道這個情況後,對負責接待的人一再講明,達賴在其他省市參觀,各省、市都是第一書記出面接待,希望轉告省委,請第一書記李井泉為了大局,如無特殊情況還是出面接待達賴為妥。但四川省委負責接待的負責人說這是省委的決定,不能更改,不論徐淡廬怎麼解釋都不答應。
>
> 徐淡廬一看對方的態度,知道再說也是徒勞,但考慮達賴知道第一書記李井泉不願見他而引起矛盾導致不團結,便與該負責人約定,如果達賴問起李井泉時,就說李井泉病了。省委負責接待的人同意統一口徑回答達賴。
>
> ……第二天正好是列寧誕辰紀念日,中央要求各省市要召開隆

重的慶祝大會，並要求省市第一書記必須在紀念會上講話。李井泉
理所當然地參加大會並在會上講了活。李井泉的講話第二天由《四
川日報》刊登後，達賴知道李井泉沒有病，而是在騙他，心裡頓時
有一種李井泉看不起人的氣憤。

敏銳的徐淡廬從達賴得知李井泉未病時臉上的表情知道事情砸
鍋了……於是藉四川省委統戰部請他吃飯的機會，向統戰部幾位領
導講了達賴知道李井泉沒有生病的反應，建議他們轉告四川省委，
為了團結達賴，能不能變通一下，請省委第一書記出面給達賴送行，
做一次彌補，並解釋為達賴設宴接風的當天的確病了，列寧紀念日
的講話是帶病參加的。

徐淡廬的這一建議經省委統戰部轉達給李井泉時，李井泉勃然
大怒，下令當天晚上在招待所擺開戰場，召開對徐淡廬的批鬥會，
指責徐淡廬為什麼對達賴喇嘛這樣一個封建、宗教集於一身的活佛
如此捧抬、奉承，陪他們進館子，吃吃喝喝，拉拉扯扯。是不是有
什麼用心？是不是藉這個機會靠近達賴而達到自己不可告人的目的
……34

當時達賴已經在北京參加完「全國人民代表大會」，「當選」為「全
國人大副委員長」，在中共的官職序列上，已屬「國家領導人」的身分，
名義上的地位高於一個省委書記。然而在中共的省委書記眼裡，他不
過是一個不值一提的代表封建和宗教勢力的頭子而已。後來這事是由
周恩來命令李井泉向達賴道歉得到解決。正好路過成都的周恩來專門
把李井泉召到住地，批評他在中共高層盡一切努力「統戰」達賴的時
候，不識時務地挑起矛盾和製造衝突。

中共上層從治國角度處理西藏問題時，把主權置於意識形態之
上。然而只有少數最高領導人心裡明白這一點。中共從整體上已經變
成一個日益意識形態化的組織，所以其下級黨員幹部時刻都有自覺發
動革命的傾向。中共的西藏工委在一九五六年全國掀起「社會主義高
潮」形勢之下，也不安於僅停留在「統戰」階段，急於在西藏開始進
行社會制度與經濟制度方面的變革，並做了相應的輿論宣傳和「試

點」，還爲此從中國內地調進西藏二千多名漢族幹部[35]。達賴喇嘛去印度參加慶祝釋迦牟尼涅槃二千五百周年紀念活動時產生流亡不歸的念頭，正是因爲看到了即將來臨的暴風雨。

面對西藏出現的惶恐和動盪，中共高層制止了西藏工委的「冒進」，於一九五六年九月四日電示西藏工委，指示停止進行改革準備工作，電報說：

> 從西藏當前的工作基礎、幹部條件、上層態度以及昌都地區最近發生的一些事實看出，西藏實行改革的條件還沒有成熟，而且我們的準備工作也絕不是一、兩年內能夠做好的，因此實行民主改革，肯定不是第一個五年計畫期內的事，也可能不是第二個五年計畫期內的事，甚至還可能推遲到第三個五年計畫期內去……應該說這是對西藏民族上層分子的一種讓步，我們認爲這種讓步是必要的，正確的。因爲西藏民族至今對漢族、對中央也就是說對我們，還是不太信任的，而採取一切必要的和適當的辦法，來消除西藏民族的這種不信任的心理，仍是我們黨的一項極其重要的任務。如果我們在改革問題上，做了適當的讓步和等待，就能夠大大的增加西藏民族對我們的信任，有利於西藏民主改革的順利進行和改革後的各項工作。這樣慢一些、穩一些，就會好一些，從實際效果上看反而會快一些。如果我們不讓步、不等待，或者認爲過去讓步了，等待了，現在不應該再讓步，再等待，因而勉強地去進行改革，就必然大大影響西藏對我們的信任，甚至發生叛亂。[36]

對西藏政策比較穩重的張經武當時已任中華人民共和國主席辦公廳主任，又重被派回西藏穩定局面。中共向西藏宣布了「六年不改」的允諾。允諾似乎是眞誠的。在中共中央書記處一九五七年三月召開的西藏工作會議上，決定西藏工作大收縮，人員、機構、財政都要大精簡，大下馬，而且越快越好[37]。隨後，西藏「自治區籌備委員會」下屬的九個處合併爲二個處；已經在西藏六十個宗開設的辦事處，除昌都地區以外，一律撤銷；駐藏部隊從五萬人減少到一萬八千人，在西

藏的軍事據點也大大削減；工作人員從四萬五千人壓縮到三千七百人，其中漢族工作人員精簡了九十二％[38]。

　　中共為安撫自己那些急於在西藏發動革命的黨員幹部，花了不少口舌進行說服。當時中共主管「統戰」事務的頭頭李維漢（中共統戰部長兼中央政府民族事務委員會主任）曾有這樣一段論述：

> 　　漢族對於少數民族的發展給予的影響不管多麼大，可能給予的幫助不管多麼大，卻只能通過少數民族內部的矛盾，通過少數民族人民的意志才能發生作用……就是出於最好願望的幫助，在沒有得到西藏民眾和上層樂於接受的時候，也不能發生積極的作用。所以說，就是幫助，也不能強加於人。[39]

　　可以把李維漢四十年前說的這段話與當今西方人的觀點比較一下。下面一段話摘自一個美國人一九九〇年代寫給住在西藏的漢人作家馬麗華的信：

> 　　干預和幫助之間的區別在於對方是否在尋求。在西藏人尋求幫助以達到進步時，也只是在此時，如果你想要並能夠幫助，你的幫助才會被理解為是一種社會的進步受到歡迎。然後你才能成為幫助者，成為身穿錚亮盔甲的騎士，成為救星。而如果他們沒有接受能力，你希望給予的所有幫助，你所有的良好動機，都會浪費在敵意的環境中。因此幫助必須是他們所尋求的，希望的，已經提出來的。[40]

　　儘管李維漢的名字被當作中共民族政策的註解①，其實他屬於比較寬容與溫和的一派。可以看出上面兩段話何其相似，除了文風不同，內容幾乎一樣。

---

① 一九五〇年代北京大學一教授以當時中共宣傳部長陸定一和統戰部長李維漢的名字，做了一副針對當時中共政策的對聯：「百花齊放陸定一，民族團結李維漢」。

然而，對中共來講，在西藏搞「統戰」，始終有一個根本性的問題。作爲權宜之計，「統戰」策略是有效的，但卻使中共無法得到可以眞正在西藏立足的社會基礎。因爲不管中共如何妥協懷柔，西藏上層社會也不會相信，以共產主義爲目標並且信奉無神論的中共是眞心尊敬和保護他們的。「統戰」不過是貓玩老鼠的把戲，老鼠遲早要被吃掉。他們與中共的離心離德是必然的，並且隨時都在與中共進行著明爭暗鬥，千方百計地不讓中共在西藏立足。而同時，「統戰」又不能給西藏底層社會的人民指出一個明確前景，無法動員群眾，獲得普通老百姓的支持。「西藏群眾與現狀緊緊地拴在一起，一點也不知道或一點也沒有經歷過其他的生活方式。他們對漢人提出來的新的生活方式迷惑不解，對漢人也很害怕，因爲漢人一方面促使農奴從封建主那裡『解放』出來，但同時又與他們的主人建立了聯盟，因此他們當中的許多人沒有和『解放者』站在一起」[41]。

　　即使中共眞心維護其對西藏的「一國兩制」，一個政教合一的社會和一個二十世紀的共產主義國家也是不可能調和的。共產黨進入西藏社會這個事實本身，必然影響到西藏社會的方方面面。「一國」使雙方難解難分地糾纏在一起，導致「兩制」的邊界不時被自覺不自覺地超越。哪怕是微不足道的小事，在囿於傳統的西藏社會都有可能產生整體震盪和深遠影響。例如中國政府給修路的西藏人發工資，就是對西藏社會延續了幾百年的烏拉徭役制的衝擊；讓西藏兒童免費上學，破壞了傳統的寺廟教育體制；訓練農奴出身的西藏幹部，則打亂了原有的社會等級秩序……類似的情況無數。

　　一九五七年，西藏山南的一個貴族毆打了他的農奴，原因是那個農奴沒有提供貴族所要求的烏拉差役。在傳統社會，烏拉差役是農奴無條件承擔的義務，貴族對拒絕烏拉差役的農奴進行懲罰是天經地義的。然而那個被打的農奴恰好已經被中共發展爲「積極分子」，還在基層擔任不脫產的幹部。這使中共面臨一個非此即彼的局面，不干涉這件事（即默認貴族對農奴的懲罰）顯然更符合「統戰」和「一國兩制」的方針，但是會因此助長西藏上層的氣焰，使其進一步阻止底層群眾與中共的合作，同時也會使底層的「積極分子」心寒，疏離共產黨的

事業；反之，如果處置打人的貴族，無疑是對西藏傳統制度的侵犯和破壞，有違「一國兩制」的承諾，使西藏上層對原本就使他們疑慮重重的中共更加不信任。這件事雖然不大，卻有典型意義，以至於如何處理這個事件，成為中共在西藏最終選擇誰為盟友的試金石。

中共最終進行了干預，下令凡是當了它的幹部的西藏人，從此不再服烏拉徭役[42]。這個決定鼓勵了西藏農奴與中共合作，進一步分化了西藏社會，孤立了西藏上層人士。然而這樣的決定顯然使中共的「統戰」成果受到損失，但是它別無選擇。它已經逐步認識到，以往的「統戰」並沒有換取上層的真正效忠，反倒失去了爭取群眾的可能。共產黨從來都靠群眾起家，失去群眾基礎等於是失去最大的「法寶」。與上層聯盟，除了一時節約經營西藏的成本，結果卻使它無論在上層或下層，都不能獲得堅定支持，也不能將西藏社會的上層和下層分化開來。而只要西藏社會的上層社會和下層社會依然保持固有關係，一旦有一天西藏上層與中共反目，西藏下層人民就會自然地跟隨，形成全民族一致的反叛。中國對西藏的主權將因此始終無法獲得穩定的保證。

## 三、西藏的反抗

《十七條協議》有一個模糊之處——其所規定的「西藏的現行政治制度，中央不予變更」，沒有明確指出是哪一個西藏，是文明覆蓋意義上的大西藏呢，還是當時西藏政府實際管轄的地域（衛藏）。不過在當時情景下，事情也許是不言自明的。作為戰敗和弱小的一方，西藏能保住自己管轄的區域就已不錯，不可能對已經被中共占領的區域提要求。當時康區和安多都在中共控制下。中共在那些藏區的活動，應該不受《十七條協議》的約束。

根據這樣的標準，中共認為它很好地遵守了《十七條協議》。西方學者也認為：「一九五〇年至一九五九年中國人搞的一些建設項目和經濟改革，對西藏社會的某些方面有著明顯的影響，但大部分影響是非正式的、間接的，它們只能觸及西藏生活的表層，沒有滲入到社會傳統的深處……共產黨中國法律的主體部分從未在西藏實施。」[43]

然而中共對分屬於青海、四川、甘肅和雲南的藏區，卻按照等同於中國內地一樣的方式進行統治。一九五五年下半年開始的「社會主義改造」，一樣擴展到那些藏區。從法律角度看，中共在其管轄區域有貫徹其法律的權力，不過問題也就出在這，合法不一定合理。那些藏區雖然在行政上不屬拉薩管轄，但是自古以來的傳統、信仰、風俗、生產方式和生活方式都一樣，血緣密切，來往頻繁，卻突然有一天，讓他們進入完全不同的另一種社會制度，去過完全不同的生活，那會產生什麼樣的失衡和震盪，可想而知。

　　典型例子如位於昌都東部的德格地區，以前其境跨金沙江兩岸，都歸德格土司管轄。後因民國二十一年四川軍閥與西藏政府爭奪康區，交戰的結果暫劃金沙江為界休戰，自此德格在行政上變成分江而治。儘管如此，兩岸的民間社會是千百年形成的，仍然保持一體。簽署《十七條協議》後，北京沿襲了民國的行政劃分，金沙江以東地區歸其管轄，進行與內地相同的改革，執行內地法律，而僅一江之隔，金沙江以西卻沒有任何變化，完全保留西藏原有的制度。用一位後來隨達賴流亡的藏人的話說，西岸的人「可以為所欲為，包括殺了中國人也沒有受到懲處」[44]。

　　與現在的香港實行「一國兩制」不同，五〇年代中共統治的四省藏區與拉薩管轄的西藏有幾千公里不設防的接壤地帶，地理上無法實現隔絕。「兩制」之間時時刻刻地相互滲透和影響，結果必然會導致「兩制」的失敗，並成為激發藏人進行武裝反抗的重要因素。

　　叛亂起於中共控制的藏區，首先是在康區和雲南藏區開始，然後擴大到青海和甘肅藏區。藏人對漢人根深柢固的不信任，使得漢人即使是真做好事，也往往被認為居心叵測，例如進行人口調查被認為是準備逮捕；為保護牧場消滅地鼠或派醫生為藏人清除蝨子，會被認為違反佛教的殺生禁令；開山修路或蓄水發電則是褻瀆神山聖湖……小事尚如此猜忌，涉及到藏民族千年傳統的巨大社會改革，如何可能不讓他們疑慮重重呢？

　　不過將發端於中共控制區的藏人暴動一言以蔽之地說成是「藏族人民」集體起義，似乎也失之簡單。事實表明，暴動的發動者和指揮

核心主要是上層人士，中共改革威脅到他們的傳統特權，使他們鋌而走險。同時，比鄰的衛藏不進行改革，在對比之下產生的失衡感顯然也是刺激反抗的重要因素。雖然下層藏民本是有可能在改革中得到好處的，他們之所以也大量捲進叛亂，一定程度是由於中共此前政策以「統戰」為主，工作重心放在上層，下層社會沒有得到動員，與上層的傳統關係也沒有被分化瓦解。他們世世代代生活於傳統，不可能很快地理解和接受漢人給他們指出的新生活。他們肯定也懼怕背叛傳統所遭到的「神譴」，尤其是西藏中心地區（西藏的神大都集中在那裡）不進行改革，更加使他們對眼前變化迷惑不解和不敢信任。

另外，藏族社會既有政教合一的傳統，還有相當多的部族成分，寺院和部落都在發揮指揮作用。對於全民信教的藏民族來講，以宗教名義向他們發出號召，一般是沒有人能夠拒絕的。普通農牧民世世代代服從僧侶和頭人，很容易聽信他們，受到裹脅。當年康區的叛亂首領之一恩珠倉後來承認，他為叛亂捐獻了四十六名「雇工」，並且都配備了武器和馬匹，再加上一百匹馱物的騾馬[45]。在這種並列中，四十六名雇工與武器馬匹是同等的，都是屬於主人可以支配的財物。另一個叛亂首領頓堆曲英在他的回憶錄裡也提到，當時叛軍首領曾開會決定在民眾中抽兵，每戶一丁[46]。

以行政區劃搞兩種不同的制度，還給在四省進行武裝反抗的藏人提供了可進可退的根據地和後方支援，他們隨時可以退到沒有從事改革的衛藏地區進行休整和獲取補充，那也是促使叛亂此起彼伏、層出不窮並且不斷擴大的原因。

有些研究者認為，如果不是以武斷的政治邊界對待當時在拉薩控制以外的西藏人，西藏叛亂可能就不會發生。我同意以行政界線實行不同政治制度是導致叛亂的主要因素，但是很難設想中共當時有別的辦法。把全部藏區都交給拉薩統治，可以避免在藏人社會實行「兩制」導致的失衡，然而由於那個區域過於巨大，從主權控制角度是中共不能接受的，那麼共產黨中國與傳統西藏的「兩制」還能以什麼劃分呢？是否能以民族劃分──對漢族人實行內地法律，對藏人放任自流呢？其他少數民族怎麼辦？漢藏雜居的地區怎麼辦？藏人犯了法怎麼辦？

漢藏發生衝突怎麼辦？……仔細想下去，結論就是只要是實行「兩制」，只能劃界區分。而劃界的問題就在於，除非所劃的界可以確保封閉，杜絕「兩制」在民間層面互相滲透，只由「兩制」的高層保持理智往來，否則，「一國兩制」是不可能獲得成功的。

世界對西藏問題矚目，是在一九五九年三月發生拉薩事件、達賴喇嘛及數萬西藏難民流亡印度以後，其實在那之前，反抗者的游擊戰已經持續了好幾年[1]。藏人的反抗以驅逐漢人為目標，軍事行動一般都是攻打中共機關和殺死中共幹部。一位青海藏區的漢人官員向我回憶，他那時在縣政府辦公室當祕書，為了防備「叛匪」的進攻，男性幹部職工全部編成連隊，吃住都在一起。女幹部凡有孩子可以回內地，沒結婚的則留下搞後勤。當時他讓妻子帶著剛一歲的孩子回了老家上海，他留在藏區打了一年多的仗。他在的縣城曾經受到叛亂者包圍猛攻，他們死守多天，直到解放軍趕到才解了圍。

中共派遣大批軍隊進行「平叛」，逐步在四省藏區肅清藏人反抗者。殘酷性不斷升級。那位青海官員向我描述他當年的戰友被「叛匪」活捉，如何被一條條割下身上的肉，蘸上鹽巴強迫他自己吃下去。他們打下那個「叛匪」窩時，綁在柱子上的戰友已死，身上多處只剩白骨。戰友嘴裡塞滿了自己的肉。他是一九五三年自願報名到青海藏區的，「我們一塊來青海的人不少都在叛亂時被殺了，有的開膛，有的割毬、挖眼，只要被叛匪抓住就沒好，所以個個都拚了。」他說的「毬」是西北土語，指睪丸及生殖器。

當時進藏的漢人基本全部被武裝，只要見到帶槍的藏人就打。一位青藏公路上的老司機告訴我，他們有一次打死了解放軍的偵察兵，就是因為那個偵察組穿著藏人服裝。偵察兵見到給拉薩送物資的車隊並不防備，而車隊在沒有受到攻擊的情況下，卻專門停車狙擊他們所看見的「藏人」。

武器落後的烏合之眾不是中共正規軍的對手。四省藏區的叛亂藏

---

[1]《西藏大事輯錄》上最早提到叛亂的是一九五六年六月二十三日，達賴喇嘛在中國內地訪問將近一年，剛受過中共煞費苦心的「統戰」接待，「達賴在回到拉薩後，攻擊和反對康區的土地改革，反對人民解放軍平息康區叛亂，並支持康區叛亂的反動頭人」（見《西藏大事輯錄》，頁43）。

人在解放軍圍剿之下紛紛逃進西藏境內，以西藏爲基地繼續進行反抗。據說從一九五六年到一九五八年，至少有五六萬人逃亡西藏，恐慌如同疫病一樣在西藏到處蔓延。中共軍隊追剿「叛匪」，隨之把「平叛」擴展到了西藏，進一步刺激了拉薩與中共的對立情緒。

由於缺乏可信材料，現在無法斷定當時噶廈政府在藏人的武裝反抗中起了什麼樣的作用。不過有一點可以相信，拉薩政府一樣強烈地反對中共對西藏的「改革」。在這一點上，它與武裝反抗者的立場完全一致，即使有區別，也只在於怎麼做更爲穩妥的考慮。

中共解放軍十八軍一九五八年八月二十八日發的一份內部情況簡報，其中有一件小事可以反映噶廈的心態：

> 索康賣給我們房子前曾向噶廈及達賴遞呈文，內容爲「請准予賣給解放軍房子」。於批准出賣後才賣的。賣後又遞呈文一件，內容「現在我已將房子賣給解放軍了，但西藏獨立後請准予該房子歸還原主」。噶廈批准「准予照辦」。[47]

拉薩與北京的蜜月期在四省藏區叛亂開始以後就到了頭。到一九五九年的拉薩事件之前，雙方雖然沒有翻臉，心裡都已打起各自的算盤。也許拉薩期望叛亂能對中共施加壓力，從而可以使中共更多地讓步，中共卻因此認識到，要保證西藏徹底穩定，必須把「一國兩制」變成「一國一制」。按照當時中共內部文件的話說：「民族關係的根本改善，歸根結蒂要取決於每個民族內部勞動階級的徹底解放。」[48]——把這句充滿意識形態味道的語言翻譯成直截了當的意思，就是只有把西藏改造成共產黨的體制，才有可能最終牢固地控制西藏。

距拉薩事件八個多月之前，毛澤東於一九五八年六月二十四日就青海藏區叛亂做指示時談到西藏。毛說：西藏要準備對付那裡的可能的全局叛亂。亂子越大越好。只要西藏反動派敢於發動全局叛亂，那裡的勞動人民就可以早日獲得解放，毫無疑義[49]。

毛講這番話兩個月之後（八月十八日），當時任中共中央總書記的鄧小平遵照同樣口徑，對西藏軍區司令員張國華和副司令員鄧少東

說：「讓他們鬧大點，鬧得越大，改革越徹底，解放軍不要輕易上陣，不要輕易把部隊拿上去。」[50]由此推測，中共高層當時已經從原來的「統戰」路線轉變為採取一種馬基維利式的策略，即聽憑事態擴大並失控，直到最後攤牌，名正言順地以軍事手段一舉摧毀西藏地方勢力，接管西藏政權，從此徹底拋棄西藏上層社會，由北京對西藏實施直接統治，並按北京的願望改造西藏。

軍事上的準備也早就開始。一位中共解放軍炮兵三〇八團當年的連長回憶，一九五六年，他所屬的部隊調進拉薩，目的就是「應付噶廈政府內出現的叛亂徵候」。

> 不到一年的時間，我們不僅建好了營房，而且炮兵陣地的構築，目標的選擇和測地，諸元的準備，目標區域的劃分及其彈藥、糧秣、藥品的儲備，均告完成。為了防止叛匪火力封鎖時斷我水源，我們把交通壕一直挖到了拉薩河邊。
>
> 為了保證炮兵射擊的準確，團首長還多次帶我們連以上的幹部去拉薩看地形，實地測量。每當這時，我們的駕駛員就在需要偵察的地方停下車來，裝作車壞了，下來「修理」，我們也乘機下車「休息」察看，這樣，凡我射程可達的地方，尤其是叛匪正盤據的、到過的、可供其隱蔽或逃跑的、打起來可能被其臨時利用的拉薩每一個角落、每一條街道、每一座建築，我們都測量到精確無誤的程度了。凡敵人活動得比較頻繁的地方，都決定好了諸元。[51]

到一九五八年，西藏境內的武裝反抗已經發展到非常嚴重的地步。由中共方面記載的較大事件有：

> 七月二十一日，叛亂武裝在拉薩以東僅二十餘公里的爭莫寺附近伏擊解放軍運輸車。
>
> 九月十七日，西藏軍區門診部十六位醫護人員乘汽車到日喀則進行體檢，行至麻江遭到伏擊，十六人全部犧牲，汽車被焚毀。
>
> 十二月十八日，人民解放軍某部一個連在營長杜效模帶領下，

護送山南分工委幹部和給澤當守備分隊運送物資，行至貢嘎遭到伏擊，犧牲營長以下官兵三十七人，傷二十二人，毀汽車七輛。

十二月十九日，解放軍某部兩個排在副團長殷春和帶領下到山南地區執勤，在扎囊遭到伏擊，犧牲副團長以下官兵五十六人，傷十二人，毀汽車兩輛。

自一九五九年一月二十五日起，中共山南分工委所在地澤當被叛亂武裝圍困七十四天。

一九五九年一月，中共扎木中心縣委被叛亂武裝圍攻十個畫夜。

一九五九年一月至四月，中共丁青縣委被叛亂武裝圍困九十四天。[52]

那一段時間，小規模的解放軍部隊幾乎不敢外出，最多一次曾組成六、七百輛汽車的武裝車隊，才敢到拉薩以外運輸物資[53]。拉薩城內也不太平。從一九五八年下半年起，越來越多的反抗戰士和難民湧進拉薩，城裡城外搭滿帳篷，到處是攜帶武器的反抗者，緊張氣氛不斷上升。對湧進拉薩的成千上萬造反戰士，噶廈政府實際上已經無法控制。拉薩的局勢遲早要爆炸，只是等待一個引信。

達賴喇嘛當時的心態不得而知。不過即使達賴的內心想與北京繼續維持良好關係，他也會在局勢面前身不由己，因為他既是西藏的靈魂與象徵，有一條底線就是他不可能逾越的——一旦矛盾不可調和，出現決戰局面，他就只能堅定地站在西藏一方。

爆炸局面的引信出現於一九五九年三月十日。原計畫達賴喇嘛那天去中共西藏軍區看演出。但是西藏人中間廣泛地傳開了中共打算乘機綁架達賴喇嘛的消息。十日上午，上萬藏人和藏軍圍住了達賴喇嘛的夏宮羅布林卡，阻止達賴喇嘛去軍區。事態逐步擴大和失控。激動的群眾喊出了廢除《十七條協議》和把漢人趕出西藏的口號，處死了幾名他們認為是叛徒的西藏人。西藏政府官員、藏軍和叛亂戰士也隨之公開聯合，並在後來幾天宣布成立「西藏獨立國」，向全體藏人發出起義命令。後來的流亡藏人的政府將每年這一天（三月十日）定為「西

藏人民起義日」。

中共是否真要綁架達賴，因爲涉及到拉薩暴亂的起因，成了幾十年爭論的一個公案。我傾向於那是一個謠言。在激動和恐慌的群眾中間，產生和傳播謠言是不奇怪的。可以比較另一個實例：一九九五年二月二日，一個藏人在拉薩一家回民開的清真餐館吃麵條，發現麵條裡有一塊人手指甲。那本不奇怪，也許是廚師不小心切掉的。可是很快，藏人中便謠傳那家清真餐館用人肉做菜，已經發現了兩顆人頭等。各種謠言隨之出現──「回民不但在自己開的飯館裡賣人肉、人血，還用天葬場燒死人的木炭烤羊肉串。回族這樣做的目的是徹底毀滅我們藏族，霸占西藏」、「我們康巴人失蹤了一百多人，都被回族殺掉了，用藏人身上的肉給藏人吃」……隨後拉薩連續幾天發生多起聚眾打砸搶回族飯館和商店的事件，常常造成數千人圍觀，並與當局派出的公安和武警發生衝突。一九九五年的一小塊指甲引起如此騷亂，可想一九五九年「綁架達賴喇嘛」之說會在藏人中造成什麼效果。

我相信綁架達賴是謠言，還因爲那對中共既沒有必要，也沒有好處，找不到中共綁架達賴的理由。不管怎麼樣，達賴喇嘛那天沒有去看演出，無法確定他當時的真實想法是什麼。他在第二天給中共西藏軍區的政委譚冠三的信上，對發生的事件表示「害羞難言，憂慮交加，而處於莫知所措的境地」，並表示「反動分子正以保護我的安全爲名，而進行危害我的活動，對此我正設法平息」。十二日他的另一封信說：

> 反動集團的違法行爲，使我無限憂傷。昨天我通知噶廈，責令非法的人民會議必須立即解散，以保衛我爲名而狂妄地進駐羅布林卡的反動分子必須立即撤走。對於昨天、前天發生的以保護我的安全爲名而製造的嚴重離間中央與地方關係的事件，我正盡一切可能設法處理。

就在他逃亡印度的前一天，第三封給譚冠三的信上還這樣寫道：

> 我正在用巧妙的辦法，在政府官員中，從內部劃分出進步與反

對革命的兩種人的界線，過幾天一旦有了一定數量的足以信賴的力量之後，就將採取祕密的方式前往軍區。[54]

在達賴喇嘛出走後，中共一直以這三封信件為據，爭辯達賴是被劫持出境的。直到達賴流亡印度五年半之後，中共方面才正式宣布解除其西藏自治區籌備委員會主任委員的職務，開始稱其為敵人。此前北京並非真的信任達賴，而是出於策略。同樣，達賴寫這樣的信也完全可能只是緩兵之計，或是按下屬擬好的稿子照抄的。

關於決定逃亡印度，達賴喇嘛後來在自傳中是這樣描述的：

> 我真不知道下一步該再怎麼辦。第二天，我再度請示神諭。令我大吃一驚，神指示：「快走！快走！今晚！」處於恍惚狀態的靈媒蹣跚地走向前，抓起紙筆，相當清楚而明白的繪出我該循什麼樣的路線離開羅布林卡宮，直奔印藏邊界。他的指示跟一般預期不盡相同。神諭結束後，擔任靈媒的名叫羅桑吉美的年輕和尚就頹然倒地，代表金剛扎滇已離開他的身體。就在這時，彷彿要強調神諭的威力似的，兩枚炮彈在寶園北門外的沼澤中爆炸開來。
>
> 回顧三十一年的往事，我確信金剛扎滇早已知道我必須在十七日離開拉薩，但他怕洩漏天機，一直不肯明講。沒有計畫就不會走漏消息。
>
> 但我並沒有立刻準備逃亡。我首先要確定神諭正確無誤，因此我又做了一次謨，結果與神諭完全相符……[55]

接到「神諭」的當晚十點，達賴便喬裝成普通僧人，在六百餘名隨員和士兵的護衛下出走，經過十四天的跋涉，最終到達印度，從此走上不歸之路。

達賴方面一直指控，一九五九年三月十七日下午四點，中共方面向達賴居住的羅布林卡首先發射了兩發迫擊炮彈。這個指控是否屬實，是兩方多年不斷爭論的一個焦點。北京一直斷然否認，並說那是西藏叛亂者發射的。直到一九九三年，中共解放軍西藏軍區政治部宣

傳處的中校幹事吉柚權在他寫的《西藏平叛紀實》一書中第一次透露，那兩發炮彈是中共方面青藏公路管理局拉薩運輸站的經濟警察雷惠山用六○迫擊炮發射的。當時拉薩運輸站連續三次受到叛亂者槍擊，雷惠山氣憤之下未經請示，便自行以兩發炮彈回擊[56]。這個說法比較可信。吉柚權以其軍人身分，受到的保密限制比較少，在寫作過程中查閱了大量內部檔案。他的書出版後，他本人因「洩密」而受審查和處分，更可以證明材料屬實。可以相信中共不是有意打那兩發炮彈，中共一貫重視得到「不打第一槍」的道義優勢，只是沒有管束住下邊的人，尤其雷惠山又不是紀律嚴明的軍人。

達賴出逃印度的途中沒有受到中共方面任何攔截，西方和印度的新聞媒體大量渲染西藏出現「神祕的雲霧」，保護了達賴的隊伍不被中共飛機發現。但是按那時任西藏軍區副司令的李覺將軍回憶卻是這樣：「一九五九年三月十七日夜，達賴他們在拉薩河北岸準備渡河時，我們早已將大炮對準他們，只要我們的炮一響，他們沒有一個能活著離開河邊沙灘。但是，中央沒有命令阻截他們。我們是靜靜地坐在林子中，憑藉明月之光，看著他們驚慌地用牛皮船，一船一船地往拉薩河南岸渡人……」[57]

吉柚權的書則是這樣寫：一九五九年三月十日拉薩暴亂開始以後，北京將情況電告正在湖北視察的毛澤東，毛澤東微笑著說：「果然等到了今天。」三月十二日，毛澤東電報指示中共的西藏工委和西藏軍區：

> 照此形式發展下去，西藏問題有被迫（這種被迫是很好的）早日解決的可能。叛亂集團的策略是：在拉薩搞暴亂，將我軍驅走。這一批人實際上已與中央決裂。西藏工委目前的策略是：軍事上採取守勢，政治上採取攻勢，以分化上層，教育下層。如果他們逃走時，我軍一概不要攔阻，無論去山南、去印度，讓他們去。[58]

北京設在香港的「新華分社」（實為中共駐香港的最高機構）原社長許家屯「六‧四」後出走美國，在其回憶錄裡談毛澤東的想法非常

人能料時，也舉了這個例子：

> 毛澤東有些想法和考慮，常出乎一般人的意外。舉一件我瞭解
> 的事例。一九五九年，西藏軍區司令張國華負責解決「西藏叛亂」，
> 當時達賴被圍困在布達拉宮內。毛澤東發電報給西藏工委和張國華
> ——因為電報抄告各省、市委，我當時擔任江蘇省委書記，看到了
> 這份電報。毛要張國華部隊主動讓出一條路，指定這條路由布達拉
> 宮經何處，直到中印邊境，讓達賴喇嘛撤退到印度去。電報很詳盡
> 地規定了張國華如何做，什麼時候開始，佯攻什麼地方等等，這樣，
> 達賴喇嘛果然逃到了印度。這樣的指示，出乎我們處理這類問題的
> 常識之外。毛澤東這個考慮，是因為達賴在西藏人心中是個活佛，
> 活抓固然不好處理，擊斃更不妥。這是毛澤東的考慮過人之處。[59]

只要達賴留在西藏，無論對中共的「民主革命」還是「社會主義
革命」之目標都是障礙。他不僅是凝聚西藏人精神世界的領袖，而且
也被傳統賦予了世俗權力的無上地位，他可以隨時利用至高無上的號
召力對北京造成威脅。北京雖然有廢黜他的實力，卻難服藏人之心，
與中共自己的「統戰」形象也有矛盾。所以從當時的利弊衡量，最方
便的結局就是達賴自行出走。活捉達賴固然不難，但是抓了又該如何
處理？把達賴打傷，問題就更大。那不僅將跟整個藏民族結下不解之
仇，國際輿論上也無法交代。放走達賴，某些方面與毛澤東後來放走
林彪的思路是相同的。二者的不同在於，林彪的飛機人算不如天算地
墜毀在蒙古，使毛澤東既免於背上黑鍋，又除掉了後患，而達賴卻是
安然地在印度住了下去，並且在毛澤東死後的二十年，重新成為北京
不可忽視的強敵。

不知道毛澤東當時若能預見到這一天，是否還願意給他的後任留
下這樣一份遺產？他會怎樣做？或者，達賴喇嘛如果當時沒走，西藏
的局勢又會怎樣發展？達賴喇嘛的個人命運又將怎樣？有時偶然會給
歷史造成完全不同的結局，不過歷史既是不可重演的，這些問題也就
只能作為個人的遐想了。

當毛澤東得知達賴出逃，給西藏工委下了這樣的指示：

> 噶廈集團公開叛亂，達賴逃跑，叛亂武裝攻擊我軍據點，西藏政治形式完全明朗，這是極好的事。但是達賴這塊招牌還有可能利用之處。對於達賴逃跑，暫不向外宣傳，暫時不把達賴放在叛國頭子之內，只宣傳叛國分子挾持達賴，這對於打擊敵人利用達賴名義號召群眾叛亂可能有好處。對於班禪，如其參叛，不准打死，更不准其出國。60

毛還要求住拉薩的解放軍部隊不要反擊，而且要做出難以支持的樣子，給叛軍以攻克拉薩的信心，不但牢牢吸住拉薩的叛軍，還爭取將西藏其他地方的叛軍統統吸引到拉薩，同時調動三個師又兩個團的兵力從三個方向入藏，對拉薩實行包圍，爭取一舉全殲叛軍，從而免除將其打散到全藏，分頭進行清剿的困難61。但是這封電報晚到了幾個小時，解放軍已經在拉薩開火，並在三十個小時內結束戰鬥，殲滅藏方五千三百六十人。如毛澤東預料，由於沒有完成包圍，大部分造反者被打散，流竄到西藏其他地區繼續抵抗，全部清剿直到一九六二年才算基本結束。

由於拉薩的布達拉宮和羅布林卡是藏人的聖地，北京一直否認解放軍在拉薩戰鬥中有過炮轟布達拉宮和羅布林卡的行為，但是吉柚權的書卻透露了相反的事實：

> 下午兩點，攻打羅布林卡的戰鬥開始，三〇八團全部大炮和一五五團設在烈士陵園炮陣上的六〇炮、八二迫擊炮、無後坐力炮，一齊向羅布林卡轟擊，採用續進彈幕的打法，即以十五公尺為一個射點逐次成一條線向前推進。這是炮兵最強大的火力。炮彈先從東往西一層層地撒開，遍地開花。叛匪承受不住這猛烈炮火的打擊，紛紛從東往西跑。炮彈追著他們往西炸。叛匪跑到西，見炮彈在西炸，又掉頭往東跑，炮彈仍然追著掉進叛匪群中爆炸。這樣從東往西，又從西往東來回地轟擊，叛匪支不住，有二百餘名騎匪衝出羅

布林卡，逃到拉薩河邊向河南逃跑。另有一千餘人衝出羅布林卡經回民林卡向北逃跑。鄧少東命令三〇八團的炮火對逃跑的敵人實施火力攔阻，不准其逃跑。同時命令步兵一五五團、一五九團現有的部隊配合汽車十六團和機械營的部隊，從東西兩面向羅布林卡進攻。

三〇八團的炮火立即對逃向拉薩河中和回民林卡的叛匪實施續進彈幕轟擊，將這兩股叛匪攔回羅布林卡，又繼續對羅布林卡實施續進彈幕轟擊。[62]

吉柚權的材料來源是西藏軍區的檔案，所以他能把火力部署、部隊番號、戰鬥過程和時間寫得這樣精確。這種檔案除了參戰部隊也許有誇大軍功之處，其他方面都會比較真實。對炮轟布達拉宮，他這樣寫：

> 在解放軍攻打市中心時，駐守布達拉宮的叛匪火力不停地支援市區……譚冠三要三〇八團想法壓住布達拉宮叛匪的火力，並給三〇八團參謀長苗中琴提出不能損壞布達拉宮的建築。苗中琴說那只能用無後坐力炮瞄準火力點打。譚冠三說這樣打對布達拉宮有沒有損傷。苗中琴說不會，它的爆炸力不大，但殺傷力強，於是譚冠三命令一五九團、一五五團、軍區警衛營的無後坐力炮全部集中到軍區大院，組成無後坐力炮營，由苗中琴指揮。
>
> ……以後發現哪個窗口有火力射擊，苗中琴就朝那個窗口射擊，一炮一個，百發百中，扶廷修（西藏軍區副參謀長）不停地叫好，說打得準。[63]

其實，是否炮轟了羅布林卡和布達拉宮只是細節，沒有什麼太大意義，也改變不了事情的性質。拉薩事件帶來最直接的後果是中共徹底接管了西藏政權，在中國和西藏的歷史上，中國第一次對西藏實現了完整的主權控制。

# 四、「平叛」

對西藏實行了八年的「一國兩制」以達賴喇嘛的流亡而告最終失敗。中共發現自己繞了一個大大的圈子。既然最終免不了還是與西藏上層徹底決裂，以槍炮解決問題，當初費了那麼多心血實行的「統一戰線」就成了多餘，如果一開始就以武力「解放」西藏，直接建立共產黨政權，仗不一定比後來「平叛」打得多，後來的很多事情也可能不同。

當然，不能因此就說「平叛」前中共在西藏的八年是白待了。僅以它修築的兩條公路——川藏路和青藏路——來說，就使從中國內地進藏所需的時間由過去的幾個月縮短為十幾天。交通的改善對於鎮壓西藏的武裝反抗發揮了巨大作用。

另外，在西藏的八年時間使中共以其窮人翻身的主張，吸引和培養了一批藏人追隨者。那種斷言中共在西藏沒有任何群眾基礎、所有西藏人都忠於達賴喇嘛的觀點是偏頗的。一個專門在藏人中間搞實錄訪談的記者，曾經在西藏《雪域文化》雜誌上開了一個「高原人物」專欄，其中一篇是一個藏人在「平叛」中的親歷，可以對當時的情況獲得一些比較直觀的認識。

　　那天，大概是（一九五九年）元月三日。我陪著翻譯蔡嘎到索縣絨布鄉的岡達去，那兒的絨布本（官職）岡青是我們工區的區長，蔡嘎從築路隊牽出四匹馬，我們就上路了。騎到仁崗，早已埋伏好的叛匪朝我們打冷槍。我的左肩中了一槍，左腳還挨了一彈。蔡嘎也被打傷了。他們竄出來，截住蔡嘎的馬。對方有八個人，我一看，差不多都認識，都是絨布的人，其中四個是喇嘛，他們也知道我們是工程隊的。蔡嘎當時帶著長槍、短槍，還有四顆手榴彈，來不及上手，幾個叛匪一擁而上，把他抓起來。我自己有一支英式步槍，沒有帶，沒有料到會遇上伏擊。

　　有個叫彭措旺加的叛匪在我背上捅了一刀，我一看他們人多，

掉頭就跑，也顧不得身上的傷痛。後來聽說蔡嘎被他們殺害了。正跑著的時候，迎面遇上個少年，我趕緊問他出了什麼事，他不說話。我當時帶著砍柴的斧頭，就嚇唬他，你不告訴我，就劈了你。他趕緊說，別殺別殺，現在叛亂了，領頭的是索縣熱登寺的丹增囊珠活佛，現在正在召集呢，十八歲以上六十歲以下的人都得參加。後來我知道，領頭的還有康定人安珠·貢保扎西。

那天是個星期天，工人們都休息。工程隊有八十四個人，還有三十五個昌都的解放軍，人倒是不少，但如果沒有防備準會吃大虧，得趕緊告訴他們。這麼想著，便加快了速度。那一年，我二十五歲。

趕到工程隊，我找到翻譯白嘎，讓人給我翻話，因為我不會漢話。可他不給我翻。我直接找到管理員鄧克金，告訴他，叛匪來了。他不相信。我想可能是他沒明白我的意思，又去找翻譯洛羅，我告訴他剛才遇到的和聽到的事情，洛羅又翻譯給鄧克金。鄧克金馬上宣布，吃完飯撤退。

當時，大部分工人都到山上砍柴去了，在家只有十八個人。撤退轉移的路上遇到叛匪，準備對打，一接火，就被打死兩個打傷兩個，只好掉頭又返回部隊裡。

太陽已經落山了。工區的幾個領導把大家叫到一塊，開會商量怎麼辦。我沒去開會，還在為剛才他們不相信叛亂的事生氣。我走到院子裡，為大家放哨。有人來勸我：你是大家的救命恩人，現在決定派四個熟悉情況的人到雅安多送信，你、安措、諾爾嘎和嘎瓦·庸仲去。你們化裝成要飯的，不要帶槍。

夜已經很深了，我提出走夜路要帶槍，大夥說要飯的帶槍會暴露身分。就這麼上路了。如今，四個人裡，只有我和嘎瓦·庸仲還活著。

頭一天，我們走到娘隆住下了。第二天睜眼一看，山上都是叛匪，已經包圍了工程隊。白天走路不方便了，第二天待了一天，夜裡出發的。走到巴達松多住下了，第三天，又是白天待著夜裡出發。走到恰夏松多，天已經快亮了，可以看見叛匪滿山的走動。我們在山裡待了一天，已經幾天幾夜沒吃東西了，嘎瓦·庸仲說，他又渴

又餓，對面山溝裡有他的親戚，弄點飯吃。他走以後，我看見對面山坡上有個女的，好像是甩了俄爾多（放牧甩石頭的工具），不久，就有二百多個叛匪，騎著馬一群群地跑過來，朝我們這邊開槍。這時已無法跑了。

我們三個不幸被叛匪抓住。從山上趕到一戶人家門口，庸仲還沒有回來。有人喊：派八個人看住他們仨！讓他們跪在地上不許動！有幾個人看著我們，其他人一窩蜂進屋開會。有封信還在我身上，趁他們沒注意，我趕緊塞進嘴裡，拚命往肚裡吞。有個芒康人，是貢嘎喇嘛強措的助手，叫土登，他嚇唬我：吃的什麼？我說吃的蟲子。一會兒，他們把我懸空吊在梁上，每個腿上綁著一口袋鹽，把衣服也扒下來，然後用鞭子抽。那個叛匪頭子喇嘛強措過去知道我。他們抽我的時候，他就翹起二郎腿冷笑：有人說你帶了槍和信？我說我聽不懂，我是個要飯的人。他們繼續抽我，抽到五十一下的時候我昏過去了。

在梁上吊了一天一夜，第二天上午放下來。我醒過來的時候是在帳篷裡，康定人安珠‧貢保扎西弄了點糌粑糊叫我吃，他跺著腳嘲罵我是相信魔鬼的人，是魔鬼的狗腿子，說他是從美國回來的，衣服是美國人發的。是坐飛機回來。還說飛機是什麼什麼，想飛哪就飛哪，說我是糊塗了，他們要我清醒過來。最後。還是讓我交代信、槍哪兒去了，讓我動員工程隊投降。我還是那句話：我是要飯的，只是路過此地，不明白你說的是什麼。

索縣領頭的就是熱登寺的絨布‧丹增囊珠，他問：「信呢？槍呢？你們單位多少人？有多少槍枝？不交代就罰你。」有個人在石頭上磨「堪貝」，是個吃糌粑的小銅勺。他走過來說：你不交代？我不吭氣。他用磨利的勺子割開我的眼皮，問道：說不說你們單位多少人？我說不知道，是要飯的。他又用勺子割開另一個眼皮：再不說就挖你的雙眼，剝你的皮。

我當時橫下一條心，反正也活不了了，不知道就是不知道。那人摳出我的眼珠，一拉一放揪了三次，疼得鑽心，眼球原來是有彈性的，它們垂落在臉上，還有些微弱的視力。人已經看不清了，只

能看到自己的鮮血流得到處都是。

　　我激動起來：你們說共產黨是魔鬼，你們才是魔鬼，只有魔鬼才這麼折磨我，共產黨給我們飯吃給我們衣服穿……沒等我說完，他們便氣急敗壞地挖掉了我的雙眼。這以後，我失去了知覺。

　　醒過來以後，我發現自己已經不在架子上了，手腳綁得還很緊。我用下巴在地上拱了一個小坑，鮮血很快流滿了小坑，我喝了自己的血，感覺清醒了一些。旁邊看守我的人發現我在喝血，大叫起來：這個傢伙實在太頑固了！過了幾分鐘，隨著耳邊「嘶」的一聲，眼眶一陣刺疼，我又昏了過去了。是他們用燒開的酥油澆到我眼眶裡。

　　不知過了多久，我慢慢醒過來。有一個叫羅丹的叛亂者，過去我們認識，他妹妹才仲我也認識，醒來時發現才仲在我身邊。她說：「你這個人呐，上次叫你投降你不投降，弄成這個下場，太可憐了。」她幫我解開繩子，我想站起來，腳卻是軟的，我一步一瘸地走到烏堅的家門口，烏堅拿出些糌粑給我，還給了我一塊肉，他讓我藏在他家附近的青稞草垛裡。

　　當天晚上，有幾個叛匪路過那兒。發現了我，又把我吊起來。他們議論要剁掉我的手和下巴，在手上和下巴上捅了幾刀，現在還有疤痕。有個人說：你是個死不了的人，還想跑？看來腿還沒有給你卸下來，我們來幫你卸一下。說完就在我腿上捅了一刀。這一次，吊了七天七夜。才仲給我送了一次用元根做的土巴。每天都要折磨我一次，用帶刺的「雜馬洛」抽我的背，用火燒烤我的腳。現在，背上的傷疤還在。

　　……再次醒過來的時候，覺得身邊坐著很多人，有的扶著我，我依然是迷迷糊糊，旁邊有人在走動，有人在弄水。我以為自己快要死了。有個聲音很粗，說「金珠瑪米」，還把我的手放在他的胸章上，放在他的軍帽上，我不敢相信真的是解放軍……[64]

　　當然，比起當時參加叛亂的人，布德這樣的人那時肯定是少數，但他卻在一定程度上代表了西藏下層人民可能的趨向。一旦他們真的相信了共產黨的主張，認識到共產黨的力量，並敢於重新審視西藏的

傳統生活和把舊西藏的社會結構判爲不合理，他們是不難被共產黨動員起來，並且陷入革命的狂熱之中的。

借助先進的武器和作戰技術，中共軍隊可以在幾十小時之內打垮集中在拉薩的藏人武裝，但是肅清游擊於雪山草原之間反抗者，卻遠爲困難得多。中共蘭州軍區一個主力團在藏北草原迷失方向，電台摔壞，斷了聯繫，失蹤四十五天才被飛機找到，其間只能以野獸野草充饑，卻沒有找到一個「叛匪」[65]。沒有及時截斷通往國外的道路，還使得相當一部分反抗者攜帶武器逃過邊境，以印度、尼泊爾等國爲基地，不時返回西藏進行作戰。反抗戰士熟悉地理氣候，多爲騎兵，善於游擊，有群眾基礎，可以就地籌措給養，這些都是中共軍隊無法企及的，所以最終徹底平息他們所稱的「西藏叛亂」，時間長達幾年。

面對西藏特殊情況給軍事行動帶來的不利條件，爲了盡快穩定占國土面積四分之一的西藏和藏區，中共除了加緊軍事圍剿，還必須同時切斷西藏老百姓對叛亂的支持，使叛亂者無法得到人力物力的補充，難以藏身。不切斷這種支持，「平叛」將是無止境的。中共當時從兩個方面著手做這件事，一是發動它所稱的「民主改革」——即窮人翻身，通過廢除勞役、均田分地、鬥爭「三大領主」，爭取西藏底層百姓轉移立場，分化他們與西藏上層的傳統效忠關係，摧毀莊園經濟和寺廟政治等傳統社會結構，從而使西藏上層領導的武裝反抗失去群眾基礎；二是實行恐怖政策，對一切與叛亂有關聯的人給以嚴厲鎮壓，通過剝奪生命（處決）或剝奪自由（關押）消滅叛亂方面的人力資源，並在西藏人中間造成人人自危的氣氛，使老百姓不敢給叛亂者以任何形式的同情和支持。

當時中國內地正處於「大躍進」之後的嚴重困難時期，餓死了上千萬人，問題成堆，危機重重，中共急於擺脫西藏「平叛」在背後的牽制，使其不惜使用「快刀斬亂麻」的極端方式，加上中共體制決定的「寧左勿右」、「層層加碼」之傾向，最終導致中共的「平叛」成爲對藏人一次波及廣泛的大迫害。受株連的藏人達到相當高的比例。十世班禪喇嘛雖然在西藏叛亂時期站到了中共一邊，並在十四世達賴喇嘛流亡印度後取其地位而代之，但是他最終也無法忍受中共對藏人的

殘暴行為，於一九六二年寫了一份著名的「七萬言書」，向中共最高層發出抗議和指責。在「七萬言書」中，他這樣指控「平叛」對藏人的迫害：

> 有些人在叛亂時住在叛亂地方或者去過叛區，或者只因路過叛區住了一下，就被戴上叛亂分子的帽子。關於同叛亂分子的聯繫方面，不分黑白地把在一九五七、一九五八年同康人和安多人有過新舊往來關係，甚至給路過的康人安多人借過宿的，也都算作與叛亂分子有勾結的人；對於出於害怕而給過叛亂分子財物的，和被股匪搶劫過的，以及奉原西藏地方政府或宗奚本，地方上的叛亂領主之命，不得已而支援過叛伍的，也都戴上和自願支援叛亂者相同的帽子。還有嚴重的是，對一些人毫無原因的也被幹部或積極分子隨意捏造罪惡，加上了叛亂分子和反革命分子的罪名。例如對我和與我一樣的知名愛國進步人士，也竟被無中生有的稱為反動派，那麼別人就更不用說了。總之，對於大部分可戴可不戴叛亂帽子的，和不少不應戴帽子的好人，都被冤屈地扣上大帽子，逮捕關獄，沒收其占有的財物等，同叛亂罪魁一樣處理……66

我曾經在青海藏區的下日乎寺遇見過一個雲遊喇嘛，名字叫洛珠。洛珠的漢話說得異乎尋常地好，在藏人尤其在喇嘛中是少見的。當我誇他的漢話好時，他自豪地告訴我，他不僅會說普通話，還會說上海話和廣東話，走遍中國沒問題。問起他怎麼學的，才知道那完全歸功於「平叛」。當時十幾歲的他被當作「叛匪」抓起來。關了十多年，在柴達木的荒灘戈壁上「勞動改造」。他在的勞改小隊裡只有他一個藏人，另外十三個勞改犯是來自中國十三個不同省份的漢人。為了一塊勞動和生活，他不得不學漢話。那時普通話在中國還沒有普及，他得同上海人講上海話，同廣東人講廣東話，同北方人講普通話，就這麼學了好幾種方言。後來同隊的漢人之間彼此講不明白話時，還需要他給翻譯。

洛珠自己不承認他參加過「叛亂」。即使是他真跟所謂的「叛亂」

有些瓜葛，十多年的關押也重得過分了。他當時畢竟只是一個十幾歲的孩子，頂多是跟著起哄的角色。我在與洛珠分手的當天晚上，住在黃河邊一位木匠的帳房裡。他姓楊，是羌族人。羌人的傳統文化與藏人有很多接近之處，兩個民族常常混居在一起，所以西藏叛亂時，不少羌人也捲了進去。老楊的爸爸和舅舅從國民黨的黃埔軍校畢業，是羌族早年的軍事首領，那時也一塊投身於反對共產黨的叛亂。叛亂失敗後，兩人都逃往印度。老楊那時大學剛畢業，雖然他跟叛亂一點關係也沒有，倒楣卻全落到了他身上，先是挨整，然後開除公職。在得知即將抓他的消息時他逃跑了，從此長年在藏區到處流浪，白天裝成個只會幹活的文盲，夜裡偷偷聽美國之音的英語廣播。後來他娶了一個藏族牧女為妻，生了一堆孩子。他說他的一生都被共產黨給毀了。雖然後來鄧小平的改革政策解除了政治迫害，他的生活方式卻已經無法改變。他曾帶著妻子孩子試圖回四川定居，但妻兒只習慣高原生活，無法忍受內地的炎熱潮濕，只好全家又搬回來，重新在黃河邊支起牛毛帳房。

　　我在一天之內打交道的兩個人都在「平叛」時受牽連，由此能對「平叛」涉及的範圍略見一斑。「平叛」對藏人就像「文化大革命」對漢人一樣，凡是稍微有點地位或文化的人，幾乎都直接或間接地受到牽連。與我那些藏人朋友談起來，差不多人人都有親友在那時被殺或被關。我有一個朋友是位藏族縣長，名字叫昂強，她爸爸是當年果洛一個小部落的頭人。她告訴我她爸爸一直比較喜歡漢人，也擁護共產黨，所以在整個果洛全部參加叛亂時，只有她爸爸管轄的部落沒有參加。但是厄運照樣落到他頭上，他被抓走並且死在了監獄。昂強說：「那時共產黨威信最差，見人就抓，過路的人抓，放牧的人抓，到監獄送吃的人也抓，連給他們押送犯人的人也抓，只要是藏民，抓起來就湊數，可能是有指標的吧。當官的都是漢民，藏民怕漢民，敢怒不敢言。」青海著名的藏傳佛教寺廟塔爾寺有十個活佛，平叛時被抓起來八個，最小的當時才十多歲。

　　按班禪喇嘛的說法，當時「全西藏關押犯的數字達到了總人數的百分之幾，這是歷史上所沒有過的」[67]。他在「七萬言書」裡指責道：

在關押犯中,除去在西藏軍區關押的一部分上層和一般監獄內有少數管理人員,能按照黨和國家的法律執行外,其餘大部分監獄中對關押犯的生活和健康等,其主管這類問題的負責人或管理人員不關心,加之看守員和幹部對那些殘酷無情地惡言恫嚇、恣意毒打;並故意把地勢高低和寒暖差別很大的南北上下的關押犯,遷來遷去,以致水土不服,衣被不能暖體,褥墊不能防潮,帳篷、房屋不遮風雨,食不飽腹等等,生活十分困苦淒慘,還讓起早抹黑的勞動,並由於把最重最苦的勞動活交那些人去幹,因而使那些人不可抵禦地出現體力日衰,疾病很多,加以休息不充足,醫療不完善,使大量關押犯遭到非正常的死亡。對年在五六十歲,體質衰弱,已接近死亡的年老關押犯,也讓進行十分苦而重的體力勞動。當我回來走動之際,看到這種痛苦情景時,雖然心中不由自主的產生了悲愁,和想「難道不這樣不成嗎」的憐憫之心,但是沒有任何辦法。[68]

那場「反叛亂」的清洗運動無疑是以非法治和非人道的方式進行的,即使以中共的標準,也存在大量冤假錯案。然而對於中共實現從政治上迅速地控制西藏,卻是十分有效。那場清洗徹底地打垮了西藏上層社會——不僅是從階級和政治上打垮,而且通過大規模地逮捕和關押,把他們從肉體上消滅,使他們從西藏的人間消失,不再成為中國統治的隱患。

在「叛亂」和「平叛」中到底死了多少西藏人,這是一個目前說不清楚的數字。舉三個不同來源的數字為例,彼此相差幾十倍。吉柚權的數字是「擊斃、擊傷和俘、降叛亂武裝人員九萬三千餘人」[69]。反對中共政權而贊成西藏獨立的中國海外民運人士曹長青,在他主編的《中國大陸知識分子論西藏》一書序言中,提供的數字是「八萬七千多藏人被中共殺害」[70]。而西藏流亡政府一九九三年出版的《以事實證明西藏的真相》白皮書,稱「不計餓死及政治迫害而死的藏人,僅死於平叛戰場的藏人人數,即達四十三萬二千七百零五人」[71]。吉柚權的數字來自西藏軍區檔案,但是死、傷、俘、降的數字混在一起,平民被殺是否包括在他所界定的「叛亂武裝人員」之內不得而知,另外沒

有計算死在監獄和勞改營的人數。西藏流亡政府的數字似乎又有些誇大，我不知道其來源何處。不過可以暫且拋開數字爭論，當時整個藏族人口不到三百萬，即使按最低數字考慮，被殺二、三萬人，就是其人口總數的一％，已經足夠駭人聽聞。

吉柚權提供「平叛」中中共解放軍陣亡數字爲一千五百五十一人（其中軍官六十八人），傷一千九百八十七人（軍官二百人）[72]。除此之外，還有一部分中共的地方人員陣亡或被殺。

## 五、行不通的「一國兩制」

一九八八年六月十五日，達賴喇嘛在史特拉斯堡的歐洲議會發表演說，提出了著名的「史特拉斯堡建議」。「史特拉斯堡建議」除了重申九個月前他在美國國會人權委員會演講提出的「五點和平計畫」，還對中國表達了一個重大妥協，即同意由中國負責西藏外交，並同意中國在西藏保留軍事設施。這是達賴喇嘛流亡之後第一次公開做出此種允諾，等於承認了（雖然是含混和不得已的）中國對西藏的主權。

一位在海外的中國學者把「史特拉斯堡建議」與《十七條協議》做了比較，認爲二者在本質上頗有相似之處，因此他建議中共與達賴雙方重新回到《十七條協議》，作爲解決西藏問題的基礎[73]。

雖然達賴喇嘛後來（一九九一年八月十九日）又在瑞士撤銷了他的「史特拉斯堡建議」（理由是「由於中國政府沒有表示任何要答覆的意願」[74]），但他仍然多次重複他的想法——西藏可以保留在中國之內，表明他實際上沒有放棄「史特拉斯堡建議」的立場。只要中國能夠眞正給予西藏完整的自治權，他會交出西藏的主權作爲交換。海外的中國民主人士爲此專門設計了一種未來中國與西藏的「邦聯關係」，以作爲解決西藏問題的藍本。

不管名目怎麼變化，其實都在「一國兩制」的框子裡打轉。把「史特拉斯堡建議」與《十七條協議》進行比較研究的思路是有意思的，但是建議再回到《十七條協議》的基礎，是沒有認識到一九五九年「一國兩制」失敗的必然性，而把導致當時結局的原因僅僅歸於雙方缺乏

誠意和對協議的有意破壞，似乎只要雙方能夠真正自覺地遵守協議，西藏與中國的「一國兩制」就不會失敗。

不否認雙方肯定缺乏誠意，但是我們已經知道導致拉薩與北京徹底決裂的「叛亂」，是起於拉薩統治範圍之外的藏區。不管北京心裡怎麼盤算擺脫《十七條協議》的束縛，至少在拉薩事件之前，它在噶廈政府管轄的地盤上基本遵守了協議。問題不是出在對「一國兩制」遵守與否，而是出在「一國兩制」本身。如前所言，北京在受其管轄的藏區實施與中國內地一樣的制度與改革，從法律角度難以指責。但假設康區和安多與西藏本土是隔絕的，人民和資訊都不能自由往來，在那裡實施改革引發叛亂的可能性就會小得多（及早消滅叛亂也容易）。或者反過來說，即使那些藏區發生叛亂，也不會蔓延到西藏本土，因此也就不會引發拉薩事件，北京和拉薩的關係就可以繼續維持下去。

這裡顯露了實行「一國兩制」的必要條件——「兩制」之間必須相互隔絕。如果人民可以在兩種法律和社會制度之間自由流動，所謂「一國」和「兩制」最終就難以並存，要麼分成兩國，要麼合成一制，而在這或分或合的過程中，一定會伴隨激烈的衝突和震盪。

我認為「一國兩制」對西藏之所以行不通，就在於西藏不可能實現這種必要的隔絕。偌大西藏不可能像彈丸香港那樣，以鐵絲網和邊防武裝實現隔絕，一是成本太高；二是即使付得起那種成本，又怎麼可以人為切斷西藏與其他藏區千百年來作為同一民族的文明一體、血緣關係和民間往來呢？把一個民族分在兩國造成隔絕也許可以，也有先例，然而把一個民族在一國內隔絕開來，則是不可想像的。

從這一點，我認為達賴喇嘛堅持大西藏的統一——即把目前中國劃分的西藏自治區和分屬青海、四川、甘肅和雲南四省的藏區合在一起進行自治的構想，是有道理的。

在「五點和平計畫」和「史特拉斯堡建議」中，達賴喇嘛提出未來統一的西藏將有一個民主制的政府，擁有決定一切西藏事務的權利；其政府三權分立，由一名民選的行政官、一個兩院制的國會和一個獨立的司法系統組成；保證言論、集會、宗教的自由；西藏的社會和經濟制度應該根據西藏人民的願望來決定等[75]。很顯然，在允諾中國

保留對西藏主權之同時，提出這樣一套與中共統治完全不同的社會制度，是典型的「一國兩制」。達賴喇嘛的「一國兩制」與《十七條協議》的不同，在於他要把「兩制」的界限，從過去的「行政範圍」擴展到整個「藏人居住區」，使全體藏族人民統一在一個制度下，而不再像五○年代那樣被「兩制」割裂。那麼，是否就能避免不同制度的衝突，以及所導致的「一國兩制」的失敗呢？

遺憾的是，即使實現了「大西藏」的一體化，同樣問題也還是照樣存在。因為四省藏區不少地方現在已經成為漢藏混居地區，如果把那些地區劃歸西藏管轄，藏人是統一於一種制度了，卻將在那些地區居住的總數在一百五十萬以上的漢人[76] 置於西藏的制度之下。原來對藏族存在的問題就轉移到了漢族一邊——如果不能在兩種制度之間實現隔絕的話，如何設想兩邊保持著密切往來的漢人，這邊生活在中共的集權專制下，另一邊則生活在達賴喇嘛的西方民主制下呢？其中會發生的問題將是一樣的。難道中共的極權政府能夠容許四分之一國土變成自由天地嗎？所有那些惹怒了中共的異議人士，只要抬腿跨過兩制的邊界，進入實行了民主制的西藏，中共的祕密警察是否就再不能對他們進行追究，而他們還可能時不時地溜回來開上一個要求中共下台的飛行集會呢？

當然，達賴喇嘛會力圖避免這種局面。在他的「五點和平計畫」裡，他提出「中國移民必須回歸中國」[77]。只要所有漢人都離開現在的漢藏混居區，都去歸中共政權統治，問題豈不就迎刃而解？對達賴喇嘛來講，他完全有理由認為現在漢藏混居區的漢人大部分是不合法移民，但是且不說北京政府是否會接受他提出的「移民回歸」，就西藏方面而言，難道有能力把一百五十萬「中國移民」清除出去，使二百多萬平方公里的西藏高原成為血統單一的「純藏區」嗎？那樣發生嚴重的民族衝突是免不了的。退一萬步而言，即使西藏真的做到了這一點，它又怎麼防止被驅趕的中國人重新返回呢？

討論至此，又回到了我們在前面涉及的建立邊防及其代價的問題。不在西藏與中國之間設立起嚴密的防線，就無法在兩制之間實現隔絕，「一國兩制」——不管是中共提出的還是達賴喇嘛提出的——也

就不可能成功。然而在西藏漫長的邊界建立邊防，是西藏根本無力做到的，也永遠不能指望中國會幫助西藏這樣做。

所以，無論我如何讚賞達賴喇嘛的和平精神與人道思想，我也無法在他現已公之於世的計畫和建議中，找到解決西藏問題的切實可行的基礎。

**註釋：**

1 吉柚權，《白雪——解放西藏紀實》，中國物資出版社，一九九三年，頁 192。

2 梅・戈德斯坦，《喇嘛王國的覆滅》，時事出版社，一九九四年，頁 750。

3 《西藏文史資料選集・紀念西藏和平解放四十周年專輯》，西藏自治區文史資料委員會編，一九九一年，頁 277。

4 吉柚權，《白雪——解放西藏紀實》，中國物資出版社，一九九三年，頁 138。

5 梅・戈德斯坦，《喇嘛王國的覆滅》，時事出版社，一九九四年，頁 768-769。

6 達賴喇嘛，《自傳》，頁 80-81。

7 《中央人民政府和西藏地方政府關於和平解放西藏辦法的協議》，見《西藏自治區概況》，西藏人民出版社，一九八三年，頁 626-629。

8 梅・戈德斯坦，《喇嘛王國的覆滅》，時事出版社，一九九四年，頁 797。

9 梅・戈德斯坦，《喇嘛王國的覆滅》，時事出版社，一九九四年，頁 798。

10 梅・戈德斯坦，《喇嘛王國的覆滅》，時事出版社，一九九四年，頁 843。

11 吉柚權，《白雪——解放西藏紀實》，中國物資出版社，一九九三年，頁 301，343。

12 宋黎明，《重評〈十七條協議〉》，載《中國大陸知識分子論西藏》，台灣時報文化出版公司，一九九六年，頁 125。

13 董尼德，《西藏生與死——雪域的民族主義》，台灣時報文化出版公司，一九九四年，頁39。

14 董尼德，《西藏生與死——雪域的民族主義》，台灣時報文化出版公司，一九九四年，頁39。

15 列寧，《共產主義運動中的「左」派幼稚病》。

16 吉柚權，《白雪——解放西藏紀實》，中國物資出版社，一九九三年，頁464。

17 西藏自治區黨史資料徵集委員會編，《和平解放西藏》，西藏人民出版社，一九九五年，頁113-116。

18 西藏自治區黨史資料徵集委員會編，《和平解放西藏》，西藏人民出版社，一九九五年，頁117-118。

19 陳競波，《西藏統一戰線工作的歷程》，載《西藏文史資料選集·紀念西藏和平解放四十周年專輯》，西藏自治區文史資料委員會編，一九九一年，頁121。

20 陳競波，《西藏統一戰線工作的歷程》，載《西藏文史資料選集·紀念西藏和平解放四十周年專輯》，西藏自治區文史資料委員會編，一九九一年，頁120。

21 譚·戈倫夫，《現代西藏的誕生》，中國藏學出版社，一九九○年，頁168；《西藏大事輯錄一九四九年——一九八五年》，西藏農牧學院馬列教研室與西藏自治區黨校理論研究室合編，一九八六年，頁25。

22 譚·戈倫夫，《現代西藏的誕生》，中國藏學出版社，一九九○年，頁171。

23 趙慎應，《中央駐藏代表——張經武》，西藏人民出版社，一九九五年，頁109。

24 趙慎應，《中央駐藏代表——張經武》，西藏人民出版社，一九九五年，頁110-111。

25 達賴喇嘛，《流亡中的自在：達賴喇嘛自傳》，台灣聯經出版事業公司，一九九○年，頁101-102。

26 吉柚權，《西藏平叛紀實》，西藏人民出版社，一九九三年，頁30。

27 達賴喇嘛，《流亡中的自在：達賴喇嘛自傳》，台灣聯經出版事業公司，一九九〇年，頁 108。

28 達賴喇嘛，《流亡中的自在：達賴喇嘛自傳》，台灣聯經出版事業公司，一九九〇年，頁 107。

29 《新華月報》，一九五二年十二月號，頁 11。

30 毛澤東，《關於我們對西藏工作的政策——中共中央關於西藏工作方針的指示》，見《毛澤東選集》第五卷，頁 61。

31 曉暉等，《紐約訪達賴喇嘛》，載《中國大陸知識分子論西藏》，台灣時報文化出版公司，一九九六年，頁 241-242。另見達賴喇嘛，《流亡中的自在：達賴喇嘛自傳》，台灣聯經出版事業公司，一九九〇年，頁 118。

32 《西藏大事輯錄·一九四九年——一九八五年》，西藏農牧學院馬列教研室與西藏自治區黨校理論研究室合編，一九八六年，頁 65-66。

33 達賴喇嘛，《流亡中的自在：達賴喇嘛自傳》，台灣聯經出版事業公司，一九九〇年，頁 143。

34 吉柚權，《西藏平叛紀實》，西藏人民出版社，一九九三年，頁 32-34。

35 西藏自治區黨史資料徵集委員會編，《西藏革命史》，西藏人民出版社，一九九一年，頁 103。

36 西藏自治區黨史資料徵集委員會編，《西藏革命史》，西藏人民出版社，一九九一年，頁 104。

37 《中共西藏黨史大事記》。

38 西藏自治區黨史資料徵集委員會編，《西藏革命史》，西藏人民出版社，一九九一年，頁 106；趙慎應，《中央駐藏代表——張經武》，西藏人民出版社，一九九五年，頁 126。

39 李維漢，《統一戰線問題與民族問題》，頁 180。

40 馬麗華，《靈魂像風》，作家出版社，一九九四年，頁 212。

41 譚·戈倫夫，《現代西藏的誕生》，中國藏學出版社，一九九〇年，頁 220。

42 譚·戈倫夫，《現代西藏的誕生》，中國藏學出版社，一九九〇年，

頁 188。

43 喬治‧金斯伯格等,《遠東觀察》,一九六〇年,第二十九卷第八期。

44 達瓦‧諾布,《一九五九年的叛亂,一點說明》,頁 81。

45 工布‧扎西‧恩珠倉,《四水六崗　西藏抵抗運動回憶錄》,頁 59 -62。

46 頓堆曲英,《從宗祕書到邊壩地區叛軍司令》,載《西藏文史資料選輯‧第三輯》,西藏自治區政協文史資料研究委員會編,一九八四年,頁 86。

47 吉柚權,《白雪——解放西藏紀實》,中國物資出版社,一九九三年,頁 476。

48 西藏自治區黨委宣傳部編,《中央和中央領導同志關於西藏民族問題的部分論述》。

49 西藏自治區黨委宣傳部編,《中央和中央領導同志關於西藏民族問題的部分論述》。

50 吉柚權,《西藏平叛紀實》,西藏人民出版社,一九九三年,頁 45。

51 王國珍,《霹靂天降懲兇頑——回憶拉薩戰鬥中的炮兵行動》,載《西藏革命回憶錄‧第四輯》,西藏人民出版社,一九八九年,頁 39。

52 西藏自治區黨史資料徵集委員會編,《西藏革命史》,西藏人民出版社,一九九一年,頁 116。

53 黃少勇,《鐵流滾滾　丹心熠熠——回憶拉薩戰役中的汽車行動》,載《西藏革命回憶錄‧第四輯》,西藏人民出版社,一九八九年,頁 48。

54 以上信件摘自譚‧戈倫夫《現代西藏的誕生》和吉柚權《西藏平叛紀實》。

55 達賴喇嘛,《流亡中的自在:達賴喇嘛自傳》,台灣聯經出版事業公司,一九九〇年,頁 160。

56 吉柚權,《西藏平叛紀實》,西藏人民出版社,一九九三年,頁 92。

57 吉柚權,《西藏平叛紀實》,西藏人民出版社,一九九三年,頁 494。

58 吉柚權,《西藏平叛紀實》,西藏人民出版社,一九九三年,頁 85。

59 許家屯,《許家屯香港回憶錄》,香港聯合報有限公司,一九九三年,頁 327-328。

60 吉柚權,《西藏平叛紀實》,西藏人民出版社,一九九三年,頁 109、110。

61 吉柚權,《西藏平叛紀實》,西藏人民出版社,一九九三年,頁 109、114。

62 吉柚權,《西藏平叛紀實》,西藏人民出版社,一九九三年,頁 115、116。

63 吉柚權,《西藏平叛紀實》,西藏人民出版社,一九九三年,頁 119、120。

64 《雪域文化》,一九九二年夏季號,頁 32-35。

65 吉柚權,《西藏平叛紀實》,西藏人民出版社,一九九三年,頁 143-151。

66 香港《開放》雜誌,一九九七年二月號,頁 26。

67 香港《開放》雜誌,一九九七年二月號,頁 28。

68 香港《開放》雜誌,一九九七年二月號,頁 29。

69 吉柚權,《西藏平叛紀實》,西藏人民出版社,一九九三年,頁 275。

70 曹長青,《中國大陸知識分子論西藏》,台灣時報文化出版公司,一九九六年,頁 13。

71 香港《開放》雜誌,一九九七年二月號,頁 39。

72 吉柚權,《西藏平叛紀實》,西藏人民出版社,一九九三年,頁 275。

73 宋黎明,《重評〈十七條協議〉》,載《中國大陸知識分子論西藏》,台灣時報文化出版公司,一九九六年。

74 董尼德,《西藏生與死——雪域的民族主義》,台灣時報文化出版公司,一九九四年,頁 261。

75 達賴喇嘛的這兩個演講全文見董尼德所著《西藏生與死——雪域的民族主義》的附錄。

76 《當代中國西藏人口》,中國藏學出版社,一九九二年,頁 90。

77 《達賴喇嘛的五點和平計畫》,見董尼德所著《西藏生與死——雪域的民族主義》,頁 327。

# 6 革命

　　拉薩事件及達賴喇嘛的出走，使得中共可以名正言順地拋棄它在
《十七條協議》中對西藏所做的承諾，並可以以此為契機，把總是產
生麻煩的「一國兩制」，一舉改變為得以按自己意圖徹底控制西藏的
「一國一制」。這種社會制度的變革——從政教合一的西藏傳統社會
一步跨入實行階級鬥爭和消滅私有制的共產社會——當然是一場翻天
覆地的革命。不過，由中國輸入西藏的這場革命，本質是被強行納入
主權體系的古老中國在二十世紀做出的反彈。中共自己標榜的「解放
百萬農奴」，只是披在外面的意識形態之皮——至少初始階段是這樣。

　　對這一點，阿沛・阿旺晉美也看穿了。他對叛亂藏人做過這樣的
批評：「一九五六年，中央已經宣布了六年不改的方針，如果認真執
行這條方針，不搞叛亂，到文化大革命時，整個西藏可能還沒有全部
進行民主改革，這樣整個西藏也就沒有進行文化大革命的條件，那麼
西藏寺院以及其他方面遭到的破壞也就無從而來。」[1] 阿沛・阿旺晉美
這樣講的根據是文化大革命期間，西藏凡是沒有進行「民主改革」的
地區都明令不搞運動，從而得以避免受到文革的破壞（西藏至今還存
在一部分「未改區」）。如果當時整個或大部分西藏都沒有搞「民主改
革」，西藏也就不會搞文化大革命。那麼文革結束後，中共改換了鄧小
平的開明路線，西藏的傳統制度和高度自治就有可能一直延續至今
了。

　　阿沛・阿旺晉美今天只能以「如果」來表達一種遺憾，他認為一
步走錯，西藏被中國出於穩定主權的目的納入了革命軌道，就只有在
隨後過程中被瘋狂的中國一塊捲著走了。他的「如果」是否能成立，

暫且不談，不過在一九五九年以前，儘管中共已經帶進西藏不少新事物，但對大多數西藏人而言，對其僅僅是以猜疑和好奇的眼光旁觀而已，變化很少直接進入普通藏人的生活。然而拉薩事件後，中共在西藏推行的革命則不然，那是直接關係到每一個藏人的，徹底改變了全體藏人的生存狀態。西藏民族自此從千年寧靜被投進連綿不斷、接近毀滅的大震盪。

## 一、建立紅色政權

對於在西藏確立中國的主權，沒有什麼會比由中國人自己來掌握西藏政權更爲可靠和更令他們放心的了。某種意義上，主權正是通過政權才能體現，掌握政權因此是確立主權的保證。西藏是一個與中國缺乏歷史和民間紐帶聯繫的社會，這樣一個「異質」社會如果由一個自成一體的本民族政權領導，對中國保持離心力是必然的。所以中國一旦有下手之機，第一件事就是要以自己的政權取代西藏原有的政權。拉薩事件就是這樣一個機會。

一九五九年三月二十三日，達賴喇嘛出走拉薩的第六天，西藏軍區宣布撤銷原屬噶廈政府管轄的拉薩市政府，成立拉薩市軍事管制委員會，接管拉薩市區的政治、軍事、民政等事宜。幾天之後（三月二十八日），周恩來在北京發布國務院令，解散西藏地方政府，由中共控制的西藏自治區籌備委員會行使西藏地方政府職權。西藏被劃分爲七十二個縣，七個專區和一個市（拉薩），解散西藏原有各級政府機構。在城鎮，建立了街道和居民委員會，在鄉村，成立了農民協會，臨時行使基層政權的職能。

新政權的建立最初主要由中國軍隊完成。繼拉薩市的軍事管制委員會建立之後，西藏其他地區也相繼成立軍事管制委員會。軍隊派出五千七百多名軍人組成「工作隊」，深入到農村和牧場去「發動群眾」，廢除舊政權和組織新政權，還輸送了八百八十多名軍官去擔任新建政權的官員。中共從中國內地緊急抽調了三千多名漢人幹部進藏。在此之前，被中共送到中國內地去培養的四千多名西藏學員和幹部，也隨

即被派遣回藏，成為解放軍和漢人幹部的助手與翻譯[2]。

　　儘管中共內部的強硬派抱怨對西藏實行「一國兩制」等於浪費了八年時間，然而正是那八年使中共在西藏扎下了根，它才能在一九五九年如此迅速地控制西藏和接管政權。從拉薩事件後中共在西藏的緊密日程，可以看出八年時間讓它做好了充分準備。

　　三月二十日　解放軍在拉薩開始「平叛」。

　　三月二十二日　拉薩戰鬥結束。

　　三月二十三日　拉薩市軍事管制委員會成立。

　　三月二十八日　國務院命令解散原西藏地方政府，由中共的西藏自治區籌委會行使西藏地方政府職權。

　　四月五日　班禪從日喀則到拉薩，取代達賴喇嘛的西藏自治區籌委會主任委員職務。

　　四月十日　塔工地區軍事管制委員會成立。

　　四月十一日　江孜地區軍事管制委員會成立。

　　四月十四日　在拉薩市區成立居民委員會和居民小組。

　　四月十五日　在拉薩組織了兩萬多人的群眾集會和遊行，擁護「平叛」。

　　四月二十二日　昌都地區軍事管制委員會成立。

　　四月二十三日　新華社報導，解放軍自四月八日南下，先後攻占了三十多個宗，山南地區和喜馬拉雅山以北的所有邊境要點皆被解放軍控制。

　　四月二十八日　在北京召開的「第二屆全國人民代表大會第一次會議」選舉班禪為全國人大副委員長。大會還授權西藏自治區籌委會「逐步實現西藏的民主改革，將西藏人民從苦難中解放出來，以便為建設繁榮昌盛的社會主義的新西藏奠定基礎」。

　　五月一日　拉薩舉行三萬多人的集會遊行，慶祝「平叛」勝利。

　　五月四日　山南軍管會宣布：凡耕種原西藏地方政府和反動上層分子的土地，今年誰種誰收。

　　五月十九日　《西藏日報》報導，中共和解放軍派出的幾十個

農貸工作隊，已經向各地農民發放了三百五十多萬斤無息種子，以保證春耕生產。

五月二十日　已有一千一百多名在陝西西藏公學學習一年多的藏族學生分批回西藏工作，還有其他的漢藏幹部由內地到西藏。

五月二十三日　西藏各級中共組織和軍管會派遣工作組陸續赴農村基層。

五月二十八日　成都民族學院四百多藏族畢業生回西藏。

六月九日　西藏軍區抽調大批官兵到西藏地方幹校學藏語。

六月十八日　新華社報導，西藏各地農村成立了幾百個「平叛生產委員會」。

七月五日　成立西藏第一個農民協會。

七月十七日　西藏自治區籌委會通過了「民主改革」的決議，第一步為「三反雙減」（反叛亂、反烏拉、反奴役，減租減息）。

八月十日　西藏自治區籌委會發布布告，以人民幣限期收兌藏幣。

九月二十日至二十二日　西藏自治區籌委會第三次會議決定從「民主改革」的第一步轉到第二步——重新分配土地。[3]

　　隨著新政權的逐步成形，由初期臨時應急的農民協會，逐步演化出中共在西藏的區、鄉兩級基層政府。到一九六○年四月，已經建立二百七十多個區級政權和一千三百多個鄉級政權[4]。為了發揮有效職能和得到鞏固，除了以強力威懾作為後盾，新政權還必須爭取藏人（至少是一部分藏人）的配合。僅僅靠士兵是無法長期維持統治的，全靠漢人也無法讓政權發揮作用（哪怕僅從語言障礙考慮）。一九六○年四月二十六日的《人民日報》稱：「各級人民政府的工作人員絕大部分都是藏族勞動人民出身……實現了西藏勞動人民當家作主的願望，樹立了勞動人民的優勢。」[5] 當然，新政權中說了算的肯定都是漢人，作為中共喉舌的《人民日報》不會提到這一點。但是新政權無疑也吸收了大量藏人，尤其是在基層政權。

　　與執行「統戰」路線時把重點放在西藏上層社會不同，中共在新

建政權裡使用的藏人合作者大都來自傳統西藏社會的底層。這種變化符合共產黨的意識形態，但卻不僅僅是為了意識形態。在「一國兩制」的嘗試失敗，迫使中共拋棄西藏上層之後，必須在西藏社會找到新的依靠對象和同盟，否則不可能在如此一片遙遠、廣闊並且異質的土地上，建立起堅實的政權和有效的控制。

中共選擇了西藏底層社會作為新的同盟。那必須首先爭取底層藏人對中共的信任和擁護。為了做到這一點，進行社會制度的革命就成了必要前提。擅長發動群眾的北京政權十分清楚，獲得底層人民支持，必須給他們實際利益，而那種利益只有通過剝奪西藏上層社會，把原本集中於上層手中的財富重新分配才能實現。通過那種剝奪，重新組合西藏社會並使其顛倒，讓底層人從此把上層人踩在腳下。那除了可以博取底層人民的感恩戴德，使他們成為中國在西藏的主權基礎，還可以同時摧垮威脅中國主權的西藏上層社會，消滅其製造反叛的能量。

中共搞這一套可謂老本行。一九五九年，他們已經在中國內地搞了十年同樣的事情，輕車熟路。

## 二、沒有階級鬥爭的階級社會

拉薩的炮火一停，上萬名中共人員組成的工作隊立刻奔赴西藏各地農村牧場，推行他們所稱的「民主改革」。工作隊一面受命與西藏窮苦百姓實行「三同」──同吃、同住、同勞動，以獲得百姓的信任，同時做的第一件事就是對西藏進行了一次囊括全部人口的「劃分階級」。

舊西藏的上層社會一概被劃為剝削階級，比例是事先規定好的（五％[6]）。其餘人都屬於勞動階級。在勞動階級裡，根據窮富程度的不同也分了幾等，把過去評價社會地位的標準完全掉了一個個──這回是越窮的地位越高。

在這個過程中，中共幹部恨鐵不成鋼地發現，西藏老百姓的「階級覺悟」確實太低。據當時工作隊的一篇總結報告說，牧民中的一些

最窮者明明是在給牧主當雇工，卻不願意承認，他們寧願說自己是牧主的兒子、女兒、媳婦、愛人等。工作隊想把他們定為「牧工」成分——在中共序列中是地位最高的——他們反而不滿地反問：「強迫我承認是牧工是什麼意思？」[7]

西藏傳統社會有一個與其他社會頗為獨特的不同之處：其社會存在階級，並且多數人口中階級分化已達到相當水平，但是就總體來講，其社會卻不存在階級鬥爭。連一向以「階級鬥爭為綱」的中共史學家所寫的西藏近代歷史，都很少找得到階級之間發生鬥爭的描述。不難想像，但凡能抓住任何一點階級鬥爭的影子，都會被中共史學家出於意識形態的目的盡可能地放大。他們沒有這麼做，只能解釋為實在找不到像樣的材料。

在西藏近幾百年的歷史記載中，通篇充斥的只有上層社會內部的傾軋，以及藏民族與其他民族之間的鬥爭。西藏下層社會對上層社會的基本態度總是那樣謙卑與服從。即使底層百姓知道自己處在受剝削被壓迫的境地，他們也會認為那是天命，是前世因緣的報應，而不將其歸結為現實的不公。他們把解脫苦難的希望完全寄託於來世，只有在今世服從天命，把苦難當成必要的修行，才能獲得神的青睞，批准其來世轉生為好命，對現實的任何反抗都是對神意的忤逆，將遭神的懲罰，所以他們逆來順受。

西藏人的這種世界觀來自於西藏宗教。且不說共產黨的無神論與宗教的天然對立，就是出於發動底層群眾、分化西藏傳統社會的目的，中共也會必然地把西藏宗教視為大敵——「宗教是麻醉勞動人民的精神鴉片」，這是中共的結論。在未來統治西藏的歲月裡，它註定要和西藏宗教進行爭奪西藏人民的不停鬥爭。因為西藏宗教的旗幟歷來是由西藏上層社會所掌握，中共不消滅西藏宗教，就不可能把西藏底層人民從上層社會的精神威懾下解放出來，有敢於做中國人同盟者的勇氣，中國的主權也就無法得到在西藏扎根的土壤。這方面內容，我們將在後面的「宗教之戰」中詳細討論。

在中共心目中，傳統西藏社會是最黑暗的。毛澤東在一九五九年這樣對他的部下講：「西藏的老百姓痛苦得不得了。那裡的反動農奴

主對老百姓硬是挖眼，硬是抽筋，甚至把十幾歲女孩子的腳骨拿來做樂器，還有拿人的頭骨做飲器喝酒。」[8]如果這種話出自街頭曬太陽侃大山的漢人老頭之口，還情有可原，而一個國家最高領導人在國務會議上這樣講，足以說明中共對西藏無知與偏見的程度。這種對傳統西藏近乎謠言式的描述，至今還根植於許多中國人心中。我在西藏的確見過少女腿骨做的號，也見過人頭骨做的飲器，但那都不是取自活人，也不是像毛澤東說的那樣當樂器和喝酒，而是出於一種深奧的、常人難以理解的宗教需要。在那樣的層面上，另外的文化和價值體系已經沒有資格對其進行判斷。至於說西藏存在酷刑，那是事實，問題是其他民族一樣存在酷刑，甚至更為殘酷。例如中國古代的車裂，俗稱「五馬分屍」，在藏語中就找不到相應的詞，儘管西藏的馬比中國更常見，卻沒有那種刑罰。即使以近代的情況進行比較，中國內地施用過的刑罰，種類和殘忍程度也不會遜於西藏。難怪一位藏人憤怒地反駁：

> （西藏）一些地區抓到盜竊者後，私自將其致殘，這種現象不是沒有，但很少，所以中共才找了十幾年也找不到一個。更重要的這一切都是違法的情況下的私刑，不是國法。這類事每個時代都會有，比起文明的中國人在文革中活埋和宰殺後吃死者的肝，甚至割下生殖器當美餐，槍殺罪行輕微之人，則西藏的對極少數罪犯處以截肢私刑以皮鞭代替子彈，究竟哪一個更文明呢？[9]

西藏是一個以宗教為本、全民信教的社會，連對草木和動物都充滿憐憫之心，不可能會有那麼多殘害人的事。西藏所存在的重典與酷刑，更多地是出於文化和傳統的嚴峻，而非人對人的殘暴。

西藏宗教不僅使西藏下層人民服從天命，逆來順受，也對西藏上層社會有一種神諭式的制約，使他們為了來世不致淪落苦命，而在今世就積德行善，慈悲為懷。這使得他們多數對窮人並不殘暴，也往往表現得樂善好施。十世班禪喇嘛在他的「七萬言書」裡，指責中共統治下西藏發生餓死人的事情時說：「過去西藏雖是黑暗、野蠻的封建統治的社會，但是糧食並沒有那樣缺，特別是由於佛教傳播極廣，不

論貴賤任何人，都有濟貧施捨的好習慣；討飯也完全可以爲生，不會發生餓死人的情況，我們也從來沒有聽說過餓死人的情況。」10以我多次在藏區旅行的經歷，對此深有體會。對任何落難之人，西藏人都極爲救助，我亦受過他們的恩惠。我親眼見過一個因家鄉發生雪災出門要飯的老漢，與一家牧民同住了半年。他與那家牧民吃的一樣，彼此的態度也不像外人，以致我一直以爲他是那家的老父親。由此就不難理解中共工作隊遇到的情況，爲什麼牧工寧願把自己說成是牧主的家人，而不認爲自己是受剝削壓迫。

除了宗教對階級關係有協調作用，西藏牧區的階級分化程度也比農區差許多。雖然有牧主和頭人，普通牧民對他們卻沒有人身依附關係，經濟條件也比較平等。如一九五九年對藏北安多多瑪部落的調查，在中共「民主改革」之前，擁有二百隻羊、三十頭牛以上的中等牧戶占全部落總戶數的八十％；黑河宗門堆如瓦部落，即使是貧牧和赤貧牧戶，平均每戶也有羊二百一十七隻11。雖然窮富差距已經開始拉大（多瑪部落五％的富戶超過一千隻羊和五百頭牛，最富的四戶有羊三千隻、牛八百頭以上），但絕大部分牧戶都有自己的私產（牲畜），且都能保證溫飽。

牧民的政治權利也比較平等。牧區的傳統社會組織形式是部落，部落頭人是通過部落成員選舉產生的，三年選舉一次。選舉標準中血緣並不重要，主要看能力，家境要比較富裕。選舉結果報當地宗政府批准（多數只是走形式）。西藏政府對牧民的管轄，一般亦通過頭人12。部落所有成員的權利和義務基本都一樣。

中共工作隊雖然按其意識形態標準，在牧區劃分了牧主和牧工，並把牧主定義爲剝削牧工的階級。然而實際情況卻是，即使家境貧寒的普通牧民，也普遍存在雇傭牧工的現象。一個對西藏那曲地區社會歷史的調查報告有如下材料：

> 以黑河赤哇部落爲例，牧主戶雇的牧工三人，富裕戶雇的牧工三人，中牧戶雇的牧工二十人，貧牧戶雇的牧工九人。再以比如宗熱西部落爲例，該部落沒有牧主，牧工分布在富牧、中牧、貧牧三

個階層中。富牧的牧工有十七個人，中牧的牧工有五個人，貧牧的牧工有八個人。安多縣一九五九年統計，全縣有牧工二百九十二人，其中六十八人是屬於二十戶牧主雇的牧工，其餘二百二十四人的雇主是勞動人民（包括富牧、中牧、貧牧等階層）。這就是說，牧區的雇傭關係，不但發生於牧主與牧工之間，而且發生於一般勞動牧民之間。[13]

所以，牧工與雇主在很大程度上，也是有牲畜缺勞力的牧民與有勞力缺牲畜的牧民之間結成的一種互補關係。其中的剝削成分不能說沒有，但是正如上述調查報告的結論：「牧主制的經濟在藏北牧區生產關係中占次要地位，只有局部性特點。」

不過在西藏農區，階級分化的程度就比較高了。理論上，西藏的土地全部屬於「國有」，政府對土地擁有最高所有權。但事實上大量土地被封賞給貴族，成為貴族家庭的世襲莊園。還有一部分土地分給寺院，成為寺院固定的「公產」。以山南的瓊結縣為例，政府占有三十五‧四％的土地，貴族為三十八‧八％，其餘二十五‧八％屬於寺院[14]。

傳統西藏的農區和半農半牧區，布滿著一個個莊園（藏語叫「溪卡」）。莊園大小不一。大的有耕地幾千克①，屬民上千戶。小的莊園只有耕地數十克，屬民幾戶。莊園格式一般是有一座比較高大的藏式平頂樓房作為主房。主房坐北朝南，底層是莊園僕役的住房，還有牛圈和倉房。二層以上的向陽房間是領主或其代理人的臥室和辦事房，其餘房間分別做經堂、儲藏室和廚房等。莊園周圍砌有與正宅連成一體的宅院，蓋有各種牲畜的棚圈，靠宅院附近或較遠處自成聚落的房屋，是給領主支「差」的莊園屬民的住房。莊宅附近，還有水磨、榨油房、林卡、打穀場等等。

以拉薩附近的東噶宗有七十二個莊園、山南的拉加里奚有四十個莊園來推算，當時西藏有「宗」、「奚」（行政上相當於縣）約百個，故

---

① 克是西藏一種傳統的衡量單位。一克青稞約二十八市斤。此處的克指按下種量計算的土地面積，每克地約合一市畝。

這樣的莊園總計當有數千個，分別屬於官府、貴族和寺廟。其中相當一部分莊園領主平時不在莊園（如貴族大部分住在拉薩），莊園由代理人（藏語稱「溪堆」）管理。這種莊園除了是經濟組織，也是傳統西藏政權體系中的農村基層行政組織。

瓊結縣的貴族只占總人口的○‧九％，卻占有三十八‧八％的土地，而占人口總數六十‧八％的貧苦農奴，僅租種十九‧五％的土地（還要交租），階級差距不可謂不大。政府和寺廟也都通過代理人，將它們的土地租給農奴，收取地租和勞役，其中也存在著大量剝削關係。中共對西藏階級的劃分中，三大領主（中上層官員、貴族、高級僧侶）及其管理莊園的代理人，都被劃為剝削階級。廣大農民統統被劃歸農奴。

在漢語中，「奴」是一個挺嚴重的字眼，可以聯想到很多殘酷的奴役，但是中共在西藏劃分的農奴中間，竟有一項「富裕農奴」的成分。這種看上去難以協調的辭彙組合，恰恰能反映西藏傳統社會某些真實情況。

如被稱為「朗生」的農奴是貴族莊園的家奴，他們很大程度上失去了人身自由，在農奴中是地位最低的。中共把他們劃分為受壓迫最深的階層。一份調查報告對瓊結縣強欽溪卡的朗生狀況進行了描述：

> 強欽溪卡朗生的勞役主要在溪卡內部，田間農活很少參加，除非是突擊性的搶種搶收。溪卡內部的勞動又分兩個方面：有二十八人從事手工業和食品加工，如梳理羊毛、撚線、織毪毯、擠奶、製作酥油、炒青稞、磨糌粑，炒油菜籽、榨清油等；有二十二人放牧、趕毛驢駄運東西等。兩人從事炊事工作，如燒茶、打酥油茶、做菜、做青稞酒等。從事以上勞作的共五十二人，約占朗生總數的九十％。
>
> 在朗生中，還有少數被主人看中，任命為列久（工頭）的有兩人。他們已脫離勞動，幫助主人監督和管理農奴，為領主效勞，因此與一般朗生不同。另有主人的心腹傭人兩男兩女，直接為主人的飲食起居服務，與一般朗生也有差別。這六人，約占朗生總數的十％。

朗生自己一無所有，所以在為溪卡勞動時，由溪卡供給他們的生活。強欽溪卡的五十八名朗生中，有十人是單身的，其餘都是兩夫婦，溪卡分別將他們安排住在溪卡高樓的最底層，或溪卡高樓外附近的平房內，每家一間，有子女的適當寬一點。這些房屋矮小、陰暗、潮濕，與主人所住的窗明几淨、高大寬敞、陽光充足的樓上的房間形成鮮明的對比。溪卡供給朗生吃的以糌粑為主，定量供給，每個有勞動能力的成人一天一赤（六百克），出外放牧的朗生也是一赤，但量的時候可稍多一點。清茶和酥油茶不限量。不過這裡的「酥油茶」不是真正的酥油茶，而是用菜籽油代替酥油打成的「酥油茶」，這種代用品打成的「酥油茶」很不好喝，溪卡給朗生喝這種「酥油茶」的作法，是主人刻薄的一種表現。廚房燒好茶後，朗生自己拿茶壺去倒，每天中午和下午供應兩次，算是正餐。正餐還要供給青稞酒，男朗生兩餐皆有，女朗生只供應中午一餐。這種酒實際上是解渴去乏的飲料，製作容易，水的比例很大，質量差，由炊事員分給大家，八個人一大罎，一般都能喝夠。早、晚還有兩次圖巴（粗麵粉攪成的糊糊湯，一般還加馬鈴薯。若用骨湯並加入牛羊肉則成為高級圖巴），定量供給，由炊事員分給大家。上山放牧的朗生定量發給茶葉、酥油和酒，帶上山自己處理。大部分的時間無菜，每四天左右的一個晚上喝圖巴時做一次菜，放少量牛肉或羊肉。穿的方面，在朗生長年所織的氆氌中，拿出一部分，每年每人可得一件藏袍的衣料或成品。婦女可得邦單（圍裙）一條。以上供給對單身朗生來說已基本夠吃，衣服也勉強夠穿。[15]

可以看到，朗生的待遇很低，生活狀況也差。但是當時西藏社會整體生活水平普遍較低，不能把朗生的狀況全歸於領主虐待。朗生能被提拔為頭人、管家和工頭，說明階級之間的隔絕不是絕對的。所說朗生住的房屋矮小陰濕，難比主人住的房間，這種差別即使在今天雇傭保母的北京市民（包括中共幹部）家裡也隨處可見。菜籽油打的「酥油茶」味道確實不好，今日西藏的旅遊線路上，不少老百姓就把那種酥油茶賣給遊客，他們也許就是當年的農奴。而不管酒的質量怎麼差，

水的比例如何大，當奴隸的一天能喝兩次酒，顯然與中共宣傳的舊西藏之黑暗也有差距。

傳統西藏的階級關係不像中共宣稱的那樣殘酷與黑暗，那麼是不是像舊西藏的維護者所描繪的如田園詩那般美好呢？一位在二十世紀初走遍了西藏的西方女士描述那時的西藏是一個充滿笑容、歡樂、節慶和宴會的地域，一個懂得享受人生的地方，一個充滿著傳統與異常豐富的靈修的國度。在十四世達賴喇嘛的哥哥土登晉美諾布的筆下，舊西藏的上層社會簡直是在受罪，真正幸福的是西藏普通百姓。他以代表西藏百姓的口吻說：

> 我們大多數人對統治階層並不羨慕，哪怕是一個領主的事務也不希求，因為這種職位只會帶來煩惱、痛苦和極微薄的酬金。貴族和領主的真正享受，就是在完成了特別困難的事項之後的滿意心情……我們的生活是非常穩定的。我們不是生活在貧困中，我們的家很舒適。我們沒有多餘的奢侈品，可生活得也很好。能夠看到我們並不羨慕貴族的生活這是很重要的，因為有人說貴族制度使我們墮落，但墮落的是貴族他們自己。我們願意把政治、經濟問題讓負責這些公事的人去解決，謝天謝地這些公事不是我們的。[16]

這似乎又是另一種神話，十分動聽，但也虛偽得令人難以置信。即使宗教意識能使西藏不同階層的個人之間互施慈悲，至少並非普遍敵對和殘暴，卻不能斷定西藏的社會制度就因此也那麼慈祥。階級之間的壓迫有時正是通過制度進行，壓迫者可以躲在制度（那同樣是被神聖宗教認可的）後面，不必以個人身分實施壓迫，從而不必擔心宗教懲罰和神意譴責。確實，西藏凡屬難以理喻的野蠻和殘暴行為，大部分都是在符合宗教邏輯的前提下才可能發生。

不管從共產黨的角度還是從西方民主社會的角度，以今天的眼光來看，傳統西藏社會肯定存在階級壓迫和對基本人權標準的違背。西藏農奴對領主的人身依附，除了因為沒有土地或生產資料造成的不得已，其人身自由也受限制。他們可以被主人當禮物贈送或「出租」給

別的領主[17]；也可以被主人強行拆散家庭，分配到其他人家充當「增差者」[18]；莊園屬民在沒有喪失勞動能力之前不允許擅自遷徙；不同屬主的農奴婚姻常常受怕自己農奴外流的領主限制；如果不同屬主的農奴生了孩子，生男隨父，也就是歸父親所屬的領主，生女隨母，即歸母親所屬的領主，孩子成了主人之間的財產分割。身為朗生的農奴更具有奴隸性質，可以被領主買賣，世代為奴，終日勞動而無收入[19]。

前面提到過的那位幫助中共「平叛」而被挖掉雙眼的藏北牧民布德，對他當牧工的生活是這樣回憶的：

> 我從八歲開始給牧主放牧，一直幹到十三歲。小時候留給我的最深刻印象，就是饑餓。牧主叫果娃布魯，常常是幹了一天的活，卻不給一點東西吃。夏天，最好的時候是給「拉達水」，是做酸奶濾下的水。冬天，遇上牲口死了，可以吃到死肉。偶爾給一點糌粑，還是用油菜籽榨油剩下的渣滓攪上一點青稞做的。夏天還好，草原上有然巴草籽，還能挖到人參果，都可以充饑。到了冬天就慘了。一次，果娃布魯見我餓得站不住了，硬叫我吃大便。還有一次，我因為年紀小，放牧的時候沒有把奶牛和小牛犢分開。晚上牧歸以後，母牛擠不出奶，牧主把我狠狠地揍了一頓，趕出帳篷。我一個人在山洞裡住了八天。
>
> 當時家裡只有母親，她也給牧主家裡放牧，各放各的羊群，很少見面。我沒有父親，我的父親是誰，我到今天還不知道。家裡除了母親，還有一個舅舅，因為生活所迫，流落他鄉。
>
> 小時候，經常挨打，我們那的草原上有一種植物叫「雜馬洛」，拉薩地區管它叫「薩包」，上面長著又尖又硬的刺，打在身上又疼又麻，牧主不高興了，就拿它打我的屁股，還要脫下褲子打。要不，就拿牛皮板子打耳光。那時候，生存條件是很差的，而牧主苛刻地要求我們不准死掉一頭牲口，苦難折磨得我皮包著骨頭。
>
> 十三歲那年，生活略微發生了一點變化。宗本土登——也就是縣太爺吧，叫我到他家當傭人。年長了一些了，生活經驗也就多一些了，但在他家還是非人的待遇。土登這個人非常挑剔，有一回，

我在餵馬的時候。他挑剌說我給的量不合適，就用皮板子抽我的臉，打了一百多下，臉腫得老高，那年我才十五歲。[20]

另一位名叫次仁拉姆的西藏人，過去是貴族莊園的朗生，她這樣回憶自己的過去：

小時候的事情還記得。父母是放牧的朗生，幾乎長年住在山上。我生下來就是領主家的朗生，六歲那年，父母把我送到莊園裡報到，便開始學做家務。六歲時印象很深的一件事，是每天早上醒來，身子底下總尿得濕濕的。我就睡在門背後，鋪蓋是媽媽給的一塊舊牛毛片，夜裡常常被凍醒。有時就偎在牛圈、馬圈或草垛裡，有一回被主人看見了，大聲呵斥我：你睡在這，我們家的馬要得感冒！

剛開始幹活的時候經常挨打，地掃不乾淨、碗刷不乾淨都要打一頓，那時我還不會數數，為這個也挨過打。主人每天給發兩木勺糌粑，哪能吃得飽啊。八歲以後開始上山砍柴火，每天背個筐子。拿個小斧頭。山上野果子多極了，摘下來，收起來，帶回去和糌粑揉在一起吃。那時，喝不上酥油茶，有一種草叫「波布日甲」，喝這種草熬的茶。

經常要想念爸爸媽媽，大一點就明白根本見不上他們，只好在沒人的地方偷偷地哭幾聲。

十二歲那年領主死了，女主人德慶曲珍要搬家，走之前，把爸爸媽媽轉賣給當地另外一家領主。記得當時我身上只披著一塊破氈片，阿媽心疼地脫下自己的衣服，披在我的身上。那以後，我再也沒有見過爸爸媽媽。民主改革以後，我才打聽到父母已經病死了。妹妹也在七、八歲的時候病死了。

桑嘎莊園在雅魯藏布江北岸，是個挺大的莊園，有十四個朗生，二十多戶差巴（佃戶），莊園主除了德慶曲珍以外，還有她的妹妹次丹吉宗和妹夫。到那就讓我幹成人的活兒了，放牛、擠奶、打酥油，而打酥油的最後一道——撈油卻是他們自己幹，怕我們偷吃。白天從天一亮就開始幹活，一直幹到天黑。夜裡要撚毛線，給我們規定

細線每天要撚三索，粗線每天要撚五索。晚上撚線的時候，常常是睏倦得睜不開眼睛。有一次，我不自主地打了一個瞌睡，正在一旁監工的次丹吉宗抄起撚線用的梭子，用力在我下巴上戳了一下，鮮血頓時從戳破的小洞裡汩汩地流出來。這不是？留下了疤痕。她們姐妹倆和吉宗的丈夫都經常打我，用鞭子、棍子打，抽耳光，最輕是脫下鞋子打。我在桑嘎給領主幹了二十一年。

解放前我生過兩個孩子……孩子出生前，我沒有休息過一天，只是在快要生了，肚子疼得不行了，才能停下手裡的活。洛桑索朗生在牛圈裡，像他的媽媽一樣。白天幹活期間，領主不允許回去餵奶，餓得孩子哭個不停。一次，孩子哭的時候，領主的親信竟把爛鞋子塞進孩子的嘴裡。

……那時心裡總是不平：為什麼老爺不勞動卻能夠花天酒地？為什麼奴隸拚死拚活還不如一條狗？難道這就是命？我曾經想逃跑，也和其他朗生提起這個念頭，可聽說走到哪兒都是這樣，被抓回來還要加倍懲罰，只好打消這個念頭。[21]

今天在西藏旅行，每到一座稍有歷史的縣城，肯定可以看見一處矗立在山頂已成廢墟的建築群。那就是當年的宗政府。儘管山頂風大寒冷，並不是最舒服的地方，但那是西藏傳統中的一部分——地位高的人必定要居於高的位置，所以西藏的官府和大多數重要的寺廟，都必定選擇居高臨下的地勢。這樣一種建築思想使西藏產生了諸如布達拉宮那樣偉大輝煌的建築，成為西藏人文景觀一種極有審美價值的特色（即使今天變成了廢墟也動人心魄），然而僅為此一象徵性的威嚴，世世代代的西藏老百姓要付出無數艱苦的勞役。山頂所需要的一切都得從山下往上背。位於西藏西部邊境的普蘭縣，僅為山頂的宗政府和賢柏林寺背水一項，當年就需要五十多人，長年累月，天天不停。西藏缺氧，爬山是很累的，更不要說背著滿滿的水桶。普蘭的「宗山」（宗政府所在的山）特別高。一個當地藏人跟我說，他的姐姐過去服差役，為賢柏林寺背了七年水，每天八趟，一趟至少一個多小時，頭髮都被背帶磨光了（普蘭一帶的婦女背東西時把背帶頂在額頭），背也

磨爛了。背水的女人都這樣。如果不是共產黨在一九五九年搞了民主改革，他姐姐還得一直背下去，那裡的人已經背了世世代代。

舊西藏的差役對藏人百姓是非常沉重的負擔。一份調查材料統計了當時的差役種類共一千八百九十二項，還聲明是不完全統計[22]。那時的稅種也是五花八門，不可思議，在野外生火燒茶要收「燒地稅」，在家裡燒火要收「冒煙稅」；民國赴藏專使黃慕松在他寫的《使藏紀程》中，亦記載了一個奇特稅種：「西藏前因購辦軍械，有所謂『耳朵稅』，凡有耳之動物，如人，如馬，月徵兩藏卡，倘不交納，則割耳示罰，誠苛雜者中之奇特者矣」[23]；一年到頭名目繁多的宗教活動和大小寺廟舉行的法會，都要每戶按人頭攤派錢、糧、酥油、茶葉和燒柴。

在普蘭縣霍爾區，我問招待所的藏族女服務員她在舊西藏的生活怎麼樣。她的回答直截了當：「要是舊社會我早就沒了，連骨頭都沒了。」那天夜裡她在牛糞火爐旁給我講了很多。她說那時只有一件破爛的藏袍，沒有褲子穿，冬天她的小腿總是凍爛的，天冷時從來都是跪著睡覺。她邊說邊學那姿勢，兩腿和雙臂縮在胸前，把身子蜷成一團──那種姿勢可以把散熱面積減到最小，爛了的藏袍也能把身上都蓋嚴些。「我那時身上黑黑的，髒東西厚厚的，就跟這個一樣！」她說著用手指牛糞爐上燒著的水壺。「頭髮上的蝨子蛋白白的，袍子裡面的蝨子一抓就一把。」

那時我正帶著一本黃慕松的使藏日記路上讀，當晚看的一段有記述那時西藏迎接貴賓的旅舍，完全是另一番情形：

> 康藏風俗為貴顯設備旅舍，備極輝煌，四壁皆用黃緞帳幔，屋頂懸寶蓋，或為黃緞繡龍，或各色花綢，大炕上鋪虎豹皮，正中置藍邊黃綢靠墊，或繡龍鳳，則為至貴。地板以及門前下輿下馬之處，均鋪地毯，如此方足以表示尊貴。雖為十足之東方色彩，惟不能脫封建之意義耳。[24]

# 三、「翻身」

　　中共最終明白，由於沒有階級鬥爭，傳統西藏社會是凝聚為一個整體，統一在宗教和民族旗幟下的。那兩面旗幟都舉在西藏上層社會手中，外來的漢人是無論如何搶不到手的。因此要想分化西藏社會，爭取底層藏人，中共必須另外豎起一面舉在自己手中的旗幟。

　　那就是在藏民族中發動階級鬥爭。

　　階級鬥爭是共產黨的專長。如果變成以階級劃分世界，西藏的民族與宗教的一體性就被打破。哪個民族都有窮人和富人，都有壓迫和剝削。而不分民族，天下窮人應該是一家，富人都是一般黑的烏鴉，宗教則是富人用來麻醉窮苦人民的精神鴉片。一旦打起階級鬥爭的旗幟，中共就不再僅僅是漢族人的政黨，而成為普天下窮人的領導者和代言人，從而就有了從民族與宗教旗幟下把西藏窮苦百姓爭取到自己一邊的可能，領導他們去打倒西藏上層社會──同時那也就砍倒了西藏上層所把持的民族與宗教之旗，只剩自己的獨樹一幟。

　　所以，中共在藏人中間首先要做的，就是將原本保持和諧狀態的西藏階級關係，挑撥為具有仇恨和鬥爭的關係，打破西藏底層人民對統治者的傳統效忠，讓他們把原來的主人視為「階級敵人」，才能將效忠轉移到讓他們獲得了「翻身」的中國主人身上。為了達到這個目的，中共派出的工作隊最先著手的，就是引導西藏老百姓開展「訴苦」，然後是「挖苦根」，幫他們算帳，到底是「誰養活誰」，引導他們討論「為什麼農民子子孫孫受苦受窮，而農奴主吃好的，穿好的，生下來就享福」、「西藏政府是保護誰的，是為誰服務的」、「受苦是不是命中註定的」等問題[25]。進行這種「洗腦」的目的，就是要讓藏人接受階級壓迫是不合理的觀念。

　　通過「同吃、同住、同勞動」的感情培養和階級觀念的灌輸，中共工作隊首先在最窮的藏人中發展了一批他們所稱的「積極分子」，再通過積極分子幫助工作隊開展工作和動員群眾，工作隊也以積極分子作為建立基層政權的骨幹。由於那些窮苦藏人大都沒有受過教育，把他們放到領導崗位引起人們的異議，工作隊就組織討論「舊社會誰最

有文化」、「誰最瞭解貧苦人」、「如果心不好，就是有辦事經驗，對窮人翻身有好處嗎」等事先定了調的話題，把反對意見壓下去[26]。無疑的，這樣做的結果換取了積極分子的忠心。

歷史上，大多數底層藏人無怨言地服從上層社會，這是事實，然而那並不意味西藏的傳統制度因此就完全合理。前面已經提到，那種服從在相當程度上是對宗教「來世」的逆來順受。出於怕遭報應的心理，西藏的窮人開始可能對中共指引的「翻身」並不熱情，甚至跟隨主人一起「叛亂」，與前來「解放」他們的中共軍隊作戰，最終還可能與主人一道流亡印度，繼續服侍主人。但是無論西藏的傳統和宗教如何深入藏人之心，那終究是一種後天的修行和約制，而「趨利避害」則是人的先天本性，是千萬年物種進化的結果，本質上應該更強於傳統和宗教對人的約束。中共以階級劃分重新分配財產和確定社會地位，給了占人口多數的底層藏人以利益和地位上升，免卻了他們原來視為「天命」的痛苦，所以是有壓倒傳統與宗教的必然力量，一定會吸引相當數量的底層藏人投向中共一邊。例如中共所實行的「廢差廢債」，窮人欠的債從此可以不還，以往世代承擔的差役也全部取消，怎麼可能不受到他們歡迎？那些頭髮被磨光、背被磨爛的背水女人們從此可以對住在高處的上等人說：要吃水，請自己背吧。她們那時的確會有解放了的感覺。

一九五九年六月十六日早晨，西藏山南凱墨溪卡和凱松溪卡的農民二百五十多人，敲著鑼鼓，喊著口號，遊行到各個債主家進行「說理鬥爭」，要求債主廢債，索回債據，勒令債主歸還抵押物，當場燒毀契約等。一路上不斷有人自發參加遊行隊伍，最後達到一千五百多人，來自二十多個溪卡[27]。無疑的，這個遊行肯定是中共工作隊策劃與指使的，其宗旨與「欠債要還」的基本道德也是違背的，但它對欠債人的利益是明顯的，所以不僅吸引欠債農民積極參加，連當地的喇嘛也有幾百人自發參加[28]。到一九五九年九月，據山南、塔工、江孜、拉薩、日喀則五個地區的不完全統計，廢債數額達到八百五十萬克（一・一九億公斤）糧食，一千五百六十萬品藏銀[29]。

中共在西藏的「民主改革」是挾「平叛」之威搞起來的。剛剛殺

了成千上萬的人，把更多數量的人抓進監獄，並且數萬士兵還正在縱橫西藏全境清剿「叛匪」。西藏上層階級已經被打斷了脊梁，流的血產生了足夠的震懾力，使他們不敢對窮人「翻身」的要求說「不」字。不少上層人士為了向共產黨討好，主動申請在自己的莊園實行改革。而西藏下層人民也從上層社會的悲慘下場中，對比出共產黨的力量遠為強大，他們以往所敬畏的官府和貴族沒有什麼了不起，於是他們就有了把老爺踩在腳下的勇氣，放心大膽地跟著共產黨去追求自己的利益。

一九五九年六月二十八日，西藏新的最高權力機構——自治區籌委會召開第二次全會時，西藏各階層六百人列席會議，其中有一百名是各地「農會」委派的農奴代表。這在西藏歷史上是第一次。無疑的，被邀請列席的六百人都是擺設，一切都由共產黨決定。然而同樣被當成擺設，對參加會議的貴族來講是地位下降，對西藏農奴來講，跟貴族坐在同一屋頂下討論西藏前途，卻是他們祖祖輩輩做夢也未曾敢想的榮耀。這種變化給了他們巨大的鼓舞。就是在那次會議上，通過了西藏全面實行「民主改革」的決議。

「民主改革」的核心內容是把原來被上層社會占有的土地牲畜按平均方式分給人民。當時中共將原屬西藏政府和寺廟的土地全部沒收，上層人士凡參加「叛亂」的，財產也予沒收。按照中共統計，當時西藏共有貴族和大頭人六百三十四戶，其中參加「叛亂」的四百六十二戶，占七十三％[30]。可知被沒收的財產是相當可觀的。對那些沒有參加叛亂的上層人士，中共採取了「贖買」政策，即由北京出錢，把他們的財產買下來分給西藏百姓。

中共聲稱其沒收的財產全部分給了西藏百姓。西藏的財產主要有四部分組成，土地、牲畜、房屋，這三部分的確都分了，還有一部分是金銀珠寶和貴重首飾。藏人對積攢珍寶首飾有特殊的興趣，尤其是顯貴家庭家家都有，西藏寺廟更是世世代代累積了無數金銀珠寶。這一部分財產因為大都屬於可以隨身攜帶的細軟，不少被流亡者（包括

達賴喇嘛）帶往國外①。被中共沒收的肯定也不少，但沒有證據表明這部分財產也分給了百姓。有一種說法是被中共運回中國內地，放進了中國國庫②。

流亡藏人一直斷言中共推動的「民主改革」是遭到西藏人民堅決反對的。然而人民只是一個概念，事實上並不存在那樣一個整體。在那個概念下面有各種各樣不同的人，他們對中共改革的態度也是不同的，尤其是在他們被分化成對立的階級以後。

女朗生次仁拉姆這樣回憶「民主改革」：

> 一九五九年平叛還沒結束，工作組就進村了。在群眾大會上，我頭一次聽到「民族政策、廢除封建農奴制、奴隸當家做主人」這些新鮮的說法。那天晚上我反覆琢磨它們的意思，越想越興奮，打定主意要跟著共產黨。想到這，竟一骨碌爬起來，高興地唱起歌來，孩子們奇怪我這半夜三更的怎麼啦。
>
> 緊跟著就是發動苦大仇深的奴隸申冤訴苦，分田地、分房、分牲畜，我成了積極分子。生活發生了這麼大的變化，我簡直不敢相信這是真的。有一回，我擔心地問工作組的同志：你們還走不走？你們如果走了，我們靠誰呀？工作組的同志說，我們是共產黨、毛主席領導的，農奴的靠山不僅是工作組，而且是共產黨。我放心了。我想，像我這樣的翻身朗生，除了跟著共產黨還能有什麼選擇呢？又有一回，我悄悄問工作組的同志：像我這樣的能進共產黨嗎？工作組的同志給我講了共產黨的信仰和宗旨，說共產黨是唯物主義者，不信佛。我說：我信了三十年的佛，卻一直當牛做馬，共產黨來了就翻身了，我信共產黨。一九六〇年，我加入了共產黨。當時，

---

① 我認識的一位藏人告訴我，一九五九年時，他舅舅把家裡的全部黃金打成一口鍋，用火燒黑，背著那口鍋混在難民的隊伍裡，一路上就用那口鍋燒茶做飯，沒有被任何人看出是金鍋。後來他舅舅在印度就是以那口鍋為本錢，現在已經做成很大的商人了。

② 達瓦才仁在一篇文章中寫到阿沛·阿旺晉美曾說過這樣的話：「布達拉宮南色倉庫，從五世達賴喇嘛開始，每年都要往裡存放金銀財寶，三百餘年從未間斷過，也從未向外取過一毫一釐。現在這個大倉庫被清理，其財寶被運到上海、天津、甘肅的國庫中。」（《誰在製造西藏的神話》，一九九七年二月號《北京之春》）

我不明白什麼大道理，就認一條：共產黨是為人民謀幸福的。

土地改革的時候，我分到了六畝土地、一頭犏牛、一頭小牛犢、四隻綿羊、二隻山羊，還分到了領主的衣服和領主家六根柱子的房子。[31]

女朗生次仁拉姆成了民主改革的積極分子。而十世班禪喇嘛的「七萬言書」，卻處處表現出對積極分子的厭惡。班禪對「民主改革」提出五點批評，其中就有三點與積極分子有關：

㈠ 不看大多數人民群眾對民改的必要和發動的重要性是否理解，只看能否出現一批各式各樣的積極分子，就以為群眾發動徹底；㈡ 不看積極分子的質量而看數量；……㈣ 把一部分積極分子的思想和行動看成是全體人民群眾的思想和行動。[32]

他譴責工作組和積極分子有「六愛」——「愛熱鬧，愛草率從事，愛奉承，愛找岔子，愛製造麻煩，愛亂打擊……幹部僅以設法搞出一批不顧利害真假而僅以勇於進行尖銳和恐怖鬥爭的積極分子，在數量方面可以向別人炫耀為主，乃對群眾中有這種指望的人誘以分到較多的財物等經濟利益來發動」。他對中共在所謂「貧苦喇嘛」中發展積極分子做了這樣的評述：

如果對寺廟和活佛僧眾不管有無根據就危言聳聽地加以指責和批評，表現出一副大力反對的姿態，那麼就會顯著地得到幹部的表揚、歡迎和照顧……只要當時接受幹部指使，不看任何利弊而瞎撞蠻幹者，就作為合格的積極分子，因而是喇嘛中不明事理、而以違反教律和恣意行事為樂者，以對別人財物貪婪之心企圖通過鬥爭以取得大的經濟利益者，想以完成工作隊或幹部的意圖而取得青睞之徒，站在了民主改革鬥爭的前列，而其中能對和平利他、聖潔至真的佛教進行瘋狼般反對之徒，被委任為主要的積極分子，使其在工作中起主要作用。[33]

班禪強烈地告誡中共，寺廟裡的貧苦喇嘛「也有一些是由於從前有貪酒好賭等壞行爲而變窮的，他們是自討苦吃，無冤可訴，也不是我們同情的對象。但是這些行爲放蕩的人，只善於投機取巧、甜言奉承和僞裝積極，我們不應該依靠這些人。他們顛倒眞假，擾亂人心，只能製造滿屋子的麻煩，難以製造滿屋子的好事」。他舉例說，中共在寺廟選用貧苦喇嘛建立的「民主管理委員會」，其「正副主任和委員們姘嫖酗酒等恣意而行，把失戒不算一回事，並公然無忌地在寺內結戀婦女，宿髮改裝等等，極爲不軌行爲，不僅自己做了，並動員僧眾們也要那樣做，致使作風顛倒無倫，因此搞得提起現在的喇嘛的作風，人們就搖頭發嘔」[34]。

班禪喇嘛所談肯定有很多是事實。中共內部文件對此也有間接反映。如一九六〇年二月四日的《中共西藏工委關於土改覆查的幾個問題的指示》中有這樣的話：

> 必須愛護民主改革運動中湧現出來的積極分子和保護他們的積極性……民主改革中湧現出來的這批積極分子和農會幹部，是我們黨聯繫廣大群眾的重要橋梁，是建設新西藏的新生力量。對於他們的缺點或錯誤，應進行耐心的幫助和教育，不應當因發生一點問題就採取「一腳踢開」的辦法。農會幹部的積極分子多占一點鬥爭果實，幹部用了一點沒收物資，應進行教育，不要輕易給戴上貪污帽子。今後對農會幹部的處理，除個別混進來的階級異己分子和壞分子以外，一般不得隨意撤職……[35]

以中共的工作特點，凡需要發文件專門強調和糾正的情況，一定已經是比較普遍發生的了。積極分子多拿多占，一定程度上反映其道德水準，以及其之所以「積極」的潛在動機。非人道的行爲也有所發生。我聽一位參加過民主改革的西藏農民講，當年「鬥爭」上層人士的時候，經常發生打人之事，有的遭群眾「鬥爭」者耳朵都被生生擰掉。後來中共的上層機構出面進行了制止。

類似情況在中國內地進行「土地改革」時也有出現，大量農村中

被視為地痞、無賴和「破鞋」（性關係放蕩的女性）成了「積極分子」，站在階級鬥爭最前列，帶頭鬥地主，分田財。這種現象不難理解。真正的農民大都老實厚道，安分守己，讓他們去拿人家的財產，開別人的鬥爭會是不容易的，至少在開始階段難以被發動起來。而那些具有流氓無產者性質的人最無所顧忌，熱中混水摸魚。他們也屬於窮人行列，符合中共的階級路線，所以往往是這樣的人成為中共最初的群眾基礎。再往遠追溯一下，其實相當多的革命在初期階段都有這個特點。毛澤東在一九二○年代寫的一篇文章，專門為被有些人稱為「痞子運動」的農村革命進行辯護[36]。凡儒雅而有教養之人，很難看得慣那些具有痞氣的「積極分子」，心態有潔癖者更是會心生厭惡。以班禪的高貴地位和傳統立場，他不討厭犯上作亂的「積極分子」才怪了。況且，以他的地位和活動範圍，能與他接觸和直接溝通的人，可想多屬與他具有同樣心態的上層社會和傳統人物，對底層翻身自然抱有敵對和挑剔的態度。他的資訊來源因此也是有偏見和渲染誇張的。

評價一個社會變革或運動，不能僅看其是否「乾淨」。革命從來都是魚龍混雜。應該看到，西藏的社會變革除了被一些積極分子當作撈取個人好處的機會，也確實給普通百姓帶來了一定利益。他們通過直接受益，簡單明瞭地理解了「民主改革」的含義，清晰的階級原則也不像過去的「統一戰線」那樣使他們迷惑不解，所以他們中的相當一部分最終都成為共產黨革命的擁護者。

除了底層藏人由於利益所得接受了革命，還有一些傑出的藏人是被共產黨帶進西藏的新生活所吸引。格桑朗傑是一位藏族音樂指揮家，日喀則人，現年五十出頭。「民主改革」以前，他在班禪培養僧官的學校（孜洛布扎）念書，那時他經常逃學。

……為什麼？孜洛布扎的教師都是喇嘛，每天的學習單調極了，教師還經常拿棍子打我們。我是個好動的人，上課的時候老愛做小動作，跟同學在底下悄悄說話。有一回，我又在走神，不料，班主任就站在我身後。他一鞭子抽過來，鞭子在頭上繞了一圈，左眼當時就出血了。為此，我一星期沒能上課。不去那上課當然高興，

但心裡充滿了壓抑感，還有一種恐懼感。在那兒心情不舒暢，自然就想逃避。

我這人喜歡明快的調子。那時候西藏剛剛和平解放，解放軍在日喀則辦起一家銀行。我每天上學的時候，都見他們銀行的人一塊出操。我又奇怪又羨慕，怎麼這些漢人還挺會玩的？我見他們工作完了又一起吃飯，驚訝得不得了：怎麼吃飯還在一起？這麼悄悄看了幾天，心裡便嚮往起這種生活了。

⋯⋯銀行門口貼著一張招生廣告，說銀行要招十五歲到十八歲有藏文基礎的學生到內地學習，我一看就動心了，和扎西商量好一塊去報名。扎西符合年齡條件，我雖然只有十二歲，但我的藏文挺好，招生的老師看了我寫的藏文非常滿意，問我：願意去內地嗎？我說願意。又問：家裡同意嗎？我說同意。其實，我倆偷偷商量了，誰也不准告訴家裡。報完名，離出發還有三天，我們逃學了。整天躲在參地裡吃崗布，就是青豌豆。想到就要到一個新鮮的地方讀書，那份高興啊！誰知道，就要走的時候，扎西沉不住氣了，告訴他爸爸。那時他只有爸爸這一個親人。這下砸鍋了。他爸爸害怕極了，兒子怎麼能參加漢人的組織？當時，在老年人看來，內地漢人待的那種地方是極為恐怖的。照我姥姥的說法，漢人是吃人的。我當然不信，因為我親眼見過銀行學校的人在一起是那麼團結友愛。但沒法說服他們⋯⋯

扎西爸爸把我們報名的事告訴孜洛布扎，這下可不得了了。學校說我們是大逆不道，打了扎西七十鞭子，打了我五十鞭子。打的時候扒光了衣服，兩個人按住腿，一個人抓住手，打完之後都走不了路了。沒辦法，還得硬著頭皮去那個孜洛布扎。

和我家住一個大院的有個藏劇團的演員叫瓊普珍，她的丈夫白瑪也是演員。一九五六年他們參加少數民族參觀團去內地演出。一九五七年他們回到西藏，跟我們家裡人講內地如何如何。聽她說起來就像仙境一樣，從窗戶裡伸手就可以吃到又大又甜的蘋果，內地學校不打學生，自己想學什麼就可以學什麼。我聽得入迷了，這個地方我要能去該多好⋯⋯

那以後，我再沒有心思去孜洛布扎上學，經常逃學，一個月也不知能否去四五天。逃學也不再是就近轉悠，而是跑得很遠很遠。我說我要去拉薩，就往去拉薩的方向跑，跑到謝通門，跑到大竹卡渡口，已經不遠了，沒吃沒喝，只得又返回來。過些日子，我又說去印度，朝亞東方向跑，跑到白郎縣又折返了。我的心躁動不安，如此反覆不已，把家裡折騰得夠嗆。家裡幾次派人把我抓回去，怕我掉到河裡淹死。媽媽焦急地問我：你到底要幹什麼？我說：我要上漢族的學校，那種學校有意思，不打人，還有星期天……37

不少經歷過那個年代的藏人都曾被「解放」的生活所吸引。他們對當時的進藏漢人也抱有很強的好感。尤其事先聽了無數解放軍如何可怕的謠言①，一旦發現解放軍守紀律，慷慨好施，平等待人，會使好感加倍。對藏人的這種心態，當年的西方報導也不能不正視。譚・戈倫夫（A. Tom Grunfeld）在他的書中寫道：「大多數報導認為，有一些西藏人對漢人的到來表示高興。彼得・奧弗斯舒特（Peter Aufs-chueiter）告訴英國駐加德滿都的外交官說，普通西藏人喜歡漢人，因為他們誠實，並且把土地分給西藏人。貴族家庭中的年輕一代也認為現在有機會進行一些積極的改革了。許多過去在印度英國式學校學習的學生，後來自願轉到了北京中央民族學院學習……對中國最尖刻的批評家也不得不承認在五〇年代裡，大部分漢族的士兵和文職人員都起了模範作用。目前流亡在外的貴族和以前的官員也承認，與他們相比，西藏官員的行為還有許多需要改進的地方。」38

一位親身到過西藏的西方人描述了這樣一個場景：

很久以前——在重大變革發生以前——我曾經親眼見過一個在農奴的擔架上出生的貴族，當時正在穿越高原的途中。他有著可想而知的嬌嫩皮膚，覆蓋著溫暖的衣物和精巧的珠寶。圍著他的農

---

① 我採集到的這類謠言有：「解放軍把駝背老人鼻子穿上牛韁繩，像牽犛牛一樣讓他們馱東西。」「解放軍強迫藏人背石頭，背磨壞了就用鐵皮釘上，再接著背。」「不能吃解放軍給的東西，裡面都有毒。」還有漢人吃藏人小孩，漢人把年輕藏人弄到中國內地就不讓回來等說法。

奴們都是赤足，凍得發抖，神情憔悴，衣衫襤褸，這使人想起了被
工蜂團團包圍的偉大蜂王。

那位西方人隨之就西藏的社會革命說：「至少這種情況再也不會
發生了。」[39]

## 四、革命的氾濫

一九五九年的社會革命促進了西藏的經濟發展。從一九五二年到
一九五九年「民主改革」之前，西藏的農業（包括種植、畜牧、漁獵
和林業）產值總共增長〇‧七二％，年均增長率只有〇‧一％，如果
再把進藏中共機關與軍隊的生產刨除在外，增長率就更是微乎其微，
甚至可能是負增長。而在一九六〇年，農民分得土地的第二年，西藏
的糧食總產量就從一九五九年的三‧二三億斤增加到四‧一一億斤，
增長幅度為二十七‧五％，牲畜存欄量也增長了十％。到一九六五年，
西藏農業生產總值達到三‧三八億元，較一九五九年增長八十二‧
七％，年平均增長十‧六二％[40]。

雖然完全由中共部門提供的數字中可能有水分，但是憑經驗的感
覺，許多西藏人也承認那是西藏經濟增長最快，多數人生活改善十分
明顯的一段時期，加上翻身的歡欣尚在，自由和傳統也沒完全被剝奪，
因此被稱為西藏的「黃金時期」。阿沛‧阿旺晉美曾代表藏人說過一句
總結性的話：「我們討厭兩端。」[41]那兩端一端是指舊制度，另一端指
的是後來在整個中國日趨極端的革命狂潮。處於兩端之間的，就是一
九五九年到一九六五年那段時光。

然而，專制狀態下的革命，其規律往往是一旦克服了開始階段的
阻力，就必然地產生出巨大慣性甚至是加速性，把意識形態尊為宗教，
把革命本身奉為終極，那種加速到了一定程度，就會難以避免地進入
失控狀態。如果說中共起初在西藏進行革命的目的是為了鞏固中國在
西藏的主權，一旦革命真正展開，也就捲進了與中國其他部分同步的
進程。

那是一個以意識形態教條和毛澤東的奇思異想爲準繩的不斷革命進程。那個年代的整個中國都被搞得高燒般抽搐不已，而對一步跨越了幾個世紀、且革命起點比中國其他地區晚了十年的西藏，就更是被「解放」與革命搞得頭暈目眩。不僅西藏的中共人士終於擺脫了達賴與噶廈的掣肘，剛剛可以爲所欲爲地運用權力，西藏的農牧民也剛從底層翻身，被分財產、當幹部、上學校那些前所未聞的變化搞得歡欣鼓舞，忘乎所以。整個西藏就像被扔進了一個巨大的革命加速器。

　　十世班禪當時是西藏自治區籌委會的主任委員和全國人大副委員長。爲了向中共表示效忠之心，他在一九五六年就帶頭表示願意拿出自己的莊園作爲改革試點，爲西藏全面改革創造經驗。「民主改革」開展之後，班禪父親貢保才旦爲了順應形勢，自覺從拉薩去其日喀則領地，爲他曾經是農奴主階級的一員向群眾道歉，表示要進行自我改造。可是他的「自覺革命」並沒有像他期望的那樣使他得免災難，班禪之父的身分也沒能保護他。他照樣被群眾鬥爭，並在鬥爭中遭到毆打[42]。既然連班禪之父都無法倖免，別人的情景肯定只能更加糟糕。班禪喇嘛在「七萬言書」中描寫，當時鬥爭會一般是這樣的情景：

> 　　鬥爭一開始，怒吼幾下，同時拔髮揪鬚，拳打腳踢，擰肉掐肩，推來掀去，有些人還用大鑰匙（是一種專門用於打架的形如鑰匙的鋼板製工具——譯註）和棍棒加以毒打，，致使被鬥者七竅流血，失去知覺而昏倒，四肢斷折等，嚴重受傷，有的甚至在鬥爭中當場喪命。[43]

　　「民主改革」開展不到一年的時間，西藏工委指示全面開展社會主義教育運動，將西藏強力推進「社會主義改造」的階段，進行合作化和公社化。一九六〇年七月一日，西藏成立第一個手工業合作社——拉薩「七一」鐵木生產合作社；同年八月八日的《人民日報》報導，西藏已經建成八千四百多個互助組，十多萬農戶入組，占完成「民主改革」地區總農戶的八十五％；緊接著，又開始了試辦農業合作社的熱潮。剛剛分得土地的農民被要求加入合作社，不願意入社的人遭

到圍攻和批判。翻身農奴理解不了馬克思主義那套飄渺的理想，他們被搞糊塗了，既然已經把土地分給了他們，為什麼這麼快又要收回去？

客觀地講，當時很多作法是地方共產黨組織自己所為。中國各地的各級共產黨幹部都對上級意圖層層放大，寧左勿右，力圖以此博得上級嘉獎。中國「大躍進」時期西藏正忙於「平叛」，在實現公社化方面遠遠落後。在西藏還是「一國兩制」狀態時，其落後不算問題，但「平叛」之後的西藏已經變成了同樣是共產黨天下，西藏繼續落後就成了西藏工委的責任。當時全中國的所有農戶基本都被納入了人民公社，有人比喻，如果把凡是已經實現公社化的地區都標上共產主義的顏色——紅色，在整個中國大陸的版圖上就只剩一個「白區」——西藏。「白」在共產黨的術語裡代表反動和敵人，這種比喻一定使西藏的中共領導人內心不安。那時全國的口號是「跑步進入共產主義」，西藏就必須「飛奔」才能跟得上。

然而西藏總是與形勢的發展差半拍（至今也是如此），正當西藏準備開始飛奔的時候，中國其他地方已經因為「大躍進」的災難陷入困境。激進的公社化對農業造成的破壞導致全國性大饑荒，餓死了上千萬人。中共不得不在其八屆九中全會上宣布改變激進路線，毛澤東也因此退居「二線」，讓位給黨內「務實派」，開始實行一條比較穩健的路線。一九六〇年十一月，中共中央指示西藏工委，西藏地區幾年之內不進行社會主義改造，不要辦農業生產合作社，正在試辦的農業合作社全部解散，連「西藏自治區」也拖延到五年以後才成立。這種路線的調整，使得西藏的「黃金時期」得以保存。

一九六二年四月二十一日到五月二十九日，中共在北京召開了為時一個多月的民族工作會議。當時的中共統戰部長李維漢在會上檢討了「平叛擴大化」的錯誤，要求加緊「甄別糾正」。在似乎開始解凍的氣氛下，碩果僅存的幾位西藏上層代表表達他們積鬱已久的不滿。佛學大師喜饒嘉措在會上的發言相當尖銳，他當著中共領導人說：「我今天要說句真心話，你們有些作法太失人心，蔣介石、馬步芳沒有做過的事，你們做了……你們老愛迴避實質問題而搞數字遊戲……我也向您學習，用幾個數字，講講你們這幾年的毛病：一說假話，二不認

錯，三亂整人，四無佛心，不講人道……」嚇得翻譯當時不敢給譯[44]。班禪喇嘛的「七萬言書」也是在那期間拋出的。

然而策略上的收斂並非等於意識形態的改變。毛澤東是一個從不甘心承認自己犯有任何錯誤的人。他在檢討「大躍進」失誤的中共「七千人大會」上，向他的全體部下鞠躬，亦是一個令他耿耿於懷的恥辱。中共「務實派」的穩健路線僅僅實施一年時間，他就開始以新的方式重新確立自己的「偉大舵手」之正確。一九六二年九月，在中共中央政治局擴大會議上，他提出「千萬不要忘記階級鬥爭」的路線，指出階級鬥爭要年年講、月月講、天天講（這條路線在「文化大革命」時期被確立為「黨的基本路線」）。當毛澤東看到班禪的「七萬言書」，便將其定性為「無產階級敵人的反攻倒算」[45]，厄運由此降臨到班禪喇嘛頭上。

從晚清到民國，班禪一直與漢人政府保持相對密切的關係，成為西藏上層「親漢派」的代表。一九四九年，在毛澤東還沒有把西藏問題放進日程表時，十世班禪就致電中共，要求中共進軍西藏，「肅清叛國分子，拯救西藏人民」[46]。班禪堪布會議廳還主動為中共進軍西藏出謀畫策①。西藏「平叛」之後，中共讓班禪取代達賴擔任西藏名義上的

---

① 原中共西藏工委副書記范明在《西藏文史資料選集・紀念西藏和平解放四十周年專輯》中披露：一九五〇年九月十一日，班禪堪布會議廳向彭總（彭德懷）又呈送了一份《解放西藏的意見》。呈文說：「查現值我中央人民政府積極準備解放西藏之際，本廳為了貢獻政府明瞭西藏情況，並謹迅速解放起見，擬具解放西藏管見一份。是否有當恭請採擇施行。」《解放西藏的意見》的主要內容是：

「㈠ 現在的西藏……除極少數的帝國主義走狗反動統治官僚者外，上自政教領袖達賴班禪起，以至全西藏人民都在等待著偉大而親愛的解放軍到達西藏，脫離統治者的桎梏，享受全中國大陸上各民族所享受的自由與安樂。那麼解放西藏，根據上面的事實，上面的理由，是順從民意，合乎西藏大多數人民迫切要求的……

㈡ 解放西藏越快越好……因為他們反動派有帝國主義者的後盾和援助。倘若時間越長，他們的援助和準備越充分，越周到，反動宣傳越深入，反抗力量越強大……如果曠日持久，則反動派利用充分時間，可能強迫全藏人民充當兵役，搜括民財，充實反抗經費……並且還用外交陰謀手段，來聯絡其他國家，所謂非法『親善使團』等，企圖讓帝國主義者直接干涉。基於上述情況，所以解放西藏越快越好………

㈢ 解放昌都等十四縣，請政府派遣解放軍由玉樹向西南的康北群布等三十九族進軍，則因地勢平坦，行軍便利，三十九族的解放，易如反掌。再由三十九族直取昌都等十四縣，有高屋建瓴之勢，利於進攻。一方面由西康大軍渡過金沙江，則兩面配合夾攻，昌都等十四縣的勝利解放，可操左券。（續下頁）

最高領導人。班禪則公開配合中共，譴責叛亂，支持中共在西藏發動的改革——包括取消寺院特權，鼓勵僧人參加生產勞動。如果中共在一九六二年還有一點「統戰」意識的話，它完全可以不理睬班禪的「七萬言書」，那種從內部上書提意見對中共並不構成實質威脅，如果施加某些影響（中共長於此道），也足以使班禪因恐懼而閉嘴。然而那時的中共卻毫不留情地把他劃到了敵人一邊，展開對「七萬言書」的圍攻批判。一九六四年，班禪被撤銷西藏自治區籌備委員會代理主任、全國人民代表大會副委員長和全國政治協商會議副主席的職務，遭到抄家，被群眾鬥爭。從那以後，他被禁止過問西藏事務，直到「文化革命」結束一直沒回西藏。「文革」中，他被關進監獄達九年八個月之久。另一位尖銳批評中共的喜饒嘉措大師則被遣送回老家青海循化縣，由當地群眾批鬥，最終受折磨而死。

班禪的遭遇顯示了中共在西藏依靠對象的變化，從與西藏上層合作為主，到徹底拋棄他們。一旦中共能夠牢固地控制西藏，西藏上層人士就失去了價值。班禪上書反而說明，繼續豢養他們還可能製造麻煩。按照共產主義的階級陣線，依靠對象應該是勞苦大眾。既然中共給了勞苦大眾以「翻身」，就是他們的解放者和大救星，怎麼說他們就會怎麼辦，何況他們的文化程度是無論如何也寫不出七萬言書的，依靠他們可靠且沒有麻煩。

從「民主改革」到「文化大革命」之間，西藏雖然沒停止過在革命漩渦中翻捲，但總體來講，那時受衝擊的主要是上層社會，下層群眾更多地是得到好處。即使颳過一陣辦合作社的風，全西藏也只辦起了七、八十個社[47]，很快又被解散。而牧區實行的是不分財產、不鬥牧主、不劃階級的「三不」政策，基本沒有搞民主改革，僅實行了一些有利於貧苦牧民的措施。所以那一段被班禪和喜饒嘉措視為暗無天日的日子，才能被另外一些藏人視為「黃金時期」。

而到了「文化大革命」，一切則發生了變化。那是一場被稱為「觸

---

（四）訓練藏族人民擔任翻譯工作……擬請政府在甘肅境內，吸收懂得漢語的藏族人民一千人至二千人，加以短期的訓練學習，然後撥派各部隊內，隨軍西進，充任翻譯……」

及每一個人靈魂的革命」，人人都被捲了進去，西藏的「黃金時期」也隨之戛然而止。

對西藏人影響最大的是公社化。公社是中共在中國農村實現其社會主義目標的一種組織形式，把農民的財產合併到一起，由公社進行支配，既符合共產黨消滅私有制的意識形態，也是中共政權控制農村和農民的有效方法。對西藏來講，通過公社把國家控制延伸到農村牧場的每一個農牧民，還具有進一步穩固中國主權的價值。西藏的公社化比中國內地晚了七、八年，基本是和「文化大革命」同步進行的。一九六四年，西藏辦起第一批人民公社。一九六五年底和一九六六年初，辦起了一百三十個人民公社。一九七〇年是西藏公社化大發展的一年，新華社六月十日報導西藏三十四％的鄉建立了六百六十六個人民公社，到年底公社數量就已達到一千零七十多個，被納入公社的戶數占全西藏總戶數的六十三・六％；到一九七五年，西藏九十九％的鄉完成公社化，共建立人民公社一千九百二十五個[48]。

西藏農民「翻身」的日子只有短短幾年，公社化使他們重新被剝奪，再次失去土地、牲畜和生活的自由，他們重新遭受壓迫，而且被壓到一個更為龐大和沉重的名叫「公社」的牢籠之下。當年的公社社員告訴我，那時想領一斤酥油，都得先打報告給生產隊，再通過隊長、會計、保管員等層層手續。通過此一小事即可想像「社員」被控制的程度。那時社會經濟中的個體成分幾乎全部被消滅。一九六六年以前，拉薩有個體小商販一千二百餘戶，到一九七五年，只剩下六十七戶[49]。扎朗縣曾經有三千部農民自家織氆氌的織機，被冠以「資本主義尾巴」的罪名，統統割掉[50]。

集體化使農牧民失去了生產積極性，就像他們原來不願意為領主賣力一樣，他們也不願意為集體賣力。人類的共性是只願意為自己賣力。中國內地的公社社員和西藏的公社社員在民族性上雖有天壤之別，在這種共性上卻毫無二致。儘管理論上集體也包括他們自己，可那並不能真正說服他們。既然不能自己富，那就大家一塊窮，共產主義的宗教就是這樣一種結果。一位在舊西藏當朗生的西藏人回憶：

民主改革到文化革命那些年，有了自己的土地和房屋，生活好過了。文化革命當中生活不行，主要是政策問題，那會兒這叫江熱，藏話就是要飯的，土改中分的衣服、用具也都拿到康馬的牧區換東西了，人家說我們除了糌粑糊糊罐子，都拿到人家那兒換吃的了。秋收打場一完，幹活的人就不多了，老人孩子都到各處要飯去了。吃不飽肚子，人也愛生病，小孩在路邊待著就打瞌睡。去找醫生，人家醫生說要吃飽、吃好，我們只能苦笑，村裡人編了順口溜：不盼望吃喝玩樂，就盼望吃飽肚子。如果這種生活再有十年，就餓死人了。[51]

　　根據中共自己的評估和統計，公社化後期，全西藏有五十萬人的生活比不上公社化以前，其中有近二十萬人生活相當困難。這個數字在當時西藏一百八十萬的人口總數中，所占比例是相當高的。連西藏的中共首腦都承認，西藏老百姓「沒有嘗到公社化的甜頭，或者吃了苦頭」[52]。

　　牧區也實行了公社化。牧民比農民靈活一些，雖然牛羊變成了集體的，遊牧的生產性質卻使其仍然只能分別放牧。在沒有幹部監督的時候，饑餓的牧民可以偷吃集體的羊，然後再用被狼吃了等理由推託。

　　不過，我在採訪西藏普蘭縣的縣長時，他說公社倒是做了一件有用的事，就是當時所稱的「農田基本建設」──即搞水利、修梯田等。公社制度最適於強迫農民進行大規模的公共勞動，完成較大的工程。普蘭縣現有的梯田全部都是公社時期修建的。一九八〇年代中共改革再次將土地分給農民後，梯田使糧食產量提高了一倍，至今仍然受益，應該歸功公社留下的遺產。

　　文化大革命期間，宗教在西藏被徹底禁絕，寺廟和文物遭到毀滅性破壞。到處是政治迫害。整人的運動一個接一個，「三教」、「四清」、「一打三反」、「清隊」、「社改」、「雙打」、「基本路線教育」、「清查資產階級幫派體系」、「批小班禪」⋯⋯文革之後，中共自己也承認造成了大批冤假錯案。一九八〇年西藏自治區召開「落實政策會議」，會議紀要中的數字是：「據粗略統計，在各種冤假錯案中被觸及、牽連的

人，全區有十幾萬，約占總人口的十％以上。」[53]

出於對公社化、禁絕宗教和政治迫害的反抗，西藏在一九六九年再度發生範圍廣泛的藏人反抗行動——中共仍然稱其爲「叛亂」。當時西藏有十八個縣被定爲「全叛」，二十四個縣被定爲「半叛」。離拉薩不遠的尼木縣，幾十名解放軍士兵被叛亂者殺死。造反者將中共官員吊死在鐵索橋上，並宣稱：「這是吃糌粑者（指西藏人）與吃大米者（漢族）之間的戰爭。」[54]反抗者要求經濟自由和宗教自由，但是他們很快被大批開來的解放軍鎮壓。新的「叛亂」反而使中共在一九七〇年更快地推進公社化，以把西藏人都納入政權的直接管制之下，從而最終消滅發生任何叛亂的隱患。

達賴方面往往把一九六九年的藏人反抗視爲一九五〇年代西藏反抗的延續，二者的確有相通之處，但也有不同的性質。一九五〇年代的西藏反抗，底層參與者在相當程度上是爲西藏上層社會的利益而戰，而一九六九年的反抗，他們已經是爲自己的利益而戰。他們造反，是不願意把已經屬於自己的土地和牛羊交給公社，而那些土地和牛羊又是共產黨從他們當年的主人手裡奪過來分給他們的，所以他們的造反，並不等同於他們願意回到一九五九年以前的西藏。

當時受文化革命的衝擊，各級政府與公檢法機關癱瘓，也是「叛亂」得以滋生並擴大的原因之一。一些與文化革命有關聯的「造反」行爲或「派性」衝突，也被定性爲「叛亂」，或由於當時處理不當而被激化到「叛亂」的地步。西藏軍區阿里軍分區一九七五年編的一份宣傳材料上，有一篇表揚改則縣中隊「平叛」事蹟的文章。其中所提到的「叛亂」，有的是提出「要三自一包」（指提倡自由經濟和土地承包，是劉少奇和鄧小平等中共務實派的綱領）；有的是保被罷官的中共幹部；還有的是成立「造反組織」[55]。中共自己後來也承認，對一九六九年的「叛亂」，定性和處理存在著嚴重的擴大化。

西藏一九五九年的叛亂和一九六九年的再次叛亂，不僅使中共惱羞成怒，還加強了其處於陰謀包圍的猜疑。當時的中國一方面面對西方陣營的「反華包圍圈」，另一方面與蘇聯的關係處於敵對狀態，一直

在台灣積極準備「反攻大陸」的蔣介石也公開表示支持藏人的起義①。據後來一些被披露的證據表明，西藏的武裝反抗的確受到一些國外勢力暗中支持。那些支持不一定起了多少實際作用，卻足以挑逗北京對陰謀的誇張想像，為其對西藏實施血腥鎮壓提供理由，並使其下決心對西藏社會進行徹底的全盤改造。

在這本書裡，我不打算多談「文化大革命」對西藏社會及人民的廣泛迫害和諸多罪行。這方面的內容已經被談了很多，還將有更多新的情況不斷被揭發。我的側重還是本章的主題，即革命除了是中共對西藏的一種暴政，是原教旨主義的瘋狂，也一直是中共在西藏確立中國主權的一種手段。

不錯，在文化大革命中間，西藏也和整個中國一樣，由政權進行的自上而下的理性控制失去了完整性，很多方面是被自下而上的群眾力量所左右。然而，鞏固中國在西藏的主權則是一條貫穿始終的主線，從未間斷。尤其在文革初期的群眾風暴過後，中共重新實行自上而下的控制，這種意圖在其所作所為中更是表現得十分清楚，主要表現在兩個方面：一是以漢人為主掌握西藏的政權；二是對西藏傳統文化進行有組織、有系統的摧毀。

一九六二年九月下旬，中共召開其重提階級鬥爭的八屆十中全會之後，在統戰、民族、宗教領域重新向左轉（某種程度也是對班禪「七萬言書」的反彈），執行溫和路線的民族事務領導人李維漢被免職，其「投降主義和修正主義路線」遭到批判。就是在那次會議上，提出了所謂「民族問題的實質是階級問題」的論斷，成為中共此後長期奉行的基本理論56。

不是熟知中共話語的人，一般不容易理解所謂「民族問題的實質是階級問題」這句話到底有什麼意義。正是這個理論，成功地使中共

---

① 蔣介石在其公開發表的「告西藏同胞書」中，表達了與中共完全不同的西藏政策：「我中華民國政府，一向尊重西藏固有的政治社會組織，保障西藏人民宗教信仰和傳統生活的自由。我現在更鄭重聲明：西藏未來的政治制度與政治地位，一俟摧毀匪偽政權之後，西藏人民能自由表示其意志之時，我政府當本民族自決的原則，達成你們的願望。」（達瓦才仁，《達賴喇嘛訪台與中藏關係的突破》，《北京之春》電子版第四十八期）

擺脫了其長期自我宣傳的「民族自治」造成的束縛，成為中共扼殺其他少數民族之民族性的撒手鐧。按照這種理論，民族是可以沒有的（既然馬克思說「工人無祖國」，何況民族），本質在於階級區分。不管哪個民族，都分為革命階級和反革命階級。各民族的革命階級全屬於同一個陣營，而不應該被民族的不同所區分。各民族的反革命階級也都是一丘之貉，一概是敵人。所以，在這種理論的前提下，鬧民族性就是干擾階級鬥爭，強調民族特點也是混淆了大是大非。在發生任何矛盾時，只能以階級觀點處理和解決，「親不親，階級分」，而不能以民族分。按照這種理論的邏輯推導下去，也就根本不應該存在民族自治，選擇領導幹部也無須考慮民族成分，只要是革命幹部，就可以領導各民族的革命群眾。誰要是要求本民族幹部擔當本民族領導，那就是「狹隘民族主義」。既然都是同屬一個階級，以人口最多的漢族幹部為主，充當各民族人民的領導，又有什麼不可以呢？

以中國人掌握西藏的政權，這是確立中國對西藏主權的一個關鍵因素。儘管一九五〇年代北京已經把軍隊派進西藏，使其在西藏的勢力和影響力比過去歷朝都大得多，但是因為它沒有掌握西藏的政權，中國在西藏的主權也就並不鞏固，一九五九年發生的「叛亂」證明了這一點。

中共在「拉薩事件」之後，第一件事就是解散舊政權，代之以絕對效忠於北京的政權。新政權之所以效忠北京，關鍵在於它的主要權力是由漢人掌握的。西藏的各級政權都派進了漢人，即使是最基層的鄉級政權也不例外。到了文化大革命期間，這種情況發展到極致。當時的西藏最高權力機構——革命委員會，除了主任是漢人擔任，在總共十三個副主任當中，只有四個是藏人[57]。一九七三年，《西藏日報》公布的西藏五個地區（包括拉薩市）中共黨委委員的統計數字，藏族委員只占三十五・二％[58]；一九七五年，在西藏地區一級的領導幹部內，藏族只占二十三％[59]。

在中共政權中任職的藏人，其任免已經不是達賴和噶廈，而是中共，因此新的藏人官員對中共也是言聽計從。尤其他們大都是過去的農奴，地位的改變已足以使他們滿意，加上受教育程度較低，一般來

講，他們大部分只是漢人官員的附庸。

如果中共僅限於以漢人把持西藏政權，那雖然是不合理的強權，但也許還可以視其爲確立主權所需要的手段。然而中共在西藏的作爲遠不止這些，它不僅要使西藏政權變成中國的附庸，而且要把西藏社會、文化、甚至人民都變成與中國一樣。換句話說，不僅「一國兩制」要廢除，連「一國兩文化」也是對中國主權的威脅，同樣不能被容忍。難道那些「叛亂」分子不總是打著傳統和宗教的旗號嗎？他們用以裏脅西藏人民的不也都是那些東西嗎？那麼好，最徹底的方式，豈不就是將西藏的傳統和宗教一股腦地統統消滅掉，讓那些東西再也不起作用嗎！

爲什麼歷史上的征服者往往對被征服民族採取「同化」政策，他們都明白這一點，只有消滅被征服民族的異質性，征服才能永久化。然而，強迫一個千百年獨立發展、有博大精深之文化的民族在短時間內變成另一個模樣，衝突之強烈是可想而知的，因此同化過程必然伴隨強權暴政。從歷史上看，這種同化包括蓄髮方式、服裝模樣、慶典儀式、禮節規矩，幾乎巨細無遺，以至取消文字、摧毀宗教，甚至進行大規模的種族清洗，而那一切行爲，在「平叛」和「文化革命」期間的西藏都有發生。

從《西藏大事輯錄》中選出幾條西藏文革「大事」，可見中共的作法：

> 人民解放軍駐西藏各部隊紛紛組織宣傳隊，深入農村牧區，向群眾宣傳黨的八屆十一中全會公報和十六條，宣傳毛主席接見紅衛兵的消息（一九六六年九月十四日）；
> 西藏各地駐軍派出大批毛澤東思想宣傳隊，深入到街頭巷尾，農村牧場，向群眾宣傳林彪關於把活學活用毛主席著作的群眾運動推向一個新階段的指示（一九六六年十月十七日）；
> 拉薩各族群眾兩萬多人舉行歌唱毛主席語錄大會（一九六七年元旦）；
> 西藏軍區黨委抽調了四千餘名幹部、戰士組成毛澤東思想宣傳

隊，深入到農村、牧場、工礦、城鎮、學校，宣傳毛主席「抓革命，促生產」的方針（一九六七年三月三十日）；

……這次出版發行的漢藏文對照《毛主席語錄》共五十萬冊（一九六七年六月二十五日）；

到目前為止，全區已辦學習班一萬多期，三分之一以上的人參加了學習班（一九六八年九月三日）；

毛主席贈送的禮品──芒果展覽館開幕（一九六八年十一月五日）；

從一九六六年到一九六八年的三年中，西藏全區共發行了各種版本的毛主席著作七百三十四萬四千冊，超過了一九五三年到一九六五年發行總數的十六倍。[60]

僅從這很少幾條，已經不難看出中共對西藏的「文化清洗」。發行到西藏的毛著作，達到當時全西藏每人平均四冊以上；而經過學習班「洗腦」的人竟已超過總人口的三分之一（不算老人和孩子即超過一半）；藏人從未見過的熱帶水果，只因為與毛澤東有點關係，就蓋起專門的展館當作聖物供奉；還有兩萬多人在拉薩齊唱毛語錄歌……用今天的眼光看，這一切都是聳人聽聞的。

不過中共對西藏文明最大的摧毀是在「滅教」。西藏素稱「佛國」，藏傳佛教是西藏傳統社會的基礎，藏民族的民族文化幾乎全部生長其上，並且寄託著絕大多數西藏人的人生根本。一九五〇年代的西藏暴動，由於寺廟往往成為武裝藏人的據點，還有許多僧人充當暴動領導者，中共在「平叛」的同時，就開始對西藏寺廟進行打擊。大量僧人被抓，許多寺廟被炮火夷為平地，個別久攻不下的寺廟甚至遭到飛機轟炸。

當時在西藏總共二千六百七十六座寺廟中，多達一千四百三十六座參加了「叛亂」[61]，這樣的事實，加上其在藏人中間的號召力和遍布西藏的組織網絡，使中共把西藏宗教視為對中國主權的主要敵手和最大威脅。毛澤東在「拉薩事件」後提出「喇嘛要回家」[62]，就是中共有計畫地全面摧毀西藏宗教的開始。

班禪在「七萬言書」中描寫了當時是如何讓喇嘛回家的：

> 首先在各寺廟以所謂「學習」和「發動」的名義，將僧尼集中
> 在大經堂或大房子內，抓得很緊，不分晝夜地緊張地學習和強迫動
> 員其互相進行批評，掀起尖銳的鬥爭浪潮；對公開表示了信仰宗教
> 的人，戴以迷信分子和不喜歡革命等各種帽子，進行無法忍受的沒
> 頭沒腦的鬥爭和打擊。另一方面，問喇嘛們還不還俗，如果提出繼
> 續當喇嘛的要求，就說「你還沒有受到教育，沒有破除迷信」而給
> 予粗暴的鬥爭，甚至被管制或關押者為數也不少，在這樣的情況下，
> 除非是鐵打的人，就無法提出繼續當喇嘛的要求，從而使六、七十
> 歲的老年人也請求還俗而回到家中……還有比這更嚴重的是，竟有
> 讓喇嘛站一邊，尼姑和俗女站在一邊，強迫他（她）們互相挑選（成
> 親）……63

讓喇嘛和尼姑配對成親，也是在貫徹毛澤東的指示。毛在各種場
合多次說過喇嘛不結婚是西藏人口減少的主要原因，他的下屬就以這
種「創造」性的方式解決他們領袖提出的問題。

當時中共的內定政策是，一個縣只保留一座寺廟供老百姓從事宗
教活動。西藏過去約有僧尼十一萬多人。「拉薩事件」後逃亡國外的大
約有一萬人。剩餘的十萬人最終只有七千人被允許留在寺廟。而西藏
原有的兩千六百多座寺廟，批准保留的只有七十多座64。按這個比例，
九十七％的寺廟被毀棄，九十三％的僧眾遭驅趕。

中共中央當時還指示西藏工委，允許保留的寺廟要由政府供養，
其目的是在於割斷寺廟與藏人百姓之間的經濟聯繫65，從而堵塞寺廟
積聚財富的傳統渠道，將其生存命脈完全捏在中共手裡。雖然後來也
曾有過個別放寬政策的時期，但總體來講，西藏宗教是在高壓下日趨
萎縮。

隨著文化革命的風暴颳起，西藏殘存的寺廟也遭毀滅，僧尼全部
被驅逐，宗教活動全面遭禁止，而且被當作「階級鬥爭」的動向予以
打擊，西藏宗教受到徹底禁絕。同時，藏人被要求把「偉大領袖」毛

澤東奉爲新的神明，每天背誦毛主席語錄和「苦讀」毛主席著作；每天向毛的畫像「早請示、晚彙報」，表忠心；鋪天蓋地的毛澤東像取代了被銷毀的佛像……

那時中共在西藏幾乎是爲所欲爲，一時看上去，似乎它眞的已經消滅了西藏宗敎。然而那不過是一種表面現象。宗敎滲透在每一個藏人的靈魂和血液中，即使暫時被壓制，一有機會就會爆發，壓得越狠，爆發也就越烈。西藏問題之所以成爲今天如此困擾中共的麻煩，那時留下的怨恨是主要原因之一。班禪喇嘛當時這樣描述藏人與宗敎的關係，以及禁敎後的失落：

> 我們藏族信仰佛敎約有一千三百年，並因宗敎文化十分發達，宗敎對藏人的觀點、看法和認識影響很深。所以對待一切客觀事物的好壞，都是以宗敎的觀點、看法和認識爲轉移的。同時不論個人或家庭、或村莊、或部落、或地區、或全區，若發生了任何甘苦好壞大小之事，都離不開宗敎活動的。但是民改後，僧俗人民宗敎生活中實際發生的情況是趨於消滅、中斷，而嚴重至極的情況：要把房頂的經旗拔掉；身上不便佩戴護身符和「金剛結」；家裡供奉的佛像、佛經、佛塔也要藏起來；不敢公開念經積善：不敢燒柏香敬菩薩；對聖地和有名的佛像、佛塔等的朝拜供養，轉經和供養「善僧」，布施窮人等積德行善之事，都不便於或無法進行，形成病不念經，亡不超渡等。比如按我們藏人的習慣，人死後若不進行超渡，就被看成是對亡人不孝敬、殘酷無情而極爲惡劣的。因而一段時期人們說：「我們死得太遲了，如果死得早一點，還能得到祈禱超渡，現在死就像死了狗一樣，氣一斷就會被扔到門外去。」僅僅從這悲慘之歎息中，就可知道僧俗人民的宗敎生活情況已經到了何種地步。
> 66

當班禪在藏區巡視時，見到他的男女老幼藏人圍著他流淚。一些大膽的人難以自禁地向他哀號：「勿使眾生饑餓！勿使佛敎滅亡！勿使雪域之人滅絕！爲祝爲禱。」67這種哀號之聲將永遠在歷史長空中迴

盡不止。

## 五、專制迫害不分民族

經過了那麼多痛苦的藏人對漢人抱有仇恨，從感情上是可以理解的。在那種仇恨中，十二億中國人成了一個抽象的整體，沒有區分，一概要對西藏的痛苦負責。「西藏青年大會」的祕書長扎西南傑的話是有代表性的：

> 我們非常痛恨中國人。我們痛恨所有的中國人，因為他們是我們禍害的根源。他們侵略了我們的國家，我們絕對不會讓他們安安穩穩地睡覺的……如果我們殺了中國人，沒有人可以指責我們是恐怖分子。因為沒有一個在西藏的中國人是無辜的……所有對抗中國人的手段都是正當的！[68]

藏人用「珍寶」尊稱最有學問和功德的高僧。日布特活佛就是這樣的「珍寶」。當他被問及是遵照菩薩的教誨以慈悲爲懷，還是充滿著對中國人的仇恨？他的回答是：

> 我當然恨他們。苟延殘喘度過這麼一段艱苦的歲月，我怎麼可能不怨恨他們呢？慈悲和這件事沒有任何關係。他們摧毀了我們的文明、我們的文化。他們躲不過我們對他們的恨意的。對他們，這不是慈悲不慈悲的問題……我心中的恨，已經到了忍無可忍的地步了。[69]

連達賴喇嘛在談及有關中共對藏人暴行的報導時，都有過這樣的表達：他「很想用這樣的報導來論斷全體中國人」。雖然他及時地意識到「這麼做是錯誤的」[70]，但是普通藏人之中有他這等悟性的顯然是數量有限。對漢民族不加區分一概仇視幾乎是流亡藏人一致的感情。這就像不少中國人因爲日本對中國的侵略而普遍反感日本人一樣。作爲

被仇恨的對象，中國人應該體會藏人的這種感情。但是從有利於最終解決西藏問題的角度，僅僅停留在感情層次還是不夠的。

一位支持西藏獨立的中國人寫過一篇文章，談到「世上沒有無緣無故的恨」：

> 一位年輕藏人對我說，「如果沒有什麼原因，我們藏人憑什麼無緣無故地恨中國人？我們遇到的中國人絕大部分都支持中國政府對西藏的占領，在這種情況下，讓我們怎麼把中共政權與中國人區分開？」[71]

在從東方式關係向近代主權體系轉移的過程中，中國以占領的方式控制西藏，中國人視其為符合歷史邏輯的主權確立，西藏人視其為侵略，這一點的是非黑白，至少目前還在爭論之中，支持西藏觀點的法律依據和判決目前並不充分，不像當年日本侵略中國那樣一目瞭然。在這種背景下，要求中國人普遍支持西藏獨立，顯然期望過高。而因為中國人沒有達到這種境界，就認定仇恨所有中國人有理，則是輕率的。在一個奉主權為上帝的當今世界上，要求十多億中國人都成為無主權意識的自由主義者，並為自由主義的原則而欣然同意四分之一領土分離，至少目前還為時尚早。或者說，當問題已經到了需要責備十二億人的時候，首先要責備的肯定應該是當前的整個人類社會與世界體系。

寫上述文章的那位中國人得出這樣的結論：「如果不是中共政府和中國人對西藏人民欺辱太甚，他們能產生這樣深深的怨恨嗎？」

這種自省有淨化自我的意義，但是對解釋現實問題則過於籠統。中共壓迫給西藏民族和西藏人民帶來的痛苦已是世人皆知，那壓迫既有屬於爭奪主權的國家行為，也有出自於意識形態的專制暴政。而那二者都不能歸於民族壓迫的範疇。一方面，一個國家的人民（即使是主體民族的人民）不能為其非民選的專制政府負責，更不能為統治者的意識形態負責；另一方面，漢民族的廣大人民也沒有從中共對其他民族的壓迫中得到任何好處。

民族壓迫是與共產黨的意識形態相違背的。作為意識形態至上的政黨，中共事實上經常給予少數民族一些優於漢人的特殊待遇。中國多年實行的對少數民族在升學、提幹、生育等各方面的優惠，至今仍能吸引那些只有二分之一甚至四分之一少數民族血緣的人，把自己的民族成分報成少數民族而非漢族。漢族的普通百姓，社會地位絲毫不高於少數民族，而在受迫害方面，卻一點不因為其有主體民族的身分而有所減少。中共的迫害是針對人的，而不是針對民族。在這方面，它絕對一視同仁。所以，只能說是中共政權、而不能說是漢族人民對中國的少數民族包括西藏民族實行了迫害。

　　歷史上，征服者往往對被征服民族實行同化政策，而中共在西藏推行的「同化」卻非「漢化」，而是「共產主義化」。那種意識形態的根源不在中國，是被稱為「超民族」的。雖然中共絕大部分成員和高層領導人都是漢族，但是在毛澤東時代，漢族的傳統文化比少數民族文化摧毀得更徹底。舉例說，那時少數民族的服飾還可以在節日或電影畫面上頻繁亮相，受到讚美，漢人卻只能身著清一色的「解放帽」和「中山服」。誰要敢穿傳統漢人的長袍馬褂等服裝，馬上就會惹來禍害。達賴喇嘛在譴責中共壓抑西藏文化時，舉例說「中共准唱的都是中國調子，歌頌政治的歌曲」[72]。這譴責的後一半是對的，但是凡從「文革」過來的中國人都知道，那時全體中國人被允許傳唱的有數幾支歌曲中，藏族曲調占了相當大的比例。我正是在那個年代，認識到了藏族歌曲的美妙。

　　宗教方面也是一樣，漢人和藏人一樣，都不允許信仰宗教，雖說漢文化的宗教意識比較淡薄，但是漢族傳統文化的核心──家族關係和祖先崇拜，則是被當作首先打擊、徹底清除的對象。因此，中共對於漢族，同樣以「共產主義化」進行了文化上的種族清洗。所謂的「文化大革命」，革的就是傳統文化的命。所謂的「破四舊」，矛頭所指就是「舊思想、舊文化、舊風俗、舊習慣」。漢族文物遭受有史以來最大的劫難，「焚書坑儒」蔓延全國，寺廟、祠堂盡成廢墟，千年的風俗習慣被一掃而空。在毛澤東執政的年代，漢人遭迫害而死的數目達到了駭人聽聞的幾千萬。

因此，中國少數民族所受的壓迫，不應該由漢族人民承擔罪責，也不應該定性為民族壓迫，而應將其看作是專制政權對全體人民（包括西藏等各少數民族人民）共同的政治壓迫。藏族人民在中共統治下受的苦，是全中國人民共同災難的一部分。在反抗專制暴政的立場上，藏人和漢人是一致的。如果把問題變成種族問題，實際上是混淆了根本矛盾①。

　　不要說那絕大多數從未去過西藏的漢人不應為中共對藏人的迫害負責，就是那些在西藏工作過的漢人也不能一概而論。我認識許多在西藏工作了多年的漢人，他們放棄中國內地比較舒適的生活環境，自願到西藏工作，真心地認為自己是去幫助西藏人民。一般來講，長期堅持在西藏工作的漢人，在人品方面相對比較高尚，理想主義和獻身精神的成分也相對多一些（後面我將談到，正是因為理想主義的衰落，今天願意去西藏工作的漢人越來越少）。我在阿里霍爾區與之交談的那位藏族婦女說：「這麼多年接觸多少幹部，說真話是漢族幹部好。」這是她的原話，我是從當時的筆記上一字不動地抄在這裡的。阿里在西藏的最西邊，而我在西藏高原最東部的四川藏區，也聽到另外一位挖蟲草的藏人說過類似的話。漢族幹部進藏，可以追逐的個人利益很少，在當地也沒有什麼裙帶關係，因此相對比較公平和盡職。多數基層藏人對此都有同感。所以在西藏，離開拉薩那樣的城市，越深入農村和牧區，針對漢人的仇視也就越少。

　　當然，進藏漢人幹部是中共政權的組成者，他們不可能不執行中共政策。從這一點，他們對西藏人民所受的迫害脫不了干係。他們那時是以什麼心情執行他們的使命呢？一位在藏北草原工作了十五年的

---

① 不過在毛澤東之後，尤其在上世紀九○年代以來，中共已經發生了變化。原本的意識形態失效，僅剩民族主義被用於凝聚國民精神。而當民族主義走向極端時，會變成種族主義。目前在中國的少數民族地區，漢人普遍被政權當作防範當地民族離心傾向的同盟者，當地民族所受的壓迫明顯超過漢族。二○○八年的西藏事件中，中共宣傳機器所進行的大規模輿論煽動，把事件片面表現為藏人對漢人的無端仇殺，導致了漢人對藏人整體的畏懼和仇視。排斥藏人成為中國社會瀰漫的風氣；互聯網充斥對藏人的辱罵；機場、旅館、各種檢查站，只要見到藏人，即使是位居高官者也免不了侮辱性對待；甚至藏族兒童在學校也受漢族同學欺侮。這種出自漢人的整體敵對，把藏人整體推到漢人對立面，還以相反的仇漢。可以說，從這次事件後，漢藏民族之間已經形成了以血緣劃分的種族對立。——二○○九年註

漢人，這樣回憶他在文化革命期間初上草原時的情景。那時他和同伴奉命去一個叫強馬的公社辦師訓班（教師培訓班），住在公社書記老才多家。

　　用老才多的話說他參加革命是一九五九年。他為平叛的解放軍做嚮導、牽馬那天開始，就把後半生交給了共產黨。十幾年來，他忠貞不渝地跟黨走，從沒說過半個不字。當我問及生活時，他總是說：「不錯不錯，和解放前相比好多了。」就在我們到強馬的那天晚上，他一家人只喝了一頓清茶。然而，第三天中午，他給我和李堯天一人送了一碗雪白鮮嫩的酸奶。通過支委會反覆討論研究，為我們五人殺一隻羊，羊肉煮到半生不熟時，我們喊來這個有十三頂帳篷的牧村的孩子，同他們消滅了這隻羊乃至一大鍋湯。看著孩子們連血帶肉地大塊撕嚼，我和李堯天什麼也沒說。什麼也不敢說。但有一點必須承認，我們來草原時的那種革命激情蕩然無存。

　　師訓班在極困難的情況下開學了。校址設在我和李堯天住的帳篷——強馬公社的領導專門為我倆搭的帳篷——前的草地上。前來學習的是附近五個生產隊和七個作業組（又叫放牧點）的教師、幹部……除了教文化課外，還讀報紙。大都是「資產階級就在黨內的」基本路線再教育。時間定為四十五天。中途我們搞了個小活動，即把牧民請來聽我們五個工作隊員唱《大海航行靠舵手》、《東方紅》、《國際歌》。那幾年禁止跳圈舞，牧人的文娛生活一貧如洗。我們的「清唱」博得陣陣掌聲。那夜強馬異常熱鬧。十五堆羊糞火把強馬的十三頂帳篷照得透亮。老才多稱我們是「革命宣傳隊」。看到那些面色饑黃，平日呆板的臉龐露出的歡笑，我便感到陣陣心酸。這是一個能歌善舞的民族，而摧枯拉朽的政治運動使得他們無法張口歌唱。對於我們的革命歌曲，他們根本聽不懂歌詞，他們只知道一點，這是歌。

　　……待我們回到縣城時已是八月初。我們簡單地彙報了辦班情況，劉逸民、才仁多吉等縣委成員都挺滿意。效果如何只有我們知道，對於當時的牧人來說，他們更多的需要是吃飽。縣委成員也許

知道，但烏紗帽就那麼一頂，誰也不敢把這個事實說明或向上彙報。當我們說到那裡的群眾生活比較困難時，劉逸民不禁痛苦地抽搐了一下嘴角，才仁多吉低頭大口吸煙。他們有難處，他們的難處是不敢直面他們領導的貧困草原。或許他們比我們更瞭解牧人的生活，可是「紅彤彤」的草原能讓他們說什麼呢，包括他們自己的生活。劉逸民是五○年代進藏的，在他那間二十米的斗室裡，他的全部家當是一口木箱和三個飛馬牌（一種香煙的牌子）的紙箱。而才仁多吉唯一的奢侈品是一張小藏桌。他們同自己的人民一道熬度歲月，忍受草原風寒和政治風寒。八○年代初，內調回河北的劉逸民在雙目失明和臥床不起的痛苦中，結束了五十多年的生命。才仁多吉在心臟病和肝病中離開了人世。我想作為那個年代的他們，我，甚至我的同代人，無權指責他們的人生。[73]

這位漢人同時表達了他對西藏和西藏人民深深的眷戀之情：

　　藏北、西部、無人區，在我剛剛啟蒙的思想中扎下了深根。從一九七三年到一九七八年，我有近五年的時間在荒原上度過。即使我在大學期間，每年也必去一至二次藏北。畢業後我又要求回藏北，直到一九八八年春天才離開，我熱愛那塊土地，是因為那裡有雄渾的天和地，有純樸、獷悍、善良的人們，有沖不毀，刷不掉的宗教文化，有我的青春和心血。正因此，我把她稱為我的草原、我的牧人，我不想用高腔高調炫耀我的十五年草原生活。我尊重命運的安排。草原接收了我，我也愛上了草原，事情就這麼簡單。[74]

具有這樣經歷和情感的進藏漢人是很多的。如果把這一類漢人全都劃在被藏人一概痛恨的範疇，是否有失公平呢？

包括中共經營西藏的元老張經武，曾經是中共統治西藏的最高人物，如果從對藏民族進行征服的角度，他應該是中共的功臣，然而他也一樣成為專制暴政的犧牲者。在西藏工作多年的記者趙慎應後來記述了張經武在文化大革命的下場：

一九六七年十二月，就將他（張經武）逮捕起來，成立了項目組，進行嚴刑審訊，他被關押在北京衛戍警衛二師的一所交通幹校裡……張經武在牢獄中受到嚴重摧殘，右肱骨被打斷骨折，左肘骨節被打得脫臼。打斷張經武右胳膊的具體經過，至今仍是一個謎。

　　送到衛戍區的「犯人」，均用代號，不用真實姓名。張經武被打斷右臂膀，曾送衛戍區二師醫院、北京軍區醫院、積水潭醫院治療，張經武的代號叫「張武六」或「張五六」，看病均無病歷。衛戍區二師醫院劉副院長後來回憶說：「當時聽說這老頭在西藏工作多年，解放西藏後是中央人民政府駐西藏代表，一說五六號都知道是張經武。」

　　張經武不幸去世了，究竟是怎麼死的？死因是什麼？幾個醫院的院長、醫生事後都說不清楚。唯一可靠的都說是，張經武骨折後，絕食六、七天，身體極為虛弱，是饑餓引起心力衰竭死去的。張經武去世後，項目組的一個成員電話通知張經武的女兒張華崗說：「張經武因心臟病復發，搶救無效，於一九七一年十月二十七日去世。」這一通知根本不提骨折事，隱瞞了死亡真相。

　　張經武的湖南老家，土改時定為中農，為了打倒張經武，項目組不知根據什麼把張經武的家庭出身寫成地主，並報中央。他們還編造說，張經武已死父親的骨灰盒裡藏有手槍和金條，並派人從北京到湖南郵縣張經武老家，會同當地有關人員將其父的墳墓挖開，結果，骨灰盒裡除骨灰外，什麼也沒有。

　　在張經武被拘押一年後，一九六八年十一月，張經武的愛人楊崗也因莫須有的罪名，被逮捕關進北京郊區的秦城監獄。當時誣陷她為反革命分子，在監獄中關了七年，直到一九七五年四月十六日才釋放出來。監獄中，楊崗根本不知道張經武的任何消息，出獄後，一聲青天霹靂，張經武已慘死三年多了！在監獄裡，楊崗是位英勇頑強的人，但現在怎麼能承受住這一沉重打擊，她的精神受到嚴重摧殘……現在她的精神已經錯亂，經常住在醫院中。[75]

我相信有些西藏人或同情西藏的人不會認同中國人與西藏人都是

專制暴政的受害者的觀點。他們會說，中國人怎麼對待自己，是中國人自己的事，你們盡可以自己迫害自己，爲什麼要扯上西藏人？西藏人和你們中國人本無關係，不能因爲你們受了苦，你們施加給西藏的苦也就可以一筆勾銷了。我不能說這種看法沒有道義上的力量，但是事實上西藏和中國是沒有辦法分得那樣清楚的。自己迫害自己本身就是一個矛盾概念。如果說，中國人曾經集體發作過革命高燒，進行過瘋狂的自我毀滅，西藏人也不是完全置之度外的。在對西藏傳統文化進行掃蕩的過程中，千千萬萬的西藏人都曾以極大熱情投身其中。我將在後面的章節談到這一點，今天被視爲西藏災難的，並非都是中國人的所作所爲，包括文化革命中砸寺廟和逼迫僧人還俗，藏人「紅衛兵」和農牧民是主要的力量。在我採訪西藏文革情況時，藏人談到文革期間的恐怖氣氛，一個重要方面就是「積極分子」的監視、密告和整人。當時「積極分子」數量很多，無孔不入，而且非常活躍。那些「積極分子」是什麼人呢？他們恰恰都是藏人。當我問道爲什麼西藏宗教能被禁絕得那麼徹底，如果絕大多數藏人都嚮往宗教的話，難道不是可以私下裡進行宗教活動嗎？在廣闊的農村和牧場，在黑夜和黎明，漢人的眼睛是根本看不到的，他們的手也伸不了那麼長。回答我的藏人說：「那怎麼能行，家家都有年輕人，都是紅衛兵，他們看著呢，搞不成。」那些監視著他們父輩的年輕紅衛兵是什麼人呢？他們不是漢人。一個藏人回答我的「爲什麼藏人會砸寺廟」的問題時，激憤地說：「不砸還不被整成反革命！」且不說當時藏人砸寺廟是否都是出於被迫，即使承認這一點，那些整人的人又是什麼人呢？不錯，有漢人，但是也有很多（甚至在數量上更多）是藏人。

我說這些的目的不是爲推託漢人的責任而惡意地揭過去的瘡疤。藏人在文化革命中的表現目前被壓在一種默契的沉默之下，那無疑會令人尷尬，令中共尷尬，令達賴尷尬，令無數經過那時代的藏人尷尬，也令那些藏人的後代尷尬，然而那卻是歷史，需要直面。更重要的是那裡包藏著一個「爲什麼？」。弄明白那個「爲什麼？」事關重大，比故意迴避或強制遺忘更有益於西藏的未來。

對那個「爲什麼？」的進一步討論是後話，這裡主要想強調藏人

遭受的災難不應該記帳於全體漢人。漢人和藏人在同一個專制制度籠罩下，兩族人民的遭遇、經歷、感情狀態、被蠱惑的瘋狂以及慘痛結局基本相同，彼此間並沒有鴻溝，這應該成爲思考問題的出發點。如果抹殺這個事實，非要以渲染民族壓迫把兩族人民推到相互爲敵的狀態，那只能爲將來製造更多的仇恨和痛苦，而西藏問題的解決，也將因此更無出路。

藏人白瑪是北京「中央民族大學」的教師和研究員，講一口純正的漢語，英語也很流利。他曾被邀請到義大利和美國去講學，現在正在聯繫到美國去讀博士。

白瑪出生在黃河邊的拉嘉鄉，在他該上學的年齡正值文化大革命，因爲他出身不好，沒有被批准上學，每天只能爲生產隊去放羊。拉嘉鄉附近有一個勞改農場，關著中國各地送來的勞改犯。其中一個上海老教授，每天爲勞改農場放牛。七歲的白瑪和上海教授成了朋友。他們每天在草原上相見。牛羊吃草的時候，教授就教白瑪讀書識字。牛跑遠了，腿快善跑的白瑪就幫助教授趕回來。白瑪的奶奶知道有人教白瑪讀書，非常感激，不時讓白瑪帶些酸奶、酥油一類食品，使教授在苛刻的勞改營伙食之外得到一些補充。就這樣冬去春來，白瑪跟教授學了四年。

直到鄧小平上台，中共不再死守階級教條，白瑪在十一歲時終於上了學。令學校吃驚的是，從未上過學的白瑪，漢話說得比所有藏族教師都好，其他學科的成績也都遠遠超過別的同學。從此白瑪在學業上一帆風順，進重點中學，考大學，讀研究生，當大學教師……

在聽白瑪給我講他的故事時，我的腦海裡浮現出一個老人和一個孩子在草原上相依而坐的圖畫。那形象讓我感動。他們都是落難之人，他們相互有恩，他們難道該是、會是、能是敵人嗎？

白瑪至今再沒見過那位教授。

註釋：
1 宋黎明，《重評〈十七條協議〉》，載《中國大陸知識分子論西藏》，

台灣時報文化出版公司，一九九六年，頁 129。

2 西藏自治區黨史資料徵集委員會編，《西藏革命史》，西藏人民出版
社，一九九一年，頁 154。

3 摘自《西藏大事輯錄・一九四九年——一九八五年》，西藏農牧學院
馬列教研室與西藏自治區黨校理論研究室合編，一九八六年，頁
100-123。

4 孫勇等，《西藏經濟社會發展簡明史稿》，西藏人民出版社，一九九
四年，頁 117。

5 《西藏大事輯錄・一九四九年——一九八五年》，西藏農牧學院馬列教
研室與西藏自治區黨校理論研究室合編，一九八六年，頁 141。

6 《西藏的民主改革》，西藏人民出版社，一九九五年，頁 199。

7 《西藏的民主改革》，西藏人民出版社，一九九五年，頁 333。

8 毛澤東在最高國務會議十六次會議上的講話，載《西藏的民主改
革》，西藏人民出版社，一九九五年，頁 82。

9 夏爾宗德丹，《以公道面對西藏》，《北京之春》電子版第五十四期。

10 香港《開放》雜誌，一九九七年二月號，頁 28。

11 格勒等，《藏北牧民——西藏那曲地區社會歷史調查》，中國藏學出
版社，一九九三年，頁 126、127。

12 格勒等，《藏北牧民——西藏那曲地區社會歷史調查》，中國藏學出
版社，一九九三年，頁 230-235。

13 格勒等，《藏北牧民——西藏那曲地區社會歷史調查》，中國藏學出
版社，一九九三年，頁 169-181。

14 《西藏山南基巧和乃東瓊結社會歷史調查資料》，中國藏學出版社，
一九九二年，頁 94。

15 《西藏山南基巧和乃東瓊結社會歷史調查資料》，中國藏學出版社，
一九九二年，頁 123-124。

16 土登晉美諾布，《西藏——歷史・宗敎・人民》，西藏社會科學院資
料情報研究所編印，一九八三年，頁 29-30。

17 《西藏山南基巧和乃東瓊結社會歷史調查資料》，中國藏學出版社，
一九九二年，頁 115。

18 《西藏山南基巧和乃東瓊結社會歷史調查資料》，中國藏學出版社，一九九二年，頁 119。

19 《西藏山南基巧和乃東瓊結社會歷史調查資料》，中國藏學出版社，一九九二年，頁 122-132。

20 《雪域文化》，一九九二年夏季號，頁 32。

21 《雪域文化》，一九九二年春季號，頁 38-39。

22 宋贊良，《從烏拉差役看西藏農奴制下的「人權」》，載《西藏封建農奴制研究論文選》，中國藏學出版社，一九九一年，頁 294。

23 黃慕松，《使藏紀程》，載《西藏學漢文文獻叢書第二輯》，全國圖書館文獻縮微複製中心，一九九一年，頁 130。

24 黃慕松，《使藏紀程》，載《西藏學漢文文獻叢書第二輯》，全國圖書館文獻縮微複製中心，一九九一年，頁 157。

25 《西藏的民主改革》，西藏人民出版社，一九九五年，頁 314-315。

26 《西藏的民主改革》，西藏人民出版社，一九九五年，頁 310。

27 《西藏的民主改革》，西藏人民出版社，一九九五年，頁 18-19、313。

28 《西藏的民主改革》，西藏人民出版社，一九九五年，頁 18。

29 《西藏的民主改革》，西藏人民出版社，一九九五年，頁 393-394。

30 《西藏的民主改革》，西藏人民出版社，一九九五年，頁 26。

31 《雪域文化》，一九九二年春季號，頁 39。

32 香港《開放》雜誌，一九九七年二月號，頁 27。

33 香港《開放》雜誌，一九九七年二月號，頁 30-32。

34 香港《開放》雜誌，一九九七年二月號，頁 25-32。

35 《西藏的民主改革》，西藏人民出版社，一九九五年，頁 195。

36 毛澤東，《湖南農民運動考察報告》，《毛澤東選集‧第一卷》。

37 《雪域文化》，一九九一年多季號，頁 8、9。

38 譚‧戈倫夫，《現代西藏的誕生》，中國藏學出版社，一九九〇年，頁 185。

39 T.D.奧爾曼，《紅星照耀香格里拉》，載《國外藏學譯文集‧第十輯》，西藏人民出版社，一九九三年，頁 345-346。

40 孫勇等，《西藏經濟社會發展簡明史稿》，西藏人民出版社，一九九

四年，頁 120-122。

41 Melvyn C. Godstein，見董尼德，《西藏生與死——雪域的民族主義》，台灣時報文化出版公司，一九九四年，頁 122。

42 香港《開放》雜誌，一九九七年二月號，頁 27。

43 香港《開放》雜誌，一九九七年二月號，頁 27-28。

44 香港《開放》雜誌，一九九七年二月號，頁 40-41。

45 李志綏，《毛澤東私人醫生回憶錄》，台灣時報文化出版公司，一九九四年，頁 381。

46 《西藏文史資料選集・紀念西藏和平解放四十周年專輯》，西藏自治區文史資料委員會編，一九九一年，頁 72。

47 趙慎應，《中央駐藏代表——張經武》，西藏人民出版社，一九九五年，頁 162。

48 《西藏大事輯錄・一九四九年—一九八五年》，西藏農牧學院馬列教研室與西藏自治區黨校理論研究室合編，一九八六年，頁 249、251、287。

49 《西藏大事輯錄・一九四九年—一九八五年》，西藏農牧學院馬列教研室與西藏自治區黨校理論研究室合編，一九八六年，頁 390。

50 《西藏自治區重要文件選編》（上），中共西藏自治區委員會政策研究室編，頁 212。

51 《雪域文化》，一九九一年冬季號，頁 15。

52 郭錫蘭一九八〇年六月三日在黨委二屆五次會議上的講話，載《西藏自治區重要文件選編》（上），中共西藏自治區委員會政策研究室編，頁 97。

53 《全區落實政策工作會議紀要》，載《西藏自治區重要文件選編》（上），中共西藏自治區委員會政策研究室編，頁 121。

54 達瓦才仁，《誰在製造西藏的神話》，《北京之春》，一九九七年二月號。

55 《世界屋脊上的英雄戰士》，中國人民解放軍西藏軍區阿里軍分區編，一九七五年，頁 112-121。

56 《西藏大事輯錄・一九四九年—一九八五年》，西藏農牧學院馬列教

研室與西藏自治區黨校理論研究室合編，一九八六年，頁 188。

57 譚・戈倫夫，《現代西藏的誕生》，中國藏學出版社，一九九〇年，頁 277。

58 《西藏大事輯錄・一九四九年──一九八五年》，西藏農牧學院馬列教研室與西藏自治區黨校理論研究室合編，一九八六年，頁 268。

59 《西藏大事輯錄・一九四九年──一九八五年》，西藏農牧學院馬列教研室與西藏自治區黨校理論研究室合編，一九八六年，頁 288。

60 《西藏大事輯錄・一九四九年──一九八五年》，西藏農牧學院馬列教研室與西藏自治區黨校理論研究室合編，一九八六年，頁 238-246。

61 《西藏的民主改革》，西藏人民出版社，一九九五年，頁 26。

62 《西藏大事輯錄・一九四九年──一九八五年》，西藏農牧學院馬列教研室與西藏自治區黨校理論研究室合編，一九八六年，頁 111。

63 香港《開放》雜誌，一九九七年二月號，頁 31。

64 香港《開放》雜誌，一九九七年二月號，頁 32。

65 《中央和中央領導同志關於西藏宗教問題的部分論述》，西藏自治區黨委宣傳部編。

66 香港《開放》雜誌，一九九七年二月號，頁 33-34。

67 香港《開放》雜誌，一九九七年二月號，頁 23。

68 董尼德，《西藏生與死──雪域的民族主義》，台灣時報文化出版公司，一九九四年，頁 269-270。

69 董尼德，《西藏生與死──雪域的民族主義》，台灣時報文化出版公司，一九九四年，頁 128。

70 達賴喇嘛，《流亡中的自在：達賴喇嘛自傳》，台灣聯經出版事業公司，一九九〇年，頁 315。

71 曹長青，《西藏問題真相與洗腦》，載《中國大陸知識分子論西藏》，台灣時報文化出版公司，一九九六年，頁 202。

72 達賴喇嘛，《流亡中的自在：達賴喇嘛自傳》，台灣聯經出版事業公司，一九九〇年，頁 280。

73 李雙焰，《人在藏北》，載《雪域之光》，江蘇人民出版社，一九九一年，頁 214-216。

74 李雙焰，《人在藏北》，載《雪域之光》，江蘇人民出版社，一九九
　　一年，頁 221。

75 趙慎應，《中央駐藏代表──張經武》，西藏人民出版社，一九九五
　　年，頁 188-190。

# III 宗教之戰

## 神界輪迴

站在傳統西藏一邊的人把中共視為徹底反對宗教的無神論者，出於消滅一切宗教的目的，因此而不遺餘力地對西藏宗教進行摧毀。那只是按照中共的口頭理論去解釋他們的行為。實際上，中共摧毀其他宗教，雖然舉的是反宗教的旗幟，卻恰恰是為了讓它自己的新宗教一統天下。

　　從宗教的要素看，中共的意識形態至上（信仰）、共產主義的終極目標（天堂）、對導師和領袖（上帝）無條件服從和崇拜、政治學習和洗腦（講經布道）、主張改造世界觀（覺悟）、鼓勵反省和自我批評（懺悔）、嚴格的紀律（戒條）和殘酷的懲罰（宗教裁判）、強調奉獻與甘願吃苦（苦行）……全都能一一對應地找到相應位置。也許真正的宗教家會對這種對應嗤之以鼻，表面形式的相似頂多是邪教所為。的確，共產主義宗教遠比不上佛教、基督教、伊斯蘭教那樣博大精深，然而卻不能否認，作為一種簡易明瞭的宗教，它在迅速征服和動員底層群眾方面，有著特殊的力量。正是借助這種宗教機制，中共自身曾煥發出巨大的能量，並且蠱惑和操縱億萬中國人著魔般地跟隨它，瘋狂而欣喜地進行集體自我殘害。也正是以這種宗教機制，中共曾經一度成功地取代了西藏人心中神的位置，使許多藏人跟其他中國人一樣被其催眠，投入到自我摧毀的狂熱之中。

　　中共在西藏，首先進行的是一場宗教之戰。

# 7 無人進藏

不過，中共在西藏的宗教之戰，至少在最初階段，目標還不是針對西藏宗教與藏民族，而是為了解決中國人自身經營西藏的一個歷史性難題——無人進藏。

中國之所以在歷史上未能如控制新疆和內蒙古那樣控制西藏，我認為「無人進藏」是最重要的原因。某種意義上，西藏可以比作一個隨時可摘的果子，幾百年來就垂在中國手邊，何時中國能解決無人進藏的問題，西藏何時就會成為中國的囊中之物。可以說，這是一個歷史的邏輯。

為了證實這個邏輯，首先需要對無人進藏的問題進行比較詳細的討論。

## 一、生活在天上

多次進藏，我始終存在這樣的驚訝——如此廣袤的一片土地，民族為何能保持得如此單一，文化形態又為何能如此純粹？世界大多數地域，尤其在不設防的同一國家內，不同民族大都是五方雜處。中國的其他少數民族地區，也沒有一處像西藏那樣，在上百萬平方公里的土地上，幾乎完全是單一的民族①。

中國大多數少數民族地區，現在幾乎已經看不見民族服裝，除了

---

① 《西藏統計年鑑‧一九九五》公布的數字為，一九九四年西藏自治區總人口為二百三十一萬九千八百四十九人，其中藏族人口為二百二十三萬五千九百二十七，占九十六‧三八％。

個別老人身上還留著一點殘餘，或是爲了招徠旅遊搞一點表演，大部分人都已經跟中國內地的穿戴一樣。生活方式也發生了巨大變化，從電視、洗衣機、摩托車到最小的家庭用具，從流行時尙到娛樂方式，與中國內地已經很難找到區分，連年輕人唱的歌曲和崇拜的明星都一樣，使帶著獵奇心理去那些地區的旅遊者常感到極大失望。但是在西藏，只要離開有數的幾座城市，就會進入一個完全不同的世界，從服裝、用具，到風俗、宗教和生活方式，都保持著傳統，與「現代」世界相距遙遠。

爲什麼面對世界性的西化趨勢，藏民族獨獨能保持自己的傳統？是出於自覺的意識嗎？顯然不是，照理說，民族精英最有堅守民族文化的意識，但是在藏民族精英最集中的拉薩，「漢化」（說「西化」更準確）程度卻最高。西藏的傳統是保留在城市之外的牧區和農村，這說明其中有一種客觀的必然性。

什麼是那必然性呢？這也就和西藏土地上的民族構成爲何如此單一合成了一個問題。西藏肯定具有一種限制因素，只有藏民族和傳統的藏文明才能適應那限制，因而才能在西藏的土地上獲得生存和發展。

對此我想了不少年，末了還是回到最簡單的起點——西藏的高度。

到過西藏的人最先知道的都是西藏高，但是往往只把高當成一種孤立的地理條件，並不將其當作藏民族和藏文明的決定因素。看上去，一個「高」似乎缺乏學術氣息，我卻認爲它可以作爲鑰匙，解開一些以學術解不開的問題。

我有一塊日本製造的旅行手錶，是一位朋友送的，那錶可以測量海拔高度，因此朋友認爲會對常去西藏的我有幫助。可我雖然戴著那錶數次去西藏，卻只是看看時間而已。日本國土上的最高點是海拔三千七百七十六米的富士山，手錶顯示的最高海拔是四千米，對製造手錶的日本（包括對世界大多數地區）已經是綽綽有餘。然而在西藏，富士山的峰頂卻埋在絕大部分的溝底或河谷裡。拉薩是西藏最適宜人生活的低海拔地區，僅僅比富士山峰頂低一百多米，等於拉薩市民全

體生活在日本人高山仰止的富士山頂。所以那塊測高手錶在西藏幾乎永遠給我顯示 FULL，只有在個別下山途中才會偶然蘇醒，跳出標誌海拔高度的數字。那時我一般就會想：「噢，快到富士山頂了。」

大多數人都有過上山的經歷，即使站在三、四千米高的山頭（如四川峨眉山），並不覺得有什麼特殊。但是孤立的山頭和幾萬里的高原是完全不同的，在高處站一會兒和世世代代在上面生活更不一樣。如果你住在房屋裡，卻有另一個人吃飯睡覺都在屋脊上，你們之間一定有很大不同。西藏就是被稱為「世界屋脊」的地方。

何止是「屋脊」。在世界最高的大湖——海拔四千七百一十八米的藏北納木錯岸邊看日出的時候，我曾想起一位家在上海的朋友。我想如果她醒來，看見窗外天空飛過一班客機，四千七百一十八米的高度——是她思維中只能屬於飛機活動的天空，然而在我腳下，卻是一個輝煌的大湖水面。在對她而言的「天空」上，生活著一個創建了千年文明的民族。

第一章的「天助西藏」一節，已經從西藏地理條件使得外人難以進入的角度涉及了西藏的「高」，這一節換一個角度，來看「高」所決定的人在西藏的生存條件，由此再來認識為什麼「無人進藏」一直成為中國的難題。

高海拔造成了西藏高原特殊惡劣的氣候。我不想用平均溫度、低溫極限、日較差、降水量、大風日數那類書本上的資料描述西藏的氣候，我覺得不如講一些具體情景，雖然多是局部認識，卻更多地和人的生存聯繫在一起。

西藏的雪有多大？我可以給你描述一個情景。當公路被大雪阻斷的時候，打通的方法是以推土機打頭，在雪中鏟出一條路，被阻隔的車隊跟在推土機後面爬行。推土機推開一條走廊，兩邊雪牆跟房子一樣高。那時人如果站在雪上面，會既看不見推土機，也看不見車隊，只有茫茫耀眼的雪原一望無際。

曾經有在邊境巡邏的士兵被暴風掃下陡坡，據目擊者見：「他們墜落的一剎那只在雪谷戳了一個洞，幾分鐘之後，洞也被暴風雪抹平。」
1

十七世紀一位葡萄牙的耶穌會傳教士這樣記述他在西藏遇到的雪：「我們不斷地陷入大雪之中，而且有時一直陷入到肩部……我們多次被迫全身躺在雪地上，就如同在水中游泳一樣」。夜幕降臨時，他和同行者靠著山岩蜷在一起維持體溫。「雪下得如此之急和紛紛揚揚，以至於我們彼此之間都無法看到。我們三人緊緊地偎依在一起，抵禦極其寒冷的風。為了不被大雪埋沒，我們被迫在夜間不時地站起身來以抖動自己的大衣，然後再重新擠在一道避寒。我們已幾乎失去了知覺，尤其是雙腳、雙手和面部。我有一次希望拿某種東西，而不慎失去了手指上的肉，但自己卻既沒有感受到，也未曾注意到，一直到發現血沿手指流出為止」[2]。

在西藏，雪災的概念固然包括了交通阻塞，供應中斷，低溫對人的生存造成威脅等等，但是更主要的還在於大雪掩埋草場，造成牲畜吃不到草而大批死亡。如果雪比較淺，牛羊可以把雪拱開吃下面的草，雖然費力，還不至於餓死。雪厚就困難了，不過如果有大風，雪可以被颳開，也不會成災。最怕的就是雪後無風，又出來大太陽。西藏空氣稀薄，太陽輻射的能量比同緯度地區高一倍或三分之一。在秋冬或冬春之交，中午時分的日曬可以使表面的雪半融化，中午一過又重新結凍。那就慘了。雪上形成一層冰殼，如果雪淺，草被凍在冰殼中，如果雪深，則草被埋在冰殼下。牲畜沒有力量拱開冰殼，或者無法吃到凍在冰殼中的草，只有空著肚子忍受嚴寒，以致餓到彼此啃噬對方身上的毛，堅持不了幾天就會開始大批死亡。

為了挽救牲畜，牧民採取走圈放牧的方式，把牲畜分成小群，除了小孩和老人，每個家庭成員趕上一群，帶一袋糌粑，背一口鍋，各奔東西去尋找可以吃到草的地方。在茫茫無際的高原上，他們往往一分開就是很多天，每個人都是獨自對付一切，夜裡就擠在畜群中睡覺。有時達到千里冰封的地步，趕著牛羊到處走，就是吃不到腳下的草，真是毫無辦法，眼睜睜地看著牛羊成片倒下。

有些牧民那時用死牲畜的屍骨熬湯餵還活著的牲畜，不過那又受燃料限制，草原上找不到燃料。有些牧民甚至把僅有的木質家具也劈成木柴燒掉。那無異是杯水車薪，絲毫擋不住死亡的蔓延，只不過表

達一種悲壯和徒勞的掙扎。一場雪災過後，草原就像惡戰後的戰場，屍橫遍野，震撼人心。

近年發生的最大一次雪災在一九八九年，西藏北部連降一百五十多場大雪，平地積雪半米以上，陰坡積雪達到三米。二十四萬多平方公里的面積被這樣的大雪所覆蓋，那面積相當於整個英國或者是六個半台灣。可以想像從天上下來了多少雪。雪災持續了八個月。

高原上的冰雹也極厲害。我在青海達日縣看到過一個鄉政府的報告，幾戶牧民的牲畜在一場冰雹中被砸死了九十％。這種事我聞所未聞，多大個兒的雹子才能砸死犛牛，且砸死那麼多？我問達日的縣長，報告中爲什麼沒有提放牧者？高原草場平坦遼闊，很難找到躲藏之處。縣長回答得很平淡，一下冰雹，放牧者就會鑽到牛肚子下面，即使牛被砸死了，人也沒事。

夏日西藏往往一天可下好幾場冰雹，如果不砸死牛羊，就純屬正常。有時短短幾分鐘，地面就能積上半尺厚的雹粒，整個草原全部鋪滿，茫茫一片。那時我總是在算計冰雹的總重量會有多少萬噸，一邊驚歎天空的承載力。

除了藏東南谷地，西藏高原大部分地區一年四季都離不了火。中共進藏時被派往藏北工作的崔善才對藏北的寒冷有生動描述，他回憶說：「那地方非常冷，扣子掉了，吐口水重新黏在棉衣上又凍結實了。」[3]

西藏阿里地區平均每年颳大風的日子超過一百四十天，其中改則縣的年大風日超過五十％。我在西藏高原上經歷過很多風，但是最讓我感到驚心動魄的卻是一個無風時刻。那次我進入一片如同月球一樣荒涼地方，大氣寂靜到極點，紋絲不動，但是無邊大地上布滿了千年長風刻蝕的巨大風痕，一條條以風的姿態伸向天邊。我當時的感受是那每一條風痕展現的只是西藏的一絲風。那一刻我站在一絲風中，而那一絲風巨大得讓我膽戰心驚！

不過，僅僅是「高」所造成的氣候惡劣，還不是全部問題，使西藏高原成爲不適宜人類生存之地的另一個方面，是高海拔的另一個特點——缺氧。

中國很早以前就有這樣的話——「人活一口氣」。「氣」無所不在，分分秒秒伴隨每個人，甚至連人死也叫「嚥氣」。雖然古人指的「氣」含義很廣，但是人所呼吸的空氣肯定是其中最基本的元素。近代科學又進一步解釋，生命最不可缺的是空氣中的氧。人體就像一個靠熱量提供能量的鍋爐。火的燃燒是產生熱量的一種形式，其本質是一個氧化過程，氧越充足，燃燒就越充分，提供的能量也就越大。鍋爐使用鼓風機，目的就是讓更多的氧進入燃燒。誰都知道有沒有鼓風機的燃燒絕對不一樣。而所謂的「封火」，無論是把鍋爐下面的通風口關上，還是把爐火上面壓上濕煤麵，作用都是減少氧的進入。你也會看出，那時火是多麼暗淡，熱量多麼微弱。

海拔升高對人的作用就相當於人體鍋爐的「封火」。隨著海拔升高，空氣越益變得稀薄，空氣的含氧量也按比例下降。海拔在三千五百公尺時，人只能得到海平面六十五％的氧氣，升至五千五百公尺，就只剩一半氧氣。從「人活一口氣」變成以「半口氣」支持人的生存和活動，其體能的下降是可想而知的。

有一種說法，人在高原哪怕靜臥不動，體力消耗也等於在低地的中等強度體力活動。十九世紀的登山家懷伯爾（E. Whymper）對人在高原的感受總結得很貼切：「越向上，人們就會發現，他們不得不以自己越來越小的力量，去對付越來越大的困難。」[4]榮赫鵬也曾對此發表過意見：「一位從事科學研究的紳士曾經問過我，長期處於較高的海拔高度，最主要的感受是什麼？我告訴他：最主要的感受就是希望盡快回到較低的海拔高度去。」[5]

有一個故事頗能說明氧氣對低地人的作用。我認識一位名叫劉勵中的攝影家。在一次騎馬穿越西藏高原的途中，他追蹤拍攝野生動物的照片，疲勞加風寒，當晚便出現感冒引起的肺水腫。那是一種被認為最危險的高原病，死亡率極高。其病狀被這樣描寫：「發出的聲音，簡直就像淹沒在他自身的液體中，始終伴隨著連續、響亮的水泡音，就像他的呼吸是通過液體一樣。棉花糖似的白色泡沫從他的嘴裡湧了出來……」[6]劉勵中當時已認定自己必死，那時他處於羌塘高原中心，海拔五千五百多米，前後幾百里沒人煙。對短時間就能置人死地的肺

水腫而言，他根本沒有走出高原獲得救治的時間。

然而奇蹟來自他的藏族嚮導。嚮導熟知那一帶地形，恰好離他發病處幾十公里的地方，有一條罕見的高原大裂縫。他被綁到馬上趕往裂縫。劉勵中說他那時昏迷在馬背上，只能偶然在顛簸中恢復一下知覺，看到夜空晃動的星星。但是他清楚地感覺到空氣中的氧在增加，每從裂縫向下走一段，窒息就緩解一分，無比舒服和清新的感覺在上升。裂縫底部的海拔只有二千多米，就是那迅速下降的三千米救了他的命。高原醫學有這樣的定論，只要能將病人迅速送到海拔二千四百米以下，三十分鐘到二小時，肺水腫症狀就可以改善，最終甚至可以不治自癒[7]。劉勵中在那條大裂縫的底部躺了三天，全憑低海拔的氧氣恢復了健康，使他最終走出了高原。

在論述高原病的醫學書中，低地人在高原缺氧環境下，容易導致的疾病有頭痛、失眠、視網膜出血、肺水腫、腦水腫、蒙赫氏病、血凝素亂、高血壓、心室肥大、皮膚癌、壓力性牙痛、口腔出血、高原消化性潰瘍病、腸扭轉、內分泌失調、生育力下降、月經失調、感覺減弱和智力衰退等幾十種病症。尤其是低地人長期在高原生活，大部分將發生不可逆的肌體受損。這一點，在許多去西藏工作的漢人身上都得到了證實。

而西藏人世世代代就靠「半口氣」生存繁衍。高原從來就是他們的家園，他們也從來不會像榮赫鵬那樣盼望去低海拔之地。是他們的體力比低地人強呢？還是他們抗受艱苦的能力更強？最近美國和西藏的研究人員進行了一項有關空氣低含氧量對新生嬰兒影響的研究，告訴我們的結論是更為根本性的——藏人是一個適應缺氧狀態的獨特人種。

德國《法蘭克福彙報》介紹了那項研究：

　　研究人員對三十名在拉薩一家醫院出生的嬰兒進行了研究。其中一半是藏族嬰兒，另一半是漢族嬰兒。漢族嬰兒出生時的平均體重要比藏族嬰兒輕三百克。漢族嬰兒臍帶血中的血紅蛋白含量明顯高於藏族嬰兒。他們的血細胞比溶也比藏族嬰兒高。在嬰兒出生頭

兩天內，研究人員還測量了他們動脈血中的氧飽和度。漢族嬰兒清醒狀態下的動脈血氧飽和度為九十二％，睡眠時下降為九十％；藏族嬰兒的這項指數在清醒和睡眠狀態下都為九十四％。

四個月後，漢藏兩族嬰兒在這項指數上的差別就更為明顯。漢族嬰兒的動脈血氧飽和度清醒時為八十二％，睡眠時為七十六％；藏族嬰兒的這兩項數值分別為八十八％和八十六％（《新英格蘭醫學雜誌》第三三三期）。明顯的缺氧症狀主要發生在漢族嬰兒當中，尤其是在他們睡眠和渴水的時候。

在許多年前就有關於在西藏的漢族嬰兒常常出現缺氧症狀的報導。所謂的「亞急性兒童高原症」還表現為呼吸困難、皮膚發紫、肺血管循環加速和心臟功能衰竭。據說生這種病的漢族兒童必須送到海拔較低的地方，在那裡他們能得到完全康復。而在西藏生活了許多代，土生土長的藏族人看來已經適應了那裡稀薄的空氣。[8]

曾經徒步橫穿南極而被視為民族英雄的漢人秦大河，在西藏卻被高原反應打垮，陷入昏迷狀態；而我的一位藏族朋友說他母親試了三次去瑞士探親，都因為不適應低地氣候病在半路，一回到西藏就恢復健康。這種對比不能不給人留下深刻印象。在我們後面的討論中，需要時刻記住已經存在於基因中的這種漢人與藏人之間的差別。它一般不會顯現出來，但是追根溯源，卻往往能夠成為理解某些問題的關鍵。

歸根結蒂，西藏最重要的特徵在於高。地球上高聳起這麼一塊大地，以它的高構成了與周圍低地相區別的生活環境，產生了一個獨特的文明。別的民族之所以容易被納入主流，失去自身傳統，道理在其傳統的形成和保存主要是靠人文環境的隔絕，一旦隔絕被打破，就沒有什麼是不可改變的。而對西藏，不管怎麼打破它的隔絕，有一點卻怎麼也改變不了——那就是高，因而西藏的傳統就在很多方面也一樣是不可改變的。

藏文明是藏人在西藏高原的高海拔上建立的「高」文明，唯有藏民族在那「高」的嚴酷中，與缺氧、低溫、狂風、冰雪、強輻射為伴堅守了幾千年。從這個意義上講，沒有藏人，西藏高原就沒有人類生

活，也就不歸屬於人類。因此，達賴喇嘛及其追隨者認爲西藏屬於西藏民族，是有其根本上的合理性。

## 二、無人進藏（上）

前面曾提到在從東方式關係向近代主權體系轉換中，只能接受既成事實，而對歷史是非採取「既往不咎」的態度。由於既成事實往往是實力較量的結果，因此肯定有人認爲這種觀點是不公平的。以中國之十幾億人，對西藏之幾百萬人，以實力較量還能有別的什麼結果？

如果僅以人口數量和軍隊大小爲實力的標準，西藏確實與中國相差懸殊。然而我們在前面也談了「天助西藏」，西藏的地理、氣候、生存條件與交通的封閉，一直都在有效地幫助西藏人阻擋侵略者。「人活半口氣」的狀態，也使得低地人難以產生進藏的興趣，哪怕逼著他們，他們都會想方設法地逃避。從這層意義上講，中國與西藏的實力又不那麼懸殊了。

在中共接管中國以前，西藏爲什麼能夠始終保持實質上的獨立？如果僅僅是人與人的較量，那時的中國與西藏之間實力相差的程度並不比現在小，爲什麼沒有控制西藏？原因之一就在那時的中國人戰勝不了西藏的「天」——即沒有解決無人進藏的問題。

事實上，中國控制西藏，最終的實現並不取決於軍事勝利，而在於能否把只適應低地文明的漢人送進西藏，並使他們留在那裡。儘管中國人多，對其控制西藏有意義的，卻是能夠進藏的人有多少，如果都不進藏的話，它有再大的人口優勢不也等於沒有用。所以，從這個意義上講，什麼時候中國能夠把足夠的漢人送進西藏，在西藏長期堅持下去，也就等於什麼時候中國戰勝並征服了西藏。如果中國在歷史上早就做到這一點，中國也早就征服了西藏，近代也就沒有了西藏問題。

然而，中國與西藏作爲緊鄰，關係持續了上千年，到中共進藏以前，在西藏生活的漢人到底有多少呢？國民黨政府的駐藏辦事處處長孔慶宗著書記載，根據一九四三年實地調查，在西藏長期安家的漢人，

共約五百餘戶，二千餘人，其中五分之三居住在拉薩。他們大都是清代隨中國官員或軍隊進藏當差役或開飯館、種蔬菜者，在官員和軍隊撤出西藏後，或因原籍無親族可依，或因沒有回內地的盤纏，無奈而流落西藏。其中大多數成為赤貧無依之人，僅賴苦工小技或零星小販以謀生計，其語言習慣多趨藏化，娶親也多為藏人，他們的後代已不能稱為漢人[9]。

上千年的緊鄰關係，真正「移民」西藏的漢人只有二千多（包括家屬及其漢藏混血的後代），平均每年二人，而且大都是不得已才留在西藏。除了低地人對高海拔的先天不適，漢人還難以接受西藏的生產方式與生活方式。藏文明是高海拔地區「天人合一」的最佳方式（後面對此有討論）。由於西藏海拔高度的不可改變，漢文明實際上不可能進入西藏的廣大地區，更不要說去同化藏文明。反而以往的漢人移民大多數都已「藏化」，尤其是在農村牧區生活，不接受「藏化」，就不能生存。

不要說漢人移民不進西藏，就連中國官員也逃避進藏。清末有人提出過西藏建省的設想，以「改土歸流」的思路將西藏的「異質」政權轉變為「同質」政權。但是連被治史者指責為「顢頇武斷，漠視藏情」[10] 的駐藏大臣聯豫對此都不同意。並非聯豫不想，建省最有利於他獨攬大權，而在於他知道不可能。原因就在於他反覆強調的「無人」。

當年偌大西藏，「不過駐藏大臣及各糧員武員數人而已」[11]。遍覽聯豫在藏期間給朝廷的一百二十一篇奏稿，有關請求調人、設法留人的計二十五篇，占總數的將近二十一％，足見需求多麼強烈。他的要求並不高，僅僅是「……聯豫自調任以來，先後奏調咨調不下四十餘員，使皆應調到藏，又何至有乏才之歎」。而直到最後，他也無法實現這種最低要求——「現在奴才等署中借差者，僅各有三四員及投效數員……」[12]。而類似「在藏人員，實苦不敷差遣……惟藏中人才缺乏，諸事維艱……」的抱怨，在他的奏稿裡仍是處處可見。一個堂堂二品駐藏大臣，身邊只有數員當差者，他究竟能幹多少事，發揮多大作用，憑此一點即可估價大概。即使他請調的四十餘員盡皆到位——靠那點人又如何夠建省呢？

爲何中國派赴西藏的官員少到如此地步，又爲何駐藏大臣一再要求增加進藏官員而不成？也許當時的中國政府有各種擺在桌面上的考慮，後來的歷史學家也能分析出各種原因，但是我寧願相信歷史的很多結果，其實是當事者的個人意志所導致的──官員們不願進藏。

　　照理說官員不同於移民，去哪裡上任並不取決於本人是否願意，而是上級的任命和調遣。然而被調遣的官員不必採取抗命方式，他們可以用其他方面的理由（他們可以找出無窮無盡的理由），再配以持久的軟磨硬泡，往往就能實現自己的目的。這種情況直到今天也是一樣。

　　例如聯豫赴藏上任之時，帶了一班隨員從成都起程，行至打箭爐（今甘孜州首府康定），隨員即要麼告病，要麼託故，紛紛後退，僅剩一二人。弄得他只好在康定盤桓多日，勉強補上幾個隨員才能繼續進藏。他奏請調用的官員，也是「以道途險遠，辭不赴調者，殆居多數，餘或中途辭差，或因病去藏，或差滿假歸」[13]。有的大臣不得不帶自己兒子、侄子作爲隨員去上任[14]。

　　其實康定雖爲入藏門戶，氣候和風俗開始變化，但尚有四川「天府之國」的面貌，遠較藏區縱深處繁華。我曾從那開車進藏。一出康定就是一座名爲「折多」的大山。山頂積雪數尺，西眺荒涼無際，大風與陽光攪成一團，西藏的氣息撲面而來。我能體會那些只能騎馬進去而且將一住數年的古代官員，逃避的願望會有多麼強烈。連我都有。

　　一九三〇年代黃慕松進藏，一路受到最高規格接待，在他的進藏日記裡，依然通篇可見路途艱辛。舉一段他在路途過夜的感覺：

> 易珠雄處於高山之陰，空氣稀薄，呼吸迫切，氣候嚴寒，冰鬚裂膚。夜寢重被之上，覆以毛氈，內則體溫外發，外則冷氣內侵，暖不敵寒，化成水氣，毛氈盡濕，觸受即濡，瑟縮無眠，頭痛又發，直至天明……[15]

　　走過進藏之路的歷代文人所寫詩句──「人漸稀來天漸冷，密雲細雨馬頭生」、「馬後桃花馬前雪，出關哪得不回頭」……無不透露悲涼的氣息。國民政府派駐康區的一位縣長給黃慕松說了個謎語──「關外

縣知事」，打一「四書」裡的人名，謎底是「司馬牛」。意指在藏區的縣長，僅經辦烏拉，管理牛馬之事而已。黃慕松對爐霍縣的描述，整個縣城「居民不過百餘，有一條小街，長五丈」[16]。五丈是十五米，還不夠一個三級跳遠的距離，可想誰會願意被派到那樣的地方去當官？

有人可能懷疑我的結論。不願進藏只是個人的心理活動和行為，怎麼能決定中國上百年的治藏方式？一個國家的統治機器難道可以被其下屬官吏所左右？事實往往是這樣，官僚體系的官吏們如果取得一致，連皇帝也無可奈何。他們的力量不在於對抗，而在於製造惰性。那惰性不是公開的，卻會使統治機器的運行成本急遽增高，最終因為無法承擔而不了了之。不願進藏不是謀反，是人之常情，大家都能理解，也都會給予同情、幫助說話或提供方便。雖然進藏者的數量在官吏隊伍中所占比例並不多，但是每個面臨進藏的官吏都有自己走後門、託人情的庇護網絡，網絡串網絡，從小到大，就有了整體性，個人的小動機也就會影響到國家典章制度的內容，以至治理西藏的大政方針。

且不說被派赴藏的下級屬員，即使是駐藏大臣那樣的最高駐藏官員，歷代清政府所委任的總計一百三十五人中，因為各種原因未到任的也有二十三人之多，占到十七％[17]，其中不乏尋找理由推託進藏者。聯豫奏摺雖似客觀報告——「西藏地處極邊，道路險阻，水土惡劣，天氣苦寒，各省人員，或憚險而畏葸不前，或應調而半途即返」，其實何嘗不是他自己的內心同感。在他的奏稿中，向朝廷表白體弱多病，希望內調，或是請求回京述職（實為休假）的文字，一樣屢屢可見。設身處地去想，此種心態完全可以理解。舉一個數字就可以說明問題，一百一十二個實際到任的駐藏大臣，加上九個已經上路但未到達的駐藏大臣，一共一百二十一人，竟有三十二人死在西藏或進藏途中，死亡比例高達二十六‧五％——四分之一還多。那些死者大部分是病死，還有三人是被叛亂藏人所殺[18]。

但是無論中國官員如何不願意進藏，西藏也不能完全不派人去，於是就得考慮「重賞之下出勇夫」。雍正皇帝派首任駐藏大臣僧格和瑪拉進西藏時，別的事都沒想起叮嚀，卻也沒忘了賞一千兩銀子。聯豫

給朝廷出主意，按照當時的出國人員標準，把進藏隨員的工資從每月六十兩銀子提高到一百六十兩，併發置裝費，任期結束，再根據勞績給予升遷。以「重賞」鼓勵進藏，使進藏成本高昂，加上原本進藏就遙遠險阻，花費巨大，財政壓力也就從另一個角度促使國家盡量減少駐藏人員。

中國官員普遍不願進藏還導致另外一個結果，使西藏變成了「被議降革之員」「發邊效力贖罪」之地。因為只有這種人容易差遣，不敢抗命，或是願意有一個與過去一刀兩斷的新環境。還有一些官員則是因為得罪了朝廷權貴，被遣赴藏是權貴的懲罰或報復手段。

那些不得已進藏的官員，即使到了西藏，也都想方設法留在相對比較繁華的拉薩，而不去西藏其他地方。這使得中國對廣闊的西藏社會基本不能發生影響。藏人「只知有達賴，不知有朝廷」，一點也不奇怪。中國如果要在西藏建立主權，前提之一是需要讓中國官員掌握（至少可以約束）西藏的基層政權，可是中國官員連去拉薩都千方百計地逃避，又如何肯去更為偏遠艱苦的其他地區呢？

一七九二年，清朝出兵西藏反擊廓爾喀入侵之後，鑒於導致那場戰爭的問題出在班禪治下的後藏，乾隆下諭：「駐藏大臣二員，向俱駐紮前藏，於後藏事務鞭長莫及，嗣後應分駐一員，以資彈壓，遇有事務就近辦理」[19]。照理說乾隆這主意出得不錯，但是帶軍進藏的大將軍福康安等卻籌議否決了乾隆這項動議，理由是兩位大臣分駐前後藏，不便商辦事件。其實真正的理由在哪呢？透過歷史的書頁，我們看到當年那些有血有肉的人圍坐在酒桌旁，酒至半酣，感情漸濃，有可能被派往後藏的副大臣開始訴說，連在拉薩都是非人日子，再去更偏僻的日喀則該怎麼活？正大臣也許僅為打麻將別缺人手，也會幫著副大臣說情。福康安受了招待（也許還受了禮），何不送一份人情？於是大家就共同商量怎麼對付皇帝，用什麼理由，怎樣表述，最後讓高高在上的皇帝無奈地聽憑他們的意願。

當然這僅是想像，不過也有類似的實例。民國期間，國民黨特務首腦戴笠曾派一特工小組進藏，指定他們的任務是去西藏與印度之交通要道所在的江孜搜集情報。那小組的一個成員後來親口所述：「拉

薩是西藏政、教、文化中心，市面繁榮，生活條件較好，漢人較藏區其他地方多。於是大家都留戀在拉薩。上級一再來電催促，我等均搪塞、支吾，一直拖延到一九四六年。」20 那小組進藏時間是一九四二年，在拉薩一泡就是四年，最終也沒有一人去江孜。

到西藏的中國官員皆盼望早回中國內地。黃慕松赴藏留下一位名叫蔣致餘的工作人員擔任民國駐藏代表。蔣駐藏三年後以健康原因要求返回內地，國民政府蒙藏委員會命令他留在拉薩等待接任者，然而蔣竟不顧指示，自行棄職離藏21。這種以斷送仕途前程換取離開西藏的舉動，充分表現了中國官員不喜歡留在西藏的強烈程度。

我一直不能忘記我在果洛瑪多縣遇見的一個漢族女孩。她的名字叫金花，未滿二十歲，一條腿跛於小兒麻痺症。那時我在瑪多住院。她是我的病房護士，少言寡語，工作特別細心。在我將要離開瑪多的前夜，她問我她該怎麼辦？她沒說出是什麼怎麼辦，但是我明白。牛糞火在天花板上閃動，窗外北風嘶吼，荒原長夜漫漫。她的臉充滿了讓我心酸的悲哀。那臉上花蕾一般的鮮嫩終會在高原日曬下褪色。哪個少女不是充滿了人生嚮往，但是這片無邊的西藏高原，託付不起任何內地文明培養的嚮往，連打發時光都成了日復一日的折磨。我傾聽大風從遠方送來的狼叫，想了很久，對她說：「信教吧。」

她也想了很久，回答說：「我是團員，不能信教。」

她現在還坐在牛糞爐旁編織她的毛衣嗎？風聲和狼叫仍然千年如故，只是她的臉該被風吹出許多皺紋了。

## 三、毛澤東的精神原子彈

天是偉大的，人是藐小的。對於中國人來說，只有一天集體性地具有了獻身精神和犧牲精神，才可能與西藏的「天」站在同一水平。產生這樣一批可以與西藏之「天」相抗衡的中國人並非易事，直到毛澤東時代，這個奇蹟才終於出現。正像前面所說的，西藏就垂在中國的手邊，何時中國產生了可以戰勝西藏之天的人，解決了無人進藏的問題，西藏何時就會瓜熟蒂落被中國所摘取。

解釋毛澤東時代爲何會產生一代狂熱的獻身者，那是另外一本書的話題。在這裡，無論認爲那是宗教苦行、集體「洗腦」，甚至純粹的歷史誤會，無論怎樣，那樣一批人確實在毛澤東時代產生了，並且成千上萬的漢人在那時走進了西藏。

毛澤東的精神威力在中共軍隊與藏軍在昌都進行的戰役中就已充分展現。戰役之前，爲了適應高原，中共軍隊有房子不住，卻宿營帳篷。每天進行負重行軍訓練，士兵們在背包裡裝上重達三四十公斤的石頭[22]。戰役打響後，中共軍隊的作戰意圖是全殲藏軍主力，實現那個目標的關鍵在於必須及時切斷藏軍退路，完成包圍。藏軍回撤走直線，中共軍隊卻必須繞行一個長達千里的迂迴。十八軍五十二師一五四團是擔負迂迴任務的部隊之一，部隊最長連續奔跑三十六小時，很多士兵累得口吐白沫倒地不起。團長郄晉武肩扛一挺機關槍，始終跑在隊伍最前面，到達最後目的地恩達時，身邊只剩三十二個士兵。從另一個方向合圍的青海騎兵支隊趕到恩達時，一千幾百匹戰馬跑垮了五百多匹，除掉隊的以外，只剩騎兵百餘人和棄馬徒步奔跑的百餘人。五十二師師長吳忠將軍回憶當時的情況：「……每天只有開飯前後才能做短時間休息，十多天內連鞋子都沒有脫過，一天蹚幾條河，鞋子一直都是濕漉漉的。戰役結束後，許多人的鞋子竟脫不下來，兩隻腳腫得像麵包。」[23] 結果中共軍隊以幾小時的提前量搶在了藏軍前面，使藏軍因退路切斷不得不全體投降，葬送了西藏軍事力量的主力。

隨後進軍西藏遇到的困難更大，除了惡劣的地理和氣候條件造成的行軍艱難，還有後勤供應跟不上造成的饑餓。有人甚至被餓死。至今在進藏路上，還可以看到當年進藏者的陵墓或紀念碑。一些碑上刻著毛澤東的詩句：「爲有犧牲多壯志，敢叫日月換新天」。

爲了克服雪盲，當時的辦法是把馬尾巴剪下來編織成網，罩在眼睛上，由眼睛還能看得見光的人牽馬，完全失明的拉著馬尾巴跟在後面一串[24]。

因爲西藏高原上大部分地區沒有植物，取火做飯只能以牛糞爲燃料。每個士兵隨身帶一個口袋，看見牛糞就揀。雨雪多，牛糞太濕燒不燃。爲了宿營時能做成飯，一些士兵把濕牛糞夾在腋窩裡行軍，靠

體溫把牛糞搗乾[25]。

本來女兵不進藏,但是十八軍軍長張國華認爲文工團對鼓舞部隊士氣不可缺少,不同意精簡,所以文工團女兵也加入了進藏部隊。她們遇到的問題當然更多。女兵李國柱回憶:

在進藏途中,我們都怕碰上經期,一接近經期就提心吊膽。一來了我們就沒有辦法。進藏時,我們為了減輕攜帶行李的重量,誰也沒有帶衛生紙。月經來了,就只有兩種辦法。一是把棉褲腰間的棉花扯下來用。當時我們女兵的棉褲,腰間的棉花全抽完了。因為這一節上面有衣服擋著,凍不著人;第二就是用路邊上一種寬葉草,像牛皮菜一樣的這種草來墊,用過之後扔掉。這種草很柔軟不扎肉,但乾了後很硬。我就吃過虧,把陰部都磨出血了。但還得要用它,因為沒有其他比它好的。一條棉褲腰上的棉花扯不了幾次就扯完了。經期我最怕過河。我倒楣的經期在快到拉薩時又來了。那裡十月中旬,有一天我們一下就過了十三條河。你說冷到什麼程度?脫掉鞋襪下到水中,腳板上立刻就凍黏上小石頭。這些石頭還不能隨便往下弄,一拔石頭連肉皮都要帶一塊下來。我們班就有一個女兵上當,一上岸見腳板黏滿釘螺一樣的石頭,忙用手一顆一顆往下拔,一拔一個坑,血淋淋的,連路都走不了。對付這種石頭要在上岸以後燒一堆火,將腳放在火邊慢慢地加溫,烤化冰後再一顆一顆地試著輕輕往下揀。可是河水再冰也得過。我現在經常腰痛,就是在經期過河種下的病。剛進西藏時,過河都把棉褲脫掉,後來脫不及了,因為走不了多遠又有河,就乾脆不脫。棉褲濕了,上岸後身體的熱量剛汲乾,又得下水。關節炎是我們當年進藏女兵的家常病……

西藏的太陽很毒,把所有人的臉都曬得黝黑。風捲著沙成天往身上鑽。洗臉後,風一吹臉就火辣辣地疼,所以我從來沒有洗過臉,洗過頭。說來也不怕人笑話,內褲上幾次經期殘留在上面的血跡都沒有洗,更不要說常洗澡了。我們從離開康定後一直都沒有洗過澡。

一直到居脛菜溫泉，我們等男兵洗完澡走了，等到黃昏了，才鑽進溫泉徹徹底底地洗一洗身子，洗一洗內衣內褲。褲衩髒到什麼程度——一揉就是一泡紅血水。開始不好意思，後來見大家都是一樣髒，也無所謂了，不怕羞了，也認為理所當然了。由於幾月才洗上這麼一次澡，經歷了幾次經期，我們全體女兵當時生殖器都受細菌感染。白天行軍出汗癢，晚上睡覺發熱後癢，也不好意思抓癢，都強烈地控制，精神極度緊張。許多人失眠，精神衰弱，這也是造成許多當時進藏的女兵患婦科病的一個原因……26

面對中共軍隊進藏時的堅苦卓絕之精神，令人難以不承認毛澤東所稱的「精神原子彈」，甚至可以由此理解毛澤東的唯心主義來源。他之所以堅信「人的因素第一」，甚至他的部下提出荒謬有如「人有多大膽，地有多大產」的口號，和他多年來不斷在獻身者創造的奇蹟中得到驗證是分不開的。人一旦擁有英雄主義，能量可以成倍甚至數倍地翻番，達到以常規思維不可思議的程度。利用這種產生於無形精神的能量，對常常感到有形資源匱乏的領袖必然會有極大的吸引力。到後來，毛澤東也許已認為全體人民都該為他這樣獻身，不獻身反而成為罪過，當然，那也就到了物極必反的時候了。

進藏路上為犧牲者所立的碑中，不少是為紀念築路死難者的。僅修通四川進西藏一條公路，就死了三千多人（最新材料披露死亡人數為四千九百六十三人27）。川藏公路的修造異常艱難，大量在懸崖絕壁上修路的地段需要懸空作業，先用繩索把人從懸崖頂部吊下去，在懸崖上打出炮眼，再用爆破方式炸出路基。在永凍土地帶，則要先從幾十公里外砍來木柴，烤化凍土後再施工。那時連一份詳盡一點的西藏地圖都沒有，更不要說水文、地質、地震等方面的資料。為了建立資料，當時派出了十幾支勘測隊。十八軍後方部隊司令員陳明義記述勘測隊的情況：

有一支勘測隊，從昌都到拉薩步行踏勘，往返行程約五千公里，整整歷時一年多。由於山高、路險、林密，又無通訊工具，他們和

司令部失掉聯絡數月之久，爲了勘察一條合理的路線，他們冒著生命危險通過了人跡罕見的懸崖絕壁，渡過數十條激流冰河。他們完成任務回到司令部，一個個衣服磨破，髮亂如麻，鬍鬚滿面，面黃肌瘦。當我收下他們的踏勘報告，握著他們的手，看著他們歷盡千辛萬苦的面容時，不禁感動得流淚……28

　　在公路修通以前，十幾萬人築路隊伍的糧食補給極爲困難，長年處於吃不飽的狀態，只能以野菜充饑。當時一個團一年吃掉一百五十萬斤野菜。冬天住在帳篷裡，冷到鞋會被凍在地上，第二天早晨要用棍子才能撬開29。雨季來臨，坍方、泥石流、山洪經常把修好的路大段摧毀，只得從頭再修。但是那時的士氣始終保持高漲，有些事會令今天的人感覺不可思議。例如冬天掌釺打錘震得手掌開裂，士兵們竟然能用縫衣服的針線縫合震裂的虎口再繼續幹。爲加快築路進度，他們夜間把棉花綁在釺子頂，黑暗中看著棉花的白點打錘30。築路者的生活條件也簡陋到極點，洗腳是在地面上挖一個小坑，鋪上油布，代替洗腳盆31。

　　在中共的術語中，「老西藏」一詞專指那些從一九五〇、一九六〇年代即進西藏工作的中國人。他們被中共高層譽爲一支「特別能吃苦、特別能忍耐、特別能戰鬥」的隊伍。中共在西藏建政以後，派到各縣的第一任縣委書記一人領了一塊木牌，牌上寫著中共西藏某縣委員會的字樣。縣委書記們騎上馬背著木牌去上任，走到哪，木牌往帳篷外面一插，就是縣委的辦公地32。

　　那時中共動員人員進藏，常出現爭搶報名的局面，甚至不讓去的也非要去。我認識北京科技出版社一位名叫郭亞夫的編輯，當年爲申請進藏去「革命」，曾與另一個同伴找到正在北京辦「學習班」的西藏領導人住地，潛入當時西藏主要領導人陳明義的房間。幾個小時後陳明義才回房間，被她們嚇了一大跳。她們當天沒有磨出結果，幾天後又堵在軍用機場，表示揪著陳的飛機尾巴也要去西藏。陳明義只好表態只要她們能到西藏，他就歡迎。結果郭與十幾個志同道合的青年男女，歷盡千辛萬苦，坐火車，倒汽車，最後真的到了拉薩，站到了陳

明義面前。陳無話可說，只好批准他們去拉薩郊外的軍區農場餵豬和種地。兩年後，郭和她的同伴們被分配到位於藏北無人區的勘探隊，一幹就是十一年，跑遍了藏北的山山水水。

當然，那時很多人並不瞭解西藏是怎麼回事，報名僅僅是盲目地「響應組織號召」。一些人真看到西藏面目時就開始後悔了。然而那時中共的威力還在於，即使進藏者心裡後悔，嘴上也不敢說，進藏後照樣還得全心全意地工作，一幹多年乃至終生。宗教不僅僅是信仰，還有宗教裁判的威懾。在這方面，共產黨的宗教可能比其他任何宗教都更嚴厲，更善於剝奪人們抵抗的意志。

漢人剛上高原，有時連吃飯都會因為高山反應成為難事。駐紮在海拔五千三百八十米的神仙灣哨卡的邊防連隊，有一個傳統的「吃飯比賽」，就是為了克服這個困難而設立的。炊事班每天記錄每人每頓吃飯的數量，進行成績評定，一碗及格、二碗良好、三碗優秀，吃多的表揚，吃少或不吃的批評。剛上哨卡的士兵常常是吃了吐，吐了吃，實在不行只能靠輸液維持[33]。

對於進藏漢人，與內地的通信是個大問題。不少地方一到冬季大雪封山，郵路就中斷，直到第二年開春才能把積攢在一起的信件同時送到。一位在西藏阿里地區工作過的漢人這樣回憶：

> 漫長的冬天總算過去了。「五一」後，郵局接到通知：郵車已經從新疆喀什出發奔赴阿里。消息立刻通過電波傳到各縣，給幹部職工帶來春的信息。噶爾昆沙更像家家要討媳婦一樣坐臥不安，興奮不已，都在盤算著綠衣使者將給他們帶來什麼。郵車抵達僅剩下一天路程的日土縣，給噶爾昆沙發來第二封電報，人們再也按捺不住了。吃過午飯，哪還有心思上班，幾乎全城居民都紛紛爬上城牆和房頂，引頸遙望著西北方的公路盡頭，希望以先睹郵車為快。我也加入了等待的行列。黃昏時分，只見遠山腳下升起一溜塵煙，拖出了一個長長的尾巴，房頂城牆上的人們立刻歡呼雀躍起來：「來啦！來啦！」那望眼欲穿的渴盼，那即將到來的喜訊和可能的失去，激動得大家都熱淚盈眶了。[34]

那時幾乎每個人都會收到幾十封信。人們一般先把信按發信的時間順序排好，然後從最早一封開始看起。半年發生的事情一一展現，隨著不同事情的喜愁悲歡，有人先哭後笑，有人先笑後哭，或是哭了又笑，或是笑了又哭，那可眞是一道奇特的風景。

在那種條件下，最難過的要屬正在與內地「對象」談戀愛的人，無法通信往往導致戀愛破裂。急迫的人只有借助那時僅有的另一種通訊手段——無線電報，花費貴不用說，而且無法顧及隱私。阿里地區一個報務員爲人發過這樣一封電報：「我昨晚做了一場美夢，趁你媽出去買菜，我啃了你一口。」事後報務員和發報人都爲這封電報受到嚴厲批評，被領導幹部指責爲「資產階級思想氾濫」[35]。

閉塞與孤獨常常給人造成性格或行爲上的變異，例如有人談到這樣一件小事：

> 我與區祕書（一位漢族大學生）同室而居。他每天凌晨七點——距天亮還差兩個多鐘頭，總要準時打開收音機聽中央台播送的廣播體操口令。但是他並不做操，人仍躺在床上，頻率並不對得很準，嘶嘶啦的雜音更加揪心刺耳，直到口令結束才關機，再次進入夢鄉。天天如此，成爲一種怪癖，我忍不住問他爲了什麼，回答是：「我想忘掉孤獨。」[36]

那時西藏的生活條件非常艱苦，多數進藏漢人都無法把家安在西藏。有的即使夫妻都在西藏，也把孩子送回中國內地由親屬代養。這樣的孩子往往與父母在感情上非常疏遠。有的孩子因爲從小長年不叫爸媽，後來終生都對叫爸媽難以啓齒[37]。

不過總體來講，那年代對中共意識形態近乎宗教般的信仰，使絕大部分進藏漢人都能以苦行態度，接受西藏的寂寞艱苦以及對個人生活和健康的損害。他們可以在「解放西藏百萬農奴」、「建設祖國邊疆」、「爲人民服務」、「實現共產主義理想」等，今天看起來純屬空洞的政治口號中找到心理支點，支撐他們奉獻青春乃至終生。

那個年代的中共把「爲人民服務」當作其政權合法性的基礎，要

求它的工作人員奉爲教條，當時進藏工作的漢人，大都是抱著眞誠意願，認爲自己是去爲「藏族同胞」造福的。日喀則地區衛生局的副局長是一個「老西藏」，他告訴我，在文化大革命期間，僅日喀則一個地區就有一百多支全國各地進藏的巡迴醫療隊。到處都能見到他們打著紅旗唱著歌的身影，或騎馬、或步行，條件最好的是坐卡車，奔波各處去給西藏老百姓看病。

當然，那時的進藏者除了出於對中共的眞誠信仰，還因爲處在那時的「全能」體制下沒有個人選擇的可能。「一生交給黨安排」既是豪言壯語，也是別無他途，所以中共那時不僅可以隨時調動它所需要的漢人進藏，而且可以容易地把他們安排到基層，下到農村和牧區。歷史上一直難以解決的無人進藏，在毛澤東時代獲得徹底解決。

「精神原子彈」的蘑菇雲籠罩了整個毛澤東時代。一批又一批漢人開進西藏。一九五〇年代進藏的地方工作人員就已經達到四·五萬，軍隊人數達到五萬[38]。一九六〇、一九七〇年代更是成倍增加。對比一下清朝只能派進西藏幾十名文員和千餘軍隊[39]，不難看出中國在西藏確立主權，與其派進西藏的漢人數量，存在著決定性的關係。

**註釋：**

1 《雪域之光》，江蘇人民出版社，一九九一年，頁 388。

2 《國外藏學研究譯文集·第九輯》，西藏人民出版社，一九九二年，頁 408。

3 馬麗華，《走過西藏·藏北遊歷》，頁 198。

4 希斯（Donald Heath）、威廉斯（David Reid Williams），《人在高原》 頁 1。

5 《刺刀指向拉薩》。

6 希斯、威廉斯，《人在高原》，頁 130。

7 希斯、威廉斯，《人在高原》，頁 142、144。

8 《參考消息》，一九九六年三月十五日。

9 《內地人在西藏》，西藏人民出版社，一九九六年，頁 4。

10 黃奮生，《藏族史略》，頁 317。

11 《聯豫駐藏奏稿》，西藏人民出版社，一九七九年，頁 89。

12 《聯豫駐藏奏稿》，西藏人民出版社，一九七九年，頁 96。

13 《聯豫駐藏奏稿》，西藏人民出版社，一九七九年，頁 96。

14 《景紋駐藏奏稿》，四川民族出版社，一九八六年，頁 23。

15 黃慕松，《使藏紀程》，載《西藏學漢文文獻叢書第二輯》，全國圖書館文獻縮微複製中心，一九九一年，頁 151。

16 黃慕松，《使藏紀程》，載《西藏學漢文文獻叢書第二輯》，全國圖書館文獻縮微複製中心，一九九一年，頁 73、74。

17 根據吳豐培等編《清代駐藏大臣傳略》所附「清代駐藏大臣一覽表」計算。

18 根據吳豐培等編《清代駐藏大臣傳略》所附「清代駐藏大臣一覽表」計算。

19 《清高宗實錄》卷一四一一，頁 8。

20 常希武，《國民黨特工人員在西藏》，《西藏文史資料選輯‧第三輯》，頁 50。

21 《國外藏學譯文集‧第十輯》，西藏人民出版社，一九九三年，頁 107-108。

22 陳子植，《解放昌都之役》，載《西藏文史資料選集‧紀念西藏和平解放三十周年專輯》，西藏人民出版社，一九八一年，頁 85-86。

23 吉柚權，《白雪——解放西藏紀實》，中國物資出版社，一九九三年，頁 163-165。

24 吉柚權，《白雪——解放西藏紀實》，中國物資出版社，一九九三年，頁 354。

25 吉柚權，《白雪——解放西藏紀實》，中國物資出版社，一九九三年，頁 288。

26 吉柚權，《白雪——解放西藏紀實》，中國物資出版社，一九九三年，頁 315-318。

27 《內地人在西藏》，西藏人民出版社，一九九六年，扉頁。

28 吉柚權，《白雪——解放西藏紀實》，中國物資出版社，一九九三

年，頁 335-336。

29 李傳恩，《回顧西線築路》，載《西藏文史資料選集・紀念西藏和平
解放三十周年專輯》，西藏人民出版社，一九八一年，頁 160。

30 《紀念川藏青藏公路通車三十周年文獻集・第二卷》，西藏人民出版
社，一九八四年，頁 51-52。

31 李傳恩，《回顧西線築路》，載《西藏文史資料選集・紀念西藏和平
解放三十周年專輯》，西藏人民出版社，一九八一年，頁 160。

32 《內地人在西藏》，西藏人民出版社，一九九六年，頁 78-79。

33 閻海賢，《雪山衛士》，新疆人民出版社，一九九三年，頁 11-12。

34 李佳俊，《說來你也不相信》，載《雪域之光》，江蘇人民出版社，
一九九一年，頁 237。

35 李佳俊，《說來你也不相信》，載《雪域之光》，江蘇人民出版社，
一九九一年，頁 236。

36 李佳俊，《說來你也不相信》，載《雪域之光》，江蘇人民出版社，
一九九一年，頁 236-237。

37 李雙焰，《青春的回聲》，載《內地人在西藏》，西藏人民出版社，
一九九六年，頁 103-104。

38 吉柚權，《西藏平叛紀實》，頁 41。

39 曾國慶，《清朝及民國時期中央政府管理西藏地方的職官機構及其
職掌、職權》，《西南民族學院學報》，一九九三年第四期。

# 8 神界輪迴(上)[①]

　　十數萬信奉「共產」宗教的漢人——占當時西藏人口的十分之一
——突然闖進千年封閉的雪域佛國，他們集中於西藏社會的中心和上
層，又廣泛地散布到西藏社會的基層，並且以扎根的姿態和苦行僧式
的狂熱，在西藏傳播和推行他們的新宗教。那是一種與西藏傳統宗教
截然相反的宗教，鼓吹階級鬥爭、不信天命、人人平等和著眼現世的
實用主義，必然與信奉慈悲、追求來世、等級森嚴和認命的西藏本土
宗教發生不可調和的衝突。宗教本身具有排斥異教的衝動，加上西藏
宗教和共產宗教當時分屬於兩個專制性極強的社會集團，宗教矛盾與
雙方的政治鬥爭、利益衝突攪雜在一起，所以二者最終必定要見個你
死我活。

　　不管中共在開始階段怎麼想，邏輯的發展終將導致兩種宗教發生
決戰。西藏「叛亂」在很大程度上已經具有宗教之戰的成分。中共要
在西藏確立統治地位，就一定要以自己的宗教消滅西藏宗教。事實上，
共產宗教一度成功地達到了目的，並非完全靠暴力——像現在流亡藏
人控訴的那樣。完全靠暴力只能被視為俗世政權對宗教的扼殺，不能
稱作宗教之戰。中共的成功在於，它的新宗教一度確實在很多藏人心
中取代了西藏宗教，被他們真心信仰和奉行。

---

[①] 必須承認，在西藏宗教方面我本不該有發言權。時過十幾年看以下文字，首先的感覺是不安，
擔心那時寫下的文字是出於「無知的無畏」。今天，我對宗教的有些觀點已經變化（請看我在二
○○三年初發表的文章《末法時代——藏傳佛教的社會功能及毀壞》），有些觀點雖然沒變，但
不會再像當年那麼肯定，而是更傾向於未知乃至不可知，並認為適當的姿態應是謙卑地提問和
聆聽，而非論述和斷言。——二○○九年註

現在藏人大都迴避這個事實。的確令人迷惑，難道西藏古老深厚的宗教，在這片全民千年一致地修行不已的佛土上，竟會被自己的子民拋棄並肆虐嗎？那麼多人轉瞬之間發生如此根本的背叛，歡欣鼓舞地集體投入到一個外來邪教的懷抱中，無論怎樣解釋，也無法掩蓋西藏宗教的失敗。一部分藏人不堪回首，甚至拒絕承認有過那樣的歷史，心情可以理解。

我卻認為有必要對那一段歷史進行認真探討。不是有意要揭「瘡疤」，共產宗教的成功，除了因為其與西藏宗教有某種精神上以至體系上的相似，也由於西藏傳統宗教自身存在著問題。從這個角度來看，那一段歷史不僅不是西藏人民的恥辱，而且表現了他們對社會進步的渴望。正視那一段歷史，對理解西藏的過去和放眼西藏的未來都是有益的。

# 一、恐懼——西藏的宗教意識

對西藏宗教，可以從兩個不同的角度看，一是僧侶的宗教，一是百姓的宗教。前者深奧無比，非凡人所能瞭解，也沒有資格談論。不過這裡所要討論的問題，僅屬於後一角度。百姓的宗教遠沒有那樣深奧，更多的不是出自形而上，而是與西藏的自然和日常生活聯繫在一起。其中，恐懼是其宗教意識的一個重要來源。

西藏高原的天地之嚴酷，生存之艱難，人心之寂寞，前面已經寫了一些，但是遠不及真實程度。我去那裡是短期且是有退路的，但是那片天地也使我這個無神論者不禁常常生出宗教意識。那宗教意識並非來自慈悲、和平、參悟等因素，而是現場中最直接和最鮮活的感受——恐懼。

恐懼什麼？可以數出很多，不過那些有形的恐懼並不能真正產生宗教意識，最大的恐懼在於無形，不可言明。一九八四年，我曾一個人用筏子在黃河漂流三個月，剛下水時的氣壯如牛沒幾天就消失了，我清楚地感受到恐懼怎樣日復一日地滲入身心，最終充滿每一個細胞的過程。我那時的日記有一段描寫每天天快黑時的心態：

每天都盼望見到牧民帳房，高原上的孤寂跟真空一樣。漂到很晚才認定沒希望，自己上岸宿營。當西天紅霞就要消失的時候，我就不自覺地心慌，匆忙地卸船、支帳篷，動作帶著神經質，恨不得帳篷一下就立起來。然而那麼多個楔子，只能一個個敲打，在黑暗勢力逐漸伸張的草原上，在無盡的湖泊和水道之間，敲打的聲音如同慌亂的心跳。我遠遠夠不上一個自然之子啊！我常常自問：怕的是什麼呢？眼前沒有任何實在的、可見的危險，沒有任何敵人，可是這恐懼卻那麼清楚。單獨一個在無邊無際的天地和荒涼之中，人才能真正意識到自己是個多麼藐小的血點，他是被「巨大」壓倒的，是被「未知」而恐嚇著啊！

我與藏人的文化背景不同，不能用自己的感受斷定藏人的宗教意識。然而有了脫離文明社會直接置身西藏自然環境的經歷，至少有助於理解藏文化中為什麼存在那麼多神靈鬼怪。同是從印度傳進的宗教，在西藏為何變成如此沉重和森嚴，既不同中國的佛教，也不同印度的佛教。我相信恐懼必是其中舉足輕重的因素。大自然在西藏高原上顯露出的威力，比在低地平原大得多，而封閉險惡的自然環境顯然不可能產生足夠規模的人類社會，人只能以極小的群體面對浩大狂暴的自然。不難想像，在那種生存條件和生活狀況下，忍受孤獨寂寞和沒有支援的恐慌，藏人世世代代經歷的靈與肉的磨難有多麼沉重。當一家老小蜷縮在弱小的帳篷裡傾聽外面風暴雷霆之聲時，或者拳頭大的冰雹砸在頭頂，或者目睹千百隻牛羊死於雪災屍橫遍野，深刻的恐懼會毫無阻擋地滲透每個人的靈魂。由恐懼而敬畏，由敬畏昇華出神靈鬼怪的圖騰①。

---

① 我的這種觀點受到目前任教於溫哥華不列顛哥倫比亞大學的藏人學者次仁夏加（Tsering Sha-kya）的嚴厲批評。他這樣寫道：「有人如果研究過西方殖民統治在亞洲和非洲的發展史，讀過早期基督教傳教士對他們所征服民族的文化與宗教的描述，他對王力雄的方法一定不會陌生。既然當地人是處在恐懼神、敬畏神的生活狀態中，通過這決定性的一步，就可以完全取消他們的能動作用，殖民者就是通過這樣一種手段來泯滅被統治者的人性，剝奪他們的理性能力。我們可以說，王力雄的文章與當地人的世界觀其實並沒有什麼關係，只是大量暴露了殖民者自己的心態⋯⋯所謂令人敬畏、令人恐懼的自然地理環境這樣一種說法帶來了一個顯而易

一方面是恐懼，另一方面必須解決恐懼。「西藏人生活在一種惶惶不安的焦慮之中，每次身體或心靈上的紛亂、每次疾病、每次不安全或危險的處境都鼓勵他狂熱地追尋這些事件的原因以及避免這一切的辦法。」[1] 恐懼與解決恐懼相輔相成，越恐懼，越急於解決恐懼，而在對恐懼進一步的思考和闡釋中，恐懼又會進一步地深化。在無法逃避和解決恐懼的時候，他們就需要一種更大的恐懼——明確和有規則的恐懼，那恐懼超過一切恐懼，但是只要服從和依附那種恐懼，就能獲得安全，從而解脫未知的恐懼在心理上造成的重負。這就造成西藏宗教一個奇特之處，它的神在很多情況下都顯得極為猙獰。儘管那些神並非惡神，他們的形象卻往往總是青面獠牙，怒目圓睜，手裡拿著數不清的凶器，腳下踩著受盡折磨的屍骨。例如觀世音菩薩，在中國佛教中是以極美女性的形象出現，在西藏宗教中，卻往往被表現為被稱作「貢保」的凶相——一個黑色巨人，一手拿著個頭顱，脖子上掛著一串骷髏頭做的項鏈，腳踏一具死屍[1]。在五世達賴喇嘛所著《西藏王臣記》中，負有在西藏興佛教之使命的第一位藏王，其形象是「長有往下深陷的眼皮，翠綠色的眉毛，口中繞列著螺狀形的牙齒，如輪支那樣的手臂」。這種足以讓人望而生畏的神，在藏人的審美意識中，顯然代表著威嚴、強大、無所不能和說一不二。正因為他們能以恐怖主持世間事物和裁決正義，因而才更值得信賴。

---

見的疑問：到底是祖祖輩輩在這裡生活了幾千年的當地人在這種環境下感到擔驚受怕，還是遠道而來的外國客人因為無邊無際的草原和山脈而驚駭？歷史告訴我們的是，人類從不會被他們的環境嚇倒，相反他們總是會盡可能去控制千變萬化的自然環境，以便開創他們的生活。王力雄的西藏觀不過是他本人的都市厭倦症的浪漫表述，——它雖然打扮成嚴肅的思考，但實際和通俗心理學並沒有多少區別。」(*New Left Review 15*, May-June 2002，林猛譯) 對此應該承認，我的確是在以己度人——我在西藏荒原上的感覺，可能和原住民的感覺相距甚遠。但是我之所以這樣寫，是因為我覺得人性有共同之處。原住民之所以沒有像我一樣被恐懼所驚嚇，是因為他們在當地的千年生活中已經有效地解決了恐懼。而這種解決很重要的來源，就是發展出了適合當地環境的宗教。不過次仁夏加的批評讓我看到了我和早期殖民者在思路上的相似。我至少應該只是以個人猜測的方式去做這些描述，而不該用力圖顯示權威的口氣去做結論。
　　——二〇〇九年註

[1] 次仁夏加(Tsering Shakya)對此的批評是：「這是典型的殖民者眼光：自己的神總是仁慈的，而其臣屬的神則長得又黑又脾氣暴躁。」(*New Left Review 15*, May-June 2002，林猛譯)
　　二〇〇九年註

西藏宗教對恐怖與懲罰的想像力極為發達。西藏寺廟的牆壁上幾乎都畫有大量地獄的圖畫，細緻地描繪各種刑罰。地獄分成很多層，每層設有不同的刑罰，懲罰不同的罪惡。刑罰包括火燒、水煮、油炸、碾壓、刀砍及斷肢，在燒紅的鐵上行走或拉出舌頭用釘子刺穿，被醜陋龐大的怪獸姦污，還有把骨頭從人體內抽出，把人及其內臟像破布一樣掛在地獄之樹上，或是當成踩在小鬼兒腳下的地毯。這種不厭其煩地描繪恐怖，直接的目的當然是勸戒（也可以說是恫嚇）人們遵從其教義和行善避惡。但是在心理層次上，讓人不能不感覺到其中攙雜著一種對恐懼近乎把玩的癖好。

這種以恐懼為基礎的構造也反映在西藏的世俗生活中，儘管西藏作為佛國慈悲盛行，但形成反差的是，對犯罪的懲罰常常極為殘暴，酷刑有時會達到駭人聽聞的程度。藏王（贊普）墀松德贊在西元九世紀正式奉佛教為國教時，制定的「教法」這樣規定：

> 誰用手指指僧侶，手指要被剎掉；誰要惡意地中傷贊普的佛教政策和僧侶，其嘴唇就要被割掉；誰要斜視僧侶，眼睛就要被挖去；誰要對僧侶行竊，那就要按照被竊物價值的八十倍賠償。[2]

這與大部分人所能理解的宗教精神顯然相距甚遠，或者簡直就是背道而馳。西藏社會等級森嚴、存在大量繁複的儀式和嚴苛的規矩，儀式使用的器皿也常常使西藏之外的人覺得不可思議，如用人的頭蓋骨做的杯，用少女腿骨做的號，用女人乳頭、月經污染物等製作的法物。還有粉碎人的屍體讓禽獸分食的天葬風俗。許多東西都與死亡、人的器官、肢解等令人恐怖的事物有關聯。一九九六年春季中共新華社報導了西藏自治區檔案館保存的的一份一九五○年代的《西藏地方政府致熱不典頭目》的信。信件用藏文寫道：

> 為達賴喇嘛念經祝壽，下密院全體人員須念忿怒十五施回遮法，為切實完成此事，須當時拋食，急需濕腸一副、頭顱兩個、人皮一整張，望即送來。[3]

中共對此的解釋一概歸爲階級壓迫，從而把舊西藏形容爲「野蠻黑暗」。直到今天，還在西藏一些地方（如江孜）把舊西藏官府門前掛的皮鞭、鐐銬等刑具作爲展覽。中共政權用刑並不少，但是從來都會把刑具藏得嚴嚴實實，因此它會推斷西藏政府把刑具毫不掩飾地掛在外面，更會殘暴得無以復加。其實對西藏政府而言，那些刑具作爲一種文化象徵，遠遠超過其眞正使用的價值。

從文化意義上理解這些現象，生存的恐懼使西藏人在他們積雪覆蓋的群山、颶風橫掃的平原、奔騰的河流和寬闊的山谷之間，到處都看到猙獰而易怒的神靈鬼怪。恐懼是他們生命歷程中與生俱來的組成部分，經過昇華的恐懼成爲他們精神世界的核心。他們必須膜拜恐懼，服從恐懼，以複雜的禮儀祭祀恐懼，才有可能通過對恐懼的順應，在恐懼的規則和強大保證下，獲得安全和心理上的解脫。這樣的恐懼在相當程度上已經具有神的性質。西藏宗教崇拜大量猙獰恐怖之事物的根源，應該就在這裡。

這種對恐懼的崇拜在西藏寺廟裡也表現得很充分。英國記者埃德蒙・坎德勒筆下描寫的拉薩小昭寺，傳神地展現了那種氣氛：

小昭寺像地窖那樣又黑又髒。在大門兩側各有三個巨大的保護神。在通廊裡擺放著好些弓箭、鎖子甲、牡鹿角，剝製的動物、唐嘎、面具、頭蓋骨以及敬神拜佛的全部用具。左側有一壁龕，裡面黑洞洞的，一些人在裡面敲鼓，別人也看不見他們。

一位喇嘛手握一只聖餐杯，站立在如食堂的飯菜窗口模樣的一個很深的牆洞眼前，昏暗、閃爍的酥油燈照在他身上，燈光將一惡毒的女魔暴露在人們的眼前。當第二個喇嘛將聖水倒入聖餐杯時，頭一個喇嘛將杯子一次又一次嚴肅地舉了起來，口中喃喃念著咒語以平息那一女魔。

……這個地方的歷史相當悠久。這裡有一些大件的浮雕金屬器皿和石器，如飾有怪獸和頭蓋骨的屋頂，這些可能在佛教進入西藏前就已經存在了，也許是苯教留下的遺跡。在這裡沒有任何一件東西的色調是鮮豔的，聲音是宏亮的，沒有任何東西富有生氣，充滿

活力。

　　受到侵襲的男男女女到這裡來是為了消災解難；一心想報仇雪恨的人們卻是為了降禍於人；失去親人的平民百姓則為了到這裡來瞧瞧在煉獄中的靈魂，企圖指引這一靈魂沿著自己的道路走向新生。與此同時鬼神和女魔則在暗中行動，要用銳利的魔爪將靈魂搶奪回來，將它重新投入地獄。

　　……在佛龕後殿的聖壇內，有一堆從地面堆砌到屋頂的磚石，據當地人說，有兩個無底的深淵通往地獄。在它周圍有一條又暗又窄的轉經道，善男信女繞圈轉經。地面和四壁像冰塊一樣滑，因為若干世紀以來，這兒留下了無數虔誠佛教徒的手跡和腳印。一位受迫切需要驅使的老嫗在出神地轉經。

　　如果是在別的地方，人們逗留時一定會神魂顛倒，但在拉薩卻不然，人們只是在毫不經心地漫步於神祕之中，因為在這樣一個與世隔絕的地方，自然環境十分惡劣，除了沙漠、荒原、一道道的崇山峻嶺之外，就是不可逾越的雪山。這裡的人誰也不會懷疑，甚至連兒童小孩都相信，地上、天上和水中到處都是鬼神，這些鬼神在與人類的命運進行激烈的爭鬥。[4]


　　正是出於對恐懼的膜拜與服從，西藏宗教培養了一種受苦與審美之間的奇特聯繫，把公正、天理與強大、威嚴和恐怖聯繫在一起。西藏史詩中的格薩爾王，就是以恐怖手段在人間建立公正統治的典型。藏人心目中認可的神，首先在於神必須能夠取得勝利，壓倒一切其他力量，並且神應該是要求明確、手段嚴厲和賞罰分明的。這種心理和思維方法從宗教延伸到西藏人生活的其他方面，表現為藏人對專制的服從、對受苦的忍耐、對勝者的尊重、對敵人的殘酷等。雖然西藏的僧侶宗教非常辨證，一般西藏老百姓的思想方法卻基本是直線型的，他們不容易理解和接受過於複雜的事物。他們的認同與服從在很大程度上需要恐懼和懾服的前提。這是西藏社會在獨特環境中發展出的獨特社會心理。

　　在這方面，中共的新宗教與西藏宗教有異曲同工之處，都是專制、

威嚴、並以恐怖進行懾服的。中共在西藏實行「一國兩制」和統戰路線時，曾一度模糊了自己的本性，以曖昧的姿態企圖在西藏上層和群眾之間兩頭討好。然而那在藏人百姓的直線型思維中，無異於規則混亂，賞罰無據，從而遮蔽了其強大和恐怖的一面，反倒兩頭都不討好。而在「平叛」之後，中共的殘酷鎮壓給藏民族帶來了大量流血和死亡，但卻因為擺脫了以往的曖昧，以明確規則把人劃分為不同「階級」，旗幟鮮明地充當了「被剝削階級」的領導者和代言人，並根據階級的不同進行說一不二的賞罰，就變得容易讓藏人理解甚至在宗教意識上接受了。因此，正是在殘酷的「平叛」之後，中共能夠很快贏得底層藏人的歡迎，也同時震懾住了其他階層的藏人。

藏人接受中共，除了底層人民在中共的革命中得到了切身利益，還有一個重要因素，就是中共所表現的強大——那強大通過昌都戰役和「平叛」被藏人充分認識——與藏人在宗教意識上的恐懼感以及被懾服的需求，發生了某種微妙契合。因此，在宗教意義上，中共後來一度在西藏取得勝利，其實是在藏民族傳統意識基礎之上實現的一次神的轉換。

## 二、西藏宗教的問題

中共新宗教之所以在一九六〇年代得到相當數量藏人皈依的另一個原因，與西藏傳統宗教自身存在的問題也是分不開的。西藏宗教從觀念到方法都有不少與人性相背之處，甚至以對人性的扼殺為基礎，① 如果有另一種替代之物，既能滿足藏人的宗教需求，又能使他們的人性得到解放，他們是不會不願意擺脫過去的壓抑和苦行的。

西藏宗教重視來世，主張人以今世的忍耐和苦行，去修鍊來世的正果。雖然不能斷言一定不存在來世，但是至少直到現在還從未有過對來世的令人信服的證據，而人類的本性卻是追求現世的幸福。

---

① 對這樣的說法我要表示道歉。人性不是僅存在於肉體和欲望，更多的是在精神與信仰中。在為精神信仰克服肉體欲望時，不能因此得出扼殺人性的結論。對於人類長遠的發展，克制欲望是必要的，也是有利的，而這正是宗教的功能之一。——二〇〇九年註

六世達賴喇嘛倉央嘉措寫過這樣一首詩：

> 求求大德的喇嘛，
> 把我的心兒收去！
> 心兒才收回來，
> 又跑到姑娘那裡。

> 常想的喇嘛面孔，
> 怎樣也來不到心上。
> 沒想的心上人的容顏，
> 卻出現在眼前明明朗朗。

> 想她想得放不下，
> 如果能這樣修法，
> 就在今生此世，
> 一定會成佛吧！5

　　身為達賴喇嘛，壓抑現世的誘惑都如此困難，一般人又會如何呢？被稱為「風流神王」的倉央嘉措也許情況比較特殊。他的前身圓寂後，當時的西藏攝政隱瞞消息十五年，所以他被確認為轉世達賴時已近成年，人性超過了神性。但是被認為是歷代達賴喇嘛中的傑出代表——十四世達賴，心裡也一樣有對人性的渴望。

　　當我小的時候，偶爾我也曾經想到過，如果我只是個普普通通的人，也許我會過得比較快樂一點。尤其是在冬天。因為一到冬季，我的活動範圍就被局限在布達拉宮內的一個房間裡；從早到晚，就只待在那裡；這樣持續大約五個月的時間。遵照傳統的要求，我必須要「避靜」，並且把時間花在背誦陀羅尼上面。我那間房間很陰暗、很冷，而且老鼠成群！房間裡還有一股惡臭。白天結束了，在夕陽西下的時候，我都從窄小的窗口向外看。黑夜逐漸吞噬了就在旁邊

的色拉寺。我感到無限地悲哀。此外我的監護人，就是後來變成攝政的那一位，外表看起來很嚴肅，不苟言笑。他老是跟在我身邊，而且總是繃著臉。在布達拉宮的前面，我每天都看著村民早上趕牛羊到野地，一天結束了，牧人也回家了。他們看起來是那麼快樂，那麼高興。他們邊走邊唱，小調旋律悠揚，聲聲入耳。也許他們很羨慕住在布達拉宮上面的我，然而，實際上，他們可不知道達賴喇嘛多麼希望能夠和他們生活在一起。6

西藏傳統宗教的修行，有時是以摧殘人性為代價，去換取那得不到驗證的來世。它鼓動人去做的犧牲，有時非常恐怖。二十世紀初的瑞典探險家斯文‧赫定（S. A. Hedin）在他的《亞洲腹地旅行記》一書，記下了一個西藏僧人的苦修：

> 一個喇嘛整三年就幽閉在這個漆黑的洞穴裡，他在這整個時間從未同外界接觸過！
>
> 他於三年前到林格來，既無名字，也無人認識他。那時石洞正空著，他便發了一個最艱苦、最殷切、最可怕的「和尚願」：讓他那殘餘的生命幽閉在石洞裡。不久之前才死了一個別的隱士，他在這洞室裡過了十二年之久。這人之前還有一個和尚在這黑暗中活了四十年之久。龍‧間登‧恭巴廟的附近有一個相似的石洞，那裡的和尚曾經給我們講及一個隱士。他很年輕就走進黑暗中，和世界和陽光隔絕地活了六十九年。當他感覺到末日將至時，他熱望著再看看太陽，已是忍受不住，不得不示意給別的和尚，讓他自由了。但這老頭卻完全瞎了眼睛，他剛走進陽光中，就倒地死去。六十九年前把他封閉起來的喇嘛當時沒有一個還在世的。
>
> ……每天早晨給他推進去一缽子糌粑去。在洞中噴出的泉源供給他水用。被禁者再把空缽子放下，使它重新裝滿。每七天他得到一點茶和一小塊乳油，一月中有兩次得到幾塊木柴，他用火石可以把柴點燃。每天給他施送食物的喇嘛曉得，假如他企圖或已經從窗口和他說話，他就會永遠毀滅的，所以他必得緘默著。如果幽閉者

同當差的道友說了話，那他所過的這些清淨自觀的歲月都不算作功德了。忽然有一天裝糌粑的缽子毫未動到，於是立在外面的和尚就知道，這位隱士不是害病就是死了；他再把罐子推進去，便沉在憂鬱的思想中行開了。如果食物以後幾天仍未動到呢，人們便於第七天把石洞打開。因為，這個孤獨者靠得住是死了的。死者被抬出去，他那塵世的軀殼像聖者們的一樣，用火焚化。

斯文‧赫定在書裡寫，自從見過那個幽閉著苦行僧人的石洞後，很長時間，他每天晚上都要想到那個正在洞中的喇嘛，當初走進洞裡的時候是什麼感覺，並且將怎樣在那洞裡堅持下去：

……他感到太陽的溫暖，看見山坡上陽光普照的田畝，看見地上他自己和別人的影子。他將永遠看不見光和影的演變了，因為他將直到死的那天為止，都在漆黑中討生活。他最末一次看見天空和行雲，山峰和它們那閃爍的雪田。

洞門是開著的。他走進去，把蒲團鋪開，這就是他的床鋪。人們念著經。後來門關上了，前面用石頭砌成一道牆。這隱士大概是立在那裡吸取正在流逝的白日最後的光線吧。當石塊間的空隙用小石和碎片填滿了時，深沉的黑暗圍繞著他。

現在這被禁者除了他自己念經的聲音之外，什麼都聽不見。他覺得夜晚很長，但他卻不曉得，太陽何時沉落，黑夜何時突來。在他什麼都是同樣黑暗的……一年挨著一年地過去。他不斷誦著經，在夢想著涅槃。他的時間觀念變遲鈍了，他不曉得，晝與夜走得多麼慢，因為他老是坐在他的地毯上，在夢想著涅槃，他知道，為要參加永久的福佑，在「克己」上要有無限犧牲的。

他變老了，但他卻不自知，因為時間對於他是靜止的，在他看來，他的生命同涅槃中的「永久」比起來，簡直就像一秒鐘光景。一隻蜘蛛或一隻千足蟲在他手上來回地跑，這是可以同他作伴的唯一生物。他的衣服腐爛了，他的指甲增長了，他的頭髮生長而且披蓋著。他的皮膚變得雪白雪白，他的視力減弱了，但直到眼盲了為

止他都不知道。他只熱望著解脫。總有一天,唯一可以到他石洞裡來拜訪他的朋友在敲他的門——死神,他到來,為的把他從黑暗中引到涅槃裡的大光明去。[7]

這種可怕的苦修方式,一般只限於僧侶。普通百姓中的善男信女雖然達不到這種程度,但也流行著各種苦行,所謂「磕長頭」就是其中一種。那被認為是一種虔誠的朝聖方式,人在向著聖地前進的時候,每走三步便要磕一個等身長頭。方法是先站立著合掌於胸前,舉掌至鼻尖、額頭,然後向前撲倒,五體投地,再起身重複下一輪同樣的動作。這樣一個長頭接一個長頭地磕下去,一直磕到聖地。每年有很多藏人朝拜拉薩,就是用這種磕長頭的方式從家鄉一直拜到拉薩的。有的路途遙遠,需要一兩年甚至更多的時間才能到拉薩。作家馬麗華曾經跟蹤過一夥磕長頭的藏人,在她的書裡詳細地描寫了磕長頭的各種規矩:

> 每天自上路起,只准念經,不准講話,遇到非講不可的時候,要先念經以求寬恕。途中遇河,要目測河距,涉水而過後補磕。下山時因有慣性,也不能占便宜,下了山要補磕相應距離。在雪深過膝的色雜波拉雪山,實在無法磕頭,就拿繩子丈量過,到拉薩後,每人補磕了四千八百個頭……
>
> 每天的磕頭有一定程序。早飯後步行到昨晚做了記號(昨天磕頭終止處)的地方,站一橫排,合掌齊誦祈禱經。傍晚結束時,要向東南西北四方磕頭,意即拜見此地諸神靈,今晚我將暫棲於此,請求保護;向來的方向磕三個頭,答謝一路諸靈與萬物,為我提供生活必需的水與火;向前方再磕三個頭,告示我明天將要打擾的地方神;最後向前方唯唯鞠躬三次,不盡的感激與祝福盡在其中。[8]

馬麗華還記載了一個三十三歲的尼姑,用了七年時間在佛龕前磕了三十萬個等身長頭,另一個尼姑磕了四十萬個[9]。一則著名的故事則談到,一位生有一雙美目的苦行僧人化緣,令一位美婦人顧盼流連。

當婦人讚美他的眼睛時，他毫不猶豫地把眼珠挖了出來，說，如果你喜歡就拿去這個肉球，現在你看它是否還可愛——這就是西藏宗教的風格①。

除了近乎自我摧殘的苦行和將生命中大量時光付諸宗教儀式，藏人還必須將自己財富的相當一部分，奉獻給種種繁複的宗教形式和宗教活動。僅是每家每戶供奉在佛像前長明不滅的酥油燈，每年就不知要燒掉多少酥油，千百年來燒掉的總量更無法衡量。酥油是從奶裡提煉的精華，是藏人食物構成中重要的能量來源。即使在人們忍飢挨餓，兒童因營養不良死亡之時，寺廟裡成千上萬盞酥油燈也一樣在輝煌燃燒。我看到過最大的酥油燈個如水缸，幾十個又粗又長的燈撚在同時汲取和消耗著銅缸內上百斤酥油。絡繹不絕的朝拜者不斷向裡添加酥油，那都是他們從自己的嘴裡一點點省下來的。

但是與建設寺廟、供養僧侶、舉行宗教儀式、朝拜或爲宗教義務獻工相比，酥油燈的消耗僅是很小部分。達賴時期的西藏政府，每年財政收入的九十二％都消耗於宗教方面的開支[10]。即使是今天，照有關人士估計，藏人每年的收入也約有三分之一被送進了寺廟或消耗於宗教。

西藏寺廟相當於聚集全體藏人之財富的大倉庫。典型的如布達拉宮那八座安放歷世達賴遺體的靈塔。

　　五世達賴靈塔是耗用黃金最多的一座靈塔，塔高十四米有餘，耗黃金三千七百多公斤，鑲嵌各類鑽石珠寶約兩萬顆，其中最為神奇的是一顆在大象腦內生成的珍珠，它竟比常人的大拇指還要大些，此外，還有五十多顆鑽石、八百多顆紅、綠寶石、一百多顆綠松耳石，以及萬多顆珍珠、珊瑚、貓眼石、祖母綠、松石、海螺、

---

① 相隔十多年，我對此這樣自省：某些被宗教之外的人感到奇怪甚至荒謬的事物，如閉關、苦修、禁欲等，都無法將其當作單獨的事物進行質疑，因爲它們是組成宗教的完整體系的不同局部，是在歷史積澱中形成和互爲組合的。大的宗教體系都不會是單一成分，必然要滋生出形形色色的事物。局外人看其好壞，不過是價值觀不同的評價，尤其不應以對某些個別事物或現象的不理解，對宗教進行總體的論斷。——二〇〇九年註

魚骨、琉璃等。整座靈塔金光閃閃，鑲嵌的珠寶如滿天星斗，藏族人稱這座靈塔「贊木林耶夏」，意思是價值抵得上半個世界。

而十三世達賴靈塔則比這「半個世界」有過之而無不及，它的高度比五世達賴靈塔略低，黃金用得也少一些，為五百九十多公斤，但它鑲嵌的珠寶更多，達十萬餘顆。在靈塔前，還有一座六層重簷珍珠塔，是以二十二萬顆珍珠由金線串連編織而成，不僅價值連城，而且工藝絕倫。[11]

那些財富既不會轉化成生產性投資，亦不能用於改善人民生活。千百年來，藏人的血汗就這樣不斷地沉澱在寺廟之中。

我漂流黃河的時候，曾在甘肅藏區瑪曲縣一個牧民帳房借宿。那牧民知道我最終將回北京，便提出要我替他帶五百元錢獻給住在北京的十世班禪喇嘛。我沒有同意，除了我無從去見班禪，還有我看見牧民母親穿的藏袍已經那樣破爛，長年勞累使她的腰佝僂，她的手關節變形如蒼老的樹根。我認為五百元最有價值的花法是為那母親買一件好的藏袍。班禪每次到藏區走一遭，得到的供奉至少有上百萬。他不缺五百元。

牧民說，等再攢點錢，他要親自去北京給班禪送供奉。我在北京聽說過，經常有各地藏民到班禪那座大宅門外排隊呈送供奉。他們得到的回報是什麼呢？青海省主管宗教事務的一位官員說，班禪在青海巡視的時候，陪同人員特別要注意的一件事就是隱蔽地處理班禪的糞便。一旦被教徒發現班禪的糞便在哪裡，就會被群而分之，拿回去當神藥。

這也許可以用「願意」來解釋。我覺得五百元錢應當給那母親買袍子，可那母親覺得能獻給班禪才是最大幸福，遠遠高於一件長袍帶來的溫暖和體面。我認為班禪的糞便與常人的糞便一樣不好，信徒卻認為有奇效。問題就在當事人不是我，只要作為當事者的藏人願意，外人是沒有權力說三道四的。

不過，即使從這種相對主義的角度出發，有一個問題還是躲不過去的。馬麗華七〇年代自願進藏，曾狂熱地讚美西藏的一切，並力圖

讓自己成為一個藏學家。十八年後，她人還在西藏，卻已經帶著深刻的困惑：

在我回顧描述了仍在延續的傳統人生，記掛著那些悠久歲月中的村莊和寺院，那些音容和人影時，一種憂鬱的心情漫浸開來。我覺得心疼。覺得不忍和不堪。從什麼時候開始，一種不自覺的意念從腦海深層漸漸上升，漸漸明晰，浮現於海面，並漸漸強化起來。我凝視著它——這是對於什麼的不以為然。不是對於生活本身，不是對於人群本身，不是對於勞作者和歌舞者本身，甚至也不是對於宗教。是對於靈魂和來世的質疑——是，或者也不盡然。靈魂和來世的觀念盡可以存在，與基督和伊斯蘭的天堂地獄並存於觀念世界。

只是靈魂和觀念世界如此深刻地影響了一個地區一個民族，如此左右著一個社會和世代人生，則令人輾轉反側地憂慮不安。

——誰從中獲益？

——老百姓本來可以過得更好一些。

——人生，造物主恩賜於人的多麼偉大、豐盛的貴重禮品，你其實只有一次生命。縱然果真有來世，也應該把今生看作是僅有的一次。

——缺乏的是一次人本主義的文藝復興。

從德中到青朴，為了來世之聲不絕於耳。就為了一個虛無縹緲的來世，就為了一個無法驗證的許諾，我們那麼多的兄弟姐妹們就以全部生命為代價，不假思索追問地、心安理得的畢生等待，他們除此而外幾乎一無所求。然而，他們只擔了一個風險——要是來世確鑿無疑並不存在呢？要是終有一天，他們確鑿無疑地知道，千百年來拚命抓住的維繫過祖祖輩輩生命和希望的繩子的終端空無一物呢？[12]

對於西藏人來講，這的確是一個具有顛覆性的提問。①

那些被告之應該把人生希望寄託給來世的藏人百姓，用他們現世的勞苦和血汗，爲「神」供養了一個現世的「天堂」。十四世達賴喇嘛寫於一九九〇年的自傳，一開篇就這樣說：「古老的西藏並不完美，然而，實不相瞞，當時藏人的生活確是獨樹一格，有很多的確值得保留，如今卻是永遠失傳了。」13 接著，達賴喇嘛舉了他每次出行的場面爲例：

> ……身爲達賴喇嘛，象徵著人間天上。它意味著過著一種遠離絕大多數人民塵勞、困頓的生活。我到任何地方，都有侍從相隨。我被裹著華麗絲袍的閣員及長老們圍繞，這些人皆從當地最高尚、貴族的家族擢拔而出。每天與我相伴的，則是睿智的經學家及充分嫻熟宗教事務的專家。每回我離開布達拉宮——有一千個房間的壯麗冬宮，總有數以百計的人群列隊護送。
>
> 隊伍的前頭是一名拿著「生死輪迴」象徵的男子，他後面是一隊帶著旗子、著五彩斑斕古裝的騎士。其後則是挑夫，攜著我的鳴禽籠子及全用黃絲包裹的個人用品。緊接著是來自達賴喇嘛本寺南嘉寺的一群和尚，他們都拿著飾以經文的旗幟。隨後則是騎著馬的樂師。再後，跟著兩群僧官，首先是低階和尚，他們是抬轎的；然後是孜仲階級的喇嘛，他們都是政府官員。達賴喇嘛廄中的馬群英姿矯健地跟在後面，皆由馬夫控馭，並飾以馬衣。
>
> 另一陣馬群則馱著國璽。我則隨後坐在由二十名男丁抬著的黃轎裡，他們都是綠衣紅頂的軍官。與大多數高級官員不同的是，他們有自己的髮式，留著一條長辮子，拖在背後。至於黃轎（黃色指

---

① 我當時引用馬麗華的這一段提問忽略了另一個方面：其實與馬麗華一樣的無神論者也擔了一個風險，不妨用類似的語句提問——要是來世確鑿無疑地存在呢？要是終有一天，他們確鑿無疑地知道，一生自以爲是的唯物主義原來並非是眞理，他們將爲不信來世、沒有修行甚至作惡多端而遭受地獄的懲罰呢？因此，即使不否定馬麗華的這個提問，而是將其視爲有二分之一可能性的壓寶（旣然都無法驗證），那麼無神論者的寶壓準了，得到的只是享受一世，而佛教信仰者的寶壓準了，得到的卻是萬世成佛。相比之下，也不應該把無神論者視爲更有智慧。——二〇〇九年註

涉修行意涵）則由另外著黃絲長袍的男子扛抬。轎旁，四名達賴喇
嘛核心內閣成員噶廈騎馬緊隨，由達賴的侍衛總管及西藏軍總統領
馬契照應。行伍皆佩劍凜然致敬，他們著藍褲和飾以金色穗帶黃束
衣的制服。頭上則戴著流蘇帽。隊伍四周，最主要的團體是一群警
衛僧。他們看來聲勢懾人，一概至少六尺高，穿著笨重的靴子，平
添外表的奪目之感。他們手裡拿著長鞭，隨時派上用場。

　　我的轎後是高級及初級親教師（前者是我即位前的西藏攝政）。
然後是我的父母及其他家人。接著是包括貴族及平民的一大群俗
官，依階級出列。

　　每當我出巡，幾乎所有拉薩人民都爭睹我的風采。所到之地，
人們向我頂禮或五體投地，一陣令人敬畏的肅穆後，他們經常隨之
涕下。14


　　讀達賴喇嘛這段文字，我們眼前會浮現出一幅色彩絢麗的圖畫，
不能否認，這種場面的確是獨樹一格。宗教是傳統西藏一切活動的中
心，主持宗教的僧侶在那時形成一個龐大的寄生階層。據梅·戈德斯
坦的計算，十八世紀西藏的喇嘛僧人占總人口大約十三％，也就是約
有二十六％的男子出家爲僧15。而中國藏學家李安宅在一九四七年對
西康德格藏人進行的人口抽樣研究中，僧侶所占的比例更高。德格地
區共有人口一萬一千一百七十二人，僧侶在其中占到三十三·二五％
（和尚與尼姑各占九十六％和四％）。去除僧侶，剩下的人口中男性僅
爲二千九百六十三人，女性五千四百二十八人16。因此，西藏僧侶在人
口中所占的比例，被認爲是世界之最（同樣是佛教居支配地位的泰國，
出家爲僧者只占男性總數的一％至二％）。

　　僧侶脫離社會勞動，終身享受他人供養，既造成社會勞動力缺乏，
又成爲沉重的社會負擔。由於喇嘛教禁止僧侶婚育，大量育齡人口出
家，導致西藏人口萎縮，成爲傳統西藏社會的問題之一。有這樣的分
析：

　　　　按照喇嘛教的教義戒律，僧人不參加生產勞動，格魯派對此尤

為嚴格。占總人口三分之一的僧侶脫離勞動，造成勞動年齡人口比例的失調，其結果社會負擔係數過高，勞動人口負擔過重。這種苦果吞食者首先是婦女，由於大量勞動適齡男性入寺為僧，婦女成為主要社會生產的實際承擔者。西藏廣大勞動婦女終日勞動不得溫飽。甚至產前產後都不得休息，早產、流產相當普遍，嬰兒成活率必然相應降低，即使活產嬰兒也因發育不良，極易感染致病，造成較高的死亡率。過度的勞動負擔和因生育而帶來的各種痛苦，對勞動婦女生育行為的抑制作用是不言而喻的……對西藏人口的發展造成了嚴重的不良後果。從十三世紀八〇年代的五十六萬，到十八世紀三〇年代的九十四萬，四百五十餘年僅增長三十八萬人。而從十八世紀八〇年代的九十四萬，到一九五一年西藏和平解放時的一百零五萬，二百一十餘年僅增長十一萬人，幾乎陷於停滯狀態了。[17]

連西藏自己的學者，也把西藏從強大的吐蕃王朝（人口曾在那時達到四百萬之多[18]）衰敗到後來如此不堪一擊，歸於西藏宗教的原因[19]。為了解脫宗教之負擔，歷史上的西藏王朝甚至有過毀佛滅教，強迫喇嘛還俗之舉（如發生在吐蕃王朝後期的達瑪滅佛）①。

直到今日，在拉薩中心的八廓街上，也時而能看到一些年輕力壯的喇嘛②坐在路中間大模大樣地向過路人要錢。如果有人不理，他們就做出威嚇或侮辱的姿態，甚至去拉扯路人的腿。他們之所以能如此把乞討當作天經地義，就在於他們是僧侶。僧侶就該天生不勞而獲，誰拒絕他們，就肯定是該詛咒的異教徒。面對那種場面，你沒法不感到

---

① 今天新一代的年輕藏人也有為達瑪翻案的，認為達瑪當年如果沒有被刺，西藏就會免於沉湎宗教，不至於衰落到今日地步。蒙古人也有認為西藏宗教不僅導致藏民族從吐蕃盛世衰落，也使接受了藏傳佛教的蒙古族遠離了成吉思汗的榮光。但是有藏人學者指出，沒有接受藏傳佛教的滿人也曾武功蓋世，今日卻已不存，被漢文明完全同化，蒙古民族之所以得以保存，與信仰足以對抗漢文明的藏傳佛教是分不開的，否則難保不落到滿人同樣的結果。從這個角度看，西藏宗教對保護民族文化又有勝過世俗武力的作用。——二〇〇九年註

② 在這裡用「喇嘛」之稱是不對的。漢人往往濫用「喇嘛」之稱，其實並非每個西藏僧人都能稱為喇嘛。喇嘛是藏語音譯，意思是上師，指學問高深、修行有成，可指導人們進行佛教修習的有資歷和學位的高級僧人。對於普通僧人，藏語一般稱為「扎巴」。——二〇〇九年註

這種宗教是有問題的①。

「權力產生腐敗，絕對的權力產生絕對的腐敗。」這句話不僅適用於官場權力，也在一定程度上適用於宗教權力。尤其在西藏，宗教權力完全稱得上是絕對權力，幾乎沒有任何制約。對這一點，英國人查理斯‧貝爾評價他曾與之密切接觸的十三世達賴喇嘛說：

> 十三世達賴是名副其實的獨裁者；對他的國家來說，他比希特勒（A. Hitler）和墨索里尼（B. Mussolini）有過之而無不及。他不能像他們那樣用三寸不爛之舌，更不能用無線電廣播（即便有廣播的這一套東西）來謀取地位。但他有比口才或無線電更厲害的東西，因為他能在今生與來世裡進行賞罰。「你下一輩子是人還是豬，難道對你沒什麼關係嗎？達賴喇嘛能夠保你投胎成人，當大官，或者更好一些——在一個佛教興盛的國度裡當大喇嘛。」
>
> 對一個西藏人來說，沒有比來世的投胎更重要的事了，那是因為：如果他今生不幸，又沒有人來替他排除這種不幸，他就甚至有可能被打入地獄一千多年。在這樣一種環境裡，達賴喇嘛權力之不可抗拒，便可想而知了。[20]

固然，宗教講究慈悲，禁止濫用權力，但是人並非只因剃了頭和披上袈裟，就能進入一塵不染的神靈境界。當年宗喀巴創立要求僧人嚴守戒律的黃教（格魯派），原因就在於當時的西藏宗教已陷入極度的腐敗：

> 一般的講，大多數僧人不論什麼時候都喝酒，不論什麼時候都進食（不守戒酒、過午不食的戒律），到處玩耍，沉湎歌舞，以至於

---

① 後來我瞭解到，那些行為不端的「扎巴」中，有很多是以圖利為目的出家的，或者乾脆是假冒的。佛教僧侶的腐化墮落，今日無論在藏地、漢地都是普遍現象。雖然那和佛教精神背道而馳，不該把責任歸於佛教本身，然而宗教不僅僅是哲學，必然需要通過有形因素才能體現，因此佛教——尤其是有著活佛轉世之體系的藏傳佛教——如何建立內部監督和制約的機制，並且可以有效地清理門戶，就有了極大的重要性。——二〇〇九年註

彼此爭吵，與人鬥毆。特別是那些專修某種密法的喇嘛，揚言戒律
乃為小乘僧人而設，他們無須管什麼戒律不戒律。他們公開娶妻生
子，酗酒，耽食，貪婪成性，淫蕩自恣……自元代以來，西藏一部
分修密喇嘛是無惡不作的。他們藉口修密需要女人，便強取民間處
女；藉口法事需要，便挖取活人心肝作為供品；諸如此類，不勝枚
舉。看看《元史》及元人記載的蕃僧種種醜事，元宮演揲兒，剝人
身全皮做佛像座墊等駭人聽聞的事，可以想見一斑。這班人專以異
術自炫，一旦得遇，便能博得皇帝封賜，便在衛藏成為地方管民之
官。[21]

　　宗喀巴創立黃教已有六百年，黃教在西藏掌握「絕對的權力」也
有了上百年。他們一樣難逃被權力腐蝕的規律。十三世達賴喇嘛在一
九二〇年代對格魯派進行整頓，就是因為當時格魯派的教規已經極度
廢弛腐化。其中以在西藏寺廟中地位最高的三大寺（哲蚌、色拉、甘
丹）及上下密宗院為最著。貴族家庭出身的僧侶，不守法規，化裝為
俗人夜遊或到鄉間遊玩，名妓侑酒，彈唱歌舞，賭博吸煙，仗勢欺人；
農牧奴家庭出身的窮苦僧人為生活所迫，多到鄉下念經乞食，或外出
做苦工；對寺廟的法事活動，許多僧眾以發不發布施決定參加與否；
而主管宗教學位評定的三大寺堪布受賄賣放學位；管理寺院的僧侶則
貪污佛前上供的油錢，等等[22]。後來的十四世達賴喇嘛也說過：「在某
些寺廟裡，有些高級喇嘛的職務變得和地主一樣，而不再是一個精神
修鍊中心所應有的。這是很悲哀的一件事。」[23]
　　十四世達賴喇嘛出身青海農區一個普通農民家庭。他的家庭由於
出世了達賴喇嘛，一躍變為西藏最顯貴的家庭之一。當時住在拉薩的
諾布頓珠在寫給錫金政治專員的信中，有一段專門寫了達賴喇嘛的父
親（稱為堯西公）：

　　　　……達賴的父親這個頑固而脾氣暴躁的人卻拒絕照常支付其莊
　　園的賦稅，並開始在不經噶廈允許的情況下，強行徵用其他農奴無
　　償支應烏拉差役和勞役，他還干預噶廈處理刑事案件和調解民事糾

紛，並開始私設公堂自行判案斷案。更有甚者，他還要求當他在拉薩行走時，人們須向他致以空前的敬意，例如，所有騎馬者無論其官階有多高，都得下馬向他致敬，否則冒犯了他將遭到他的隨從的體罰。有一次，當一名病人在去英國公使館看病途中沒有下馬時，堯西公當即沒收了這位病人的馬……[24]

歷代達賴喇嘛的家族利用特權和地位謀取私利，幾乎成了傳統。不過達賴家族畢竟是俗人，難免俗人惡習。那麼經過了十三世達賴喇嘛整頓之後的西藏三大寺僧人又如何呢？當年工布江達的宗本(縣長)江中‧扎西多吉所回憶的一件事——為三大寺僧人準備住處，可從中略見一斑：

> 一九五○年秋，三大寺……九名代表率領七十五名武裝僧人(扎巴)來到工布江達宗。他們一到，首先檢查住房、馬夫、廚役等的安排情況，接著就搶占好點的住房。他們藉口沒有給他們安排好，就亂打老百姓，七十五名扎巴以接馬人未按時來接也亂打人。代表們進入住房後，互相比住房、陳設的好壞。都認為別人的好，自己的差。甘丹降孜代表說：「我們三大寺九代表及帶領的扎巴，是噶廈政府委派來的，是為了驅逐佛教之敵紅漢人——共產黨而來的。原先譯倉列空(噶廈政府的祕書處)任命我們九名代表時，都是平等對待，但是，夏爾孜代表一到這裡就鋪上紅氈、用上華蓋，為什麼不給我配備這些？哲蚌代表有接馬人，我們甘丹寺兩代表為什麼沒有？」話畢，就對負責接待的根保和百姓鞭打腳踢。哲蚌果芒扎倉的代表也藉口住房設備不好，把七十歲的房主文瓊老人從樓房上推下(文瓊老人因摔傷，一個多月不能起床)，把五、六個百姓、傭人用皮鞭抽打。[25]

對這樣的僧侶，西藏人不敢反抗，甚至不敢表示不敬，那是不能說他們心裡願意如此。如果只給人兩個選擇，要麼今生一世逆來順受以換取萬代來世在天堂享福，要麼永生永世淪落地獄遭受刑罰折磨，

西藏底層百姓對掌握著進入天堂之門鑰匙的僧人，是不敢不「願意」的。同樣道理，藏人「願意」從營養不良的妻兒口中摳出食物供奉給寺廟，或者他們「願意」在風雪泥濘的高原上不停地叩拜等身長頭，原因也在這裡。

然而，若是有一天，突然能夠推翻那種非此即彼的前提了呢？他們突然醒悟根本沒有來世，或者是即使有來世，也不是非用今世的受苦交換呢？藏人還能保持對上述事物的「願意」嗎？

答案是不難想像的。

## 三、神的轉換

問題在於，誰能推翻已經被藏人在千年時間奉為神聖天理的前提呢？

那必須是一個遠比舊神更強大的新神。新神必須能把舊神殘暴地踩在腳下，然後不容置辯地宣布一個新紀元開始，公布一套新天理，實行一套新的獎懲規則。藏人才會敢於把原本對傳統宗教的「願意」變成不願意。

中共恰如其分地充當了那個新神。新神宣布的新天理既能符合藏人傳統心理的宗教性，又能同時給他們以人類本性方面的滿足（暫不談中共後來的作為），因而被相當數量的藏人以近乎狂熱的方式接受是合乎邏輯的。在宗教性上，皈依者以趨於極端的方式投身「砸爛舊世界」中，表達他們對新神的敬畏和忠誠，那和西藏宗教的內在精神本是一脈相承；在人性方面，受苦人一旦壓抑解除，滿腔苦水就會噴湧而出，並以殘忍的方式回報給過去製造了苦難的來源，這也並不奇怪。從「平叛」結束到「文化大革命」開始的時間（一九六〇至一九六六年），正好完成了藏人從啟蒙、覺醒到全面動員的過程，而「文化大革命」的到來解除了世俗政府自上而下的「政策」管制，完全由那位光芒萬丈的毛姓大神，從遙遠神祕的北京那座廟一樣的城樓上，揮動有著閃亮紅五星的帽子進行指揮——那簡直有太多藏人熟悉之極並且極易引起他們感應和激動的宗教意味。他們的宗教性和人性被雙重

蓬勃地點燃，投身到「文化大革命」的狂熱之中去，應該是十分順理成章的。

中共從被他們稱爲「翻身農奴」的底層藏人擁護中，自以爲看到馬克思主義的普遍性和正確性。如毛澤東所說：「階級鬥爭是綱，綱舉目張」，一旦被壓迫人民的階級覺悟覺醒，就會奮起鬥爭，砸爛舊世界，追求新世界。然而以我看，與其說底層藏人是自己選擇了以西藏上層社會爲對手進行階級鬥爭，倒不如說他們是在一場兩神之間的鬥爭中選擇了勝利的一方。那場兩神鬥爭是高高地發生在他們之上的，他們只能看到天上的翻騰烏雲和雷鳴閃電，當那神界相爭的惡戰結束，雲開霧散，陽光所照射的勝者是那位名字叫作毛澤東的新神，於是藏人就向他頂禮膜拜了，並按照他所公布的新天理去對被打倒的舊神進行「階級鬥爭」了。

達賴喇嘛一方認爲藏人從未有過對西藏傳統宗教的背叛，是有意或無意地迴避了歷史事實；而另一種認爲藏人曾接受了反宗教意識形態的觀點，亦只是看到了外表。在那些年代，即使藏人高喊著「無神論」的口號對傳統宗教進行摧毀，他們也不過是信奉了那個叫作「無神論」的新宗教，把宗教之神從達賴喇嘛換成了偉大領袖毛主席。

藏人有崇拜強者的心態，毛澤東和達賴孰強孰弱，通過二者的兩次較量，已經被藏人看得十分清楚。昌都戰役，西藏政府的精銳兵力在中共解放軍面前一觸即垮，如摧枯拉朽，達賴喇嘛只能逃到亞東去避風；拉薩事件，數萬擁護達賴的武裝戰士雲集拉薩，駐拉薩的解放軍只用二十幾個小時就獲全勝，達賴喇嘛則流亡印度。這樣懸殊的力量對比展現在藏人面前，肯定會給他們極大的震動。他們一直五體投地崇拜的神，原來並非像他們想像的那樣戰無不勝、無所不能，反而在毛澤東面前只有逃了再逃。崇拜神界之強大和威嚴的潛意識，會使藏人崇拜的對象無形中發生轉移[1]。

---

[1] 這裡說的崇拜強者並非是崇拜壓迫者，藏人對於強大的壓迫者是敢於反抗的，但如果強者是以賜福名義而來，並且表現出對藏人的尊重與慷慨，便容易使藏人產生崇拜心態。如一九〇四年英軍入侵西藏，從此卻使西藏和英國形成特殊關係。我認爲藏人對毛澤東的中國也曾產生過類似心態，雖然這會被認爲在政治上是不正確的。——二〇〇九年註

前面說過，西藏的百姓宗教和僧侶宗教差距是很大的。百姓宗教更多的是一種表現爲集體潛意識的宗敎感，而滿足那種宗敎感的具體內容可以不拘一格，不像僧侶宗教那樣必須符合學術體系、流派和嚴格的對象。西藏百姓有神便拜，他們理解的世界是個多神世界，凡是強大或位高的事物都會被他們賦予神靈特性，爲他們所拜。連黃慕松那樣的世俗官僚，在進藏路上也曾被藏人要求其爲之「摩頂」：

> 萬民爭來求福，羅拜帳外，並獻金珠飾物，余乃施以摩頂禮，眾皆大悅。余之乘輿掛滿哈達，儼如活佛出行……在加沙未受摩頂之民眾，亦沿蹤偕來，余乃一一撫慰。蓋民眾信佛極虔，以爲中央大員，必爲活佛轉世也。[26]

那麼以毛澤東和中共表現出的強大，更足以引起藏人百姓的敬畏之心。使毛和中共可以順利地在藏人百姓中取代傳統舊神的，還在於中共意識形態本身和西藏宗敎頗有內在相通之處，因此不會使他們的宗教意識發生太大衝突；同時，中共在西藏的專制統治和傳統西藏的政敎合一統治亦非常相像；作爲至高無上的宗敎象徵符號，毛澤東比達賴有過之無不及，不僅其作爲世俗領袖更加威嚴強大，而且因爲歷史上中國皇帝被藏人視爲文殊菩薩化身，比作爲觀音菩薩化身的達賴喇嘛有更高的神格①，理所當然地，毛被藏人當作了文殊菩薩。

在強制推行和相互裹脅共同作用下形成的對毛澤東表達崇拜的儀式化行爲，雖然具體方式不同，在精神實質上和藏人熟悉的喇嘛敎卻無二致，因此轉換起來非常容易。家家掛毛澤東像，每天對畫像鞠躬，手捧「小寶書」背誦「最高指示」，與過去家家供奉達賴畫像、對其叩拜、祈禱念經有多大區別？對普通的藏人百姓，只要能滿足他們的宗敎意識所尋求的強大威懾和庇護，以及提供他們相應的宗教形式，眞正的宗教內容反而是次要的，很容易置換。文革期間廢除了設在山口

---

① 這種錯誤的看法只存在於認爲文殊菩薩是菩薩之首的中國民間。在佛敎中，菩薩的地位完全一樣。——二〇〇九年註

與路邊的宗教瑪尼堆，代之以石塊與水泥砌成的「毛主席語錄牌」，藏人老百姓路過時，仍然自覺地繞其轉圈，與當年繞瑪尼堆一樣。傳統中收割之日的「望果節」，藏人要在田裡舉著佛像念經唱歌，文化大革命期間，變成舉著毛澤東像念毛語錄唱《東方紅》。

藏人對西藏宗教的典籍心懷敬畏，但大部分是文盲的底層藏人頂多背誦一點「六字箴言」那樣簡單的經文，對深奧且浩瀚的宗教典籍，不要說弄懂其中的含義，連不知所以然地朗讀一下都沒有可能。西藏之所以發展出眾多「自動化念經」方式，與此也有關係。如藏人多有手持的經桶，桶內裝有印著經文的紙卷，轉動經桶就相當念誦其中的經文；把經文印在布上（經幡）掛在外面讓風吹動，則可算作「風力念經」；有流水的地方可以設置水力帶動的經桶，原理跟水磨一樣，等於晝夜不停的「水力念經」；還有遍布西藏高原的瑪尼堆，把經文和佛像刻在石板上，堆放在一起，圍繞瑪尼堆轉行也相當念那些經文。以那種方式念經，把經換成了「毛主席著作」，又會有什麼區別呢？西藏林芝地區的專員張木生告訴我，文化大革命期間，林芝地區的農牧民，平均每人可以背誦的「毛主席語錄」達到四十多條。但是那並不意味他們真的接受了毛思想，無論對佛教經典還是毛語錄，他們的念誦之形式都高於實質。

所以，只要在形式置換上有足夠的分量，能滿足西藏宗教所需要的形式感，以毛澤東置換掉達賴，以共產主義天堂置換掉西天極樂世界，以共產黨組織置換掉寺院結構，對底層藏人來講，有可能是一個更好的選擇。

也許今天人們會說共產黨統治西藏如何殘暴，給藏人帶來了多少苦難。殘暴是無疑的，然而正如上述，殘暴在西藏的宗教意識中並非能夠簡單地全部視之為惡，還是其文化深層的某種必要因素。中共統治殘暴，西藏的傳統社會也不盡甜美。中共的殘暴是針對上層階級（至少在一九六〇年代），傳統西藏的壓迫卻是對下層階級，是以多數人的苦難維繫少數人的特權。共產黨顛倒了這種關係（「翻身」一詞是非常形象的描述），把上層社會的財富分給過去的農奴。當那些世世代代苦命的人們得到了屬於自己的土地和牲畜，而且被告知他們成了主人的

時候，他們的驚喜是可想而知的。並且他們將不會爲此感到惶惑，因爲給他們作主的新神是那麼強大有力，整個舊世界在那新神面前不堪一擊。一方面新神可以降臨最殘忍的懲罰於敵人，另一方面又可以普施那麼多不可思議的恩惠——廢除烏拉、不收稅、空投救災、巡迴醫療、送窮人的孩子上大學……區分的規則如此明確，一目瞭然——階級。這種將人的命運決定於先天的哲學，簡直跟西藏傳統宗教對生命的解釋一模一樣，區別只在於過去的角色調了個個兒——這回是窮人把富人踩在腳下了。

為什麼會調個兒，那是因爲天地重造，出現了神界輪迴——舊神的時代結束，而一個無比強大的新神時代從此開始！以新神的神威，新世界必將與天地共長久，而舊世界將萬劫沉淪，永世打入地獄。在這種對比中，懾服於新神，投靠新神，敬畏新神，按照新神的意志抛棄和打倒舊神，以西藏文化的思想方法，應該是再合理不過的選擇。

不要說西藏底層百姓，即使是寫下了「七萬言書」對中共進行尖銳批評的班禪喇嘛，在其「七萬言書」中，也自覺不自覺地攙雜了對新神的畏懼和敬意。以「七萬言書」最後一段爲例：

> 這份報告呈送給總理您並通過您轉呈偉大的中國共產黨中央委員會和偉大正確英明的領袖毛主席。請在宏大深邃的胸懷中稍加關注。因爲我的知識水平低，這份報告裡有許多不全面、不成熟、不對、不妥、不當的地方，請毫不避諱的以父母誡子之心，嚴賜批評教導。總之，過去十二年中靠黨的恩惠而生存，由於以偉大領袖毛主席爲首的中央各位首長和以中央駐西藏代表張經武爲首的中共西藏工作委員會的各位書記對我的思想經常給以許多幫助，因而使我有了一定的革命觀點、看法、認識和理想等……我已立下誓言，今後爲了黨和人民除了肯定辦好事外，絕不讓有辱一個作爲勤勞勇敢的藏族子孫名譽的任何痕跡遺留在我的歷史上。今後我要在黨中央、毛主席、國務院、中共中央西南局、中共西藏工作委員會等各級領導下，在西藏自治區籌備委員各位副主任的幫助和工作上共同協作下，可以完善的負起自己的責任，對此請在宏大深邃聖潔的胸

懷中加以鑒察。[27]

並且在那個時候，他可能也想到了佛教的末日，所以在「七萬言書」中，他還寫了這樣一段話：

> 宇宙間所包羅的一切（事物）都是瞬息萬變，趨於消亡的；不變化不消亡而能存在者連一件也沒有。因此佛教的存在也有時限，這是我們慈悲之主釋迦牟尼已經明確講過的。[28]

他所能做的，僅僅是請求中共不要把佛教滅亡的日子以人為之力加以提前罷了。

# 四、西藏寺廟是誰砸的

在一九五〇年代中共鎮壓藏人武裝反抗的過程中，不少寺廟因為成為反抗據點，受到中共炮火打擊甚至飛機轟炸，因而遭到破壞。在隨後進行的「民主改革」中，中共又迫使大批僧尼離寺還俗，使不少寺廟因無人駐守而荒廢，或是因改作他用而遭到毀壞。這一類還不算專門針對寺廟的破壞。還有一類則是以徹底摧毀寺廟為宗旨的破壞，所說的「砸廟」就是這樣一種行為。前者的因果關係和責任已經比較清楚，我們這裡主要討論後一類破壞。

達賴陣營和西方輿論，一向把砸廟行為歸於文革期間從中國內地進入西藏的漢族紅衛兵，並認為那是中共政權對西藏宗教「深思熟慮、有計畫、有步驟的全面性摧毀」[29] 的組成部分。董尼德在他的書中稱之為「廢墟行動」和「漢災」[30]。他的有些描寫讓人驚訝：

> 寺廟越牢固，工程就越困難。對某些深牆高院、固若金湯的寺廟，紅衛兵還動用了炸藥和大炮。在某些情形下，他們甚至有轟炸機支援。[31]

不知他的說法根據在哪裡？以我的瞭解，說紅衛兵使用大炮和轟炸機摧毀寺廟，實在是有些離譜了。不過，砸廟的具體手段暫時可以放在次要地位，首先應該弄清楚的是，西藏寺廟到底是誰砸的。無疑，肯定有漢人參加。西藏當時有數萬漢人，集中在文革浪潮相對洶湧的城市，中國內地颳進的「破舊立新」之風肯定會使他們受到影響。然而當時在西藏的漢人基本都是幹部職工，幹部職工一般較晚才介入運動。文革初期的「破舊立新」是紅衛兵的行為，而紅衛兵是學生組織，一般只有中學以上的學生才能參加。當時進藏工作的漢人普遍年輕，帶子女進藏的本來就少，子女已上中學的更沒有幾個，所以不可能有多少西藏本地的漢人紅衛兵參加砸廟行動。

這一點可以從拉薩寺廟的情況得到證明。拉薩那時集中了最多的漢人，但是拉薩寺廟受到破壞的程度遠遜於漢人稀少的西藏農村和偏遠地區。那些偏遠地區的寺廟是誰砸的呢？

在西方人寫的書中，連立場比較接近中共的譚‧戈倫夫也將砸廟歸之於中國內地的紅衛兵。他在《現代西藏的誕生》一書中寫道：「一九六六年整整半年，紅衛兵開始湧進西藏，有些甚至是坐飛機去的，機票是由同情他們的北京官員辦理的」[32]。達賴一方對此則更為明確，達蘭薩拉的《西藏通訊》雜誌主編達瓦才仁對此記載得極為詳實：

這些破壞是由來自中國的紅衛兵幹的，當時，第一個闖進西藏的是一九六六年七月進入拉薩的北京女子學校八十中學的「八十中學紅色造反隊」，四百餘人，隊長是武姿漢（音譯，下同）；接著是北京地質學院的「地質學院紅旗戰鬥隊」三百餘人，首領叫蕭聯；北京航空學院的「紅色航空學院進藏戰鬥隊」三百五十人；北京人民大學的反修戰鬥隊有四百五十人；北京清華大學的「反帝戰鬥隊」二百五十餘人，領隊叫張金松、李鳳蓮（女）等；北京民族學院四百餘人叫「東方紅戰鬥隊」（其中一半是藏人）；東北鐵道學院的「紅色造反隊」三百人等。所以在西藏首先開始破四舊和破壞大型寺院並掠取珍貴藝術品的，全是來自中國本土的紅衛兵，這些紅衛兵雖未到過西藏，卻對西藏的文物極為熟悉，只砸他們不要的東西。[33]

上述的數字和名字雖然詳細，但是沒有提供引據來源，可信度是有問題的。至今時間已過三十多年，當年的當事人已難以尋找，尤其那是一個檔案系統癱瘓的年代，基本無從核實當年的情況。但文中所列舉的「第一個闖進西藏的」的「四百餘」紅衛兵所在的「北京女子學校八十中學」，現在不是、過去也不曾是女子中學，這一點是可以肯定的。另外，文中所說的八十中紅衛兵到拉薩的時間是「一九六六年七月」，那時紅衛兵「大串連」尚未開始[1]，中國內地只有少量紅衛兵到北京「取經」或告狀，因此不可想像會有四百餘人的龐大紅衛兵團隊在那時從北京到拉薩。

我訪問了一位從一九六五年就在八十中學教書的阮姓女教師，她知道學校在「文革」期間有學生去了西藏，由於那時教師都「靠邊站」，具體情況她不是很清楚，但她可以肯定，不可能有那麼多人進藏。我訪問的另一位名字叫孫小梅的女士，她在一九六七年去拉薩，並且參加了拉薩的「文化大革命」。當時在拉薩有一個「首都紅衛兵赴藏總部」，不超過一百人。其中有八十中的學生，約十多個，領頭的名叫賈軍，是個男生。孫女士表示，至少她在西藏期間，沒有漢族紅衛兵參與砸寺廟的事。漢人紅衛兵到了拉薩以後，也極少再有去西藏其他地區的，當然也就不可能去砸其他那些地方的寺廟。

雖然現在準確地瞭解當年情況已經不易，但是以經驗判斷，也難以相信當年會有大批漢人紅衛兵進藏砸廟。也許他們會有這種願望，如果沒有西藏高原的大山阻擋，成千上萬的漢人紅衛兵可能真會乘「大串連」之機，湧進西藏去破「四舊」（依當時的標準，西藏的「四舊」無疑最多）。然而西藏的遙遠和惡劣的交通擋住了他們。西藏行路之難，連三十年後的今天，交通條件改善了多少倍，離開了幾條主要公路都有寸步難行之感。西藏寺廟遍布農村牧場和崇山峻嶺，皆為當地

---

[1] 大規模的紅衛兵「大串連」是在一九六六年九月五日中共中央、國務院發出《關於組織外地高等學校革命學生、中等學校革命學生代表和革命教職工代表來京參加文化大革命的通知》之後才開始的。以西藏的交通條件，「大串連」波及到西藏還會有相當的滯後期。我訪問過的一位當年已經在拉薩上中學的李姓男士，他清楚地記得第一批進西藏的漢人是北京航空學院的「紅旗」戰鬥隊。他記不得準確時間，但那時已經穿大衣，應該是接近冬天。李先生現在還生活在拉薩，是一個公司的老闆。

最堅固的建築，內地紅衛兵如何能夠深入進去，又如何有對付高原缺氧的體力和足夠的人手，把散布在上百萬平方公里面積上的數千座寺廟毀壞得那樣徹底呢？

我還採訪過一位名叫何佳的北京女士，她曾在一九六六年以紅衛兵的身分到過拉薩。通過與她交談得到的印象，我更相信漢族紅衛兵那時進藏的人數極為有限。何佳當時是北京師範大學女子附屬中學初中二年級的學生。那是一個中共幹部子女集中的學校。西藏中共首腦張國華的女兒也在那個學校上學。何佳與另外四個紅衛兵戰友進西藏，是通過父母的關係拿到了張國華的批條才得以實現的。沒有那層關係，當時的漢族紅衛兵根本不被允許進藏。那時控制進藏的手段非常簡單，進藏唯一的交通工具——汽車全都控制在當局手中，既沒有公共汽車，也沒有私人汽車。只要不被允許上汽車，紅衛兵不可能靠兩條腿走進西藏。何佳他們拿著張國華的條子，雖然得到了進藏汽車上的位置，也僅僅是在卡車貨廂上露天而坐。

從成都到拉薩，走了半個月。他們一到拉薩，就被安排住進軍區的招待所——那是進藏漢族紅衛兵的集中地。何佳現在說不清當時一共有多少人住在那裡，但是她敢肯定不過百。

何佳進藏的目的是什麼呢？與「破四舊」毫無關係。她和她的同伴是要求到西藏農村去當農民，「扎根邊疆，建設祖國」。與他們同住招待所的另一夥北京紅衛兵是想在西藏辦學校。她在拉薩住的時間不長，因為他們的要求沒有得到西藏當局支持。儘管他們採用死磨硬纏的方式，最後得到的答覆只是可以考慮讓他們留在拉薩當售貨員或服務員。那與他們的浪漫理想顯然差距太遠。他們一共僅在拉薩逗留了十幾天，拉薩以外的地區沒有去，她相信別的漢族紅衛兵也不會再有多少往下走的。除了因為交通限制，大多數漢族紅衛兵能到拉薩已屬不易，也就沒有再往下走的心氣。他們在拉薩的活動大部分都由當局安排，並且以保證安全的理由限制他們自己在外面活動。他們不但沒有參與「破四舊」的行動，還以旅遊者的心態去參觀了布達拉宮等處。在何佳的記憶裡，至少她在拉薩那段時間，沒聽說過內地漢族紅衛兵有參與砸廟的行為。

我有一位朋友也曾與他的紅衛兵戰友踏上去西藏之路。那時當然是打著革命旗號，現在他承認真實的願望是想去玩。沒有毛主席慷慨賜予的「大串連」，那個年代的年輕人如何有機會去西藏玩一趟呢？他們從青海西寧進藏。沿途的政府官員對北京紅衛兵給予特殊照顧，提供了很多方便。但我那位朋友不認爲官員們的動機是慫恿他們進藏「革命」，只不過是一種對文化大革命的惶恐迎合罷了。他們最終沒能進入西藏。路途的漫長和辛苦使他們失去了信心，高原缺氧造成病號，他們在海拔五千二百多米的唐古喇山口退了回去。

　　西藏沒去成，他們倒是在青海藏區走了一些地方，其間雖然也見過其他漢族紅衛兵，不過是有限的幾小撥。我問他們是否在藏區參與了「破四舊」，如砸寺廟等。我的朋友承認他曾在塔爾寺偷了一尊小銅佛。但在做那事時，完全沒有「造反有理」的氣概，而是惴惴不安。他們一夥去過數次塔爾寺，從沒想過要砸廟，都是爲了「參觀」而已。他們去牧區搞「革命」時，真正的心思也都是在騎馬一類更好玩的事上。他們在牧區的革命終止於他們中間一人被當地的藏族姑娘看上，不但姑娘向那紅衛兵小將表了態，其父母也來提親。當地的幹部勸他們還是早一點離開爲妙，免得造成「民族關係」方面的問題。於是「革命」宣告結束，只給少男少女們留下一個持久不衰的話題。

　　不過，那時從中國內地進藏的漢族紅衛兵不多，但是從中國內地返回西藏的藏族紅衛兵卻不少。當時有幾千名藏族學生在北京的中央民族學院、成都的西南民族學院、蘭州的西北民族學院，以及位於陝西的咸陽西藏民族學院讀書，他們同中國上千萬青年學生一樣，成爲文化大革命的先鋒。他們大批返回西藏，對推動西藏的文化大革命起了關鍵的「煽風點火」作用。何佳進藏，就是與西南民族學院的藏族紅衛兵共乘一車。那時對藏族學生回西藏，沿途政權機構不加限制，並且提供相應條件。對這一點，既可以解釋是中共利用藏族學生當工具，也可以解釋爲他們沒有理由不讓藏族學生回家鬧革命。也許兩個因素都有。所謂「中共」是由具體的機構和人組成的，並非只有一個大腦一種意志。對於文化大革命，當時大部分中共地方政權和幹部都是不贊成的，並且以各種辦法暗中抵制。西藏的中共當局也是一樣。

不難想像，誰願意自己統治的地盤上湧進成群結隊無法無天的造反者呢？他們不難預見到，紅衛兵的造反很快就會造到自己頭上。他們只是沒有膽量抗拒毛澤東的意志，而毛澤東也正是借助把紅衛兵撒遍整個中國（「大串連」的奧妙所在）去「煽風點火」，動員起群眾進行造反，才打垮了由劉少奇、鄧小平等中共務實派控制的政權體系，最終使中共極左派掌握了政權。

當時身在中國內地的藏族學生，對於回西藏進行文化大革命是有充分熱情的。他們大都出身西藏底層社會，已經接受了數年共產黨意識形態的教育，文革所鼓吹的「造反」又最能投合青年人的叛逆與躁動心態，他們會責無旁貸地把對西藏社會「破舊立新」的使命攬在他們這第一代新藏人的肩上。除此之外，他們一般已經幾年沒有機會回家，很多人也從沒去過藏人世代仰慕的拉薩或在廣闊的藏區做過旅行，這一切都會在他們回西藏鬧革命的願望上再添動力。

不過那時區別一個人的身分是以階級出身、參加的組織、持有的觀點、政治面貌（是否黨、團員）等，民族成分不是主要的（即使後來分派進行「武鬥」，每派成員也都各有漢藏民族），所以返回西藏的藏族紅衛兵往往保持著諸如「首都紅衛兵」、「內地紅衛兵」等稱呼，在拉薩成立組織，進行活動，印刷宣傳品等，這可能也是後來把問題搞模糊的原因之一。隨著那些藏族紅衛兵逐步返回家鄉（革命與探家相結合），文革的火種撒到整個西藏高原的農村牧場，遍布西藏各地的砸廟也就隨之開始了。

在西藏最偏遠的阿里地區普蘭縣，尼瑪次仁給我講了他家附近的賢柏林寺是如何砸掉的。當他說到內地來的紅衛兵時，我問他那是漢族紅衛兵嗎？

不是，我們這兒沒有一個內地漢人來，都是去咸陽民院上學的本地學生。他們一共回來了十六個人，包括現在日喀則軍分區的副司令江洋次仁。現在他們都是大官了。他們是六六年底回來的。那時縣上的領導幹部都成了走資派，不能控制局面了。縣上也成立了紅衛兵。他們先動員縣上的紅衛兵，縣上的紅衛兵再分頭到各鄉動

員。我那年十六歲，在多尤鄉小學上五年級。縣上紅衛兵把材料發給我們，讓我們到群眾中去念，我們還在牆上到處寫毛主席語錄。

六七年的一月還是二月我記不清了，反正是在春節快到的時候，一天晚上骨幹分子開會布置了第二天砸寺廟。我那時是毛主席語錄宣傳員，也參加了會。不過當時在會上的決定是只砸扎倉，不砸經堂。

第二天兩個村的貧農小組一共十幾個人去砸寺廟。帶頭的是鄉長索朗次仁和貧農協會主任江布羅藏。他們在舊社會都是非常窮的。索朗次仁後來當過九大代表和區委書記。江布羅藏的兒子是那十六個咸陽民院紅衛兵中間的一個。他兒子現在是地區交通局的副局長。

（你問咸陽回來的紅衛兵去沒去砸廟？沒有。他們動員群眾去砸，自己沒去。）

寺廟的和尚那時大部分都不在，民主改革時不少跑到印度和尼泊爾去了，還有自殺的，只剩下幾個和尚看廟。他們不給我們開門，我們就把門給砸開了。進去之後我們先扔佛像，然後開始砸扎倉的房子，還砸寺廟過去用來關人的監獄。

砸房子土大，像冒煙一樣，遠遠就能看見。其他村子的貧農小組也都趕來參加了。開始只有我們鄉的人，到中午時，其他鄉的人也都來了。人一多就控制不住了，從砸扎倉發展到砸經堂，最後乾脆全砸了。後來連幾十里地以外的科加鄉、西地鄉都來人參加砸廟。多的時候達到五、六百人，前前後後砸了一個多月，全部砸光了。

我們這裡對寺廟的破壞最嚴重，其他地方有的還留下了文物和房子，我們這什麼都沒了。

沒有，群眾沒有拿文物的，當時對那些東西都恨得很。群眾拿的主要是生活用品和家具什麼的。還有搶木料的。一些老百姓參加砸廟是為了要木料。你知道，我們這的木料很缺。金的銀的那些東西先是各鄉分，後來縣上銀行來人收走了。有些銅的東西散在老百姓手裡，每斤三、四毛錢賣給了縣上的收購部門。

我後來在普蘭的科加寺看見兩座高達兩米多的銀佛像，就是文革期間被銀行運走的。當時阿里地區歸新疆「代管」，佛像被運到新疆，一直放在銀行保險庫裡。直到鄧小平時代重建科加寺才歸還回來。科加寺的僧人給我掀開佛像的衣服，讓我看佛像銀腿上的一塊凹坑，那就是當年被砸廟者用大錘砸的。不知道為什麼只砸一錘就中止了，我想也許是在場的銀行工作人員及時進行了制止？

　　我與很多藏人談到文革情況，他們都承認砸廟主要是藏人進行的，而且是群眾自發的，但是像尼瑪次仁那樣談及自己如何參與其中的就很少見了。我訪問過一個名叫吾金次仁的藏人，文革開始時他在日土縣。他講了日土寺被當地藏人砸掉的過程。我問到他當時怎麼做時，他回答他在一旁看。陪我去訪問的當地駐軍軍官跟他關係很熟，以開玩笑的口氣說他當時肯定也動手砸了，他才不好意思地笑著說：「那會兒都年輕嘛！」

　　西方著作對西藏文革期間寺廟被砸的描述大都缺乏細節，只是籠統地歸於紅衛兵。即使談到了藏人砸廟，也附加上一些並不確切的事實。如董尼德書中的說法是：「西藏人民在槍管的逼迫下，身體力行地參加了寺廟的拆除工程。」[34] 既然宗教是西藏社會與文化千年發展的核心，人們很難解釋藏人為何會自己動手對其加以毀滅，於是就只有想當然地相信「槍管逼迫」那種理由，或者乾脆就視而不見。

　　不錯，當時確實存在高壓氛圍，沒有人敢發表不同意見。然而一種社會氛圍並非僅僅由執政者造成，還必須有群眾配合。有時後者的作用更大。其實當時中共的西藏政權常常想阻止過激行為，例如西藏的中共軍隊就一直支持群眾中比較保守的一方，而不是支持更激進的「造反派」。事實表明，凡是在當局尚能控制的中心城市和地區，寺廟都得到相對較好的保護，而同為西藏黃教三大寺之一的甘丹寺，只因為離拉薩有六十公里距離，就被毀壞得只剩下一片廢墟。

　　用今天的眼光來看，當年藏人自發地起來砸廟，的確是一個令人難堪的事實，尤其在全世界都天經地義地認定藏人是受害者的情況下。西藏以外瞭解這個事實的人很少。中共當局雖然清楚，卻不會涉及這個話題，因為不管西藏寺廟是誰砸的，責任都在於它掀起的「文

化大革命」。對藏人而言，隨著時過境遷，當年的行為成了今天的心病，於是寧願閉眼不看過去的事實，或者希望緘默能夠改變事實。而流亡在外的藏人即使知道真實的情況，也要堅持把砸廟說成是漢人所為，以在國際輿論中維護他們對西藏問題的描述。如此下去，再過一、二代人，那段歷史的真相也許真的會被改寫成另外一個樣子。

我說明西藏寺廟主要是藏人自己動手砸的，而且有相當程度的自發性，目的不在於為漢人開脫，把責任推給藏人。在我看來，這不是一個責任的問題，除了需要正視歷史事實以外，還應該從中得到更多的思考。為什麼千百年來把宗教視為生命的西藏人會親自動手砸佛像？為什麼他們敢於從寺廟拆下木料去蓋自己的房子？為什麼寺廟裡物品被他們毫不在乎地毀壞？又是為什麼他們曾在那時大聲地否定神靈、虐待喇嘛活佛而不怕遭到報應？在這些行動中，除了看到被蠱惑的瘋狂以外，是不是也可以看到一旦藏人認識到能夠自己把握命運，就會以徹底解放的姿態拋棄千百年來壓在頭頂的「來世」，他們是不是更願意做現世的人而非來世的魂呢？

目前的一般觀點認為，「文化大革命」是中共暴政強加給中國人民的，那是一種事後的觀點。以人民在文化大革命中遭受的苦難推斷當初人民一定反對，是過高地估計了人民的理性和預見能力。實際上理性和預見能力正是人民最缺乏的。在中國內地，普通人民對官僚主義及當權者的不滿，以及長期嚴厲管制所造成的壓抑，使相當一部分人在文革初期是歡欣鼓舞地投入的。西藏也是一樣。甚至在某些方面，我認為文化大革命在西藏的群眾基礎甚至比中國內地還充分。內地的文化大革命矛頭所指主要是中共當權派，而在西藏，文化大革命既可以表達對中共當權派的不滿，也可以發洩已經被煽動起來的對西藏傳統社會的仇恨。群眾獲得解放的感覺是空前的。

固然，毛澤東並沒有真的給藏人以解放和他允諾的「現世天堂」。前面已經談了很多西藏人民在中共統治下遭受的苦難。不過我們同時需要慎重地對待另一種判斷：中共的統治不好，因此被中共打倒的西藏傳統社會就是好的。即使在藏人對中共的信仰和敬畏已經蕩然無存的今天，仍舊可以在一些藏人家裡發現毛澤東的畫像，與達賴和班禪

的像掛在一起。共產黨曾經給了「翻身農奴」解放的理想，即使沒給他們真實的解放，那理想也已經在他們心中扎根，再也不能拔除。就像當年的朗生次仁拉姆在文革期間被抓去「隔離審查」前，對家人說出這樣的話：「就是進了監獄，也比舊社會好。」[35]

　　總之，在一九六〇、一九七〇年代，毛澤東的宗教在西藏取得全勝。中國對西藏的主權控制達到前所未有的強大和穩定。今天讓中共經常寢食不安的「民族問題」那時幾乎可以不考慮。藏人對漢人的態度也普遍融洽友好。而達賴喇嘛，那時沒沒無聞地待在被人遺忘的角落，心裡一定非常寒冷①。


**註釋：**

1　圖齊等，《西藏和蒙古的宗教》，天津古籍出版社，一九八九年，頁218。

2　R.A.石泰安，《西藏的文明》，西藏社會科學院西藏學漢文文獻編輯室編印，一九八五年，頁140。

3　白冰（新華社記者），《揭開達賴「善人」的眞面目——再訪西藏自

---

① 這一章的內容受到流亡藏人最多的批評。以致次仁夏加得出這種結論：「要讓中國的知識分子客觀地、通情達理地考慮西藏問題，無異於要讓螞蟻舉起一隻大象，那不是他們的能力和視野所能及的——無論這些人是中共官員、信奉自由主義的民運分子或者持不同政見的作家，情況都一樣。他們的觀念不能不受制於他們的民族偏見，他們的想像也無法擺脫所有殖民者都會自以爲是的那些東西的束縛。」（*New Left Review 15*, May-June 2002，林猛譯）我承認次仁夏加對我的批評有正確之處，但我也沒有全部否定我自己的想法。

　　對藏人在毛時代和文化革命中的表現，最方便的解釋就是恐懼和逼迫。我毫不懷疑存在這種成分，但如果那就是全部，難道藏人就可以心安理得嗎？世界歷史中最頑強的反抗就是宗教反抗，每個宗教在面臨被毀滅時都曾進行不屈不撓的鬥爭，出現眾多寧死不屈的殉教者，爲什麼藏人在一九五九年後那麼短時間就接受了毛的統治？即使跟隨毛的主要是「積極分子」，爲何在一個民族內會出現那麼多積極分子？如果說民眾參與砸廟和迫害僧侶只是被逼無奈，爲什麼會如此輕易就順從呢？若是把這一切都說成是怯懦，那是藏民族的解脫，還是另一種抹黑？

　　我相信藏民族是忠於信仰和敢於堅守的民族，所以才試圖找出現象之下的原因。我不敢說我的解釋一定對，但的確有從那年代過來的藏人告訴過我，我在此書中寫的「神界輪迴」準確地刻畫了那個年代藏人的心路歷程。我承認我在此書對西藏宗教的談論失於淺薄，但我至今仍然把「神界輪迴」作爲一個思想成果。因爲除此，目前還沒有看到另外更有說服力的解釋。——二〇〇九年註。

治區檔案館》，見《光明日報》一九九六年四月十一日

4　埃德蒙・坎德勒，《拉薩眞面目》，西藏人民出版社，一九八九年，頁 186-188。

5　《倉央嘉措及其情歌研究》，西藏人民出版社，一九八五年，頁 290。

6　董尼德，《西藏生與死——雪域的民族主義》，台灣時報文化出版公司，一九九四年，頁 85。

7　斯文・赫定（S. A. Hedin），《亞洲腹地旅行記》，上海書店，一九八四年，頁 493-497。

8　馬麗華，《靈魂像風》，作家出版社，一九九四年，頁 193。

9　馬麗華，《靈魂像風》，作家出版社，一九九四年，頁 149。

10　「漢蒙藏對話——民族問題座談會」紀要，《北京之春》電子版第五十四期。

11　苗凡卒，《布達拉宮藏寶揭密》，載《雪域文化》，一九九一年冬季號，頁 52。

12　馬麗華，《靈魂像風》，作家出版社，一九九四年，頁 211-212。

13　達賴喇嘛，《流亡中的自在：達賴喇嘛自傳》，台灣聯經出版事業公司，一九九○年，頁 1。

14　達賴喇嘛，《流亡中的自在：達賴喇嘛自傳》，台灣聯經出版事業公司，一九九○年，頁 2-3。

15　梅・戈德斯坦，《喇嘛王國的覆滅》，時事出版社，一九九四年，頁 23。

16　李安宅，《李安宅藏學論文選》，中國藏學出版社，一九九二年，頁 270。

17　《中國人口・西藏分冊》，中國財政經濟出版社，一九八八年，頁 57-58。

18　《中國人口・西藏分冊》，中國財政經濟出版社，一九八八年，頁 47-48。

19　拉巴次仁、羅布次仁，《宗教、歷史與民族精神》，載《西藏青年論文選》，頁 232。

20　查爾斯・貝爾，《十三世達賴喇嘛傳》，西藏社會科學院西藏學漢文

文獻編輯室，一九八五年，頁 163。

21 王森，《宗喀巴傳論》，載《西藏史研究論文選》，西藏人民出版社，
一九八四年，頁 198-199。

22 黃奮生，《藏族史略》，民族出版社，一九八五年，頁 347-348。

23 董尼德，《西藏生與死——雪域的民族主義》，台灣時報文化出版公
司，一九九四年，頁 87。

24 梅·戈德斯坦，《喇嘛王國的覆滅》，時事出版社，一九九四年，頁
379，取自印度事務部檔案。

25 江中·扎西多吉、降村班覺，《西藏文史資料·第六輯》，頁 43。

26 黃慕松，《使藏紀程》，載《西藏學漢文文獻叢書第二輯》，全國圖
書館文獻縮微複製中心，一九九一年，頁 79。

27 香港《開放》雜誌，一九九七年二月號，頁 36。

28 香港《開放》雜誌，一九九七年二月號，頁 33。

29 董尼德，《西藏生與死——雪域的民族主義》，台灣時報文化出版公
司，一九九四年，頁 130。

30 董尼德，《西藏生與死——雪域的民族主義》，台灣時報文化出版公
司，一九九四年，頁 131、133。

31 董尼德，《西藏生與死——雪域的民族主義》，台灣時報文化出版公
司，一九九四年，頁 132。

32 譚·戈倫夫，《現代西藏的誕生》，中國藏學出版社，一九九〇年，
頁 273。

33 達瓦才仁，《誰在製造西藏的神話》，《北京之春》，一九九七年二月
號。

34 董尼德，《西藏生與死——雪域的民族主義》，台灣時報文化出版公
司，一九九四年，頁 132。

35 《雪域文化》，一九九二年春季號，頁 39。

# 9 神界輪迴（下）

　　曾幾何時，毛澤東替代達賴、共產主義替代佛教的神界輪迴似乎必將萬代不變，卻沒想到這一圈的輪迴竟是如此短促，僅僅二十年的時間，又開始了另一輪逆轉的輪迴。毛澤東的死亡使中共在西藏精心營造的神界失去了基礎，隨著共產主義意識形態的瓦解，藏民族別無選擇地重新回歸了自身的傳統，漢人也同時失去了「進藏」的力量源泉，中共在毛澤東時代得以控制西藏的一套完整機制，至此從結構上徹底解體。

## 一、新神之死

　　這一逆轉的輪迴首先是從中國內地開始。中共的造神運動不僅是在西藏進行，自一九四九年中共在中國大陸掌權，直到「文化大革命」結束，中共在整個中國一直在進行史無前例的造神運動。

　　中國文化的核心在「家」——從家庭到家族到國家，「忠」、「孝」、「仁」、「義」是圍繞「家」核心搭起中國文化結構的四根支柱，從這四根支柱衍生出中國文化中大部分意義、價值、倫理與道德的體系。「忠」、「孝」、「仁」、「義」在上下縱橫不同方向互為支撐，本是一個不可拆散的完整框架，然而一九四九年以後的中共政權出於全能式專制統治的需要，把家庭和家族視為對其統治的威脅，從而對後三者進行了連根拔除式的摧毀，只保留了一個被推向極端的「忠」——把全體人民納入唯一一個「大家庭」，忠於唯一一個「大家長」。毛澤東成了至高無上的神。

然而沒有家族文化的完整底座支撐,「忠」到極端必會失衡。其走向是越來越要求只忠於那個獨一無二的最高領袖,其他的任何「忠」統統都是不可容忍的。所謂的文化大革命就是對毛澤東以外的所有權威「造反有理」的一次總攻,最後結果就是僅剩下一個「偉大領袖」和他指揮的「中央」。

　　毛澤東的撒手人寰帶走了只屬於他自己的那份權威(他生時不與任何人分享,死時也就不可能讓任何人繼承)。而被毛澤東兩次打倒的鄧小平在其身後發動的改革,就是從把毛拉下神壇開始的。那並非出自鄧小平的民主意識,他當時面對的現實是,為了阻止他復出,他的政敵提出了以「兩個凡是」(凡是毛主席做出的決策都堅決擁護;凡是毛主席的指示都始終不渝地遵循)作為當時中共的政治綱領。那種把毛澤東繼續奉為神的作法,使毛澤東扣在他頭上的黑鍋無法搬掉,他對中國的改造也因違反神諭而不能推行。因此他首先推動「實踐是檢驗真理的唯一標準」之討論,最終讓作為標準的「實踐」審判毛澤東,把毛澤東從創造絕對真理的上帝變成被實踐所嘲弄的「三七開」凡人。

　　把「實踐」放在比毛澤東更高的位置,鄧小平名正言順地打倒了「凡是派」,獲取了最高領導權。當時中共的權力體系主要由「文化大革命」中上台的人組成,鄧小平要改變文革路線,首先需要完成權力體系的更換,以文革的受害者取代文革的既得利益者。因此必須進行大規模的「平反」。這除了政治鬥爭的需要,否定文革導致的政治開明也起了重要作用。曾被「踩在腳下」的經歷,使鄧小平及其同僚的良心有所覺醒,對其他受迫害的人產生同病相憐感情,而不再像當年主持各種整人運動時那樣無動於衷。在全國性平反運動中,當時擔任中共組織部部長的胡耀邦是主要主持者。他為建立鄧小平的權力體系、肅清文革的既得利益者立下了汗馬功勞,後來被鄧小平提拔到中共中央總書記的位置。不難想像,作為有一定良心和道德,並且也受過同樣迫害的個人,能親自主持撥亂反正的過程,得到普天下的感恩戴德,是容易進入一種崇高和神聖、甚至是救世心境的。那不僅是胡耀邦一個人的心態,當時中共那些重新「恢復工作」的高層領導,都有同樣的情結,由此肯定會影響當時中共的治國之道——包括有關西藏問題

的決策。這是中共在西藏開展「撥亂反正」的內在因素。政治需要和良心反省相輔相成，使文革後的平反運動不斷擴大，源自中國內地的對毛澤東的否定和清算，也隨之延伸到了西藏。

「撥亂反正」對於俗世西藏自然是好事，但是在藏人的神界意識中，起到的作用卻使中共在藏人心目中創造的新神陷入土崩瓦解。意識形態造就的神從時間上無法與文化造就的神匹敵，道理就在這裡。意識形態造就的神儘管可能一時強大無比，似乎能將文化造就的神連根拔除，也確實能在一時迷惑和動員相當多的群眾，但是意識形態變換無常，往往隨著政權更迭而更迭。後來的掌權者為了確立自身的合法性，經常需要在意識形態上否定前者，或像鄧小平對毛澤東那樣抽象肯定，具體否定。隨著意識形態遭到否定，不管那人造的神明原來顯得多麼強大，也就立刻被抽掉基礎，失去了神靈的光輝。

在藏人的神界意識中，神必須是完整的。鄧小平那些「辯證」的說法──此時的中共和彼時的中共不一樣，既是同一個，又完全分得開，那樣的道理對藏人是說不通的。中共不理解為什麼它進行了「撥亂反正」，與毛澤東時代相比，給了藏人那麼多自由和好處，卻不但沒有籠絡到藏人的感激之心，反而遭到他們更多的仇恨和反對。也許可以這樣來看，在藏人的神界意識中，既然是神，那就是不會有錯誤的。他可以不理解神為什麼那樣殘暴凶狠，無端地對他進行懲罰，但神必定是有道理的，神不必解釋，或即使解釋也如聽天書。神不要討人歡心，讓人幹什麼就得幹什麼。尤其是，神絕對不會自己說自己有錯誤。如果承認了自己有錯，哪怕由此改正錯誤而使人的境況變得好得多，那也就不再是神而成了俗世的凡人，對其過去的一切殘暴就統統可以表示不滿並進行發洩了，而且也就有權利要求其認更多的錯和要求其進行更多的補償了。

以中共投資修復文革期間被毀壞的西藏寺廟為例，藏人絲毫不為此而領情，反倒把中共拿錢修廟，認為是承認毀滅西藏寺廟是中共所為，是為其罪過而付的賠償。可想而知，既然是為罪過而付賠償，那將是給得再多也不會換得滿意的。

另外，意識形態的神缺乏神界能力，也是其難以持久取勝的原因

之一。神是不死的，這是自古以來人對神的基本認識之一。對於沒有世俗化身的神，反正誰也看不見，論定其不死性並不難，然而若是有世俗化身者，卻不能解決其死亡與不死性之間的矛盾，其是否是神就成了問題。西藏宗教通過轉世體系圓滿地解決了這個矛盾，毛澤東卻沒有炮製那樣一套體系。在他活著時候沒有問題，但是他一旦死亡，躲不過去的疑問立刻就呈現出來。一度藏人曾自己爲其尋找解釋，毛指定的接班人華國鋒在政客眼中是庸才一個，卻能獲得藏人的普遍崇拜，原因就在於華既然是毛澤東生前欽定的「接班人」，藏人就自覺不自覺地將其視作了毛的化身──那種共產主義獨裁者指定「接班人」的方式，與西藏宗教的轉世在意象上是有暗合之處的。

然而，鄧小平打倒了華國鋒，那一方面使毛澤東時代中共在藏人心目中立起的新神再無化身可以依託，同時也使毛的神力因爲不能轉世而失去效力。他活著的時候，鄧小平毫無反抗能力地被他踩在腳下，然而只要他一死，江山就變，老婆就被關進監獄，鄧小平就爬上最高位置，反過來否定他的一切。這些明確的事實，在藏人具有天命意識的思維當中，只能是毛澤東神話的破產──不能轉世就註定了他不會是神，頂多是一個入侵神界的大魔頭。無論他一時顯得多麼屬害，不能轉世則使其所有功力隨其肉身死亡頓作飛灰，他最終還是得敗於綿延不絕的西藏之神。

的確，沒有了毛，中共還能靠誰來對抗世代生生不息的達賴喇嘛和西藏大地上數以百計[1] 可以不斷死而復活的活佛呢？這一世達賴喇嘛在被毛澤東打得落荒而逃時，只是一個二十出頭的「雛兒」，現在卻已成就一代偉人，無論是風度魅力、政治經驗、國際威望，都已遠超過中共後一輩領導人。

此一時彼一時也。

---

[1] 應該是「數以千計」。──二〇〇九年註

## 二、「變天」

鄧小平上台，改變了中共統治中國的基本方針，放棄了意識形態教條和階級鬥爭，以實用主義的態度，把治國重心轉移到發展經濟之上。這種改變對中國社會影響極其巨大，西藏社會也隨之發生了深刻變化。

毛澤東時代，中共以階級劃分瓦解了西藏民族的一體性，使西藏下層社會從上層社會的控制下分離出來，成為其在西藏的同盟者。鄧小平放棄階級路線，對人而言是好事，從中共統治西藏的角度，卻因此失去了分化藏民族的依據，藏人也就必然被其復活了的傳統文化重新整合，再度凝聚為一體的「民族」。

隨著鄧小平解散人民公社，當年在「平叛」、「民主改革」、鬥爭領主、砸寺廟過程中事事衝在前面的藏人「積極分子」，對中共已經沒有用處，成為過時人物。他們當年大都是「人民公社」的生產隊幹部，公社解散使他們失去了原來的職位和地位（包括特權），成為普通農牧民，其中不少人落入貧困和年老無靠的狀況。在經濟相對活躍的中國內地，公社解散後的生產隊幹部雖然也得自謀出路，但他們憑著過去積累的社會關係，不少人發財致富照樣走在前面，保持著出人頭地的地位。西藏的生產隊幹部卻和當地老百姓一樣，被自然經濟所封閉，以往的資歷沒留下任何優勢。根據西藏中共黨委組織部的調查，當年的「積極分子」現在大都淪為最貧困階層。除此之外，他們在藏民族重新一體化的今天，還承擔著被同族人視為叛徒的重負。他們遭到中共遺忘和冷落，不但不會得到同情，反而成為鄉親們的笑柄。他們淒涼的下場成為對藏人的告誡——這就是跟著中共的下場。

鄧小平推行農村經濟改革，基本方法是以化公為私調動勞動者的生產積極性。把原本屬於公社的土地和牲畜以「大包乾」形式分給農牧民，的確可以使農牧生產得到很大提高。但是這副靈丹妙藥也帶來一個共生的結果——貧富分化。一九八六年到一九八八年，美國人類學家和藏學家戈德斯坦作為第一個得到中國政府允許進入西藏進行長

期研究的西方學者,在西藏西部牧區的帕拉鄉進行了十六個月的調查,其研究也包括了改革政策導致的貧富分化狀況。

　　一九八一年,所有的帕拉牧民幾乎同時起步,人均占有牲畜至少三十九頭。而後來其中的一部分人牲畜數量增多了,另外一部分的則明顯減少,又出現了貧窮和富有的牧民。每人占有的牲畜量以〇到一百五十四頭不等……一九八一年,八十八%的家庭每人占有三十至四十九頭牲畜,而到一九八八年只有三十七%的家有那麼多。而且,一九八一年沒有少於三十頭牲口的家庭,一九八八年已有三十八%的家低於那個數字。一九八一年,只有十二%的家庭有五十頭以上的牲畜,一九八八年已達到二十五%。一九八八年,十%的家庭有九十頭以上的牲畜。這種經濟分化的結果是,一九八八年帕拉十六%較富的人擁有三十三%的牲畜,而較窮的三十三%的人口只擁有十七%的牲畜。一九八一年,公社劃定的生活標準和牲畜的平均分配,縮小了這個地區舊社會巨大的經濟不平等。但是,過去的七年以市場為主導的經濟,導致了牲畜逐漸集中到一小部分新富起來的家庭,再次出現了一個幾乎沒有牲畜的家庭階層。

　　這些「新窮人」靠給富有的牧民幹活維持基本生活。一些新富人現在像舊社會一樣在相當長的時期內,有規律地雇用牧民、擠奶工,以及僕人……也有短期的零活。如紡羊毛,梳理山羊絨,屠宰牲畜,修剪草坪等。具有諷刺意味的是,帕拉新的經濟政策尤其使從前較富的階層受益,比如,那些在文革中財產被沒收或是遭到嚴重歧視的人。現在擁有七十頭以上牲畜的六戶人家中,四戶(六十六%)屬於這個階層。所有的從前的富有階層的人家都有最大的畜群和最穩定的收入。另一方面,現在所有的窮人都出身於舊社會的窮人家庭,雖然這個階層中的一些人也過得很好。過去的公社幹部也淪落為這些人中的分子……相當一部分現在很窮或屬於中低階層。

　　……福利救濟對於使一些家庭免於徹底敗落有著很重要的作用。一九八七年,十戶人家(十八%)從縣裡得到了救濟。有趣的

是，一九八七年接受救濟的十家在舊社會都是窮人。[1]

過去的富人重新富起來，而過去的窮人重新窮下去，不管是出於什麼具體的原因，這種現象產生的心理影響，肯定會讓具有強烈宿命感的藏人感到其中暗含的天意。

在當年緊跟中共的下層「積極分子」遭拋棄的同時，當年被「打倒」的「剝削階級」上層人士，又重新被中共待為上賓。放棄階級路線，就只能把西藏當作一個民族整體對待。而在這種面對民族而非階級的治理方式中，上層的作用顯然就遠大於下層，原本被打倒的上層就必然重新成為中共的「統戰」對象。

為了重新拉攏西藏上層，中共歸還了原來沒收他們的房產，或是進行贖買或給予賠償。當年的貴族、頭人和活佛被請進人大、政協等機關任職，出席各種儀式慶典，參加社會活動，領取政府發的工資或津貼。例如一九五九年拉薩事件時擔任西藏「叛軍」司令的拉魯，在中共監獄裡被關押了二十年，鄧小平上台後被釋放。現在他本人是西藏自治區政協副主席，妻子是政協常委，兒子也當上了政府民族宗教局的副局長。雖然中共不會把實權交給舊西藏上層人士，讓他們擔任的職務僅屬榮譽性的，但是對於重視榮譽和儀式的藏人，足以從一方被拋棄、一方受禮遇的對比中看到變天的徵兆。

毛澤東宗教的崩潰，使西藏傳統宗教以席捲之勢回復。傳統宗教雖然曾遭到嚴厲禁絕，但是遠沒有被消滅，也不可能被消滅。它的豐富內涵和深厚基礎絕非意識形態可以比擬，一旦解禁，反而會在藏人感情深處呼喚出比以往更強烈的皈依渴望，形成加倍反彈。中共在西藏實行開明政策之始，以為允許並且促進西藏宗教的恢復就會博得藏人感激之心，不惜用國家財政撥款重建西藏那些被毀壞的寺廟。有關材料統計，從一九八〇年到一九九二年，西藏自治區政府和下屬七個地區，共撥款二‧六億元用於修復寺廟。這個數字還不包括縣級財政的撥款。在西藏自治區以外，川滇甘青四省對下轄藏區的宗教建設亦給了相當數量的財政撥款。為了促進西藏宗教的恢復，西藏當時的中共書記伍精華曾經身著藏裝，參加在拉薩舉行的宗教大法會。那場面

通過電視傳播，使傳統宗教的氣勢大增，也使那些企圖守住陣地的中共幹部們陷入沮喪和混亂。

不過，承認禁絕西藏宗教是犯了錯誤，那是不能用錢彌補的。宗教既是西藏人的生命核心，如果出於神界輪迴去毀滅舊宗教，他們可以接受，甚至可以為表示對新宗教的效忠而積極參與毀滅舊宗教。但是有一天卻突然告訴他們，新宗教原本並不存在，那只是一個不幸的錯誤，現在需要改正，那些曾經親自去砸過廟、褻瀆過傳統宗教、摧殘過自己生命之核心的藏人，他們感到的被耍弄，以及由此生出的憤恨，難道是可以用錢平息的嗎？

當被中共從監獄放出來重新擔任「統戰」工具的十世班禪喇嘛在哲蚌寺宣布中共要做的賠償時，一個僧人站起來打斷他說：「別指望我們會對此感激不盡。中國人破壞了我們許多東西，賠償算不了什麼。」[2] 在毛澤東時代，說這話的下場可能是被槍斃，那位僧人卻沒有被怎麼樣。然而這種寬容同樣不會被感激，只能被當作是犯錯者的理屈和心虛。藏人是不管共產黨內部那些派別或路線的區別的，他們甚至不考慮共產黨、國民黨或清朝皇帝之間的不同，他們只用一個概念——「中國人」統一地記帳。

中共對此開始醒悟時已經晚了，雖然它撤掉了穿藏服參加法會的西藏書記，宣布對西藏宗教不能「放任自流」，加強了控制，但是垮掉的新神已不能重立，西藏傳統宗教的恢復也已不可阻擋。中共在一九八四年召開的第二次西藏工作座談會，曾定「在八〇年代末逐步恢復到兩百座左右的寺廟」[3]，結果遠遠超出那個數字。到一九九二年，西藏自治區修復開放的寺廟為一千四百八十座，一九九四年八月統計的數字為一千七百八十七座。與文化大革命以前的情況對比，昌都地區文革以前只有五十六座寺廟，一九九〇年則有寺廟八十六座、拉康八十六個、宗教活動點一百二十一個、日措三十七處，共計三百三十處[4]。整個西藏的僧尼人數也在不斷增加，一九九四年八月統計的數字為四萬六千四百人（其中和尚四萬二千五百人，尼姑三千九百人），達到西藏總人口二％。藏北索縣西昌鄉一千九百多人，有一百八十多個和尚和尼姑[5]，比例接近十％。這些數字中，還不包括大量未經政府批准自

行出家的僧人。

　　除了重建寺廟，吸收僧眾，傳統宗教還在很大程度上接管了西藏的民間社會。毛時代的中共政權通過一元化組織系統對所有社會成員進行全能控制，民間社會基本被扼殺。隨著公社解體，推行家庭承包制，中共也就失去了對基層的控制，基層黨政組織普遍衰落①，給社會、尤其是農村社會釋放出很大的自由空間。這一點，中國內地的情況也差不多，但是被釋放的自由空間怎麼填充，西藏與中國內地卻大不一樣。

　　在中國內地，民間社會的根基幾乎已經被中共剷除乾淨，絕非短時間可以恢復，甚至很多成分永遠不可再現，因此社會成員獲得的自由往往表現為混亂無序、政令不行、人心渙散、治安惡化……那種失控缺乏組織性和同一性，形不成集中的破壞力量，除了造成混亂，一般不可能形成對政權的威脅。西藏的民間社會雖然也曾被中共政權全面取代，但由於時間相對短暫——西藏一九六五年開始試辦公社，一九七五年全面完成公社化，一九八○年公社即開始解散——民間社會的基礎遠未消亡，而且那基礎首先是西藏傳統宗教。中共基層組織一渙散，宗教勢力立刻占據其讓出的空間，成為西藏民間社會的整合力量，與中共基層政權分庭抗禮。

　　今天，中共原本營造的國家至上的氣勢已基本喪失，活佛說話遠比黨政官員說話管用。丁青縣的中共縣委書記對我形容，在他那裡，活佛說話「一句頂一萬句」——這是林彪在文革期間吹捧毛澤東時說的話。因此他們經常需要請求活佛在對藏民百姓講經時，加進政府的意圖——如政府號召消滅破壞草場的老鼠，不殺生的藏民不會接受，而活佛表示此事可做，藏民就不再拒絕。西藏黨政官員往往把利用宗教人士做成自己做不到的事看作是「統戰」成果而得意，其實往深看，那實在是中共政權的一種危險。

---

① 林芝地區的行署專員張木生說，目前的基層幹部哪怕再壞或者再無能也沒法換，因為找不到人願意幹。西藏基層中共黨組織嚴重老化，大部分是民主改革時期發展的黨員。他說有一個村是「七個黨員八顆牙」——即把那個村七個中共黨員嘴裡的牙全加在一起，只有八顆，可見老化到了什麼程度。

西藏宗教恢復了對藏人的精神統治，必然也就可以同時地獲得實際生活中的眾多特權。百姓的供奉使寺廟財力經常可以與有國家財政支持的當地政府匹敵，不少縣鄉政府在財政困難時，甚至需要向寺廟借錢。還有些寺廟恢復了達賴時代的宗教特權，如藏北索縣的寺廟明令，禁止在寺廟附近騎馬、唱歌等「七不准」。

西藏傳統宗教的蓬勃回潮，還有一個因素起到不可忽視的作用：凡是當年追隨中共的藏人，在重新復興的傳統宗教面前，都意味著對自己的民族和神靈有過背叛，從而在西藏宗教的恐怖世界中將面臨懲罰。中共強盛時期曾裹脅了很多藏人，能在那時保持忠於傳統宗教的純潔性是非常困難的。當他們發現毛澤東原來只是隨風而逝的幻影，本民族的不朽之神又在廢墟上顯現，他們對過去的背叛不禁恐懼之極。他們所能做的，一是迴避過去那段歷史，或是將責任全盤推給中共和漢人，把自己的行為解釋為被逼無奈；再者就是以對傳統宗教的加倍虔誠和狂熱進行「贖罪」，以平衡內心的恐懼。對過去的罪孽越恐懼，贖罪就往往越積極。經常可以看到這樣的現象，重修寺廟最賣力的人，往往也是文革時砸廟的帶頭者或主要參與者。

西藏的天在變，世界的天也在變。一九九〇年代初的蘇聯解體和東歐社會主義國家轉型，使許多西藏人——尤其是西藏社會的精英階層——開始考慮達賴喇嘛和他的西藏獨立戰士重返西藏的可能性，也許那一天已經不那麼遙遠。毛澤東時代，藏人不管心裡對北京的統治怎樣想，幾乎沒有人懷疑中共對西藏的統治會動搖，想獲得自身利益，或至少保住自身安全，只有緊跟中共。而現在，「紅旗到底能打多久」則有了疑問。即使在中共政權中身居高位的藏人新貴們，也開始考慮對未來重新下注。

這方面的典型事例是一位官至廳長的西藏官員去印度訪問時，曾祕密拜會達賴喇嘛表示忠心。腳踩兩隻船已經成為一種流行的「聰明」策略。藏人中共高級幹部安排子女與舊西藏貴族子女聯姻，成為拉薩上層社會的風氣。舊貴族通過這種聯姻得到現實好處，新權貴則是為將來一旦達賴復辟而多一把保護傘。藏人新權貴還往往對自己的子女進行分別培養——一個送到中共專門培養少數民族權貴的「中央民族

大學」，一個送到西藏流亡政府在印度辦的學校去「留學」，頗像當年蔣介石把一個兒子（蔣經國）送到共產主義蘇聯，另一個兒子（蔣緯國）送到納粹德國去分別培養。這是一種兩手準備，無論將來風往哪邊吹，都可以左右迂迴，能進能退。西藏中共黨委後來不得不專門發文件，勒令凡把孩子送到印度去讀書的幹部限期把子女召回。

腳踏兩隻船並非全部出於投機目的，中共政權中的藏人官員也有不少是在「洗刷」自己的過去。如果有朝一日真變了天，死心塌地跟隨中共的人一定會被當作「藏奸」清算。他們之所以能當中共的高官，肯定已經為中共效了很多勞，將來可以被清算的帳是很多的。西藏未來的不確定性使他們感到恐懼，不如現在就開始自覺地「將功贖罪」，以獲得達賴一邊的「諒解」。那些人往往迫不及待地表現自己的民族性，主動扮演民族代言人的角色，挑動民族情緒，以種種方式表達其對漢人的憎惡與排斥。

雖然中共的理論沒有變，做主人的姿態沒有變，然而通過現實生活，西藏普通老百姓已經清楚地感覺中共再不如過去那般強大，舊時代正在悄悄地以某種方式返回。他們自覺不自覺地開始按照這種變化調整行為方式。丁青縣一位在西藏基層待了二十多年的幹部給我講了一個小變化：文化大革命時期，當年的領主在路上與翻身農奴相遇時，領主遠遠就要側立路旁，一隻袖子搭在肩上，彎腰吐舌——那是舊時代下等人對上等人的禮節——等翻身農奴過去後，才敢繼續走自己的路。現在則變了，又變成當年的農奴在路邊彎腰吐舌，給當年的領主讓路，而老爺們的腰桿又像過去一樣挺直了。這種變化發生得非常微妙，並非有人強迫，也未曾有人明說，完全是自覺的。雖然舊時代並沒有真的回來，但是社會氛圍已經變化，農奴們敏感地意識到還是早點縮頭為好，那也是為他們曾經有過的挺胸抬頭表示悔過。

從這個小動作的變化，折射出時代的大變遷。

## 三、拒絕達賴的藏人

不過歷史再怎麼變化，西藏也不會退回到跟過去一模一樣的狀

態。中共進入西藏已將近半個世紀，給西藏社會帶來的影響和變化滲透了各個方面，甚至連神靈鬼怪都受了影響——這可以從馬麗華拍攝「降神」儀式時「靈媒」的一段對話看出：

> 當有人小聲招呼說，開始了！我們連忙打開電瓶燈，打開攝像機，衝進她家側房……她已不是尼瑪曲珍，是倫布附體了——
>
> 巫：（冷笑）哈哈哈哈……想幹什麼！得到好處不知感恩，得不到時又要抱怨，怎能如此隨心所欲！
>
> 尼瑪曲珍之父（神諭解釋者）垂首低聲：我已稟報過，今天他們來拍電視，為向國外進行文化交流，沒有惡意。他們保證過今後不會對我家造成危害的。對不起，請原諒。
>
> ……
>
> 巫：拍電視的領導是藏族嗎？
>
> （德珍走上前去致歉並解釋）
>
> 巫：（明顯地高興，格外和藹）沒關係，沒有嚴重妨礙的話，沒關係！我們是護法神，去向不明，只要不給家裡帶來害處，就沒關係。你們這是為政府工作嘛！我們跟漢人一起工作，要搞好團結……6

達賴喇嘛對西藏的「降神」與「神諭」之眞實性進行過不少論證，他自己在重大事件中也總是聆聽「神諭」7。那麼連「神諭」當中都已混雜進了中共的邏輯和概念，西藏變化之深可見一斑。當然，這種例子並非是嚴肅的論證，可以只視爲一種比喻。不可逆轉的方面主要應該在利益結構中去尋找。儘管翻身農奴可以重新給過去的領主讓路敬禮，但是要讓他們把已經屬於自己名下的土地還給領主，重做農奴，無論是以誰的名義——達賴喇嘛、佛、哪怕是來世——他們都不會同意的。中共在西藏實行的社會改造產生了一個很大的既得利益集團，那其中不僅包括藏人的新權貴，也包括爲數眾多的底層人民，即使他們並不喜歡中國對西藏的統治，他們也同樣不希望那些海外的藏人成爲未來西藏的主人。

一個名叫次仁卓瑪的女人給我講完她在舊西藏受的苦，然後回答我問她的是否希望西藏獨立：「舊社會的西藏不就是獨立的嗎？如果西藏再獨立，我們不是就要第二次痛苦嗎！」

　　我在路上見到的吾金次仁認為，現在希望達賴喇嘛回西藏的大都是對歷史毫無瞭解的年輕人，凡是有過舊西藏生活經歷的農牧民，「沒有一個願意」。

　　對我講過文革期間砸寺廟的尼瑪次仁，在他後來的生活中遭遇一系列不幸——先是摔成腦震盪，後來老婆離婚，再後來又因為家庭糾紛被女婿捅刀，差點喪命，身體也一直沒有好起來。當年跟他一塊砸寺廟的積極分子，有的得病，有的早死，人們都說那是他們領頭砸寺廟的報應。尼瑪次仁說到這時，一反他平時說話的有氣無力，眼睛閃光，表情悲壯——

　　「我就不信那些！」他激昂地說。「舊社會有那麼多寺廟，我們藏民對寺廟那麼恭敬，難道我們過上了好生活嗎？那時的老百姓死了多少！又死得有多早！發生個感冒都能讓一村一村的人死光。我們村上邊的古魯貢巴村現在連廢墟都快看不見了，就是解放前發生流感死光的。那時人們拜神求神，為什麼照樣死？神那時候在哪裡呢？」

　　他的身後，一張毛澤東身穿綠軍裝揮手的繡像掛在牆上。那是一張文革年代的像，在他的牆上已經掛了幾十年。

　　說到藏人對毛澤東的崇敬，一九八九年指揮過拉薩戒嚴的一位解放軍將軍講過他頗為自得的一件事。一天拉薩的示威隊伍向自治區政府進發，他的部隊駐紮在郊區，一時難以趕到，政府機關面臨受衝擊的危險。當他知道遊行隊伍喊的口號中有「打倒毛主席」時，雖然明知那「毛主席」指的是西藏自治區政府一個姓毛的副主席，但是他當即用對講機指揮那些化裝成普通市民的藏族警察與喊口號者進行辯論，強詞奪理地指責喊口號者是要打倒毛澤東。他利用藏人對毛澤東的崇敬而混淆視聽，以辯論阻滯遊行隊伍前進的速度，使他有時間把軍隊調上去保護政府機關。以毛澤東為由頭，還可以保護便衣警察，否則不管用什麼理由阻滯遊行隊伍，都可能受到示威者的攻擊。

　　我舉這些實例，其中沒有價值判斷。我只是想指出一種客觀事實，

在藏民族重新一體化的表面之下，已然存在著一種不可彌補的深刻分裂。藏人不再是一個同質的概念，已經有不同的甚至彼此對立的藏人。他們是不能以「西藏人民」或「西藏民族」幾個字就可以囊括和說明的。

對達賴及其追隨者重新統治西藏，除了底層的「翻身農奴」有疑慮，最不願意的應該屬今天正在西藏掌握權力的藏人新貴集團。他們中間，對毛澤東仍然保持愚忠的已經很少，死心塌地忠於北京當局的更是不多，但相比之下，他們最擔心達賴返回。他們畢竟多數是當年的下層階級，如果達賴喇嘛回來，大批過去的貴人和在西方受教育的流亡者後代也會隨之而來，無論從階級關係還是從政治派系上，他們的地位都不會不受威脅。除了既得利益的喪失，他們還會擔心由於「歷史污點」而受到清算。所以在必須做最終選擇時，出於自身利益，他們很可能寧願在北京與達賴之間選擇「親漢」。

這個集團有多大？可以看這樣幾個數字：一九九三年，西藏自治區的少數民族中共黨員總數為七萬四千三百四十七人（基本為藏族）；少數民族幹部總數為四萬二千四百四十二人（九十八％為藏族）；縣級以上的藏族幹部為二千四百三十九人[8]。雖然這些人當中的中共黨員大部分只是有名無實，幹部中有相當比例的專業技術人員，不能被算進新貴集團，但哪怕只有一萬到二萬人鐵了心地拒絕達賴喇嘛[1]，憑他們在西藏廣泛掌握的權力和資源，還有大批擔心舊西藏復辟的「翻身農奴」充當他們的群眾基礎[2]，形成的力量也是無論如何不能小看的。

其實，達賴喇嘛不但不會在西藏復辟舊制度，還將在西藏實行遠比現在的共產極權制度更有利於人民的民主制度。然而對於西藏普通

---

[1] 另一種算法得出的結果差不多——拒絕達賴喇嘛的藏人幾乎都集中在政府人員中（統計年鑑中列為「公共管理和社會組織」人員）。二〇〇七年這種人在整個西藏自治區總數為七萬三千五百五十八人，占西藏自治區總人口二百七十三・五九萬的不到二・七％（見《西藏統計年鑑・二〇〇八》表 3-3、4-2）。其中漢人大概占三十％，而藏人中的政府工作人員比起十多年前我寫這本書時，已經有很多變化，內心民族意識覺醒、信仰達賴喇嘛的人增加了很多。雖然大都深藏不露，不能具體定量，但是從經驗感覺，仍然把達賴喇嘛當作敵人的，在這個群體裡最多也不會超過一半，因此大概也就占藏人的一％左右。——二〇〇九年註

[2] 這十多年以來，隨著毛澤東時代徹底遠離，宗教情感日益上升，以及對達賴喇嘛政策的逐步瞭解，藏人農牧民中反對達賴喇嘛的人已經很難找到。——二〇〇九年註

百姓，讓他們認識到這一點是很難的。一個以宗教為本的社會，其內在精神如何與民主的理念相協調，也的確存在邏輯上的障礙，不容易讓直線思維的普通百姓想得通。與百姓親身利益關係最為緊密的是社會經濟制度，但是恰恰在這方面，達賴喇嘛的主張是什麼，是否能保障底層人民的利益，多數西藏百姓對此十分模糊，甚至毫不瞭解，他們也就會自然而然地想到舊西藏模式，並認為那既是達賴喇嘛帶走的，當然也將是他帶回的。他當初之所以和共產黨開戰而且逃走，不就是因為他不願意改變那些制度嗎？

達賴方面如何解決中共制度下形成的利益格局，中國海外民運雜誌《北京之春》的記者亞衣，就這個問題與《西藏通訊》的主編達瓦才仁有過對話：

> 亞：如果從一九五九年達賴喇嘛離開西藏算起，近四十年來，已經有相當數量的藏族同胞在共產黨官僚體制內擔任了各種級別的職務，這些人由於既得利益的限制，是否會採取與西藏流亡政府不同的政治態度？
>
> 達：現在在西藏擔任各級幹部的藏人，尤其是其中的高學歷者支持西藏獨立。因為西藏如果獨立，並不意味著他們權力的消失。他們相信，到那個時候，不過是在另一個旗幟下面再宣誓一遍而已。而且達賴喇嘛和西藏流亡政府也歷來強調，未來的西藏管理應該是現在的官員來管理，流亡政府的官員不會回去與現有的官員爭權，流亡政府也沒有什麼官員，全部公務員總共才四百名，將來回西藏也形成不了自己的勢力。所以流亡政府和達賴喇嘛一再強調，不管願意不願意，未來西藏只能是現在的幹部主導。對於流亡政府的這個政策，裡面的幹部也明白。
>
> 亞：這是您的一種經驗判斷，還是有統計根據的說法？
>
> 達：是經驗判斷，同時也有現實的調查。我在國內有許多朋友，有擔任鄉長、村長還有其他什麼長的各部門官員，他們對此並不抱有懷疑。[9]

對達瓦才仁說的西藏官員「不抱有懷疑」，我倒是懷疑的。我在阿里獅泉河鎮的甜茶館碰到幾個二十出頭藏人，他們是剛從學校分配來的政府工作人員，對我問達賴回來後他們會怎麼樣的問題，他們的回答是得讓位給「寺廟的人」。何況那些在共產黨政治文化中耳濡目染多年的藏人官員，他們對這類「統戰」手段早已瞭若指掌，對說一套做一套的背信棄義更是屢見不鮮，他們不會輕信任何許諾。何況他們又怎麼能相信？共產黨的天下還沒垮，當年的「積極分子」就已處處遭人側目，將來即使達賴喇嘛不主張清算，別人又是否聽呢？何況還有那麼多藏人官員本身就是共產黨的黨務官員，難道西藏沒有共產黨了，達賴政府還會給他們專門安排別的職務嗎？

我有一個在拉薩公安部門工作的朋友，他的一位藏族同僚曾經對他說：「即使你們漢人全撤了，我們也不會讓那些國外的人回來。我們會和他們血戰到底！」他說的「國外的人」就是流亡藏人。

我相信他十分清楚，即使他想「洗刷」自己，也是洗不乾淨的了。

西方和達賴方面談到中共鎮壓拉薩示威時，總是籠統地說中國警察或武警如何向西藏示威者開槍，讓不明白情況的人聽了，就以為那是漢人對藏人的屠殺。其實中共在西藏的警察和武警中，藏人占有相當比例，在鎮壓過程中藏族警察開槍的勇氣和決心，比他們的漢族同事要大得多，因為他們沒有民族包袱。武警某支隊的藏族參謀長表示對他不存在民族鎮壓的問題，所以每次開槍命令都是由他下，而且他還親自帶頭開槍。藏族便衣警察把手槍放在衣袋裡對示威者開槍，是那時在拉薩廣為人知的常見之事。我的公安朋友給我講了這樣一件事：幾個藏族警察在八廓街值班，圍坐一起打牌，一夥喇嘛突然打起雪山獅子旗喊口號遊行。一個藏族警察一手拿牌，抬起眼睛，想都沒想，另一手掏槍就開，當場打死一個喇嘛。這違反了只有制止無效並受到暴力攻擊時才允許開槍的原則，當局要給予處分，那個藏族警察還表示委屈，辯解他是為了「平暴」。

藏人再也不會回到以往那種一體的狀態，他們分裂為不可彌合的不同集團。但是，藏人的分裂主要還不在於以人群劃分的分裂，更多並且更難解決的是在他們每人自身內部的分裂——他們既信奉達賴，

又尊敬毛澤東；他們膜拜傳統的神明，卻不想要傳統的社會；他們重新像過去那樣畏懼來世，卻已經無法不貪戀今生；他們需要從控制他們日常生活的中共政權獲得世俗好處，又必須從主宰他們精神世界的達賴那裡獲得人生指點，兩邊相反，他們卻對兩邊都不敢反抗；他們無所適從，腦所想的和心所願的可能相反，所作所為可能正是毀壞自己；他們因為「叛教」的罪咎不敢面對過去，展望未來又必須回首當年；他們往往被撕扯得已經不知道自己到底是什麼和到底要什麼⋯⋯

這種精神分裂才是藏人最大的悲劇。

# 四、無人進藏（下）

以往中共解決無人進藏的問題，靠的是「精神原子彈」，那既有效、成本又低廉。而隨中共宗教破產，「精神原子彈」消失，個人利益成為中國人的價值觀主體，自我成為人生核心，那種被譽為「特別能吃苦、特別能忍耐、特別能戰鬥」的「老西藏精神」，也就再沒有存身之地。

這時，歷史上一直難以解決的「無人進藏」，重新成為中國治藏所面對的問題。

暫且先不說今天是否有人進藏，就是那些已經在過去進了藏並且工作多年的漢人，現在也幾乎人人思走。「哀莫大於心死」，一位一九八〇年代進藏的大學生在離開西藏時，回憶了身邊兩件事，從文章的題目——「枯海滄桑向誰訴」，就已能感受到其中的哀怨。

那年初冬，我認識了本單位一個工人劉建國，他二十多歲，清秀的相貌看上去老實本分，家人都在內地。我常去找他同屋的張雷聊天，劉建國很少插話，大都是聽，有時給我倒杯水，土屋雖破，卻被小夥子的朝氣所輝映，是我唯一串的門戶。那天下午，沉悶的爆炸聲從劉建國住的小屋裡傳來，人們跑去一看，屋頂被炸飛，四壁被他的血肉塗得斑斑點點，屋梁掛著肚腸，頭顱飛落於隔壁屋頂，只有他的兩條完整的腿，在廢墟中彷彿然抽搐著。

張雷驚呆了在水池邊，幾分鐘前，劉建國鎮靜地對他說：「張

雷，沒水了，你去提一桶。」張雷提著水桶剛到水池邊，就聽到沉悶的轟響，劉建國怕傷及無辜，是用胸腔搗住炸藥引爆的。遠在內地的親人沒有來——幸虧沒來，旁人尚且不忍，千里迢迢的家人趕來看到如此慘景將何以堪——一個三合板木匣盛起他殘存的肢骸，被拉出大門，不知去向。

沒有任何人在任何場合向職工說明：劉建國死了，為什麼會死？那年冬天單位分配牛羊肉的時候，大家買去的大都是整羊，很少有人去摸牛腿。人們說：那太像劉建國留下的……

另一個冬天，就在我住的單身宿舍樓樓下，蘭州大學畢業的援藏大學生郭賓被鎖在小屋，惡罵了兩天一夜，精神失常，被一條麻繩捆送回內地。

沒有任何人在任何場合向職工說明：郭賓瘋了，為什麼會瘋？
……10


對那一死一瘋兩個人，沒有人出來說明情況，也許正是因為找不到可以解釋的原因。那個年代被認為是原因的，必須是直接有關的什麼事情——失戀、犯錯誤等等。放在今天，人們大都明白了那更可能是心理問題，跟事沒關。然而有一點可以肯定，他們的心理問題，都是與西藏有關的。就像西藏人在西藏高原的高天遠地中生活必定需要宗教一樣，漢人在西藏堅持下去，也離不開精神的支持——那精神必須能夠解釋他們為什麼要到這完全不同的世界來生存，給他們在艱苦和孤寂中堅持下去的力量和勇氣，還有人生意義的滿足。一旦沒有了那種可以作為生活意義與價值支點的精神，進藏漢人的心理就會變得相當脆弱，發生心理問題的可能也就會大大增高。

在駐守西藏邊防的中共軍隊中，軍官得精神病的比例相當高。這中間有一個鮮明的對比，今日西藏駐軍的各方面條件，比毛澤東時代已有極大改善，無論生活條件、工資待遇，還是文化生活（基本都能看到電視）、休假時間都有大幅提高。一位駐藏老軍人告訴我，一九六○年代他在邊防連隊當兵，住的是半地下的窩棚，沒有電，更別說電視，每天晚上只能在油燈下學「毛選」。唯一的娛樂是半年來一次電影

放映隊。他最長一次連續看了十四個小時電影，每部片子至少看兩遍。然而在那比現在艱苦和枯燥得多的年代，卻很少有人得精神病。爲什麼？原因就在那時的人有信仰支持。儘管那種信仰帶有相當多的荒謬成分，但是並不妨礙它對精神的平衡功能。在這方面，它和西藏宗教的價值是一樣的。

如果能有正常的家庭生活，失去信仰支持的進藏漢人也不會苦悶和失衡到這種程度。但是問題談到這，就變成了人種方面的原因。低地人對高原環境的天然不適，使進藏漢人普遍認爲孩子不能生養在西藏。不管在西藏出生和長大的漢人孩子是否眞會受到肌體損害，此種觀念的流行的確導致了大部分進藏漢人把妻子和孩子留在中國內地，自己一個人進藏工作。

前面提到過的孫小梅後來自願要求進藏工作。在進藏路上，與她同房間的一個女人有一段難忘經歷。那女人曾經實在忍受不了分居生活，毅然帶著尚在襁褓的孩子到西藏找丈夫。原以爲無論多苦也要生活在一起，沒想到孩子的高山反應特別強烈，在西藏沒待幾天，她就只好帶著孩子往回返。趕到機場等飛機的時候，孩子已經一口氣不如一口氣，最後完全沒有了氣息。周圍的人都同情她，有人勸她趕快把孩子埋掉。她那時精神陷入恍惚，抱著孩子就是不鬆手。登機時也沒人敢攔她，她抱著孩子上了飛機。沒想到飛機關門以後，空氣環境立刻調節到低地狀態，氧氣增加，氣壓增高，孩子又開始有了氣息，很快就活了過來。那時她才悲情大作，嚎啕大哭。飛機上的眾人紛紛陪她掉淚。

可想而知，類似這樣的經歷會對女人心理造成怎樣的傷害。即使沒遇到這種極端情況，女人們對獨守空房、一個人操持家庭也是難以長期忍受的。尤其在今天這個務實的時代，進藏漢人的家庭問題多、離婚率高是一點也不奇怪的。

我在一本中共軍官寫的小冊子裡見過一封實錄信件，是一個下級軍官的妻子寫給軍隊上級的。那位妻子不但要與丈夫離婚，而且不要孩子，做丈夫的只好把一歲四個月的孩子帶回部隊。部隊上級爲此寫信給那位妻子進行勸說。妻子回信如下：

部隊領導：

　　或許你們已經知道我和萬明的關係吧！已經到了這種地步，要我來隊把孩子帶回去，顯然是不可能的，我單身一人，路途遙遠，再說需要那麼多錢，我能去嗎？

　　現在你們出面叫我單位領導做工作，有什麼工作可做，誰理解你們前方軍人，又有誰能理解我呢？現在金錢第一，金錢萬能，難道你們不知道？不會吧！

　　領導，說實話，我和萬明的感情還沒完全破裂，還沒到不能挽回的地步，然而請你們設身處地為我想一想，我單身一人在這裡，又要工作，又要帶孩子，還要應付與這個家庭有關的各種事情，不怕你們笑話，上廁所都要把孩子帶上，這些你們感受過嗎？因此，我只能忍受感情上的痛苦與他離婚，各走各的路，不然叫我怎麼辦呢？一副又一副的重擔我擔不起，為什麼要我全部付出？我付出的還不夠嗎？我又得到了什麼？

　　婚前，我把未來的生活想像得像電影、電視、小說裡面一樣美好、浪漫，誰知，婚後的實際生活壓得我喘不過氣來，還不是因為嫁給了一個當兵的。

　　領導，如果你們真正關心我，關心這個家，就讓他轉業吧！或者調來離我近一點也行，如果你們什麼也不答應，那麼請把離婚證給我寄回，我好重新走我的路，我還年輕，未來的路還很長。

　　最後，請你們轉告萬明，把孩子給我帶好！

　　此致

敬禮

　　　　　　　　　　汪麗蓉　一九八九年二月十五日


　　過四川與西藏分界的金沙江橋，西藏境內的第一個縣城——芒康，坐落在一個三叉路口。一條路進西藏，一條路下雲南。一九九四年我開車進藏，在那個路口碰上一個解放軍軍官攔車，他向我打聽有沒有見到一個士兵。雖然他沒說，看他的神態，我已經猜到了八九，那個兵開了小差。軍官指揮他的士兵分頭向雲南和四川的方向追。我

繼續往西藏境內開了幾公里，在無人也無草木的西藏大山之中，遠遠看見一個孤獨的身影。像那軍官形容的一樣，沒戴帽子，只穿一身迷彩服，剃光的頭在中午垂直的太陽下發亮。是那個兵。他低著頭，步履沉重，臉上的表情只能用一個苦字形容——苦成一團，讓人看了心疼。我停車在他身旁，那是個農村孩子，問他每一句話都老老實實回答。我勸他趕快回去，向軍官解釋他不是開小差——因為他是向西藏深處走而不是向外走（儘管也許是他走錯了方向）。最後我學著軍隊的口令讓他「跑步走」。他真的按照軍隊操典的姿勢往芒康方向跑去了。

當晚我住在一個叫竹卡的兵站。兵站站長身材魁梧，氣勢豪爽，是個典型的軍人，但是聽我講了逃兵的事，眼裡卻泛出淚水，使勁抑制才沒流出。隨後他感歎那個兵的前途算完了，不管他是不是真要開小差，都會受到軍紀處分，以後也就不可能得到提拔機會。不過我明白那顯然不是使兵站站長眼含淚水的理由，打動他的是所有進藏漢人內心深處的孤苦與鄉愁。失去了信仰的支撐，漢人在西藏勢必要永遠地受到這種折磨。

毛澤東時代，與意識形態激勵機制相輔相成的，還有中共無孔不入的行政手段。那時中國人從生到死幾乎一切都在中共的行政控制之下，違抗黨的意志將受到極大的懲罰，離開黨的安排也基本找不到活路，所以那時無論派幹部到西藏任職，命令駐守西藏的軍人就地轉業，還是分配畢業學生進西藏工作，即使有人心裡不願意，也很少有人敢於違抗。

鄧小平時代的改革開放給了中國人一定的自由空間，黨的懲罰也不再像過去那樣無所不及了，強迫人進藏的行政手段也就相當程度上失去了作用。丁青縣一九九三年分配了一個大學畢業生，那個大學生人到了丁青，在丁青縣城唯一的街道上走了一個來回，只扔下一句「這哪是人待的地方」，從此一去再不見蹤影。他的「人事關係」和「檔案」——二者皆為「鐵飯碗」的象徵——現在仍然放在丁青縣委組織部的櫃子裡。丁青縣委書記辛高鎖跟我說起這事時，表情中只有無可奈何，或者還有一分理解。就連他手下工作了多年的幹部，現在也有不告而辭離開西藏的。現在的中國在「鐵飯碗」之外，還有其他許多活路——打

工、經商、做實業，可能比「鐵飯碗」還要吃得好。即使是辛本人，也不斷向上級要求調回內地。他父母在山西，妻子在昌都，孩子在重慶，他已經多少年沒有過上正常的家庭生活。他之所以還不能像別人一樣一走了之，是因為他已經當到了縣委書記，一方面有責任所迫，另一方面則是只有通過「組織調動」的渠道，他回內地才能「分配」到相應級別的職位，否則在西藏的二十年就等於白幹了。

辛高鎖一九七六年自願報名進藏。那時他大學剛畢業，與他同期有六千多名中國內地各大學和中專的畢業學生（被稱為「工農兵學員」）自願進藏。現在西藏不少地廳處縣一級的幹部，都由這些人擔任。他們正值中年，熟悉西藏情況，是中共目前治藏的骨幹力量。但是他們當年的「革命」激情早已熄滅，大部分人都在想方設法地活動調回內地，有些人不惜採取「泡病號」、「撂挑子」的方式。因為他們大都面臨與辛高鎖同樣的「分配」問題，不能說走就走，西藏中共組織系統目前還有辦法阻撓他們調離，但是他們多數都是人在西藏，心早已在內地。

一九八○年代初，還有總數大約四千人的中國內地大學生主動申請進藏工作。他們是在文革之後上的大學，比辛高鎖那批文化革命期間畢業的「工農兵學員」受到更好的正規教育。當時西藏漢人正在大批外調，他們的逆潮而動並非如以往那樣出於「革命理想」，而是文革之後人文主義在中國的復興，使他們盼望到西藏尋找嚮往的浪漫，是出於個人主義的追求。加上那時北京為了鼓勵他們進藏，允諾進藏八年之後，他們就可以返回內地，由政府安排工作。然而那種浪漫追求僅僅是中國大陸之理想主義的最後一抹回光返照而已。一九八三和一九八四兩年是高潮，每年有上千名這種大學生自願進藏。到一九八五年，陡降為九人，以後每年只三五人，甚至一個也沒有①。那批大學生的浪漫理想很快破滅，不少人後悔當初的進藏。在熬滿八年後，他們

① 一九九四年中共的「第三次西藏工作座談會」之後，內地大學畢業生表示願意進藏工作的人數又有顯著上升。但這回基本是出於實際利益的考慮。中國改革了大學畢業分配制度，從原來的國家包分配，變成大部分畢業生需要自謀職業。而凡進藏工作者，則仍屬國家安排，享受公務員的待遇和「鐵飯碗」。這對那些在內地找不到工作或找不到合適工作的人，產生了一定吸引力。

以聯名上書的方式，向中共最高當局要求兌現當初許下的諾言——讓他們回內地。

從自願報名進藏到以集體鬧事的方式要求離開，這種變化反映了漢人在西藏全面潰退的大勢。現在，這些人已經幾乎全部離開了西藏。

對西藏來講，一九八○年是從毛澤東時代進入鄧小平時代的轉折點。進藏漢人的數量，在一九八○年達到最高峰，隨後便逐年減少（以下數字不包括駐藏軍隊）[1]：

| 年份 | 西藏漢人數量 |
|------|------------|
| 1980 | 122400 |
| 1982 | 91720 |
| 1984 | 76323 |
| 1985 | 70932 |
| 1990 | 67407 |
| 1991 | 65101 |
| 1992 | 66318 |
| 1993 | 64890 |

有些到過拉薩的人可能會對我說的無人進藏不以為然。他們在拉薩街頭看到熙熙攘攘的漢人，這些年到西藏做生意、搞工程、打工掙錢的漢人越來越多，怎麼能說無人進藏？

的確，現在去西藏的漢人可能比歷史上任何時候都多，甚至超過毛澤東時代。那麼為什麼我說毛澤東時代解決了無人進藏，現在反倒是無人進藏呢？區別就在於我所說的進藏，不是臨時進藏，而是進藏扎根，不是那些來到西藏的外地人，而是成為西藏本地的漢人。

區分上述兩種進藏，在中國的現實體制中，有一個判斷標準是戶口。自古以來，中國一直由官方將本地居民登記在冊，作為他們合法身分的依據。中共執政以後，為了對人民實行控制，戶口的作用被發展到了登峰造極的地步。一個人屬於哪裡，上學、工作、住房、婚喪

---

[1] 其中一九八○年的數字取自《當代中國西藏人口》頁 200；一九八二、一九八四年的數字取自《中國人口‧西藏分冊》表 11-1；一九八五至一九九三年的數字取自《西藏自治區基本情況手冊》表 3-13

嫁娶、生育後代，甚至是吃飯穿衣（糧票布票）全取決戶口。中國的戶口制度一個基本特點是戶口遷移受嚴格限制，經常是人出生在哪就再不能挪動。這一點在鄧小平時代雖然有所減弱，但戶口仍然是每個人安身立命的基點之一。人們對戶口具有強烈的隸屬感，所以只有那些戶口在西藏的漢人，才能被視為西藏本地的漢人，命運才真正和西藏聯繫在一起。其他那些進藏漢人，「根」在其戶口所在地，他們進藏只是臨時的。

　　以上的西藏漢人數字，只包括戶口在西藏的漢人。他們的戶口絕大部分都是毛澤東時代保留下來的。一九八〇年代以來，再想讓漢人帶戶口進西藏越來越困難，西藏漢人則想方設法把戶口遷出西藏，所以西藏漢人的戶口數量幾乎一直呈現不斷減少的趨勢。

　　戶口在西藏的漢人，有相當一部分是一九五〇、一九六〇年代從軍隊轉業，或從內地被派進西藏的幹部職工及其家屬。現在，這茬被稱為「老西藏」的人普遍快到退休年齡。根據規定，一旦退休，他們的戶口就將遷回內地。現在，他們大都已別無所求，只是等待熬到退休年齡，得到按規定應該得到的待遇，回內地養老。他們的戶口必遷離西藏無疑，而且近幾年會越來越多。他們是對西藏有感情而且具有影響力的漢人，隨著他們的離去，北京將失去在西藏最可依賴的人員。

　　他們回內地，他們已經成年的子女，戶口卻不能隨他們一塊遷離。這是當局為了在西藏保存一定漢人居民數量而採取的強制措施。但是留得下戶口未見得留得下人。由於年輕，是否能得到退休待遇，對子女一代不像對他們父輩那樣是致命約束。其中不少人已經自行離開西藏到內地開始新生活，根本不理有沒有戶口。所以上述人數中，肯定有不少是只有戶口數，已無其人的了。

　　目前戶口在西藏的漢人，全都不打算在西藏久留。而毛澤東時代把漢人送進西藏的途徑和手段，至今也都失去了作用。有戶口的漢人目前僅占西藏總人口的二‧八％[1]。從一九九六年開始，又將有五千名漢人幹部職工因為工作年限已到，可以調回內地。如此只出不進，戶

[1] 現在這個比例已經超過四％。——二〇〇九年註

口在西藏的漢人數量只能越來越少①。

　　還有另一種無人進藏的表現——戶口在西藏的漢人，即使暫時無法離開西藏，也紛紛脫離基層，向幾個中心城市尤其是向拉薩集中。我只能找到一九九○年的數字，也足以說明問題。如果有現在的數字，肯定更加突出。

| 一九九○年西藏漢族人口的地區分布② | | |
|---|---|---|
| 地區 | 人口 | 占漢人比例（％） |
| 拉　薩 | 44939 | 55.3 |
| 昌　都 | 7019 | 8.6 |
| 山　南 | 5725 | 7.1 |
| 日喀則 | 4920 | 6.1 |
| 那　曲 | 2961 | 3.6 |
| 阿　里 | 1435 | 1.8 |
| 林　芝 | 14218 | 17.5 |
| 合　計 | 81217③ | 100.0 |

　　從以上數字可以看出，僅拉薩一個市，就集中了西藏全部漢族人

---

① 這個數字一九九○年代中期以來出現回升，見採自《西藏統計年鑑・二○○八》的下表：

| 年份 | 西藏漢人數量 | 年份 | 西藏漢人數量 | 年份 | 西藏漢人數量 |
|---|---|---|---|---|---|
| 1995 | 67772 | 1999 | 70145 | 2003 | 105379 |
| 1996 | 68725 | 2000 | 72122 | 2004 | 93306 |
| 1997 | 69205 | 2001 | 77003 | 2005 | 104647 |
| 1998 | 73841 | 2002 | 85166 | 2007 | 110429 |

——二○○九年註

② 《當代中國西藏人口》，中國藏學出版社，一九九二年，頁202。

③ 此數字大於前一表所列的一九九○年西藏自治區漢人總數，估計是在統計時加進了長期居留的無戶口漢人。

口的一半兒多①。在西藏的漢人基本是城鎮人口。一九九〇年拉薩市鎮人口數爲十三萬七千六百六十一人[11]，也就是說，漢人常住人口占了其中的三分之一，再加上漢人的流動人口和駐紮拉薩的軍隊，外人在拉薩街頭得到漢人爲主的印象是一點不奇怪的。

不過通過這組資料，同時也可以看出，在拉薩以外的偌大西藏，漢人少到了什麼程度，只有三萬多人（含暫住）。

我們再來看臨時進藏的漢人。中共以前因爲交通不便，全靠車馬，進藏一趟需時數月，不管是做生意還是旅遊，因爲付出的代價太大，都成了得不償失的事情，所以不會有多少人產生臨時進藏的雅興。毛澤東時代雖然有了公路和汽車，以那時的汽車和公路條件，進藏仍是一件不易之事。那時既無旅遊之風，也不允許做生意，一般只有帶著國家「任務」的人才會、也才可能進藏。今天的噴氣飛機把進藏時間縮短爲兩三個小時，青藏公路鋪上了柏油路面，交通不再成爲阻礙，隨時可進可出，這才前所未有地出現了大批臨時進藏者。由於有了人數越來越多的臨時進藏者，今天的無人進藏與歷史上的無人進藏有所不同。

臨時進藏者大概可以分爲兩類。一類是被謀生和賺錢的目標吸引進藏的。他們在拉薩街頭補鞋、裁衣、修鐘錶，在公路沿線開飯館，包工程、挖金子、倒賣草藥、盜獵野生動物（我甚至見到過從內地到拉薩要飯的漢人），這些人都是漢人中的普通老百姓；還有一類是出於旅遊和獵奇動機進藏的。他們主要是漢人中的上層人士——記者、作家、畫家、攝影愛好者、大學生……其中還有相當多的官員。官員雖然都有「公事」名義，不少人的主要目的也是旅遊，而且是在「公

---

① 西藏漢人集中於城鎮（其中又主要集中於拉薩）的情況一直沒有變。中國藏學研究中心社會經濟研究所副研究員羅絨戰堆發表於《人口與經濟》期刊二〇〇五年第四期的論文《西藏的漢族人口及相關問題研究》中這樣寫：「在二〇〇〇年十一月一日進行的人口普查顯示，居住在西藏五個月以上的漢族人口的總量還未超過十六萬人，僅占西藏自治區總人口的六‧六％，雖與十年前的一九九〇年相比，這一比例增長了近三個百分點，但漢族人口的比例仍非常有限，西藏自治區境內藏族人口占壓倒優勢的格局仍未變化。此外，西藏的漢族人口主要居住在城鎮，有超過一半的漢族人口又居住在自治區首府拉薩市。」雖然從經驗上可以感知，二〇〇〇年至今漢人流入藏地的速度比以往加快了很多，但是集中於城鎮的情況並沒有改變。——二〇〇九年註

事」名義下的公費旅遊。這樣的進藏者再多，也不能改變無人進藏的局面。他們與西藏社會和西藏人的生活無關。前者與中國內地的幾千萬「流動人口」性質一樣；後者則和那些從外國來的遊客沒有多少區別。這兩類人與西藏的關係都是用得著的時候用，用不著的時候一走了之。這樣的人再多，對中國控制西藏的作用也是有限的。

這種臨時進藏者的數量究竟有多少？連西藏當地政府也難掌握準確數字。西藏自治區政法委員會（中共主管法律、公安方面工作的機構）的王先生估算，一九九六年的夏秋，拉薩的流動人口約為十萬人，其中四分之三是漢人（還有一些回民），其餘是做生意或朝拜的藏人。西藏其他幾個城鎮這種流動人口比拉薩少得多。例如阿里的獅泉河鎮，一九九六年夏天的流動人口約為五千人。按照這種規模估計，每年夏季高峰時，臨時進入西藏自治區的漢人大約保持在十幾萬到二十萬的規模。比起中國內地幾千萬四處流動的勞動力，其所占比例之小，仍然可以被視為對「無人進藏」的證明。

如果你選擇多天進西藏，就會得到另外一種印象。那時漢人走掉了一大半，都如候鳥一樣回到中國內地。看到西藏漢人多的人，都是在旅遊季節到西藏，他們在很大程度上是彼此互相看而已——看到的都不是西藏的漢人。除此而外，即使是在高峰季節，進藏觀光或掙錢的漢人也局限在少數城市、幾條主要公路線和一些知名的觀光景點。那些點和線不過是西藏微乎其微的部分。離開那些點線，經常連續多少天，連走幾百里也見不到一個漢人。

我這種看法，和當今國際流行的觀點不一樣。在這方面，國際輿論跟著達賴喇嘛走。一九八七年九月二十一日，達賴喇嘛在華盛頓的演講中，指責中國把七百五十萬中國人送到西藏，使西藏人在西藏成為少數民族。這個數字在國際上廣為流傳，反覆引用。

當然，達賴喇嘛使用的西藏概念與中共相差很大。他的西藏是包括安多和康區的「大西藏」。但是達賴喇嘛在演講中也特別談到了中共概念的西藏：

即使在所謂的「西藏自治區」，中國政府的資料證實，目前中國

人的數量超過了西藏人……在中國人稱爲西藏自治區的西藏中部和西部，中國人自己承認一百九十萬的西藏人已經成爲該地區的少數民族了。這些有關中國人的數字還不包括部隊，他們大約有三十萬到五十萬人，其中二十五萬在所謂的西藏自治區。[12]

也就是說，在達賴喇嘛演講的一九八七年，不包括軍隊，西藏自治區的漢人至少超過一百九十萬。如果眞是這樣，我在這裡討論「無人進藏」豈不就成了開玩笑。

因爲達賴喇嘛沒有公布他所稱的「中國政府的資料」和「中國人自己承認」的來源在哪，所以無法進行有針對性的分析。不過我所看到的中國政府關於人口方面最權威的資料——中國國務院人口普查辦公室和西藏自治區人口普查辦公室聯合編寫的《當代中國西藏人口》一書，一九八七年西藏漢人的數量爲七萬八千八百人[13]，僅爲達賴喇嘛所說的二十四分之一。

按照同一資料公布的數字，即使在大西藏的範圍——西藏自治區加上青、甘、川、滇四省的十個藏族自治州、兩個藏族自治縣和一個藏族自治鄉——漢人總數也僅爲一百五十二‧一萬（占總人口的二十六‧九％）[14]，也只有達賴喇嘛所說的五分之一①。而且，即使在這個範圍，漢人總數也在減少（一九八二年爲一百五十四‧一萬）②，表現出與西藏同樣的無人進藏的趨勢。

---

① 在二〇〇八年十一月十日中國國務院新聞辦舉行的新聞發布會上，中共統戰部常務副部長朱維群說到「大藏區」範圍的人口時，講出這樣一句話：「達賴喇嘛想把居住、生活在這片土地上的數以千萬計的各族群眾趕走……」這句話隨後也出現在「中華人民共和國中央人民政府」網站所發布的記者會正式文稿上。朱所說的達賴喇嘛要趕走的肯定是外族人，而藏區的外族人除了回族有一定規模，多數都是漢人。因此從這個官方認可的數字可以肯定，目前居住、生活在「大藏區」的非藏族人口至少在一千萬以上。這只能得出兩種結論：一種是我當年對達賴喇嘛的質疑是錯的，我引用的中國官方權威資料被嚴重作假；另一種則是，從一九九〇年至二〇〇八年十八年間，藏區的外族人口總數從一百五十二‧一萬增加到了「數以千萬計」規模，也就是說，按最低一千萬算，也增加了五到六倍。這兩種結論無論是哪一種，都說明達賴喇嘛的指控——藏人在自己家鄉變成了少數民族，至少在目前已經成爲事實。——二〇〇九年註
② 四川康區的兩個藏族自治州漢人減少的趨勢最爲明顯。從一九八二年到一九九〇年，漢族人口減少六‧五萬，相當於十三％。這八年，藏族自治地區全部一百四十七個縣當中，漢族人口在縣總人口中百分比下降的有一百二十八個縣，占八十七‧一％。

也許有人會說中共的數字是虛假的。的確，中共製造過大量虛假數字，不過也應當看到另一面，中共不僅是一個意識形態政黨，還是一個國家當局。在數字化管理越來越成為治理現代國家的關鍵因素時，它不可能把所有的數字都做成給別人看的假數字。除此而外，我還有親身在西藏的所見。雖然我不可能搞人口統計，但以我在西藏接觸的範圍和深入程度，應該已經達到比較充分的隨機化。在這種隨機化基礎上產生的感覺，我判斷中共方面的數字更接近實際。

　　達賴喇嘛之所以提出這樣一個數字，除了他的情報系統有放大，以及為了加強政治宣傳的效果，我想可能還有一個因素，即達賴喇嘛的大西藏版圖比中共認定的藏區更大，進入了漢人稠密區，那就是另一個問題了。

　　不過，我完全相信，以北京的心理，絕不是不想向西藏移民。如果它真能把達賴喇嘛說的那麼多漢人弄進西藏，它會最高興。那樣西藏對中國就不再成為問題，也就永遠不會再有西藏獨立的可能。達賴喇嘛的鬥爭還有什麼希望呢？

　　然而，目前的真實情況卻是無人進藏。

　　西藏的天跟西藏人站在一起。那是西藏人的希望所在。

　　我曾表達過這樣一種觀點——東方體系向西方體系的轉換，需要承認既成事實。看上去那似乎是對西藏的不公平，然而問題在於「事實」並沒有達到「既成」。中國曾經解決了無人進藏，因而得到了西藏，那的確是事實；現在中國又重新面臨無人進藏的問題，也是事實；如果將來，得到天助的藏人真能把人心思走的漢人統統趕出西藏，那不也是一個既成事實嗎？

　　而且，那將是一個「誰笑到最後，誰笑得最好」的事實①。

---

① 今天，人們普遍認為我所寫的「無人進藏」發生了最大變化。的確，當市場的無形之手開始介入，漢人進藏的推力就不再僅僅是政權派遣，還增加了很多民間自發的動力。毛澤東的精神原子彈失效，利益驅動和金錢吸引卻有更大的威力。中國當局明白鞏固西藏主權和進藏漢人的數量有直接關係，因此在「富起來」之後，便盡可能在藏地營造與漢地相似的生活環境，用以吸引漢人安於定居。眼下，藏地縣城以上的城鎮基本都建了跟漢地城鎮一個模樣，紅塵滾滾，吃喝嫖賭樣樣俱全。除了氧氣稀薄（但有的漢人住房已配備製氧機），與漢地區別已經不大。漢人也形成了彼此交往和互助的社群，不再孤獨。不可否認，這是另一種解決「無人進藏」的方

**註釋：**

1 M.C.戈德斯坦，《中國改革政策對西藏牧區的影響》，載《國外藏學譯文集・第十輯》，西藏人民出版社，一九九三年，頁 366-367。

2 M.C.戈德斯坦，《龍與雪獅：二十世紀的西藏問題》，載《國外藏學譯文集・第十輯》，西藏人民出版社，一九九三年，頁 366-367。

3 中共西藏自治區委員會政策研究室編，《西藏自治區貫徹一九八四年中共中央書記處召開的西藏工作座談會精神文件選編》（第一集），頁 20。

4 白瑪朗傑，《現階段西藏宗教的地位和作用》，見《西藏青年論文選》，頁 207。

5 白瑪朗傑，《現階段西藏宗教的地位和作用》，見《西藏青年論文選》，頁 207。

6 馬麗華，《靈魂像風》，作家出版社，一九九四年，頁 122-124。

7 達賴喇嘛，《流亡中的自在：達賴喇嘛自傳》，台灣聯經出版事業公司，一九九〇年，頁 249-254。

8 西藏自治區黨委辦公廳政策研究室編，《西藏自治區基本情況手冊》，一九九四年，表 12-64、12-65（頁 112-115）。

9 亞衣，《讓西藏流亡者早日回歸家園——訪〈西藏通訊〉主編達瓦才仁先生》，《北京之春》電子版第五十四期。

---

（續前頁）

式，而且比毛澤東的方式更有活力。只是這種解決方式需要眾多資源的支持。目前中國有能力對西藏城鎮提供這種資源，於是就能把漢人幹部和工作人員派到西藏城鎮。城鎮是市場經濟的中心，因此也足以吸引渴望淘金的漢人經營者和勞動者。然而這使得進藏漢人仍然主要局限於城鎮、交通幹線和旅遊景點。中國藏學研究中心的羅絨戰堆的調查是：「二〇〇〇年的人口普查結果顯示，近八・一萬漢族人口居住在西藏自治區首府拉薩市，其中的七・六六萬，占拉薩市漢族總人口九十五%的漢族人口又居住在人口相對集中的城區，即行政區劃中的城關區。」（見《人口與經濟》二〇〇五年第四期《西藏的漢族人口及相關問題研究》）要知道，拉薩的城關區之外還有不少工廠、餐飲、交通服務、種菜、飼養等適合漢人的工作，才吸引了拉薩漢人的五%，西藏的其他地方能吸引多少漢人可想而知。因此，我認為，對西藏的廣大農牧區，「無人進藏」的情況並沒有根本改觀。而目前西藏城鎮中的漢人，也並非真正扎下根來，大都是打算掙了錢就回老家。如果發生資源匱乏、市場萎縮，則是隨時都可能撤離。至於朱維群所說的「數以千萬計」生活、居住在大藏區的漢人，應該主要還是集中在與漢區接壤的漢藏接合區域。當然準確情況到底如何，還需要有基於充分數據的分析。——二〇〇九年註

10 昊夫，《主人》雜誌，一九九二年第六期，頁 26-27。

11 《當代中國西藏人口》，中國藏學出版社，一九九二年，頁 352。

12 《達賴喇嘛的五點和平計畫》，見董尼德，《西藏生與死──雪域的
民族主義》，台灣時報文化出版公司，一九九四年，頁 326-327。

13 《當代中國西藏人口》，中國藏學出版社，一九九二年，頁 200。

14 《當代中國西藏人口》，中國藏學出版社，一九九二年，頁 90。

# 10 新興宗教──民族主義

　　民族主義是近代崛起的一種運動，由於它在相當多的場合對人的公共生活和個人生活成為日益強化的權威性因素，因此有人相對於世界三大宗教（基督教、佛教和伊斯蘭教）而稱民族主義為第四宗教。毛澤東的宗教破產之後，西藏傳統宗教重新籠罩西藏農村牧區的大眾百姓，而西藏的精英階層、城市居民和知識青年則更多地是以民族主義為共識。隨著商品經濟和資訊社會在西藏城市發展，傳統宗教受到世俗化瓦解不可避免，從這個角度看，達賴喇嘛對藏人的影響力和控制力似乎應該有所減弱。然而傳統宗教讓出的空間，正好是被民族主義所填充。達賴喇嘛多年為西藏自由的奮鬥，使他成為西藏民族主義的靈魂和代表。那麼，如果把民族主義看作是一種現代的新興宗教，達賴喇嘛就同時是西藏傳統宗教和現代民族主義宗教兩大教派的最高領袖。

　　因此，毛的宗教煙消雲散之後的今天，西藏的傳統與現代都握到了達賴喇嘛手中。

## 一、文化衝突與民族歧視

　　民族主義的形成可能非常複雜，但文化衝突肯定是一個重要因素。本來文化只有不同，沒有高低，不過在實際的民族交往中，真正能夠以這種相對主義態度對待文化區別是很少的。尤其是作為征服者的民族面對被征服民族或弱小民族時，更容易表現出文化方面的歧視。高海拔的生活環境，決定了西藏文化與低地的漢文化有巨大差別。

一向具有文化優越感的漢人不去從「天人合一」的角度理解西藏文化，
而是把凡屬自己不能理解的事物一概斥為落後、野蠻和不開化。從與
藏人接觸之始，漢人就一直持有如此心態。

雍正十三年（一七三五年）被派遣進藏的清廷宗室果親王（雍正
之子）所寫的《七筆勾》，可能是保留下來的專門譏諷西藏風俗的最早
文字。

　　一、萬里遨遊，西出爐關天盡頭。山途穹而陡，水惡聲似吼。
四月柳條抽，花無綿繡，惟有狂風，不辨昏和晝。因此把萬紫千紅
一筆勾。

　　二、蠻柵拴牛，人住其間百尺樓。滿屋屎尿臭，遍地喪家狗。
亂石砌牆頭，彩旗前後；金頂標桿，獨立當門右。因此把畫棟雕梁
一筆勾。

　　三、無面羊裘，四季常穿不肯丟。白雪堆山厚，簾下寒風透。
紗葛不須求，氆氇耐久，一口鐘兒，常掛當胸扣。因此把錦繡綾羅
一筆勾。

　　四、大腳丫頭，髮辮蓬鬆似晃流。細褶裙兒皺，半截衫無鈕。
腿褲不遮羞，春風透露，方便門兒，儘管由人走。因此把禮義廉恥
一筆勾。

　　五、客到先留，奶子熬茶敬一甌。蠻沖青稞酒，糌粑和酥油。
牛腿與羊肘，連毛入口；風捲殘雲，吃盡方罷休。因此把珍饈美味
一筆勾。

　　六、萬惡禿頭，鐃鈸喧天不住休。口念糊塗咒，心想鴛鴦偶。
兩眼黑黝黝，如禽似獸；偏袒露肩，黑漆鋼叉手。因此把釋教風流
一筆勾。

　　七、出入騶騶，勝過君家萬戶侯。世代承恩厚，頂戴兒孫有，
凌閣表勳猷，榮華已夠；何必執經，去向文場走。因此把金榜題名
一筆勾。[1]

果親王本人雖是滿人，不過已經漢化，所以說他這篇輕浮文字代

表漢人對藏文化的歧視應該不算錯。

　　至民國，雖民族平等思想已成時髦，主管西藏事務的最高官員──蒙藏委員會委員長吳忠信在一九三九年赴藏之後所寫的考察報告中，還是充滿此類言辭描述西藏：「西藏可稱世界上極不講求衛生之地方」、「藏人煮食牛羊肉多半生不熟，尤不衛生」、「藏人衣服常終年不換，衣上滿積油垢，富貴者多以衣上之油垢越多為越光榮」、「藏人有隨地大小便之習慣，拉薩街道每值早晨，便溺遍地，值等於一公共廁所」……2

　　早期進藏的西方人對西藏更是充滿輕蔑。在他們眼裡，連中國人都是沒開化的，西藏人就更不用說了。一九○四年，榮赫鵬的武裝使團挺進拉薩時，西方記者首次進入西藏。他們第一次通過現代媒體向西方人展示了西藏。英國《政治家》的記者這樣描寫他們最先到達的帕里：

> 今天早上我從屋頂鳥瞰帕里城，它就像一個在城堡下的養兔場。從城垛往下看，只能看到低矮的黑色房子的扁平屋頂。臭氣刺鼻的濃煙從屋頂蝸蝸升起。屋頂上堆滿了麥稈。房屋與房屋之間五顏六色的經幡形成網狀，把屋頂連成一片。有時，作為大街使用的狹窄小巷也掛滿了經幡。無數的肥胖的烏鴉棲息在牆上，還有數不清的麻雀嘰嘰喳喳叫個不停。出於保暖的目的，大部分的房間都在地下。黑得像搬運煤炭的西藏人在這些地下住所裡與犛牛或騾子縮擠在一起。同樣骯髒的藏族婦女到處走動著，她們的臉塗抹得很髒，布滿了疙瘩。她們頭戴著像箍一樣的紅色頭飾，上面有時裝飾著綠松石，有時是紅寶石顏色的石頭。在城堡裡，人們在清晨看到的第一件事，就是極其骯髒的女人爬上台階。她們背上背著已結了冰的木桶及成袋的犛牛糞。這是他們生活中不可缺少的東西。3

另一位《泰晤士報》記者筆下展現的也是一樣糟糕的場面：

> 城堡的南牆抵禦住最嚴寒方向颳來的寒風，只有一層，至多有

兩層用草皮搭起的小棚擠縮在牆下。房子互相支撐著。已經腐爛、位置放錯了的大梁不時地從一層層黑色的泥炭土中伸出。從與搖搖欲墜的黑色假型板相連的幾扇小窗子可以辨別出樓上樓下。大門敞開，它也只不過就是三塊黑黑的厚板子，兩個橫梁及一個扣鎖。在裡面，所有的東西都塗上了一層黑煙油……在大街中央，在兩堆污物和垃圾之間，流淌著一條臭氣薰天的小溪。它每天都解凍。西藏人吃掉的或沒有吃掉的動物的角、骨頭等都扔在裡面。狗或者烏鴉把它們叼走後，泥灰牆和門內的小溪才清潔可用。這種惡臭令人恐懼。[4]

他們不僅攻擊西藏的衛生狀況，而且把西藏人的全部生活方式都看得非常可笑。英國《每日郵報》記者埃德蒙‧坎德勒這樣寫：

在這個佛教確立了自身地位的國家裡，人們仍然受著巫術和轉世活佛的指導。人們在處理世俗事務時，還要用一隻眼睛盯著那奇異的精神世界，這個精神世界在他們的生活中是最實在的東西。這是一個亂七八糟、秩序顛倒的國度，這裡的人們用一生中的一半時間哼著晦澀難懂的經文和搖晃著轉經筒，死人則被砍成碎塊扔去餵狗餵鷹。[5]

西藏使埃德蒙‧坎德勒感到厭倦，他表示即使送給他一千頭犛牛也不想再到西藏，他「渴望得到香皂，渴望得到雪白的亞麻布，渴望得到氣色賞心悅目的女人，渴望看到臉上刮得乾乾淨淨、衣著整潔的男人」[6]。

不過，以前的西藏由於封閉，與外部世界的文化衝突只在很小範圍被感受。那時能進入西藏的西方人寥寥無幾，中國人除了少數經商者，只有一些執行公務的官員和軍人。他們身為上層人士，即使顯示出傲慢和歧視，也多被具有較強等級意識的藏人視為正常，不至於引起民族之間的文化衝突。

西藏被中共占領後，大批漢人進藏工作。不過那些漢人都是中共

的幹部和職工，受到官方意識形態的約束。中共一方面信奉馬列主義的「民族大家庭」理念，另一方面從有利統治的實際需要出發，也一直在其隊伍內部對「大漢族主義」進行批評和整肅。毛澤東將其上綱到非常嚴重的程度：「有些地方民族關係很不正常……此種情況，對於共產黨人說來，是不能容忍的。必須深刻批評我們黨內在很多黨員和幹部中存在的嚴重的大漢族主義思想，即地主階級和資產階級在民族關係上表現出來的反動思想，即是國民黨思想，必須立刻著手改正這一方面的錯誤。」[7]

　　毛澤東把話說到這麼嚴重的地步，說明實際情況的嚴重。即使有官方紀律約束，對藏人的歧視在中共進藏官員中仍然廣泛存在。不奇怪，官員首先是社會人，有其自身的民族背景。意識形態和官方紀律只能定下民族關係的政策和大原則，卻無法約束其每個人的日常細微心態和表現。日常瑣事中能有多少大原則呢？而正是日常那些細節小事，時時刻刻地暴露「大漢族主義」，使中共籠絡藏人的成果不斷受到腐蝕和破壞。

　　聞名世界的中國異議人士魏京生出身中共幹部家庭。他在監獄裡就西藏問題寫給鄧小平的信，以他自己的經歷說明中共幹部對藏民族的歧視：

　　　　我的父母既沒接觸過藏民也沒研究過藏族，他們對藏族的瞭解完全來自你們黨內的文件和公開宣傳，而這些宣傳留給他們的心理印象就是個「半牲口」的形象。所以當我準備和一位藏族姑娘結婚時，遭到了他們極強烈的反對，以至於要和我「斷絕父子母子關係」。當然，後來他們認識這位藏族姑娘後就完全改變了看法。但是人家藏族家庭的自尊心卻不能容忍這樣的「親家」，所以我到底也沒做成藏族的女婿。[8]

　　其實，魏京生準備與之結婚的那位藏族姑娘，其父也是長居北京的中共幹部。如果真是西藏本土的藏族姑娘，魏的父母更不知道要反對到什麼程度了。

我在西寧賓館與同住一個房間的藏區漢人官員聊天，發現雖然他受過高等教育，在藏區生活了三十多年，對西藏文化的無知和偏見卻令人吃驚。諸如我記下了他這樣的原話：「喇嘛搞女人是犯罪，頂小喇嘛溝子不犯罪。」「溝子」是西北土話中的臀部，他的意思是西藏宗教禁止和尚與女人性交，但是不禁止對同性進行雞姦。他還這樣解釋「雞姦」一詞的來歷：「宗喀巴有一次看到雞交配，不禁拍著巴掌大笑起來，他這下可找到辦法解決喇嘛的性欲了。從此就有了『雞姦』的說法。」

　　那位官員對這種下流笑話之所以能夠三十多年信以為真，津津樂道，我想就在於他三十多年一直是透過歧視的眼鏡看西藏。雖然紀律約束使他不會把這種歧視公開亮在藏人面前，但是必然會影響到他的思維，也肯定會潛移默化地影響到他在藏區工作的決策和行為。

　　我親自聽到過一位中共軍隊的高級軍官這樣表達他的民族觀：「人都有人性和獸性雙重性，區別在有的人性多，有的獸性多。先進的民族人性在獸性之上，落後愚昧的民族獸性在人性之上。要知道，對付劣馬的方式就是用鐵夾子夾它的耳朵，它立刻就老實。」那位高級軍官參與了一九八九年拉薩戒嚴的指揮。可想而知，他這種「哲學」會在其中起到什麼樣的作用。

　　有一些出於文化歧視而導致的決策，甚至可以達到荒謬的程度。例如一九六〇年代曾發生有些中共幹部強制推行藏裝「改革」，其道理是藏裝的長袖長袍「浪費了材料，穿起來不方便」[9]。他們不屑稍微花點工夫瞭解一下藏袍在西藏環境下的特殊功能（後有專文談及），就想當然地得出自以為是的結論。

　　我還認識一位在西藏自治區政府主管農業的「援藏」幹部，私下談話時，他拿出一張照片感慨西藏農民的「懶惰」。照片是一片農田裡布滿巴掌大的石塊。「他們就懶到這種程度，就不願意動動手把石塊撿出去，年年這麼對付！」其實對西藏稍有瞭解就會知道，夏季西藏農區雨大且猛，雨水容易把泥土沖跑，平時陽光又格外強，田裡水分蒸發過快。石塊留在田裡，下雨可壓住泥土，防止水土流失，烈日時石塊下又可保存水分。那是西藏一種特有而聰明的保墒方法，是不能用

中國內地的標準衡量的。

到了鄧小平時代，隨著經濟交流增加和進藏交通條件改善，中國內地與西藏的接觸開始在民間層次展開，與藏人打交道的已經不限於漢人官員。而漢人老百姓不像官員那樣至少在表面不顯露歧視態度，他們的民族優越感往往溢於言表。即便是街頭做苦力的漢人，也自以為比藏人高一等，稍有點身分的漢人就更是表現得居高臨下。而在資訊日益開放的年代，藏人已經獲得了充分的自主意識，對文化歧視的反應也就越來越具有對抗性，亦成為民族主義滋生的土壤。

我在青海漢藏交接地區乘長途汽車時，車上的漢族售票員就像趕牲口一樣驅趕藏族人坐到汽車後排去，肆無忌憚地說他們太髒，別人沒法和他們坐在一起。當我堅持不讓坐在我身邊的藏人挪到後面時，周圍的漢人乘客就移到別處去了。那些藏人都是普通的農牧民，他們沒有抗議，但他們心裡難道會沒有感覺？兩個民族的對立不就是在這些小事中讓人一覽無餘？也許長途汽車上的底層藏人也就罷了，不會有什麼影響，換了另一些藏人呢？

我曾在火車上與咸陽民族學院一批暑假回家的學生坐在一起。我對面那條三座長椅，靠窗的是一個漢族女學生，另兩個座位是藏族女生，一個藏族男生沒找到座位，便與他的藏族女同胞擠在一起坐下。自然漢族女生的空間因此狹小了一些。他們都是同學，照理本該互相照顧，可是漢族女生立刻表現出反感，甚至推搡挨著她的藏族女生。我在對面閱讀她的表情，能感受到導致她暴躁不安的，一是本能地覺得藏族人髒；二是藏族男生和女生的肌膚相親被她當作藏人男女關係的不檢點，她感到跟他們擠在一起受了玷污。其實那幾個藏族學生至少跟她一樣乾淨，而且比車廂裡幾乎所有漢人都漂亮和健康。問題還在於，如果那女生身邊是她的漢人同學，也許她就不會在意，或者即使不高興，也不會流露。

那幾個藏族學生沒有和漢族女生爭執，然而他們可不是長途汽車上的農牧民，他們將來都會成為學者、官員、上層人士，他們曾受到的歧視——不管是從多麼小的事上受到的——很可能就會成為將由他們代表的民族情緒，就像甘地在南非火車上受到的侮辱，成為他轉變

爲民族主義者的轉折點一樣。

　　現代社會主流標準的確立和處於現代化進程的不同位置，決定了民族優越感的存在和對落後民族自覺不自覺的傲慢態度，這在當今世界任何角落都普遍存在，並非漢人對藏人所獨有。今日中國精英階層產生的民族主義，與西方人表現出的優越感和傲慢態度也有直接關係，二者道理是一樣的。要改變這方面的衝突，絕非政府政策或意識形態原則可以做到，衝突也因此必然是長期的。

　　還有一些衝突與歧視沒有關係，是純粹的「文化」衝突。例如有這樣一件事：一藏一漢兩個司機開車下鄉，幾個藏族姑娘向他們兜售青稞酒。酒裝在羊膀胱裡，兩頭紮死，像裝滿了水的氣球。漢族人根深柢固地嫌惡與排泄物有關的一切。姑娘們嬉鬧著把泛血絲的羊尿泡往車窗裡塞，那個漢族司機阻止不住，最後忍無可忍地破口大罵。這時同行的藏族司機不幹了，他認爲姑娘給你酒喝是敬你，你不知好歹，反倒罵人，明擺著是對藏族的歧視。於是兩個司機又打起來。

　　漢族司機的行爲之所以能看作是歧視，在於他屬於多數民族。即使他只是一個普通老百姓，他的行爲完全是個人的，也會被加上民族屬性。其實這種衝突很難說是歧視，不如說看作文化上的相互誤解和習慣上的相互不適應更準確。從昌都去雲南的路上，我曾在一個叫吉塘的兵站停留。兵站雖然有電視機和發電機，晚上卻既不發電也不開電視。不是兵站的人不想照明和看電視，電視是他們唯一的娛樂。兵站的軍官向我解釋，只要一開電視，附近的藏族老百姓就攜家帶口一起來，把電視房擠得滿滿。他們聽不懂漢話，無須保持安靜傾聽，彼此大聲地喧嘩議論電視畫面，加上孩子哭叫和打鬧，兵站的人也看不成電視。開始兵站的人裝作關掉電視不看了，等藏民散了再接著看。很快藏民也明白這種把戲，關電視也不走，除非停掉發電機。電視必須靠發電機看，發電機聲音成了一種信號，無論何時只要一響，周圍藏民就自動到兵站集合，等著開電視。兵站曾經關閉大門不讓人進，藏民卻善於翻牆，不但擋不住，爲了報復這種不友好的舉動，還會從外面把兵站大門反鎖，不讓兵站的人出入。爲了看電視這件小事，兵站的士兵與藏民打過多次架。兵站人少，寡不敵眾。如果事鬧大了，

變成軍隊與地方的矛盾，也是對軍隊的處分重，所以兵站就乾脆既不發電也不開電視了。

用當代市民社會的標準衡量，當然會認為藏民這種行為是不「開化」，不僅兵站的漢人士兵這樣看，換上西方人，可能更難接受。但是反過來，藏民卻會認為不讓大家一起看電視是不可理解的自私小氣，是不友好的表示，尤其是還為此要弄花招，就更為卑鄙。當你真正理解藏人這種想法的時候，有時是會為我們已經習慣的自我意識和權利計較感到羞愧的。

我在丁青縣遇到開基層幹部會，每當會議開飯，食堂門口就圍坐上不少婦女兒童，藏族幹部吃完飯，必定要隨手帶一些饅頭之類的食品出門分給他們。食堂經理小楊跟我說，他手下的藏族工作人員絕對不貪污，也不偷摸，但是食堂虧空很大，都是被送人了。藏族人生性慷慨，沒有彼此分明的界限，所謂「慷他人之慨」在我們的辭彙中是貶義，他們做得卻讓你難以指責，因為他們首先慷自己的慨。

不過，這種文化上的不同以及由此產生的矛盾，有多少人能夠弄懂並且願意站在對方的立場予以理解和欣賞呢？至少對於今天的世界，實在是很困難。中國人與西藏人的關係是這樣，中國人與美國人的關係也是這樣（只不過位置顛倒了）。由於文化隔閡，民族之間的廣泛理解和體諒原本就非常困難，然而不同民族卻被日益緊密地推到了一起，不可迴避地發生越來越多的接觸和碰撞，互相依存又互相鬥爭。民族主義之所以不可避免地成為當今世界越來越強的思潮，正是世界一體化的趨勢與文化衝突之間相反相成的結果。

# 二、精英集團的資源

今天，越是藏人與漢人交往密切的地方——如城市和交通幹線——藏人對漢人的仇視態度就越強，有時會達到盲目的地步。如果一位在醫院生產的西藏婦女失去孩子，她會想當然地歸咎於漢人醫生為執行中共的計畫生育政策害死了她的孩子，而不願接受孩子自然死亡的事實。類似的謠言總是廣為傳播。在拉薩街頭，如果一個漢人與一

個藏人發生爭執，許多無關的藏人就會一擁而上，不管誰有理，都會幫助他們的同胞。一九九五年冬天，一位中共下級軍官因為大雪造成交通中斷步行回他的連隊，晚上向一個養路道班求宿，遭到藏族養路工的拒絕，後來那軍官被發現凍死在公路邊的電線桿下。

在日益增長的民族對立當中，西藏精英集團起的作用非常大。一九八○年代以來，諸種因素相互整合的結果，使藏人精英階層採取了民族主義的共同立場。過去作為對立階級的雙方，現在把以往相互之間的鬥爭和分裂共同記到漢人帳上。西藏民族情緒最強的，除了宗教界，最主要的就是以中共培養的藏族幹部和知識分子為主的精英集團。宗教界仇恨中共統治不足為奇，奇怪的是，那些從小被送到中國內地上「西藏班」、「西藏中學」（中國內地有十九個省市辦有這樣的學校）和「民族學院」的藏人，往往反漢情緒最強，而且越在中國內地的中心大城市（如北京）上學，學歷越高，越有西藏獨立的意識。這些人畢業後大都作為國家幹部回西藏，不少人都進入政權，或至少與政權有著緊密的關係。中共自己培養的幹部和專業人員「恩將仇報」，已經成為中共的心腹之患。

精英階層具有比其他社會階層更強的民族主義意識，可以說是一個世界範圍的現象。這是精英階層的思想能力、知識水平、自尊人格和自主性等因素所決定的。他們接觸的資訊渠道也更為豐富，有更多角度，使他們對壓迫和歧視——無論是思想文化上的還是政治經濟方面的——尤其敏感，再加上知識分子的「逆反心理」，往往比較容易凝聚和統一在民族主義的旗幟之下。

在毛澤東時代，舊西藏的精英集團——傳統上層社會和宗教集團被打倒，從底層「翻身」而被提拔的藏族幹部完全沒有自主意識，只知道對中共感恩戴德，亦步亦趨地跟隨，充當的角色僅是漢族當權者的幫手，而沒有形成新的藏人精英集團。新精英集團主要是在「文革」之後發展起來的。一方面已經有了足夠的時間，新一代藏族官僚和知識分子已經成長起來，不再是過去那種被「解放」的感恩者和充當「馴服工具」的角色；另一方面隨毛澤東神明的消逝，他們的自主意識和民族意識都得到鼓勵和加強，而且在中共一九八○年代初的「撥亂反

正」過程中，隨大批漢人撤離西藏，他們也得到了實權。其後的中共治藏失誤、達賴在國際上的地位上升、世界的民族主義潮流和蘇聯陣營解體，都在不斷地給這個集團注入對北京的離心力，使他們日益高舉起民族主義的旗幟。

不過，必須看到一點，民族主義不僅是一種意識形態，對於精英集團而言，也是一種資源和獲得實際利益的手段。不認識這一點，有時就難免被表面現象搞糊塗。例如前面講到西藏產生了一批「拒絕達賴的藏人」，其中最有能量的就是中共培養的既得利益集團。那個集團和現在所說的藏人精英集團有很大程度的重合，而精英集團有強烈的民族主義意識和反漢情緒，這一點似乎又是和達賴陣營一致的。僅從意識形態的角度，不好解釋，而從利益的角度，就非常清楚──正是因為利益的關係，他們拒絕達賴，同時也正為了追求在中共體制內進一步獲得利益，他們又需要利用民族主義。他們與達賴陣營是同一民族主義旗幟下的兩個對立的利益集團。

新一代藏人權貴目前不僅在數量上是西藏政權的主體，而且掌握了各級政權絕大多數行政一把手和主要領導職位，以及各級政權的財政、公安、司法等要害部門。這是一九八〇年代中共落實「民族自治」政策的結果。到一九八九年，西藏幹部總數中藏人占了六十六‧六％，省級官員中藏人占七十二％，地級官員中藏人占六十八‧四％，自治區和地（市）行政一把手均為藏人，全區七十五個縣中絕大多數行政一把手由藏人擔任，其中六十三個縣的中共黨委一把手也是藏人[10]。

從原來的配角轉變成實權者，藏人官員的心態會隨之發生變化。他們受過良好教育，熟知並且善用共產黨的權謀與政治技巧，已經成為藏民族的代言人和代表者。面對全球性共產主義的衰亡，他們預感到「變天」的可能，促使他們在中共之外尋找自己的立足點，他們當然不會忘記，他們之所以成為精英集團，是基於對舊西藏的摧毀，因此他們的立足點也不能放到舊西藏的代表──達賴喇嘛那邊去。凝聚西藏社會的兩面旗幟──宗教和民族，前者是抓不到他們手中的，那是達賴喇嘛的專利。對他們而言，唯一可以把已經在手的既得利益與未來可能的「變天」協調起來的立足點，只剩下民族主義。正是這種

特殊處境——與達賴陣營的不可相容，以及他們在傳統宗教方面的弱勢或不良形象，反而會刺激他們以更加趨向極端的民族主義訴求增加自己的代表性。

藏人官員中的民族主義日趨發展，加上一九八〇年代末期的「拉薩動亂」，使中共產生了警覺，開始改變一九八〇年代把權力交還藏人的作法，重新增加漢人掌權的份額。一九九三年，省級官員中藏人比例比一九八九年下降了四個百分點（六十七‧九％[11]），到一九九六年，在西藏六十九名省級官員中，藏人比例又下降了將近八個百分點（降到六十％），十六名最有實權的中共自治區黨委常委，漢藏各五十％；地廳級藏族官員從一九八九年的六十八‧四％下降到一九九三年的六十二‧六％[12]，一九九六年再下降到五十六％。不過，儘管中共做了很大努力，藏人尾大不掉的局面已經難以扭轉（可以看出藏人官員比例下降幅度有限，在縣級政權更是基本沒變），反而激起了藏人官員中更強烈的民族主義情緒。他們咬住中共已經公布的《民族區域自治法》，抵制漢人在西藏掌權。中共對此也往往無奈。

在這一點上，也可以看出民族主義與精英集團利益之間的關係。如果不打起民族主義的旗號，如何抵制權力被漢人奪走？民族精英集團堅持的「民族自治」，不過是民族主義的另一種表達方式。權力總是被精英階層掌握的，民族自治的任何擴大，都是首先給民族精英集團提供新的機會和資源，遠遠超過其他階層所能得到的。一九八〇年代初進藏漢族幹部大內調，給藏人讓出了上萬個幹部職位和上萬個國營企業的「鐵飯碗」，連他們的家屬，至少數萬人因此得到實惠。後來《民族區域自治法》的實施，又從法律上保證政府部門的關鍵職位必須由本民族官員擔任，漢人官員只能擔任副職，使民族精英進一步嘗到甜頭，也鼓舞了他們進一步以民族主義爲武器，以爲自己爭取更多的新資源。

爲了得到並且確保自己的利益，他們甚至希望（以至鼓勵）西藏適當地出現以達賴喇嘛爲旗幟的分離主義運動。然而不要被那種表面現象所迷惑，那並不說明他們和達賴喇嘛是一致的，而是他們把達賴對西藏的影響當作與北京討價還價的籌碼。他們一是想讓北京知道，

離了他們，僅靠漢人是解決不了西藏問題的；二是可以藉此向北京索取優惠政策和「安定團結」撥款。北京的民族政策被總結爲「軟的欺，硬的怕」，哪裡鬧事它就撫慰哪裡，給哪裡好處，結果培養了一種爲得到好處而鬧事的機制，這一點在西藏最爲明顯。

不過，無論民族自治的空間如何擴大，只要是以少數民族的身分與別的民族「統一」在一個國家，少數民族的精英往往總是被多數民族的精英所淹沒，無法攀到頂層。那旣有才能的原因，也肯定有「民族歧視」的作用（多數被歸於後者）。所以對相當一部分民族精英來講，只有民族獨立才是「一步登天」。實現民族獨立可以得到最大的資源——一個新主權。在目前這種以「主權」爲基礎的國際秩序中，主權資源是可以通過分裂而實現「無損耗複製」的。只要實現獨立，立刻就可以成爲國際社會平起平坐的一員，而不再是從屬某一主權之下的「地方」。一個新國家將提供多少誘人的位置？國家元首、內閣、議員、部長、高級將領、駐外大使……且國家不論大小，至少在禮儀和表達意見的權利上，一樣得到國際規格的待遇。就連從事科學、藝術的專業精英，在原屬大國也許只能排在三流地位，隨著獨立則可成爲一國最高水平的代表，直接步入國際場合。

當然，這些內心動機從來都不會擺到桌面上，民族精英肯定都把民族獨立說成是民族利益的需要。但是那對老百姓到底有多少眞正的好處，常常值得懷疑。不能說當今世界的民族主義思潮都是由心想個人利益的精英階層煽動起來的，老百姓僅僅是被煽動的對象和炮灰，但是在那些戰火紛飛或社會衰退的地區，打起了形形色色的新國旗，產生了一大堆新的總統和將軍，大多數老百姓得到的到底是什麼呢？

## 三、政權異質化

一九五九年達賴出走後，中共在西藏建立了絕對「同質」的政權。其「同質」的標誌是漢人官員占多數且爲主導，處於輔助地位的藏人官員也對北京唯命是從。中共對西藏的統治在那時達到空前的鞏固。鄧小平時代，西藏政權進入「異質化」過程，目前已經在很大程度上

轉變爲「異質」政權。

所謂的「異質」，並非是說西藏建立了另一套權力體系，而是在相同的外表之下，西藏地方政權的本質，已經轉變爲地方化和民族化的性質。這方面最主要的標誌，就是在政權組成中，漢人無論從數量上還是作用上都大幅下降。

西藏幹部的構成變化如下表[13]：

| 年份 | 合計 | 漢族 | 少數民族 | 漢族占幹部總數百分比 |
|------|------|------|---------|---------------------|
| 1951 | 2200 | 2000 | 200 | 90.9% |
| 1958 | 8967 | 6200 | 2767 | 69.1% |
| 1965 | 22818 | 15210 | 7608 | 66.7% |
| 1978 | 44986 | 24963 | 20023 | 55.5% |
| 1980 | 59780 | 32498 | 27210 | 54.4% |
| 1992 | 58643 | 17958 | 40685 | 30.6% |
| 1993 | 60365 | 17923 | 42442 | 29.7% |
| 註：少數民族幹部中藏族幹部占 98%。 | | | | |

可以看出，一九六〇年代到一九七〇年代，漢人幹部所占的比例在六十％左右，而到了一九九〇年代下降了將近一半，在幹部總數中所占的比例降到三分之一以下。

數量只是一個方面，還有質量和效率的下降。由於在西藏工作時間較長的漢人官員大都調回中國內地，剩下的漢人大都年輕無權[①]，與過去漢人幹部在政權裡發揮的作用沒法相比。另外毛澤東的「精神原子彈」喪失，漢人官員已失去當年的獻身精神，效率大大下降。如果把這個因素也換算進來，漢人在西藏政權中所占的比重就得再打折扣。

---

① 如西藏阿里地區一九九六年共有四百多名漢族幹部，其中年齡在三十歲以下的有三百多人，大都是「老西藏」的子女，或是剛從學校畢業，只能在機關做一般性工作。

另外，數量本已大大減少的漢人幹部，卻越來越集中到西藏幾個中心城鎮，被形容爲典型的「頭重腳輕」。僅在拉薩的漢人幹部就超過一萬人以上，占西藏漢人幹部總數的六十％多。另有四千左右漢族幹部在西藏地一級黨政機關（也在中心城鎮），只有約二千五百人在縣級政權。而西藏所有鄉級政權，已經沒有一個漢人幹部。對比毛澤東時代每個鄉至少都有幾個漢人幹部、每個縣城都有數百漢人幹部（現在一般只有幾十人）的狀況，更可以看出漢人在西藏政權中的衰落。

　　雖然目前西藏政權內的漢人官員還有上千[1]，遠遠多於駐藏大臣時代的幾十個中國人，但是由於「無人進藏」重新成爲問題，在藏漢人人心思走，工作敷衍塞責，不下基層，在藏族老百姓的眼中，他們就好像流水，來來去去，幾年一換，藏人官員卻像不動的石頭[2]。且不說民族感情，僅從功利角度，藏人也不會選擇漢官爲靠山。這種結果更加強了西藏政權——尤其是基層政權——的實權被藏人官員掌握。

　　藏人掌握實權並不是政權「異質」的關鍵，重要的是掌權的藏人官員忠誠於誰。毛澤東主義的破產使中共已經沒有能夠「降伏」藏人官員的意識形態，他們雖然吃著北京的俸祿，內心世界已經完全回歸本民族。藏民族全民信教，藏人官員既在其「全民」之中，自然不可能超脫。據對西藏大學藏族大學生的調查，完全不信宗教的人不到五％[14]。藏人官員平均受教育水平遠低於大學，信教比例只會更高。信教必然拜神，這是宗教的基本邏輯。達賴喇嘛是西藏宗教的神，但是對中共而言，達賴喇嘛是敵人，那麼藏人官員是以拜神爲先呢，還是以對敵鬥爭爲先？這就是以藏人爲主的西藏政權一個始終處在微妙狀態的問題。

　　在一位執行拉薩戒嚴任務的中共高級軍官眼裡，藏人官員是「兩面派」。他說那「兩面派」的稱呼名副其實。「爲什麼這麼說？」他酒過三巡對我講。「在拉薩時，我經常去他們那些人家裡作客。他們的牆

---

[1] 一九九三年自治區、地區和縣三級共有漢人官員一千五百七十一人（見《西藏自治區基本情況手冊》表 12-65）。

[2] 賀覺非在《西康紀事詩本事注》中寫道：「余旅行關外，就烏拉娃而詢以對漢官與土頭之觀感，彼答漢官如流水，土司如石頭，流水去而石頭不動。休爲之憬然。」

上都掛著毛主席、周總理的像，有一次風吹得畫像翻起來，我才發現毛主席像的另一面竟然是達賴像，周總理像的另一面是班禪像。原來他們是白天掛這一面，晚上就翻過來掛那一面了。這不是一個人的作法，後來我知道很多藏族幹部都這麼做。你說他們這叫不叫兩面派？」

一九八九年三月，北京當局做出拉薩戒嚴的決定後，爲了防止走漏消息，直到戒嚴開始的前一天——三月七日凌晨，西藏當時的中共書記胡錦濤才向西藏黨、政、軍、警少數核心首腦傳達，準備下午五點傳達到地廳級幹部。但是下午三點，一個蒙面尼姑就在拉薩中心的八廓街站在貨架上，向眾人大聲疾呼地公布了這個消息。送出消息的只能是參加凌晨會議的核心人員[15]。此類情況在西藏多次發生，包括警察系統剛剛在核心人員中布置逮捕，要逮的人就已聞風而逃。

據說中共安全部門曾在班禪轉世靈童掣籤儀式的會場安裝了監測儀器，掣籤結果剛一出來，會場內就有好幾部手持電話打向國外，給達賴一方通報消息。其中就有政府官員。

一九九五年，一個達賴喇嘛在海外授封的活佛從印度回他的本寺所在地——青海玉樹。玉樹當地有一萬多藏族百姓前去歡迎，並且組織了由一百輛汽車和一百輛摩托車組成的歡迎車隊。這種規模的活動在人煙稀少的西藏高原已是轟動大事，也是中共最爲害怕和警惕的事。但是中共黨政部門包括安全、公安機構卻一概不知道。事情暴露是因爲一個臨時下鄉的副省長偶然碰上了歡迎場面。後來進行查處，玉樹州的安全機關說事先已經上報州政府，但沒有上報上級安全機關。而玉樹州藏族州長把情況壓住，也沒有上報。面對查處時，他們會辯解那是工作疏忽，實際那疏忽肯定是有意的，他們從心裡就不希望這個活動受到干涉。

我在昌都地區也見過類似的場面。千百名穿著節日盛裝騎駿馬的藏人歡迎從印度來的活佛。藏族的中共黨員和幹部也紛紛前往請活佛摩頂。當地藏人對此無人不曉，只有我跟那位漢人縣委書記提起的時候，他一無所知。他的藏族下屬根本不跟他提這事。

基層政權的藏人官員對宗教更是頂禮膜拜。他們大部分是在家鄉任職，經驗和觀念多來自民間，立場和長遠打算也都是建立在本土之

上。各種血緣的、親屬的、鄰里的、友情的關係，成為一張「眾意」之網，把他們裹脅進「隨大溜」之中。他們中間大多數文化水平不高，甚至有文盲，連上級發的文件都得找寺廟喇嘛給念。舉行民間宗教活動時，他們往往充當召集人，端茶倒水，刷鍋做飯，忙得不亦樂乎。對他們而言，上級指示遠不如活佛意志神聖，法律懲罰也不如神的懲罰可怕，所以他們對宗教勢力經常亦步亦趨地追隨，導致宗教勢力干涉政權功能，影響司法等。西藏的基層政權，現在已經基本「民間化」。

## 四、發展經濟不是藥方

中共一九九五年召開的第三次西藏工作座談會，除了決定對西藏加強政治控制，對分離活動加強鎮壓之外，最重要的話題就是圍繞西藏的經濟發展。很明顯，北京把穩定西藏的希望開始寄託於西藏經濟的發展上──如果藏人生活富裕了，全都熱中於追逐財富和享樂，還有什麼心思和必要搞獨立呢？這和中共「六四」以後對中國的統治思路是一致的。同時，北京還把推進西藏與中國內地經濟的一體化，當作把西藏進一步與中國捆綁在一起的繩索。經濟越融合為一體，西藏與中國分離就會導致越大的損失，中共希望那也能因此成為對獨立意願的制約。

北京這種政策在某些方面的確產生了作用，如與市場經濟共生的物欲對宗教形成腐蝕，尤其是捲進市場活動較深的城市藏人，宗教意識開始淡漠，享樂風氣盛行。今天去拉薩會強烈感受到其世俗化的一面，燈紅酒綠，到處是卡拉OK、麻將大戰，年輕男子沉溺喝酒賭錢，玩物喪志，時髦女郎熱中模仿中國內地時尚，為追求物欲淪落風塵……據說達賴喇嘛對這一點相當擔憂。宗教是西藏的核心，人心是宗教的根本，達賴喇嘛作為宗教領袖，當然比誰都清楚這一點。達賴喇嘛指責中共在西藏推行的市場化是有計畫的陰謀，是用「軟刀子」對西藏民族進行文化消滅。

不過，將西藏的世俗化全歸於中共，在我看是高估了中共的能力。工商社會對宗教的腐蝕，全世界莫不如此。除非西藏永遠保持閉關自

守，不求發展，否則走到這一步是誰也擋不住的。與其說中共促進了這個過程，莫不如說它阻礙了這個過程，使其在西藏乃至在中國晚發生了若干年。一九五○年代進軍西藏的中國政權如果不是共產黨，而是一個接受了西方體制的資本主義政權，西藏的變化肯定早已不是今天的地步①。

不過，經濟發展可以淡化宗教影響，卻不能遏止民族主義的蔓延，甚至相反，還可能在某些方面成爲民族主義的催化劑。在這層意義上，達賴喇嘛又應該得到一些寬慰，他不僅是西藏的宗教領袖，也是民族的政治領袖，他幾十年如一日爲西藏所做的鬥爭，確立了他的道德形象和國際地位，使他當之無愧地成爲西藏民族主義無可爭議的旗幟與核心。社會世俗化進程雖然削弱他的宗教領袖的影響，卻在同時加強著他的民族主義政治領袖的影響。

事實表明，在目前世俗化程度最高的西藏城市青年人中，並沒有像中共所期望的那樣遠離西藏獨立運動，他們反而成爲離心力最強、民族主義情緒最嚴重、最不安定的一個社會集團。他們是近年西藏進行反抗運動和街頭騷亂的主要力量。騷亂時的口號之一是「吃糌粑的趕走吃大米的！」然而把那口號喊得最響的，往往都是早已經不吃糌粑，口味改成了漢菜和西式點心的人。

另一方面，不管宗教如何受到物質主義瓦解，在廣闊的西藏牧區和農村，西藏高原的「天」卻註定藏人與宗教保持不可分離的關係。錢的腐蝕只局限於城市及周圍地區，對那些生活在大山、雪原和牧場的藏人，錢只是某些時候有用，神卻是時時刻刻都有用。人在那裡可以離開錢，卻離不開神，沒有神的指引，人在那種恐懼環境中是支撐不下去的。所以，即使有一天全世界的宗教都遭到瓦解，西藏的宗教也會存留。民族主義和傳統宗教，將奇特地始終保持在達賴喇嘛的兩手，成爲他可以左右開弓的雙兵器。

北京即使最後真能實現西藏經濟與中國內地經濟的一體化，也一

---

① 這一點說得有些絕對了。如果是國民黨政權統治了西藏，西藏不會發生文化大革命，達賴喇嘛不一定會出走，西藏會一直保持較大程度的自治，即使工商社會將較早進入西藏，世俗化也不見得會發展到今天這種地步，可能會較爲多元和平衡。——二○○九年註

樣不能成爲消解民族主義的藥方。前蘇聯的經濟一體化程度不可謂不高，蘇聯解體對各個新國家的經濟造成的損失不可謂不大，然而既然推動分裂的民族精英興趣在於獲得個人權力，那是只有通過分裂才能獲得的。至於割裂經濟聯繫造成的經濟衰退和生活艱難，是由老百姓承擔。民族精英們可以很崇高地將其解釋爲是「不自由，毋寧死」的必要代價①。

　　在對付日益激化的少數民族民族主義方面，北京至今拿不出有效辦法，除了暴力鎮壓，幾乎別無選擇。這不奇怪，民族主義是當今世界性的新宗教，連北京也在利用它填補共產主義崩潰後的意識形態空虛。在它自己也在鼓吹中國的民族主義的同時，難道它能有任何有說服力的理由去否定其他民族的民族主義嗎？

**註釋：**

1 賀覺非，《西康紀事詩本事注》，西藏人民出版社，一九八八年，頁142。

2 吳忠信，《西藏紀要》，載《西藏學漢文文獻叢書第二輯》，全國圖書館文獻縮微複製中心，一九九一年，頁 178-179。

3 約翰‧麥格雷格，《西藏探險》，西藏人民出版社，一九八八年，頁292。

4 約翰‧麥格雷格，《西藏探險》，西藏人民出版社，一九八八年，頁293。

5 埃德蒙‧坎德勒，《拉薩眞面目》，西藏人民出版社，一九八九年，頁 167。

6 埃德蒙‧坎德勒，《拉薩眞面目》，西藏人民出版社，一九八九年，頁 81。

7《毛澤東選集》第五卷，頁 75。

---

① 我並非說所有爭取民族獨立的民族精英都是出於權力目的，尤其是在受壓迫民族所進行的獨立運動中，會有更多的道德訴求與獻身精神。——二〇〇九年註

8　魏京生，一九九二年十月五日《給鄧小平的信》。

9　香港《開放》雜誌，一九九七年二月號，頁35。

10　張仕榮，《西藏少數民族幹部隊伍宏觀管理初探》，見《西藏青年論文選》，一九九一年，頁161。

11　西藏自治區黨委辦公廳政策研究室編，《西藏自治區基本情況手冊》，一九九四年，表12-65（頁115）。

12　西藏自治區黨委辦公廳政策研究室編，《西藏自治區基本情況手冊》，一九九四年，表12-65（頁115）。

13　此表數據引自西藏自治區黨委辦公廳政策研究室編《西藏自治區基本情況手冊》表12-65（頁114）。

14　趙代君，《藏族大學生民族觀宗教觀的調查與思考》，載《西藏青年論文選》，一九九一年，頁291。

15　秦龍光，《拉薩：騷亂與戒嚴》，解放軍文藝出版社，一九九○年，頁81-82。

# IV 現代化

## 藏文明的分裂

# 11 天不變道亦不變

　　今天的西藏給人十分矛盾的印象：一方面拉薩那樣的城市日新月異，高樓林立，車水馬龍，出現了交通堵塞、空氣污染、城市垃圾那類世界性現代問題，聖城風貌已日益消隱進古代記憶；另一方面，在廣闊的農村牧場，人們的生活千年不變，穿一樣的衣服，吃一樣的食品，幹一樣的活，去掉牆上掛的毛澤東像，時光似乎對他們沒起作用。

　　傳統與現代並存的現象哪裡都有，並不奇怪，但是在其他地方，總有一個主流，傳統一端被逐步瓦解，最終的趨勢是被現代化融合。而西藏卻不是這樣，現代部分與傳統部分各自獨立，分道揚鑣，二者幾乎是互不相關的兩個世界，隨著現代一端的發展，二者彼此的距離越來越遠。

　　這是因為在其他社會的自身內部，具有現代化的條件和動力，因此現代化是必然的趨勢，傳統與現代的並存是暫時現象，反映的只是社會不同部分在現代化進程中的速度差別，最終社會將整體地走向全面現代化。而西藏卻由於「天」的因素，決定了其內部不具備現代化的條件和可能，它的現代化只能是外力加於西藏、並且由外力維持的。這被外力施加給西藏的現代化，與西藏社會的本質並不相容，因此它就不可能完成把西藏傳統社會也拉進現代化的任務。西藏社會的二元狀態將長久存在，呈現為文明的一種分裂狀態。

## 一、天人合一

　　天人合一是漢文明的重要哲學思想，藏文明也許沒有把它明確地

上升為理論，但是在生活實踐中，藏文明卻是將這一哲學貫徹得最為充分、徹底和持久的文明，並且直到今天，仍然是其文明扎根的基礎。

在天和人的關係中，藏文明絕對把天擺在第一位，把天當成凌駕在上的主宰，絕對地崇拜和服從。在西藏高原的高天遠地中，人太過藐小，自然（天）的力量太過巨大，二者不成比例到沒有任何相提並論的可能，所以藏文明天人合一的「合」，天是不動的，全在於人著力去適應和順從天，把自己「合」進天中。人的全部智慧和機謀用於順應自然還怕不夠，又怎能產生與天抗爭——更別說征服——的雄心呢？這是藏人的基本生活態度。

中國的漢代大儒董仲舒曾對漢武帝說：「道之大原出於天，天不變，道亦不變。」這句話被毛澤東批判成「長期地為腐朽了的封建統治階級所擁護」的「形而上學」之謬論[1]毛澤東若是能對西藏有一些瞭解，下這個結論之前也許就會再想想。不管董仲舒說的「天」和「道」有多少深意，我先從最簡單的層次使用——西藏的高海拔及其相應的地理氣候特點屬於「天」的概念，而「道」可以理解為人的生活方式。

先以「衣食住行」中最外在的「衣」為例。為什麼在全世界的服裝都按西方樣式和審美標準變得日益難以區分的時候，藏民族的傳統服裝仍然在其農牧區——尤其是牧區——保持主流地位呢？那不是在節日慶典為攝像機而穿，而是真正的日常服裝。

藏服最基本的是藏袍，無論男女老少，人人都穿。在藏東南較溫暖的河谷地區，夏天是布袍，冬天換氆氇袍或皮袍，而在藏北廣大牧區，一年四季只一件皮袍就夠了。藏袍那種被人們通過電視或照片所熟知的樣子，可不是隨心所欲的產物或僅僅出於尊重傳統，它的每一個特點都有與西藏的「天」相適應的專門功能，是工具性的。比如藏袍的袖子，外人只看到在藏人跳舞時被很好看地甩來甩去，其實際的作用在於既能保暖，同時又不影響手的靈敏。手套固然也能保暖，但以西藏高原的低溫，必須厚到相當程度，以至不摘手套就無法摳動槍機、點煙、開酒壺蓋，更別說捏糌粑等等。而手縮在袖筒裡，做所有這些事都不耽誤，又不會凍手。尤其是長時間騎馬，手在袖筒裡拉韁繩，既暖和，又能靈敏地控制座騎。如果需要策馬狂奔，則可以把

隻胳膊褪出袖子揮動馬鞭。當需要兩隻胳膊都活動自如時，可以把兩隻袖子都褪下來，塞到腰後，就可以很方便地幹活。

穿藏袍的講究之處在於紮腰帶。不同情況有不同紮法。出門時往往紮得藏袍上半身寬鬆，便於穿脫袖子，又可以充當一個寬敞口袋，裡面裝吃糌粑與喝茶用的碗，以及雜七雜八的各種用品①。這種紮法同時把藏袍下半身提高，便於騎馬走路。西藏高原的氣候被稱為「一天四季」，夜間遍野冰霜，中午又可能烈日炎炎。穿低地服裝，從早到晚要來回脫換，藏袍卻可以變換不同的穿法適應各種天氣。熱的時候上半身脫掉，藏袍只被腰帶固定在腰間，同時保護著胃和腎。牧區沒有椅子，也幾乎不用床，人不論在哪都坐在地上，睡在地上。皮製的藏袍最隔涼，又不怕潮濕。藏袍的寬度足夠一半鋪一半蓋，展開的長度正好能從頭蓋到腳，所以藏袍是牧區最適合的被褥。雖然有些牧民家也開始有棉被，但多數人至今仍然還是長年用藏袍，白天穿，晚上蓋。

過去的藏區交通阻塞，少有貿易，棉織品不易得到，下層藏民百姓一般不穿內衣。當年馬步芳統治青海時，曾在其治下的藏區強力推行讓藏人穿褲子。他大概是從風化角度考慮，只要他認為羞恥，就當作人家「愚蠻未化」。其實從功能上考慮，藏袍穿脫麻煩，沉且厚，下襬難以提起，裡面如果有褲子，大小便必然十分煩瑣。直到今天也有不少藏人不穿褲子，解手時，不論男女就地一蹲即可進行。藏袍將一切遮得嚴嚴實實，既擋風，又遮羞。在西藏高原的特殊環境，實在是更文明的一種方式。否則在一覽無餘的草原上，找一個不讓人看見脫褲子的地方談何容易。另外在冰天雪地時，蹲在藏袍裡顯然更適於保存體溫。

我不厭其煩地就藏袍說了這麼多，目的就在以它為例說明功能產生於「天」，而不僅僅是產生於文化。僅僅產生於文化的傳統，一般都

---

① 賀覺非在他的《西康紀事詩本事注》有一段描寫西康藏人的藏袍：「康人純以羊皮為衣，貴族富商則以綢緞或布為面。一般牛廠娃，僅無面羊裘一件，一年四季，日夜晴雨皆著之。果親王所謂『四季常穿不肯丟』也。人多譏其簡陋，妙用亦復不少。關外旅行，晴雨風雪不定，笠傘既不適用，雨衣非力所能備，且易碎裂，惟此無面羊裘，無論晴雨風雪，均視之蔑如，露宿蒙頭而臥，尤非袱被所能及，出外旅行，所需各項，一一納之懷中，余見有送官家雞者，亦自懷中取出，有售馬鞍者，亦置之懷中，其容量概可想見。」

抵禦不住現代文明的衝擊，只要封閉的環境打破，文化和傳統都將隨之變化；然而「天」——西藏高原的海拔高度——既然不可改變，因此產生於「天」的傳統就必然會長期保留，因為它是在那「天」之中的生活所需要的。可以想像，在西藏高原的氣候條件下，有什麼服裝能比藏袍更適應人的生存及其特定的生產方式——騎馬、遊牧、難以定居、無法洗衣——呢？如果沒有的話，藏袍就是不可替代的。

在西藏，要經常從這個角度去想問題。如西藏牧區男人普遍留長髮，其實用功能是在太陽照耀的雪原上行路時，把長髮披在臉上能遮擋陽光。高原雪地的紫外線是最厲害的，全部反射到人的臉上。即使在零下三十度的低溫，人臉也會被灼傷脫皮。我到過的一個邊防連隊為解決這個問題，曾想盡辦法，最後派人從中國內地買了一批孫悟空、豬八戒一類的面具，讓巡邏的士兵戴在臉上。那可不如藏民的長髮來得自然、舒服和透氣。長髮還有防雪盲的功能。尤其在沒有墨鏡的過去，透過長髮的縫隙在雪原上看路，既不擋視線，又濾掉了大部分強光。

漢人常譏笑藏人一輩子不洗澡。那倒不假。即使生活相對比較講究的寺廟僧人，洗漱也極其簡單。曾在色拉寺習經十年的日本僧人多田等觀這樣描寫僧人洗臉：

> 先在嘴裡含一口水，然後用嘴裡吐出的水洗手，再抓一把石灰當肥皂。第二口水要吐在手心裡，再往臉上一抹，這樣洗上兩三次就算洗完了臉。因為沒有毛巾或手帕之類的東西，一般是用衣服下襬擦一下。[2]

至於牧區老百姓，就更是不洗了。我原來也以為那是衛生習慣的問題，但是在牧區待上幾天，連我自己也不洗了。藏北連七月的盛夏晚上都要烤火，寒冷使人根本不想碰水。何況皮膚洗得越乾淨越不禁風吹，開裂越多，反而是不洗可以留下天然保護層。因此我明白，不洗並非是不衛生，而是必要的生存方法。

初到西藏的人亦常對藏人不洗碗大驚小怪，其實道理一樣，寒冷

使得用水洗碗既困難，也洗不掉碗上沾的油膩，只有擦才最乾淨。有時藏人還用乾牛糞擦鍋，那是因為牛糞有鹼性，有助去油。其實西藏的牛糞不一定比內地的洗滌劑有害成分更多，如果再進一步瞭解西藏人與牛糞的關係，就更懂得他們不會把牛糞當成穢物。

西藏高原的特有物種——犛牛，在西藏人的生活中起著特殊作用。犛牛肉比黃牛、水牛的肉都好吃；犛牛奶極為濃縮，可以打酥油、燒奶茶，做酸奶，在無法從事農耕的高原牧區，犛牛奶是維生素的主要來源；犛牛毛用來編織人住的帳房和各類索具；遷居時犛牛充當最主要的運輸工具；牛皮製作口袋、鞍具、靴子、船……最奇特的就是牛糞，西藏大部分地區既不長樹，也運不進煤炭石油，送不進電力，唯一的燃料就是牛糞，一年到頭燒茶、煮肉、取暖全靠它。雖然理論上草原上有無窮無盡可以燒的草，但是高寒地區的草長不高且比較稀疏，即使人終日忙於打草，得到的燃料也不夠燒一小會兒。從加工燃料的角度看，犛牛的嘴是最好用的割草機，不用加油，從早幹到晚，割下的草用牙齒粉碎，通過腸胃「生產線」進行處理，使草壓縮，結合緊密，更符合燃燒性質，再從「生產線」的出口排出——成為牛糞。有了這種「機器」，人獲取燃料的「勞動生產率」就提高了許多倍，人只須把牧場上一攤攤牛糞收集起來，晾曬乾燥，儲存起來，就可以隨時使用了。可以說，沒有牛糞，除了少數能夠生長樹木的河谷，西藏高原將在整體上沒有人生存的可能。從這個角度出發，把牛糞視為藏文明得以建立的基石之一，不應算誇張。

我把藏人與犛牛（包括羊）構成的自足關係稱為「牛生態」。這種「牛生態」決定了牧區——也是西藏最廣大地區的生產方式。在無法進行農耕的高海拔地區生存，生產就只能圍繞著牛羊——放牧、打毛、擠奶、撿糞。而西藏高原的「天」又為這種生產附加了一種限制，即為了保證牛羊有足夠的草吃，必須不斷輪換草場——遊牧。西藏高原以外的許多牧區（如新疆和內蒙古）現在都實現了定居，那是因為低海拔地區的牧草可以長得較高，同一草場的蓄草量供得上牲畜一年四季需要。西藏高原卻因為高寒氣候，草的生長期長，蓄草量少，又不可刈割貯存，所以只有遊牧方式才可保證畜牧需要。牧民們把草場分

為「冬窩子」、「夏窩子」等不同季節的牧場,一年搬遷好幾次,一生搬遷上百次。

生產方式決定了相應的生活方式。只要是在草原上不斷搬遷,就不能住房子,不能睡席夢絲床、買家具,不能通電、通自來水、煤氣,不能看電視、用電話,連通一封信都困難。

我在青海藏區的瑪多縣,看到縣政府後面的草地上搭了一座「模範帳房」。帳房裡有電燈、洗衣機、電視,靠一架風力發電機提供電力。藏族縣長普日娃就住在那裡。一是因為那位牧民出身的縣長喜歡睡在草地上,二是按著上級指示給牧民做一個示範,告訴他們應該怎樣改善自己生活。凡是進城辦事的牧民全去縣長的帳房參觀,嘖嘖稱奇,小心翼翼地撫摩每一樣電器。

但是普日娃心裡明白,他們雖然羨慕,卻不會真的去購買使用。就拿那架風力發電機來講,儘管是專門為牧區設計的,可以拆卸,便於搬運,但是大部分地區的遊牧搬遷不能用汽車,草場之間也沒有公路,物品只能靠犛牛馱運。首先犛牛看見那些金屬桿件和槳葉就害怕,不願意馱在身上;其次犛牛群行走愛聚堆,經常要互相擠碰,金屬件容易碰疼它們和發出響聲,使整個牛群受驚。那將是非常糟糕的局面。牛群四處奔逃,直到把馱在背上的東西全甩掉才罷休。弄不好要花幾天的工夫才能把跑散的牛找全。腳踏縫紉機當年剛到牧區出售的時候,也曾引起過牧民尤其是婦女的極大興趣,不少家庭買了。但是大部分在一兩次搬家後就摔得不能再用,縫紉機也就從此在牧區銷聲匿跡。靠犛牛馱運搬遷,最適合的是軟性的天然物品。如打成捆的牛毛帳房,牛皮袋裝的酥油和青稞,牛毛口袋裝的牛糞等。那些物品都是靠「牛生態」自給自足的,市場提供的現代化物品多數不能適合這個基本要求,更談不上適應高原生活的其他條件,因此只能與西藏高原絕緣。

所以,儘管貨幣已經在西藏的所有角落得到了廣泛的認可和尊崇,但是至少在牧區,使用貨幣的需求仍然只在很低的水平,更多地是作為財富象徵。有些牧民家庭把大面值鈔票排列著貼在箱子表面或佛龕之下,作為滿足自己視覺或給客人觀看的裝飾,典型地反映了錢

在那裡與其實際功能的脫節①。此外，作為供奉獻給寺廟及活佛，大概是貨幣在西藏基層社會最主要的使用價值之一。

從不同的角度，對藏人生活狀況的認識與感覺是完全不一樣的。在十四世達賴喇嘛的哥哥土登晉美諾布寫的書中，你會感受到藏人在他們自己的生活方式中那種愉快、自如，甚至充滿詩意。

> 聰明人不僅睡覺時脫下靴子，早上擠奶時也不穿靴子，儘管天氣是零下三、四十度，他們有時甚至光著腳走一些路。他們幹活時，無論擠奶或是往犛牛背上裝貨，不僅光著腳甚至袒露著肩膀，從來不會凍傷。他們仍然在外面睡覺，我也願意在外面睡覺。冬天的宿營地較穩定，因此，牧民用各種方法加固營地，一種是用牛糞圍成牆防風，這樣牛糞很快就吹乾成為好燒的燃料，這也是貯存牛糞的好辦法，我們常睡在這牛糞牆與帳篷之間，但年紀較大的人冬天睡在帳篷裡。除了牛糞之外，我們也常把鞍具堆積起來作為防風設備。那些狗常睡在我們身上，這也使我們得到溫暖，羊也這樣。我們有些人與羊睡在一塊，用靴子做枕頭。犛牛雖很暖和，但不能一塊睡，它們愛踢人。有時下雪，我們身上都濕了，但仍然願意睡在外面。有一次，我從青海湖到拉薩（青海湖是離塔爾寺不遠的一個大湖），正值隆冬，路上我走了一百一十一天。我帶有一個帳篷，但每天晚上，我仍然睡在外面，就是下雪也是如此。我們那支旅行隊伍一共有大約一千人，一萬或一萬二千頭犛牛、馬、驢。這是冬天長途旅行唯一安全的方法。3

然而在漢人的眼裡，藏人的生活簡直就是不可思議。一位當年在西藏踏勘公路線路的漢人，竟將他自己無法接受的生活歸結給了「封建農奴制」：

---

① 包括牧區在內的藏地，這些年發生了很大變化，已經逐步捲進中國社會「一切向錢看」的潮流。
——二〇〇九年註

我們很佩服給我們趕牛馬馱運行李公物的藏胞。他們睡前把犛牛背上的鞍墊拿來鋪在草地上，解開腰帶，就這樣用毯穩長袍裹著身子睡下了，長袍就是鋪蓋。到第二天早晨，大雪已經把他們覆蓋起來。我們擔心他們被凍壞，可是他們站起來抖抖雪，又準備上路了。有一次途中休息時，一個馱運行李的藏胞肚子餓了，他拔出腰刀在牛頸上割一道口子，用氊帽接了半帽子熱乎乎的牛血，喝了下去。然後，他抓一把稀牛糞把牛頸上的傷口糊住。我們看到這樣的情景，感到十分愕然，同時對在封建農奴制度壓迫下的窮苦藏胞寄予無限同情。4

## 二、洗衣機打酥油的現代化

到目前為止，說的主要是西藏牧區，西藏農區相比之下有很大不同，不像牧區那樣純粹。從農區的服裝普遍比牧區服裝「漢化」（西化）程度高很多，就能看出這種區別。西藏農區住房子，睡床，不少村莊通了電，已經開始有電視，也開始使用農機，有些家庭還買了拖拉機或汽車。年輕人打籃球，穿「耐吉」鞋，看錄像，唱卡拉 OK，趨向現代化的跡象是可以清晰感受的。

不錯，如果是純粹的農業文明，道理上應該能夠進入現代化。雖然行政部門把西藏的七十三個縣分成三十五個農業縣，十四個牧業縣和二十四個半農半牧縣5，人口統計中劃歸農業人口的人數也高於牧業人口，然而事實上西藏幾乎不存在純粹的農業區。即使在農業最發達的地區，牧業也占有相當大的比重。

這方面，海拔高度首先就是一個制約因素。一般海拔四千米左右的高度就是農作物生長的極限（藏南的上限約在四千三百米，青海藏區的上限約在三千七百米），而西藏高原海拔四千米以下的面積只占其總面積的十三‧九％6，而這十三‧九％的面積中，又只有很小一部

分——基本只限於幾條河谷——可以用作耕地①。這就決定了即使是在以農業為主的農區，在經營農業的同時，也有相當部分的人力投入牧業，收入也在相當程度上依靠牧業。這一點可以從西藏自治區的牧業產值從來都超過農業產值（一九九三年牧業產值超出農業產值二十三·一%[7]）②上，得到間接反映。另外一個證據是農區和半農半牧區的肉產量要高於純牧區的肉產量。一九九二年，前者占全西藏（自治區）肉產量的六十七·四八%[8]。因此，前面所講的「高海拔——遊牧生產方式——傳統生活方式」那樣一種「天不變道亦不變」的邏輯，在西藏農區也依然會起到相當程度的作用。

西藏的農業區和西藏以外的農業區還有一個很大不同，那就是西藏之天所決定的交通閉塞。凡是能給人留下較深印象的西藏農村現代化趨勢，大部分只在交通幹線兩側。離開交通，無論是現代化的衝動還是現代化的可能，都立刻大大下降。

也許有人會說，交通是可以改善的，這些年，西藏的交通不是改善了許多嗎？確實如此。之所以如此，我們才看到了沿公路的西藏農村現代化跡象。然而相對於西藏高原二百多萬平方公里的巨大面積，西藏的公路實在太少，它所能帶動的「現代化帶」因此也只能是很小的部分。

花費高昂代價所建設的西藏現有公路，在西藏「天」之威力面前是相當脆弱的。山洪、暴風雪、泥石流、坍方、大雪封山、險峻的地形和糟糕的路況，以及缺少公路服務體系（修理、加油、救援及食宿等），使在西藏的每一次行車出門都幾乎相當於面臨一次冒險。即使對擁有高性能越野車、給養供應車、無線電台和長槍短槍的政府官員，下一次鄉都得當成大事來籌劃和準備，其他車只要不是非跑不可，那就一般不跑。在這樣一種交通狀況下，即使是在公路兩側，也只能出現一些現代化表象，難以想像會全面實現現代化，更不要說遠離公路

---

① 西藏現有耕地三百三十三·九三萬畝，占西藏地表總面積十八·四三億畝的〇·一八%（見《西藏統計年鑑·一九九五》表 1-3）。

② 二〇〇七年，西藏自治區的牧業產值已經低於農業產值二·八六%（根據《西藏統計年鑑·二〇〇八》頁 144 計算）。——二〇〇九年註

的廣大地區。

這種狀況靠人力難以改變。前面已經說過面對西藏的「天」，人是多麼藐小無力。以中國唯一未通汽車的西藏墨脫縣為例，即便只是為了面子，中共當局也一直想消滅那個空白，並為此不惜成本。多少年過去了，一直幹到一九九四年，終於大張旗鼓地宣傳墨脫實現了通車，並為慶祝這個共產黨的光輝功績舉行了盛大通車典禮。然而只有一輛車開了進去，造價昂貴的公路隨之又被泥石流和坍方阻斷。一九九六年我去西藏時，開進墨脫的那輛汽車還被困在裡面沒有出來，成為當地人的笑談①。

西藏的公路，除了青藏公路和拉薩到加德滿都之間的「中尼友好公路」路況較好（後者進入喜馬拉雅山脈以後也是危險重重）之外，即使是在地圖上標誌為幹線的公路，許多部分也不過是草原上壓出的車轍而已，從來無人養護。至於縣城以下的鄉村牧場，路的條件就更差，主要交通仍然只能靠畜力和人的兩腳。西藏的「天」使得修築公路和保養公路的花費如此巨大，而經濟回報又如此之少，以至在比較重實利的鄧小平時代，西藏的公路建設幾乎陷於停頓。從一九八○年到一九九四年十五年間，西藏公路通車里程僅增加了二百九十一公里9，平均每年不到二十公里。以這樣的進度，如何指望靠交通發展帶動西藏農村的現代化呢？②

其實，即使修通再多的道路，能否因此而實現西藏鄉村的現代化，依然是個疑問。如果你曾經在西藏那些脫離主幹線的分支公路上行過車，你就會發現常常是跑一天見不到幾輛車。那些公路的利用率實在是低得不能再低。

---

① 二○○八年十月二十一日，中國國務院常務會議又一次決定建造墨脫公路，預期工期為三‧五年，投資九‧五億元，但建成後「仍將不可避免地出現因地質、氣候條件造成的局部路段交通中斷」。——二○○九年註

② 在統計年鑒上看，二○○七年西藏自治區公路通車里程比一九九四年增加了一倍多，但那相當程度應該屬於統計方式的變化（二○○一年第二次公路普查後，公路通車里程比前一年猛增五十八％）。如果是按「晴雨通車」的公路里程比較，二○○七年則比一九九四年僅增加了三百二十一公里，平均每年增加二十四‧七公里（根據《西藏統計年鑒‧二○○八》頁 217 計算）。——二○○九年註

交通的發展，主要驅動力應該是來自市場經濟的需要。西藏鄉村牧區至今保持著典型的自然經濟狀態，自給自足。「牛羊生態」的牧區自不必說，然而相比之下，西藏的農區甚至更不需要交換。牧區至少需要從農區獲得糧食，農區卻因為農牧業並舉，糧食、肉類、乳製品、紡織原料等一應俱全，幾乎什麼都不需要從外面獲得。中共以前，西藏農牧區之間還有一種傳統的交換——每年藏北牧區和藏東南農區進行一次民間的「鹽糧交換」，即牧區人把產於藏北的食鹽用牛羊馱運到農區交換青稞。但是中共執政後，實行了由政府對農牧區分別供應鹽糧，並且實行價格補貼，連那唯一的交換也因此變得沒有必要了。

有學者這樣分析西藏鄉村無法產生商品經濟的原因[10]：產生商品經濟的第一條件是有相當份額的剩餘產品，西藏由於地理、氣候和資源的限制，決定了剩餘產品是比較有限的（其中又有相當一部分送進了寺廟）；第二條件是大規模社會分工產生廣泛的交換需要，而西藏除了農牧分工，其餘都屬小範圍內的自然分工，靠物物簡單交換就可以滿足；還有一個條件是需要有足夠的人口密度。西藏（自治區）二百多萬人口散布於一百二十多萬平方公里，人口密度最低的日土縣，平均十二·五平方公里的面積才有一個人[11]，人口稀疏到這種程度，已經足以抵消人與人之間進行交換的企圖，更別說發達、頻繁的商品貿易。

西藏的官員這樣感慨，如果西藏的問題僅僅是沒有技術或者沒有資金，那都不難解決，都可以從外面引進，而唯有市場是不可引進的，西藏的問題恰恰就在沒有市場。沒有市場，在今天這個以市場為核心的世界，如何有實現現代化的可能呢？

所以，儘管西藏公路沿線的農區開始顯示了現代化跡象，城市附近的農區已經具有了一定的現代化程度，卻不能說明西藏農區在整體上存在現代化的可能。甚至在藏北純牧區的公路沿線，也能看到戴雞冠帽的喇嘛① 圍聚路邊打撞球的景象，那當然不是現代化。就像有些農牧民現在開始購買洗衣機，但不是為了洗衣服，而是他們發現洗衣機

---

① 應該是「扎巴」。——二〇〇九年註

可以用來打酥油，比人工打酥油省力又省時①。這個現象可以在一定程度上作爲西藏農牧區出現的現代化跡象的註解。

我並不是說藏人自身沒有現代化的願望。即使是在最偏僻的草原上，那裡的牧民談起用機械代替人剪羊毛、擠牛奶的話題，也會表現出強烈的神而往之。如果能夠住進有煤氣、暖氣，可以洗熱水澡的房子，雖然他們現在還不能很清楚地想像那是一種什麼情況，但他們肯定也不會寧願繼續以牛糞爲燃料，也拒絕過那樣的生活。在藏族社會學家格勒發現的案例中，已經有個別牧民賣掉全部牲畜，舉家搬到藏東城市昌都開始過城市生活的現象。問題就在這裡，他們的代價必須是放棄原來的生活。

從「天不變，道亦不變」的角度看，在西藏高原的高海拔上生活，只有遵循在千年「天人合一」過程中形成的傳統。要想改變這一點，除非藏人整體遷移出所有海拔四千米以上的地區——那是占總面積八十六·一％的西藏高原主體，集中到幾條較低海拔的狹窄河谷中去從事純農業，或是集中到與海拔高低無關的城市和企業，去從事商業、金融、礦業、能源工業和製造業。那倒是會使西藏社會有了現代化的可能，代價是二百多萬平方公里的西藏高原除了少量「點」和「線」，整體上成爲無人區，除了探險隊再無人光顧。西藏作爲一個人文地理的概念，那時將不復存在，藏文明也就此走到了盡頭②。

---

① 手工打製酥油的方法爲：將鮮牛奶倒入桶中發酵，略有酸味後在特製桶中攪打，攪打次數往往需要數百以上，酥油遂從奶汁中析出浮於表面。撈出後擠去水分，放入涼水中降溫，使之凝結得更結實。提取酥油後，奶水稱作達拉，倒入鍋中燒開，即有塊狀物質分離出來，濾出曬乾即成奶渣。剩下的水變清，稱作達曲。可以餵牲畜，貧苦人家也有當飲料喝的。洗衣機打酥油，每次打的量大，省了人的攪打，速度又快得多。

② 我在十多年前當作不可能的事——「藏人整體遷移出所有海拔四千米以上的地區」，眼下卻正在實行並且實現中。雖然從動機上不一定如達賴喇嘛所說，是要對西藏進行「文化屠殺」，而是主要在「保護生態」名義下進行的。中國當政者把江河上游的生態破壞歸咎於藏人「過度放牧」，按照他們的唯物主義思維，牧業是爲了得到肉奶產品，既然現代工業化飼養足夠提供相應產品，放牧的生產方式就可以終止，因此便可以讓牧民離開草原，以換取生態的改善。

把牧民遷出草原，當局一般不用強制手段，而是採取物質吸引。由政府免費提供如軍營般一棟棟整齊排列的住房，每家一年還給幾千元生活費。這種誘惑開始很起作用，牧民紛紛賣掉牛羊，進城當城裡人。而牧民面對市場，如同小孩子進超市，什麼都想拿。進城後的牧民買汽車、買電視，學城裡人用手機、用化妝品，下館子，進娛樂廳，很快就把賣牛羊的積蓄花光。他們學會了在城市花錢，卻不會在城市掙錢。他們接受了市場的規則，卻沒有能力在那規則中競爭

# 三、遠離利潤與效率①

有人曾這樣假設：

> 假使西藏大高原的河谷平原極廣，氣候又溫和多雨，貨物的運輸亦不十分困難，則喇嘛的統治絕不能持久，喇嘛教亦難狂熱地被人擁護而能持久不衰，喇嘛僧侶亦絕不會有如此眾多，因為求財是人類最普遍的欲望，假使西藏人——廣義人——求財的狀況並不瘠薄困苦，可以活動的部門亦不少，狀況之可以生活，不說可與歐洲比較，只須與平均人類可住之地比較，假使西藏大高原的生活狀況有如此優勝，而其居民之從事於各種求財的活動又極合理，則任何宗教的教義不能禁制大量的居民從事各種求財的活動，而多被吸引到以解脫業緣為終身從之的職業。[12]

---

和取勝。除了個別人做點小買賣，或是買輛便宜汽車拉活，多數人只是曬太陽，打撞球，看電視，睡懶覺，一天天周而復始。原本勤勞的牧民變成了城鎮裡的二流子。

接下來發現，對於什麼都要錢的城鎮，當積蓄花光，政府給的一年幾千元根本不夠生活。何況政府的錢不會一直給下去。而放棄了原本熟悉的生產方式，牧民在市場上只能找到挖溝填土那類最低等的工作，不可避免地淪落到社會底層。他們的子女因此得不到好的教育，從而將會繼續留在底層，當構成這種循環，問題就更加嚴重。

其實，牧業存在了幾千年，早已是草原生態的組成部分，除了是自然生態，還是一種人文生態。今日中國決策者把放牧看作單純的經濟活動，其中沒有文化，也沒有人，隨時可以取消禁止。他們把把理想的草原視為沒有牛羊也沒有人的，因此千方百計要把人和牛羊趕出草原。卻沒有回頭看看，藏人祖祖輩輩在草原放牧，生態為什麼沒有破壞？認定工業化飼養可以解決人類的肉奶供應也許沒錯，然而人的世界在物的層面之外，還有文化存在。牧業是人類最古老的文化，也是牧民與生俱來的生存方式，尤其高原牧業是「天人合一」之藏文明的基礎，一筆勾銷的方式在實際效果上可以被認為等同對西藏進行「文化屠殺」和「文化滅絕」。——二〇〇九年註

① 藏人的這種特點，使他們面臨今日的市場經濟無法與漢人競爭。這不說明漢人比藏人強，因為市場能力不是衡量人的唯一因素，甚至不是主要因素。漢人的民族性擅長追求利益，藏人的民族性則以追求快樂為主。其實追求快樂應該更接近人生真諦，因為人生於世，歸根結蒂是為了得到快樂和幸福。但是當追求快樂的民族和追求利益的民族置身於同一個市場中，藏人不是勤勞、節儉、吃苦並且實用主義的漢人的對手。雖然西藏的經濟發展速度從數字上甚至比中國其他省區還高，但是在競爭中落入劣勢、在自己家鄉遭到邊緣化的藏民族，卻會落入所謂「現代化挫折」中，這是二〇〇八年西藏事件之所以爆發的主要原因之一。——二〇〇九年註

這和我們的結論差不多——西藏的「天」決定了西藏的生產方式，生產方式又制約了生活方式，而後又在相當程度上影響和決定了西藏人的精神生活和價值觀念。

　　一個日本投資者考察西藏後，得出的結論是藏民族是一個讓人絕望且無可救藥的民族。拉薩一九九○年投產了一座啤酒廠，據說每次出酒時，全廠從藏族廠長到車間的藏族工人必定全部醉倒，只剩一個從蘭州啤酒廠聘來的漢人技術員上竄下跳地對付所有設備和閥門。那種說法也許有點誇張，不過我經歷過的事有點類似，那年我去黃河源頭，給我的兩個嚮導買了一桶五斤裝的白酒，本是為他們一路準備的，我希望他們每天晚上喝點酒解乏去寒。結果第一天宿營，酒就被他們喝個精光，讓我一個人在草原上逛了兩天等他們醒酒。雖然那時我也上火，可是仔細想一想，生活為什麼不可以散漫一些，隨心所欲，不讓具體的事務和日程表破壞生命的感覺？在藏人眼裡，讓人絕望且無可救藥的，也許正是從早忙到晚的日本民族或者我這樣的人。

　　不同文化的價值體系是不可互換，也不可相互作為標準的。在一個文化體系中是不好的，在另一個文化體系卻可能是好的，只要當事人自己覺得好，局外人是否有相反的觀點並不重要。拉薩某單位買了一輛日本造的豪華越野吉普車。主管的藏族處長愛上了那輛車，便死活不再當處長，而要任命自己當司機。漢人把這件事當作笑話講。但是那處長的選擇豈不正是反映了藏人熱愛自由和馳騁的天性。作為馬背民族的後代，在馬背和草原上長大，他血管裡流的血本是和辦公室的狹小與拘謹不相容的，他選擇了類似馬又比馬更強大有力的汽車，雖然漢文化的官本位觀念難以理解，對他而言，那種返璞歸真卻遠遠比當一個永遠失去了草原夢想的處長更幸福①。

　　在很多方面，西藏人與現代社會的觀念規則格格不入。查爾斯‧貝爾記錄了一個西藏人與他的談話。那個西藏人在當時被英國統治的大吉嶺抬「滑竿」。在大吉嶺街上，坐「滑竿」的是富有的歐洲人和印

---

① 這種故事現在看似乎過於浪漫，今日藏人官員對權力的貪婪絲毫不少。這種故事只是特殊時期（一九八○年代大批藏人因為漢人內調被突擊提拔）的個別現象。——二○○九年註

度人。

　　「我不理解你們的稅收法,」他對我說,「我聽說酒店都要向政府納稅,而且喝酒越多,交稅就越多。一天,我在一家酒店裡喝酒,坐在路邊唱歌。我肯定喝醉了,不過唱歌並不犯罪,我並不比別人唱得差。但是,你們的一位廓爾喀警察走上前來說:『你喝醉了。』不錯,我是喝醉了,但醉酒並不犯法。『你必須跟我到警察局走一趟。下星期六你將被帶去見名譽法官,罰款五盾盧比。但是,你如果現在給我一盾盧比,我馬上就放你走。』我為啥要給他一盾盧比?我不過就是唱唱歌罷了。於是第二個星期六我確實被帶去見了名譽法官,確實被罰了五盾盧比。我現在仍然不明白這是怎麼回事,我並沒有犯罪,我是在為你們政府增加收入。此外,我還花了兩個安娜(二便士)才喝醉,這筆錢在拉薩可供三個人喝得酩酊大醉。」[13]

不僅是抬滑竿的普通藏人如此,即使是偉大的十三世達賴喇嘛,對現代社會的觀念也常常不以為然。在西藏,歷來有各種版本的佛教大藏經,由於是木刻版,年代已久,很多已不清楚。十三世達賴喇嘛為了向後代廣為傳播佛教,主持重新出版拉薩版的《大藏經》,這是他的一件重要功績。當時在色拉寺學經的日本僧人多田等觀曾建議改變西藏傳統的木刻印製方法,改為活字印刷,因為那樣可以提高效率,印出的書也方便攜帶和閱讀。

　　誰知達賴喇嘛一聽就發了怒。他說:「要把佛像傳至末世,必須傾注全部精力,用方便的辦法不可能留下神聖的宗教。如果在古代用了十倍的努力,那麼,今天就必須用百倍的努力,做出更大的成績來。佛教不是什麼方便主義,方便主義就是邪道」[14]。

而貝爾講的另一件事情就更有意思了。

　　威爾夫人是訪問拉薩的第一個英國婦女……威爾夫人曾與達賴

喇嘛進行了一次交談。為了使他瞭解女性的成就，她告訴他阿米‧約翰遜是以多快的速度駕機從英國飛到澳大利亞、從而保持了男女飛行員的飛行速度的，達賴沉思片刻，然後帶著幾分驚異的神情說道：「她幹嗎要這樣匆匆忙忙呢？」[15]

在根本沒有時間觀念的西藏，理解此類「記錄」的價值是有困難的。有一個故事說拉薩大昭寺所設的大鐘，歷來按時敲鐘報點，有一次午後一點，大鐘敲的卻是十二響。十三世達賴喇嘛為此找來司鐘者進行詢問，司鐘者回答是，因為十二點時忘了敲鐘，所以在一點時補上[16]。

一七七四年進入西藏的波格爾（Bogle），作為第一個到達拉薩的英國人，在他離開拉薩之前，他為西藏做了如下頗為感傷的祈禱：

> 告別了，你們這些高尚、純樸的人民！祝願你能永享其他諸國人民不能享受的快樂。當敵人無止境地追逐貪婪與野心之時，願你們憑藉高山屏障，永久生息在和平滿足之處，除自然條件外不知需求[17]。

註釋：

1 毛澤東，《矛盾論》，《毛澤東選集》，頁 276。
2 多田等觀，《入藏紀行》，中州古籍出版社，一九八七年，頁 26。
3 土登晉美諾布，《西藏——歷史‧宗教‧人民》，西藏社會科學院資料情報研究所編印，一九八三年，頁 47。
4 葉祖容，《川藏公路昌都至拉薩段踏勘片段》，見《紀念川藏青藏公路通車三十周年‧文獻集‧第二卷》，西藏人民出版社，一九八四年，頁 18。
5 《西藏統計年鑑‧一九九四》，中國統計出版社，頁 30。
6 《西藏統計年鑑‧一九九四》，中國統計出版社，頁 32。
7 根據《西藏統計年鑑‧一九九四》頁 47 的數據計算。

8 孫勇等，《西藏經濟社會發展簡明史稿》，西藏人民出版社，一九九四年，頁163。

9 根據《西藏統計年鑒‧一九九四》表12-1的數據計算。

10 文胡風，《自然經濟怎樣向商品經濟過渡？》，載《西藏社科論文選》，西藏人民出版社，一九九一年，頁43-44。

11 《當代中國西藏人口》，中國藏學出版社，一九九二年，頁205。

12 胡翼成，《論康藏喇嘛制度》，見《藏事論文選》，西藏人民出版社，一九八五年，頁418。

13 查爾斯‧貝爾，《十三世達賴喇嘛傳》，西藏社會科學院西藏學漢文文獻編輯室，一九八五年，頁102。

14 多田等觀，《入藏紀行》，中州古籍出版社，一九八七年，頁38-39。

15 查爾斯‧貝爾，《十三世達賴喇嘛傳》，西藏社會科學院西藏學漢文文獻編輯室，一九八五年，頁369。

16 黃慕松，《使藏紀程》，載《西藏學漢文文獻叢書第二輯》，全國圖書館文獻縮微複製中心，一九九一年，頁379。

17 約翰‧麥格雷格，《西藏探險》，西藏人民出版社，一九八八年，頁315。

# 12 被供養的現代化

　　在西藏問題上，中共最願意做的事，就是向世人宣布它給過西藏多少投資，在西藏修了多少路，造了多少橋，建了多少商店、學校、銀行和郵局，炫耀它為西藏付出的巨大代價，使西藏走上了現代化之路。而另一方，反對中共的藏人卻不承認中共是為西藏付出，而是為了從西藏搶走更多的財富。例如達賴喇嘛的說法是：「中共的目的只有掠奪。他們對西藏所做的極少的投資，宣傳得非常強，但是對他們從西藏掠奪去的東西，卻一聲不吭。」[1] 另一位達蘭薩拉的藏人更是語出驚人：「我們用良心說一句公道的話，中國的繁榮強大中的一半，可以說是西藏的自然資源和西藏人民的血汗。」①

　　在這個問題上，我認為這樣爭論會偏離問題的實質。僅就物質方面而言，我比較相信中共對西藏的付出大於它從西藏所得，即使按照達賴喇嘛的說法，從大西藏的角度進行計算也是這樣。中共並不是殖民主義者，興趣從不在於為本族人民攫取物質利益。即使在中國人民

---

① 這位名叫夏爾宗德丹的流亡藏人在他的文章《以公道面對西藏》這樣寫：

　　「在納稅支差的數字和種類上，我想中共一定會打破世界記錄的。藏區在農業和牧業上獲得的勞動果實中，基本五十%要納稅上交。近期在牧區又增加租稅額，平均每隻羊要租稅七元，可是羊毛價格低得驚人，每斤羊毛三元，平均每隻羊身上二斤羊毛，這樣倒賠一元，牧人養羊主要是為了產羊毛，這樣還讓藏人生活嗎？」（見《北京之春》電子版第五十四期）

　　這不符合事實，中共從一九八〇年胡耀邦進藏後，一直對西藏農牧民實行免稅。按照戈德斯坦的考察，剝削情況存於當地政府以強行攤派的方式，用較低價格收購農牧民的產品，自己去賣較高價格，賺取其中的差價。戈德斯坦以他在帕拉牧區為期十六個月的實地考察，對此有相當詳細的計算（見戈德斯坦，《中國改革政策對西藏牧區的影響》，載《國外藏學研究譯文集‧第十輯》）。不過，那部分剝削都是被西藏當地官員享用，並沒有送到中國內地，再者，剝削量也遠沒有達到夏爾宗德丹所講。退一步講，即使真是被中共拿去建設中國內地了，有多大量，是否能起到夏爾宗德丹所說的那麼大作用？

那樣缺吃少穿的年代，它也寧願讓自己的人民勒緊腰帶，給那些「第三世界的兄弟國家」送去大筆金錢和大批物資。它的目的在於政治，而在它的政治棋盤上，西藏正是一個需要付出的地方①。問題在於中共對西藏的付出目的是什麼？它的投資都花在了什麼方面？與多數西藏人民的生活有沒有關係？還是僅僅都消耗於維持它在西藏的統治之上了？這才是問題的實質所在。

# 一、「嵌入」現代化

作為西藏早期的兩次現代化嘗試，張蔭棠、聯豫推行的新政和十三世達賴喇嘛進行的改革，大部分只針對政府機構，影響局限於拉薩，大部分改革嘗試半途而廢或人去政息，對西藏社會沒有太本質的觸動。

具有本質意義的現代化，是通過中共對西藏的占領而強行「嵌入」西藏社會的。我用「嵌入」這個辭彙，是強調那種現代化並非出於西藏社會自身的需要，也沒有同西藏的傳統社會相融合，而是從外部進入並且自成一體的。其所以它與以前兩次現代化嘗試不同，是因為它的勢力強大，分布廣闊，足以抗衡甚至壓倒西藏的傳統社會，因此西藏社會從整體上無法不受到極大的影響與衝擊。

從一九五一年簽署《十七條協議》，浩浩蕩蕩的中共大軍兵分數路開進西藏，進駐各個城鎮、軍事重地、交通要道和漫長的邊境地區。一整套維持那個軍事力量有效運轉的龐大體系也隨之進入。僅為保證軍事供應修築進藏公路一項工程，就動用了十幾萬人力，占當時西藏（自治區）總人口的十分之一還強。大批的中共黨政官員也隨之來到西藏。儘管中國在世界上屬於落後國家，但對當時的西藏來講尚為先進。中共進入西藏的力量，帶進了對西藏而言前所未有的現代化成分。

中共使中國在歷史上第一次獲得了西藏主權。但是它深知那主權

---

① 這一點隨中共從革命黨向執政的權力集團和利益集團轉化已經發生變化。今日中國人正在政府支持下，以前所未有的勢頭開發藏區的資源和礦藏，由此引發了和當地人民越來越多的衝突。
　　——二〇〇九年註

絕非到手就能一勞永逸。兩個民族太不一樣，歷史上的關聯畢竟太少，它在西藏的「天時地利人和」之各種條件又十分薄弱，不穩定的因素比比皆是，因此穩定中國對西藏的主權，是一個壓倒一切的長期任務。為此它必須在西藏當地建立一個長期扎根、擔負鞏固主權之使命的集團。那個集團開始是以進藏軍隊和各級黨政官員為主，大部分是漢人，也包括維持其運轉的各種輔助系統人員。可以根據那個集團的使命，將其稱為「穩定集團」。隨著時間的推移，「穩定集團」的規模越來越大，藏人在其中占的比例也逐步變得越來越高。

根據《十七條協議》達成的「一國兩制」原則，早期的中共「穩定集團」與西藏傳統社會各自獨立，互不關聯，除了上層之間進行協調，基本是各搞各的。不僅政治方面如此，經濟方面也盡量不發生聯繫。因為西藏生活資源貧乏，不可能滿足外來的龐大「穩定集團」的物質需要。中共軍隊剛進入拉薩時，就因為在當地籌糧造成市場糧價飛漲，帶動拉薩全面通貨膨脹，幾乎釀成政治事件。中共解決這個問題的辦法是對「穩定集團」採取全部供養，所有物資都從中國內地調運，「穩定集團」全體成員從工作到生活的一切需要，都由中國內地滿足，不和當地經濟發生關係①。在當時，那是落實「一國兩制」的一種必要措施，而對當時以軍事人員為主的體制，全面供養制也是一種理所應當的方式。西藏今天的供養型經濟，可以說就是從那時種下的種子。

西藏初始的現代化事物大都是由「穩定集團」帶來的，或是圍繞對「穩定集團」的供養而發展的。如西藏有史以來的第一座現代化工廠——拉薩汽車修配廠，就是為維修從內地給「穩定集團」運輸物資的汽車而建造的。現代化的強行嵌入給西藏帶來了公路、機場、銀行、廣播、通訊網絡、現代醫院……然而那些現代化事物的基本目標和絕大部分功能，都是服務於鞏固中國在西藏的主權，以及「穩定集團」的成員與家屬們在西藏的生活。

---

① 當時中共為防止現金過多流入西藏市場，造成通貨膨脹，嚴禁其進藏人員到當地市場購買商品，並為此開設內部商店，供內部人員購物。這作為一項嚴格紀律，一直實行到一九六○年中共全面接管西藏政權為止。

如西藏的現代企業之一——昂仁煤礦，每年產出的所有煤，當地老百姓是從來不用的，全都賣給當地駐軍。這一點，在巨額耗資的進藏公路工程上表現得最清楚。雖然中共一直稱公路對西藏的意義如何重大，但是有沒有那些公路，對城市以外的絕大多數藏人都不重要。看一下公路上跑的車，絕大多數都是在為西藏的城市——「穩定集團」的基地——運輸物資。當然，軍隊的調遣和後勤供應是進藏公路另一個主要用途所在。至於普通藏人百姓，公路上跑的汽車很少與他們有關，對他們最有實際作用的，可能只是可以利用公路和汽車比較方便地去拉薩朝拜。

再以中共在西藏興辦教育為例，那是它經常炫耀的一大成就。辦教育固然在哪都會被當成好事，但對中共來講，其中卻有相當成分的政治目的。尤其在與西藏保持「一國兩制」的五〇年代，因為受《十七條協議》的制約，它不能明目張膽地「發動群眾」，它就是以興辦教育的方式，在藏人中間培養效忠者的。它通過建立世俗學校，把西藏的教育權從寺廟奪到自己手中。中共進藏以前，西藏的世俗學校僅有二十餘座。到一九五九年，已經有小學四百六十二所，學生一萬六千三百名；中學二所，學生三百四十二名；並建立了咸陽西藏民族學院的前身——咸陽西藏公學，專門為中共培養藏人幹部（一九五七年建校時，即有三千六百多名藏人入學2），許多後來在中共政府任職的西藏官員都出自那個學校。中共在西藏興辦教育與鞏固其對西藏的主權，其中的相關之處是很清楚的[1]。

拉薩事件之後，「一國兩制」宣告破產，中共在西藏的「穩定集團」接管了西藏全部權力，變成了西藏的統治集團。行政事務的增加與對西藏舊制度進行革命的需要，使得「穩定集團」的權力、職能和人員都迅速膨脹起來，大量內地漢人被調進西藏，同時也有眾多效忠北京

---

[1] 我訪問過一位現已退休的藏人官員，他十四歲時被送到咸陽西藏公學念書。當時與他一道有八十多個西藏孩子，分坐在三輛中共解放軍的卡車。前後各有四輛滿載士兵的卡車保護。當時正值反對中國的藏人開展反叛戰爭。一路上走了幾個星期，護送的士兵為西藏孩子做飯、搭帳篷，車到蘭州才算進了安全地區。那位藏人現在還津津樂道地回憶他在蘭州第一次坐火車：「一排房子跑過來，房子裡面有凳子，坐進去房子自己又跑起來。」西藏有史以來第一次有如此之多的人被送到與他們傳統生活完全不同的世界受教育，對藏人肯定也起到了現代化啟蒙的作用。

的藏人被接納爲「穩定集團」的成員。那是一個政治急遽變革的時期，經濟考慮被放在後面，維持「穩定集團」的順利運轉和保障其生活，最簡單方便的莫過於繼續實行以前的全面供養方式。一方面「穩定集團」的膨脹，使之更加無法以西藏的緊缺資源滿足其需求；另一方面以中國之大，供養西藏的「穩定集團」不是難事，於是供養就繼續實行下來，供養的範圍也隨著「穩定集團」的擴大而不斷擴大。

## 二、現代化表演

中共在爲其統治西藏的合法性進行辯護的時候，除了在似是而非的歷史文字中搬弄概念、尋找證據以外，它最爲理直氣壯的就是宣稱舊西藏如何落後，而它的統治給西藏帶來了前所未有的進步。這不僅是強詞奪理，它眞心相信這一點。以至中共總書記江澤民在訪問美國時，敢於面對西方傳媒把中共「解放」西藏比作林肯解放黑奴。

通過展示西藏的現代化，以向世界證實中共統治西藏的合法性，是目前中共在西藏推動現代化一個非常重要的動力。這種動力在毛澤東時代也有，但還沒有那麼重要，因爲那時的中共將更多的合法性來源放在「推翻吃人的舊社會」、「解放西藏百萬農奴」之上，而且那時它也不太在乎世界的看法是什麼。鄧小平時代的中共放棄了階級鬥爭意識形態，失去了毛時代的合法性來源，推動西藏現代化就成了最主要的替補。何況隨著西藏日益被國際社會關注，中國又實行了對外開放，已經無法維持西藏的封閉，因此更促使中共要用現代化的色彩塗抹西藏——它需要證明它的統治使西藏變得更好，否則它就難以在國際輿論面前自圓其說，也無法平息藏人日益高漲的民族主義情緒①。

① 中共的這種變化，可以從它對西藏的撥款增幅中得到反映。一九五九年到一九七六年十七年屬毛澤東時代，而後的十七年（到一九九三年）屬鄧小平時代。北京撥款數如下（摘自西藏自治區黨委辦公廳政研室編《西藏自治區基本情況手冊》頁 28-29「表 4-16 財政收支情況」）：
（續下頁）

出於這種目的推動的現代化，顯然不是一個社會的自然發展進程。它的目的是爲了表演，爲了製造一個形象，而不是爲了西藏社會自身的需要。說明這種現代化表演，最好的例子就是一九八○年代和一九九○年代北京在西藏搞的兩次「大慶工程」。

中國有重視逢十紀念日的傳統。西藏於一九六五年九月成爲中國國家建制下的一個正式行政區劃──西藏自治區，標誌著西藏從此徹底歸屬中國。一九八五年西藏自治區成立二十周年和一九九五年的成立三十周年，被當作重要紀念──稱爲「大慶」。北京爲迎接這兩個紀念周年進行了西藏現代化建設的「突擊」，二十年大慶搞了個「四十三項工程」，三十年大慶更增加爲「六十二項工程」，名曰「大慶獻禮」，實則是對其治藏成就的突擊大表演。

今天到拉薩的人所驚歎的拉薩面貌變化，大部分都是被那兩次「大慶工程」改變的。從下面列出的「大慶工程」部分具體項目，不難看出其中的表演性質：

| | |
|---|---|
| 拉薩飯店 | 機場至拉薩的道路 |
| 機場賓館 | 自治區醫療大樓 |
| 西藏體育館 | 西藏大學教學樓 |
| 西藏電教館 | 西藏圖書館 |
| 澤當飯店 | 那曲群藝館 |
| 西藏大學藝術樓 | 拉薩劇院 |
| 西藏博物館 | 布達拉宮廣場 |
| 拉薩街道改造 | 林芝賓館 |
| …… | |

| 年份 | 北京對藏財政撥款（萬元） | 北京對藏基本建設投資（萬元） |
|---|---|---|
| 1959 | 11111.7 | 2906 |
| 1976 | 33861.6 | 10017 |
| 1993 | 170946.0 | 65365 |

前十七年財政撥款年平均增幅十七・九％，基建投資年平均增幅二十・三％；後十七年平均增幅二十九・七％，基建投資年平均增幅三十八・四％。

不管這些工程多麼「現代化」，它們可以使參觀者驚訝（不一定是讚賞），但是西藏社會的主體與這種「現代化」之間卻沒有實質性的關係，也不可能從這種現代化中得到益處。舉例說，西藏體育館是「二十年大慶」的產物，至今已經蓋起了十多年，但總共加起來也沒有舉行過幾場體育比賽或演出，不要說普通西藏農牧民，就連大部分拉薩市民也從來沒有邁進過那座體育館的大門；花費巨大的西藏圖書館，養著好幾十名工作人員，辦理借書證的不到一千人①，真正看書和借書的更是寥寥無幾。那些項目的最大功能，可能就是擺在大街上讓人們看。出於這種表演目的，所謂的「大慶工程」把項目和資金中很大一部分都投在了首府拉薩（二十年大慶的「四十三項工程」，全部九億元投資，七‧六億給了拉薩），因此拉薩以外的藏人與這些「現代化」的關係就更少了。

「大慶工程」中也有一些能源、工業等方面的項目，尤其在二十年大慶的「四十三項工程」因為表演性質太強，遭到人們非議以後，三十年大慶的「六十二項工程」（投資總額達到三十八億元）中，增加了經濟項目的比例，但是其中的表演性質並沒有減少，甚至連增加經濟項目比例也成了一種刻意表演。這方面的情況，下一節將進一步談。

兩次「大慶工程」的錢都是由北京和中國內地其他省份拿的，不僅如此，因為西藏自己沒有能力進行施工，北京便以指令的方式將工程項目逐一分配給中國內地各省市，由它們包建，從設計到設備到材料到施工全部包下來，最後將建好並且已經能夠正常運轉的完工工程交給西藏——為此創造了一個專門術語：「交鑰匙」——讓西藏坐享其成。

這種事關西藏的工程，北京都以「政治任務」派給各省市，因此完成得好壞便對那些省市地方官員的仕途有直接影響。「二十年大慶」時，當時的中國國家主席李先念派他的專機去運送「大慶工程」施工隊進藏3，就是給下面做出的姿態——援助西藏，不惜一切。所以各地無不把西藏工程視為「中央工程」，全力以赴，不敢馬虎。現任的中共

①一九九六年十月的情況。

政治局常委、全國政協主席李瑞環那時是天津的市長，當天津包建的拉薩劇院出現設計問題時，他親自調人，集中了一百四十多名設計人員，二十多天內趕了二百多張圖紙，每出一張圖就航運到拉薩一張，供拉薩的天津施工隊搶進度[4]，生怕天津包的工程落到其他省市的後面。

在其他事情上，只要涉及到出錢，各省市總是與北京討價還價、搪塞和拖延，但是在西藏工程上，各地甚至不惜犧牲本地利益。如湖北援建西藏措美縣的當巴水電站，西藏報的預算是二千八百萬元，實際建成後花費的資金高達七千四百萬元。施工當年正趕上湖北發大水，損失了幾百個億，本身處於非常困難的狀態，為了籌措那筆給西藏一個縣建電站的資金，湖北決定省內每度電加價一釐收費，除了少部分貧困地區免收以外，可以說八十％的湖北人都為措美的當巴電站出了錢。

七千四百萬元如果用在湖北，可以建起八萬千瓦的電站，用在西藏，只能建到一‧五萬千瓦。且不算這方面的投資效益比，湖北人被告知他們出的錢是用於造福西藏人民，然而當巴電站的作用是什麼呢？——它解決了措美縣城和縣城附近八個鄉的照明。

沒有電站以前那裡也有電燈，只不過是用柴油機發電，每天天快黑才發電，夜深時則停止發電，對於白天想看電視或者夜裡睡得晚的人，會感到不方便。花了湖北的七千四百萬元建了這個水電站，從早到晚都有電了，的確是方便了一些，然而代價怎麼算呢？措美縣全縣人口只有一‧二六萬[5]，即使全部人口都是電站的受益者（實際還有四個鄉不通電），平均每人為用常明電的花費是五千八百七十三元，是一九九三年措美縣人均收入的五倍半。也就是說，那等於全縣人五年半不吃不喝地勞動，只為把電燈從原來的定時照明變成常明。

當然，建電站的錢不是措美縣出，不要白不要。但是湖北省建完電站，交了「鑰匙」，舉行一個盛大儀式熱熱鬧鬧地表演一番，就可以向北京交差了。從此湖北撒手而去，電站的運行和維護就全都是措美縣自己的事了。原來用柴油機發電，那不難對付，一、二個人管就夠了，而這新建的當巴電站卻招了四十多名工作人員，每年僅工資就得

幾十萬元，再加上維護電站運行的幾十萬費用，都得措美縣自己想辦法。以措美每年二百多萬元的財政收入（其中本地收繳的財政只有二十多萬，其他全是北京的補助)6，如何支持得了呢？

固然，按照市場的觀點，只要有人用電，就可以通過收電費補償費用，包括賺取利潤。然而措美沒有市場，用電全部是免費的。過去用柴油機發電時就是由財政負擔費用，現在想改過來是很難的。如果一定要收費，大多數人家——尤其是住在縣城外面的農牧民——就會拒絕用電。反正祖祖輩輩都是沒有電，日出而作，日入而息，有個供神的酥油燈順便照一下明就夠了。何況，得收多少電費才夠支付水電站的成本開支呢？假設電站一年開支為五十萬元，措美縣的全部男女老少就得平均每人為此付出四十元，一個五口之家一年就得二百元。這還沒有考慮電站的折舊，更沒有敢想賺取利潤。措美縣人均年收入是一千零七十四元，農業商品率是二十四‧七四％（一九九三年)7，也就是說，老百姓每年可以到手的現金，人均頂多不過二百多元，怎麼能指望他們拿出其中的五分之一去交電費呢？所以，這座電站是不可能指望從當地老百姓那裡收費來維護運行的。

有什麼別的方法解決呢？當地政府官員也有浪漫的設想，有了電不就可以開礦建廠了嗎（措美全縣照明用電最多僅消耗當巴電站發電能力的三分之一），而有了礦山和工廠，不就可以靠賣電養電站，那不僅可以收回運行費用，還應該能夠賺取利潤呢。然而，僅僅因為有電是不會自動出來礦山和工廠的，那得有比電站更多的投資。可是到哪裡去找那更多的投資呢？這樣的問題對於措美幾乎是邁不過去的檻。財政沒有錢，市場投資不會往措美那樣的窮鄉僻壤走。即使退一步，假定措美能夠找到那些投資，難道它能夠保證新建的礦山工廠是賺錢而不是賠本的嗎？說不定會變成比電站更加沉重的財政包袱呢。

現代化表演的後果就是這樣。當為表演目的上馬的工程竣工時，各級官員出席典禮，電視報紙報導，各方紛紛送上一片喜慶頌揚之詞。據說在電視報導中，措美縣城燈火輝煌，身著節日服裝的藏族老百姓們載歌載舞，場面絢麗。然而表演結束之後，參加表演和觀看表演的人離開措美，一去再不回頭，措美從此背上一個管不好、用不起、又

丟不了的大包袱。

對此有經驗的西藏官員都清楚，最後的出路無非是兩個，一是電站廢棄不用，一是由國家財政另撥一筆專款把電站養起來。前者在西藏並不少見，各個歷史時期北京花錢在西藏建了不少電站，許多都這樣廢棄了。有時只要損壞一個零件，整個電站就得報廢，因爲當地既沒有修復的技術力量，也沒有錢。此類電站的運行時間從建成那天算起一般不超過兩三年。而由國家財政另外撥款養起來的情況，在西藏也是常見的情況。那種情況構成了在西藏投資搞工程的一種奇觀——只要爲最初的工程投了資，就等於陷進了一個不得不年年都要繼續投資的「套」，沒完沒了。關於這種情況，後面還會談到。

措美水電站只是西藏眾多的類似工程之一。近年，除了北京要向國際社會表演它在西藏推行現代化的成就，被北京指定援助西藏的內地各省也開始在西藏進行同樣的表演，只不過後者的表演是給北京看的。各省官員以此爲「政績」而邀功領賞，使得其表演越加淺薄和無用。例如負責援助西藏山南地區的福建，其派往山南朗縣的官員搞了近千萬元的投資建設了一條「商業街」，樣子挺漂亮，作爲電視新聞播出去也挺有效果，可是朗縣是個整個縣城殺一頭豬都賣不完的地方，全縣每年除了幾百公斤的蟲草，沒有其他任何商品。在沒有商品和市場的地方，搞一條從福建移植過來的「商業街」能發揮什麼作用呢？於是轟轟烈烈的開業儀式之後，就只能聽任風吹雨淋，自然報廢了。不過這對那些希望表演的官員來講並不重要，只要中南海的決策者能夠在電視屏幕中看到一眼，他們期望的回報就可能全在其中了。

# 三、「穩定集團」是西藏現代化的動力與受益者

前面說到了推動西藏現代化的兩個因素，一個是「穩定集團」的嵌入，另一個是現代化表演。看上去，兩個因素似乎各自獨立，但是深處卻有難解難分的聯繫——一方面，「穩定集團」由北京全盤供養，另一方面北京要通過「穩定集團」實現它在西藏的現代化表演，兩個因素就在這一點上產生了相關，「穩定集團」就可以利用北京在西藏的

現代化表演，獲得對自身的利益和更多的供養。

此類現象在毛澤東時代就存在，典型例子之一是西藏一度建立過大批濫竽充數的學校，打出的旗號當然是發展西藏教育，內在動力卻是「穩定集團」成員可以藉機把自己的親友安插到學校去當教師。當上教師，就可以領取工資。在那個時代，能領國家工資是社會地位（成爲「穩定集團」成員）的象徵，生活也就由此有了基本保障。爲了這個目的，建立的學校越多，可供安插的位置自然也多，至於那些親友們有沒有當教師的能力，就不是主要考慮的問題了。

類似的例子還有一九七〇年代西藏漢人幹部和職工（「穩定集團」成員）紛紛把內地親友弄到西藏「農轉非」[①]，也成爲當時促使西藏「現代化」發展的原因之一。「農轉非」是一個中共戶口制度創造的獨特概念，指把農村戶口轉成城鎮戶口。但僅僅轉爲城鎮戶口還不是目的，更重要的是有了城鎮戶口才可以成爲「公家人」——領工資的國家職工。爲了使他們來西藏「農轉非」的內地親友成爲國家職工，在西藏掌權的漢人們，除了盡可能地擴大已有單位的編制（這是造成西藏冗員眾多的原因之一），還會想方設法地上項目。每開一個工廠或商店，就能提供一批相應的工作崗位。在當年，那可是最爲稀缺和寶貴的資源。在審批項目的過程中，每個環節的審批者可能就因爲他有一個親屬需要安排，或是他的上司、同事有類似的問題需要解決，審批就會因此順利地通過。當然，心裡的動機誰都不會擺在桌面上，打出的名義都是建設西藏的現代化。北京爲此出的錢，相當一部分就這樣轉化

---

① 中共的戶口制度一個重要的功能是在農村與城市之間建立一道難以逾越的壁壘。所有中國人的戶口被分爲「農業戶口」和「非農業戶口」（即城鎮戶口），從前者變成後者，簡稱「農轉非」。「農轉非」一直受到嚴格限制，比地域之間的戶口遷移更難。毛澤東時代爲實現工業化積累實行剝奪農村的政策，農村生活比城市差很多，所以那時的中國農民（尤其是年輕一代）最大的理想，就是進城當工人。而當時招收國家職工，按規定只能招有城鎮戶口的人，因此對希望改變自己命運的農民，前提就是先得實現「農轉非」。在中國內地，「農轉非」條件苛刻，名額極少。而當時在西藏「農轉非」相對容易得多，有不少政策上的空子可以利用。所以當時在西藏工作的漢人幹部職工，紛紛把他們在內地農村的親屬弄進西藏實現「農轉非」，從此跳出「農門」，吃上「鐵飯碗」。當時不少漢人自願進藏，目的其實在此。對他們而言，進藏等於從農村進了城市。不過到了鄧小平時代，農村和城市已經不是那樣壁壘森嚴。「農轉非」雖然在中國內地仍然還被一些農民所嚮往，但是用變成西藏人做代價，已經沒有人認爲上算了。

爲「穩定集團」成員對其親友的供養。

　　不過，那時革命的清教主義居統治地位，「穩定集團」以權謀私的現象還比較少。到了鄧小平時代，一切趨於利益化，「穩定集團」藉推動西藏現代化爲名，行供養自己之實就越來越成爲主要的成分。剛談到的「四十三項工程」和「六十二項工程」，其中搞了不少樓堂館所一類的項目，除了可以擺在大街上進行現代化表演以外，建設那些項目的重要動機，就是滿足地方官們自己的享受需要和講排場的心理。

　　「六十二項工程」中有一項是在北京建一座「西藏大廈」。當今在北京蓋樓，其昂貴程度已經排在世界前列，爲此無疑要花掉「六十二項工程」投資的相當一部分。然而，那座大廈的「現代化」跟西藏有什麼關係呢？不難想知，能夠享受那個「現代化」的，只有經常出入北京的西藏官員。他們需要在北京有一個體面的住所，一個舒適的安樂窩，一個自己能夠隨心所欲的豪華領地。不錯，中國大多數省市都在北京建起了這樣的大廈，動機與目的也都差不多，西藏相比之下還算搞得晚的。問題是其他的省市建大廈是花自己的錢，是從其地方經濟的利稅中拿出的，花得理直氣壯。西藏的錢卻是北京爲發展西藏現代化提供的無償撥款。而西藏的「穩定集團」用這錢把西藏的「現代化」建到了北京，跟九十九％以上的西藏人毫無關係，這種「現代化」到底是爲誰所用，再清楚不過。

　　當然，建到北京的項目就這一個，然而即使那些建在西藏最基層的項目，深入觀察，也一樣在被「穩定集團」轉化成對其自身的供養。因爲一九八〇年代的「四十三項工程」資金和項目給拉薩太多，引起西藏其他地方尤其是基層不滿，十年後的「六十二項工程」搞了一些平衡，一是提高經濟性項目的比例，二是給基層多分了一些項目，其中給各縣興建的電站就達到十幾個。但是從措美的例子我們已經知道，那些電站所發揮的「現代化」功能大部分僅限於照明，其主要的受益者是誰呢？是那些居住縣城且使用電視機和家用電器較多的居民。而目前西藏縣城的居民是些什麼人？他們主要是政府機關及所屬單位的工作人員和他們的家屬，也就是說，他們都是「穩定集團」的成員，電站最主要的受益者是他們。

其次，每建一個電站，就需要招收一批新職工，解決一批人的就業。這在目前仍然以計畫體制爲主、缺乏市場吸納勞動力的西藏，是年輕人普遍希望得到的位置。而那些位置，幾乎全部都是被「穩定集團」的子女們所得到。一個項目的上馬可以解決幾十個子女就業，這對那些子女的父母們肯定是至關重要的。即使對沒有子女就業問題的官員，也是一個「尋租」機會，可以藉此收取賄賂或交換人情。事實上，西藏上上下下各級的「現代化」項目所提供的就業機會，絕大部分都是被「子女」們和「有關係」的人獲得，普通老百姓幾乎從無沾光的機會。從這一點，也可以看出西藏「現代化」中所暗含的「穩定集團」自我建設、自我利用和自我循環的性質。

正像措美當巴電站那樣，西藏各縣建成的項目，大部分是不能產生經濟效益，甚至是不能維持運轉的。然而這並不能妨礙地方官員上項目的熱情，項目的錢不是他們自己出，而爲項目的花錢卻是他們花，那麼多錢從自己手裡花出去，其中肯定是有許多權力樂趣和實惠滿足的，遠比守著一個清水衙門處理日常瑣事來勁。至於藉項目就業的子女和親友，反正給了他們「鐵飯碗」，即使項目最終維持不下去，他們的「鐵飯碗」也不會丟。最有西藏特色的是只要上了一個項目，從上面要到了錢，就成了以後接著要錢的依據。你不是要搞現代化表演嗎？如果我這個項目維持不下去了，你的表演豈不就是失敗，你的臉面會多麼難看，在群眾中的影響會多壞。何況，你已經投了那麼多錢，不接著投就等於前功盡棄。還有，項目一旦維持不下去，招收的職工怎麼安排？群眾已經習慣點長明燈，退回柴油機定時發電，群眾有意見，難保不會影響穩定……一般來講，這樣的策略經常是可以成功的。多年來，西藏的「穩定集團」一直在跟北京進行這樣的討價還價，成功地迫使北京拿出一年比一年多的錢，去養以前拿出的錢。拿錢的反倒成了欠債的，這是北京和西藏之間一種奇妙的關係①。

在毛澤東時代，「穩定集團」忠實地充當北京在西藏的馴服工具，

---

① 以學者身分從北京到藏東林芝地區擔任行署專員的張木生做過一個統計，在他統計的時間段中，北京給西藏投資二百六十億元，只形成五億元產值，外加一‧八六億元的工業虧損。

發揮了中共對其要求的穩定功能,使中國在西藏的主權達到了相當穩定的程度。到了鄧小平時代,已經成熟並且獲得了自我發展的「穩定集團」,開始有了自我意識與自我追求的目標,逐步異化爲與北京同床異夢、討價還價的利益集團。這個集團內的高層官員及官僚體系,迄今已經遠遠不能滿足於簡單地被「供養」(只有僅做無自我意識的工具才會滿足於供養),他們需要支配巨額資源的權力,需要在資源支配中可能得到的好處,需要享受更高的職位消費,以及營建屬於自己的王國。要想實現這些目的,僅靠向北京討價還價地多要出一點「供養」是不夠的。供養再增加,爲數也有限,圍繞供養進行討價還價,也是既費力,腰桿也不硬的。

而打起「現代化」的旗幟,以項目向北京要資金,則是開多大的口都可以理直氣壯。在這一點上,西藏「穩定集團」巧妙地把自身目的融合進北京在西藏進行的現代化表演之中。既然北京需要讓世界看到西藏的現代化,西藏就有理由爲自身的現代化向北京要求任何條件,而西藏的現代化建設只能由「穩定集團」進行操作,那麼北京爲西藏現代化的所有投入,就會連同其中蘊涵的權力與實惠統統落進西藏「穩定集團」之手,成爲供他們在「現代化」旗號之下支配的資源,供他們爲所欲爲的王國也就在無形之中了。

在這裡,需要對「穩定集團」再做進一步區分。前面談到西藏的「穩定集團」由兩個部分組成,一是駐藏軍隊,二是地方系統。這一節所談的「穩定集團」,主要是指地方系統。對地方系統,又可以從不同的角度來劃分,比如漢人和藏人是有區別的,組成官僚體系的各級官員和普通職工也是有不同的。能夠在現代化表演中獲取自身利益的,主要是官僚體系及其成員。然而,「穩定集團」中還有相當數量的一般職工,也是不可忽視的部分。他們雖然不掌握權力,但是他們在人數上占多數,也具有相當重要的影響。

「穩定集團」中的職工部分,是在供養「穩定集團」和上現代化表演項目過程中逐步產生並且日益擴大的。他們或是爲「穩定集團」做輔助性工作,或是被招收進國有企業當工人,那些國有企業都是直接或間接爲「穩定集團」服務的,或者就是現代化表演的產物,並不

屬於經濟活動，完全靠北京供養，歸根結蒂也是為中國在西藏的主權穩定服務的。所以，我把西藏的「國有單位」（即由北京發工資）幹部職工都視為「穩定集團」的成員。

西藏（自治區）目前的國有單位幹部職工，總數為十六萬零五百一十一人（一九九四年）[8]，其中幹部為六萬零三百六十五人[9]。這六萬幹部包括了醫生、教師等專業技術人員，專業幹部應該被歸於普通職工範疇。黨政機關官僚體系的官員數量是多少，目前找不到準確數字，可以作為參考的是，一九九三年西藏縣級以上官員總數為四千零九十五人[10]，另有鄉鎮幹部八千多人[11]，加上在上級機關工作的公務員和各國有企業的當權者（皆由政府任免），總數應該在三、四萬人左右，屬於官僚體系。在這三、四萬人之外，西藏「穩定集團」內的一般職工，數量約在十二、三萬左右①。

一九九三年西藏共有市鎮人口三十八‧四八萬②，「穩定集團」的成員及家屬都是市鎮人口，以十六萬「穩定集團」成員每人有一個家屬計算，「穩定集團」及其家屬就已經達到三十二萬人之多，這說明「穩定集團」構成了西藏城市人口的絕對主體。

「穩定集團」在毛澤東時代以漢人為主體，近二十年漢人紛紛調回中國內地，藏人官員掌握實權，新被納入「穩定集團」的名額也主要給了他們的親友③，「穩定集團」已經越來越多地變成以藏人為主。一九九四年西藏國有單位幹部職工總數中，藏人所占比例已經達到六十七‧八％[12]。

藏人在西藏「穩定集團」內占據多數和把持主要權力，成為「穩定集團」加劇異化的一個重要因素。他們一方面是為自身爭取好處的

---

① 十三年之後的二〇〇七年，西藏自治區「國有經濟單位的在崗職工」總數是十六萬七千四百六十五人，比一九九四年增加了將近七千人。其中最大的一類是「公共管理和社會組織」（即黨政機關官僚系統），人數為六萬六千九百四十五。由此計算，西藏「穩定集團」內的一般職工數量目前約在十萬左右（見《西藏統計年鑑‧二〇〇八》頁 48）。——二〇〇九年註

② 西藏自治區的市鎮人口二〇〇七年達到一百零四‧七五萬人（見《西藏統計年鑑‧二〇〇八》頁 32）。——二〇〇九年註

③ 這樣的情況在西藏非常普遍，往往一個家庭甚至一個家族都是「穩定集團」的成員。只要有一個人進了「穩定集團」，他的家庭其他成員或遲或早都會跟他一塊進去。

利益集團，另一方面又往往以藏民族的代表自居，他們中間的官僚與一般職工之間，既有彼此對立，又有相互統一。在爲自身爭取好處方面，藏人官僚向北京爭的是撥款、優惠政策或是更多的權力，普通職工的關注則主要集中在供養方面——更多的工資，更好的住房，更多的休假等。由於職工及其家屬就是西藏城市居民的主體，西藏城市生活的方方面面就因此都成了與供養「穩定集團」有關的問題。幾十年的供養已經使藏人形成了習慣，就像毛澤東時代的中國人習慣「大鍋飯」一樣，供養必須一直維持，不能停，不能減少，稍有問題就可能引起巨大不滿，甚至導致西藏城市社會的反抗活動。

屬於「穩定集團」的藏人雖然是一個有自己特殊利益的集團，但只有其中的藏人官員從擔心權力失落的角度抵制達賴陣營，普通的藏人職工不屬於權力階層，因此他們並不把穩定西藏當作自己的使命和責任，很多人甚至根本不清楚自身與「穩定集團」之間的共生關係，絲毫不爲此感激中共的供養。因此藏人職工中不僅有很多人接受達賴喇嘛和流亡藏人的政治主張，甚至比「穩定集團」之外的農牧民還更爲激烈。一九八〇年代西藏發生歷次反對中共統治的示威活動，除了宗教界人士，往往就是城市的年輕職工參與最多。

「穩定集團」中的官員和官僚體系，一方面有責任管束西藏職工，必要時甚至進行鎮壓，另一方面又往往樂於並且善於利用職工的不滿和鬧事，作爲對北京施加壓力的籌碼。既然北京期望「穩定集團」的基本功能是穩定西藏，那麼西藏的不穩定就成了「穩定集團」與北京討價還價的資本，成了可供他們開發的一種資源。

由此導致了西藏問題上的一個奇特現象——亂則生利。拉薩一九八九年發生大規模騷亂，導致了軍事戒嚴，但是當年北京對西藏的財政補貼就猛增二十％，超出原本許諾每年遞增十％的一倍，第二年撥給西藏的基建投資竟一下增加了八十四％[13]，增加幅度之大令人咋舌。怪不得內蒙古的官員背後抱怨北京「欺軟怕硬」。內蒙古也是中國的一個少數民族自治區，地位與西藏自治區一樣，但幾乎從來得不到北京的巨額撥款。內蒙古官員心裡當然不平衡。也許他們也暗暗盼望，如果蒙古人也能像藏人一樣上街搞一通打砸搶，內蒙古就能像西藏一樣

撈到大筆好處。

既然不穩定的結果能帶來好處，「穩定集團」中的權力階層就不會真心希望西藏徹底穩定。如果真正穩定了，西藏豈不就得落到內蒙古那樣。當然，他們也不會希望西藏亂大了，那會給他們的仕途帶來不利影響。他們需要的是一種蓄而不發的「適度不穩」──一種能夠控制的張力。他們喜歡玩這種遊戲。

西藏目前的狀態是，社會在任何方面的不滿，幾乎都會轉變為政治上的不滿，隨之就會喊出要求西藏獨立的口號。其實西藏真的獨立了，達賴喇嘛和流亡政府回來統治，現在的國有單位絕大部分都得被解散，職工也都將失去飯碗，更別說享受各種福利和社會保障了。除了中共以外，世上還有哪一個政府會花錢養這麼多無所事事的職工呢？

這無疑是一個諷刺──中共出於穩定西藏的目的不惜花費鉅資，最終卻製造出一個產生不穩定的來源。西藏「穩定集團」自身，首先就成為影響西藏穩定的問題和需要被穩定的對象。

今天，穩定西藏的「穩定集團」，成了一個令北京頭疼不已的問題。

## 四、昂貴的穩定成本

在「建立邊防的代價」一節，已經從邊防角度涉及了穩定成本的問題。這一節再看除邊防以外其他方面的穩定成本，以及隨時代變化，穩定成本所發生的「通貨膨脹」。

毛澤東時代，西藏的穩定成本雖然高於中國內地，相對來講卻被壓到了最低。那時有一整套激勵機制及相應的社會氛圍，壓抑欲望和個人主義追求，提倡「艱苦奮鬥」與「無私奉獻」。到鄧小平時代，那一套完全失去了作用，人們再不肯虧待自己。過去的人坐卡車進藏，還要打著紅旗唱革命歌曲；現在的進藏者不坐飛機是不會動身的；過去幹部下鄉靠騎馬，現在換成了汽車，其中絕大部分是日本進口車，動輒一輛幾十萬元。西藏官場車多車好是有名的。每到開大型會議的時候，官員們開來的車停在一起，就像高檔車薈萃的汽車博覽會。可

以想像，僅此一項就會使中共在西藏的穩定成本提高多少。

　　貢嘎機場距拉薩九十多公里，過去路不好時汽車要跑三個小時，現在縮短爲一個多小時。不知爲什麼，多年來從拉薩飛往中國內地的飛機總是早晨起飛，而拉薩的航空公司只在前一天下午提供去機場的班車，因此旅客只有兩種選擇，一是提前一天坐民航的班車去機場，在機場旅館住一夜；要麼就是自己有專車，第二天一早去機場。事實上，坐民航班車去機場旅館過夜的人從來不多，大部分只限於自費旅遊者。多年來，每天黎明時分從拉薩開往貢嘎機場的車流已經成了一道固定景觀。那車流猶如一條不見首尾的長龍，白色和紅色的車燈銜接在一起，在拉薩河谷黑暗的山腳下蜿蜒飛馳。我也曾置身過那車龍之中。那年一位西藏朋友派他屬下的一輛福特車送我。由於那車速度快，一路不停超過其他汽車，使我得以直觀地感受車龍的全貌。大多數的車都很好，價格昂貴，每輛車送一個或兩個去機場的乘客，像我一樣，有專門的司機給開車。但是幾乎沒有一輛車是私車，也基本不見出租車，全是公車。可想而知，那車龍載的乘客絕大多數都是「穩定集團」的成員，或與「穩定集團」有關係的人。送我的車在那一路超過了很多車。到機場時，天剛亮，停車場上已經停了更多送人的車。過不多久，整條車龍就將掉轉頭，從貢嘎機場再奔馳回拉薩。

　　這是一件每天發生的小事，但是不難想像每天需要爲這件小事付出的成本。車、油、駕駛員的人工（由於起早還要休息半天），天天如此，日積月累是多少？一件上飛機的小事都需要如此成本，其他事又該如何？

　　從小見大，我曾見過軍官們一次喝掉十幾瓶四川名酒「瀘州老窖」，每瓶七十六元，還有成箱瓶裝的「青島啤酒」，對深知西藏交通之難的人，那價錢已經不好算，僅運費一項該算多少？那些錢都是軍費，名義上都是被用於西藏的穩定。前線的邊防戰士每人每天的伙食費是十二‧八五元，軍官們喝一頓酒，夠士兵吃多少天？不過從穩定「穩定集團」的角度，把軍官喝酒的錢打入穩定成本也應該。那的確是爲穩定不能不付的代價。因爲問題在於，在已經失去了信仰支持的年代，憑什麼讓人在西藏堅持下去？比起內地的物欲橫流，紙醉金迷，

喝點酒僅是最起碼的要求。

　　駐藏軍隊長年有三分之一以上的軍官不在部隊，除了休假，就是以開會、看病、出差、學習等各種理由逗留內地。那些理由很多都是表面文章，真正的目的是軍官們需要去內地享受和放鬆。那已經形成默契，軍官們你來我走，輪流出山，費用自然都是在軍費中報銷。「穩定集團」的地方官員也是一樣。阿里地區一九九六年一個冬季，以治病名義回內地的幹部就有一百多人，平均每人的花費至少在一萬元以上，都由公款報銷。其中不少人並沒有非回內地治的病，只不過是藉此理由而已。至於那些藉公事出差名義下山的人數就更多了。不難估算，每年僅此一項，穩定成本又會增加多少。

　　毛澤東時代，進藏的漢人幹部職工皆是年輕人，距離退休和安置都很遙遠。他們在西藏一幹幾十年，現在普遍進入養老階段，長期在高原生活落下的病也開始發作，而他們在內地已經沒根，全得靠西藏安排他們回內地治病和養老。為此，西藏需要拿出大筆錢在內地買地蓋房，建「幹部休養所」，安置他們，並擔負全部養老金和醫療費，直到送終。隨著退休人數不斷增加，對西藏財政而言，已經有不堪重負之感。

　　不過相對而言，上述花費都是小數，北京花費在西藏的穩定成本，最大的份額還是用於西藏的現代化表演和對「穩定集團」的整體供養。表面上，這一部分被體現為西藏的經濟，但是我認為，拋開西藏自古存在的自然經濟不談，現代意義上的經濟在西藏所占的成分其實很小。雖然大量錢和物的活動都披著經濟的外衣，事實上卻不應該將其視為經濟，因為那些錢和物的活動之本質，不過是一個正在執行政治使命的集團所進行的消耗——一部分消耗用於其政治使命，如對社會的控制管理、邊防，以及出於政治目的進行的現代化表演；另一部分消耗則是對那集團自身的供養。

　　那種錢和物的消耗是只有投入而沒有產出的。投入者（北京）進行投入的目的並不在於獲得產出（而是在於穩定西藏），甚至不要求產出。試問，這與以獲得最大利潤為基本目標的經濟活動能是一回事嗎？所以，我認為按照一般經濟學的原理討論西藏的「經濟」，很可能是完

全文不對題。

清楚了這一點，也就沒有對中共到底給了西藏多少錢和物進行爭論的必要了，因爲不管它拿了多少錢和物，主要都是它自己花，養它自己的人，達到它自己的目的，對西藏的經濟並沒有多少實際作用，西藏老百姓從中得到的實惠也是很有限。所有那些錢物，按眞正的用途來作帳，都應該打入中共對西藏的穩定成本。

現在，我們來看看這筆穩定成本（不算軍費）總共有多少。在北京對西藏投入的資金中，分爲財政補貼、基建（即工程項目）投資和專項投資等幾大類。基建投資又分爲給西藏地方的投資和用於興建國家項目的國家直接投資（如修築國家公路等），專項投資則包括「大慶工程」一類的投資。由於不同類別的投資往往分頭計算，在不同場合對外公布的數字也有很大差異，這裡不做覆核，對本書的內容而言，知道大概就可以。

八○年代的中共總書記胡耀邦一九八○年視察西藏時，在自治區幹部大會這樣說：

> 同志們，我報告你們一個數目字，二十九年來，國家給了你們多少錢哪？不算國家直接投資的，不算軍費，給了你們四十五億三千多萬塊錢。記住這個數字，四十五億三千多萬。你們自己收入工商業稅、農業稅一共多少錢呢？二十九年來，你們只收了五千七百三十八萬。你看嘛，給了你們四十五億，你們自己向老百姓要的只有五千七百萬，我何必要那個五千七百萬呢？[14]

胡耀邦的口氣像個大家長，而且一言九鼎，從此後全西藏免除了農牧業稅，並且北京還大幅增加了對西藏的財政撥款。到一九八四年，按當時的中共中央書記處書記胡啓立、國務院副總理田紀雲視察西藏時的講話，北京給西藏的財政補貼總數已經猛長到七十二億。也就是說，一九八○至一九八四四年中的撥款達到了二十七億。胡、田二人的講話紀要中還有下列數字：

解放以來，國家給西藏的財政補貼達七十二個億。財政補貼占自治區國民生產總值的比例逐年增高：五〇年代為三十·六％，六〇年代為四十五·五％，七〇年代為八十·五％，八〇年代為九十七·一％。一九八三年，國家給西藏的財政補貼為六億八千八百萬元，人均三百五十七元，全自治區生產總值七億零三百萬元，人均三百六十四元；補貼與產值幾乎相等。去年，從內地調入西藏的生產、生活資料商品總額三億七千八百萬元，占全區商品銷售總額的八十四·三％。這說明西藏的經濟基本上變成了一種供給式的經濟，中央的財政補貼和物資調入實際上成了西藏的經濟命脈。[15]

　　這些講話都不是對外宣傳性的講話，而且帶有某種檢討成分，因此可以相信數字的真實性。這些數字尚不包括對西藏的基建投資和專項投資。另外，出於中共的意識形態特色和自上而下的動員機制，中國其他省份，包括軍隊，都經常以搞運動或響應號召的方式向西藏提供無償支援，那究竟投入了多少人力、物力和財力，就很難計算了。
　　一九九五年八月，在西藏自治區成立三十周年慶典的一次會議上，西藏的中共第一書記陳奎元宣布，西藏自治區成立的三十年間（一九六五至一九九五），北京給西藏的錢物總數共計為三百億元[16]。另有一個數字是從中共進入西藏的一九五一年算起，到一九九五年的四十四年之中，北京給西藏的錢物總值共計三百五十億元。①

――――――――――――――

① 從《西藏統計年鑒·二〇〇八》表 6-1 可以得到如下表：一九九六至二〇〇七的十二年間，北京給西藏的財政補助總計達到一千三百九十一億多元，為前四十四年的四倍。

| 年份 | 國家財政補助收入（萬元） | 年份 | 國家財政補助收入（萬元） | 年份 | 國家財政補助收入（萬元） |
|---|---|---|---|---|---|
| 1996 | 312114 | 2000 | 635957 | 2004 | 1359655 |
| 1997 | 348735 | 2001 | 944746 | 2005 | 1915340 |
| 1998 | 415547 | 2002 | 1311470 | 2006 | 2007860 |
| 1999 | 572711 | 2003 | 1287564 | 2007 | 2804127 |
| 總計 | 13915826 | | | | |

――二〇〇九年註

對此，有的漢人憤憤不平地計算，這四十四年平均下來，西藏全部人口中每人每年都能從北京得到五百元左右，也就是說，全西藏的人即使一年到頭坐在那裡什麼都不幹，得到的收入也超過中國內地大多數老百姓一年辛苦幹到頭的收入，因此有人說出「漢人的血汗養活了藏人」那樣的話。

　　但是這樣計算顯然是不公平的，西藏老百姓沒有直接得到那些錢①。如果說那是對西藏經濟的投資，因此間接地使藏人百姓得到了好處，那麼就必須解釋那三百五十億元是怎麼花的，為西藏創造出了多少價值。事實卻是，西藏自治區成立的三十年，所創造的工農業產值全部加在一起，才三百億多一點。而在北京給西藏的三百五十億當中，分給西藏農牧業的頂多是個零頭，因此農牧業產值與那三百五十億元關係不大，如果不算農牧業產值，只把西藏三十年的工業產值加在一起，那就更少得只剩六十多億元（一九六五年到一九九三年二十八年的工業產值之和為五十‧三三億[17]）。這樣一種三百多億投資對六十億產值的關係，怎麼能被視為是對經濟的投資呢？哪裡有經濟的意義呢？只能被視為消耗。所以我說，北京投入西藏的錢物，大部分都應該打進它為穩定西藏所支付的成本。

　　今日西藏，凡是需要花錢的事，只要去追蹤錢從哪來，源頭幾乎全在北京。如果離開北京的供養，西藏現有的社會體系（至少是城市）連幾天都難維持下去②。

　　隨著穩定西藏的成本日益高昂（一九九三年北京給西藏的財政撥

---

① 以中共對藏人實行的全民醫療為例，名義上是任何藏人只要有病都能得到免費治療，實際上只有占人口少數的城市藏人（「穩定集團」的成員及家屬）主要受益，如在拉薩市和幾個地區首府的衛生技術人員占全西藏衛生技術人員總數的一半，而這幾個城市的人口只占西藏總人口的不到十五％。不算軍隊醫院，拉薩市內的病床已經達到每千人八‧五張，比全自治區平均水平高出三‧五倍，而有些邊遠縣每千人不足一張病床。農村缺醫少藥的情況非常嚴重，南木林縣的醫藥費平均每個農民才能攤到〇‧三至〇‧四元，這樣的「免費醫療」對老百姓有多大的意義？（見孫勇主編，《西藏：非典型二元結構下的發展改革》，中國藏學出版社，一九九一年，頁 60）
② 北京多年對西藏最低的期望──實現糧食自給，至今也達不到，始終得從中國內地調入糧食。根據《西藏統計年鑑‧一九九五》表 13-12「社會農副產品收購量」和表 13-13「社會消費品零售量」兩者之差計算，中國內地調入西藏的糧食數量，一九八五年為八萬四千六百一十四噸，一九九〇年為十三萬一千七百零四噸，一九九三年為七萬九千七百五十五噸。

款比一九五二年增加一百六十三倍18）①，北京也越來越感到不堪承擔。爲了減輕自己的重負，北京近年開始採取一種名爲「援藏」的辦法，即指定中國內地一些比較富裕發達的省市及中央各部委，對西藏進行「對口支援」。一九九四年「第三次西藏工作會議」確定的「對口」關係是：中央各部委負責西藏自治區的相應廳局；北京包拉薩；上海、山東包日喀則；廣東、福建包林芝；浙江、遼寧包那曲；湖南、湖北包山南；天津、四川包昌都。對口關係暫定十年，對口支援的內容包括資金、技術、工程建設、幹部、科技人員等各方面。總之就是把原來全部由北京去塡西藏那個無底洞，分出一部分讓地方和各部委塡。其實也是一種利用權力進行的政治性攤派，跟風行全中國的各種攤派沒有本質區別。旣然北京管著各級地方官的升遷罷免，它讓誰出血誰敢不聽，甚至還得表現積極。如山東省在自己擔負的「大慶工程」（中央工程）之外，自己又援助了日喀則地區六十三個項目；湖南、湖北援助山南地區五千萬元資金；上海投下錢物總值四百多萬元在日喀則建傳染病醫院；河北援助阿里地區近二千萬元；陝西爲阿里獅泉河鎭的上下水工程增加投資三百萬元……僅爲了慶祝西藏自治區成立三十周年的大慶工程，這些省市就拿出了近十億元。

在這種被稱爲「大規模、成體系」的對口援藏中，最重要的一個內容是向西藏派遣漢人黨政幹部。那是鑒於兩個原因而制定的措施，一是以往派遣漢人進藏的機制失效，必須解決無人進藏的問題；二是派遣漢人進藏的成本增加，北京要把那成本轉嫁給地方。

「幹部援藏」在一九八〇年代初就已經存在，當時是爲了應付大批漢人返回中國內地造成人才緊缺，採用的一種應急措施，從內地臨時調遣一些漢人官員或技術人員，不遷戶口，不帶家屬，不轉隸屬關係，工資由原單位發，只是短時間到西藏工作，一般三年爲限，結束後仍回原單位。那時這種體制還是輔助性的，長期在西藏工作的漢人一直保持主體地位。但是隨著無人進藏的問題越來越難以解決，毛澤

---

① 二〇〇七年北京給西藏的財政撥款爲二百八十・四億元，是一九九三年的十六倍。——二〇〇九年註

東時代建立的漢人隊伍不斷老化、瓦解和流失，「援藏幹部」逐步開始成爲北京更加倚重的對象。一九九四年確立「對口援藏」體制後，援藏幹部也實行了對口，由對口的省市向西藏的對口地區（或對口部委向西藏的對口廳局）派遣，援藏幹部的選派、組織、管理、工資和物質鼓勵，以及援藏結束後的安置，都由對口省市負責。

這種「援藏」方式在機制上是一種混雜的變通，「建設邊疆」、「民族團結」一類意識形態口號仍然掛在嘴上，宣傳、動員、表彰等活動也搞得轟轟烈烈，但是誰都明白已經沒人眞信這些。實際起作用的機制，一方面仍然是集權制度的行政手段，另一方面是靠利益。

行政手段現在對動員援藏者個人已經不起決定作用，主要是針對各級黨政領導。北京壓各省市，省市再把任務層層壓給下級①，中央分派的「援藏幹部」名額是「政治任務」（「政治任務」在中共術語中意味著最高任務），必須完成。那種壓力之所以還有效，在於對各級官員來講，完成任務是政績，完不成則會影響升遷。

領受了任務的各級官員急於交差，另一方面卻是無人進藏的現實，過去的意識形態、組織動員和行政手段現在對個人都已失效，於是能指靠的就只剩自古以來的老辦法——「重賞之下，必有勇夫」。雖然動員幹部進藏在形式上尙未脫離「搞運動」的框架，仍然是以上級的行政命令爲原動力，但是最終能把人派進西藏的決定因素，已經轉變爲利益上的交換。

「重賞」的內容花樣繁多，根據各地區各單位的條件和財力不同而有變化。不過凡「援藏者」皆升官一級已是共同標準。這一條就對不少想走仕途的人有吸引力。不走這條路，也許十年八年升不了一級，相比之下，去西藏忍個三年兩載，豈不就成了仕途捷徑②。

分房子是另一種誘人的重賞。中國城市居民住房大部分靠單位分配（近年雖出現了一些私人房地產，工薪階層基本無力購買），根據年

---

① 上行下效，各省也採取攤派給下面各地市的辦法。如陝西省指令咸陽承擔第一批赴西藏普蘭縣的援藏幹部，三年後的第二批和六年後的第三批將分別由渭南地區和銅川地區承擔。

② 有些地區還有相應的反措施，如河北省要求所有「後備幹部」（即被選定準備提拔的培養對象）全得報名，不報名者三年不考慮提拔。

齡資歷等眾多條件排隊，年輕人要等待的時間往往遙遙無期，去一趟西藏，能分一套住房，算下來也是一件合適的事。還有解決配偶的工作、戶口、「農轉非」或者子女上學、就業等等各種中國特色的問題，都被用來「懸賞」。有些單位除了上述各種條件外，還給援藏者家裡安裝一部公費電話，使其可以經常與家屬通話，電話費由單位報銷。

我對一位正在西藏工作的陝西援藏幹部所做的瞭解，他進藏得到的具體交換條件有：

一、從沒有實權的衛生站站長（正科級）提為副區長（副處級），不僅是級別提拔，連具體的實權職務都事先落實，使其援藏一結束就能立刻走馬上任，而且因為有實職，在藏工作期間，單位的各項待遇和福利都有，單位和同事對其家庭也能關心照顧；

二、其原在農村的妻子和兩個孩子給予辦理「農轉非」；

三、妻子進工廠當了工人，並允許在丈夫援藏期間不上班，在家照顧孩子；

四、其工資在副處級工資之上再上調二級；

五、在工資之外每月給援藏補助費五百元；

六、每年給缺氧補助一千五百元；

七、家裡裝公費電話。

陝西是對口援藏各省市中最窮的一個，其他省市的待遇一般高於陝西。那位援藏幹部不無羨慕地告訴我，南方省的某些單位簡化了「懸賞」內容，例如一次性給每個援藏者三十萬元。那筆錢相當於普通工人三十年的工資。

對北京來講，這種攤派方式減輕了它在財政上的負擔，但是花費總額沒有因此減少，只不過是被分散了。如果對那些分散花費的總量進行計算，只會比集中花費更多。以目前的援藏方式派進西藏一個漢人官員，成本要高於過去數倍甚至數十倍。除了用於「懸賞」方面的支付，進藏後各省援藏官員之間還有橫向攀比[1]，互動式地拉動待遇上

---

① 例如最富裕的廣東省，除了給其援藏幹部的工資補助比其他省多，還給了每人四萬元「活動費」——即可以用於吃喝的費用，其中領隊有一百二十萬元可供自己支配的經費。陝西省副省長到西藏看望本省援藏幹部時，聽到這種情況也批了十五萬元做「招待費」，補貼本省援藏幹部吃飯。

漲。那些官員在藏期間依然在原單位掛著實職，保持千絲萬縷的聯繫，原單位會對其及其家屬給予多方照顧，也會給以後進藏的幹部打下攀比的基礎。

目前這種對口援藏的漢人官員總數還不多，全西藏不到七百人。但他們皆被分到黨政系統掌握實權，擔任的職務上至自治區一級的高層官員、各廳局的要害職位，下至各地區與各縣的專員、書記、副縣長等，影響大，波及面廣。從趨勢判斷，面對無人進藏難題的北京，今後很可能越來越以這種方式保證漢人對西藏的控制，援藏人數將不斷增加，爲此支付的成本總額也肯定越來越高①。

**註釋：**

1 《像朋友那樣眞誠相待——達賴喇嘛訪談錄》，《北京之春》電子版第三十五期。

2 多傑才旦，《西藏的教育》，中國藏學出版社，一九九一年，頁 115。

3 秦文玉，《神歌》，西藏人民出版社，一九八八年，頁 172。

4 秦文玉，《神歌》，西藏人民出版社，一九八八年，頁 190。

5 中共西藏自治區黨委辦公廳政研室編，《西藏自治區基本情況手冊》，一九九四年，頁 130。

6 中共西藏自治區黨委辦公廳政研室編，《西藏自治區基本情況手冊》，一九九四年，頁 138。

7 中共西藏自治區黨委辦公廳政研室編，《西藏自治區基本情況手冊》，表 14-75(1)、14-75(2)。

8 《西藏統計年鑒‧一九九五》，中國統計出版社，頁 52。

---

① 據中國官方新華社報導：二〇〇七年六、七月至二〇一〇年六、七月進藏工作的第五批援藏幹部共有八百五十一名，其中黨政幹部六百七十五名，專業技術幹部一百三十九名，企業管理幹部三十七名。與第四批援藏幹部相比，第五批援藏幹部增加了三十八名。第五批援藏幹部將進入西藏自治區七個地市、七十四個縣（市、區）和西藏區級機關工作，他們中的大多數人將擔任黨政領導職務，其中五十六人將擔任縣委書記（見新華社成都二〇〇六年十二月二日電，記者拉巴次仁、蕭林的報導）。——二〇〇九年註

9 中共西藏自治區黨委辦公廳政研室編，《西藏自治區基本情況手冊》，表 14-65。

10 中共西藏自治區黨委辦公廳政研室編，《西藏自治區基本情況手冊》，表 14-65（續表）。

11 張仕榮，《西藏少數民族幹部隊伍宏觀管理初探》，《西藏青年論文選》，一九九一年，頁 163。

12 《西藏統計年鑒・一九九五》，中國統計出版社，頁 56。

13 根據中共西藏自治區黨委辦公廳政研室所編《西藏自治區基本情況手冊》表 4-15、4-16 計算。

14 中共西藏自治區委員會政策研究室編，《西藏自治區重要勻自治區重要文件選編》（上），頁 25。

15 中共西藏自治區委員會政策研究室編《西藏自治區貫徹一九八四年中共中央書記處召開的西藏工作座談會精神文件選編》，（第一集）頁 50。

16 見一九九五年九月一日《中國日報》（英文版）。

17 根據中共西藏自治區黨委辦公廳政研室編《西藏自治區基本情況手冊》表 2-9 計算。

18 根據中共西藏自治區黨委辦公廳政研室編《西藏自治區基本情況手冊》表 4-16 計算。

# 13 西藏的腫瘤

　　今天，西藏社會正在「現代化」的衝擊下發生強烈的分化。不管那現代化的來源是什麼，其對西藏的「嵌入」，造成了西藏社會日益嚴重的二元化狀態。以城市為中心的現代一元，使西藏城市社會（包括臨近城市或交通幹線的農區）與當代世界的主流文明日趨融會，而在九十％以上的西藏高原廣闊地區，傳統的另一元卻保持古老本色。

　　大部分社會在向現代化轉變的過程中都曾有過二元狀態，但是西藏社會的二元狀態與眾不同，它不像其他二元社會那樣由現代的一元充當領導，傳統一元將逐步被現代一元改變並融合。在西藏，現代一元與傳統一元是實際上的兩個社會，各不相干。隨著現代一元的發展，二者彼此之間的聯繫越來越少，距離越來越遠。

　　從政治權力和經濟實力上，西藏的現代一元相對於傳統一元具有明顯的優勢，不過既然現代化是由西藏自身以外的力量創造並「嵌入」西藏的，那現代一元就只能是西藏高原上的「孤島」，傳統一元才始終是西藏社會的主體。

　　西藏高原不可改變的海拔高度，決定了藏民族傳統的生產方式、生活方式及文明核心不可改變，那麼不僅從中國輸入西藏的現代化不能改變西藏傳統社會，從美國、歐洲、印度或其他任何地方輸入的現代化，也一樣不可能改變西藏傳統社會。哪怕是海外流亡人有一天帶著他們學到的現代化返回西藏，也會發現同樣不能改變西藏的傳統社會。西藏高原的高在這顆星球上獨一無二，因此藏文明將長期地成

為人類全球化文明的例外①。

因為西藏的現代化只能是外來的，並且是西藏自身所不能供養的，因此無論這種現代化在今日西藏凸起到如何顯眼的程度，我也只將其視為生長在西藏肌體上的腫瘤——它給西藏帶來的不是繁榮，而是病。

# 一、聖城淪落

拉薩是藏人心目中的聖城，世世代代，無數藏人的最高心願就是一生中能到拉薩朝聖。為了達到那個目的，他們甚至不惜傾家蕩產。中共經常列舉其剛進藏時拉薩乞丐之多作為舊西藏「黑暗」的證明，其實那些乞丐中的相當一部分就是前往拉薩的朝聖者，因為花光了盤纏或供奉了全部錢財而無法返回老家，才淪為乞丐的。他們對此心甘情願。

當年在西方人心目中，拉薩就是西藏的化身。幾個世紀以來的西方探險者在其堅苦卓絕的行進路上，方向全指著拉薩。凡沒有到達拉薩者，在成績單上皆顯得黯然失色，如同就沒到過西藏。

今天情況則全然不同，拉薩成了西藏境內最容易到達的地方。成都、北京、西安的航線直達拉薩，僅需要幾個小時的飛行。站在拉薩街頭，會產生置身於中國內地城市的感覺。整個拉薩城裡擠滿了南來北往的外地人，朝聖的藏人只占很小比例，大多數是做生意或打工的漢人、回人，還有形形色色的旅遊者和出差的中國公務人員。如果只到過拉薩，在今天反會被認為沒到過西藏。拉薩不僅已經越來越失去了聖城的神祕光環，而且在很大程度上已經失去了西藏特色。

中共進藏前，拉薩城區只有三平方公里，現在擴展到了五十一平方公里。當年一下雨就泥濘不堪的幾條土路，現在延伸為總長一百五十多公里的城區柏油路。比起往日垃圾遍布、野狗和乞丐到處遊蕩的

---

① 但是如果高原上的藏人離開草原，放棄傳統生產方式，不管是被政權引導，還是個人選擇進入了城鎮，也就會不可阻擋地被捲進全球化潮流。這樣的情況目前正在發生中，因此藏文明會不會成為例外，已經存在疑問。——二〇〇九年註

拉薩，新建築日新月異地崛起，遮蔽了古老的藏式建築。可以說除了高聳的布達拉宮，今天的拉薩已經完全沒有了過去的模樣。

　　除了城市面貌改換，最使拉薩變了味道的，是那數千家林立街道兩旁的飯館、酒吧、商店、歌舞廳、夜總會等。拉薩市區總共不到十二萬的城鎮人口（一九九四年末爲十一萬七千七百五十三人），竟然有一萬三千多個個體工商戶1，可想經營風氣之盛。過去的拉薩之所以被稱作「聖城」，在於它是宗教聖地，是藏傳佛教中心。那時儘管也存在世俗的尋歡作樂，但是皆在宗教至高無上的神聖籠罩之下。今天的拉薩則完全不同，即使重新恢復了寺廟，有了眾多僧人，各地的藏人百姓也前來朝拜，然而世俗生活已經在拉薩占據了絕對主導地位。拉薩街頭，形形色色的門面招牌交相輝映，叫賣、拉客的吆喝此起彼伏，三陪小姐花枝招展，烹調油煙四處彌漫，拉薩從過去的聖城變成了一個物質豐富、生活舒適的世俗城市，欲望湧動，貪婪橫流。以佛教的眼光，肯定是世風日下、人心不古。

　　看西藏的統計數字，會發現一個特殊現象，按照經濟的三個產業門類（農林牧業組成的第一產業，輕重工業組成的第二產業和服務業組成的第三產業），在西藏公布的產值構成中，第一產業和第三產業是大頭，第二產業所占的比例卻很小。請看歷年三個產業構成的百分比2：

|      | 第一產業 | 第二產業 | 第三產業 |
| ---- | ---- | ---- | ---- |
| 1985 | 50.1 | 17.4 | 32.5 |
| 1987 | 45.6 | 12.0 | 42.4 |
| 1990 | 50.9 | 12.9 | 36.2 |
| 1991 | 50.8 | 13.7 | 35.6 |
| 1992 | 49.8 | 13.4 | 36.8 |
| 1993 | 49.0 | 14.8 | 36.2 |
| 1994 | 46.0 | 17.3 | 36.7 |

按照正常規律，三類產業的構成應該是這樣的：

對於以農業爲主的社會，第一產業的比例應該最大，第二產業次之，最小的是第三產業；

對於開始進入工業化的社會，第一產業所占的份額下降，第三產業的份額開始增長，占最大比例的則是第二產業；

對於已經完成了工業化的社會，第三產業所占比例變得最大，第二產業次之，最小的是第一產業。

這種遞進規律是資金積累的需要所決定的，第二產業的發展需要第一產業爲其積累資金，第三產業的發展則需要第二產業爲其積累資金。尤其作爲服務業的第三產業，在相當程度上是爲社會消費服務的，其存在前提是社會必須有錢去消費，其創造的產值也有相當成分是從前兩類產業（主要是從第二產業）那裡掙到的。

而像西藏這樣中間小、兩頭大的比例關係，非常特殊。西藏農業部門基本是自足經濟，對第三產業的所謂「服務」需求很少，而西藏的第二產業之弱小程度，從其產值還未到達第一產業產值的三分之一就可看出，它根本無法給第三產業提供足夠的發展空間和市場。那麼西藏的第三產業爲什麼又會達到那麼高的比例？它是依託什麼發展的，它的市場在哪裡，它的服務對象又是誰呢？

這就是從外部對西藏進行供養所造成的特點。它是不能從所謂的「西藏經濟」內部找到原因的。

以修路爲例。公路屬於第三產業，是社會公用事業。一般來講，修路由政府主持，以稅收方式從整個社會徵集資金。其中稅收大頭應該來自對公路最有實際需求的工業部門（第二產業），公路修通後，再以徵收稅費的方式進行養護。然而西藏即使有徵稅一說，也只有象徵意義，數量少到幾乎可以不計。那不光是因爲各種「優惠政策」的減免，即使真心實意地在西藏徵稅，也遠徵不夠能在西藏修公路的錢。以西藏（自治區）總共二百多萬的人口，即使把稅率定得再高，又能收上來多少錢？而西藏的企業又大部分是只賠不賺，無稅可收。因此在西藏修路，只能由北京撥款。那等於北京把它在中國內地收的稅拿來投進了西藏的第三產業，修出來的路卻被算進了西藏第三產業的產值。這種「第三產業」，本質上是和西藏當地經濟沒有關係的。

這種「第三產業」和西藏經濟的脫節還體現在，北京把中國內地的錢拿到西藏去修築公路，那修路錢的大部分又被中國內地掙回去。

一是因爲西藏缺少自己的施工力量，想掙這份錢也無從可掙；二是改革後的市場化管理採用投標方式，西藏的工程部門往往也難以與內地施工單位競爭；除此之外，築路所需的大部分設備和材料都得從中國內地採購，也使得北京投到西藏的錢向中國內地回流。

內地人員到西藏施工，肯定會有日常消費。然而這種花在消費上的錢西藏也掙不到，因爲西藏的日用消費品大多數都是中國內地生產的，儘管在數字上體現爲西藏的產值，實際西藏掙到的只是商品運輸和經銷等附加部分，甚至連這附加部分也有相當份額被內地的運輸和商業經營者掙走。

這樣來看，公路修築雖然在西藏，但是錢來自中國內地，施工者和施工物資來自中國內地，施工中的消費也來自中國內地，大部分錢和利潤又被中國內地掙回去。對此可以這樣比喻，就像是先在中國內地造好了一條公路，然後搬過來擺放在西藏高原上——送給西藏。

這條送給西藏的公路作用是什麼呢？它將給西藏運進供養「穩定集團」的物資——民用的、軍用的、進行現代化表演所需要的⋯⋯還能使軍隊迅速地調動進藏。近年北京減少駐藏軍隊的數量，以降低日常的後勤成本，就是因爲機械化部隊可以隨時通過基本暢通無阻的青藏公路開進西藏。

鑒於此，說是北京送給西藏一條公路又不準確了，雖說是北京花的錢，可是那條公路完全服務於北京控制西藏的目標，其實是北京爲自己建造的用於統治西藏的一個工具。

這就是西藏第三產業的縮影。通過這個例子，可以明白爲什麼西藏的產值構成出現兩頭大中間小的怪象。其中第一產業的大比例是正常和眞實的，反映了西藏現實的經濟狀況——西藏目前還是一個以農牧經濟爲主的農業社會。而看上去份額很大的第三產業，與西藏經濟沒有實質關係，那不過是北京撥的錢在西藏花掉，其中相當部分的錢被掙回中國內地，等於是在西藏運行的中國內地經濟，只從數字上體現爲西藏的第三產業。

而所謂的西藏第三產業，如果一層層剝去其經濟學的形式外衣，會發現在它最終發生的日常層面，大部分可以通向對「穩定集團」的

供養，服務於北京穩定西藏的目標。

現在再讓我們回到拉薩。在中共治下，拉薩成爲中共「穩定集團」的中心。從經濟角度，拉薩的生產水平遠遠低於其消費水平，是一座典型的被供養的消費型城市①。不過這不是問題所在，達賴時期的拉薩也沒創造多少財富，同樣是一座消費型城市，但那時拉薩的消費是由西藏本地經濟供養的，與本地經濟處於不可分割的關係。之所以拉薩能獲得供養，在於它是藏民族的心臟和西藏宗教的中心。而今日拉薩則完全是由北京供養，與本地經濟失去了血脈聯繫，在功能上與過去的拉薩已經完全不同，或者更正確地說，是完全相反。

可以用剛剛談過的修築公路一例進行類比，把整個「穩定集團」視爲一個由北京出錢在西藏建設的項目，項目所要達到的目標是控制西藏、穩定中國在西藏的主權。爲此項目，北京需要拿出大筆工資雇傭許多人，把他們安排在黨政機關、事業單位和企業單位，同時要爲這些人解決辦公條件（建築、電信、交通等），提供生活設施和物資供應（市政建設、住宅、商業、衛生教育等），加上進行現代化表演（建設企業、「大慶」工程等），在這個大項目下又不停地引伸出各式各樣的分項目。與修築公路相同，那些項目的施工費一大半將被內地施工單位拿走，建設物資也大多數需要從內地購買，包括「穩定集團」成員日常生活消費的物資，八十％以上也由內地供應，於是北京投到西藏的錢，雖然在西藏花出去，但是最終大部分又轉回中國內地。

近年越來越多湧入西藏的漢人，並非像達賴喇嘛指責的那樣是由北京派去西藏定居的，也不像有些西藏人認爲的那樣是去掠奪西藏的財富。他們自發而去，目標的確是奔著從西藏掙錢，不過他們掙的錢主要是北京從中國內地拿到西藏去的錢，而不是西藏本地生出來的錢。

這些年開始在西藏興起的所謂「市場經濟」，追根溯源到根本，就會發現，所謂的「市場」，其實就是北京端到西藏去的那個財政盤子，

---

① 可以比較這樣的資料：拉薩的工農業總產值是三・三六億元（此爲一九九三年數據，見中共西藏自治區黨委辦公廳政研室《西藏自治區基本情況手冊》表 13-68，13-72），商品銷售額加飲食業銷售額共計六・六億元（此爲一九九四年數據，見《西藏統計年鑑・一九九五》表 13-9）。

所謂的「經濟」，就是各種不同的人和機構都在千方百計地從那盤子裡挖一塊肉、分一杯羹，或至少是撿一點渣。

西藏社會的現代化一元從來就是托放在北京的盤子上，在計畫經濟年代，能夠參與分那個盤子的，只有系統、部門和單位，分配方案和份額也都是按照計畫。在中國普遍實行改革後的年代，西藏照樣還是靠分盤子，其中的大頭照樣得按照計畫分配——辦公、工資、補貼……只要是仍然吃財政，就不可能打破計畫，所以人稱中國最後的社會主義是在西藏。

不過同時，西藏也受到改革的推動，開始引進一定的市場手段。這種市場手段明著帶來的好處是可以利用競爭提高效率和降低成本，暗的好處則是能夠給權錢交易創造機會，有利於當權者的設租和尋租，因此是樂於被當權者採納的。在這個過程中，打著市場名義的個人也開始有了介入的可能。不過，真正能夠從盤子裡大撈一把的，多數還是那些與權力集團有關係、或有辦法讓當權者得到實惠的人。供養西藏「穩定集團」的錢年年都要花出去，花到誰頭上誰就能發財。西藏那些掙大錢的人，都是在掙這種「政府的錢」，他們自身也都是和政府有著千絲萬縷聯繫的人。他們並不都是漢人，拉薩那些成功的藏人企業家大部分也都有權貴集團的背景。

當然，西藏也存在具有真正市場性質的經濟部分，如林立拉薩的上千家店鋪，八廓街的市場，公路沿線的飯館……在它們掙的錢中，大部分是消費者的錢而不是政府的錢。不過，我們可以對他們掙的錢做進一步分析。他們面對的消費者可以分為三類，一類是西藏普通百姓，一類是西藏以外來的旅遊者，還有一類就是西藏的官員和職工、軍人、城市居民等。說到這，我們已經可以發現，這第三類消費者實際就是「穩定集團」的成員和他們的家屬。如果前兩類消費者花的錢屬於他們自己，他們的消費可以算作市場行為，這第三類消費者花的錢，卻是拐了一個彎，其實也是從北京的盤子裡分出來的（以工資或公款消費等形式），掙這些人的錢，仍然是變相地對財政盤子進行分配。

以拉薩的餐飲業為例，十三萬人口的拉薩一九九三年有餐飲機構

二千三百九十六個[3]，按人口平均計算，在中國所有城市中名列前茅①。爲什麼在其他方面皆排名在後的拉薩，其餐飲業卻獨占鰲頭呢？從西藏的餐飲業，可以折射出許多問題。

在毛澤東時代，拉薩的餐館寥寥無幾。那時幹部職工在家吃飯，外來的客人在招待所吃飯，鄉下來的老百姓自己帶糌粑。吃飯是人人天天都要面對的問題，必須不停地解決②，人們在吃上也捨得花錢，但卻沒有形成今天彌漫於拉薩上下的吃喝風氣。吃喝風氣的出現是和時代變遷聯繫在一起的。意識形態瓦解，精神空虛，紀律鬆弛，欲望膨脹，以及源於「無人進藏」的心理失衡，人在偏遠的西藏又難以找到別的發洩渠道和補償可能，大吃大喝就順理成章地成爲首選寄託。

對於推動拉薩餐飲業的勃興，西藏的中國駐軍起了很大作用。拉薩最早的飯館群就坐落在西藏軍區門前的街道上，絕非偶然。軍隊單身多，工資高，娛樂少，飲食單調，而駐紮拉薩的軍人又相當多，他們構成了一個龐大且花錢慷慨的吃喝群體。另一個吃喝群體是在西藏的漢人，他們有的是「援藏者」，有的是來搞項目，有的是做生意，他們也大部分沒帶家屬，單身在西藏，除了滿足口腹需要，他們還有怎樣打發空閒時間的問題。西藏眞正工作的時間很少，空閒時間十分多，喝酒吃飯自然就成了打發時間和尋找快樂的重要內容。當然，僅僅吃喝在今天已經不夠了，拉薩的娛樂業和夜生活近年也迅速發展，歌舞廳、夜總會、遊戲機房……色情業當然也會相伴而生。不過那些後發展的項目在很大程度上仍然和餐飲業重疊或以餐飲業爲基地。如西藏軍區大門外的飯館群被拉薩市民稱爲「紅燈區」或「軍妓一條街」，就是諷刺那些飯館有大量女招待兼作皮肉生意。拉薩的飯館酒店已開始向高檔化發展，提供餐飲、娛樂、色情「一條龍」服務。

我認識一些在拉薩的漢人「援藏幹部」，他們除了平日隨機地尋找各種可能機會吃喝玩樂以外，大部分周末都要固定地消耗在這些地方，常常帶妓女回住處過夜。那幾乎已是一種公開行爲，除了瞞著自

---

① 按人口排在中國第一大省的河南省會鄭州，全市一百八十四萬人，有餐飲網點四千五百六十九個，平均三百九十五人一個，而拉薩平均每五十四人就有一個。

② 一九八〇年代去拉薩能帶的最好體物，就是從成都坐飛機時帶一筐新鮮蔬菜。

己遠在萬里之外的家庭，對其他人都毫不在乎，非常自然和坦誠。據他們講，援藏幹部多數都有這樣的行為，否則到這麼艱苦的地方，再沒有一些享樂，如何能堅持下去呢？曾被北京樹為「典型」號召全黨學習的孔繁森，據說生前也曾是拉薩歌舞廳的常客。

當然，並非在西藏的所有漢人官員都如此。「援藏幹部」相比是最放蕩的。他們把內地的腐敗和「開放」帶到了西藏。「老西藏」中則有不少人保持著原來的正統（雖然也開始逐步變化）。同時，藏人也不是跟這些事不沾邊。拉薩的藏人婦女中之所以流傳「趕走川妹，還我丈夫」的口號，就是因為她們痛恨自己的丈夫把心思和金錢都給了做色情生意的四川姑娘（拉薩妓女大部分來自四川）。藏人之中的奢靡之風在拉薩已經很普遍。藏人原本就有追求歡樂的天性，較少約束，在現在的社會風氣下，喝酒、賭錢、歌舞和女人幾乎成了生活的全部內容。八廓街一位名叫阿布的藏族商人告訴我，那些被送到印度達蘭薩拉去上學的藏人孩子，如果離開拉薩的時候歲數已經比較大，在達蘭薩拉都待不下去，想回拉薩，因為拉薩好玩而且自由。

阿布自己有兩個孩子在達蘭薩拉上學。那是達賴喇嘛的流亡政府辦的學校。阿布說那裡管得嚴，沒有卡拉 OK，沒有夜總會，飯館裡不許喝酒，孩子們在學校跟在軍隊一樣。達蘭薩拉比西藏還西藏。這似乎是個諷刺——孩子的父母出於嚮往自由把孩子送到達蘭薩拉，而孩子在那裡所嚮往的自由之地卻是拉薩。這正是達賴喇嘛對西藏現狀的最深憂慮之所在——西藏是否會就此失去宗教精神，墮落為一個腐敗的民族。他認為這是中共最惡毒的手段，是對西藏文明從根上的毀滅。

我想達賴喇嘛這種擔心是深刻的，顯示出他與一般政治領袖不同的大智所在。但是我認為即使中共真有用世俗腐蝕宗教、用物欲同化西藏的陰謀，那陰謀的成功也是極有限的。瞭解這一點，在拉薩的餐館裡和娛樂場所看一看就會知道，那裡雖然有藏人，但幾乎只限於城市藏人，西藏農牧區的普通老百姓是從來不在那些地方露面的。而我們已經談到過，今日西藏的城市藏人，多數都屬於中共在西藏供養的「穩定集團」。他們把北京供養的錢拿來尋歡作樂，而真正在西藏大地

上用血汗換取財富的藏人百姓，還是把他們的錢送進寺廟①。

由駐藏軍人、駐藏漢人和屬於「穩定集團」的藏人構成的消費集團，消費數額遠遠高於普通西藏百姓，只有夏季才光臨的少量旅遊者在消費中更占不了多少比例，所以拉薩餐飲業從個人消費者那裡掙的錢，說到底是以北京付給「穩定集團」的工資爲主要部分。

不過，工資花在餐飲業上的消費，比起公款消費又是小巫見大巫。在那些高檔酒樓裡一擲千金的，花的幾乎全都是公款，或者是爲了從官員那裡撈到好處的老闆，他們的支出會百倍千倍地從官員手下流出的公款中返還，最終等於花的仍然是公款。

花在吃喝玩樂的公款消費到底有多少是無從查清的，中國的統計體系也不會把公款消費列爲統計項目，我們只能從其中一項「社會集團消費品購買力」②的統計中，得到間接認識（所謂的「社會集團」在中國專指區別於個人的「單位」，而西藏的單位絕大多數都是國有的）4：

| 年 | 集團購買力（萬元） |
|---|---|
| 1978 | 3478 |
| 1985 | 19874 |
| 1990 | 40001 |
| 1993 | 62783 |

一九七八年是鄧小平時代的開始，十五年間，集團購買力增長了十八倍，平均每年增長一百二十％。而在同樣時間內，西藏的居民購買力增長四‧六七倍，平均年增長三十一％；農村購買力增長二‧七六倍，平均年增長十八‧四％。從集團購買力如此之大的增長幅度，可以大概地想見西藏公款消費的規模。

---

① 倒是拉薩寺廟的年輕和尚，經常換上便裝，用老百姓的供奉到拉薩的餐館舞廳去尋歡作樂。一位知情者告訴我，去年（一九九六年）哲蚌寺派人攔截，一次就抓獲四十多個化裝成俗人的「花和尚」。

② 「消費品購買」只包括購買商品的開銷，不包括公款吃喝與娛樂，以及公款旅遊等，後者大多數都會以種種方式打進辦公費、事業費等項目裡開銷。

十幾年來，西藏的市場經濟雖然沒有創造出多少經濟成果，卻創造出了相當發達的消費場所。過去的西藏，人們即使有消費欲望也沒有消費的去處。在西藏的漢人那時一般都在休假回內地時，把攢了一年多的錢大肆揮霍，傾囊而盡，以平衡在西藏的艱苦和節制。那時中國內地的漢人連進西藏都要憑「進藏證」，否則就會被當作「盲流」遣送回內地①，更別說讓他們在西藏搞個體經濟、開飯館、做生意了。直到一九八○年，中共中央發的三十一號文件還規定：「要嚴格控制各類人員自行流入西藏」。阿沛・阿旺晉美一九八一年六月在西藏自治區縣以上幹部大會上的講話更為嚴厲：

　　　　近來從區外來了不少無戶口人員、私包工隊及盲流人員，危害社會治安，損害西藏群眾的利益，嚴重影響民族關係，成為西藏不安定的一個重要因素，群眾強烈要求把他們遣送回去。最近政法領導小組，會同有關部門進行了「三清」工作。這項工作是符合西藏人民利益的，我們政府各部門一定要積極配合和支持這項工作。我們要下決心把這個工作一抓到底……如果有誰堅持阻攔「三清」工作，不管他是什麼人，是多大官，我們要堅決揭露出來，進行嚴肅處理。[5]

　　但是時過不到兩年，西藏自治區就在一九八四年四月以政府布告的形式對外宣布：

　　　　歡迎其他省、市、區的個體勞動者、集體和國營企業來藏設店、建廠，參加物資交流會，舉辦展銷會，從事加工、運輸、建築以及服務性活動，為他們提供方便，保護其合法利益。[6]

　　起初進藏的漢人大都來自中國內地最窮的農村，只能做修鞋配鑰

---

① 西藏人民出版社的的副社長楊志國給《內地人在西藏》一書（西藏人民出版社）所作的序言中寫道：「一九五八年，西藏工委即對拉薩、日喀則、江孜、亞東等地流竄到藏人員進行清理，拘送內地處理者四百五十六人。」

匙之類的小本生意。隨著北京對西藏撥款的不斷增加，工程項目大量上馬，以及西藏蘊藏的消費欲望膨脹，西藏顯露出是一個可以掙到錢的豐厚市場，雖然條件艱苦，生產成本高，但是對於勞動力過剩的中國內地，仍然不失是一個滿足發財欲望的去處。進藏掙錢的人越來越多，其中大部分是四川人，除了施工以外，餐飲業和娛樂業是他們最多涉足的發展領域。今天，西藏的主要城市、各個縣城以及交通沿線都有內地漢人的身影。不少西藏城鎮的內地漢人在旺季高峰時，會達到接近本地人口的數量。如亞東下司馬鎮，本地人口一千一百四十七人（城鎮人口不到七百），外來人口也達到一千多人。外來人口中有個體工商戶八十多家，從業人口三百二十人。一個如此規模的小鎮，竟有兩家卡拉 OK，四家錄像室和八家檯球室①。

西藏人抱怨內地進藏漢人掙走了西藏的錢，通過剛才的討論可知他們掙的並非是西藏的錢，而是北京從中國內地拿到西藏去的錢。不過問題還有另一面，不管錢從哪來，既然是花在西藏，爲什麼西藏人自己不掙，卻都被內地漢人掙走了呢？照理說西藏人有地利之便，應該比內地漢人有優勢，但是在西藏境內，能看見那些正在修路、造橋、蓋房子、開飯館的，幾乎全部都是漢人，參與其中的藏人只屬個別。

這可能與文明不同有關。既然當代西藏的現代化來源在中國內地，作爲西藏社會的現代化一元，其消費口味也必然接近於中國內地，而不是西藏本地。儘管西藏人也能蓋很好的房子，但是「穩定集團」不要住藏房，善於蓋藏房的西藏施工者自然就被淘汰；雖然西藏也有風味獨特的食品，但是「穩定集團」的消費者喜歡中國菜，連居住城市的藏人，口味也大都已經變成了川味，藏餐館自然就競爭不過川菜館；西藏歌舞固然聞名世界，然而工業文明的娛樂方式完全是另外一套。這種文明的不同，決定了市場只能被中國內地來的漢人所壟斷。

何況西藏人在掙錢意識上遠不如漢人，他們更多的是尋求生活中的輕鬆和快樂，效率自然就放在後面。至於倫理方面的因素，藏族與

---

① 亞東外來人口的比例之高，與當地是一個與不丹進行貿易的口岸有關。另外，當地有較多駐軍所形成的消費潛力也是吸引因素。

漢族的差距就更大了，例如藏人的性觀念雖然開放，但是用色相去換取金錢卻被他們視爲極端羞恥的事，而已經「市場化」了的漢人，早已經步入「笑貧不笑娼」的境界，當妓女掙錢的自然也就是漢人多。

不過，這種爲了掙錢目的湧進西藏的漢人再多，也用不著擔心他們就此待下不走，成爲世代扎根西藏的永住民。在此且不說前面反覆談過的「無人進藏」那些道理，他們所以到西藏，目的只是爲了掙錢，而他們掙的又非西藏本地之錢，是北京拿到西藏的錢，那麼北京的錢一天有，他們就會待在西藏掙那份錢，而哪天北京的錢一斷，無錢可掙的他們頃刻就會如鳥獸散，離開西藏再不回來。

對他們進入西藏，達賴喇嘛實在不必擔心[1]。

## 二、割不掉的腫瘤

難辦的，倒是中共在西藏培育的「穩定集團」。

那是一個寄生的集團。寄生不僅是指它的生存完全靠供養，還指其工作效率低下，其中相當數量的人完全是白養。

以普蘭縣的霍爾區爲例，全區一千三百人，區一級的「穩定集團」的成員（或雇員）有一個書記、一個區長、二個副區長、一個文書、一個出納、一個保管員、二個銀行工作人員、二個學校教師、一個醫生，還有六個臨時工（另配有上級撥款買的一輛吉普車、一輛卡車和一輛拖拉機）。除了教師，這些人平時都不上班，在家裡打牌、喝酒，一年有幾次到縣裡開會、幾次下鄉「檢查」，幾乎就是他們的全部工作。在老百姓眼裡，他們是「最舒服」的人。區下面還有好幾個鄉政府，編制有鄉長、副鄉長、書記、文書等，那些鄉幹部更是不上班，平時拿著國家工資幹自家活，工作頂多是傳達一下「上級文件」，或是處理一些夫妻吵架那類的矛盾。

到了縣一級，倒是有了規定的上班時間。仲巴縣一個新分配去的

---

[1] 對於西藏的腹地，我認爲今天仍然是這樣，但是在漫長的漢藏接合地帶，整體推進的漢人遷移顯然已經具有難以逆轉的情勢，因此達賴喇嘛的擔心正在變成現實。——二〇〇九年註

畢業學生告訴我，縣機關的工作時間是每天十一點上班，一點下班，下午四點上班，六點下班。每周五按慣例是打掃一下辦公室即散夥，等於不上班，相當每周休息三天。對他這種沒家的人，閒得都不知道該怎麼辦才好。但即使是那麼短的上班時間，也大多數是無所事事，聚在一塊聊天玩牌。他所在的縣計委，在全縣各部門中相比事情還是最多的，其他部門就更是不知怎麼閒了。

當然，不能說仲巴縣政府什麼事都不做，有時也會很忙碌。我去仲巴縣時，仲巴縣城剛剛從幾十公里外的老縣城搬遷到新縣城。從無到有地在荒原上建一座新縣城，上百棟房子、公路、街道、配套設施，再把所有的家當搬過來，想必讓仲巴縣的所有部門和人員都大大地忙碌了一番。然而問題在於，他們那些忙碌，即使再忙，與仲巴的老百姓又有什麼關係呢？那不過是他們自己忙自己的，安排一個更舒服的生活環境而已，而整個仲巴縣的經濟發展和人民生活，肯定不會因為換了一個新縣城而得到任何促進。

好在仲巴蓋新縣城的錢還不是老百姓出，否則當地人民就要因此而遭殃了。錢是北京給的，是中國內地老百姓的納稅錢。靠當地自己的稅收，幾十年也蓋不起一座新縣城①。至於仲巴縣是以什麼理由、什麼手段要到了建造新縣城的錢，內在的利益鏈和驅動力是什麼，那是可以做一個很好的社會學研究課題的。這裡不表。

現在，西藏的「穩定集團」越來越把伸手要錢當作天經地義之事，開口也越來越大。例如為「三十年大慶」，西藏向北京開口要的錢數，竟高達六十多億，經過討價還價，北京同意給二十三‧八億（最後實投三十七‧九億）。自從北京推行由各省「對口援藏」以後，西藏又開始向各省伸手要錢。其中西藏廣播系統開出的要錢單子高達三億多元，一位參加討論的官員向我透露，按照實際需要，有三千萬元就足夠了，因此他形容西藏向外伸手已經到了「不要臉」的地步。西藏的中共書記陳奎元曾鼓勵西藏各部門、各地市都出去要錢。一位到上海

① 仲巴縣一九九二年的地方財政收入僅為三十一萬元（見中共西藏自治區黨委辦公廳政研室所編《西藏自治區基本情況手冊》表 14-74）。

要錢的西藏地方官口氣竟是這樣的：「中央第三次西藏工作座談會的精神你們明白嗎？我們不是來向你們要錢，是來要求你們兌現中央政策！」這類話讓中國內地各省市聽得實在不那麼舒服，反映很大，爲了避免把各路財神全得罪光，西藏這才下令停止地市縣自己出去要錢。

西藏的「穩定集團」作爲一個利益集團，一方面陣線一致地想方設法從北京及中國內地盡量多弄到錢，另一方面則在內部你爭我奪，誰都想在盤子裡多割一塊。實際上，增大北京從中國內地端到西藏來的盤子→在分割盤子中彼此爭奪盡可能大的份額→把從盤子裡拿到的份額花光→從中得到個人權力和撈到個人好處——這就是今天西藏的「穩定集團」之大部分興趣所在，以及他們年復一年「工作」的主要內容。

就是這樣一個由外部勢力培養的、徹底異化和完全寄生的怪胎，在西藏盤據和生長的時間已經將近半個世紀。在這些年月中，靠著時時刻刻吸吮北京輸送的大劑量營養，它已經在西藏根深葉茂，並且長成了龐然大物，成爲西藏社會一個固有的存在成分。這個集團絕無自己存活的可能，它只能被供養，哪怕一天斷了供養就會造成大亂（甚至供養減少一點就會不穩①）。因爲他們人數如此之多，無法棄之不管讓其自生自滅，又因爲他們占據著西藏所有城市和各個中樞，他們一亂，就會以連鎖形式擴散和放大，波及和破壞西藏整個社會，所以就必須養著他們，誰也不敢不養他們，誰做西藏的主人也沒法不養他們。

這對達賴喇嘛來講，無疑又是西藏前景的一個陰影。即使有一天西藏能夠獨立或實現「高度自治」，怎麼來養活這麼一大批人呢？從哪出這一筆每年都得需要的幾十億元（一九九三年北京對西藏的財政撥款和基建投資共計二十三・六三億元，相當二・八八億美元，並且每年以超過十％的速度增加）？前面談過建立邊防對獨立的西藏是不可

---

① 一九九三年的拉薩示威就是反對「放開糧價」，放開糧價是向市場化改革進程中的一個措施，當時中國內地各省市已經全部完成了此項改革，都沒有引起問題。

承擔的重負①，再加上這麼一筆巨額開支，豈非更是雪上加霜。

　　一些人可能會把希望寄託於西方援助。然而，就像窮人往往對富人的慷慨抱有不切實際的幻想一樣，西藏人指望的西方援助也將大半是水中之月。回顧一下在蘇聯解體過程中對西方的期望，與其最後真正從西方得到的援助，就應該有足夠的清醒。這一點不奇怪，西方國家再富有，錢也是從納稅人那裡收的。所謂「救急不救窮」，偶然給一些幫助是可能的，但無論如何不可能像中共那樣把西藏的財政包下來，長年地供養西藏。

　　那麼，脫離了中共的西藏，是否能將中共制度下培育的這個「腫瘤」從西藏軀體上割掉呢？邏輯上似乎很簡單，中共已經不再統治西藏，它的「穩定集團」還有什麼理由存在？

　　如果「穩定集團」僅僅由漢人組成，割掉它不成問題，讓漢人全部隨中共一塊離開西藏就是了。但是問題恰恰在於「穩定集團」的主要成分已經變成了藏人。一九九四年西藏自治區「國有單位」中藏人幹部職工的數量爲十‧八九萬[7]，占當年「國有單位」（即「穩定集團」）幹部職工總數的六十七‧八％。難道能讓這十多萬藏人也隨中共離開西藏嗎？那其中真正死心塌地跟著中共的只是極少數，掌權的官員也只占一小部分，大部分都是普通職工——他們及他們的家屬構成了今日西藏城市人口的絕大多數，因此他們只能被劃歸「人民」的範疇。而只要是「人民」，哪種勢力上台當權，也得做出善待姿態。怎麼敢讓那麼多企業破產，讓那麼多職工失業，讓西藏所有城市都爲此陷入癱瘓和混亂呢？

　　西藏「穩定集團」在其發展過程中，已經脫離了北京的設計，異化爲具有獨立追求的利益集團。其他任何穩定都不再被它視爲使命，它只要自己的穩定和利益，任何對它自身穩定與利益的破壞，都註定會受到它的強烈反抗。現在承受反抗的是中共，表面似乎是出於民族主義，出於藏人對西藏獨立的願望，然而那大半只是盲目的口號，和

---

① 爲了突出本節側重的問題，在討論西藏「穩定集團」的人數和花費時，都未把軍隊和軍費算在內。

實質相距甚遠。達賴喇嘛對他們是一個象徵，正因爲遙遠朦朧，當他們不滿中共的時候，那個象徵就格外地光芒四射，使他們相信一定會給他們帶來好運和更好的生活。

如果有一天，達賴喇嘛就在拉薩了，咫尺可見，他們卻因此失去了工資、職業和福利，寄生生活一去不復返，無所事事的輕鬆也隨之消失，那時，他們還會繼續把中共當作反抗對象、把達賴視爲帶來幸福的神明嗎？

也許有人會說，獨立的西藏將是一個新的國家，必然也需要自己的政權組織和現代社會的方方面面，包括現代交通、郵電、科技、生產、城市建設等各個部門（甚至還需要擴大），爲什麼不能吸收那些原有職工，把他們從寄生者改造爲勞動者，從北京的「穩定集團」變成獨立西藏的穩定力量呢？

能做到當然最好。問題在西藏靠什麼來源建立和維持一個獨立國家的現代化體系，那體系必須龐大到在安排了上萬名爲西藏獨立奮鬥多年的流亡藏人（爲數十多萬的流亡藏人那時會有很多人返回西藏）之後，還能吸收中共留下的「穩定集團」？

如果沒有外來的供養，西藏本身幾乎找不到那種可能。

於是又回到一開始的起點，誰能供養一個在近代世界主權結構中可以自立、並且能夠擁有現代國家體系的西藏？不管誰想成爲西藏的主人，解決這個問題都是一個前提①。

# 三、誰來執行穩定西藏的功能？

由於漢人成員的「無人進藏」和藏人成員的「異化」，「穩定集團」穩定西藏的功能如今已經受到嚴重削弱。中共認識到了這種危機，並開始想辦法彌補。

---

① 很多藏人不同意我這樣斷定。他們認爲西藏地大物博，有豐富的資源，也可以成爲世界性旅遊熱點，帶來的收入應該足夠支持獨立的西藏。對此，我承認我的斷定不夠嚴謹，西藏的立國基礎超過很多獨立小國。但是我仍然認爲西藏最大的負擔將在於維持其廣大地域的邊防。不過到底如何，還需要有更周密的考察和量化才能斷定。——二〇〇九年註

把藏人恢復到毛澤東時代那等忠誠，現在已難指望。中共反省其一九八○年代西藏政策的教訓，就是把西藏的主要權力交給了藏人。事實證明，穩定西藏不能靠藏人，只有像過去那樣由漢人掌握西藏各級政權的主要權力，才能真正控制西藏，否則穩定就是一句空話。

　　這就回到如何解決無人進藏的難題上。當今中國利益當道，中共自身也已在大部分領域把利益當作主要的驅動槓桿。如果給進藏漢人幹部高於內地十倍的工資，有關方面認為就能夠吸引漢人自願進藏工作，並使他們在西藏工作較長時間。然而北京即使拿得出那筆錢，它也無法那樣做。既然它從來標榜民族平等，怎麼能只給漢人幹部提高工資，不給藏人幹部提呢？西藏（自治區）的藏人幹部是漢人幹部的兩倍多（一九九三年漢人幹部數一萬七千九百二十三，藏人幹部數四萬二千四百四十二[8]），引起藏人幹部抵觸，帶來的麻煩更多。而給藏人幹部工資也提到同樣水平，拿出的錢多兩倍不說，立刻又會出現怎麼與「穩定集團」中十多萬普通職工平衡的問題。

　　中共多年在西藏的理論和實踐使它落入了一種環環相扣的制約，它已經不可能單獨為在藏工作的漢人採取利益激勵措施。甚至本來為家在內地的漢人探親制定的休假制度，因為這種制約也不得不擴展到所有藏人幹部職工，哪怕他們就在家鄉任職，天天住在家裡。更有意思的是，藏人幹部職工還跟他們的漢人同事一樣，都從北京領取「缺氧補助」。

　　不過西藏至今還有一萬多名漢人幹部，他們人已經在西藏，只要提拔重用他們，很多人還是會願意效力的。然而這又面臨合法性的問題。既然已經以法律形式公布了民族自治地區的主要行政長官和關鍵職務都由少數民族人士擔任，同時規定地方官員的任命必須通過地方人大選舉，今天要重新讓漢人掌握政權，怎麼自圓其說？又怎麼通得過藏人占絕大多數的當地「人大」的投票呢？

　　這各種因素綜合作用的結果，「援藏」似乎成了最佳方案。援藏幹部雖然也是「重賞」之下的結果，但他們得到的利益不在西藏體現，不由西藏負擔，可以避免對藏人幹部的直接刺激。把他們安插到各級黨政機關擔任領導職務，在藏人官員中引起的抵觸也比較小。因為他

們不占本地的編制，也就不會與本地官員搶位置，而且派他們來，名義上是和各省從經濟上對西藏的「對口支援」相配套的，可以從中國內地引入援助項目或投資等，給西藏本地帶來實際利益，所以只要突出這種「援藏」的經濟色彩，對他們的任命就容易避開與民族自治原則的矛盾，也就有了無須通過當地「人大」投票的理由。任用援藏幹部因此而成為百難之中一條柳暗花明的出路。

中共這幾年號召其全黨向之學習的孔繁森，生前就是從山東派到西藏的援藏幹部。他當過拉薩市的副市長，後來調到阿里地區當中共書記。「第三次西藏工作座談會」之後，確定阿里地區的「援藏」由河北和陝西兩省對口承擔。兩省第一批派出三十三名黨政官員。在阿里地區一級的黨政職務中，由援藏幹部擔任的有常務副書記、副專員、組織部副部長、法院和檢察院的副院長、公安處和司法處的副處長、財政局副局長、計委副主任等；他們還在阿里地區的三個縣擔任了「一把手」——黨委書記的職位。他們中間職位最低的，也在各縣擔任副書記和副縣長。從這種職務分布上，明顯可以看出遠非「經濟援藏」的格局，其中加強政治控制的意圖很濃。阿里地區一共七個縣，只有四個縣（日土、扎達、噶爾、普蘭）派了「援藏幹部」，這四個縣都是邊境縣，而不靠邊境的三個縣（革吉、改則、措勤）卻沒派一個援藏幹部。

一九九六年，全西藏這樣的「對口援藏」幹部共有六百多人。阿里地區是人數最少的，山南、林芝等地區一般達到七八十人。他們總人數雖然不多，但是全都在縣以上政權機構擔當領導職位，掌握很多實權，應該說初步實現了中共「改變西藏幹部結構」（說白了就是漢人掌權）的設想。按照步驟，下一步將繼續增加「援藏幹部」數量，讓漢人官員掌握更多權力①。

然而，與中國許多在困境中產生的夾縫方案一樣，雖然其左右迂迴的柳暗花明令人稱絕，卻還是免不了「摁下葫蘆浮起瓢」的顧此失

---

① 據說中共高層近年對西藏的「幹部結構」曾有這種「內部精神」，縣一級幹部中漢人的比例不低於四十％，對此比例不怕突破，最高可以達到七十％至八十％，最好能實現鄉級政權的一把手也由漢人擔當。

彼。「援藏」體制給西藏帶來的最直接的副作用，就是以致命的失衡加速瓦解了被稱爲「老西藏」的漢人隊伍。

「老西藏」們在西藏工作了幾十年，奉獻了一輩子①，甚至「獻了青春獻子孫」②。輪到提升掌權的時候，卻把他們晾在一邊，從外邊請來一些對西藏毫不瞭解的人，給那些人加官晉級，對他們進行宣傳和讚揚，還給他們那麼豐厚的物質報償，而他們只在西藏待三年時間。相比之下，備受冷落的「老西藏」心裡怎麼能平衡？失去了原本的信仰支持，以他們自己一生的「奉獻」對比「援藏者」，一定產生一輩子都是吃虧上當的感覺。而當他們終於明白這一點的時候，索債感必然隨之產生，至少是不會再繼續「奉獻」。

有人認爲，北京以高昂成本派進西藏的六百多「援藏幹部」，換來的是得罪了一萬七千名「在藏幹部」。這六百比一萬七千的關係，眞是得不償失。如果說「老西藏」的隊伍在此之前已經失去鬥志，這六百「援藏幹部」的到來，作用則是使「老西藏」的隊伍徹底垮掉。

中共在一九九五年搞了一場聲勢浩大的全國性運動，把死於車禍的「援藏幹部」孔繁森樹爲全黨全國學習的榜樣。然而那活動在西藏卻開展不下去。藏人對漢人抵觸自不必說③，「老西藏」們則表示，與孔繁森相比，如果說有差距的話，那是孔繁森與他們之間的差距，他們在西藏待得更久，比孔繁森的條件更艱苦，比孔繁森的貢獻更大，而他們得到的卻比孔繁森少得多④。

「老西藏」對「援藏幹部」普遍採取排斥態度，指責他們作風浮

---

① 他們進藏的時候也曾被允諾三年一換，但毛澤東時代的中共把它的幹部當作「永不生鏽的螺絲釘」，只要還能用就懶得換，而那時的人皆信奉「把一生交給黨安排」，不敢爲個人前途討價還價，於是一待就是三十年。

② 按照中共的戶口制度，子女的戶口必須落在父母戶口所在地，父母戶口遷移的時候，如果子女已經成年，就不能隨父母戶口遷移。「老西藏」退休離開西藏時，子女大都已經成人，按此規定只能留在西藏，他們的後代由此將世世代代是西藏戶口。

③ 阿里地區的科委主任明久被指定隨「孔繁森事蹟報告團」到全國講孔的模範事蹟，中央電視台對全國轉播。他回到阿里後，藏人罵他是孔繁森的兒子。

④ 我在孔繁森工作過的阿里地區見到那些曾與孔一起工作過的「老西藏」，他們很願意告訴外人孔繁森不那麼高尚的一面。如他們說孔在世時從老家山東倒了幾十萬元對蝦來阿里，用公款付了錢，但是大部分蝦沒有賣出去，現在還壓在武警的冷庫裡。他們還提出疑問，孔那麼積極地給家鄉搞推銷，自己沒有從中得到好處嗎？

誇，趾高氣揚，說得多做得少，熱中吃喝玩樂，把內地腐敗壞習氣帶進了西藏……有些人甚至專門與「援藏幹部」作對，給他們的工作製造障礙，用整人手法「揪辮子」、「告黑狀」，對他們進行打擊。以致我所訪問的一位「援藏幹部」負責人，認爲與「老西藏」的關係是他們第一頭疼的問題，與藏族幹部的關係反而好得多①。

當然，可以不考慮「老西藏」的態度，不管怎麼樣，那已是一支靠不上的隊伍，趨勢是必然走向沒落。如果「援藏」真能取代過去的體制，發揮穩定西藏的功能，目前的矛盾只是過渡期的問題，一旦體制的取代全面實現，就可以自然而然地得到解決。從動向上看，北京目前正是抱著這種期望。那麼，我們看這種「援藏」是否真能實現北京的期望。

不錯，以目前的「援藏」方式，確實可以把一些漢人弄進西藏。在「重賞」的誘惑下，有些單位甚至出現爭搶報名的局面，使得單位需要以「搞福利」的方式進行平衡，根據誰最需要解決實際困難——分房子或家屬就業——最後決定由誰進藏。可想而知，這樣的進藏者，心是放在哪裡。

不過「懸賞」不起作用的現象也不少。有些單位無論怎麼動員也沒人報名，爲了完成任務，不得不提高「懸賞」，或是把援藏者在藏時間減少②。最有意思的是，有的地方甚至把「援藏」當作整人手段。如浙江蕭山市主管工業的副市長趙福慶因爲拒絕去西藏被撤職9，全國很多報刊轉載了那個消息，似乎由此表現了「援藏」態度的堅決。其實瞭解內幕的人知道，此事起因於趙與蕭山其他幾位主要官員素來不和，明爭暗鬥。當蕭山市被上級指定派一個市級領導去西藏時，對方人多，便以多數決定讓趙去西藏。趙在班子成員中歲數最大，身體不好，其他幾個年輕力壯的都不去，他認爲明擺著是整他，於是表示拒絕。這正好給了對方以口實，告到了上級，再配以政治上的小動作，

---

① 由此可以看出，「穩定集團」內部的漢藏矛盾，表面看似民族矛盾，其實主要還是出於利益分配的矛盾。

② 按照北京的第三次西藏工作座談會精神，每一期援藏者在藏時間是五年，後因援藏者普遍難以接受，降爲三年，有些單位又自行降爲二年或二年半。

最後以拒絕「援藏」之名將趙撤職，也就是在派系鬥爭中把他徹底打倒了。

故事至此還沒完，趙福慶遭此下場，滿腔憤怒，決心魚死網破。今日中共幹部大多數經濟上都不清白，趙福慶在蕭山多年，掌握對手諸多把柄，於是以證據確鑿的「腐敗」罪名指控對方，到處告狀，最終致使他的對手也全部被撤職。蕭山市的黨政班子因為一個進藏名額的鬥爭，整個垮台。

進了藏的援藏幹部，不少人不久就開始後悔。尤其是那些被分到邊遠地區的幹部，不知道是心理作用還是的確如此，相當比例的人都發現身體出了問題。普蘭縣一共有四個陝西援藏幹部，進藏一年後，三十二歲的書記偏癱，確診為腦動脈硬化，送回內地治病，基本可以肯定不會再回西藏。兩個副縣長一個出現心室肥厚，心肌缺血，另一個出現腦血管痙攣，也需要回內地治療。只有一個三十四歲的副書記好一些。按他們自己說，進藏之前他們檢查身體時全都沒有任何問題。

一位副縣長跟我說了真心話：「當初報名到西藏來，除了解決一些實際問題，最主要的是想在事業上取得發展，艱苦幾年，回去可以得到更高的位置。可是身體是事業的本錢，如果在這搞壞了身體，有再大的抱負回去不也是廢人一個？」

普蘭縣援藏書記的偏癱在這批援藏幹部中間的震動很大，人人感到自危。消息傳回陝西，到動員下一批幹部進藏時，肯定會造成心理陰影，難度會更大。這將是一個惡性循環，所以「援藏」是否真能從長遠解決「無人進藏」的難題，前景並不完全樂觀。

另外，形式上的人身進藏，和真正的人心進藏，二者效果完全不同。即使「援藏」體制真能不計成本地把漢人官員不斷送進西藏，由於人進而心不進，對穩定西藏所能起到的作用也是有限的。

首先援藏幹部都是臨時進藏，頂多三年即換班。第一年不瞭解情況，身體也不適應，發揮不了太多作用；按規定，在西藏工作每一年半有一次休假，休假時間為縣級幹部五個月，地級幹部六個月，另外加一個月用於路途往返。休假者往往還帶點「公事」，又有理由晚回來一些時間。這樣，援藏的第二年大部分就耗在了休假上；第三年是援

藏結束年，每個人都早早開始做回家準備，心思已不在西藏，對工作能應付就可以了，尤其不需要考慮長遠。

雖然按規定進藏一年半才可休假，目前不少援藏幹部每年多天都不在西藏，十一月出藏，第二年四五月才回來，名義上帶一點工作，實際是回家過年休息，到醫院檢查身體和療養。有的縣乾脆讓分到本縣工作的援藏幹部三年全在內地，縣裡給名義，任務就是給縣裡弄錢。那些不願意待在西藏的援藏幹部也寧願利用內地的關係拉點錢，換取自己留在內地的自由和舒適。

援藏體制中每個具體援藏者的這種臨時性，使得這個體制在整體上變成一種膚淺的形式。援藏幹部客觀上不能瞭解情況，主觀上沒有長遠打算。他們不學藏語，不發展群眾關係，無法建立威信。下級和老百姓都知道他們來來去去，幾年就走，靠不上，因此即使把援藏幹部安排在一把手和其他重要職位上，也改變不了實際權力和權威都在藏人官員手裡的局面。

這還不只是時間長短的問題。既然援藏幹部大都是在「懸賞」之下才挺身的「勇夫」，他們能以多大的真心和努力在西藏工作是不難想像的。吸引他們的「懸賞」與他們在西藏的工作沒有關係，是由他們在內地的單位提供的。那些單位只要把人打發去了西藏，就算完成「政治任務」。而對援藏者來講，在西藏待夠了三年時間就是目標。進藏不過是一個交易。參與交易的哪一邊對西藏都沒有切身相關的責任，也沒有與西藏長期有關的戰略利益。援藏者的一切依然植根在原來的環境，只不過短時間地伸進西藏一隻腳，到時就走。一位援藏幹部掛在牆上的條幅寫的是「有書多富貴，無事小神仙」，都到西藏去當無事神仙，這樣的援藏者再多，也不過是濫竽充數而已。

目前援藏幹部最低只下到縣級。他們在生活、語言、工作方式上都不能、也不願去適應西藏縣以下的區、鄉基層——對漢人官員來講，那種艱苦環境已經屬於無法生存之地。這既與失去了信仰激勵有關，也是現在援藏幹部的層次——社會地位及生活水平——都相對較高所致的結果。從反映在統計報表上的學歷、資歷、職稱和級別看，援藏幹部的質量似乎挺高，然而對於北京所期望的西藏穩定，最重要的是

從控制基層政權著手，缺的是能下到最基層幹實事的「手腳」，而不是只能浮在上層機關思考的「首腦」[1]。

進藏人員的臨時性，敷衍職責和不下基層，是中國自清朝開始治藏以來的三個基本難題，那一直使得中國無法在西藏建立和鞏固主權。今天這三個難題又重新困擾北京，援藏體制只有人身進藏，沒有人心進藏，歸根結蒂還是一種無人進藏。

目前西藏還能保持穩定，主要的依靠既不是「穩定集團」，也不是「援藏體制」，而是軍隊。

然而，到了只能以武力來保持穩定的時候，那穩定肯定已經是十分脆弱了。


註釋：

1 一九九七年五月《北京晚報》報導：「拉薩展露現代化城市風姿」。

2 《西藏統計年鑑‧一九九四》，中國統計出版社，頁 47。

3 《西藏統計年鑑‧一九九四》，中國統計出版社，頁 310。

4 《西藏統計年鑑‧一九九四》，中國統計出版社，頁 320。

5 中共西藏自治區委員會政策研究室編，《西藏自治區重要文件選編》，頁 244。

6 中共西藏自治區委員會政策研究室編，《西藏自治區貫徹一九八四年中共中央書記處召開的西藏工作座談會精神文件選編‧第一集》，頁 112。

7 《西藏統計年鑑‧一九九五》，中國統計出版社，頁 56。

8 中共西藏自治區黨委辦公廳政策研究室編，《西藏自治區基本情況手冊》，表 12-65（頁 114）。

9 《文匯報》，一九九五年五月二十九日。

---

[1] 現在不僅援藏幹部不下基層，即使是在內地上過西藏班或民族學院的藏人，回西藏後也都不下基層。

# V 西方裁判的國際擂台

無法破解的「局」

對於當今人類，國際社會和國際關係變得比以往任何歷史時期都更為重要。但是令非西方國家無可奈何的是，國際社會的秩序一直都是由西方確立並且是在西方主導下的。早期是迫於西方國家船堅炮利，其他國家只能低頭認輸，現在則是因為全球經濟被西方把握著命脈，與其作對的國家難以承擔經濟上的代價。毛澤東時代的中國閉關自守，無求於西方，可以不在乎國際社會對西藏的態度，你說你的，我做我的，誰也奈何不了。鄧小平時代的中國則從實用主義出發，希望借助西方實現自己的經濟起飛，所以從一開始，西藏就被當作一份禮物，按照迎合西方的思路進行「撥亂反正」。隨著中國與國際日益緊密的「接軌」，中國經濟對西方的依賴性越來越強。西方當然會不失時機地使用其制約中國的能力，西藏作為國際社會關注的熱點，就成為西方經常對中國施加壓力的一個籌碼。

被毛澤東打出了西藏的達賴喇嘛，當時除了埋在錫金的一批財寶以外，再沒有任何資源。但是他必須保證跟隨他流亡的數萬藏人的生存，要使西藏文化能在海外延續，還要開展使西藏重獲自由的事業。對於這些目標，能不能獲得資源成了關鍵。而一個一無所有的流亡集團，只能從他人那裡獲得大部分資源①——這實際上正是西藏流亡政府幾十年來的工作重心。物競天擇，在國際上化緣，必須懂得並且迎合國際標準與好惡，這個現實從一開始就迫使流亡藏人進行脫胎換骨，從徹底封閉轉為徹底開放，融入以西方規則為標準的國際社會。幾十年來不斷地與國際社會互動，流亡藏人已成功地樹立了自己的形象，達賴喇嘛成為精通國際事務的大師，他所代表的西藏也成為國際社會的寵兒。

鄧小平的中國開始按西方規則行事，使得達賴喇嘛獲得了更廣闊的施展空間。雙方開始接觸，並且一度禮尚往來，似入佳境。然而即使遊戲規則暫時被雙方認可，雙方目標的南轅北轍卻無法改變，結果使遊戲變成了拳擊。而在觀眾圍聚的國際拳台上，中共雖是勢力強大的一方，卻因為規則是西方的，並且由西方進行裁判，頻頻得分的倒是對西方規則遊刃有餘的達賴喇嘛。中共在拳台上步履蹣跚，破綻百出，不斷被動挨打，丟盡臉面。八十年

代本是中共占領西藏以來最為「仁慈」的時期，結果卻是西藏動亂，民族矛盾激化，國際上指責中共的聲音越來越多，這使得中共最終得出「好心不得好報」的結論。

而後，經過十幾年的經濟發展，中國形成了一個讓西方難以割捨的「大市場」，中共也因此獲得了反制西方的武器，與西方形成互相制約的關係，而不再只受西方的制約。反正西藏在它的手裡，反正各國政府和財團都不會為西藏放棄中國市場，於是一旦當它感覺按照西方規則玩不贏西藏的遊戲，它就乾脆不玩了。

它重新亮出鐵腕，它認為教訓告訴它，那是唯一能夠說明白問題的語言。

---

① 流亡政府也曾經營過一些企業，但大都經營不善而倒閉。其內部財政收入的主要來源是每個流亡藏人要向流亡政府繳納一定數量的錢，不叫稅，叫捐款，但非繳不可，跟繳稅一樣。如流亡美國的藏人每年繳八十四美元，在印度居住的人繳得少一點（《北京之春》，一九九五年五月號，訪問阿沛·晉美）。

# 14 西藏問題國際化

　　中國堅持把西藏作為中國內部的問題，既然全世界沒有一個國家從官方角度認為西藏有獨立的根據，那麼有關西藏的一切問題都是中國自己的事，外人沒有插手的理由。然而讓北京惱怒的是，西方社會和輿論一直一面倒地支持達賴喇嘛和他的流亡政府，處處譴責北京，把中共說得一無是處，把西藏視為中國之外的一個地方和一個與中國對等的問題。

　　西方為什麼對西藏情有獨鍾？這一點不光是中共不能理解，主張與中國分離的維吾爾人和蒙古人也覺得備受冷落。從他們的角度看，他們與西藏難道有什麼不同嗎？他們的土地也是被占領的，他們的人民也慘遭中國人的屠殺。西方的眼裡卻只有西藏，那到底是真正出於正義，還是更多地出於興趣，以及傳媒製造的時尚？

## 一、神祕香巴拉

　　西方社會具有富於想像和迷戀新奇的精神。那種精神培育了眾多冒險家和旅行家。他們不畏險阻地把足跡踏遍世界各個角落，成為西方殖民主義和帝國主義的先鋒。東方的古老神祕一直對西方人具有強烈的吸引力。歷史上，初到東方的西方人往往把自己的東方之行和所見所聞描寫得天花亂墜，使其熱中於聽故事的同胞們神往不已。西方對東方的早期認識，幾乎都是在類似馬可·波羅（Marco Polo）的描述中培育起來的神話世界。十八世紀僵化腐朽的中國竟會被伏爾泰（Voltaire）那樣的西方大哲標榜為歐洲啟蒙的榜樣，足以說明神話氾

濫的程度。直到中國的大門被西方大炮轟開以後，大批西方人得以進入中國，中國的神話才一落千丈，又反過來成爲西方「優越」文明所傲視的對象。

西藏在東方神話中具有更爲神祕的地位，使西方人尤其神往，它地處世界最大的高原深處，雪山環繞，由「活佛」進行統治。早期去過（或自稱去過）西藏的人對西藏的描述離奇之極。舉一段爲例：

　　這個王國（西藏）的時尚是這樣的：婦女的頭髮梳成一百多根辮子。她們長著野豬一樣尖長的牙齒。他們國家的另一個風俗是：如果一個人的父親去世了，那麼這個人會說：「我願意保留我父親的記憶。」因此，他把這一地區周圍的祭司、僧人及樂師和所有的鄉人親屬召集在一起。這些人高高興興地把屍體抬進村子。他們準備好一張大台子，祭司們在台子上把屍首的首級砍下來，遞給死者的兒子。死者的兒子及其所有人齊聲多次為死者祈禱。祭司將屍體切成碎塊。他們得到一些碎塊後，就返回了市內，他們邊走邊祈禱……在此之後，鷹及蒼鷹從山頂飛下來，紛紛啄食人肉，然後騰空而起。這時，所有人齊聲高呼：「看哪，這個人是個聖人，神使降臨把他帶進了天國！」這種方式使死者的兒子感到得到了極大的榮譽。神使以這種令人稱道的方式使其父親超生，他目睹了這一切。為此，他取來其父的頭顱，馬上煮了吃掉，並且用頭蓋骨製成飲酒器皿。他及其家人總是虔誠地從頭蓋骨碗中汲取其父的記憶。他們的這種作法表達了對其父的最大尊崇……[1]

這段文字出自十四世紀的聖方濟會修士奧多里克（Odoric）筆下。雖然後人對他的描寫究竟是旅行記錄還是文學創作表示懷疑，但是他在當時卻被當作半個聖人，在整個義大利聞名遐邇。由於他的令人神往的冒險經歷，在他去世後，全城百姓皆參加他的葬禮，爲紀念他專門修建了一座神殿，羅馬還將七十件奇蹟歸於他的功勞[2]。不難想見人們對他的奇異故事是非常樂於聽聞和相信的。

從宗教角度，到過西藏的歐洲傳教士把西藏比喻爲「魔鬼創造的

梵蒂岡」[3]。最早到過拉薩的歐洲人——奧地利傳教士白乃心（Johannes Gruber）這樣描寫當時的達賴喇嘛：

> 他置身於其宮中的一個黑暗和祕密的地方。該宮殿完全被黃金、白銀和寶石覆蓋，由大量的燈照耀，高高地置身於一個很顯眼的地方，他坐在一個細絨墊子上，雙腳踏在鋪著的珍貴地毯上……他受到了所有人的如此崇拜和尊重，以至於這些人為能通過豐厚的恩賜，獲得大喇嘛的崇屎或其他排泄物而自認為幸福無比，並將這一切懸掛在脖子上。啊！這是一種什麼樣的令人討厭的齷齪行為啊！他們甚至把這種尿混合於肉之中，愚蠢地認為這是預防各種疾病的良藥……[4]

白乃心還告訴他的歐洲同胞，西藏女人用「某種氣味惡臭的油塗面。這種油除了使她們產生難聞的氣味之外……還使她們的面容嚴重變形，以至於大家不知道她們是女子，還是地獄的幽靈……」[5]。在歐洲早期對西藏的傳說裡，西藏荒漠上有無數身軀比狗小但是比狐狸大的巨型螞蟻，它們在掘穴時翻出含有金砂的一堆堆沙子。但是誰要是去取那些金砂，巨蟻就會追蹤他並且進行攻擊[6]。這一切奇異傳說都足以讓歐洲人心旌搖動。

法國藏學家米歇爾・泰勒（Michell Taylor）這樣說：「如果沒有西方旅行家，那就絕不會有關於西藏的神話。西藏除了是一種地理現實之外，還是一種思想造物。」[7]西藏在西方人的心目中已經成為「另一世界的」或「非地球的」同義語，提供了滿足西方精神對遙遠、不可思議事物和奇異力量之渴望的一個最佳幻覺之地。

從十九世紀初葉開始，西藏獲得了封閉領土的巨大名聲和神祕性。那時的西方已經在全球任意行走，它的槍炮可以輕易敲開任何封閉的國門。然而只有西藏的高原雪山使他們難以進入。由活佛統治的神祕民族儘管武力薄弱，卻憑藉西藏之「天」的保護，牢牢地把守著進入西藏的通道，使一批又一批西方探險家無功而返。直到二十世紀以前，能夠到達拉薩的西方人屈指可數。西藏的吸引力從而演化成了

禁地的吸引力。這種吸引力對於熱中於未知事物的西方人尤其強烈。

雖然二十世紀初，一支英國軍隊終於打進了拉薩，隨後西藏藉中國發生辛亥革命之機脫離中國控制，對西方做了有限的開放，然而由於那時的交通技術不足以打破西藏的地理隔絕，西方又在那幾十年忙於兩次世界大戰，對西藏的顧及有限，能夠進入西藏的西方人仍然是鳳毛麟角。

隨後就是中共占領西藏，並且把西藏關入鐵幕之後，從此西藏比以往更加難以被西方人看見眞面目。一直到中共實行「改革開放」以後，西方的旅遊團才開始被允許進入西藏，一方面由於接待能力不夠，遊客數量受到限制；另一方面中共仍然保持嚴格控制，只允許遊客在規定線路上「觀光」。所以，西藏等於至今還未對西方完全撩起面紗，類似中國和其他東方國家在西方人心目中破除神祕和解構理想化的過程，也始終沒有完成。

當今的人類世界已經被噴氣飛機和通訊衛星連結成一個「地球村落」，西方人可以憑著硬通貨和商業旅遊網成群結隊地隨便出入任何角落，這世界還有什麼地方可以寄託神話境界呢？——只剩下一個西藏。

另一方面，隨著西方文明顯露弊端，西方社會的精神世界越來越變得迷茫，後現代主義成爲潮流，不少西方人希望從東方神祕主義中獲得新的啓示。這從美國的英語佛學教學中心幾年之間，就從四百二十九個（一九八八年）躍增爲一千零六十二個就可看出[8]。而在西方人對東方智慧的渴求中，西藏成爲最有吸引力的一個。

有人認爲這是一種人爲的神聖化。今日西方人眼中的西藏和他們以前對西藏的態度，同樣表現了偏激和非理性。如西藏的活佛轉世制度被早年西方人描寫爲愚弄百姓的騙術，或是一種狡猾的政治手段；而在今天，連達賴喇嘛本人都不止一次表示應該廢止轉世之時，西方人士反而十分起勁地對它進行渲染，不容對其眞實性表示懷疑。西藏在西方人心目中的這種轉變，實際上是西方人尋求實現自我認同所需要的，西藏作爲這樣一種工具，在今日西方到處受到歡迎[9]。

曾經在台灣國民黨政府擔任過「蒙藏委員會」主任的張駿逸，就

此有過這樣一段評論：

> ……何以一向以理性著稱的西方人對西藏情有獨鍾，竟然到了如此執著的程度？如前所述，西方工業國已進入所謂後現代社會。人們在經歷了長期的技術發展、經濟繁榮和富裕生活之後，也發現了高度現代化帶來的許多難以補救的社會弊端。例如，弱小民族消亡，傳統文化遺產的失落，自然環境的破壞，核擴散引起對前途的焦慮等。人們自然地產生了對失落的過去的留戀。西方人在自己的國家和地區重視綠色和平的同時，也把注意力投向了發展中國家，善意地希望發展中國家不要重蹈他們的覆轍。而號稱世界第三極的西藏不僅地理位置獨特，封閉，尚未受到現代化衝擊，而且這裡生活著相對與世隔絕、智慧卻又十分知足自得的西藏民族，他們還有自己古老獨特又神祕莫測的宗教傳統。這一切正好符合西方人對一個理想的、失落了的過去的構想。於是西藏在他們心目中變成了世界上最後的一塊淨土，變得神聖不可侵犯。不幸的是，西藏今天偏偏在共產主義中國的統治之下，據說漢人正在剝奪藏人傳承自己民族文化的權利，正在以移民的手段最終消滅這個民族。正在這塊淨土上進行可以導致全人類走向毀滅的核試驗。這怎能不讓熱愛自然、熱愛和平的後現代西方人格外痛心疾首，動起真感情來呢？這就是在西藏問題上，西方民眾採取與政府完全不同、十分過激的態度的一個根本原因。也是西藏問題最終成為國際問題的根本原因。[10]

## 二、達賴喇嘛的成功

十四世達賴喇嘛的個人魅力，應該說是西藏問題得以成功地實現國際化的另一決定因素。由於達賴喇嘛是西藏流亡者幾乎獨一無二的象徵，所以在某種程度上，西藏問題的國際化，實際上就是達賴喇嘛國際化的過程。今天，達賴喇嘛已經成為國際社會最有影響力的偉人之一，他在西方受歡迎的程度甚至超過了西方人自己的宗教領袖——天主教教宗。有人這樣描寫：「達賴喇嘛馬不停蹄地在西方世界

遊說布道，所到之處無不萬人空巷。雖然他每次演說的內容大同小異，可每每座無虛席，盛況空前。他宣揚的佛法，不過是一些最基本的啟蒙知識，卻都被筆錄成書，一版再版，充斥西方的書市。他不應是一位俗世的政治家，卻對塵間濁世關懷備至，也享有許多職業政治家可望而不可即的政治威望。」[11] 達賴喇嘛成功地通過他自身，引導了世界對西藏問題的矚目。說西藏在國際上獲得今天的這種普遍關注是他個人的勝利，那是不過分的。

可想而知，達賴喇嘛肯定具有極高的天分。對此無須尋找別的證明，他能在幼年通過對靈童的種種測試，成為達賴喇嘛，就足以說明他的超群拔萃。且不說轉世是否是真，至少那麼多高僧大德對他進行了反覆觀察考驗，一定可以保證他在人種上絕對優秀。一九三九年，國民政府赴藏代表團的成員朱少逸在第一次見到達賴後，曾這樣感歎：

> 靈兒年僅四歲有半，姑無論其靈跡所在，傳遍遐邇，即其起坐行動之間，穩重悠閒，雖成人猶不可及，亦異事也……自參拜開始，前後約四小時，而靈兒安坐台上，精神始終如一，且態度自然，對拜見群眾，了無畏懼或羞澀，此靈兒之所以為靈兒歟！[12]

十四世達賴喇嘛出生於青海省貴德縣①，那裡海拔不高，挨近漢區，以農業為主，漢化程度頗高。按朱少逸的看法：「達賴全家均作漢語，實漢人也」[13]（另一國民黨在藏工作人員則說，達賴的父親連藏語都說不好[14]）。代表團在拉薩拜見達賴父母時，達賴父親身著漢裝，長袍馬褂，以漢地「饅頭」招待代表團，並頻頻表示「西藏糌粑吃不下」，勸代表團多吃饅頭[15]。

達賴父親出身微寒，愛貪小利，突然暴發，不免得意忘形，加上他親漢姿態鮮明，為西藏噶廈政府所排斥，在拉薩的貴族圈中非常孤立。達賴喇嘛受左右影響，對自己父親漸生不滿，據說他十來歲時，

---

① 現在歸屬於青海省平安縣。——二〇〇九年註

曾有騎在父親身上毆打之事[16]。達賴父親死於一九四六年，時年五十餘歲，身體健壯。有傳說他當時只得了輕微小病，吃了攝政達札送的一劑湯藥之後突然而死，由此有人懷疑他被下了毒[17]。不過這僅屬於無從證實的推測。

達賴喇嘛受到當時西藏最高水平的教育。但是他仍然需要經過漫長修鍊以去掉人性中惡的成分，達到慈悲的無上境界。年幼之時，儘管他已經是西藏人民無比崇敬的對象，卻在大昭寺的樓頂用唾沫啐下面五體投地朝拜的信徒，以此為樂[18]。到了老年，他已真正地堪稱聖人。在訪問日本的養雞場時，他為雞的處境感到震驚而悲哀，因為二十萬隻母雞像囚徒一樣被關在籠子裡為人類產蛋，直到不能生育時再被賣掉。因此從愛護生命的角度出發，他主張即使一定要吃肉，應該吃大動物，而不吃小動物，因為那樣可以少犧牲很多生命[19]。這種既宏大又細微的慈悲，令世人不能不高山仰止。

不過達到這種博愛慈悲的境界，任何一代達賴喇嘛都是有可能做到的。十四世達賴喇嘛與他的其他前身之間最大的不同之處，是在於他的開放性。以前的任何一代達賴喇嘛，都封閉在雪山深處，除了自己的子民，幾乎不與外人接觸。十三世達賴喇嘛雖然有過六年的流亡經歷，但其中五年是為躲避英國人而逗留在中國和蒙古信奉喇嘛教的地區，與在拉薩區別不大，流亡印度的時間只有一年多。十四世達賴喇嘛則是二十出頭就被迫逃離西藏，至今在外已近五十年時光，他生命中主要部分都是在流亡中度過的。而且他必須面對以西方為主的世界，從他們那裡爭取流亡藏人所需要的支持。為了獲得西方世界的同情與接納，他要以開放的姿態去學習西方理念與價值觀，並按照西方的標準去樹立自己的形象。

從流亡開始，達賴喇嘛就努力改變舊西藏的專制傳統，在西藏難民團體中建立民主制度。他在印度達蘭薩拉成立了「西藏人民議會」，規定凡十八歲以上的藏人有權選舉議會代表；年滿二十一歲就有被選

舉權。一九六三年三月十日，頒布了西藏有史以來的第一部憲法①，保證言論自由、集會自由、宗教信仰自由和法律之前人人平等。這對崇拜神權的西藏是破天荒的。那時隨達賴喇嘛踏上流亡之路的十萬藏人，被認為沒有十個人知道什麼叫民主[20]，所以推行民主極為困難。對在千年歷史中完全習慣於被神主宰的西藏人，讓他們由自己投票決定自己的命運似乎是不可思議的。西藏流亡政府的內閣成員洛地嘉日在一九九〇年代對記者說：

> 民主，對我們而言到底是什麼東西呢？您知道，有時候我覺得沒有經過痛苦爭取到的東西是沒有價值的。您們法國人，您們曾經為著爭民主而奮鬥犧牲。民主這個字對您們有特殊的意義。可是我們，我們不瞭解什麼是民主。達賴喇嘛對我們說，民主是非常重要的。既然他這麼說，我們就接受這個觀念。我向您透露一個祕密，一直到最近，我從來沒有投過票。前不久我剛當選為議會議員，可是我從來沒有履行我的投票權！很奇怪，不是嗎？為什麼？因為在心理上，投票對我們並不是一件重要的事情。前幾天我去投了票，因為我覺得身為部長，至少應該以身作則！所以四天前我到投票所投了票。[21]

通過這位內閣部長對民主投票的態度可以看出，在流亡藏人中間推行民主，幾乎是達賴喇嘛獨力所為。他完全可以保持自己作為神的絕對權威，但是他要把這權威交給人民。人民不要，他也要迫使他們接受。目前，西藏流亡議會共有議員四十五名。按照西藏的三區——衛藏、康巴、安多，每區各選十名議員；還有十二名議員是按照西藏不同教派和藏人流亡的海外區域選舉的；只有三名議員由達賴喇嘛指定，他們一般是在科學、藝術、教育方面有特殊貢獻的人[22]。

達賴喇嘛甚至考慮改革達賴制度。對於藏人過多地依賴達賴，達

---

① 此憲法目前尚為草案，因為按照民主理念，憲法需要全體人民批准，而藏人的大多數因為在中共統治下不能參與討論和進行選擇。所以要等到那些藏人都有可能表態以後，憲法才能正式通過。但自憲法草案公布以後，在流亡藏人中就已經具有了法律效力。

賴喇嘛雖然表示對他個人是很榮耀的事，但是他很清醒地指出：「這也是我們民族的最大缺點」[23]。他用一個客觀分析者的語氣說到自己：

> 在所有的人類社會裡，最重要的是每一個人都能夠自由地發揮他的創造天分。這只有在民主社會中才有可能。就本質而言，獨裁與共產主義制度是反民主的。西藏人由於對達賴喇嘛的極度崇拜，而屈服於他的選擇與決定，卻不相信自己的判斷。這就是我們應該對達賴喇嘛的身分地位加以重新考量的原因。[24]

達賴喇嘛說過多次，一旦和中國簽訂和約，他將放棄政治生涯，把畢生的精力投注於宗教生活。他對達賴喇嘛在未來是否有必要繼續存在下去，也認為要以民主的方式聽從全體藏人的決定。

> 我早在一九六九年就說過了，達賴喇嘛制度可以繼續維持下去，也可以到此為止。這完全要看西藏人民的意願。如果這種制度持續使用，我們要解決的問題就是，要保留原有的傳統儀軌，還是要選用新的規矩。事實上，是有好幾種可行的辦法。其中一種可能是遴選一位經過驗證、足以取代我的喇嘛。為什麼不呢？另外一種辦法是像天主教教宗的產生一樣。當他圓寂時，最有資格的最高經師群，共同開會決定。如果我們決定採用第一種方法，我將在有生之年選擇我的繼承人。這會是一件很好的措施……不過，當我和其他的喇嘛談及這些事情的時候，他們之中有些覺得非常震驚，而對我說：「哦！您不應該說這種事。達賴喇嘛承繼的方式應該因循既有的制度延續下去。」但是，就我而言，他們大可抗議，我可不會因此作罷。[25]

這種大膽與徹底的改革想法，可以說在西藏歷史上是前無古人的。

比起他的前身，十四世達賴喇嘛另一個不同之處，是他對科學的肯定和讚賞態度。下面這段話非常明確表現了他對宗教中迷信成分的

揚棄：

> 如果兩者（科學與宗教）之間發生了衝突，尋找解決之道就是我們的職責。這樣，這個世界就會像某些佛經上所說的無爭。在這些方面，我們就必須接受科學合理的解釋，而揚棄佛經。佛陀本身對這點有很明確的指示：「你們應該按照實際的操作，按照你們自己的經驗來跟隨我的教誨。只有在你們真正信服了它的真實性之後，你們才可以接受它。」這樣，菩薩親自賦予我們對他的教誨提出質疑的權力，做實際考察的權力。因此，如果我們證實了科學所提出來的證據和經文上所說的相互衝突，這段經文就必須要捨棄。我向我的信徒們解釋說，如果科學家能夠在他們的實驗中證明轉世的不可能性，我們也應該放棄輪迴這個觀念。[26]

當信徒們希望得到他的神力治好他們的病時，他總是對他們說：「你們應該去看醫生」[27]。流亡在外使他開闊了眼界，認識到西方文明的優越之處。他經常敦促藏傳佛教的喇嘛們在寺廟教育中增開科學、西方哲學及西方心理學等課程。他認為，與其教授諸如印度古宗教這類不再存在的哲學，更應該研究現代科學，以瞭解對這個世界的科學解釋。上年紀的西藏宗教長老對現代科學總是懷疑，在全世界通過電視目睹人類第一次踏上月球的時刻，他們表示不相信。達賴喇嘛嘲笑他們說：「也許你們應該派幾個代表陪著這些太空人一起上去。從高高掛在天穹的月亮上面，你們就可以親眼證實這個地球是圓的。」[28]

達賴喇嘛的願望是將科學和他的宗教結合起來，並且證實二者之間沒有根本衝突。為此，他同意西方科學家對西藏宗教的修行方法進行測試和實驗——那些源自密法的修行方法過去從來都是對外保持高度機密的。達賴喇嘛為此需要力排眾議。據說測試結果證實了西藏宗教的奇異，如正在進行修行的和尚體溫竟比常人升高攝氏十度，可以烘乾覆蓋在他們身上的泡過水的被單，他們可以整夜赤身坐在雪地中而不失溫，呼吸次數減低到一分鐘七次[29]。

達賴喇嘛這種開明顯然能夠獲得西方人的極大好感。他與西方打

交道幾十年，也很懂得利用西方人的心理和西方傳媒，掌握在西方社會打開局面的運作方法。他身邊有長期爲他服務的西方顧問，在美國雇傭最好的律師事務所爲他進行院外活動。去美國訪問時，他在紐約的第五大道上散步，在舊金山與電視記者談話，在威斯康辛州看橄欖球比賽，在巴克利參觀電子加速器⋯⋯他在世界各處發表講話的內容總是與西方的關注熱點相連：人權、環保、和平、反核⋯⋯闡述的價值觀念和語言的表述方式也與西方非常一致，這無疑使他更加被西方人認可與愛戴。最奇特的是，好萊塢的動作片明星史蒂芬‧席格（Steven Seagl）竟會被西藏的宗教領袖認出是一個十五世紀喇嘛的轉世之身，足以見出西藏流亡者是多麼善於與西方社會相融合，並巧妙地利用西方社會。

一九九四年，達賴喇嘛和他手下的西藏流亡人士所參加的國際會議有：在俄羅斯召開的「全球安全和解決現代邊界衝突問題討論會」；在尼加拉瓜召開的「重建民主國際會議」；由國際自由發展組織協會召開的「爲二十一世紀做準備國際會議」；在華盛頓開的「爲新世紀著眼婦女領導權大會」；在比利時召開的「國際廢除死刑聯盟會議」；在挪威開的「全球難民會議」；開羅的「聯合國國際人口與發展大會非政府組織會議」⋯⋯等等。積極參加國際會議一方面是西藏流亡者擴大影響的手段，同時僅從這些會議的名稱，也可以看到達賴喇嘛和他的西藏流亡者與西方意識形態的融合，以及他們必然從中受到的薰陶。

當然，達賴喇嘛肯定不是只出於迎合西方人的目的。上述一切在佛教之中都能找到思想基礎，西方的問題和困惑也可以在佛教中找到解答甚至出路。比中國大陸民運人士更爲聰明的是，深諳西方人文氣象的達賴喇嘛領導的西藏自由運動，不採用純粹的政治路線。譬如他避免直接談及西藏獨立，甚至聲明他並不要求獨立，他最關心的只是西藏文明的延續。他爲此提出的解決西藏問題的建議，是將西藏建成一個沒有軍隊、沒有環境污染的自然文化保護區，一個受國際社會監督的和平區。這幅藍圖與西方人理想中的淨土完全吻合，因此在西方贏得廣泛支持。

同時，達賴喇嘛面對西方的時候，並不僅僅只是尋求支持，還以

導師的身分傳播西藏的文明，把西藏的宗教修身教給西方人。他似乎正在實踐西藏一個古老的預言——「當鐵鳥在空中飛翔、鐵馬在大地奔馳時，西藏人將如螻蟻般星散世界各地，而佛法也將傳播到紅人領域。」擁有飛機和汽車的中共軍隊在西藏大開殺戒，使西藏人逃離家園而星散到世界各國，而隨著藏人流亡，佛教也開始傳播到世界各地，並成為現在西方發展最快的宗教之一。西方人覺得他們從西藏人那裡得到很多他們原本沒有的東西，因此就更願意為西藏多做事情。總之，達賴喇嘛靈活地把他堅守的傳統宗教與西方社會的時尚連結在一起，引導流亡藏人在無根的環境中成為生存的勝利者。

無須諱言，達賴喇嘛也是非常注意不惹西方人不悅的，為此迴避事實也有所見。例如一九八九年六月二十六日他在哥斯大黎加聖約瑟市的演說裡這樣講：

> 我的國家，西藏，一向是和平的、融洽的。在中國人入侵之前，我的人民從來沒有嘗過警察和現代化部隊的威力。[30]

他不會是真的忘記了遠在中共進藏之前，英國人就以當時而言非常現代化的部隊讓西藏人民嘗到了威力。他說的這句話竟被一個法國記者當作寫書的開篇語。由此可見，達賴喇嘛不提西方侵略西藏的歷史，西方人自己就更沒有必要把那歷史記在心上。

在流亡和寂寞中堅忍多年的達賴喇嘛終於獲得了回報，使他成為世界偉人里程碑的，是一九八九年十月五日挪威諾貝爾和平獎委員會宣布授予他諾貝爾和平獎。那個獎雖然一部分是被北京「天安門事件」促成的，是諾貝爾和平獎委員會的委員們玩的一種「政治手腕」[1]，但更多的還是來自於達賴喇嘛多年努力、加上對西方社會進行成功「公關」的成果。

獲獎以後，達賴喇嘛在國際上的表演空間和活動能量頓時猛增，

---

[1]《紐約時報》報導，接近諾貝爾委員會的人說，他們選擇達賴喇嘛作為獲獎者，「是試圖去影響中國發生的事件以及對民主運動的學生領導人的努力的承認」（A・湯姆・格蘭菲爾德，《為西藏而鬥爭》，載《國外藏學譯文集・第十輯》，頁471）。

西方各國都對達賴喇嘛打開了大門，各國領導人紛紛出面會晤，國際組織和國際會議也以邀請達賴喇嘛為榮。至於西方傳媒，更是把焦點對準達賴喇嘛，他已經成為名副其實的國際明星。

達賴喇嘛的成功使流亡藏人運動在國際社會取得巨大進展。一九九〇年，西藏院外活動集團在挪威、加拿大和義大利策動建立了議院委員會；二十八個國家的代表在印度召開「西藏之友大會」；稍晚一些時候，三十四個國家的代表又在倫敦召開「西藏國際協商大會」，謀求將世界各地支持西藏流亡者的議員聯合起來，冰島總理出席了那次會議；美國總統布希（G. Bush）簽署法案，撥款援助西藏難民，並在白宮會晤了達賴喇嘛，而在毛澤東時代，達賴喇嘛根本拿不到去美國的簽證；一百三十一名美國眾議院議員簽署了一項動議，稱西藏為「被占領的國家」；一九九一年，達賴喇嘛成功地推動了「國際西藏年」的活動，僅十月一個月，西藏流亡者組織「西藏之家」就在全球三十六個國家舉行了六十次活動；至今，流亡藏人在紐約、蘇黎世和新德里設置了與聯合國打交道的辦事處，另外在倫敦、東京、布達佩斯、日內瓦、加德滿都等地派駐了代表；大批西方最紅的影星歌星參加了支持流亡西藏的活動，帶動了成千上萬的西方青少年成為達賴喇嘛的崇拜者和支持者；聯合國的人權委員會通過了譴責中國在西藏「侵犯基本人權和自由」的決議，那是一九六五年以來聯合國機構第一次通過有關西藏的決議[31]。歐洲議會五次通過有關西藏問題的決議，對北京進行譴責；俄羅斯下議院一九九五年十一月通過決議，敦促政府承認西藏是一個獨立的國家；紐約市政府規定拉薩起義的紀念日——每年三月十日為紐約的「西藏日」；一九九四年，達賴喇嘛一年出訪十七個國家。到一九九四年為止，他流亡之後訪問過的國家已經達到四十九個（其中許多國家是多次訪問）。一九九七年，他還成功地訪問了台灣，在作為同一民族的中國內部打進了楔子……

達賴喇嘛六十歲生日時，四百多名世界政要和名流參加了慶祝會，他的榮耀達到舉世矚目的高峰。他完全當之無愧地名列在當今世界的巨人行列。

## 三、傳媒製造世界

我有一位熟人曾去法國念書，研究西藏問題。去法國之前，他在西藏工作了八年。我本以為他會駕輕就熟，沒想到最後拿學位時，他的論文被他的法國導師「槍斃」。原因是論文中談到了中共時期西藏社會的進步。據我所知，他不是一個熱愛中共的人，不會特意到「自由世界」去唱中共的讚歌，但是只要研究當代西藏，中共的統治是躲不過去的。他對西藏的瞭解照理說應當比他的導師多，可是他不能不按照導師的看法改了論文，才算把學位拿下來。他出國前總是讚美西方的思想言論自由，現在則有所保留了。至少在西藏問題上，他認為西方與中共相差不多，都走極端，只不過極端的方向相反罷了。而且他認為西方人也和中國人一樣被洗了腦，也只是洗得相反而已。

我在西藏遇見過一個沮喪的漢人導遊，旅行社派他到與尼泊爾交界的樟木口岸接一個西方旅遊團，並負責那個團的全程導遊。可是那個旅遊團的成員們見他是漢人，集體拒絕由他導遊，聲稱他們到西藏來，不是為了和「中國人」打交道。旅行社只好派了一個藏族導遊把他換下來。大部分旅遊團雖然沒有這樣極端，但是心理都差不多。即使藏族導遊的外語和業務能力差，也比漢族導遊受歡迎得多。

西藏這些年把旅遊定為「支柱產業」，在旅遊旺季的旅遊熱線上，常常看見洋溢著興奮表情的西方旅遊者。他們到西藏來，一般都做了很長時間的計畫和準備，帶上了各種各樣可能在西藏買不到的日用品與醫藥。還有另外一樣東西，亦是不少旅遊者必帶的，那就是達賴喇嘛畫像，以及鼓動西藏獨立的宣傳品。日用品和醫藥是給自己用的，後者是給西藏人的，他們認為二者在西藏都很缺乏。利用一切可能的機會向藏人分發達賴像，似乎成了不少西方旅遊者西藏之旅的一個固定節目，既高尚又刺激，在進行美好旅遊的同時，又從事了正義崇高的事業。以致旅遊熱線附近的西藏兒童一見到穿著旅行服裝的人（包括我這樣的漢人），就伸出小手追著喊「達賴喇嘛」。我看到過幾次西方旅遊者分發達賴喇嘛像的場面。面對那些圍著他們雀躍爭搶的西藏

兒童，他們的表情很有些救世的意味。有一夥濃妝豔抹的法國老太太，在她們的行裝裡找了很久，吊起圍觀兒童的期望，結果拿出的只是一疊複印的黑白達賴喇嘛像。早已得到過各種達賴像包括紀念章的兒童們大失所望，老太太們還沒等分完，已經有一些被扔在了地上。老太太們十分氣憤，用只有她們自己才懂的法國話對孩子們發了一通教訓。我想她們回去對親友（或者還有她們所屬的社團）發表觀感時，大概會把這種令人痛心的現象解釋為中共推行奴化教育的結果。

　　西方人對西藏的瞭解，幾乎全部是通過傳媒。今日人類正在分裂為兩種世界。除了真實的世界，還有一個傳媒製造的世界。傳媒技術的進步使人類眼界變寬，關注對象越來越多，但是依靠傳媒技術擴展的世界，基礎已經是傳媒提供的間接認識，而不再是人的直接經驗。

　　長期以來，西藏一直是西方的熱門話題。傳媒製造時尚。時尚不僅可以捲挾人們投入從眾潮流，也因為提供了更多的觀眾而產生更多表演者。「炒」是形容現代傳媒一個非常生動的詞，熱點越炒越熱是一個正循環。在這種運作過程中，不可避免地會與真實世界發生偏離，發展成傳媒製造的世界。在我看來，西方人對西藏的瞭解，相當程度上就已經是這樣一個傳媒世界。

　　日本導演黑澤明拍的電影《羅生門》講的是一個古代發生的案件，在審訊過程中，幾個當事人雖然都在現場，但每個人的「親眼所見」卻講述得完全不同甚至截然相反，以至於審訊者和觀眾誰也弄不清到底哪個是事實真相，或者根本就沒有事實真相。

　　這不是簡單的誠實與否的問題，每個人對事實的觀察和複述都不可能完全客觀，因為他們首先是一個主觀體，他們與客觀的關係取決於他們主觀的角度。達賴喇嘛肯定是誠實的，但對同一問題只須變換一下敘述方法，聽的人就會是完全不同的印象。

　　九世班禪在一九二三年與十三世達賴喇嘛鬧翻後逃離西藏，客死中國內地，直到簽定《十七條協議》，拉薩方面才在壓力下，不得不同意十世班禪返回西藏。一九五二年四月二十八日，十世班禪到達拉薩並與十四世達賴喇嘛晤面。達賴喇嘛在他出版於一九九〇年的自傳《流亡中的自在》中，這樣描述他們的見面：

就在他到拉薩不久，我循官方的會見程序，接見這位年輕的班禪喇嘛，接著就在布達拉宮舉行私人午宴。有一位精神強旺的中國安全官緊跟著他。我們單獨相處時，這位仁兄甚至企圖闖入。我的侍從一度出面制止他，結果在我手中差點演變成緊急意外事件：他有武器。

最後，我到底安排了一些時間，與班禪喇嘛單獨相處。他給我的印象是，一個非常誠實、守信的年輕人。由於比我小三歲，至今尚未即位，使他仍保有一股天真的氣質，視我為一位非常快樂、愉悅的人。我覺得和他十分親近。我們兩人都不知道，他往後過的是多麼淒慘的日子。32

對這同一件事，另外一種回憶出自當年中共西北入藏部隊的首長范明，他是當時中共方面處理和護送班禪返藏問題的具體負責人。他在一九八九年寫了一篇三萬五千多字的文章，回憶班禪返藏情況。其中班禪與達賴見面的部分是這樣的：

班禪返回西藏，在拉薩與達賴會見的儀式問題上發生了爭執，演變成了嚴重的政治問題……達賴方面竭力找藉口企圖把班禪的地位和影響壓低，提出在達、班會見時，要班禪向達賴磕頭，班禪的座位比達賴低兩格，班禪給達賴朝貢，不讓班禪駐錫大昭寺等。這些意見轉達給班禪後，堪廳官員很生氣。他們提出要是這樣，乾脆不進拉薩竟回日喀則，雙方堅持不下。

……工委（指中共西藏工作委員會）又開會討論，提出一個折衷的辦法：論年齡，班禪比達賴小幾歲，雖然不是師徒關係，但是達賴年齡大，從這一點出發，達賴與班禪初次見面時，班禪可以給達賴行磕頭禮，然後兩人再行碰頭的平等禮；座位問題，歷史上達賴是班禪的師父時，座位可以高一個墊子，這次達賴與班禪見面應以兩人平座為好；將朝貢改為達賴、班禪互贈禮物。經過反覆研究，初步做出了四條決定：班禪給達賴磕頭，達賴站在寶座前；班禪與達賴互換哈達；班禪與達賴互相碰頭；班禪與達賴的寶座一般高

……經過一整夜的工夫，班禪方面才勉強同意了。但提出要我們保證，不再變更。我向他們拍了胸膛，說了硬話，做了保證。回過來，我又找國華同志（中共十八軍軍長張國華）談堪廳的意見，國華說阿沛（阿沛・阿旺晉美）表示同意做出保證。

四月二十八日下午，達賴與班禪在布達拉宮會晤。但當班禪給達賴磕頭時，達賴不站起來；而且把達賴、班禪互換哈達，變成班禪獻達賴接；把班禪的座位不僅壓得很低很小，而且擺在旁邊。對此，班禪方面的人很氣憤，納旺金巴把他的棒都要舉起來，班禪警衛營去的衛士，氣得幾乎要開槍。幸有劉旭初同志做了制止，才未釀成大禍。事後，班禪方面的人痛哭流涕，說是我們欺騙了他們。
33


兩個回憶如此不同，應該相信哪一個？簡單地以信任感判斷，可能很多人會選擇相信達賴喇嘛。但是對當時情況有一些瞭解，就更容易傾向范明。達賴與班禪的矛盾由來已久，噶廈政府百般阻撓班禪返藏盡人皆知，當時同意班禪返藏是迫於北京壓力，於心不甘，為此而做出一些小動作，在接待禮節上壓班禪一頭是完全可能的。這種爭執也符合西藏文化的特點。范明的敍述比起達賴喇嘛的敍述細節完整，更有說服力。而范明寫文章時早已退休，此前在中共黨內鬥爭中挨整多年，沒有太多的理由去編造與他不相干的事情。

當然，我並非說達賴喇嘛撒謊，因為我已經注意到達賴喇嘛的敍述中有「循官方的會見程序」的字樣，也就是說，他可以把與班禪禮節之爭的所有那些不愉快都放在這幾個字之中，他並沒有故意歪曲事實，只是沒有將具體情況公開出來而已。而且這句話還有另外一個意思，造成班禪方面不愉快的，不是達賴一邊的問題，而是「官方的會見程序」，爭執也是在下面人之間進行的。當一個被稱為太陽、一個被稱為月亮的兩位活佛單獨見面時，肯定不會為那些小事針鋒相對，至少表面上會保持親切友好。在達賴喇嘛的敍述中，盡可以突出這友好的一面。

如果真是這樣，達賴喇嘛和范明的回憶就都成了真的。然而對同

一事件同爲眞實的描述，給人的印象卻截然相反，怎麼會有這樣的結果呢？——差別就產生於敍述的技巧。

由此反映出來的一個問題是：傳媒的技巧已經超過了事實本身，事情的結果在很大程度上已經是由傳媒、而不是由事實本身所決定。傳媒不用故意歪曲事實，它只需要把事實中的要素進行不同取捨和組合，就可以使「事實」以各種不同的面目再現。而如何取捨和組合是由傳媒說了算的，這就是傳媒之所以在當今世界掌握巨大權力的來源。大部分事實都需要通過它的傳播才能爲人瞭解，它因此成爲事實的主宰者。

達賴喇嘛自傳裡還可以舉出類似的例子。在第十三章「西藏眞相」的一開頭，達賴喇嘛這樣說：

> 一九五九年初期，西藏緊急的形勢已經升高到瀕臨突如其來的劇烈變動。我聽說在一份上呈給毛主席的備忘錄中寫著：西藏人對中共人民解放軍繼續駐紮並不高興，還說到處都有西藏人反抗，所有監獄現在都關滿了人。據說毛澤東這麼回答：「沒什麼好擔心。不要管西藏人覺得什麼的——這跟他們不相關。至於西藏人反抗嘛，如果需要的話，人民政府必須隨時準備把所有的西藏人關進牢房裡。因此，牢房是一定要加蓋的。」我記得當我聽到這消息時，真是嚇壞了。比起從前真有天壤之別；中共未入侵西藏前，我認得拉薩的每一個犯人，我還把每一個犯人都當成是我自己的朋友。34

稍微瞭解一點毛澤東都會知道，從來自認爲是「人民大救星」的毛澤東不可能說出那樣的話。儘管他的確把無數人關進了監獄，那都是他眼中的「一小撮」階級敵人。他根本不會承認他統治下的一個民族所有人民都反對他。達賴喇嘛說到毛澤東這段話時，並不是用肯定口氣，而是加上了「聽說」和「據說」兩個詞的限制。但是他沒有特地說明那可能是謠傳，那麼除非特別細心的讀者能夠注意這兩個限制詞，大多數讀者就會認定毛澤東眞說過那樣的話，而且也眞是那樣做的。

憑藉技巧，通過傳媒所進行的複述不用撒謊都能改變事實，這已經是夠糟糕的狀況，更何況傳媒的傳播還的確存在著許多虛假的成分。除了專制政權的宣傳機器進行體系化的謊言生產，即便以新聞真實為標榜的西方傳媒，也避免不了譁眾取寵、道聽塗說或捕風捉影的毛病。在西藏問題上，這種情況由於西方記者無法深入西藏進行實地考證，而變得更加嚴重。

中共對西方記者進藏採取了嚴格管制，由此切斷了西方媒體對西藏的獨立消息來源，只能從其他來源間接獲得消息。前面說過，當今世界幾乎只有兩個提供西藏消息的來源，一個是中共，一個是西藏流亡集團。西方人不相信中共的話，那不奇怪。中共說的假話太多，所謂「假做真時真亦假」，即使它說真話時，別人也不再相信它了。何況中共的本事僅是在國內控制輿論，操作國際輿論卻從來成事不足，敗事有餘。因此達賴喇嘛一方的消息就成為西方瞭解西藏的主要來源。不難想像僅有一個消息來源肯定是難以保持客觀性的。且不說達賴喇嘛是否有自己的立場和政治需要，至少他已經有近四十年沒見過西藏。不錯，他與西藏保持著密切聯繫和眾多地下渠道，但可想而知，經由那些渠道傳遞、過濾和整理的資訊不可能沒有傾向。再加上為了引導與投合西方的傳媒世界，進行有目的的選擇和加工，離真實狀況就可能更遠了。

例如達賴喇嘛一九八七年在華盛頓提出「五點和平計畫」時稱，藏人死於中共迫害的人數為一百餘萬[35]，在近年的演講中，這個數字已經變成了一百二十萬[36]。一百萬的數字本身就已經非常驚人，以二十萬的幅度增長，不知道根據是什麼，給人的感覺更像是表達義憤，而不是公布事實。達賴喇嘛在他的自傳中譴責，「中共曾經誇口要在十五年內根除西藏語言」、中共在西藏所建的「許多學校只是孩童的勞工營」[37]、「小孩被驅迫為奴工」[38]、「即使在西藏自治區，漢人也已多於藏人」[39]、八九年拉薩藏人抗議期間「中共至少殺害二千五百名無武裝西藏人」[40]……也都甚為離譜。

在西方廣泛流行的中共對藏人的迫害說法也有許多的誇張，如解放軍強迫西藏和尚與尼姑當眾性交，紅衛兵到處強姦婦女的說法，顯

然距離事實相當遠。經歷過那個時代的人都知道，性行為在那時被視為極其骯髒和邪惡的事情，對於意識形態觀念最強的解放軍和紅衛兵，尤其不可能做出那樣的事。如果個別人有那種行為，只應該歸於背後犯罪（對任何人群都免不了）的特例。

美國人艾夫唐數度追隨達賴喇嘛做系列採訪，並在達賴喇嘛身邊工作一年多，在他的書裡描寫班禪喇嘛一九六四年受迫害的場面，其中有這樣一句：

> ……幹部們從座位上一躍而起，開始打耳光，拳打腳踢班禪喇嘛，拽著他的頭髮將他拖到了舞台正中……

那本書的編輯特地在「拽著他的頭髮」後面加了一個括弧，裡面註上「原文如此——編者」。因為按照一般常識，喇嘛是不留頭髮的。在班禪喇嘛各個年代的所有照片中，都未看到過他的頭髮達到過能被人拽住的長度。

我提出這些疑問，不是反對藏人曾受深重迫害的結論，也並非全盤否定海外人士對西藏現狀的研究，我的目的只是說明從鐵幕之外瞭解西藏，消息來源大部分是道聽塗說，說者有立場，聽者有目的，也會有為了政治需要攙加的宣傳成分。這些似是而非並且經過加工取捨的消息再通過傳媒擴散，對西方社會的民意和輿論起到了具有「定向」性質的引導作用。

當西方在傳媒中製造了一個西藏之後，那個傳媒中的西藏又通過各種傳媒渠道進入西藏，激發西藏人對其「應激」，影響西藏人的態度和行為，反過來又為人為製造的傳媒西藏提供印證，使其產生真實性。隨著如此一個循環過程的不斷滾動，西藏就越來越成為西方人所想像的那樣問題。

今天，由於達賴喇嘛的成功，西藏難民已成為國際難民中的貴族，整個西藏民族也成為國際社會的寵兒。這種寵愛通過各種渠道為西藏人瞭解。藏人從歷史上一貫戒備西方人的立場，轉變為對西方人無以復加的親密和信任，連帶著其他的海外來人，統統都被視為朋友。最

典型的是喇嘛的態度，當年在他們的反對之下，西藏最早開辦的英語學校中途夭折，而現在，寺廟裡學習英語的風氣極盛，會說英語高人一等。幾年前我和一位朋友去甘丹寺。一個剛從警察學校畢業的藏族警察在那裡維持治安。我們同他喝了幾杯青稞酒，有了點交情，他便給了我們一個忠告：若是有人問我們從哪來，可以回答是從香港、台灣來，日本、新加坡什麼的也都沒問題，只要別說是從內地來的漢人，尤其別說從北京來。我們對這個忠告做了一下試驗，把自己說成香港人，得到的待遇果然不一樣，處處得到笑臉和方便，若說英語，更受尊重。而當我們實說是中國內地的漢人，喇嘛們的態度馬上就變化。非常靈。

一次我乘北歐航空公司（SAS）的飛機去奧斯陸，碰上SAS職工罷工，得轉其他公司的飛機，原來的轉機時間和途經機場都被打亂。一位公差去奧斯陸的西藏官員在那趟航班上只找到我這一個中國人，於是跟我形影相隨地開始輾轉歐洲。一路上，凡是遇到需要交涉的地方，他總讓我提醒對方他是西藏人。他相信只要西方人知道他是西藏人，就會樂於給我們與眾不同的特殊幫助和照顧。但是另一方面，他又在每一個場合尋找中國人，因為中國人是他可以進行語言溝通的，而且他認為中國人應該幫助我們，因為我們都從中國出來。我從我的西藏夥伴身上看到一種矛盾狀態。他已經在很大程度上中國化了，可是他一旦在西方人面前，就要強調西藏的特殊地位。我幫他填寫入境表格的時候，他希望我把他的出生地只寫成西藏，而不是他的中國護照上所寫的中國西藏。平時接觸，並不感到他真有多少發自內心的民族主義，他的表現更多的是被西方世界對西藏的態度激發出來的。他覺得作為一個西藏人，他應該按照西方人心目中的西藏人那樣去表現。如此而已。

註釋：

1 約翰·麥格雷格，《西藏探險》，西藏人民出版社，一九八九年，頁23。

2 約翰・麥格雷格，《西藏探險》，西藏人民出版社，一九八九年，頁 25。

3 D・米勒，《西藏婦女的地位》，載《國外藏學譯文集・第三輯》，西藏人民出版社，一九八七年，頁 329。

4 米歇爾・泰勒，《西方發現西藏史》，載《國外藏學譯文集・第九輯》，西藏人民出版社，一九九二年，頁 416-417。

5 米歇爾・泰勒，《西方發現西藏史》，載《國外藏學譯文集・第九輯》，西藏人民出版社，一九九二年，頁 417。

6 約翰・麥格雷格，《西藏探險》，西藏人民出版社，一九八九年，頁 227。

7 米歇爾・泰勒，《西方發現西藏史》，載《國外藏學譯文集・第十一輯》，西藏人民出版社，一九九四年，頁 442。

8 梁辰，《西藏比中國有希望——一個滅頂文明的力量》，《民主中國》電子版第二十二期。

9 張駿逸等，《西方後現代主義和當代西藏問題》，《北京之春》電子版第五十三期。

10 張駿逸等，《西方後現代主義和當代西藏問題》，《北京之春》電子版第五十三期。

11 張駿逸等，《西方後現代主義和當代西藏問題》，《北京之春》電子版第五十三期。

12 朱少逸，《拉薩見聞記》，載《西藏學漢文文獻叢書第二輯》，全國圖書館文獻縮微複製中心，一九九一年，頁 63，24。

13 朱少逸，《拉薩見聞記》，載《西藏學漢文文獻叢書第二輯》，全國圖書館文獻縮微複製中心，一九九一年，頁 21。

14 陳錫璋，《西藏從政紀略》，載《西藏文史資料選輯・第三輯》，西藏自治區政協文史資料研究委員會編，一九八四年，頁 124。

15 朱少逸，《拉薩見聞記》，載《西藏學漢文文獻叢書第二輯》，全國圖書館文獻縮微複製中心，一九九一年，頁 24。

16 陳錫璋，《西藏從政紀略》，載《西藏文史資料選輯・第三輯》，西藏自治區政協文史資料研究委員會編，一九八四年，頁 124。

17 陳錫璋，《西藏從政紀略》，載《西藏文史資料選輯・第三輯》，西藏自治區政協文史資料研究委員會編，一九八四年，頁 124。

18 達賴喇嘛，《流亡中的自在：達賴喇嘛自傳》，台灣聯經出版事業公司，一九九○年，頁 51。

19 達賴喇嘛等，《慈悲》，台灣立緒文化事業有限公司，一九九六年，頁 30-31。

20 Melvyn C. Goldstein，見董尼德，《西藏生與死——雪域的民族主義》，台灣時報文化出版公司，一九九四年，頁 263。

21 Melvyn C. Goldstein，見董尼德，《西藏生與死——雪域的民族主義》，台灣時報文化出版公司，一九九四年，頁 265-266。

22 亞衣，《讓西藏流亡者早日回歸家園——訪〈西藏通訊〉主編達瓦才仁先生》，《北京之春》電子版五四期。

23 Melvyn C. Goldstein，見董尼德，《西藏生與死——雪域的民族主義》，台灣時報文化出版公司，一九九四年，頁 264。

24 Melvyn C. Goldstein，見董尼德，《西藏生與死——雪域的民族主義》，台灣時報文化出版公司，一九九四年，頁 263。

25 Melvyn C. Goldstein，見董尼德，《西藏生與死——雪域的民族主義》，台灣時報文化出版公司，一九九四年，頁 92。

26 Melvyn C. Goldstein，見董尼德，《西藏生與死——雪域的民族主義》，台灣時報文化出版公司，一九九四年，頁 90。

27 Melvyn C. Goldstein，見董尼德，《西藏生與死——雪域的民族主義》，台灣時報文化出版公司，一九九四年，頁 89。

28 Melvyn C. Goldstein，見董尼德，《西藏生與死——雪域的民族主義》，台灣時報文化出版公司，一九九四年，頁 90。

29 達賴喇嘛，《流亡中的自在：達賴喇嘛自傳》，台灣聯經出版事業公司，一九九○年，頁 248-249。

30 Melvyn C. Goldstein，見董尼德，《西藏生與死——雪域的民族主義》，台灣時報文化出版公司，一九九四年，頁 31。

31 A・湯姆・格蘭菲爾德，《為西藏而鬥爭》，載《國外藏學譯文集・第十輯》，西藏人民出版社，一九九三年，頁 472-476。

32 達賴喇嘛,《流亡中的自在:達賴喇嘛自傳》,台灣聯經出版事業公司,一九九〇年,頁 91-92。

33 范明,《護送十世班禪大師返藏紀實》,載《西藏文史資料選集·紀念西藏和平解放四十周年專輯》,西藏自治區文史資料委員會編,一九九一年,頁 108-110。

34 達賴喇嘛,《流亡中的自在:達賴喇嘛自傳》,台灣聯經出版事業公司,一九九〇年,頁 263。

35 Melvyn C. Goldstein,見董尼德,《西藏生與死——雪域的民族主義》,台灣時報文化出版公司,一九九四年,頁 325。

36 香港《開放》雜誌,一九九七年二月號,頁 23。

37 達賴喇嘛,《流亡中的自在:達賴喇嘛自傳》,台灣聯經出版事業公司,一九九〇年,頁 279。

38 達賴喇嘛,《流亡中的自在:達賴喇嘛自傳》,台灣聯經出版事業公司,一九九〇年,頁 276。

39 達賴喇嘛,《流亡中的自在:達賴喇嘛自傳》,台灣聯經出版事業公司,一九九〇年,頁 298。

40 達賴喇嘛,《流亡中的自在:達賴喇嘛自傳》,台灣聯經出版事業公司,一九九〇年,頁 311。

# 15 中共在西藏的「撥亂反正」

## 一、開放的禮品

隨著毛澤東撒手人間，接近崩潰邊緣的中國終於有了轉折的契機。被打倒的鄧小平復出，充當了中國「改革開放」的總設計師，終得機會實施他在韜晦多年中形成的改造中國之藍圖。

在鄧小平以發展經濟爲座標原點的藍圖上，爲了實現經濟迅速起飛，「改革」是必須與「開放」並舉的。在當時的國際環境中，中國「對外開放」的最好對象是西方。雖然爲了對抗蘇聯陣營，以美國爲首的西方各國政府當時已與中國政府眉來眼去若干年，關係不錯。但畢竟是兩種完全不同的社會制度，如何在「民意」起決定作用的西方社會獲得認同，對能否成功地「開放」將有很大的影響。西藏問題一直是西方社會尤其是民間輿論關注的重點之一。爭取西方的「民意」，這個問題無法忽略。

一九七八年底，鄧小平在中共十一屆三中全會上取得決定性勝利，把中國的舵輪掌握到自己手中。其後不到一個星期，他就在一九七八年十二月二十八日接受美聯社新聞記者訪華團的採訪時，向西方傳達了願與達賴和解的信息，表示達賴喇嘛可以回來。

達賴方面立刻做出積極回應，派人到北京接觸。一九七九年三月十二日，鄧小平在北京會見了達賴喇嘛的代表，進一步表明和解態度，並且以實際行動配合這種表態——幾天之後，西藏自治區高級人民法院宣布，提前釋放所有仍在服刑的「西藏叛亂」參加者共三百七十六

名，對已經刑滿釋放但仍然「戴帽」進行「監督改造」的六千餘人，一律「摘帽」──即不再當作敵人對待。

中共與達賴喇嘛和解，有一個絕對的前提──西藏必須是中國不可分割的領土。用鄧小平的話說──「除了獨立，什麼都可以談」，然而在對西方「開放」的背景下堅持這個前提，不能再用閉關自守時代那種強硬的方式，而需要有一定的說服力。尋找歷史根據是一方面，更重要的，還應該是讓愛挑毛病的西方人看到，今天的西藏在中國統治下比在達賴統治下發展得更好，西藏人民生活得更幸福，絕非像達賴一方宣傳的那樣暗無天日。

事實卻非如此。僅從老百姓的生活看，當時的中共西藏黨委書記郭錫蘭在內部會議上通報的情況是：

> 全區大約五十萬人的生活不比互助組時好，其中有近二十萬人生活相當困難，沒有嘗到公社化的甜頭，或者吃了苦頭。有的地方討飯的也多了。還有幾十萬牧民和城鎮居民，因為供應的青稞和糌粑少了，小麥和麵粉多了，在生活上也產生一些新的問題和困難。徵購任務的偏重和任務分配的不合理，也給一部分群眾生活帶來了困難。[1]

郭錫蘭所說的「互助組時」，是指一九六〇年代初期。到他講話的一九八〇年代，十幾年過去，沒有進步，反而退步。當時西藏的人口總數是一百八十三萬，五十萬人生活困難，占的比例是相當大的。所說青稞和糌粑少了，是因為「文化大革命」時期強迫農民改種小麥。強迫西藏人放棄傳統的類似事情還有很多。加上寺廟、文物被破壞，宗教遭禁絕，西藏上層社會受到廣泛迫害，漢族幹部執掌西藏主要權力等，達賴喇嘛在國際場合對中共統治的控訴從事實上難以反駁。

所以，迅速改變西藏狀況，就成了鄧小平「改革開放」棋盤上的一顆重要棋子。去走這第一步棋的，是當時擔任中共總書記的胡耀邦。

一九八〇年三月十四日，胡耀邦主持中共中央書記處召開了「西藏工作座談會」。那個會後來被稱為「第一次西藏工作座談會」，並將

座談會的紀要作爲中央文件發給全黨。兩個月之後，胡耀邦親自到西藏視察，隨行者有當時的副總理萬里、全國人大副委員長阿沛‧阿旺晉美、民族委員會主任楊靜仁等。胡耀邦在拉薩逗留了九天，與各方面開會、談話，臨走的前一天，召開了四千五百多人——囊括西藏黨、政、軍所有縣團級以上幹部——參加的「西藏自治區黨委擴大會議」。在會上，胡耀邦以其特有的「放大炮」之風格，發表了激情洋溢的講話，提出未來的核心目標是「盡快地使西藏人民的物質文化生活較快地提高起來」。爲了做到這一點，要解決六件大事。分別用一句話概括大意，所謂「六件大事」如下：

一、西藏要有自主權，西藏幹部要敢於保護自己民族的利益；
二、對西藏農牧民實行免稅、免徵購；
三、變意識形態化的經濟政策爲實用主義的經濟政策；
四、大幅度增加北京給西藏的財政撥款；
五、加強藏文化的地位；
六、漢人要把西藏的權力讓給藏人。[2]

在那個講話裡，胡耀邦最後說：「所有的六條，目的是爲什麼東西呢？我們希望是什麼呢？希望兩年到三年，扭轉西藏人民貧困的局面，或者初步扭轉貧困的局面。五年到六年，要超過三十年來最好的水平。十年要比較大幅度地富裕起來。」[3] 這是收尾總結，一般都把話說得留些餘地，其實從他整個講話中感覺，他期待西藏變化的進程還要更快。實施向西方「開放」的戰略，需要盡可能快地改變西藏面貌。

胡耀邦在西藏的講話被視爲是西藏歷史的一個轉折點，其意義可以與一九一二年西藏驅逐駐藏大臣、一九五一年解放軍進軍西藏、一九五九年鎮壓叛亂後進行的「民主改革」相比，決定了西藏至今以及未來的走向。

將胡耀邦談的六條與清朝制定的《二十九條章程》、中共一九五〇年代與西藏簽訂的《十七條協議》相比，可以發現一個明顯變化：「二十九條」和「十七條」的主體內容都是對西藏施加限制，增強北京在

西藏的地位，有利於北京對西藏的控制。以西藏的立場看，西藏都是受壓迫和吃虧的一方。尤其是「二十九條」，幾乎都是居高臨下的命令。「十七條」雖然在形式上有對西藏的承諾，表現出北京方面的妥協，但既然是西藏打了敗仗後才被迫簽署的，只能是西藏喪失原有的權利。而胡耀邦的「六條」，卻條條都是北京方面自覺向西藏交還權利，或是主動允諾給西藏更多的好處。

不管中共的動機到底是什麼，胡耀邦的「六條」肯定給西藏帶來了好處。對農牧民的免稅、免徵購自不必說，那是最直接的好處，從那時到現在一免就是十幾年。實行鼓勵私有化的經濟政策，解散人民公社，自然也受到多數勞動者的歡迎。北京給西藏的財政撥款，在胡耀邦西藏講話之後，從一九七九年的五億多元漲到一九九四年的接近二十九億元；北京對西藏的基建投資，也從一九七九年的一億多元漲到一九九三年的九億多元[4]。西藏從這幾方面（「六條」中的二、三、四條）得到了實實在在的好處，但是對西藏有特殊意義、可以被稱為轉折的，卻是「六條」中的另外三條（一、五、六條）。

對於第一條，胡耀邦到西藏之前，中共中央就「西藏工作座談會」所發的〔一九八○〕三十一號文件上，已經正式宣布：「中央和中央各部門制定的方針、政策、制度，發往全國的文件、指示、規定，凡是不適合西藏實際情況的，西藏黨政群領導機關可以不執行或變通執行。」[5] 對以高度集權為基本特徵的中共，在發給全黨的文件上做出這種許諾，以往是不敢想像的。胡耀邦到西藏後，對此又進一步強調，甚至在大會上以煽動的口氣號召：

> 今天在座的縣委書記以上的都在這裡吧？你們根據你們自己的特點，制定具體的法令、法規、條例，保護你們自己民族的特殊利益。你們都要搞啊，以後你們完全照抄照搬中央的東西，我們就要批評你們了。不要完全照抄外地的，也不要完全照抄中央的。一概照抄照搬是懶漢思想。[6]

多少年來，中共奉行舉國一致，不要說行動，連聲音都只能有一

個。尤其對邊疆的少數民族，有史以來的一切中央王朝都巴不得其絕對服從。主動促使他們不要那麼服從甚至敢於抗拒，這似乎是第一次，讓人不能不感到驚訝。

在談到加強西藏文化地位時，胡耀邦講得更具體，如在西藏辦一所綜合性大學，全部由國家包起來，九十八％是藏族學生；還有漢族幹部必須學習藏文等，包括斷言西藏的音樂舞蹈比漢族的高明得多。從他談的那些具體事中，可以體會出他在極力推動西藏人建立自信和敢於自主，促使他們去自覺爭取西藏本地和本民族更高的地位。這種內在的推動遠比那些具體的措施對西藏人的影響更大。雖然他在講話中沒有直接涉及宗教解禁，但在中共中央三十一號文件轉發的「西藏工作座談會紀要」裡，已經有了「全面落實宗教政策」之談，要求「尊重信教群眾的正常宗教生活」。而胡耀邦強調加強藏文化的地位，藏文化的核心就是宗教，藏文化得到加強，西藏宗教就不可能不隨之復興。

恢復宗教自由，可以說是北京在西藏「撥亂反正」的主要標誌之一，也是它為了平息西方的譴責而向世界做出的開明姿態。從八十年代到九十年代中期，西藏自治區和其他各省藏區的宗教都已經達到相當自由與繁榮的程度，大大超過文化大革命以前的狀況。除了「政教合一」和領主式寺廟經濟沒有恢復，與「民主改革」以前的狀況也已相差不大。雖然中共時有宣稱對宗教要實行控制，大部分只停留在口頭，實際還是放任自流。那些年西藏宗教達到歷史上的高峰期，到處彌漫宗教氣氛。喇嘛僧人不僅受到西藏老百姓的尊崇，當局也把他們作為「統戰」對象，優撫有加。每個地方都在興修寺廟，其中很多資金來自中共各級政府的財政撥款。修繕布達拉宮，北京撥款五千三百多萬元；為十世班禪建陵塔，北京撥款六千四百零六萬元，黃金六百一十四公斤[7]。這方面情況前面已經講了不少，不再重複。直到「第三次西藏工作座談會」之後，尤其是從一九九六年開始，中共把西藏不穩定的根源歸於宗教，才對西藏宗教採取了鎮壓措施。這是後話。

中共在西藏文化方面的「撥亂反正」，也體現在使用語言文字的變化上。文化大革命期間，官方語言完全變成漢語。開會、發文件、寫材料，都使用漢語，不用藏文。不僅漢族幹部不學藏文，連藏族幹部

也不學藏文了。甚至當時提拔幹部，漢語水平的高低也算一條。那倒不見得是出於達賴喇嘛所說的中共消滅藏語文的陰謀，而是圖省事。當時幹部多爲漢人，開會、行文堅持使用兩種語言會增添很多麻煩，耽誤時間，提高成本，惰性使然。一旦使用兩種語言的機制被放棄，不會漢語的藏人幹部在工作中就難以溝通，負責提拔幹部的漢人自然就不願意要他們。自胡耀邦到西藏以後，中共西藏自治區黨委和政府連續數次發文，要求在工作場合使用藏語，行文用兩種文字，開會用兩種語言。並且要求把「藏文水平的高低作爲升學、招工、轉幹和使用、晉級、提拔幹部的一項主要條件」[8]。對比歷史上的統治民族皆巴不得被統治的民族放棄自己語言，國民黨官員甚至設想西藏活佛的轉世靈童必須通過漢文考試，才可承襲活佛之位[①]，中共這種作法應該是值得肯定的。

在中共這種推動之下，到一九九〇年代初，西藏農村已經很少看到漢字，連基層機關門前掛的牌子——包括黨委——也全都是藏文，讓不識藏文的漢人弄不清該進哪個門。基層開會的語言仍然只用一種——不過已經不再是漢語，而換成了藏語。崗巴縣一位漢族副縣長跟我說，縣政府開會從頭到尾全講藏語，只在最後時講一句漢語——問聽不懂藏話而乾坐一旁的漢族幹部對討論結果是否同意。

不過相比之下，對西藏最具轉折性的，還是「六條」中的最後一條——把西藏的權力讓給藏人。之所以崗巴縣開會的語言換成了藏語，主要並不是因爲上面有要求。如果崗巴縣黨政領導的主要成員都像過去一樣是漢人，上面的命令再堅決也是沒用的。同樣道理，胡耀邦號召西藏不要全聽中央的，要保護「自己民族的特殊利益」，如果不把西藏的黨政幹部從以漢人爲主體變成以藏人爲主體，就是一句空話——藏民族的特殊利益如何靠漢人幹部去保護？在講話中，胡耀邦對這一點說得最多，比其他幾點都長一倍以上，足見他把這一點當作重頭，而且要求得非常具體。他的原話有這樣一段：

---

[①] 黃慕松在他的進藏日記中有這樣一段：「余意政府整理佛教，必先令高僧轉世之小童，學習漢文，成年時考試及格，始准其承襲，斯亦統治上之要道歟。」（《使藏紀程》，頁 50）

昨天我們商量的結果，在兩三年之內，我的意見最好是兩年，把國家的脫產幹部，我不是講的不脫產的，不脫產的那要全部是藏族，國家的脫產幹部，包括教員啦，藏族幹部要占到三分之二以上（萬里插話：我那天提了個二八開）。他比我還要激進一點，我也贊成。他說藏族幹部占八十％，漢族幹部占二十％，（萬里：我指的是縣級幹部二八開，區級幹部百分之百……）。9

對這一點，當時阻力是很大的。胡耀邦對此的說法是：「聽說有些同志想不通，不通也得通，先決定後打通。」10 不過，有阻力也僅是在掌握西藏高層權力的漢人，對一般漢族幹部和職工，以往是想回內地回不成，早就巴不得能給他們開這個口子。胡耀邦的講話如一股強風，把中共在西藏苦心經營的漢人隊伍吹得人心紛亂。回內地成了當時所有在藏漢人的話題。而藏族幹部當然願意漢族幹部給他們讓位，所以兩廂情願，互相配合，加上胡耀邦專門把中共中央組織部的一個副部長留在西藏主持此事，西藏漢人大批內調很快就進入實際操作。

胡耀邦講話之後半個月，內調方案已經出台。方案是這樣設計的：當時西藏共有幹部五萬五千人，其中漢族幹部三萬一千餘人，準備內調二萬一千人；有工人八萬多人，其中漢族工人四萬多，準備內調二萬五千人。加上他們的家屬子女，計畫共九萬二千名漢人在兩三年內離開西藏回內地11。

當時西藏的全部漢族人口爲十二‧二四萬人12，由此計算，就是有七十五％的漢族人口，應該在胡耀邦講話後從西藏調回內地。但在實際上，上述方案沒有完全做到。那是因爲大批漢族幹部職工的內調，使得西藏很多部門單位的工作幾乎陷於癱瘓，不得不中途改變原來的方案。到底有多少漢人在那次大內調中離開西藏？人口統計數字表明，到一九八五年，西藏漢族人口從一九八○年的十二萬二千四百人減少爲七萬零九百人13，也就是說，有五萬一千五百名漢人離開了西藏，五年內西藏的漢族人口減少了四十二％，即使沒有達到原定方案，幅度也不可謂不大。

達賴喇嘛所說：「胡耀邦提出中共駐西藏官員減少八十五％的要

求未被採納」[14]，是沒有根據的。胡耀邦講話僅一年，阿沛‧阿旺晉美在西藏直屬機關縣以上幹部會議上講話，就談到「在短短的時間裡，至少內返了漢族幹部職工和家屬三萬多人」，表示「第一批比原計畫走得多了些」，同時表示「內調工作的政策沒有變」，還要搞下去[15]。據我對西藏阿里地區的實地調查，那次內調之前，阿里共有一千七百多漢人幹部，內調後只剩二百多人，減少了將近九十％。相比西藏其他地區，阿里的漢人是走得最徹底的。一是因為阿里地區最艱苦，漢人對內調特別積極；二是因為當時阿里地區的藏族專員（地區最高行政主管）特別放手，提供一切條件讓漢人離開。那位專員因為「對中央精神貫徹得力」，在當時受到上級表揚，現在已經提拔為西藏自治區副主席。後來阿里地區雖然又重新接納了一些漢人（多數是學校分配的畢業學生），到一九九六年全地區也只有四百多名漢族幹部，遠遠不能跟當年的一千七百人相比。

不光是漢人的人數減少，權力也在同時交給藏人。一九九三年，西藏自治區一級的幹部五十六人，已經有三十八人是藏族[16]，占六十八％；四百八十七名地區級幹部，藏族為三百一十三人，占六十四％；縣級幹部中有藏族二千零八十八人，占六十％[17]；區鄉一級的幹部則已百分之百都是藏族。各級除了黨的第一書記大部分由漢人擔任，政府、人大、政協的一把手一般都是藏人，財政、司法、公安等要害部門的職位也都屬於藏人。

後來西藏出現反對漢人的運動，胡耀邦也因為「制止資產階級自由化不力」被鄧小平罷免。他在西藏的講話（包括後來去新疆也講了類似的話）也遭到攻擊，並被認為是他個人的任意發揮。但是事實並非如此，胡的講話沒有離開此前已經下發的中共中央〔一九八○〕三十一號文件。按當時的中共體制，胡擔任的總書記只是具體辦事的角色，他頭上還有中央主席（華國鋒）和數位副主席（葉劍英、鄧小平、李先念、陳雲）。中央文件的內容和發布絕對不會沒有他們的參與和批准。當時的中共高層人物對西藏採取了基本一致的立場。直到一九八四年中共召開「第二次西藏工作座談會」，到會的中共元老如薄一波、宋任窮、習仲勳等，與胡耀邦的口徑都完全一致，甚至還更激進[18]。

對於中共爲什麼決定向藏族幹部讓權，胡耀邦講話中有兩個解釋：一是「毛主席、周總理生前教導」，藏族幹部「成長起來了……要把擔子多給他們，他們挑這個擔子比我們挑得好」，「我們跑到這個地方，三十年啦，完成了歷史任務嘛」！[19]這種共產黨式的戴高帽不太令人相信；另一個解釋是經濟的，胡原話這麼說：

　　　　你們沒有算這個帳，減少五萬人一年就減少兩千萬斤糧食，不知你們算沒算這個帳？我們現在從內地把豬肉、雞蛋、大米、白麵，還有日用品，運上來，要花多大力氣呀！這麼一來（指把漢族幹部調走），我看三方面會滿意，中央滿意，漢族幹部滿意，藏族幹部同人民滿意，三方面滿意，我們爲什麼不幹這個事情呢？[20]

　　這個理由具有鄧小平的實用特色。高昂的治藏成本一直是北京的沉重包袱。減少西藏「穩定集團」的漢人成員，讓藏人成爲「穩定集團」的主要角色，可以降低治藏成本。僅五萬漢人回內地休假的路費和薪金，每年也得幾千萬，換上藏人至少不再需要花這筆錢。鄧小平的哲學一向是有利即幹（抓住老鼠就是好貓），方法則是「摸石頭過河」，走一步瞧一步。那時的藏人已被毛澤東時代的暴政治得很服帖，起碼當時看不出會有「反骨」。中共高層又在改革初始受到舉國擁戴，產生了強烈的自信——只要給人民好處，從人民那裡得到的必然就是感恩戴德。在百廢待興、萬事纏身的情況下，他們實際上難以對治藏問題進行深入思考。他們當時沒有想到，正是「六條」的最後一條，最終導致了西藏政權的異質化。

　　可以肯定，中共治藏政策的轉變，目的不是眞要給西藏人民以自治權利，他們也確實一直在玩弄表裡不一和暗中控制的把戲。但是與毛澤東時代相比，無論如何是有了改善，並且改善的幅度不小，西藏人民在這個時期獲得了比以往多得多的自由和自主，生活水平也有了很大程度的提高。

## 二、藏人的最好狀態

　　達賴喇嘛把中共統治下的西藏稱爲「西藏有史以來最黑暗的一段時期」[21]。這話既對也不對，或者說一半對，一半不對。從他一九五九年出走流亡，西藏在中共統治下已有近四十年時間。這四十年分爲兩個時代——毛澤東時代和鄧小平時代。兩個時代從時間上大概各占一半。客觀地評價，把毛澤東時代稱爲「西藏有史以來最黑暗的時期」是有理由的，但是對鄧小平時代卻不能一概而論，那雖然也是中共統治，卻應該被視爲藏人歷史上最好的時期①。

　　所說這「最好的時期」，既是相對毛澤東時代而言，也是相對達賴時代而言。相對毛澤東時代而言，一般不會有人反對這樣的結論，相對達賴時代而言，也許就會有人提出不同看法。儘管達賴時代與現在存在社會制度上的差別，但是並非就如中共所宣傳的，那時是「野蠻黑暗的農奴制」。不同民族有各自在文化上的區別（政治制度也屬於廣義上的文化），而文化無「好」「壞」，也就不能用「進步」、「落後」、「野蠻」等概念進行衡量和比較。

　　在後現代性的語境裡，社會的「好」「壞」的確不容易進行比較。即使以鄧小平時代藏人不再賦稅當差去比較達賴時代繁重的烏拉差役，也可以按照相對主義觀點爭辯達賴時代的藏人並不以烏拉差役爲苦（雖然在事實上值得懷疑）；或者以過去對領主有人身依附關係的農奴比較其今天獲得了人身自由，從文化角度也可以說他們寧願做本民族上層社會的家奴，也不願意做中國人統治下的「自由人」（雖然也難令人相信）。然而，衡量一個社會的狀況，並非全部取決於相對的感

---

① 這裡所說的「最好」被認爲是一種基於物質主義的判斷。人的本質是精神，並非僅僅物質指標的提高就可以滿足。的確，當北京把人權等同於「生存權」，把「發展經濟」當作民族政策時，儘管生存指標和經濟指標取得了相當進步，面對的卻是更多不滿。物非心，物也不一定買得到心。舉例說，僅北京對達賴喇嘛的抨擊，就可能抵消掉它做的很多好事。有藏人這樣說，即使給我吃穿，可是天天罵我父親，我也不會領情！對藏人來講，達賴喇嘛恰是如同父親，甚至高於父親。——二〇〇九年註

覺，還有一些指標是絕對的，對哪個社會都是適用的——如人口增長幅度、平均壽命、兒童死亡率、人民生活水平提高、教育普及程度等。說鄧小平時代藏人狀況好過達賴時代，我們不談文化，僅從這類絕對指標進行衡量。

以西藏的人口增長幅度為例[22]，中共進藏以後，西藏人口增長幅度遠超過達賴時代，可見下表[①]：

| 年　　　　代 | 人口增長數（萬人） | 增長幅度% | 平均年遞增率% |
|---|---|---|---|
| 13 世紀八〇年代至 18 世紀三〇年代（計 450 年） | 38 | | |
| 18 世紀八〇年代至中共進藏（計 210 年） | 11 | 10.6% | 0.05 |
| 中共進藏至達賴出走 1952 年-1959 年 | 7.8 | 6.8% | 0.73 |
| 1959-1980 | 62.48 | 50.9% | 2.00 |
| 1980-1994 | 46.70 | 25.2% | 1.64 |

把中共從一九五九年接管西藏政權到一九九四年的三十五年合在一起計算，西藏自治區的人口總數增長了一百零九‧一八萬，增幅為八十八‧九％，平均年遞增率為一‧八三％。這個人口遞增率是中共

---

[①] 對以下數字，需要注意的是中共進藏以後的人口數僅指西藏自治區的人口，而非指整個藏區人口。在中共的統計體系中，西藏自治區以外的藏區人口都隨其所歸屬的省進行統計。另外，一九五九──一九八〇年期間人口增長的平均年遞增率較高，與漢人遷入有關；一九八〇──一九九四的遞增率降低，與漢人的遷出有關。目前總人口中有六萬五千七百四十九名漢人（一九九四年），占西藏自治區總人口的二‧九％；即使在漢人最多的一九八〇年（漢人為十二萬二千四百），在當時西藏自治區總人口中占的比例也只有六‧六％，所以漢人的增減對西藏自治區人口的總體分析影響不算太大。

進藏以前人口遞增率的三十六‧六倍。如果說，中共進藏以前西藏缺乏統計體系，數字不足為憑，那麼一九五九年以後中共掌權時期與一九五九年以前十四世達賴喇嘛掌權期間相比，人口遞增率也是後者的二‧五倍。西藏人口增加之快，使西藏的社會科學工作者數年以前就已經開始討論西藏的「人口爆炸」問題[23]。

雖然政府已經在藏人幹部職工及城市居民中要求進行「計畫生育」，一對夫婦只生兩個孩子（漢人一對夫婦只許生一個），但在藏人主要居住的農牧區，僅僅是進行「宣傳」和「鼓勵」，並沒有像西方輿論傳言的那樣採取「強迫藏族婦女流產和絕育」以及「在西藏實行種族滅絕」的措施。事實上政府控制人口願望也幾乎沒有效果。我在西藏各地所見的藏族農牧民，每家都是四五個、五六個乃至七八個孩子。

從人口研究的統計數字上看，一九八九年西藏自治區藏族育齡婦女「出生孩次率」為：一孩二十三‧七三％；二孩二十‧四二％；三孩十四‧七八％；四孩十一‧八一％；五孩以上二十九‧二六％[24]。可見生育五個孩子以上的藏人婦女占最大比例。

美國人類學家和藏學家戈德斯坦深入西藏牧區長達十六個月的實地觀察也支持這種看法，他發表在一九九一年三月號美國《亞洲概覽》的文章——《中國在西藏自治區的生育控制政策：是謊言還是事實》上這樣寫：

> 我們沒有發現任何限制遊牧和農墾地區的婦女所生孩子的數目的證據，儘管對於計畫生育和小家庭的宣傳、讚譽是存在的，尤其是在政府部門所在的周圍地區。
>
> 在帕拉，到一九八八年，有些牧民已聽說了有可以避孕的方法，但絕對沒有強迫履行計畫生育和限制家庭規模的任何壓力。事實上，一個有許多孩子的婦女來問我們能否幫她獲得避孕藥。當我們調查這些的時候，我們發現在離此地騎馬三天路程遠的地方有能進行避孕注射的醫療所，在更遠的縣總醫院，能進行人流和絕育術。當一九八六至一九八八年我們在那裡進行調查的時候，還沒有發現稱讚小家庭的宣傳。一九九○年，兩種小的避孕方式（注射和藥丸）

被小規模地分發給鄉級官員,他們被教導要問一問處於再生(孩子)年齡的婦女是否想避孕,但很快,再沒有壓力或強制施之於她們了。令人吃驚的不僅是牧民,連他們的官員,都有一個大家庭。帕拉的四名當地共產黨員(都是文化大革命期間入黨的牧民)的多產經歷即反映了這一點。對於其中三位已婚的而言:黨委書記的妻子已有了七個孩子(六個活著);第二個官員的兩個妻子(一個是繼妻)共有八個活著的孩子;第三個的妻子已有了七個孩子(六個活著)。這些高生育的總的觀察,可以對該遊牧社會的所有女性的統計資訊為證明。

……我們認為,不斷存在的有關西藏生育控制領域的普遍的對人權侵犯的訴說,並不是在西藏存在系統的和強制的生育控制政策的客觀表現,而是圍繞著流亡藏人及其支持者反漢鬥爭的高度情緒化的氣氛表現。那些報導體現出了政治感情是多麼容易誤傳客觀事實。

達賴時期,西藏的嬰兒死亡率非常高。一九五〇年代中共剛進藏時,嬰兒死亡率高達四百三十‰[25],到一九九〇年下降了四倍,為九十七‧四〇‰(其中城鎮嬰兒死亡率為三十八‧七〇‰)[26]。人口死亡率下降了三倍,從二十八‰下降到一九九〇年的九‧二〇‰[27]。而西藏人的平均壽命從達賴時期的三十六歲提高到六十一‧四歲(一九九〇年)[28]。

在生產和生活水平提高方面,為了排除北京供養的因素,我們不看以北京撥款為基礎的第二產業和第三產業發展,也不看以「穩定集團」成員及家屬為主的城市居民生活水平的提高,只看農業生產和農牧民的生活:

——一九九四年同一九五二年相比,西藏(自治區)的糧食總產量增加了四倍多,從三‧一億斤[29]增加到十三‧三億斤[30];

——一九九二年西藏(自治區)農業總產值比一九七八年增長六十九‧八%,比一九五二年增長四‧六倍[31];

——按農業人口平均,一九七八年每人生產肉類三十三‧二三公

斤，油料五‧一五公斤，奶類六十一‧六六公斤，到一九九四年，三個數字分別上升到五十一‧九六公斤，十四‧六八公斤，八十‧七九公斤[32]，增加幅度分別為五十六‧四％，一百八十五％，三十一％；

——西藏農牧民人均收入一九七九年為一百四十七元，一九九〇年為四百八十四元[33]，一九九四年為九百零三‧二九元[34]。

再看西藏的教育。達賴時期西藏的教育功能幾乎完全由寺院承擔，只有從小被送進寺院，才有可能通過念經學習識字。二十世紀以來西藏開始萌芽世俗教育，到中共進藏以前，有西藏政府官辦學校二十六所，私塾九十六個，在校學生三千二百人左右，占當時西藏人口的〇‧二六％[35]。還有一些貴族把子弟送到印度去上學。普通百姓則很少有受教育的機會。國民黨政府曾在拉薩辦了一所正規學校，十年只有十二名學生高小畢業[36]。中共進藏後，從一九五二年創辦第一所小學，一九五六年創辦第一所中學，一九六五年創辦第一所高等學校，到一九九四年，西藏自治區已經有小學三千四百七十七所，中學和中等專業學校九十三所，高等學校四所，共有二十七萬名學生在校，占西藏（自治區）人口總數的十一‧七二％，其中小學兒童入學率達到六十六‧五九％[37]。文盲從達賴時期的九十％以上下降到一九九〇年的四十四‧四三％[38]。

為了鼓勵兒童入學，中共政權在西藏採取了特殊的鼓勵政策：對所有入學學生實行「三包」——即包吃包住包學費，全部免費。由於西藏地廣人稀的環境、流動的生活方式和對教育水平要求不高的傳統生產方式，西藏普及世俗教育的內驅力相對較弱且難度很大[①]。西藏教育發展到今天這種水平，是靠政府長期不懈地推動、扶持和注入資金才能實現的。

---

[①] 我在一所牧區小學見到一個九歲的學生，家裡送他上學要騎馬走七天，還要在沒碰上惡劣天氣的前提下。路上要翻數座雪山。有時為了不耽誤放牧，還要趕上成群的牛羊，一邊放牧一邊走路，路上的時間就更長了。孩子的父母一個往返要走半個月到一個月，因此孩子最多半年回家一次。要動員這樣的父母送孩子進學校，基層政府要費很大力氣。為了完成上級下達的入學率指標，有些基層政府不得不額外撥一筆專門資金進行「獎勵」。誰家送孩子上學給誰家發獎，不送孩子上學的則罰款。有些父母寧願交罰款也不讓孩子上學，除了捨不得孩子離家，還有一個原因是一個七、八歲的孩子已經可以放一群羊，一年的收益遠多於罰款。

當然，可以把中共在西藏普及教育說成是對藏人進行同化的手段。中共的學校教育中也的確有大量「愛黨愛國」的意識形態教育，但是從加強統治的角度出發，最有利的不是推廣教育，反而是實行愚民政策。教育開啓人的心智，使人眼界開闊，思想活躍，產生獨立意識，即使中共想把教育搞成「洗腦」，也是做不到的。當前凡具有較強西藏分離主義觀點與情緒的人，大都是從中共教育體制培養出來的，不無嘲諷地證實了這一點。

　　僅僅靠以上數字還不足以說明問題。人活著不僅是爲了增長人口、延長壽命或是簡單地獲得物質財富，更重要的是活得自由和愉快，獲得精神上的滿足。毛澤東時代西藏的人口增長甚至比鄧小平時代還高（一九六九至一九七九年西藏自治區人口遞增率達到有史以來最高的二‧一二％，鄧小平時代的一九七九至一九九〇年爲一‧六二％[39]），但是不能因此說毛澤東時代藏人的狀況是最好的。的確，鄧小平時代藏人狀況的改善，一個最重要的方面就是在相當程度上解除了毛澤東時代的政治壓迫。對於絕大多數人來講，當年那種政治迫害已經不存在。運動沒有了，階級不提了，隨土地和牲畜「承包」，家庭經濟獨立，財產變爲私有，連行政管制也都隨中共基層組織的癱瘓而鬆弛到極點，尤其在城市以外地區，幾乎不再起作用。

　　戈德斯坦對這一點留下了深刻印象，他談到的一個例子是：

　　　　一九八七年十二月的一個下午，幾個牧民拿著新買的收音機到我們的帳篷裡收聽印度台的藏語節目，這一事實比較突出地反映了改革帶來的影響。他們把收音機的音量開得很大，而我們的帳篷離一個中共幹部的帳篷只有幾米遠，我們就問他們是否在乎那個幹部聽見沒有，牧民們大笑道：「他才不管呢，他自己都聽。」[40]

　　儘管現在還會有中共官員欺壓百姓的事情，但達賴時代有農奴對農奴主的人身依附，有森嚴的等級制度，政治上也一樣會嚴厲懲罰任何敢於反對（哪怕是在言論上）達賴喇嘛和西藏政府的人。

　　在藏人的生活中，擺在核心位置的是宗教。鄧小平時代基本恢復

了藏人的宗教自由①。戈德斯坦的評價是：

> 新政策帶來的變化在宗教方面表現尤甚。我們在帕拉考察期間，牧民們能自由地從事他們傳統的宗教儀式。許多牧民家裡設有香爐或是插有經幡。牧民們不再擔心宗教性擺設會被禁止。有一些牧民甚至有達賴的徽章或公開擺有達賴的照片。搖轉經筒、數佛珠、磕長頭等都是很常見的。甚至在官方舉辦的一些活動，像夏季賽馬會上，都有非官方但是正式的宗教活動，僧人們可在一個權當寺院的帳篷裡祈禱⋯⋯

> 牧民們自由地到寺院或聖地去朝拜，自由地到拉薩旅行。許多人積極支持一些佛教活動的回歸，如捐送食物和牲畜以幫助地方上建小寺院，在家裡死人時雇僧人超度亡靈等⋯⋯牧民中巫師的出現也突出地反映了這一變化。這種宗教活動不但中共、甚至連西藏流亡政府都認為是不必要的。41

如果說鄧小平時代的西藏還存在著對宗教的諸多限制，那大部分都是針對寺廟組織和僧侶，一般百姓的宗教信仰和宗教活動，已經基本不受干涉。即使是對寺廟和僧侶的限制，在相當長的時間裡也只停留在口頭，實際難以執行。對此，中共研究人員的文章有如下總結：

> 一是未經有關部門批准而自行開放寺廟和宗教活動點過多。三中全會以後⋯⋯經自治區人民政府批准，須維修開放的寺廟有二百三十五座，經各地行署（市）和縣批准的宗教活動點九十七座處。

---

① 我在二〇〇〇年寫的文章《達賴喇嘛是西藏問題的鑰匙》中，對如何評價西藏的宗教自由已經有進一步看法。我這樣寫：「形式上的宗教活動似乎都在正常進行，然而西藏宗教的命脈──被稱為『三寶』的佛、法、僧，卻都受到遏制和摧殘。除了前面講的『整頓寺廟』，西藏宗教界最擔憂的是當局對講經弘法的封殺。宗教失去哲學思想的傳播，百姓的信仰只能停留在形式與迷信層面，無法瞭解宗教真諦，由此必將造成宗教衰微，還有奢靡之風的興盛與社會風氣的敗壞。同時，宗教界內部的理論研習與傳承也已無法正常進行，宗教儀軌或被取消或被限制規模，宗教學位的考試也已十幾年不批准舉行，目前西藏境內的僧人在宗教造詣上遠遠落後於國外。不滿的宗教人士表示，表面上香火旺盛的寺院形同展覽館，而只讓老百姓點燈磕頭的宗教自由，作用只在於欺騙外國訪問者，還不如沒有。」──二〇〇九年註

但是，近幾年來，我區開放寺廟有些地方已超過所批准的數量，現在不少寺廟是群眾自行開放的。有些地方寺廟數目超過了「文革」以前。昌都地區到今年為止，全地區已修復寺廟八十六座，拉康八十六個，宗教活動點一百二十一個，日措三十七處，共計三百三十處。其中自治區批准寺廟四十九座，各縣批准寺廟、宗教活動點二百八十一處。與「文革」前的全地區五十六座保留寺廟相比較，就有較大的增加。從現在的發展趨勢看，這種自行開放的寺廟數量還在增加。他們不經有關部門批准，就大興土木，擅自建寺。甚至有的誤認為現在落實宗教政策就是發展宗教。一些寺廟的修建互相攀比，追求豪華，精雕細刻，富麗堂皇，一個比一個規模大，耗費大量人力、物力、財力。

二是自行入寺信教人員過多……全那曲地區僧尼已占全地區總人口的一‧五％，還不包括家庭僧尼。索縣西昌鄉一千九百多人中，就有一百八十個喇嘛和尼姑。昌都地區經自治區批准開放寺廟四十九座，有住寺定員僧尼一千七百七十四人，各縣批准的寺廟、宗教活動點二百八十一處，有僧尼六千八百七十七人。而群眾自發修復宗教活動點一百一十六處，就有僧尼三千七百四十人。這些僧尼大多數都是十八歲以下的青少年。比如縣白嘎鄉有七十四個喇嘛，而該鄉的小學也只有七十四個學生……

三是有些地方宗教活動搞得有些過頭。這裡有兩種情況，一種是個別地方鄉黨支部組織群眾開展正常的學習和生產活動時，有的群眾不聽、不參加，甚至還罵鄉幹部，使這些基層幹部受孤立、受打擊。而活佛、喇嘛說的話，不管是否正確，百分之百地聽，不折不扣地去執行……另一種是一些黨員公開參加宗教活動。[42]

不過無論如何，鄧小平時代的西藏宗教肯定無法與達賴時代相比，那時的西藏以宗教為本，政教合一，僧侶地位至高無上，寺廟數量和占有的財富也要多得多。但是在當今任何一個由世俗政權管理的社會，宗教都已經不可能再恢復到那種地步。

不可否認的是，儘管鄧小平時代有了一定的政治寬鬆，中共政權

的確依然對某些藏人實行政治迫害，把他們關進監獄，甚至施加虐待或拷打。尤其是在一九八〇年代後期西藏發生抗議活動之後，中共中央召開的「第三次西藏工作座談會」確定了對西藏實行強硬政治路線，堅決鎮壓對它統治西藏構成挑戰的任何勢力。事實上，中共在這方面從未有過寬容，並且一直神經過敏，反應過度。如果說一九八〇年代初期它還對國際社會有所顧忌，現在則強硬得完全赤裸裸了。對它的這種轉變，下一章將進一步談及。

不過，北京的這種鎮壓目前只針對危及其對西藏統治的人。只要不涉及政治問題，別的它基本不管，都給予自由。然而對那些爭取民族獨立的藏人而言，別的自由相比之下都是次要的，最重要的是西藏民族的政治自由。這形成了一個互動的循環：爭取西藏獨立的活動招致中共的鎮壓迫害，反過來中共的鎮壓迫害又成為西藏應該獨立的理由，更加刺激爭取西藏獨立的鬥爭。

西方人大都認為西藏人和巴勒斯坦人一樣，也是全民集體投身於爭取民族獨立的鬥爭，因此中共迫害參與西藏獨立活動者，就是在迫害全體西藏人民。然而真的深入西藏社會，會知道並非如此。西藏的地廣人稀使藏人難以產生商業衝動，也同樣難以產生政治熱情。也許在理論上，他們作為信徒會贊成達賴喇嘛的任何主張，然而這種贊成僅是停留在表態。他們的生活處於有史以來的最好狀態，西藏獨立與否，主要與民族精英的利益相關，百姓並不會因此得到什麼。說到底，在一個教育還不普及，資訊化和組織化還沒有達到一定程度的社會，大多數人民最關心的只是現實生活，只要生活好，統治者是誰或獨立與否都並不那麼重要。

# 三、「內王外聖」的尷尬

鄧小平時代的中共和毛澤東時代的中共有一個根本性變化，即從一個意識形態至上的政黨變成了一個奉行實用主義的權力集團。它幾乎放棄了所有原本奉若神明的原則，唯一保留的底線就是它的權力不受觸動。不超越那條底線，什麼它都可以容忍，但是超越那條底線，

它就會做出強硬激烈的反應，專制本色顯露無遺。

在鄧小平的「改革開放」棋盤上，改變西藏政策的意義之一，是爲了向關注西藏問題的西方社會顯示中共的「開明」，以換取西方對中國現代化事業的支持。那時候，中共並不擔心它在西藏的權力會受到什麼威脅。西藏當時一片平靜，藏人也非常馴服。

一九七九年，北京同意達賴喇嘛向西藏分批派遣參觀團，並做出了參觀團可以進行自由考察的允諾。與毛澤東時期的鐵幕狀態相比，這種開放姿態讓世界刮目相看。然而，這也表現了北京對西藏情況的無知。它完全陶醉在自己多年對西藏情況的自我宣傳之中，以爲西藏眞是取得了「翻天覆地」的變化，相信達賴喇嘛的參觀團在親眼目睹後也會爲之折服，從而沒有理由再要求重新恢復對西藏的統治。最可笑的是，西藏的中共官員還認眞地召開了會議，要求各級組織對當地群眾進行規勸，不要因爲對舊社會的痛恨，而向達賴喇嘛的參觀團扔石頭或吐唾沫[43]。

事實卻讓北京當眾丟臉。由達賴哥哥洛桑三旦率領的第一個到達西藏的參觀團，在所經途中受到了成千上萬西藏人的歡迎，人們圍著參觀團歡呼，流著熱淚，長跪在地，獻上他們的哈達，每個人都想讓達賴的哥哥撫摸一下，很多人呼喊著達賴喇嘛的名字，嚎啕大哭，向參觀團訴說他們在中共統治下遭受的苦難，參觀團的成員也禁不住失聲痛哭，一部分人甚至喊出了西藏獨立的口號。參觀團看到的西藏眞相是西藏宗教和文化被全面破壞，人民生活貧窮、落後、物質匱乏，有些地方甚至不如達賴喇嘛統治的時代。即使是北京一直引爲自豪的公路、建築等基礎設施也不盡人意，遠未達到北京自我宣傳的水平[44]。

北京的中共高層人士爲這個弄巧成拙的事實而震驚。尤其是成千上萬西藏人迎接參觀團的悲痛場面展現到世界，對北京是無法挽回的慘敗。一向自詡爲代表人民的中共，這回如何解釋民心的背離？

它必須挽回面子。事隔不久，中共便召開了「西藏工作座談會」，調整了對西藏的政策，隨之胡耀邦去西藏講話，公布了對西藏具有轉折意義的「六條」。中共迫切地希望西藏在最短時間內發生根本變化，改變西方人對中共統治西藏的疑慮。

「西方人會怎麼看？」這在整個一九八〇年代成爲中共西藏政策的出發點。西藏由此得到了很多實惠，不過西藏後來出現的許多矛盾，也都是從這個問題發源的。

　　達賴方面的第一個參觀團使北京在世界面前大丟臉面後，北京仍然接受了後面幾個參觀團繼續訪問西藏。它內心已經不情願，只是事先已經允諾，不能讓西方人看到自己說話不算。然而它又決心避免第一次的情況重演，因此便採取了一系列限制參觀團自由活動的措施，對西藏群眾也進行嚴密控制，切斷他們與參觀團的接觸，爲此而搞了許多小動作。作爲互動的對方，參觀團當然要採取打破封鎖的反措施，公開表達不滿，並通過西方媒體向世界揭露中共的行爲。在這種對抗中，雙方矛盾日益加劇，北京最終以參觀團對藏人進行反中國煽動爲名，停止了參觀團繼續對西藏進行訪問。

　　這可以在一定程度上說明爲什麼鄧小平時代的西藏政策比毛澤東時代改善了許多，卻受到世界輿論的更多譴責。毛澤東時代是徹底的專制暴政，達賴也好，西方人也好，誰也不准進入西藏，什麼都看不到，與北京也形不成互動關係。外面的人盡可以想像西藏是一片黑暗與苦難，但只能停留在概念上，沒有具體材料的支持，尤其沒有「正在進行時」的新聞熱點，所以無法引起傳媒的炒作，也吸引不了公眾關注。輿論譴責只停留在空泛的表態。到了鄧小平時代，達賴喇嘛的參觀團和西方記者有了進入西藏的可能，本來是進步，然而可以對中共統治進行譴責的具體材料這時也就暴露在世界面前了。達賴喇嘛的代表當然不可能讚揚中共的統治，而西方記者無論在哪裡（包括在他們自己的國家），都是首先把問題（中共術語中的「黑暗面」）當作新聞。慣於對新聞進行控制的中共一遇到這種情況，就會條件反射式地使用限制手段，希望能夠干涉或者進行欺騙，那往往弄巧成拙，反而成爲新把柄，給西方傳媒所進行的抨擊增添新材料。

　　這就是在開放條件下中共面臨的難題，它既想對國際社會表現自己開放，事實上又不是眞的開放，於是就會與國際社會形成系列的互動，造成矛盾持續不斷地產生，最終越來越遭人譴責。

借用中國古代「內聖外王」的概念① 來比喻，專制政治本質上是一種王道，即使是搞開明的專制政治，也只能「內聖」而必須「外王」。從專制政治的本質而言，「外王」是保持其社會穩定不可不有的統治方式，「內聖」則只是表達一種理想，或是臣民對君主的期望，因而只能是一種例外，大部分專制政治的實際狀態只能是內外都「王」。或者說，究竟是「內聖」還是「內王」，並不從本質上影響專制統治，但是專制統治必須是「外王」的。

在這方面，鄧小平顯然沒有自覺意識，他改變西藏政策，主要目的是給西方人看，那是一種表演。既然是表演，當然主要是在外面下工夫，那就要把「外王」變成（至少是裝成）「外聖」。而中共在本質上又是一個專制的權力集團，不容許任何對其權力（包括其對西藏的主權）的觸動和威脅，所以它又必然是「內王」的，結果就成了「內王外聖」。

對於專制統治，沒有比「內王外聖」更糟糕的狀態了。那最容易製造矛盾和出現失衡，導致「給人吃肉遭人罵娘」的結果。「外聖」給了反對派勢力和社會不滿情緒生長的土壤和擴散空間，不可能不與其專制極權的本質發生衝突。而為了維護「外聖」形象，它可能開始步步被動後退，起到鼓勵反對派的作用，使其得隴望蜀，然而它的「內王」又決定它不可能退得徹底，反而會引發更大的衝突，直到局面對它的權力構成了嚴重挑戰，它最終就一定剝掉「外聖」的外衣，以血腥鎮壓解決問題。

中共一九八四年召開第二次西藏工作座談會，那次座談會的指導思想與第一次西藏工作座談會基本一致，進一步促使加快改變西藏的步伐。一九八〇年代的西藏社會有了很大發展，然而卻在同時出現了越來越多離心和反抗。一九八七年九月，拉薩發生一九五九年以來首次公開示威。從那以後，拉薩騷亂不斷，中共不得不多次動用軍警，對示威者開槍鎮壓，連續製造震驚世界的流血事件。直到一九八九年，

① 這裡講的並非「內聖外王」概念的真實含義，只是按照我需要的意思借用了這個詞。——二〇〇九年註

中共對拉薩實行長達十四個月的軍事戒嚴，標誌鄧小平的西藏政策徹底失敗。

　　第二次西藏工作座談會之後十一年，中共才在一九九五年召開第三次西藏工作座談會，從間隔的時間之長（第一次西藏工作座談會與第二次西藏工作座談會只間隔四年），也可以看出中共對西藏的變化、走向與應對策略茫然和無措。

　　到第三次西藏工作座談會，它重新回到了內外都「王」。


**註釋：**

1 郭錫蘭一九八〇年六月三日在中共西藏自治區黨委二屆五次會議上的講話，載《西藏自治區重要文件選編》，中共西藏自治區委員會政策研究室編，頁 97-98。

2 中共西藏自治區委員會政策研究室編，《西藏自治區重要文件選編》，頁 15-32。

3 中共西藏自治區委員會政策研究室編，《西藏自治區重要文件選編》，頁 15-32。

4 《西藏統計年鑑‧一九九四》，中國統計出版社，頁 90，109；中共西藏自治區黨委辦公廳政研室編，《西藏自治區基本情況手冊》，表 4-15、4-16。

5 中共西藏自治區委員會政策研究室編，《西藏自治區重要文件選編》，頁 3-4。

6 中共西藏自治區委員會政策研究室編，《西藏自治區重要文件選編》，頁 21。

7 劉偉，《西藏的腳步聲》，西藏人民出版社，一九九四年，頁 194，253。

8 中共西藏自治區委員會政策研究室編，《西藏自治區貫徹一九八四年中共中央書記處召開的西藏工作座談會精神文件選編》（第二集），頁 89。

9 中共西藏自治區委員會政策研究室編，《西藏自治區重要文件選

編》，頁 29-30。

10 中共西藏自治區委員會政策研究室編，西藏自治區重要文件選編》，頁 29。

11 《西藏自治區黨委、自治區人民政府關於大批調出進藏幹部、工人的請示報告》，見中共西藏自治區委員會政策研究室編，《西藏自治區重要文件選編》（上），頁 51。

12 《當代中國西藏人口》，中國藏學出版社，一九九二年，頁 200。

13 《當代中國西藏人口》，中國藏學出版社，一九九二年，頁 200。

14 達賴喇嘛，《流亡中的自在：達賴喇嘛自傳》，台灣聯經出版事業公司，一九九○年，頁 292。

15 中共西藏自治區委員會政策研究室編，《西藏自治區重要文件選編》（上），頁 236-237。

16 中共西藏自治區黨委辦公廳政研室編，《西藏自治區基本情況手冊》，表 12-65。

17 中共西藏自治區黨委辦公廳政研室編，《西藏自治區基本情況手冊》，表 12-65。

18 一九八四年二月二十七日至三月六日，胡耀邦在第二次西藏工作座談會上的七次講話眾元老插話，見中共中央書記處研究室，《情況通報》，第三七二期。

19 中共西藏自治區委員會政策研究室編，《西藏自治區重要文件選編》，頁 29。

20 中共西藏自治區委員會政策研究室編，《西藏自治區重要文件選編》，頁 31。

21 達賴喇嘛等，《慈悲》，台灣立緒文化事業有限公司，一九九六年，頁 67。

22 以下表格數字取自《西藏統計年鑑·一九九五》和《中國人口·西藏分冊》或根據其提供的數字計算所得。

23 岸波，《西藏：人口在爆炸》，見《西藏青年論文選》，一九九一年，頁 49-52。

24 《當代中國西藏人口》，中國藏學出版社，一九九二年，頁 25。

25 《健康報》，一九九一年五月十六日。

26 《當代中國西藏人口》，中國藏學出版社，一九九二年，頁 331。

27 《當代中國西藏人口》，中國藏學出版社，一九九二年，頁 329-330。

28 《西藏日報》，一九九○年十一月二十八日；《當代中國西藏人口》，中國藏學出版社，一九九二年，頁 333。

29 《西藏日報》，一九九一年三月一一日。

30 《西藏統計年鑑・一九九五》，中國統計出版社，頁 162。

31 孫勇等，《西藏經濟社會發展簡明史稿》，西藏人民出版社，一九九四年，頁 122。

32 《西藏統計年鑑・一九九五》，中國統計出版社，頁 179。

33 《當代中國西藏人口》，中國藏學出版社，一九九二年，頁 342。

34 《西藏統計年鑑・一九九五》，中國統計出版社，頁 178。

35 《當代中國西藏人口》，中國藏學出版社，一九九二年，頁 209。

36 多傑才旦，《西藏的教育》，中國藏學出版社，一九九一年，頁 60。

37 《西藏統計年鑑・一九九五》，中國統計出版社，頁 282-284。

38 《當代中國西藏人口》，中國藏學出版社，一九九二年，頁 40。

39 《當代中國西藏人口》，中國藏學出版社，一九九二年，頁 195。

40 M・C・戈德斯坦，《中國改革政策對西藏牧區的影響》，載《國外藏學研究譯文集・第十輯》，西藏人民出版社，一九九三年，頁 356。

41 M・C・戈德斯坦，《中國改革政策對西藏牧區的影響》，載《國外藏學研究譯文集・第十輯》，西藏人民出版社，一九九三年，頁 356。

42 白瑪朗傑，《現階段西藏宗教的地位和作用》，載《西藏社科論文選》，頁 207-208。

43 M.C.戈德斯坦，《中國改革政策對西藏牧區的影響》，載《國外藏學譯文集・第十輯》，西藏人民出版社，一九九三年，頁 354。

44 M.C.戈德斯坦，《中國改革政策對西藏牧區的影響》，載《國外藏學譯文集・第十輯》，西藏人民出版社，一九九三年，頁 353-354。曉暉等，《紐約訪達賴喇嘛》，載《中國大陸知識分子論西藏》，台灣時報文化出版公司，一九九六年，頁 233。

# 16 無法破解的「局」

　　相關事物之間形成一種固定結構，事物的發展被那結構所左右，而處在結構中的各方原本都不希望的結果，最終則一定出現，我把這樣的結構稱為「局」①。

　　「局」的奇特之處還在於，即使陷在「局」中的各方——至少是各方的領袖人物——早知會導致什麼結果，卻仍然得向那個大家都不希望的結果策馬狂奔，既無法控制局勢，也無法控制自己。

　　從事政治的一個重要原則，應該就是避免「局」的形成。沒有「局」，政治是活的，政治家可以發揮自己的意志引導事物，一旦成為「局」，政治就死了，政治家只能被「局」牽著鼻子亦步亦趨。車臣和波黑是近年出現的兩個「局」，足以警世。一旦入「局」，就誰也難以後退了。

　　但是在西藏問題上，「局」正在形成，甚至已經形成。

## 一、西藏的怪圈

　　鄧小平改變中共對藏政策，最重要的一個方面就是不再干涉藏人對其傳統宗教的信仰。這種解禁使西藏宗教獲得全面復興。這時的中共才發現它落進了一個「怪圈」。

　　「怪圈」是這樣的：中共給西藏宗教自由→藏民族全民信教→信教者服從宗教領袖→達賴喇嘛是西藏宗教的領袖→達賴喇嘛同時又是反對中共統治西藏的政治領袖。

---

① 也就是賽局理論以「囚徒兩難論」為代表的「納許平衡」。——二〇〇九年註

中共給西藏宗教自由本是爲了爭取藏人對其統治的認同，緩解國際社會對其西藏政策的批評。然而上述「怪圈」的存在，卻使其目標和手段背道而馳。達賴喇嘛是形成這個「怪圈」的關鍵一環。他以宗教領袖身分對全民信教的藏民族擁有的精神影響力，可以非常容易地轉化爲引導藏民族跟隨他反對中共統治的政治號召力，從而把西藏宗教順理成章地轉化爲他的政治工具。中共則因此陷入一個進退兩難的境地，重新禁絕西藏宗教是行不通的，何況也已沒有逆轉的手段和相應的替代意識形態；而放任宗教的發展，就無法防止達賴喇嘛以宗教領袖的身分對藏人所發揮的政治作用。

　　毛澤東時代，共產黨在西藏是唯一的有組織力量，是人民唯一的資訊和指令來源，是全部社會財富的唯一控制者。流亡在外的達賴喇嘛即使在藏人心中仍然享有崇高威望，因爲缺少溝通渠道，也無法發揮多大影響。他那時與那些逐漸被人遺忘的下台領袖和過時人物沒有多少區別。隨宗教自由在西藏恢復，情況就完全變了樣。西藏宗教以遍布各地的寺廟爲依託，有一個伸向所有地域和所有社會階層的網絡。依靠這種網絡，西藏宗教成爲不受中共控制的傳播資訊和發布指令的獨立系統。目前，這個擁有一千七百八十七座寺廟的系統覆蓋面，已經達到可以與政權系統（八百九十七個鄉級政府）覆蓋面相比的程度。

　　西藏寺廟同時具有從民間「斂財」的能力——那可以被視爲建立在信徒自願基礎上的納稅制度。大量財富作爲供奉流入寺廟，寺廟（尤其是一些香火旺盛的大寺廟）由此掌握了雄厚的資源。既有組織網絡，又有財政來源，加上其至高無上的精神影響力和一呼百應的群眾基礎，今天的西藏宗教在某種程度上已經具有了「潛政權」的性質。

　　對廣布藏區的寺廟和僧尼，中共雖然一直進行著所謂的「統戰」，不惜花費大量財力和精力，但是以爲西藏僧侶們因此就會盡棄前嫌，並且在達賴和中共的對抗中站在中共一邊，那就是太低估宗教信仰的力量了。達賴喇嘛所具有的至高無上的精神權威，是藏傳佛教的基本原則之一。很清楚，按照這樣的原則，西藏的宗教組織和宗教人士服從達賴喇嘛，是符合邏輯的行爲，指望他們不服從達賴喇嘛，只能是

中共的一廂情願。

例如班禪喇嘛的傳統駐錫寺廟——日喀則扎什倫布寺的主持恰扎‧強巴赤列活佛，他平時對北京表現得絕對順從，以致被一些藏人指責爲漢人走狗。北京對他也信任有加，給了他全國政協常委、西藏自治區政協副主席的高位。十世班禪去世後，北京讓他全權負責尋找班禪的轉世靈童，撥專款六百萬元。而在這個關係到西藏宗教根本原則的大事面前，他在內心深處最效忠的是誰就考驗出來了。他花著北京的錢，用了五年時間，對北京始終虛與委蛇，暗中卻把尋訪靈童的每一步情況向印度的達賴喇嘛彙報，聽取達賴喇嘛指示，最終使達賴喇嘛得以搶在中共之前，宣布根敦‧卻吉尼瑪爲十世班禪的轉世靈童。

按照正常尋訪的結果，根敦‧卻吉尼瑪本來的確是最佳的靈童人選，就因爲達賴喇嘛搶先對他進行了確認，中共大爲惱怒，導致了另選靈童的風波，結果既造成了靈童合法性危機，出現了兩個班禪並立的局面，也嚴重打擊了中國長期以來一直利用班禪制約達賴的戰略。中共將恰扎‧強巴赤列活佛投入監獄，判了八年徒刑，有報導說還對其實行了人身虐待。

恰扎活佛並不後悔，他這樣解釋他的行爲：「我是受了比丘戒，並由達賴喇嘛灌頂的。我必須服從灌頂上師的意志，否則，是上不了天堂的。」[1]

僧侶之所以成爲僧侶，就是爲了崇拜神並爲神而獻身。要他們把熱愛世俗國家和遵守世俗法律放在神之上，那完全違背宗教的本質。反而正是爲了實現神的旨意犧牲自己，才是他們追求的光榮。達賴喇嘛的意志因此必然是左右他們思想和行動的指南。據有關材料統計，從一九八七年九月二十七日拉薩發生第一次騷亂到一九九六年底，一共發生的一百四十多起騷亂鬧事中，其中近一百三十起是由僧尼在「西藏獨立」的名義下帶頭鬧起來的。一九九五年上半年西藏以「反革命罪」逮捕的一百二十一人，其中一百一十六人是僧尼。儘管達賴喇嘛本人進不了西藏，數萬服從他意志的僧侶卻廣布在西藏的每一個角落。

如果中共要對付的僅僅是寺廟和僧侶，雖然對上千座寺廟和數萬

僧侶進行控制困難多並且成本高，但是以中共的力量，只要眞下決心，也不是做不到。然而中共所面對的，除了僧侶，還有人人信敎的整個藏民族。對此前面已經談及，這裡再舉一個小事爲例。

我在雲南藏區旅行時，有一次攔了一輛軍隊的越野吉普車。在向司機問路時，我看見車後座有一位中共解放軍大校，是個藏人。這樣高級別的藏族軍官不太多見，但是令我注意的倒不是他的軍銜，而是他懷裡捧的大把柏樹枝，他的下半身全被埋在柏樹枝下面。他要幹什麼？我留下一個懸念。

不久懸念就解開了。我的車和那軍車前後到達一個山口。那山口正對著梅里雪山①。梅里雪山是藏人的神山，不少藏人正在向梅里雪山磕長頭。山口扯滿經幡，幾座焚香塔繚繞青煙。那位大校把他帶的柏樹枝全部添進焚香塔，隨之空氣中散發出柏樹燃燒的香氣。大校沒有磕頭，但表情虔誠。解放軍的高級軍官應該是藏人中對中共最忠誠者，也是受中共無神論敎育最深者，他都照樣要拜他們民族的神，其他的藏人更是可想而知。我在那山口逗留了一個多小時，過往汽車沒有一輛不停下，所有藏人——不管是普通百姓還是政府官員——全都下車對神山頂禮膜拜。

當前，宗敎已經成爲西藏民間社會的主導力量。藉著宗敎回歸，達賴喇嘛對整個藏族地區的影響已無所不在。儘管在具體的世俗生活中，大多數老百姓與達賴喇嘛的政治主張不相干，甚至背道而馳，但對他們而言，宗敎與世俗是兩個世界，一個形而上，一個形而下，即使有矛盾，也各不相擾。力求二者統一是理性思維的邏輯，低文化的宗敎信徒沒那個能力，也沒那種需求。宗敎賦予達賴喇嘛神的地位，他的與宗敎本無關聯的政治主張就混同爲神的旨意，成了宗敎命令，大多數藏人就會無條件地服從，或至少是不敢表達異議。

宗敎是達賴喇嘛扎在西藏最有生命力的根。西藏宗敎被禁絕的時期，他只是一條無水之魚，而西藏宗敎一旦復活，他就是根深葉茂的大樹。西藏宗敎的一切實體都是他的延伸，西藏宗敎掌握的一切資源

---

① 藏人稱爲「卡瓦格博」。——二〇〇九年註

都可以爲他調用。既然西藏的一切都與宗教關聯在一起，達賴喇嘛的靈魂因此就能附著在西藏的每一寸土地上。雖然西藏的政權由中共控制，達賴喇嘛卻控制西藏的人心。政權和人心，哪一個更有決定作用？中共奪取中國的政權，當年不就是靠的人心嗎？

一九八九年，諾貝爾和平獎委員會決定授予達賴喇嘛當年的諾貝爾和平獎。雖然當時的拉薩還在中共軍隊戒嚴之下，拉薩卻出現了聲勢浩大的群眾自發慶祝狂歡。人們歡呼著向空中揚撒糌粑，向地上倒灑青稞酒，吉祥符和傳單滿天飛舞。那一天八廓街和大昭寺廣場交通完全堵塞，因爲買糌粑（揚灑用）的人多，糌粑價格從每斤三角暴漲到每斤兩元。畫有龍、虎、羊等圖案的吉祥符紙片鋪滿了地面，大昭寺門前積存了一釐米厚[2]。這種場面給中共心裡留下什麼滋味，只有它自己知道了。

中共面對這個怪圈，長時間地不到應對辦法，使局勢向著矛盾激化方向發展，直到危機爆發，措手不及。一九八七年九月二十七日，達賴喇嘛在美國國會發表「五點計畫」的演說六天之後，作爲回應，拉薩發生了一九五九年以後第一次要求西藏獨立的遊行。二十多名西藏僧人手持西藏獨立國旗幟，高喊「中國人滾出西藏」的口號，環繞人群擁擠的八廓街遊行五圈，警方因爲沒有接到上級的明確指示而無所行動，直到遊行者向西藏自治區政府所在地進發，才出面進行阻止。

警方的遲鈍和息事寧人鼓舞了僧人進一步表達他們的意志。三天後的中國國慶日，更多的僧人在八廓街遊行。這回已有準備的警方立刻拘捕了他們，但卻非常沒有策略地把他們集中在八廓街的警察派出所進行審問，有些警察（主要是藏人警察）還對不馴服的僧人進行了毆打。八廓街是拉薩藏人最集中的居住區，僧人被打的情況和慘叫之聲可以被周圍的藏人聽聞。這極大地刺激了在傳統中把僧人視爲「寶」的藏人群眾，勾起他們對西藏宗教在毛澤東時代所受迫害的痛苦回憶。群眾開始自發地對八廓街派出所呼喊抗議口號並扔石頭。人越聚越多，形成了圍攻局面。而當局對那種情況既無預料也無措施，可想而知，事態如果不是在一開始就受到遏止，很快就會擴大。參加的人越來越多，不久就發展到縱火，燒汽車，毆打街上的漢人，還有人趁

亂搗毀和搶劫街面的商店。「西藏獨立」和「把漢人趕出西藏」的口號也立刻傳遍拉薩。

我訪問過一個當年在場的武警士兵，他埋怨那是因為當官的怕丟烏紗帽，誰也不敢做決定，不下令採取措施，事態就制止不住。他們當時被調到現場，但只能被動地挨打，什麼裝備也沒有，沒有盾牌、警棍，更沒有國外警察那些防暴設備，連鋼盔在開始都沒有，後來才從野戰軍調來一批。那位武警士兵所說的「決定」和「採取措施」，說白了就是下令開槍。平時沒有準備，遇到這種突發事件，要麼束手無策，要麼就只有開槍一個選擇。有槍不開，拿在手裡還不如燒火棍好使①，遠敵不過藏人手裡的石頭。何況群眾人多，軍警人少。這和北京「六·四」時的情況是一樣的。

當八廓街公安派出所被圍攻的群眾點火焚燒時，困在裡面的警察通過對講機向西藏的中共首腦請示，首腦們只回答「要冷靜，千萬不能開槍」，但是對警察們繼續追問怎麼辦，對講機裡只有雜音而聽不到回答，氣憤的警察向沒有聲音的對講機大喊：「你們他媽的是人不是人，還管不管我們死活。」3

警察死活是小事，對西藏的中共首腦來講，沒有北京的明確指示，他們絕對不敢擅自下令開槍。開槍不開槍是分水嶺，性質截然不同。他們既沒有別的手段和辦法，又不能下令開槍，就只有乾等北京的指示。其實誰都明白，所謂的北京指示，別的照舊沒用，等的就是一個開槍的許可。

然而允許開槍對北京又何嘗是輕易之事？八廓街發生騷亂三個多小時之後，西藏黨政首腦終於等到「中央指示」，那不過是公安部辦公廳一位副主任通過西藏自治區公安廳傳達的，內容有五條：

　　一、可以出動消防車救火；
　　二、一定要保護好群眾；

---

① 武警士兵說因為不讓開槍，只能用槍托打人，他同宿舍一個士兵就是被別的武警用槍托打人時槍走火打死的。有些槍還被圍攻者搶走。

三、對搶槍、燒車、砸車採取堅定果斷措施；

四、現場指揮要沉著冷靜；

五、不要開槍。[4]

一眼就能看出來，對於制止事態，這實在是等於什麼都沒說的五條。希望能通過北京指示減掉自己壓力的西藏黨政首腦，壓力更爲沉重。沒有獲得開槍許可，他們就沒有任何「堅定果斷」的措施。事實上在那幾天，拉薩中心的八廓街一帶基本失控，被有人說成是已經實現了「獨立」[5]。

當然，警察還是開了槍，並且打死了人。現在無從證實是有了允許開槍的命令，還是警察自發開的槍。不過不難想像，警察手裡有槍，總讓他們處於被動挨打的狀態，即使沒命令，他們最終也一定會開槍。也許那正是西藏黨政首腦所希望的。上面不下開槍許可，自己就不能鬆口，但是一旦被激怒了的警察自行開火，再多發射一些子彈也就沒有本質區別，騷亂的人群可以因此被打散，威懾可以形成，事態就能平息。如果事後上面要追查責任，那是由下面的警察負責。

那次事件成了西藏以後一系列抗議活動和騷亂的開端。中共後來也習慣了開槍，並且動輒以開槍解決問題。這方面的情況已經有了很多報導，這裡就不再贅述。對於爲什麼偏在西藏社會進入最好狀態時發生如此廣泛的動亂，下面是中共《人民日報》記者採訪的一些拉薩人的言論片段：

> 政府應該反省一下自己的工作，反省一下西藏的政策。笑臉總對著上層人士，老百姓的苦處很少有領導來過問，寒了群眾心。
>
> 既然讓信教，又讓批宗教的領袖，感情說不過。
>
> 要改革開放搞活經濟，又突出宣揚信教，這本身就矛盾。恢復寺廟可以適當一點，現在不光是信仰宗教自由，而是政府在組織了，有大的宗教節日，自治區領導都要參加，公安人員很多，幹什麼嘛，政權和宗教本身就是分開的嘛。年輕人打石頭，跟著騷亂分子跑，爲什麼？有些還是小孩子，還不是家庭和社會的不正常影響。

好幾年來八角街不時就有反標，寫「西藏獨立」之類的內容，可是沒有重視，總以為群眾在我們一邊。上邊看來不瞭解民情，光報喜不報憂。如果真是政府說的形勢那麼好，那麼團結，騷亂根本不會鬧起來嘛。光是喊請示中央，請示中央，自治區是幹什麼吃的？地方政府的作用呢？不過是怕自己烏紗帽掉了，誰也不明確表態。

政府總是翻過去的事情，總想做出寬懷仁厚的樣子，過去的傷疤越揭越痛，當然怨恨之心由此而生。修吧，哪怕是再恢復和平解放前的兩千多座寺廟，再制定哲蚌寺七千七百人、色拉寺五千五百人、甘丹寺三千三百人的喇嘛定額，宗教政策仍然不會讓一些人滿意。因為西藏過去是政教合一社會，總不至於落實到政教再合一，三大寺重新過問西藏政治、宗教人士出任西藏各級政府領導吧？

現在是鬧事的人不孤立，孤立的是我們幹部，在社會上孤立，在家裡也孤立。你們問為什麼？有些群眾說，共產黨變了，五〇年代要我們，八〇年代要貴族，有個說法，上層人士的石頭和狗都落實了政策，而老百姓呢？退休的工人、幹部？沒有錢，沒有房子住。像我們辦事處，四個居委會，管五千多居民，有六十多個黨員幹部，騷亂以後，只有一個居委會幹部來反映了一下群眾的情況。基層政權基本上是不起作用了。[6]

採訪這些言論的記者還透露了他以「特殊方式」對參加騷亂的一個喇嘛進行的採訪（那「特殊方式」大概是裝成台灣或香港的遊客）：

問：你贊成西藏獨立嗎？為什麼？

答：贊成，西藏本來就是西藏人的嘛，我們有達賴喇嘛，漢人有嗎？漢人吃糌粑喝酥油茶青稞酒嗎？我們不一樣。

問：你願意當喇嘛嗎？

答：當然，藏人最光榮的就是當喇嘛。

問：你對政府的宗教政策怎麼看？你認為西藏人現在的生活不錯嗎？

答：他們漢人把我們的寺廟都毀了，當然應該他們修。我們喇

嘛不如以前了，以前我們有很多吃的，老百姓供應，噶廈也專門供
應，現在錢很少，寺廟很多值錢的東西他們都拿走了。漢人在拉薩
修了很多新房子，但不是我們住的。拉薩城就是修得再好，我們也
不需要。我們希望的是到處都有寺廟，人人都可以做喇嘛。

## 二、達賴喇嘛的苦衷

　　一九八七年九月二十七日和十月一日拉薩的示威及街頭暴亂，直
接起因是藏人對達賴喇嘛美國國會演講的回應。雖然那次演講內容被
冠以「五點和平計畫」之稱，但演講內容主要還是對中共西藏政策的
譴責。五點建議的大意分別為：

　　　　一、把整個西藏轉化為一個和平地區；
　　　　二、中國停止危及藏民族生存的移民政策；
　　　　三、尊重藏族人民的人權和基本權利；
　　　　四、重建和保護西藏的自然環境，中國放棄在西藏製造核子武
器及儲存核子廢棄物；
　　　　五、對西藏未來的地位和藏族人民關心的問題進行真正的會談。
7

　　演講雖然表達了達賴喇嘛希望與北京談判的願望，也沒有公開宣
稱要求西藏獨立，但別的不說，僅要求中國從西藏撤軍（第一條），已
經和獨立相去不多。演講沒有對一九八○年代中共西藏政策的改進做
出評價，矛頭仍集中於對北京的譴責。這無疑使西藏境內的藏人反對
派與北京的對抗心理得到加強，從一九八七年九月二十七日到一九八
九年三月七日十七個月內，拉薩發生了十八次示威騷亂，最終導致北
京於一九八九年三月八日開始，對拉薩實行了長達四百一十九天的軍
事戒嚴。
　　從心裡，達賴喇嘛肯定願意西藏獨立，但他的理性使他明白，以
西藏與中國的力量之懸殊，獨立是沒有希望的。在拉薩出現大規模藏

人抗議運動、國際社會紛紛對北京施加壓力之時，手裡有了更多籌碼的達賴喇嘛以政治家的精明，於一九八八年在法國史特拉斯堡向歐洲議會發表的演講中，提出了對中共的妥協——同意西藏留在中國之內，並同意由北京負責西藏的外交和國防。這是達賴喇嘛第一次放棄西藏獨立的正式表態，比起以前的立場，應該說做出了重大讓步。

在以後的歲月裡，達賴喇嘛進一步表示他「從未提倡西藏獨立」[8]。儘管他仍然堅持在歷史上西藏和中國是兩個國家，但那並不意味著他現在贊成西藏獨立。他還批評中共一直破壞他的名譽，「老是認為我要搞獨立」[9]。雖然有人認為達賴喇嘛的這種言論與他以前說的話並不完全一致①，但至少可以表明達賴喇嘛的轉變，是一種願意妥協的表示。

然而北京對達賴喇嘛的方案完全不做任何考慮。達賴喇嘛的讓步是建立在「五點和平計畫」基礎上的，有這樣幾條限制性的條件：

一、與中國結盟的西藏必須是將中國所有藏區統一在一起的大西藏；

二、西藏將實行與中共統治完全不同的民主政體，由西藏人自己進行高度自治；

三、北京雖然負責西藏外交，但西藏政府可以保留外交辦事處，在「非政治領域」發展獨立的對外關係並參加國際組織；

四、國防方面，僅同意「在西藏非軍事化及中立化之前，中國可以在西藏保留有少數的軍事設施」，並限制那些軍事設施只能是「防禦性」的。[10]

---

① 彭小明在他的文章《西藏問題：自決、倒算和大一統情結》中寫道：
查西藏流亡政府印行的《西藏未來政治道路與憲法精華》第二十九頁，他（達賴喇嘛）說：「在紀念西藏獨立抗暴十週年的演講會上，我提到，有朝一日西藏重獲完全獨立與自由時，西藏政權的運作形態，將完全取決於西藏人民……」第三十八頁他又說：「從中國撤離西藏獨立起至成立自由民主政府頒行西藏憲法止，這段時期稱為過渡時期。」又，西藏流亡政府印行的《第十四世達賴喇嘛言論集》第八十六頁，他呼籲：「對於一心一意爭取我們國家獨立與自由而拋頭顱灑熱血，犧牲了寶貴生命的西藏所有男女英雄志士，我們應予表示由衷至誠的悼念之意。同時我們也當承繼其遺志……為期共同早日完成復國建國的歷史使命而淬礪奮發戮力以赴。」以上兩則言論分別是一九九二和一九九三年發表的。如此言之鑿鑿，實在不應當說「從未提倡西藏獨立」。

對北京來說，只為換取達賴喇嘛口頭上承認西藏留在中國，它是否值得接受那些限制，使中國在西藏的地位退到比一九五〇年代達賴出走以前還不如的狀況嗎？按照北京的眼光，它看不出達賴喇嘛有什麼資格提出那些要求，憑幾百個藏人在拉薩街頭扔石頭，或是西方國家的幾個議員表示抗議，就能讓擁有幾百萬軍隊、且早已牢牢控制西藏全境的中共束手就範，讓出它統治了幾十年、投進了無數人力財力的二百多萬平方公里的國土，交給被它打出國的西藏流亡者去統治嗎？別說幾百個藏人扔石頭，當年上萬荷槍實彈的叛亂者盤據拉薩，不也就是幾十個小時就被打垮了嗎？在北京眼裡，達賴喇嘛提出的交易純粹是「空手套白狼」，異想天開。

對比一下中共開給達賴的條件，可以看出二者之間的差距，形容為天壤之別毫不過分。一九八一年七月，胡耀邦在北京接見達賴喇嘛的哥哥嘉樂頓珠時，提出中共方面的如下五點：

一、我們的國家，已經走上了政治上能夠長期安定，經濟上能夠不斷繁榮，各民族能夠更好地團結互助這樣一個新時期。達賴喇嘛和跟隨他的人都是聰明的，應該相信這一條，如果不相信，要多看幾年，也可以。

二、達賴喇嘛和他派來同我們接觸的人，應該是開誠布公，不要採取捉迷藏或者是做買賣的辦法。對過去的歷史可以不再糾纏，即一九五九年的那段歷史，大家忘掉它，算了。

三、我們誠心誠意歡迎達賴喇嘛和跟隨他的人回來定居。我們歡迎他回來的目的，是歡迎他能為維護我們國家的統一，增進漢藏民族和各民族的團結，和實現四個現代化建設做貢獻。

四、達賴喇嘛回來定居後的政治待遇和生活待遇，照一九五九年以前的待遇不變。黨中央可以向全國人大建議他還當全國人大常委、副委員長，並經過協商，當全國政協副主席。生活上也維持原來的待遇不變。至於西藏就不要回去了，西藏的職務就不要兼了。西藏現在的年輕人已上來，他們工作做得很好嘛！當然也可以經常回西藏去看看。我們對跟隨他的人也會妥為安置。不要擔心工作如

何，生活如何。只會比過去更好一些，因為我們國家發展了。

五、達賴喇嘛什麼時候回來，他可以向報界發表一個簡短聲明，聲明怎麼說由他自己定。他哪一年、哪一月、哪一天回來，給我們一個通知，如果經香港從陸路到廣州，我們就派一位部長級幹部到邊界去迎接他，也發表一個消息。如果坐飛機回來，我們組織一定規模的歡迎儀式歡迎他，並發表消息。[11]

中共的允諾只是派一個「部長級」的幹部迎接達賴，給達賴一個人大副委員長、政協副主席的虛職，連西藏都不讓他回，怎麼可能跟他去談判史特拉斯堡方案呢？

當然，達賴喇嘛是不會接受中共那點可憐條件的。對於一個為西藏解放奮鬥了幾十年的民族領袖，那簡直是個侮辱性的施捨。然而，以達賴喇嘛的政治眼光，又豈能想不到史特拉斯堡方案也是不可能被中共接受的談判基礎呢？

——他實在是再也不能退了。

先不說他的個人信念是否允許他退，他的社會基礎首先就把他限制死了。他名義上是全體藏人的精神領袖，可是他真正能夠接觸的藏人僅僅是跟隨他在海外流亡的那批藏人——數量約為十萬左右。比起西藏境內的四百多萬藏人（西藏流亡政府說是六百萬），那十萬藏人數量雖小，卻是達賴喇嘛立足其上的整個藏人社會。流亡政府從他們中間產生，稅款由他們交納，選舉由他們投票，西藏解放的事業由他們進行，國際上的西藏形象也由他們代表。多少年來，他們一直為西藏自由而鬥爭，那幾乎是他們生活的全部意義。他們的子女從小就在仇恨中國的教育下長大成人，至今在海外出生的藏人已經成為流亡團體的骨幹。對他們，即便是中共絕不可能接受的史特拉斯堡方案，都被視為喪失了基本原則，因而是應該堅決反對的。

有多少藏人堅持西藏獨立而反對放棄了獨立的史特拉斯堡方案呢？「西藏青年大會」的祕書長扎西南傑非常肯定地認為——有九十％或者更多。扎西南傑在接受記者採訪時，公開地表示反對達賴喇嘛。

事實上，我們認為那不是解決西藏問題的明智之舉。把外交和國防交給中國，就等於是放棄西藏的主權。我們認為在這一點上不應該有任何的妥協。我們認為我們應該鬥爭到底，一直到實現西藏的獨立為止。這是「西藏青年大會」的想法，也是西藏人的想法。和中國人會談不會有任何結果的。我們所應該要做的，就是靠鬥爭搶回所有屬於我們的權力。我們應該為此而戰鬥。不能憑嘴皮子！

　　中國人絕對不會輕易放棄西藏的。不過我們也不會輕易地放棄我們的動機。面對著中國人也許我們是少了一點，可是我們有堅決的意志！自由的精神！我們的目的只是在我們有生之年，重新獲得西藏的獨立，不過鬥爭的精神必須代代薪傳不絕才有這個可能。我們對達賴喇嘛的建議不敢苟同，我們認為我們有強烈表達不同意的義務。[12]

扎西南傑代表的「西藏青年大會」是流亡藏人中勢力最大的一個少壯派組織，在世界各地有五十多個地方分會，上萬名成員，其骨幹分子大都是受過西方高等教育的青年藏人，熟悉西方社會，有民主思想，活動能量遠遠超過流亡藏人中的元老派。

平措旺傑曾是達賴喇嘛駐英國及北歐國家的代表，現任倫敦「西藏基金會」主任。作為流亡藏人的高級官員，他也公開反對史特拉斯堡方案。他的看法是，不論在形式上還是在實質上，達賴喇嘛的史特拉斯堡演說都是個嚴重錯誤。

　　就我個人而言，我是完全不贊成這個演說的提議。尤其是和中國聯盟並且把國防責任交付給中國這一點。讓中國人有權力在西藏安兵置屯，就表示我們並不要完全獨立。

　　……我要說如果我們不為爭取完全獨立而戰鬥，人民會逐漸喪失這個希望。這也就是說，我們失去了某些東西，卻沒有因而給西藏人帶來一點利益。我不認為支持獨立鬥爭會給西藏局勢帶來任何不良的影響。我不相信接受成為中國的一部分，就可以制止大批的中國人在我們的家鄉落籍。[13]

流亡藏人內部對史特拉斯堡方案的反對使達賴喇嘛受到極大壓力，他最終在一九九一年宣布撤銷史特拉斯堡方案，除了因為沒有得到中共的回應，他在流亡藏人內部遭受的強烈反對大概也不無關係。

達賴喇嘛處於兩難境地，一方面他必須以理性和妥協的姿態，才能使處弱勢的西藏在與北京談判中取得進展；另一方面他又不能不顧及流亡者中強烈的民族主義情緒。這兩個方面往往互相矛盾，以致發生難以調和的衝突。尤其後者不僅是信仰和道義的問題，還有很多出於實際利益的考慮。

例如達賴喇嘛在史特拉斯堡方案中對北京所做的「退步」，是把西藏獨立變為西藏高度自治，但自治的範圍是「所有藏人居住區」——即大西藏。對北京來講，那哪裡是「退步」，即使在五〇年代達賴沒有出走以前，《十七條協議》給他的治理範圍也不過是西藏自治區（很長時間還不包括昌都地區）。甚至在清朝和民國，達賴的行政管轄範圍也沒有超出衛藏。現在他一無所有地回來，要的領土竟然比原來還多一倍！北京對這種「妥協」不予理睬是不奇怪的。

從現實出發，比較明智的策略是，達賴喇嘛應該先以他流亡之前的狀況作為談判基礎，或像有人建議的那樣重新回到《十七條協議》，作為解決西藏問題的辦法[14]，第一步是爭取回到西藏，實現衛藏——即西藏自治區的自治。等到有了立足之地和政治實體後，再根據中國社會的變化，掌握時機，利用國際輿論和國際力量，繼而圖謀大西藏範圍的自治，最後實現西藏獨立的目標，甚至也不是沒有可能。關鍵是要先回西藏，為此就不應該把起點定得太高，否則是不可能取得現實進展的。

這本是常識性的道理，不需要多高的政治智慧，達賴喇嘛肯定非常明白。但限制他不能採取這種現實謀略和靈活手段的，最簡單的原因就是西藏流亡者不光來自衛藏，還有相當比例來自安多和康區。一九五〇年代對中共的武裝反抗首先起自安多和康區，大批反抗戰士和百姓為了躲避中共軍隊的圍剿而逃到衛藏。在達賴喇嘛出走之後，他們也隨之流亡，因此安多人和康巴人構成了流亡藏人的重要組成部分。他們的影響，可以從西藏流亡議會的議席比例上得到反映。流亡

議會一共四十五個議席，其中三十個議席是根據安多、康和衛藏三大地區分配的，每個地區十個議席[15]，那麼任何拋棄安多和康（哪怕是出於暫時策略）的方案都不可能被接受，在議會難以通過，在流亡藏人中更是會遭到激烈反對。無論從公正的角度出發，還是從各方面的利益出發，皆說不過去。僅此一點，就決定了達賴喇嘛與北京的談判，幾乎永遠無法找到共同點。

達賴喇嘛也有一個自己設的「局」。為了增強流亡陣營的戰鬥意志和爭取國際輿論的支持，他必須把中共描繪成徹頭徹尾的魔鬼。那形象對毛澤東時代的中共也許合適，但到鄧小平時代，中共已經大大改善了西藏政策，達蘭薩拉的宣傳口徑卻沒有做出相應調整，反而由於西方國家在國際政治中推行人權政策，為了獲得西方國家對西藏的更多支持，達蘭薩拉的宣傳機器變本加厲地攻擊中共，包括有意進行錯誤導向和胡編亂造地指控，這種宣傳政策無疑受到了達賴喇嘛的寬容，因為在他自己發表的各種言論中，也同樣看不到對中共改善西藏狀況的正面肯定[1]。在雙方宣傳機器互相攻擊的謾罵性氣氛中，是不可能導致建設性談判的，反而使北京產生「好心不得好報」的惱怒，失去與流亡藏人打交道的耐心。既然怎麼都不得好，乾脆我行我素。

西藏問題國際化的趨勢是達賴喇嘛的成功，同時也形成了一種使他陷身其中的「局」──既然全世界都在為西藏說話，他作為西藏的精神領袖與西藏流亡者的政治領袖，只能自覺不自覺地按照國際社會的「好意」和期望去表演。那雖然會博得喝采，樹立更高的道德形象和取得更多的國際支持，對解決實質問題卻不一定有益，反而會使他越來越無法改變形象和採取現實策略，與中共的距離只能越來越遠。

幾十年來，西藏流亡者一直把西藏獨立作為旗幟，在海外出生的第二代、第三代藏人從小就把獨立的目標視為天經地義和不可改變的。他們所接受的關於西藏歷史的教育，一直都把中國描述為殘暴的侵略者。這種強烈的民族主義教育有必要和成功的一面，使海外出生的藏人奮勇接過西藏解放之旗，而沒有因為時間流逝和遠離西藏本土

---

① 在這方面，達賴喇嘛近年已經做出了一定調整。──二〇〇九年註

失去對故鄉的關懷。但是在需要與北京進行更為靈活的談判時，妥協和退讓的餘地卻會因此變得很小。受過良好教育和接受了西方民主思想的年輕一代，又不像傳統藏人那樣迷信達賴喇嘛的權威，他們會毫不猶豫地對達賴喇嘛提出批評，甚至對他的神聖地位進行質疑。倫敦「西藏基金會」的主任平措旺傑就曾公開對西方記者抱怨，藏人對達賴喇嘛過分崇拜，認為應該是覺醒的時候了。

> 他們相信達賴喇嘛什麼都知道。過去的，現在的，未來的。他是神，所以他不會犯錯。我可不信這一套。我是佛教徒，沒錯。然而就我而言，他也只是個普普通通的人。因此，他有他的優點，也有他的缺點。我常常對我的同胞說，達賴喇嘛變老了。我們必須要問這個問題：他到底是不是菩薩的化身？……同樣的，當他做錯事的時候，我們也應該問這些問題。當他犯錯的時候，我們有義務提醒他。[16]

年輕一代寧可與中國人戰鬥到底，直到徹底解放西藏，實現西藏獨立。他們反對達賴喇嘛的史特拉斯堡方案，也不接受達賴喇嘛的非暴力主義。「西藏青年大會」的扎西南傑提到非暴力主義的時候，否定的口氣十分強烈。

> 達賴喇嘛的建議非常不好。他說他是慈悲佛。我可不是。達賴喇嘛追求幸福，不只是為了西藏人的幸福，更為全體人類謀幸福。他談沒有國界，沒有護照，沒有警察的世界。他相信這種事情。我們可不，我們不能用相同的眼光來看這個世界。我們必須要很真誠。我們不能說：「既然達賴喇嘛不怨恨中國人，我們也不怨恨中國人。」不。相反地，我們非常痛恨中國人。我們痛恨所有的中國人，因為他們是我們禍害的根源。他們侵略了我們的國家，我們絕對不會讓他們安安穩穩地睡覺的。[17]

甚至連達賴喇嘛的弟弟丹增曲嘉活佛也贊成使用暴力把中國人趕

出西藏。

> 非常難以想像中國人會灑脫地自己離去。除非是我們使用這個
> (他用右手比了比扣扳機的手勢)。您知道達賴喇嘛提出了他的計
> 畫。他扮演的是慈悲的紅臉。他是個和平主義者,是通情達理的。
> 他在這上面付出了無比的精神心血。他盡可能地和中國人妥協。可
> 是我不認為中國人有這種智慧去瞭解。因此我們必須要使用某些方
> 法才能給他們施加壓力。他們所認識的唯一壓力就是暴力……我們
> 必須要製造流血事件。
>  ……我們應該做些不讓達賴喇嘛知道的事。他不能夠知道。他
> 是在暴力之外。不過,您知道,我們生存在一個痛苦的世界裡。你
> 打我,我打你,大家都感到痛。只有這樣才能讓他們瞭解。我想中
> 國人只聽得懂暴力的語言。[18]

之所以越來越多的流亡藏人認可恐怖主義,是因為除此之外,實
在沒有別的途徑去想像幾百萬藏人如何可以戰勝十多億漢人和他們的
三百萬軍隊。恐怖活動可以用最小成本獲得最大效果。一方面,「這樣
可以使中國人心驚肉跳,可以把他們搞得雞飛狗跳」[19];另一方面,恐
怖活動容易獲得廣泛影響,吸引國際社會對西藏問題的關注。當某些
西方人表示,如果流亡藏人聽從達賴喇嘛的主張,放棄使用暴力,會
比較容易得到西方各國政府對西藏合法要求的正式支持。流亡藏人的
回答是:

> 當阿拉法特(Y. Arafat)殺人、製造恐怖的時候,各國政府爭相
> 與他會晤。他由此而得到對巴勒斯坦人民的援助和同情……阿富汗
> 的游擊隊也是一樣。當他們到倫敦的時候,他們被邀請上唐寧街十
> 號晚宴。當一直提倡和平、愛與慈悲的達賴喇嘛到倫敦的時候,沒
> 有任何一個人安排接見他。為什麼?並不是因為他不是個值得敬重
> 的人。相反地,全世界的人對他敬仰有加。問題就出在達賴喇嘛沒
> 有攻擊性。他不會製造問題。因此,根本不需要為他的事情操心。

我們不使用暴力的方式被誤解為力量薄弱的表現……如果這些暴力行為可以得到成果，為什麼我們不用這一招？這個世界就吃這一套。[20]

近幾年西藏發生的一系列爆炸事件，就是藏人恐怖主義者在將他們的主張付諸實踐。目前那些恐怖活動還遠沒有達到巴勒斯坦人的水平，但是其發展勢頭不可小視，水平也會逐漸提高。

在內部分歧和激烈爭執中，達賴喇嘛撤銷了他的史特拉斯堡方案，但是如何選擇西藏的前途，是西藏流亡者必須要解決的問題。為此，達賴喇嘛於一九九五年提出了「人民公決」的設想——即由全體藏人對目前存在的四種主要方案進行投票表決，為西藏確定一條未來道路。四種方案分別為：

一、西藏獨立；
二、「中間道路」；
三、「自治道路」；
四、「正義事業運動」。

其中的「中間道路」即為達賴喇嘛提出的史特拉斯堡方案。堅持西藏獨立的人認為，如果同北京對話能夠取得成效的話，走「中間道路」也不是不可以。問題在於爭取同中國談判是沒有希望的，因此「中間道路」沒有實際意義，既然達不到解決問題的目的，那還不如將獨立的要求堅持到底。

「自治道路」比「中間道路」還退一步，只要求藏人的自治權，暫時可以不談其他要求。能爭取到西藏獨立當然很好，但那並沒有實際可能性，連「中間道路」也是不會被北京接受的，所以必須基於現實的基礎，實現充分自治比起現在由中共統治，就是獲得了很大的進步。

另一部分人則認為現在選擇西藏未來道路還太早，不過是口頭選擇一下而已，並不能真正實現，目前的情況是藏民族的生存都面臨危

險,因此他們主張首先應該像當年聖雄甘地（M. K. Gondhi）在印度推行正義事業那樣在西藏開展正義運動,發動藏民族,在西藏掀起不承認漢人統治的運動,要不惜犧牲生命為正義事業努力奮鬥。正義運動開展得越深入,西藏問題在國際上的影響就越大,也就可以促使中國轉變思想。只有當正義運動在西藏形成一定規模時,才能真正決定選擇什麼道路的問題[21]。

在公決方法上,達賴喇嘛提出,鑒於西藏境內被中共統治,進行全面投票公決有困難,因此,可以採取在各地區徵求代表性意見的辦法進行,而對境外藏人,則要有組織地全面徵求意見以最終確定結果。近年,中共在西藏的安全機構不斷查出從境外帶進西藏的「公決表」,說明公決活動一直在推動之中。

公決是使達賴喇嘛擺脫兩難境地的一條出路,但也同樣可能把西藏問題進一步推進難以破解的「局」中。即使是達賴喇嘛自己提出的「中間道路」最終能獲得公決的多數同意,他在與北京的談判中,從此也就再沒有了退讓的餘地。因為按照現代世界的民主規則,公決結果意味著最高的法律,任何人都不能違背和修正。對於篤信宗教的藏民族,達賴喇嘛在進行公決的過程中也許可以充當主宰民意的神,而公決一旦完成,他就將淪為公決結果的人質。既然他奉行民主原則,採取民主的公決形式,又把公決結果拿到全世界面前作為自己的行為依據,他的神性就由此而失,他的身分就只剩下執行民意的政治代表。那種時候,如果他的「中間道路」不被中國接受呢?那幾乎是肯定的。除了囿於公決結果,他就只能不越雷池一步地扮演一個道德形象了,再也不能去尋找別的打破僵局的辦法了。

大的歷史轉折和突破性進展往往是在強權的主持下才容易實現（包括西方民主制的實現）。達賴喇嘛本來有這個條件,但出於他的民主理念,可能也有國際舞台對他的角色確定,他主動放棄對自身權威的利用。然而以民主的手段,把西藏的未來交給並不清楚民主為何物的大多數藏人,前途如何應該是帶著很多問號的。

另外,達賴喇嘛的年齡也是形成「局」的一個因素。生命有限,終點越來越近,而他追求的西藏解放前景渺茫,問題的解決遙遙無期。

一生壯志未酬，誰也不會心甘情願。六十三歲的達賴喇嘛已經沒有多少靜觀待變的時間，他的耐心是否也已被流逝的生命消磨得差不多？他的心情從他與一位流亡中國人的談話可以得到反映。當那位中國民運人士表示中國實現民主後，西藏問題就能得到解決時，達賴喇嘛說：

> 我給您講一個寓言，佛祖釋迦牟尼誕生後，有一個婆羅門會看相，他看出釋迦牟尼未來會成為拯救人類的導師，但他自己卻哭了，他說：「佛祖會完成他的偉大事業，但那個時候我已經死了。」那麼您看，西藏是否有這種可能性，即在未來民主中國出現時候之前一刻，西藏卻死掉了？[22]

在為西藏自由而鬥爭的事業中，沒有任何人能夠在達賴喇嘛身後接替他的旗幟。這是西藏宗教轉世制度一個由來已久的問題。每位達賴喇嘛去世之後，都至少要等待二十年左右，他的轉世——也即後一位達賴喇嘛才能長大成人，擔當起西藏政教的領導大業。而那二十年時間，往往是脆弱和容易發生問題的階段。如果十四世達賴喇嘛不能在他此生解決西藏問題，他的死亡將使西藏自由事業群龍無首，很可能由此陷入內亂和低潮。即使下一任達賴喇嘛成年後有能力重整旗鼓，時間的浪濤可能已將藏人的戰鬥意志和世人對西藏的同情沖刷掉了大半。這悲哀的情景可能經常在達賴喇嘛的腦海中浮現。他目前身體不錯，加上善於養生，也許還有一、二十年的時間，但是在歷史長河中，一、二十年不過是彈指間。以他這有佛之大胸懷的人，對此再清楚不過。他之所以要搶在中共前面指認班禪靈童，這樣一個動機肯定起了重要作用：按時間計算，在他去世時，現在的班禪靈童將已長大成人，他希望那班禪能夠在那時代替他，接掌西藏自由事業的旗幟。為了達到這個目的，靈童必須由他指認，才有利於形成這種薪火相傳的關係，而不會像以往歷史那樣，讓漢人把班禪當作對抗達賴的工具。

且不說達賴喇嘛走的這步棋是否會在將來產生他預期的作用，至少在他和中共的互動關係中，他這一次「出擊」的結果是使中共對他徹底敵視，從此再不留有餘地，雙方之間的「局」因此成了無法迴旋

的僵局。中共自恃擁有一切——西藏的領土、人民與政權全在它手中,對達賴採取了徹底不理睬的態度,就是準備用時間來耗乾他。中共同樣看到這一點,只要達賴喇嘛生命枯竭,西藏獨立勢力就會瓦解,再也難成氣候。

達賴喇嘛怎麼破這個「局」呢?怎麼在自己的有生之年有所作為而不是白白被耗乾呢?面對中共的不理睬,似乎只有採取更多的主動出擊,中共不談,那就不停地製造事件,打破沉悶,逼著中共做出反應,並且使西藏始終位於世界矚目的中心。因此,流亡藏人是不會容忍西藏社會從此變得安定的——儘管西藏境內的藏人正處於歷史上的最好狀態,儘管安定會使境內西藏人少受犧牲,也會使中共的壓迫緩解,但是中共統治下的西藏發生社會動亂,本身是海外流亡藏人從事西藏解放事業的最大資源。為了獲得這種資源,他們有很多理由去推動和操縱西藏境內對中共的反抗。

可以想像,如果達賴喇嘛一方有所「作為」,北京也一定要還以顏色,拿出更多的「作為」。就像兩個鬥毆的人,如果都不想認輸,又沒有外界力量進行制止,開始的你一拳我一腳,最後一定會發展到你死我活才見分曉——這就成了一個死局。

## 三、達賴的漢人同盟者

僅憑幾百萬藏人與十數億漢人進行戰爭,西藏永遠沒有取勝的希望。這個冷酷的現實長久地困惑那些為西藏獨立而奮鬥的人們。尤其今天的中國又在不斷變得更加強大,把西藏從中國統治下解放出去的前途似乎更為渺茫。可能正因為如此,達賴喇嘛近年改變了他的路線——西藏不能把中國人當成一個整體的民族來對待,而是需要分化對方,從中尋找自己的同盟。當年毛澤東分化了藏人,結果就把西藏擺布於股掌,鄧小平一不小心讓藏人重新整合為一體,西藏從此就問題多多。以強大民族對付弱小民族,都有如此區別,以弱小民族對付強大民族,就更應該把主要精力放在分化對方,從對方爭取同盟者,而不是不分青紅皂白地對之一概加以仇視和打擊。

一九八九年的「六·四」事件使中國大批反對派人士流亡國外，形成了中國人在海外的「民主陣營」，正是在他們身上，達賴喇嘛看到了爭取漢人同盟者的可能。

　　這種轉變對雙方來說都有一個過程。即使是達賴喇嘛，過去也把中國人視為彼此一樣的人。他的講話中經常用「中國人」這樣一個整體性概念。而漢人，即使是中共的反對派，也常常把「領土完整」視為不可討論的原則。拉薩那些在「六·四」期間組織示威遊行的漢人，當西藏大學的藏人學生希望與他們聯合行動時，他們提出的條件是絕對不許喊西藏獨立的口號。一位參加了天安門抗議運動的學生後來說，「六·四」死難者做夢也想不到，他們流的血換來的是達賴得到諾貝爾獎，而他們如果活著，都會堅決反對西藏獨立。對此，藏人丹增羅布指責說：「當我與天安門的學生領袖們談起『六·四』屠殺的時候，我們一起譴責北京政權，但當我提起西藏問題時，他們馬上又附和起中國政府。他們這是爭取的哪一門子民主自由……」[23]

　　歲數較大的中國流亡者比青年學生的眼界寬闊一些，他們在「六·四」事件之後僅一個多月，就提出了「中國聯邦」的構想，開始考慮以聯邦方式解決西藏問題。一九八九年十月十二日，中國流亡者的組織「中國民主聯盟」三個主要人物——嚴家其、萬潤南和林希翎，在巴黎的「民聯」總部與西藏流亡政府駐歐洲負責人祕密會面，開始了雙方第一次接觸。同年十二月四日，達賴喇嘛在巴黎與嚴家其會晤，雙方將其稱之為「歷史性」的會晤。

　　其後，流亡前擔任中國社會科學院政治學研究所所長的嚴家其致力於「中國聯邦」的制度設計，提出了西藏與中國應該結為「邦聯式的聯邦」關係。用他自己的話解釋這個繞口概念的含義：「邦聯式的聯邦實際說了一個意思：歷史上西藏同中國歷代王朝的中央政府的關係最接近的一個模式，今天用科學語言來講就是邦聯式的聯邦。」[24] 也就是說，他的主張就是中國與西藏回到清朝駐藏大臣式的關係。那雖然還是在達賴喇嘛的史特拉斯堡方案內打轉，卻是由漢人主動提出來的，因此對藏人來講，肯定應該視為具有特殊的歷史意義。

　　一九九一年九月第一次中藏關係討論會在紐約哥倫比亞大學召

開；一九九二年在華盛頓召開了「中藏關係：未來的展望」討論會；一九九二年七月，中國流亡者首次派代表團訪問達蘭薩拉，會晤達賴喇嘛和西藏流亡政府的噶倫。雙方的共識不斷增強。著名的中國持不同政見者方勵之多次表示，西藏獨立的問題應該由藏人自己決定，無論那決定是什麼，中國人都應該給予尊重[25]。

一九九四年，嚴家其與西藏流亡者方面的阿沛·晉美有一次會談。阿沛·晉美是中國政協副主席阿沛·阿旺晉美的兒子。他父親因為與中共簽署了《十七條協議》並一直擔任中共高官[①]，被西藏獨立戰士視為「藏奸」。阿沛·晉美從小在北京長大，一九八五年到印度探親，又去美國上學，隨之便投靠達賴喇嘛，參加了西藏流亡運動。由於其具有特殊地位，精通漢語並熟知漢人，他現在已經成為代表西藏流亡團體與中國流亡者進行接觸的主要角色[②]。在那次會談中，阿沛·晉美針對嚴家其的「邦聯式的聯邦」提出進一步設想：

> 給西藏二十年時間在聯邦裡，二十年之後，可以實行公民投票，是繼續留在聯邦裡，還是脫離聯邦。[26]

對此設想，嚴家其給予高度評價，讚譽阿沛·晉美是一個非常有政治智慧的人，了不起。嚴家其個人對西藏去留的表態是：「漢藏只要能和平分離，我是贊成的，現在都贊成。」[27]

一九九六年五月，一本被稱為「中國大陸知名異議人士第一次主張西藏人民自決權」的書在台灣出版。那本書是十一位中國流亡者寫的有關西藏問題的論文集。主編曹長青在前言裡這樣寫：

---

[①] 阿沛·阿旺晉美多年來一直擔任中華人民共和國人大常務委員會副委員長，因為人大規定最多只能任兩屆，他卻作為具有象徵性的藏人代表連任了五、六屆，從法律上實在說不過去了，才轉任全國政協副主席。

[②] 阿沛·晉美現在是美國自由亞洲電台藏語部主任，專心致力於媒體工作，不再參與流亡西藏活動。——二〇〇九年註

作為中國人，我們深深地為中國人在西藏的所作所為感到羞愧。因此，我們用此書祭奠在中國殖民統治下被殺害的藏人；也將此書獻給六百萬正在爭取自由獨立的西藏人民，作為中國知識分子遲到的覺醒，對西藏人民遲到的支持，和遲到的懺悔與贖罪……[28]

曹自己的文章，題目就叫「獨立，西藏人民的權利」；一九三〇年代即加入中共的流亡作家王若望表示，「西藏人民有選擇的權利」[29]；曾任「中國民主團結聯盟」主席、中國留美同學經濟學會會長的于大海表示：「如果西藏的居民大多數希望獨立，中國的民主政權應當同意」[30]；中國民主基金會的理事會主席沈彤主張，以自由主義和個人權利的原則重新審視中國與西藏的關係；學者項小吉希望西藏的「或去或留都應以真實的民意為依歸，尊重西藏人民的選擇」[31]……儘管有些作者對西藏獨立的問題仍然持謹慎態度，但是所有文章都譴責了中共的對藏政策，並表示應該給西藏更多自由。

按照民運雜誌《北京之春》的經理薛偉的總結，中國海外民運人士對西藏問題的態度可以歸納為三個原則：

> 第一是民主的原則，即西藏人民有權利決定自己的命運和生活方式，要承認他們的民族自決權，別的民族不能包辦代替；第二是和平的原則，即反對以武力解決任何統獨的爭端，絕不能用軍隊去屠殺、鎮壓手無寸鐵的人民；第三是過渡的原則，如果在統獨問題上出現了很大的分歧，一時解決不了，可以通過長期的談判，在五年、十年之後，在平等和睦相處，互信互利的前提下，先實現西藏的高度自治……如果在這樣長期過渡後，西藏人民仍然希望獨立，認為做好鄰居比做親兄弟更好，西藏人民也可以通過公民投票決定自己的前途，中國的民主政府必須尊重西藏人民的選擇。[32]

一九九七年三月，日內瓦聯合國人權大會開會期間，西藏流亡人士的示威集會第一次出現漢人的隊伍，雖然人數不多（三十七人），但是代表中國民運三個組織，在上萬人的集會人群中影響很大。著名的

中國政治犯魏京生的妹妹魏珊珊等在集會上發了言，受到熱烈歡迎。這次活動標誌著中國流亡者與西藏流亡者已經跨過初期接觸和思想磨合的階段，開始了共同行動。

中國流亡者逐步產生對西藏獨立和民族自決的認同，一方面是他們在西方環境的薰陶下，逐步接受西方視角和西方價值觀的結果。西方社會對獲得諾貝爾和平獎的達賴喇嘛的熱情和崇拜，也使他們不可避免地受到感染①；另一方面是西藏問題無法被中國的民主運動所迴避，未來的民主中國不可能只給漢人民主，而繼續以中共的方式鎮壓少數民族。如民運人士在考慮未來形勢和策略時所認識到的：

> 如果那時民主政府仍沒有做出允許自決的承諾之思想準備，政府與藏人之間就難免發生衝突乃至流血事件。這對百事待舉的新政府來說，會是道義上的摧毀性打擊，弄不好會影響到政權的生存。33

還有一個因素可能也有作用，當中國海外民運陷入低谷、資源出現短缺的時候，與西藏獨立事業合作可以帶來新的資源和新的「統一戰線」，以及西方人的歡迎態度。

對達賴喇嘛來講，這無疑令人鼓舞，是在與中共打交道徹底碰壁之後，漆黑前景中展現的一線希望。未來中國如果能夠由這些贊成給西藏以選擇自由的人上台執政，西藏問題豈不就有了解決的可能？

---

① 以曹長青描寫達賴喇嘛的文字為例，可以看出這種影響達到的程度：

「他是有著兩千多年歷史的西藏的第一個世界級領袖；他主張的『人類責任』、『非暴力』哲學，和他超越的精神境界與人格尊嚴，使他與甘地、馬丁・路德・金恩（M. L. King）並列，成為世界近代史上主張和平非暴力解決種族衝突的著名領袖……在這個世俗、貪爭的物欲世界，他體現著淨土、超越和精神力量。

「……如果他是人，何以能夠在這個庸俗做作、物欲橫流的世界保持單純、自然和精神超越。如果他是神，怎麼能夠那樣充滿可以觸摸的親近、熟悉和炙熱的人間之情。

「我們感歎：這是一顆塵世少有的超脫的靈魂，這是一個人間罕見的接近大自然的血肉之軀。面對他那靜謐的微笑，他那兒童般的純真，你想起一片海洋，一片森林，一片小草，你感到反對他的人像反對大自然一樣不可思議……」（《紐約訪達賴喇嘛》，載《中國大陸知識分子談西藏》）

這些人怎樣才能在中國上台？前提當然只能是中國社會實現民主
——西藏的未來就這樣和中國的民主前景聯繫在一起了。

對西藏而言，中國民主化的另外一個意義還在於，中國只要實行
了民主，就不能不受世界「民主」秩序的約束和影響。那時，同情西
藏獨立的國際心理和輿論就可以產生實質作用，迫使「民主」的中國
政府不敢與之杵逆。藏人才會有爭取自由的空間和安全保障。

所以，為了西藏的未來，西藏流亡者就應該幫助中國實現民主，
把中國的民主事業當成西藏爭取自由的一個組成部分；同時，還需要
從現在就開始與中國民運人士聯絡感情、溝通意見、建立聯合，如果
他們未來有可能成為民主中國的領導人，今天的投資就會在那時得到
豐厚的回報。

一九九五年六月四日，「六‧四」六周年紀念日，達賴喇嘛在達蘭
薩拉發布聲明，把一九八九年的中國民主運動稱為「當代中國歷史上
最令人感到鼓舞、感動和產生希望的事件」，堅定地與中國民主派站到
了反對北京政權的一邊。這本來是不少流亡藏人出於與北京談判的策
略而反對的。這種選擇反映了達賴喇嘛的戰略轉變。在聲明裡，達賴
喇嘛強烈地呼籲國際社會對中國的民主運動和民主力量給予支持，同
時表達了他對中國民主運動的祝願：

> 我強烈地認為，國際社會有義務對中國的民主運動提供道義和
> 政治的支持……說到底，是那些有奉獻精神的、有勇氣的民主運動
> 的成員們，才會把中國帶入一個未來的自由和民主的社會。正因為
> 如此，中國的民主運動應該得到一切幫助、鼓舞和支持。
>
> ……今天，當我們的中國兄弟姐妹們紀念一九八九年六月四日
> 的大慘案時，我願藉此機會表達我對那些為這一偉大的國家的自
> 由、人權獻出生命的人們的敬意。我還願為你們的那些勇敢的捍衛
> 這些人類共同的和固有的價值而被監禁的同胞們祈禱，並祝民主運
> 動成功。

一九九五年九月九日，達賴喇嘛在美國波士頓對四百多名中國學

者和留學生發表演講，聲稱不願與中國為敵。

如果我們選擇與中國待在一起，我們應像兄弟姐妹一樣一起生活。如果我們選擇分手，我們應該做一個好鄰居。無論如何，和中國保持長久的友好關係應該是西藏的一項根本原則。

在解決西藏問題時，我們不僅要考慮西藏和西藏人民的根本利益，也要認真考慮中國的利益。中國的戰略利益，經濟利益，中國人的民族感情等都要考慮到。在西藏地區生活和工作的中國人的生命、財產、安全，他們的人權等要得到保護。他們未來的走向應該逐步和平、合理、妥善地協商安排。

在藏人內部，達賴喇嘛敦促他的同胞轉變對待中國人的態度，要求他們把中國人民與中共統治者分開，不要再提「漢人滾出西藏的口號」，而是要和中國人民一道爭取從中共的統治下解放出來，實現共同的民主和自由。

達賴喇嘛對中國民主派人士的重視程度，可以從他去美國參加「現代科學與宗教」會議的日程安排上看出。由於在美國的時間只有兩天，時間非常緊張，他因此拒絕了美國 ABC 電視《黃金節目》女主播戴安・索耶所要求的採訪，而同時，卻把僅有的一點時間給了中國民主運動的記者。記者後來這樣記述：

他微笑著，上前一把攫住我們的手，那瞬間的莊嚴和神情的交流，將整個空間充溢得鴉雀無聲。

他一直這樣緊緊地攫著我們的手，挽著我們來到隔壁一個小書房。我們的手生平第一次被人這樣長時間地緊緊攫著，而且攫得那樣有力量。在那一瞬間，感到從他那溫暖的手中，傳遞出真誠和信任……34

那次達賴喇嘛接見的記者之一，就是後來編寫《中國大陸知識分子論西藏》一書的曹長青。他現在已經成為中國流亡者中最堅定的西

藏獨立支持者。

正如達賴喇嘛自己所說，他「始終以極大的關注、希望和期待注視著中國政治的演變」[35]，他把西藏未來的希望寄託於中國將發生蘇聯那樣的變化。如果那時中國民主派上台執政，今天播下的種子就會結出果實。理論上，這種期望符合邏輯。中國作爲當今世界最後的共產主義專制堡壘，肯定擋不住席捲世界的民主化大潮，終要變化。然而中國民主化之日，是否就會發生蘇聯解體的情況，成爲西藏自由之時呢？

中國與蘇聯有兩處很大的不同。第一處不同在於蘇聯的主體民族——俄羅斯人在蘇聯總人口中只占五十％多一點，而中國的主體民族——漢族在中國總人口中占到了九十三％[①]；第二處不同在於俄羅斯的領土占蘇聯領土的七十六％，而漢人主要聚居區只占中國領土的四十％左右。從這兩處不同可以看出，根據民族劃分的國家解體，對於俄羅斯人和漢人，意義是不同的。五十％的人口獲得七十六％的領土，與九十三％的人口只剩四十％的領土，二者對解體的態度可能完全不一樣。而沒有主體民族的贊同或至少是默許，一個國家的和平解體就不太可能。

固然，問題不會極端到一個西藏的分離將帶動中國五十五個少數民族全跟著要求自治，但是至少新疆和內蒙古會提出同樣要求。它們和西藏的情況差不多，只給西藏特殊地位是說不過去的。而這三個地區的總面積超過五百萬平方公里，已經是中國領土總面積的一半以上。那麼，面對中國人口爆炸、空間擁擠、資源匱乏的狀態，哪一個中國當權者敢於放棄一半的領土呢？即使那時中國已經是民主選舉產生的政權，九十三％的漢人選票對掌權者的作用肯定更大。

有人會說，達賴喇嘛已經宣布了他的「中間道路」，並沒有要求西藏徹底獨立，中國民運人士答應西藏方面的，也只是「邦聯式的聯邦」，而非獨立。未來對新疆和內蒙古，頂多也是實行「邦聯式的聯邦」，那

---

[①] 根據二〇〇五年全國一％人口抽樣調查，漢族占總人口的比例下降到九十・五六％。（見「中央政府門戶網站 www.gov.cn」）——二〇〇九年註

五十％的領土，還屬於中國聯邦。

也許以達賴喇嘛的人格，說話是算數的。問題是，人格是不可以寄託國家前途的。法國記者董尼德在採訪達賴喇嘛的弟弟丹增曲嘉時，專門就達賴喇嘛的「中間道路」有過一段談話。

> 一點疑問也沒有，丹增曲嘉認為史特拉斯堡的演說是最能夠說服中國人坐下來一起商談的建議。然後呢？這是不是走向完全獨立的跳板呢？達賴喇嘛的弟弟搔著頭一言不語地看著我。很明顯地，他是在斟酌他可以說些什麼而不會給西藏的外交帶來困擾。經過一段考慮後，他決定了。他說：「我們先求自治。然後再把中國人趕走！就像馬可仕（F. E. Marcos）被趕出菲律賓一樣，就像英國人被趕出印度一樣！我們是為世代著想，為著後代子孫著想。自治將是個起步。」[36]

連達賴喇嘛的弟弟都把「中間道路」當作臨時對付談判的緩兵之計，最終西藏還是要走向完全的獨立，可知其他西藏人更是會這樣想。即使達賴喇嘛本人是真誠的，他能否左右未來的發展，以及在他身後，西藏人將怎樣做，他已經是無法控制的了。

以嚴家其與阿沛·晉美達成的共識——聯邦實行二十年後，由西藏公民投票決定西藏去留——為例，嚴家其對結果這樣預期：「你（中國）做好了，西藏就留在大家庭裡。」[37] 這只不過是想像中的願望。所謂的民族自決從來都存在一個被誰主導的問題，主導者只能是其民族精英。前面已經講過，獨立可以使民族精英得到更多的利益，因此精英對獨立的熱中總是高於普通百姓，而百姓又往往被精英所操縱，那種自決的結果其實不難想見。嚴家其所說的「做好了」是什麼？除非是源源不斷的巨額財政供養，別的好和不好都沒有共同標準。而那時要供養的就不是西藏一家，否則新疆和內蒙古也會認為你沒有做好，鬧著要和你分家。

所謂「屁股決定腦袋」（立場決定觀點）是被屢屢驗證的規律。即使中國民主派未來上台，可能也會改變現在對西藏的態度。就像當年

中共也曾許諾給少數民族以聯邦地位一樣。一旦從反對派成爲執政者，「道德」就退居次後，國家利益則理所當然上升爲第一位。何況還有人給他們描繪了這樣的前景：

> 假如中國民主政府敢冒天下之大不韙，允許西藏獨立，那麼中國將爆發一場新的「五四」運動，數億漢人將上街示威指斥民主政府賣國，軍隊則將打著「順應民意」與「維護國家統一與領土完整」的旗號發動政變，立足未穩的民主政府就會頃刻垮台。[38]

而民主派若再食言，結果將使藏人積怨更深，西藏問題從此更難解決。

## 四、中共再施鐵腕

自一九八〇年代後期，拉薩發生街頭反抗運動並導致當局在拉薩實行軍事戒嚴之後，北京的治藏政策開始向強硬方向轉變。到一九九四年「第三次西藏工作座談會」，形成了比較明確的強硬路線和具體部署。但是其毫無顧忌地使用鐵腕和高壓，是在一九九五年達賴喇嘛搶先認定班禪轉世靈童之後。

北京一直把班禪當作對抗達賴的武器。十世班禪的猝死本已是它意想不到的損失。對共產黨的文化而言，指認靈童和任命官員同一道理，既然誰任命的官員就聽誰的，那麼要想讓轉世班禪將來繼續服從自己，就必須保證其出於自己的指認，而不能讓他人——尤其不能讓達賴——插手。所以從一開始，北京就在轉世問題上隻字不提達賴喇嘛，儘管按照藏傳佛教儀軌，達賴和班禪在彼此的轉世上需要介入。達賴喇嘛表示協助尋訪靈童的意願遭到北京的拒絕；達賴喇嘛也曾通過中國駐印度使館，邀請負責尋訪靈童的札什倫布寺主持到印度與他共商大計，同樣沒有得到北京批准。

但是北京沒有想到，正是它信任的班禪靈童主持人恰扎活佛將一切情況都暗中通報達賴，使達賴得以完全符合宗教儀軌地在靈童候選

人中挑出最佳人選，搶先公布於世。北京感覺自己成爲被愚弄的對象，在世界面前蒙受了羞辱。它的憤怒反應是另起爐灶，重新確定三名候選人進行掣籤，「選」出它指定的班禪活佛（被藏人稱爲「漢班禪」），而把達賴喇嘛指認的班禪靈童根敦・卻吉尼瑪祕密軟禁，將恰扎活佛判刑入獄。

對此，達賴喇嘛譴責中共：「一個信仰無神論的共產黨，一個視轉世靈童制度爲荒謬、迷信的政府，卻在告訴我們如何去尋找，尋找的步驟應如何，誰應該批准……這種作法是根本蔑視西藏人民的傳統和習俗。」[39] 一九九六年二月十九日（藏曆新年），達賴喇嘛在達蘭薩拉用他所指認的班禪根敦・卻吉尼瑪的巨型照片，爲他舉行了坐床儀式。至此，西藏出現兩個班禪並存的局面①。

從戰術上，達賴喇嘛搶先指認班禪靈童是一個勝利，即使中共又搞出一個班禪，至少有一個班禪已經產生於達賴，相當一部分效忠班禪的藏族僧人和百姓也會隨「達賴的班禪」分化出來，成爲中共的敵人。不過這個勝利的代價是中共的徹底敵對。中共在西藏自治區地位最高的藏人官員熱地在內部講話中，對達賴指認班禪靈童之事這樣定性：

---

① 有人認爲達賴喇嘛認定的班禪人間蒸發，中國當局另立班禪，達賴喇嘛什麼都沒得到。但如果把班禪轉世看作一盤棋，其中存在著好幾種可能：第一種是中國政府先認定，達賴喇嘛不同意，另選自己的班禪，這容易使人認爲導致產生兩個班禪的責任在達賴；第二種是中國政府認定後，達賴喇嘛同意，這等於放棄了宗教權利，把班禪的合法性來源交給世俗權力。顯然這兩種情況對達賴喇嘛都不利。第三種情況是達賴喇嘛先認定，中國政府同意；第四種就是現在這個結局，達賴喇嘛先認定，中國政府不同意，另選班禪並監禁達賴喇嘛的班禪。表面看，第三種情況對達賴喇嘛最有利，第四種最不利。但實際卻不然，因爲確認的班禪是在中國政府控制下，由中國政府培養，等到達賴喇嘛圓寂時，按照達賴和班禪互相認定的歷史傳統，中國政府就可以操縱那位班禪去選擇下一世達賴。既然那位班禪是由達賴喇嘛選定，由他確認達賴轉世的合法性不容置疑，中國政府就可以由此主導達賴的轉世。新達賴將和班禪一樣落入中國政府的控制，被培養成效忠中國政府的工具。而當新達賴和中國政府站在一起，西藏的抗爭在很大程度上就會失去根據，也會失去凝聚核心。第四種情況，因爲中國政府另選的班禪沒得到達賴喇嘛認定，就不會有認定達賴轉世的合法性。而中國政府不認可達賴喇嘛的班禪，對其只能監禁卻無法利用，這就使達賴喇嘛可以確保按自己的意圖進行轉世，從而保證西藏的抗爭不被瓦解。即使中國政府那時還會強行認定另一個「達賴」，但因爲它的「班禪」是假，假「班禪」認定的「達賴」便是假上加假，更難得到藏人和國際社會承認。由此看來，中國政府拒不承認達賴喇嘛認定的班禪，結果是喪失了瓦解西藏抗爭的一個絕佳機會，而達賴喇嘛卻由此避開了一個致命威脅。──二○○九年註

這次達賴公開與我們攤牌，是在班禪轉世工作關鍵階段企圖孤注一擲，拚死與我們爭奪班禪轉世工作的領導權和靈童最終認定權，最終達到與我們爭奪人心，爭奪群眾，爭奪寺廟領導權，以此來搞亂西藏，分裂祖國，這是這場鬥爭的焦點。我們與達賴集團圍繞班禪轉世問題進行的這場鬥爭，絕不是什麼宗教問題，而是一場嚴肅的政治鬥爭，是長期以來分裂與反分裂鬥爭的繼續，是現階段階級鬥爭的集中表現，是隨著反分裂鬥爭的不斷深入，我們與達賴集團短兵相接、針鋒相對的一場白刃戰……40

熱地的最終結論是：

達賴及其追隨者由於其階級本性所決定，他們妄圖分裂祖國的政治圖謀永遠不會改變，我們不能對他抱任何幻想。41

這個結論意味著，從此以後中共將改變以往對達賴「留有餘地」的態度，不再考慮與達賴交往或談判。這應該被視為「靈童」事件導致的中共西藏政策一個轉折性變化。

對中共來講，雖然強行另立了一個班禪，但在藏人心目中其宗教合法性十分可疑。不少藏人寧願對著「達賴的班禪」——根敦・卻吉尼瑪的照片進行膜拜，也不願意去拜能看見真人的「漢班禪」；當局為「漢班禪」的產生在拉薩七大寺廟舉行布施——即給所有僧人發錢，多半僧人拒絕領取，同時那些僧人還拒絕為「漢班禪」坐床舉行佛事活動；西藏各寺廟幾乎全部拒絕擺放「漢班禪」的畫像或照片，當局到處發行的「漢班禪」像沒有人買，而根敦・卻吉尼瑪的照片卻通過各種渠道從國外走私進西藏，受到藏人廣泛歡迎。原本屬班禪喇嘛管轄的後藏地區，歷史上一直有「親漢」傾向，這次也與北京對立。後藏首府日喀則因為社會不穩定甚至導致宵禁，札什倫布寺也因發生了僧人抗議鬧事而被當局關閉了好幾個月，一些僧人遭到拘捕。

反抗中共的恐怖活動開始在西藏出現。儘管達賴喇嘛一直勸告他的追隨者以非暴力方式進行鬥爭，還是接二連三地發生了爆炸事件。

拉薩的進藏公路通車紀念碑最先被炸，炸彈威力不大，只破壞了紀念碑表面，但影響很大。隨後被炸的有自治區人大副主任的住宅和藏北一個與中共關係密切的活佛的住宅，還有商店，甚至炸了中共西藏黨委會的大門和昌都縣黨委的大門。一時西藏風聲鶴唳，氣氛緊張。據說中共安全機關還阻止了一個更為廣泛的破壞計畫，其中包括在西藏自治區成立三十年典禮之際，炸掉北京代表團必經之路的隧洞和橋梁，並且在拉薩煽動抗議示威。

在國際上，北京也因為干涉班禪轉世遭到廣泛批評。中國總理李鵬被畫成戴著喇嘛雞冠帽騎著犛牛在西藏高原上尋找靈童的漫畫形象。歐洲議會、澳大利亞議院、法國議會兩院都通過決議，支持達賴喇嘛認定的班禪，把六歲的根敦‧卻吉尼瑪列為世界年齡最小的「政治犯」。

北京以多疑的眼光看待世界，西藏問題似乎已經成為西方遏制中國棋盤上的一個重要棋子。它不相信西方掛在口頭上的「人權」之說，因為即使在西藏人權狀態更糟的時候，西方也曾與中國有過最好的蜜月期，那時西方並沒有把西藏當回事。可是現在，僅一九九四年一年，西方就有五個國家的議會形成了有關西藏問題的決議，十國的議會討論了西藏問題，還有五國議會成立了支持西藏流亡者的組織①。美國把給西藏流亡政府的津貼從每年二百五十萬美元提高到七百五十萬美元，並且在中共總書記江澤民訪問美國之際，宣布設置具有官方性質的「西藏協調員」，負責與西藏流亡政府的聯繫。在中共心目中，達賴的活動能量完全隨西方與中國的關係而變化。在西方需要利用中國牽制蘇聯的年代，他們對達賴的支持少，達賴就掀不起風浪，當西方以中國為遏止對象以後，達賴就猖狂起來。按一位中共安全官員的話說：
「幾十年的歷史證明，我們跟達賴的鬥爭，實質上是跟美國與西方陣營的鬥爭。鬥爭將是長期的，何時結束不取決於我們，甚至也不取決於達賴，而是取決於美國和西方。」

北京認為，在蘇聯和東歐社會主義陣營解體後，以美國為首的西

---

① 第一次「支援西藏問題」國際會議主席覺吉帕里扎斯提供的數字。

方把下一個目標對準了中國。它們要把所有的共產黨國家都搞垮，肯定不會放過中國這最後一個共產大國。就像蘇聯的解體首先是源於民族分裂一樣，在西方顛覆中國的計畫中，作為突破口的首先也是中國少數民族地區。目前，西藏流亡者與中國海外民主人士的聯合，西藏流亡集團與海外的新疆及內蒙古獨立勢力的聯合①，還有達賴喇嘛一九九七年訪問台灣，與「台獨」勢力的接近②，都被北京視為是西方這一陰謀的組成部分。要想避免美國和西方的陰謀得逞，它就必須加強穩定少數民族地區。

西藏被北京視為穩定少數民族地區的重中之重，其他民族地區雖然也有不少問題，但都不像西藏那樣複雜和具有國際化的背景。而西藏之所以難辦，關鍵就在於有個達賴喇嘛。熱地在講話中這樣告誡西藏自治區的共產黨幹部：

> 我區不穩定的根本原因就在達賴集團的破壞。揭批達賴不僅是當前這場鬥爭勝敗的關鍵，也是整個反分裂鬥爭勝敗的關鍵，我們一定要通過揭批達賴，打消他在區內的影響，奪取他的市場，保證我區的長治久安。[42]

所謂的「揭批」是文化大革命傳下來的術語，由「揭發」和「批判」二詞合併而成。靈童事件後，西藏各級中共機構派出工作組，下到農村、牧區、企業、寺廟等處，組織並要求藏人對達賴喇嘛進行「揭批」。但他們馬上就發現一個尷尬的現象——幾乎所有的藏人家裡都供奉著達賴喇嘛畫像，更別說大大小小的寺廟。藏人每天在家念經祈

---

① 一九九三年一月，西藏流亡者代表、新疆艾沙集團的代表和海外的「內蒙古解放陣線」代表在德國召開聯席會議，成立「三方同盟會」，發表了「慕尼黑宣言」。「三方同盟會」每年召開會議，以推動「一體化」，力求形成三方與中國進行鬥爭、從中國統治下解放的合力。

② 一九九七年三月十二日，達賴喇嘛訪問台灣，受到台灣人空前熱情的歡迎。主張「台獨」的建國黨、民進黨組團到機場迎接，並表示對西藏流亡的支持，被中共認為是「台獨與藏獨的合流」。台灣總統李登輝、副總統連戰及台灣省長、民進黨高層等分別與達賴會晤。在訪台過程中，達賴喇嘛始終稱台灣為「貴國」，但台灣方面沒有表示異議。事後西藏流亡政府在台灣設立常駐機構，成為台北與達蘭薩拉之間的溝通管道（見《北京之春》，西藏流亡政府外交新聞部《西藏論壇》主編達瓦才仁所寫文章《達賴喇嘛訪台與中藏關係的突破》）。

禱，或是到寺廟去磕頭朝拜，面對的都是達賴喇嘛的面容，那如何可能讓他們真心地對達賴喇嘛進行「揭批」呢？

從邏輯上，這種推導沒有錯，但是中共竟因此就要按照這種邏輯去解決問題。它下達一個命令，要求將西藏境內——不管是寺廟還是家庭——的達賴像全部收繳和銷毀。

這似乎是一個只有古代社會才可能發布的命令，卻在今日西藏大張旗鼓地開始實施。可想而知，對於視宗教如性命的藏民族，不可能不對這種粗暴褻瀆進行反抗。一九九六年五月六日，當中共官員去三大寺之一的甘丹寺宣布收繳達賴像時，八分鐘內受到六次起哄噓趕，隨後四百多名僧人包圍了當局駐寺廟的警察機構，高喊西藏獨立的口號，用石頭砸毀了警察機構的所有門窗。直到當局出動了武裝警察進行鎮壓才得以平息。拉薩的色拉寺、哲蚌寺、大昭寺則以連續多天停止佛事活動，關閉寺屬學校，僧人離崗，甚至反鎖寺廟大門等行動進行抗議。

當局把甘丹寺僧人的抗議定為「反革命事件」，派出一個在軍警保護下的龐大工作組進駐甘丹寺，開始進行「清理整頓」。不久，色拉寺和哲蚌寺也進駐工作組，同時開始了一個對西藏所有寺廟進行「清理整頓」的運動。

這是中共開放宗教自由以來對西藏宗教進行的第一次全面鎮壓。以前雖然也提整頓寺廟，大部分只停留於口頭，或是走過場，沒有多少實效。那時北京的西藏政策還未徹底強硬，免不了瞻前顧後，對內擔心藏人不滿，對外害怕國際輿論指責，對達賴想留有談判餘地，還有民族政策等意識形態教條的約束，所以總是搖擺不定，欲做又休。靈童事件之後，惱羞成怒的中共決心徹底強硬，藏人是否滿意，國際輿論如何指責，以及是否符合意識形態教條，都不再作為主要考慮。

這種強硬路線一個最主要的特徵就是不再試圖去化解矛盾，而是對任何有可能構成威脅之事，一出現苗頭，就立刻用強硬手段將其消滅，避免其成為氣候。「把一切不穩定因素消滅在萌芽中」——是中共通過「六四事件」總結的教訓。他們對此「教訓」是這樣算計的：如果及時鎮壓了第一批抗議學生，就不會有後面波及全國的抗議運動，

也就不至於把坦克開上長安街才能平息事端。儘管那鎮壓也會遭到世界輿論譴責，總比後來不得不以軍隊進城屠殺得到的譴責少得多。同樣道理，如果一九八七年的拉薩騷亂剛出現就下令開槍，事態就不會繼續擴大，即使死人也會比後來再開槍少得多。對這一點，中共的「第三次西藏工作座談會」已明確授權西藏當局，對騷亂鬧事「可以邊請示邊行動」。所謂的邊請示邊行動，實際就是北京授予西藏的「尚方寶劍」──可以自行下令開槍。

這種「穩定壓倒一切」的強硬路線雖然能說出自己一套冠冕堂皇的道理，但是其深處卻蟄伏著一個極危險的魔鬼──所謂「萌芽」是難以度量的，因此是可以無限擴展的概念。使用這種概念，當局就有權去消滅任意想像中的任何「萌芽」，實際上是滋生法西斯主義的溫床，反而會給社會的長遠發展醞釀與製造更大的不穩定。

例如中共把寺廟和百姓供奉達賴喇嘛畫像視為不穩定的「萌芽」，就要對之剷除──收繳達賴像；收繳達賴像遇到反抗，就成了「反革命騷亂鬧事」，更要堅決鎮壓；而從西藏寺廟對收繳達賴像的普遍抵觸中，又可以推導出寺廟是達賴在西藏的基地，是與達賴裡應外合的「第五縱隊」，為了保證西藏的長治久安，就必須對寺廟進行「清理整頓」。強硬就是這樣一步步升級，對抗越來越加劇，而藏人的仇恨只能不斷加深，即使一時被鎮壓下去，醞釀的卻是將來更猛烈的爆發。

中共對西藏寺廟的「清理整頓」，目的一是剷除寺廟中的達賴勢力和地下組織；二是重新建立對寺廟的監督控制。達賴方面有這樣的話──「控制一個寺廟就等於控制中共的一個地區」。寺廟對藏人的影響不比政府的影響小，達賴陣營在無法掌握西藏政權時，能控制西藏的寺廟，也就等於建立了「潛政權」。西藏格魯派的主要活佛轉世，都要經過達賴喇嘛認定，因此達賴就成為那些活佛的「上師」，他的意志就是不可違抗的。鄧小平時代允許西藏恢復活佛轉世制度，並容忍了西藏境內宗教界與達賴喇嘛的溝通，到目前為止，西藏已有三百多名活佛是達賴喇嘛認定的。除此之外，在海外追隨達賴喇嘛的活佛高僧這些年也經常返回西藏，到各寺廟講經和主持宗教活動。

中共對西藏寺廟卻基本喪失了控制。它任命的寺廟管理機構

——「民主管理委員會」在一九五〇、一九六〇年代是由忠於它的窮苦僧人組成，現在則已經像當年日本人在中國占領區建立的維持會，只是敷衍和糊弄①。當局因此對寺廟的情況幾乎兩眼一摸黑。藏人官員一般不敢跟寺廟為難，漢人官員又不懂藏語②，深入不下去，因此大多數寺廟成了自行其是的獨立王國。

這次「清理整頓」採用了「過篩子」的辦法——將僧人彼此隔離，逐一談話，在他們的話中找出口徑相互對不上的漏洞，然後窮追不捨，直到層層剝離出真相。那名為談話，實為審訊。進駐寺廟的工作組有不少安全機關和警察部門的人參與其中，使審訊更有效果。一些寺廟的地下反漢組織因此敗露，原來參加過騷亂鬧事的漏網者這回也都落網，達賴方面派來的人亦暴露出來。由於這次當局派進寺廟的工作組人數多，級別高③，有武警和公安配合，所以基本沒遭到反抗。

經過對僧人的逐一審查，凡自行入寺者，一律遣送回鄉，被當局認為不可靠的僧人也一律開除（如一九九六年八月三十日一次就宣布開除甘丹寺七十三名僧人）。今後入寺的僧人，需要經過政府批給名額，群眾推薦，還要考察政治表現。對所有在寺的僧人進行造冊登記，建立檔案，今後的表現都要一一記載備查。如此，中共當局把藏人入寺為僧搞得相當於加入共產黨了。

當局還禁止寺廟之間進行串連，做出不是本寺僧人不許居留的規定，即使是臨時留宿，也必須事先報告有關部門批准和備案。從此，每個寺廟的僧人只許老老實實待在自己的寺廟裡念經。

西藏「穩定集團」中的漢人普遍為這種強硬政策叫好。自從一九八〇年代北京在西藏實行「撥亂反正」，藏人勢力坐大，多數漢人處於

---

① 這次當局收繳達賴像，各寺民管會基本都不配合，態度曖昧，對僧眾的抗議鬧事也不加制止。

② 一位曾經在西藏工作過的女士最近為一個研究課題回西藏調查，民族宗教委員會的一位藏人女處長陪同她去拉薩附近一個尼姑寺廟。兩個尼姑知道她從北京來後，彼此用藏語議論，她以在西藏待過的經驗，知道那都不是好話（僧尼最恨北京的漢人）。在她離開時，還聽到她們用英語在後面喊"kill you"。藏人處長一直在場，尼姑們並不避諱她。而當北京女士問藏人處長剛剛尼姑們說了什麼時，處長僅輕描淡寫地說她們在討論如何印經。北京女士向我感慨，現在漢人不學藏語，藏人互相庇護，將來漢人只能被藏人聯合欺騙，永遠弄不清他們的內幕。

③ 僅進駐哲蚌寺和色拉寺兩個寺廟的工作組，就有六個自治區級（省部級）幹部、四十多個廳局級幹部和六十多個處級幹部。

壓抑狀態，被排擠到邊緣。他們把鄧小平治藏路線的主要實行者——胡耀邦的名字改稱爲「胡亂邦」，認爲胡顛倒了依靠對象，瓦解了漢人幹部隊伍，造成西藏民族情緒上升，醞釀了後來的社會動亂。他們對後來的趙紫陽也同樣不滿，趙和胡如出一轍，把一九八○年代末拉薩發生騷亂鬧事的原因，歸結爲中共在民族政策上長期執行「極左」路線的結果。西藏漢人官員普遍認爲西藏問題越演越烈，就是因爲這個說法。把騷亂的起因歸於「左」，就等於承認責任是在中共一方，藏人怎麼鬧都有理，同時卻束縛了鎮壓騷亂的手腳——既然騷亂被定爲由「左」引起，誰還敢再用「左」的手段去平息？於是只能被動應付，眼看著騷亂規模越來越大。

現在，鄧小平時代已經過去，胡和趙執行的治藏路線被否定，騷亂鬧事的原因被定性爲「達賴集團和西方反華勢力的操縱」。這樣一個說法的改變，從此就使鎮壓騷亂變得理直氣壯，再不用縮手縮腳。這被稱爲中共治藏路線的又一次「撥亂反正」。「明確了西藏問題的實質是與達賴集團進行分裂與反分裂鬥爭，西藏工作的重點是穩定，穩定壓倒一切，這個撥亂反正理清了思想，明確了陣線，排除了干擾，令人心情舒暢！」（此話是一漢人官員所說原話，用的是典型中共語言，仔細體會，準確且概括。）

藏人卻感到了極大的壓抑。尤其在拉薩，無論是僧人，「穩定集團」的藏人職工和知識分子，包括藏人官員，都有同樣感覺。中共如今在西藏實行的等於是恐怖政策，任何人敢在政治上有不同看法，就會面臨人身安全的威脅。大多數藏人在公開場合都沉默不語，但他們處處流露強烈的對抗情緒。一位剛從西藏回來的人說，在拉薩感到的敵對情緒甚至比一九八九年戒嚴期間還強烈。生活在西藏的漢人面對周圍處處可以感受到的藏人敵意，壓力也很大，安全感並沒有因爲當局實施強硬路線而得到增強。

當局把全部精力都放在政治穩定上，社會的其他方面幾乎全部放任自流。拉薩目前社會混亂，風氣墮落，欺騙、偷盜、賭博、賣淫、吸毒、黑社會等壞事物紛紛從中國內地或印度、尼泊爾湧進；西藏傳統中的壞毛病也沉渣泛起——懶惰、酗酒、及時行樂、兩性關係混亂

……八廓街三天兩頭發生醉酒鬥毆、動刀殺人的案件，但常常是沒人報案，也不見警察破案。拉薩人都說現在的世道是除了政治上別犯禁，什麼壞事都可以幹，也都沒人管。

有識的西藏人士憂心忡忡，這樣下去，西藏民族會不會毀掉？他們甚至懷疑這就是中共的陰謀，一邊嚴厲鎮壓政治反抗，另一邊縱容藏人沉溺於物欲和享樂，從而墮落下去，忘記為自己民族的獨立而鬥爭。

在鎮壓下實現的穩定有如通過吸毒獲得的安寧，平時看上去像好人一樣，卻隨時可能發作。更糟的是要想保持穩定，如同吸毒的安寧需要越來越大劑量的毒品一樣，鎮壓力度也必須不斷加強。那不僅要付出越來越難承受的成本，對社會肌體的腐蝕也很嚴重。任何時候，鎮壓稍一鬆弛，社會就會發生動亂，如同毒品一斷人就會發狂一樣。

中共對西藏社會實施的高壓，逐漸進入了這樣一種惡性循環——越鎮壓越反抗，越反抗就越鎮壓……一旦完全陷進那種循環，使西藏繼續保留在中國就只能靠鎮壓，而再沒有任何別的辦法了。

那將成為未來中國民主化的嚴重挑戰。中共治藏的結果，導致除了鎮壓手段再沒有別的方法保留西藏。這反過來成為中共繼續統治中國的合法性——因為民主勢力將放棄鎮壓手段，西藏就必然與中國分離。於是，相當多的漢人可能就會為了國家概念中他們熱愛的 country（領土）和 nation（民族）不受到損害，而不得不容忍他們所不喜歡的 state（政府）保留在台上。

最終的問題是，天下沒有不散的筵席，歷史上那麼多耀武揚威的大帝國，如今都在哪裡？以錘與鐮刀的紅星照紅過半個地球的蘇聯共產黨，如今又怎麼樣？同樣，中共也不會「萬壽無疆」，即使它有能力永遠把外部敵人消滅乾淨，毀滅也終將來自它自身內部——專制必被專制所毀，這已是歷史的鐵律。

那時的西藏，將會怎樣？

**註釋：**

1 《西藏通訊》，一九九五年第六期，頁 26。

2 師博主編，《西藏風雨紀實》，頁 414。

3 劉偉，《拉薩騷亂紀實》，見《西藏的腳步聲》，西藏人民出版社，一九九四年，頁 281。

4 劉偉，《拉薩騷亂紀實》，見《西藏的腳步聲》，西藏人民出版社，一九九四年，頁 305。

5 劉偉，《拉薩騷亂紀實》，見《西藏的腳步聲》，西藏人民出版社，一九九四年，頁 283。

6 劉偉，《拉薩騷亂紀實》，見《西藏的腳步聲》，西藏人民出版社，一九九四年。

7 達賴喇嘛，《達賴喇嘛的五點和平計畫》，見《西藏生與死——雪域的民族主義》附錄，台灣時報文化出版公司，一九九四年，頁 324-329。

8 《北京之春》，一九九六年第七期，頁 103。

9 《中央日報》，一九九六年六月十七日，第一版。

10 達賴喇嘛，《在歐洲議會的演說》，見《西藏生與死——雪域的民族主義》附錄，台灣時報文化出版公司，一九九四年，頁 330-335。

11 《西藏情況簡介》，中共西藏自治區黨委宣傳部編，一九八五年七月，頁 32。

12 Melvyn C. Goldstein，見董尼德，《西藏生與死——雪域的民族主義》，台灣時報文化出版公司，一九九四年，頁 268-269。

13 Melvyn C. Goldstein，見董尼德，《西藏生與死——雪域的民族主義》，台灣時報文化出版公司，一九九四年，頁 272。

14 宋黎明，《重評〈十七條協議〉》，載《中國大陸知識分子論西藏》，台灣時報文化出版公司，一九九六年，頁 119。

15 趙曉薇，《論西藏之自由選擇》，載《中國大陸知識份子論西藏》，台灣時報文化出版公司，一九九六年，頁 144-145。

16 Melvyn C. Goldstein，見董尼德，《西藏生與死——雪域的民族主義》，台灣時報文化出版公司，一九九四年，頁 274。

17 Melvyn C. Goldstein，見董尼德，《西藏生與死——雪域的民族主義》，台灣時報文化出版公司，一九九四年，頁269。

18 Melvyn C. Goldstein，見董尼德，《西藏生與死——雪域的民族主義》，台灣時報文化出版公司，一九九四年，頁270-271。

19 Melvyn C. Goldstein，見董尼德，《西藏生與死——雪域的民族主義》，時報文化出版公司，一九九四年，頁270。

20 Melvyn C. Goldstein，見董尼德，《西藏生與死——雪域的民族主義》，台灣時報文化出版公司，一九九四年，頁273-275。

21 流亡藏人議會議長桑東一九九五年十月十日就「未來西藏原則與政策選擇」（即「全民公決」）問題，回答「流亡政府」達蘭薩拉地方負責人的提問。

22 薛偉，《像朋友那樣眞誠相待——達賴喇嘛訪談錄》，《北京之春》電子版第三十五期。

23 曹長青，《西藏問題眞相與洗腦》，載《中國大陸知識分子論西藏》，台灣時報文化出版公司，一九九六年，頁203。

24 《中國憲政》總第二期（一九九四年六月），頁24。

25 Melvyn C. Goldstein，見董尼德，《西藏生與死——雪域的民族主義》，台灣時報文化出版公司，一九九四年，頁308。

26 《中國憲政》總第二期（一九九四年六月），頁23。

27 《中國憲政》總第二期（一九九四年六月），頁25。

28 《中國大陸知識分子論西藏》，台灣時報文化出版公司，一九九六年，頁16。

29 王若望，《拉薩行和西藏獨立》，《中國大陸知識分子論西藏》，台灣時報文化出版公司，一九九六年，頁82。

30 于大海，《關於西藏和民運的民族政策》，載《中國大陸知識分子論西藏》，台灣時報文化出版公司，一九九六年，頁95。

31 項小吉，《民主、自由、平等與獨立、分離、自治》，載《中國大陸知識分子論西藏》，台灣時報文化出版公司，一九九六年，頁118。

32 薛偉，《像朋友那樣眞誠相待——達賴喇嘛訪談錄》，《北京之春》電子版第三十五期。

33 于大海，《關於西藏和民運的民族政策》，《北京之春》，一九九四年十一月號。

34 曉暉等，《紐約訪達賴喇嘛》，載《中國大陸知識分子論西藏》，台灣時報文化出版公司，一九九六年，頁 236-237。

35 達賴喇嘛於「六‧四」六周年發表的聲明。

36 Melvyn C. Godstein，見董尼德，《西藏生與死——雪域的民族主義》，台灣時報文化出版公司，一九九四年，頁 271。

37 《中國憲政》總第二期（一九九四年六月），頁 26。

38 徐明旭，《藏獨是民主中國的末日——與曹長青、于大海先生商榷》，《北京之春》，一九九五年三月號。

39 一九九五年九月九日達賴喇嘛於美國波士頓對中國學者和留學生的講話，見一九九五年十月號香港《九十年代》雜誌。

40 熱地在拉薩地區縣團級以上黨員幹部大會上的講話，見《西藏通訊》一九九五年六月號。

41 熱地在拉薩地區縣團級以上黨員幹部大會上的講話，見《西藏通訊》一九九五年六月號。

42 熱地在拉薩地區縣團級以上黨員幹部大會上的講話，見《西藏通訊》一九九五年六月號。

# 跋

　　寫完這本書，西藏問題到底應該如何解決，不但沒有得到答案，似乎反倒越發迷茫。的確，甚至西藏問題最終是否有解，也是我在寫書整個過程中一直縈繞不散的困惑。

　　如果不帶有自己事先已定的結論，去傾聽置身於西藏問題的各方面，它們都有自己的道理，站到哪一方面的立場上去，也會理解它們的道理，並在相當程度上給予同意，或至少認為是不得不如此。然而當你試圖同時理解各個方面而需要從一個立場跳到另一個立場的時候，你就會被它們之間的大相逕庭搞得不知所措。你對各方面的道理都能理解和同意，甚至認為讓任何一方面的主張單獨實行，都能行得通。達賴、北京、西方，它們的方式都可以讓西藏問題得到解決，或者哪怕是誰都不管西藏了，西藏自己也能走下去。然而你卻不可能找到一個統一的立場來包容互相對立的各個方面，它們不可調和，它們卻同時都對西藏下手，相互作用的合力，結果就是把西藏引入無路可走。

　　而問題是，西藏問題不可能由某一個勢力單獨解決，它們必然要共存，要相互作用和鬥爭，並且越演越烈。面對這種局面，你只能產生強烈的無奈感，感受某種精神分裂式的痛苦。

　　作為一個旁觀者，這種被分裂僅僅存在於個人的認識領域，可以擱置，可以忘卻。然而對於西藏和西藏人民，被分裂的則是他們的歷史、文化、民族、信仰、現實生活和未來希望，是他們生命中的一切，而且是必須天天面對，絕無可能有任何迴避的。

　　當我看到那些虔誠的藏人以五尺身軀一步一叩地量過荒原雪山去

朝拜他們的神靈時，有時會感到十分惆悵。他們現在已經有了兩個班禪活佛，他們很可能還將有兩個達賴——如果現世達賴喇嘛去世時西藏仍由中共統治，北京和達蘭薩拉必定搶著尋訪和認定自己的達賴靈童，把他們同時推到藏人面前。想一想，西藏最重要的兩位轉世之神——被藏人視為一個是太陽，一個是月亮——都出來兩個，且相互對立和否定，那將使視宗教為生命的淳樸藏人處於怎樣的精神分裂？每天他們面對世代崇拜的神靈，都得經受如此根本性的選擇困惑和擔心選擇錯誤的恐懼，世上難道還有比這更不仁義的對信仰的褻瀆和摧殘嗎？

活佛變為兩個，只是西藏社會從總體上發生分裂的一個象徵。實際上，我這本書從頭至尾描述的都是西藏的分裂——主權爭奪、革命、階級鬥爭、宗教之戰、傳統與現代的衝突、城市與農村的割裂、宗教領袖與本土人民的分離，還有那些難以破解的「局」……

西藏就像一個失去了行動能力的人體，躺在世界屋脊的雪山之巔，從不同方向飛來的鷹鷲，紛紛按照自己的需要撕扯她，從她身上啄食自己需要的部分——或是搶奪主權，或是爭取民意，或是表現意識形態，或是討好國際社會，還有那些貪心不足的商人、盜獵野生動物的槍手、尋求刺激的旅遊者、厭倦了現代文明的西方人……也都湧進西藏各取所需。綜觀歷史，西藏從未被外力擺布到如此程度，如此無奈、身不由己。我給這本書取名《天葬》，就是取自這樣一種意象——西藏在被撕裂，西藏正在死亡。

西藏問題是當今全球關注的世界性問題，表面上看，西藏問題的癥結似乎是西藏與中國的或分或合，實際上它幾乎包含了當今人類的所有矛盾和衝突——主權之爭；民族主義；文明衝突和宗教對立；東西方差異；傳統喪失與價值體系解體；現代化和保持傳統；發展經濟和自然保護；人口壓力；地區衝突；國家利益和國際社會的霸權政治等，無一不以各種形態體現在西藏問題中。西藏問題之所以解不開，歸根結蒂是在於人類自身的問題解不開。

以奠定這世界結構的主權原則為例，如果說占領西藏是因為中共政權侵略成性的話，為什麼為中國擴張了更大疆域（即更有侵略性）

的滿清王朝卻沒有占領西藏？有無侵略性只是一個方面，清朝中國沒有主權概念，如果後來仍然沒有主權概念，面對無人進藏的中共政權同樣沒有必要去想方設法地派人進藏，駐軍西藏，並且花費巨額資金去供養西藏。然而，西方的堅船利炮已經將主權體系不可置疑地教給了東方，人類的膨脹使領土和空間變成越來越稀缺的資源，主權因此已經變成必要的現實，成爲世界秩序不可缺少的基礎。今天，對全人類而言，主權至上都已是不言而喻的公理，它靠鐵絲網和地雷的分割來維持，它造就戰爭和死亡，也是使用強權和進行殺戮的堂皇理由，幾乎沒有人對它提出質疑。

在這種概念體系和語境之中，誰能對西藏人說，放棄你們沒有希望的戰鬥吧！不要把主權的得失看得那麼重要。既然現在已是藏人有史以來的最好狀態，爲什麼還要鬥爭，還要去爭什麼主權（或換一個說法——高度自治權）？

至少我這個漢人沒有權利這樣說。

「不自由，毋寧死！」在當今這個由主權體系和民族主義構架的人類文明之中，在這個國家之間爲一寸領土開戰、民族之間爲一點不和翻臉的世界上，勸說一個民族放棄註定無望勝利且代價過大的戰鬥，不去爲自由和正義流血犧牲（更別說捨棄哪怕所謂「最好狀態」的小日子），那似乎從來都是奸人的行爲，是邪惡勢力的卑鄙幫凶。

沒有人願意卑鄙，於是全世界都給西藏的自由戰士打氣，就像鼓勵三歲兒童對闖進家園的彪形大漢發動勇敢攻擊，爲那兒童喝彩，等兒童被彪形大漢一腳踢飛時，再義憤填膺地進行譴責，然後悼念和歌頌英勇犧牲的兒童。

我有時不禁冥想，假設西藏能夠獨立，那些在田間耕作和在牧場放牧的西藏普通百姓能得到什麼？想來想去，想不出太多。他們不會去當部長、議員，他們的名字也不會被載入史冊，他們將繼續耕種他們的土地，放牧劫後餘生的牛羊，只是肯定一些人會失去肢體，拄上拐杖，一些家庭會失去父親和兒子，沒有了歡笑。

可以想見，未來無論是西藏趁中國內亂發動獨立戰爭，把西藏境內的漢人和中國軍隊驅逐出去；還是中國內亂導致中國饑民湧進西藏

爭奪生存資源；或者中國待內亂結束又一次對西藏進行征服；包括西藏聯合印度，促使印度爲保護西藏與中國兵戎相見……在所能設想的西藏與中國戰鬥下去的各種前景中，戰場都是必定落在西藏，從而無論戰爭怎樣進行，結局如何，遭受損失的都將主要是西藏的財富，飽受災難的也將主要是西藏的人民。

那種前景令人想起就足以不寒而慄——爲數幾百萬的藏人將與十幾億人口的中國進行漫漫無期的較量，承受一場接一場在西藏本土進行的戰爭和巨大消耗，以及不知何時出頭的心理恐懼。

當然，那苦難不是由住在印度、歐洲或美國的藏人經受，他們將代表受難的西藏得到世界更多的矚目和援助，而代價由西藏境內的人民承受。

然而即使是這樣，我也不能對西藏境內的藏人說不要戰鬥，這話不該由我說，也可能永遠不會有人說。

我能做的，只是從一個漢人的角度，把對西藏的熱愛變成改造中國的動力，使中國能夠變得更爲民主、寬容、平等，從而可以從中國這一方去主動化解民族衝突，把中藏人民迎接未來的代價降到最低。頂多如此。①

數年前一個夏天，我在珠峰登山大本營遇見一個美國人。他的名字叫布朗，跟我一樣，也是一個人。布朗早我幾天到，他告訴我，再往上走，鞋子非常重要，應該既輕便，又保暖，涉水不透，卻又透氣不潮，還必須足夠堅硬，以防尖利的石塊或冰刃傷腳。說著他向旁邊的大石塊猛踢一腳，沒事兒。他的鞋符合所有的條件，價值五百美元。他跟我說這話的時候，眼看我的鞋，顯然是有的放矢。我那鞋是只值十幾元人民幣的普通旅遊鞋，且不說別的條件皆不具備，因爲那次在西藏走路太多，前後都有了漏洞。

布朗向上邊營地出發的時候，雇了三頭犛牛馱他的裝備和給養，

---

① 在寫完這本書後，我的悲觀有所改變，看到西藏問題還是有解決的方法。關於這方面，我於二〇〇六年出版的《遞進民主——中國的第三條政治道路》（大塊文化）一書中，有比較詳細的討論。——二〇〇九年註

有青菜、柴油爐，甚至有裝在防碎裝具中的成打雞蛋。我比他晚一天上去，我的全部裝備和給養只有一個背包。我沒錢雇氂牛，也不需要。我雇了一個名叫扎西的當地藏人，他一人足可以背動我的全部裝備和給養。

扎西自己也有他的給養——那是一個小布袋，裡面裝著糌粑和一個小碗。扎西把那布袋披在我的背包外面，一點地方也不占。登山時，扎西背著所有物品邊唱歌邊在前面快步如飛，一會就把我甩得老遠。每走一段他便坐在石頭上等我，等得不耐煩了，就昂首向天唱一段高亢悠長的藏歌，然後再猛爬一陣，又把我甩得不見人影。

那天夜裡山上營地下大雪。我蜷縮在單人帳篷裡，每隔一會就要打掉落在帳篷頂上的積雪，免得帳篷被壓塌。扎西給我背上來的食品中有罐頭、牛肉乾、巧克力和壓縮餅乾，還有一瓶竹葉青酒，比扎西的糌粑可豐盛得多。但是我覺得難以下嚥。喜馬拉雅冰川的寒氣從帳篷底部向上爬行，我把所有能墊的——包括塑膠袋和毛巾——都墊在身下，仍然不可抵擋。先上來的布朗離我不遠，他有兩個帳篷，而且都是雙層，他還有特製的海綿睡墊，有火爐。但是隔著風雪也能聽見從他那邊傳來的咳嗽，那聲音讓人感覺他的肺部已經受了傷害。而遠處那座西藏人的帳篷卻傳出陣陣喧嘩和歡笑，不斷人進人出，閃動著歡快的火光。那是為登山隊送給養的氂牛工，扎西也在其中。風雪對他們沒有影響，或者那就是他們生活的正常部分。酥油茶和糌粑足以使他們滿足，他們談天說地，其樂無窮。

那時我剛寫完《黃禍》，滿腦子都是對人類末日的想像。那天夜裡我不僅在扎西和我的對比中，更加深切地認識到西藏高原永遠屬於藏人，無論主權、國境、法律歸屬如何變化都改變不了這個事實。我還在冥冥中看到未來，如果有一天，主權、國境、現行的生產體系和法律秩序都隨人類社會的末日不復存在，布朗會死，我會死，我們代表的缺乏抗受苦難能力、甚至已不知離開人造環境該如何生存的文明全都註定要死，而扎西卻不會死，他是自然之子。只要人類還剩下最後一個種族和文明，那就一定是藏人和他們「天人合一」的古老文明。

附　錄

# 附錄一
# 《欽定藏內善後章程二十九條》
# （二十九條章程）

㈠關於尋找活佛呼圖克圖的靈童問題，依照藏人例俗，確認靈童必問卜於四大護法，這樣就難免發生弊端。大皇帝爲求黃敎得到興隆，特賜一金瓶，今後遇到尋認靈童時，邀集四大護法，將靈童的名字及出生年月，用滿、漢、藏三種文字寫於牙籤上，放進瓶內，選派眞正有學問的活佛，祈禱七日，然後由各呼圖克圖和駐藏大臣在大昭寺釋迦佛像前正式認定。假如找到的靈童僅只一名，亦須將一個有靈童名字的牙籤，和一個沒有名字的牙籤，共同放進瓶內，假若抽出沒有名字的牙籤，就不能認定已尋得的兒童，而要另外尋找。達賴喇嘛和班禪額爾德尼像父子一樣，認定他們的靈童時，亦須將他們的名字用滿、漢、藏三種文字寫在牙籤上，同樣進行，這些都是大皇帝爲了黃敎的興隆，和不便護法弄假作弊。這個金瓶常放在宗喀巴佛像前，需要保護淨潔，並進行供養。

㈡爲求西藏永遠安樂計，今後由鄰近各國來西藏的旅客和商人，需要進行管理，如果他們安分守己，遵守地方例俗，可以准其照舊經營商業，但是所有來往商人，必須進行登記，造具名冊呈報駐藏大臣衙門備案。准許尼泊爾商人每年來藏三次，喀什米爾商人每年來藏一次，各該商人無論前往何地，須由該管主腦呈報駐藏大臣衙門，按照該商人所經過的路線簽發路證，並在江孜和定日兩地方新派官兵駐紮，各該商人經過時，須將路證拿出檢驗。如有外人要求到拉薩者，須向各邊境宗本進行呈報，並由駐江孜和定日的漢官進行調查，將人數呈報駐藏大臣衙門批准。該外人到拉薩後，需要進行登記並受檢查。派駐各地的漢官及文書等人員，如有貪污受賄等行爲，一經發現即予

懲辦。由不丹、哲孟雄前來拉薩辦理朝佛等事的人員，也同樣需要呈報，外人返回本國時，也由各地宗本加以管理並進行檢查。達賴喇嘛派往尼泊爾修建佛像或去朝塔的人員，由駐藏大臣簽發路證，如逾期不能返回，由駐藏大臣另外行文給廓爾喀王。這樣辦理即可澄清邊務，也對西藏有利。

　　㈢西藏「章卡」（市場所流行的一種硬幣）歷來攙假很多。今後政府應以純粹漢銀鑄造，不得攙假。並依舊制，每一章卡重一錢五分，以純銀的六枚章卡換一兩漢銀。本來六枚章卡只等於九錢銀子，所差一錢銀子即算為鑄造費用，章卡正面鑄「乾隆寶藏」字樣，邊緣鑄年號，背面鑄藏文。駐藏大臣派漢官會同噶倫對所鑄造之章卡進行檢查，以求質量純真。以前尼泊爾鑄有假章卡，藏政府也鑄有假章卡，現規定其比價一律為漢銀一兩換一百枚，並決定以後不得再私自鑄造。凡尼泊爾及西藏所鑄章卡之沒有攙假者，一律以上述比價為標準，以後不得非議。所鑄新章卡如有攙雜錫、鐵等假料而被發覺時，所有由漢官及噶倫委派之孜本、孜仲（僧官）等管理人員以及工匠人等，一律依法應受嚴厲處分，並依所鑄假幣數目加倍罰款。

　　㈣以前前後藏都沒有正規軍隊，用時臨時徵調，不僅缺乏作戰能力，並且騷擾人民，為害很大。這次呈請大皇帝批准，成立三千名正規軍隊：前後藏各駐一千名，江孜駐五百名，定日駐五百名，以上兵員由各主要地區徵調，每五百名兵士委一代本管理。以前西藏只有五個代本職位，這次增加兵額，應依新增人數，增加代本名額。前藏代本即調原拉薩甲本充任，日喀則、江孜、定日各地代本，由日喀則督兵充任。所有徵調的兵員，應填造兩份名冊，一份存駐藏大臣衙門，一份存噶廈。以後如果發生缺額，即依名冊補充。以上兵員統為達賴喇嘛和班禪額爾德尼的警衛。

　　㈤關於軍官的職位，按照這次的編制，代本以下設十二個如本，每一如本管二百五十名士兵，如本以下設二十四名甲本，每一甲本管一百二十五名士兵，甲本以下設五名定本，每一定本管二十五名士兵。以上人員由駐藏大臣和達賴喇嘛挑選年青有為者充任，並發給執照。代本出缺時，由如本中升補；如本出缺時，從甲本中升補，以下類推。

貴族出身的軍職人員，也要從定本、甲本逐級提升，不得任意升遷。按照舊例，平民只能升任定本，不能上升，今後應依照其學識技能及成功逐級升遷，不得歧視。如有違犯軍紀的事情發生，即予嚴懲。

㈥以前徵調兵丁，不發糧餉武器，係由各兵丁自備，一旦用完，即行潛逃。今後每年每人應發糧食二石五斗，總共為七千五百石。上數糧食僅靠前後藏的田賦收入不夠支付，故以夏麻娃仲巴呼圖克圖的田產，以及丹增班覺之子目居索南班覺所捐獻的五個莊園，總共收入青禾三千一百七十石，作為補充。如還不夠支付，即將夏麻娃洛桑堅班的什物盡行變賣，以補不足，這樣每年就可收入青禾七千五百石，用以發給各兵丁應發的糧餉。另外受徵調的兵丁，由達賴喇嘛發給減免差役的執照，這樣更可使各兵丁知道對他們的照顧，以增進他們的戰鬥情緒。各代本因為已經有了達賴喇嘛撥給他們的莊園，就無須另發薪餉。各如本每年應發三十六兩銀子，各甲本二十兩，各定本十四兩八錢，總共兩千六百兩銀子，由藏政府交給駐藏大臣，分春秋兩季發給。兵丁的糧餉也分春秋兩季發給，由甲本和代本負責，不得短少。

㈦關於軍隊裝備，十分之五用火槍，十分之三用弓箭，十分之二用刀矛。前後藏各寺院如有剩餘武器，給價予以收買，其費用由前被沒收的夏麻娃牧場收入的酥油價值五百五十兩中開支。弓箭、火藥由政府每年派人前往太昭及邊巴製造。各兵丁還要經常操演。

㈧達賴喇嘛和班禪額爾德尼的收入及開支，以前不經過駐藏大臣審核。由於達賴喇嘛和班禪額爾德尼全副精力貫注於宗教，不加細察零星事務，完全由他的親屬及隨員等負責管理，難免不發生中飽舞弊等情事，所以這次大皇帝特命駐藏大臣進行審核，每年在春秋兩季各彙報一次。一有隱瞞舞弊等情事發生，應即加以懲罰。

㈨此次廓爾喀侵犯藏地，西藏許多村落夷為廢墟，人民飽嘗痛苦，因此對於所屬人民應大發慈悲，予以愛護，最近決定濟嚨、絨夏、聶拉木等三個地方免去兩年的一切大小差徭，宗喀、定日、喀達、從堆等地方各免去一年的一切差徭。並免去前後藏所有人民鐵豬年以前所欠的一切稅收。政府僧俗官員、各宗、谿負責人等，所有欠交稅收也都減免一半。以上各項措施符合大皇帝愛護西藏眾生的意志，對於前

後藏人民造益不淺。

㈩駐藏大臣與達賴喇嘛、班禪額爾德尼平等，共同協商處理政事，所有噶倫以下的首腦及辦事人員以至活佛，皆是隸屬關係，無論大小都得服從駐藏大臣。扎什倫布的一切事務，在班禪額爾德尼年幼時，由索本堪布負責處理，但爲求得公平合理，應將一切特殊事務，事先呈報駐藏大臣，以便駐藏大臣出巡到該地時加以處理。

㈩一噶倫發生缺額需要補任時，從代本、孜本、強佐中考察各人的技能及工作成績，由駐藏大臣和達賴喇嘛共同提出兩個名單，呈報大清皇帝選擇任命。噶倫喇嘛之缺額，從大堪布中提名呈請委任。代本之缺額從如本中升遷，或從邊境宗本中提出兩個名單，呈請選擇委任。孜本和強佐之缺額，由業倉巴、協邦（管理刑事者）、噶廈大祕書、孜仲喇嘛（僧官）中選任。業倉巴和協邦之缺額，由雪第巴、拉薩莫木、代本中選任。雪第巴、拉薩莫木、代本之缺額，由各地宗本及噶廈仲尼（交際人員）中委任。業倉巴和雪第巴之僧官缺額，從各大寺喇嘛中挑選委任。大祕書之缺額，由小祕書及噶廈仲尼中委任。大宗及邊宗宗本之缺額，由小宗宗本中委任。小祕書之缺額，由武官甲本及其他適當人員中委任。各邊宗及小宗宗本之缺額，由普通職員中委任。過去各宗之僧官宗本，都由達賴喇嘛的隨從中委任，他們多不能親自到宗任職，而派代理人前往，這些代理人難免不發生貪污敲詐情事，因此今後所有代理人均由駐藏大臣選派，不能由孜仲喇嘛私自委派。噶廈的小祕書及仲尼，其職位雖小，但經常和噶倫一處工作，不謂不重要，所以須從俗官中挑選能力較強者充任之。最近改組造幣廠，委任兩個孜本和兩個孜仲爲管理人，如該人員發生缺額時，須由達賴喇嘛和駐藏大臣協商選任。所有以上人員，除噶倫和代本須呈請大皇帝任命外，其餘人員可由駐藏大臣和達賴喇嘛委任，並發給滿、漢、藏三種文字的執照。噶倫代本以下人員和各個宗本，今後均按上述規定逐級升遷，不得逾規亂爲。至於草官、衛士、糌粑管理人、帳篷管理人等，無關重要，可由達賴喇嘛自行派任。

扎什倫布的工作人員，都是僧人，過去沒有規定品級，多少也不一定。今後強佐出缺時，須由索本喇嘛（管飯食者）和森本喇嘛（管

寢室者）中補任，索本出缺時，從孜仲中補任，森本出缺時，從仲尼
（副官）中補任，不得隨意升遷。扎什倫布轄區內村落較少，各邊地
亦無重要之宗、奚，所有強佐、索本、森本及宗本等，須依前藏之制
度，由班禪額爾德尼和駐藏大臣協商委任。至於管理酥油、糌粑、柴
禾等零碎事務之無關重要人員，可依其技能之優劣，由班禪額爾德尼
自行選任。關於「烏拉」等之派遣可依照舊例行之。

㈤達賴喇嘛和班禪額爾德尼周圍的隨從官員，過去都是他們的親
屬，如達賴喇嘛的叔父和班禪額爾德尼的父親班丹團主，都是私人升
任，又如達賴喇嘛之胞兄洛桑格登主巴，倚仗勢力多行不法。今後應
依西藏各階層及扎什倫布僧俗人民之願望，在達賴喇嘛和班禪額爾德
尼在世時，其親屬人員不准參預政事。達賴、班禪圓寂後，如果還有
親屬，可以根據他們的技能給予適當的職務。

㈥駐藏大臣每年分春秋兩季出巡前後藏各地和檢閱軍隊。各地漢
官和宗本等，如有欺壓和剝削人民情事，即可報告駐藏大臣，予以查
究。駐藏大臣出巡時，所用民間烏拉等，都得發給腳價，不得擾累番
民，以示體恤。

㈦西藏和尼泊爾、不丹、錫金等疆界相連，以前這些地方來人呈
獻貢物和處理公務，達賴喇嘛寫回信時，曾因格式不合及其他原因而
發生糾葛，例如尼泊爾前此行文交涉章卡一事，西藏方面沒有謹慎從
事，以致引起戰爭。現尼泊爾方面雖然表示悔改前非，歸順投降，但
以後無論何種行文，都須以駐藏大臣為主，和達賴喇嘛協商處理。今
後尼泊爾派人來見達賴喇嘛和駐藏大臣，其回文必須按照駐藏大臣之
指示繕寫，關於邊界的重大事務，更要根據駐藏大臣的指示處理。外
方所獻的貢物，也須請駐藏大臣查閱。不丹，以前皇帝曾加過封號，
其宗教雖然不同，但每年派人向達賴喇嘛呈獻貢物；錫金、宗巴、孟
唐等藩屬，每年也派人向達賴喇嘛和班禪額爾德尼獻貢，均不要加以
阻撓，而應詳細檢查。外方人員來藏時，各邊宗宗本須將人數登記，
報告駐藏大臣，由江孜和定日的漢官進行檢查後，准其前往拉薩。各
藩屬給達賴喇嘛等人的來文，須譯呈駐藏大臣查看，並代為酌定回書，
交來人帶回。所有噶倫都不得私自向外方藩屬通信，即或由外方藩邦

行文給噶倫時，得呈交駐藏大臣和達賴喇嘛審閱處理，不得由噶倫私自繕寫回信。以上有關涉外事務的規定，應嚴格遵守。

㈤西藏的濟嚨、聶拉木、絨夏、喀達、薩噶、工布等地區和尼泊爾疆土相連，又爲交通要道，須在濟嚨的日班橋，聶拉木的潘瞻鐵橋，絨夏的邊界等處豎立界碑，限制尼商和藏人隨意越界出入。駐藏大臣出巡時必須予以檢查。所有尚未豎立界碑之處，亦須迅速豎立，不得因遲延而引起糾葛。

㈥邊界地區與外方連接，對於當地人民之管理，來往行人之檢查，都屬重要事務。過去知能較強之宗本多留拉薩供職，而派知能較弱之宗本前去邊界，難免耽誤事情。今後邊宗宗本均由小宗宗本及軍隊頭目中選派，任滿三年後考查成績，如果辦理妥善，駕馭得宜，記名以代本等缺升用，倘辦理不善，立即革退。

㈦西藏過去委任大小職務，均在貴族中選任，平民完全無份。自今新立規章，凡普通士兵如有知能較強並有戰鬥能力者，雖非貴族亦得升任定本甚至逐級升至代本。其他一切官職，可依舊例從貴族中派任，但如年齡過幼，亦不宜擔任官職。因此規定小祕書、噶廈仲尼、小宗本等，年滿十八歲之貴族子弟始可派任。

㈧堪布爲各寺院之主腦，應選學問淵博、品德良好者充任之。近查各大寺之活佛，擁有很多莊園，並因享有群眾信仰，所獻貢物很多，再加經商謀利，貪財好貨，甚不稱職。現規定今後各大寺堪布活佛人選，得由達賴喇嘛、駐藏大臣及濟嚨呼圖克圖等協商決定，並發給加蓋以上三人印章的執照。至於各小寺堪布活佛之人選，可依原例由達賴喇嘛決定。

㈨政府之所有稅收，有以銀兩折交物品者，即照所定新舊章卡兌換之數，按新鑄舊鑄，分別折收，不得稍有浮多。至探買各物，亦須公平交易，不得苦累商民。

㈩在濟嚨、聶拉木兩地方抽收大米、食鹽及各種物品之進出口稅，可依原例辦理，除非請示駐藏大臣同意，政府不得私自增加稅額。

㈡西藏之稅收、烏拉等各種差役，一般貧苦人民負擔苛重，富有人家向達賴喇嘛和班禪額爾德尼領得免役執照，達賴喇嘛之親屬及各

大呼圖克圖亦領有免役執照。各噶倫、代本、大活佛之莊民也多領得免役執照。今後所有免役執照一律收回，使所有差役平均負擔。其因特殊情況需要優待者，由達賴喇嘛和駐藏大臣協商發給免役執照。對新成立之番兵，由駐藏大臣和達賴喇嘛依照名冊一律發給免役執照。番兵出缺時，須將所發免役執照收回。

㈡達賴喇嘛所轄寺廟之活佛及喇嘛，一律詳造名冊，並由噶倫負責將全藏各呼圖克圖所屬寨落人戶詳細填造名冊，於駐藏大臣衙門和達賴喇嘛處各存一份，以便檢查。以後各寺喇嘛如有不領護照而私行外出者，一經查出，即懲辦該管堪布及札薩等主腦人員。

㈢青海蒙古王公派人來藏，迎請有學問之活佛到家念經祈禱，有些固然是通過駐藏大臣，但有些是私自前往，因而不易察訪。以後青海蒙古王公前來迎請西藏活佛，須由西寧大臣行文駐藏大臣，由駐藏大臣發給通行護照，並行文西寧大臣，以便察訪。到外方朝佛之活佛，亦得領取護照，始得通行。如若私行前往，一經查出，即懲罰該管堪布及主腦人員。

㈣依照舊例，來往派遣人夫烏拉，皆由達賴喇嘛發給執票，流弊很大，噶倫、代本以及達賴喇嘛之親屬，都有私派烏拉用以運輸食糧用物。今後各活佛頭目等因私出外時，一律不得派用烏拉。因公外出時，由駐藏大臣和達賴喇嘛發給加蓋印章之執票，沿途按照執票派用烏拉。

㈤對於打架、命案及偷盜等案件之處理，可以緣依舊規，但須分清罪行之大小輕重，秉公辦理，近年來噶倫及昂轄、密本（拉薩市長）等，對案件之處理不惟不公，並額外罰款，還將所罰金銀牛羊等不交政府，而納入私囊。噶倫中還有利用權勢，對於地位低下之人，隨便加以罪名，呈報達賴喇嘛，沒收其財產者屢見不鮮。今後規定對犯人所罰款項，必須登記，呈繳駐藏大臣衙門。對犯罪者的處罰，都須經過駐藏大臣審批。沒收財產者，亦應呈報駐藏大臣，經過批准始能處理。今後無論公私人員，如有訴訟事務，均須依法公平處理，噶倫中如有倚仗權勢，無端侵占人民財產者，一經查出，除將噶倫職務革除及沒收其財產外，並將所侵占的財產，全部退還本人，以儆效尤。

㈥每年操演軍隊所需用之彈藥，由噶廈派要員攜帶駐藏大臣衙門之公文，前去工布地方製造，運至拉薩發給部隊。以前後藏番兵沒有火炮，現從新造十四門火炮中調兩門給後藏，以便在軍隊操演時試驗射擊，其餘都交給達賴喇嘛。

㈦過去噶倫及代本等上任時，達賴喇嘛照例撥給公館及莊園，卸任時交回。近查有噶倫及代本已經卸任，而公館及莊園仍由家屬承受不交，政府又另外撥給。今後所有卸任之噶倫及代本，應將公館及莊園移交新任，不得據爲私有。

㈧依照原例，應該發給活佛及喇嘛之俸銀，均有定時，近來多有提前發放情事。今後應按規定時間發放，絕對不得提前。希濟嚨呼圖克圖立即進行調查，如發現提前發放俸銀，或未全部發放者，對負責人員予以處分。

㈨西藏各村落應交政府之賦稅、地租以及物品，鄰近各地多派僧官催繳，較遠者多派俗官催繳。近查僧俗官員和宗本中有少數壞人，將所收賦稅地租不交政府而入私囊，致逐年積欠者甚多。甚有催收本年各項賦稅時，預將明年各項賦稅提前催收情事，還有逃亡戶應該負擔之賦稅，強加給住地戶負擔者，以致苛捐繁重，民不聊生。以後強佐派人催繳賦稅時，應按規定期限辦理。僧俗官員及宗本等只准催淸當年賦稅，不得提前催收來年賦稅。各村逃亡戶之負擔應予減免，俟該逃亡戶還鄉後照例負擔。


（註：該文藏文原本存於大昭寺和扎什倫布寺內，此處漢文譯文轉引自牙含章編著《達賴喇嘛傳》。另可參考《衛藏通志》卷十二「條例」。）

# 附錄二
# 《張蔭棠治藏十九條》


　　一、擬達賴喇嘛、班禪額爾德尼優加封號,厚給歲俸,如印度各番王之制,照舊復立藏王體制,代達賴專管商上事,而以漢官監之。

　　二、擬特簡親貴爲西藏行部大臣,或就國,或遙領,恭應聖裁體制事權,如印度之國王制,則主國名義已不言而自足矣。另設會辦大臣一員,統治全藏,下設參贊、副參贊、參議、左右設副參議五缺,分理內政、外交、督練、學務、財政、裁判、巡警、農、工、商、礦等局事務。其亞東、江孜、扎什倫布、阿里、噶大克、察木多、三贍、三十九族、工布、巴塘等處,酌量設置道府、同知,均用陸軍學堂畢業生,督率番營官,治理地方兼辦巡警裁判,各優給廉俸。查藏番營官分別治如內地之州,每有番官之地,應設一漢官,以資控制。

　　三、藏地尙無得力軍隊,擬請允撥北洋新軍六千,暫行駐藏,精壯聲威,餉械由北洋撥給,歸行部大臣調遣,三年後逐次撤回,改募土勇,以省遠戍費繁。應如何調遣之處,請陸軍部核辦。

　　四、藏番民兵約計餉銀十萬兩,由部發給,擬派我武備生統帶訓練,俸薪、軍械、子彈均由行部大臣發給。

　　五、巴塘電線應由外務部轉飭,迅速接至拉薩。

　　六、趕修打箭爐、江孜、亞東能行牛車之路,以便商運。俟礦多暢旺,再修鐵軌。現查江孜至帕里克可行電車。由工布至巴塘,草地平坦,向無人行,比較官路均近千餘里,現已派兵查勘。

　　七、廣設漢文學堂,使之通祖國文字,兼習算學,兵式體操,教習均用南北洋蜀粵陸軍畢業生。三年後兼習英文,六年畢業。藏中所有官兵均由此選。

八、現與商上議定，藏屬除封禁各雪山，凡五金煤礦，准中國西藏軍民人等報明礦務局開採，出礦石，官家收十之一稅。凡開平大冶及南洋各島，並美國華僑礦工，均可招徠試辦。

九、藏中差徭之重，刑罰之苛，甲於五洲，應一律革除，以蘇民困。

十、巴塘所收鹽稅頗旺，藏中尚無鹽稅，擬在哈拉烏蘇（黑河）、鹿馬嶺等處備鹽井，設局徵稅，官商並運。

十一、羊毛、牛尾、骨角、豬鬃、藥材將來必為出口貨之大宗，三埠設商關後應酌定出口稅。

十二、收回鑄造銀、銅元，發行紙幣之權，設銀行以利轉輸，官兵俸餉，均由銀行收發，於經費不無小補。

十三、前後藏台站額兵老弱缺額，徒飽私囊，應次第裁撤，改辦巡警，督修道路。

十四、設漢藏文白話旬報，派送各地，以激發其愛國心，而進以新知識。

十五、印茶入藏勢難禁止，川稅必致日絀，將來酌量免稅，宜破除故見，以川茶籽輸入藏地，教民自種，以圖抵制印茶，或暫由官馬督運，以平市價。

十六、藏中向有製槍廠，惜狹陋，應派南北洋製造局員匠頭來藏，另購機器，以圖擴充。

十七、布魯克巴（不丹）、廓爾喀（尼泊爾）為西藏門戶。布魯克巴貧弱受英絡，廓爾喀近仿西法，兵力較強，英頗忌之，世修中朝之貢，宜簡派欽使宣布聖德，諭以唇齒之義，密結廓藏攻守同盟之約。

十八、由外務部揀派明幹總領事，駐紮印京，以便偵探印事，密報藏地情況，以資防備。

十九、歲費綜計約二百萬，由部核議指撥。藏屬縱橫七千里，礦產甲五洲，將來必為我絕好殖民地，經理得人，十年收效必倍。

（註：此為張蔭棠於光緒三十三年正月十三日致外務部電文所陳。見吳豐培等編撰，《清代駐藏大臣傳略》，西藏人民出版社，一九八八年，頁 268-270。）

# 附錄三
## 《中央人民政府和西藏地方政府關於和平解放西藏辦法的協議》（十七條協議）

　　西藏民族是中國境內具有悠久歷史的民族之一，與其他許多民族一樣，在偉大祖國的創造與發展過程中，盡了自己的光榮責任。但在近百餘年來，帝國主義勢力侵入了中國，因此也就侵入了西藏地區，並進行了各種欺騙和挑撥。國民黨反動政府對於西藏民族，則和以前的反動政府一樣，繼續行使其民族壓迫和民族離間的政策，致使西藏民族內部發生了分裂和不團結。而西藏地方政府對於帝國主義的欺騙和挑撥沒有加以反對，對偉大的祖國採取了非愛國主義的態度。這些情況使西藏民族和西藏人民陷於奴役和痛苦的深淵。一九四九年中國人民解放戰爭在全國範圍內取得了基本的勝利，打倒了各民族共同的內部敵人——國民黨反動政府，驅逐了各民族共同的外部敵人——帝國主義侵略勢力。在此基礎之上，中華人民共和國和中央人民政府宣布成立。中央人民政府依據中國人民政治協商會議通過的共同綱領，宣布中華人民共和國境內各民族一律平等，實行團結互助，反對帝國主義和各民族內部的人民公敵，使中華人民共和國成為各民族友愛合作的大家庭。在中華人民共和國各民族的大家庭之內，各少數民族聚居的地區實行民族的區域自治，各少數民族均有發展其自己的語言文字，保持或改革其風俗習慣及宗教信仰的自由，中央人民政府則幫助各少數民族發展其政治、經濟和文化教育的建設事業。自此以後，國內各民族除西藏及台灣區域外，均已獲得解放。在中央人民政府統一領導和各上級人民政府直接領導之下，各少數民族均已獲得充分享受民族平等的權利，並已經實行或正在實行民族的區域自治。為了順利地清除帝國主義侵略勢力在西藏的影響，完成中華人民共和國領土和

主權的統一，保衛國防，使西藏民族和西藏人民獲得解放，回到中華人民共和國大家庭中來，與國內其他各民族享受同樣的民族平等的權利，發展其政治、經濟、文化教育事業，中央人民政府於命令人民解放軍進軍西藏之際，通知西藏地方政府派遣代表來中央舉行談判，以便訂立和平解放西藏辦法的協議。一九五一年四月下旬西藏地方政府的全權代表到達北京。中央人民政府當即指派全權代表和西藏地方政府的全權代表於友好的基礎上舉行了談判。談判結果，雙方同意成立本協議，並保證其付諸實行。

一、西藏人民團結起來，驅逐帝國主義侵略勢力出西藏，西藏人民回到中華人民共和國祖國大家庭中來。

二、西藏地方政府積極協助人民解放軍進入西藏，鞏固國防。

三、根據中國人民政治協商會議共同綱領的民族政策，在中央人民政府統一領導之下，西藏人民有實行民族區域自治的權力。

四、對於西藏的現行政治制度，中央不予變更。達賴喇嘛的固有地位及職權，中央亦不予變更。各級官員照常供職。

五、班禪額爾德尼的固有地位及職權，應予維持。

六、達賴喇嘛和班禪額爾德尼的固有地位及職權，係指十三世達賴喇嘛與九世班禪額爾德尼彼此和好相處時的地位及職權。

七、實行中國人民政治協商會議共同綱領規定的宗教信仰自由的政策，尊重西藏人民的宗教信仰和風俗習慣，保護喇嘛寺廟。寺廟的收入，中央不予變更。

八、西藏軍隊逐步改編為人民解放軍，成為中華人民共和國國防武裝的一部分。

九、依據西藏的實際情況，逐步發展西藏民族的語言、文字和學校教育。

十、依據西藏的實際情況，逐步發展西藏的農牧工商業，改善人民生活。

十一、有關西藏的各項改革事宜，中央不加強迫。西藏地方政府應自動進行改革，人民提出改革要求時，得採取與西藏領導人員協商的方法解決之。

十二、過去親帝國主義和親國民黨的官員，只要堅決脫離與帝國主義和國民黨的關係，不進行破壞和反抗，仍可繼續供職，不咎既往。

十三、進入西藏的人民解放軍遵守上列各項政策，同時買賣公平，不妄取人民一針一線。

十四、中央人民政府統一處理西藏地區的一切涉外事宜，並在平等、互利和互相尊重領土主權的基礎上，與鄰邦和平相處，建立和發展公平的通商貿易關係。

十五、為保證本協議之執行，中央人民政府在西藏設立軍政委員會和軍區司令部，除中央人民政府派去的人員外，盡量吸收西藏地方人員參加工作。

參加軍政委員會的西藏地方人員，得包括西藏地方政府及各地區、各主要寺廟的愛國分子，由中央人民政府指定的代表與有關各方面協商提出名單，報請中央人民政府任命。

十六、軍政委員會、軍區司令部及入藏人民解放軍所需經費，由中央人民政府供給。西藏地方政府應協助人民解放軍購買和運輸糧秣及其他日用品。

十七、本協議於簽字蓋章後立即生效。


中央人民政府全權代表

首席代表：李維漢 （簽字蓋章）

代表：張經武 （簽字蓋章）

　　　張國華 （簽字蓋章）

　　　孫志遠 （簽字蓋章）

西藏地方政府全權代表

首席代表：阿沛·阿旺晉美 （簽字蓋章）

代表：凱墨·索安旺堆 （簽字蓋章）

　　　土丹旦邊 （簽字蓋章）

　　　土登列門 （簽字蓋章）

　　　桑頗·登增頓珠 （簽字蓋章）

　一九五一年五月二十三日於北京

（註：見《和平解放西藏》，西藏人民出版社，一九九五年，頁 125
-128。）

# 附錄四
# 胡耀邦一九八〇年五月二十九日
# 在西藏自治區幹部大會上的講話

同志們：

在我講話之前，我首先代表我們的黨中央、華主席、葉劍英、鄧小平、李先念、陳雲各位副主席和我們中央書記處的全體同志們，向保衛和建設西藏的全體人民，向黨和國家的藏族、漢族全體幹部和全體工作人員，向英勇捍衛西藏人民進行和平建設的、光榮的駐藏部隊全體指戰員、公安幹警，向同我們密切團結合作的愛國民主人士表示親切的慰問！

這一次，我和萬里同志，還有人大常委會的副委員長，也是西藏人民代表大會的委員長阿沛同志，還有政協副主席、國家民委的主任楊靜仁同志，還有黨中央組織部的副部長趙振清同志，大概有幾十位同志，受黨中央的委託，來西藏考察。你們知道，黨中央在四月，經過多次的討論，制訂了一個加強西藏工作的文件，即三十一號文件。你們看過了吧。那麼，我們來還有什麼目的呢？我們是考察一下究竟三十一號文件符不符合西藏的實際？有沒有不完滿，甚至還有不妥當的地方，還需要補充，還需要修改。這是我們唯一的目的。

我們是二十二號到的。楊靜仁同志比我們早來了八天。萬里同志的身體很好，阿沛同志的身體也很好。我這個人考試不及格，第二天，就發了高燒，燒到三十八度九。會不會嗚呼哀哉？我想沒有這可能。這一點我還比較沉著。感謝大夫同志的幫助，精心的料理，燒就下去了。現在身體有點四肢無力，所以沒有很好地調查研究。萬里同志、阿沛同志、楊靜仁同志他們出了很大的力量。我今天的講話肯定有許多不符合實際情況的。我要求同志們一條，允許我經過再補充修改，

過幾天以後我再整理一個稿子，印發給你們。

　　我今天講點什麼東西呢？

　　我想首先講這麼一個問題，就是西藏的解放，西藏同全國完全統一起來已經二十九個年頭了。二十九年我們應該怎麼看？我們應該統一一下思想。我們幾位同志的看法是比較一致的。我、萬里同志、阿沛同志、靜仁同志，還有區黨委的同志。總的來說，我們的西藏是已經成為我們的偉大祖國不可分割的一個部分了。總的來說，二十九年來，我們的西藏的成績是主要的。在某種意義上說，可以說已經起了翻天覆地的變化。具體來說，可以分成四個階段：頭一個階段是從一九五一年到一九五九年，叫和平解放的階段。西藏名副其實地回到了祖國的懷抱。從而，實現了祖國大陸的統一，加強了藏漢之間的民族團結。這一段，西藏是比較安定的，工作成績是主要的。這一段每一個步驟都是在毛主席、周總理親自過問下處理的。第二段是從一九五九年到一九六六年。這一段主要的工作是搞民主改革，也是毛主席、周總理親自指導的。在民主改革的基礎上面，發展了生產，相當大地提高了藏族人民的生活水平。我們黨和政府的威信有很大的提高，西藏的翻身農奴衷心地擁護黨和人民政府，成績是很大的。當然，我們有一點缺點。平叛是需要的，正確的。我們在平叛中間有一些地方有點擴大化。傷了一些好人，現在還留下一些後遺症。第三段，是從一九六六年到一九七六年，這就是我們所說的文化大革命十年。現在來看，文化大革命做得對不對？我們有些同志到現在還有糊塗思想，還叫文化大革命有偉大成績。中央都寫了決定嘛！中央全會通過的嘛！文化大革命由於林彪、「四人幫」利用了我們黨的錯誤，我們廣大幹部沒責任，你們沒責任。在西藏的廣大幹部是努力的，是辛辛苦苦努了力的。可是，同志們，我們全國受了很大的損失。你們西藏也受了損失。這個歷史是鐵面無情的。同志們！我們對待任何問題都要實事求是，是就是，非就非，不能含含糊糊。我再三說明，西藏的幹部是努了力的，是好的，但是我們的生產受了相當大的損失。當然可能也有個別地方比較好，增了產，比如說你們的阿里就比較好！但是總的來講，我們全國多數地方受了破壞，受了損失，還有我們的民族團結受

了破壞。第四段，粉碎「四人幫」三年半以來，我們全黨都是努力的，你們也是努了力的。你們藏族的幹部，絕大多數也是努了力的，成績也是主要的。但是，我們某些地方，某些同志，對黨中央的指示、決定理解得不及時，特別三中全會以後，認識得不及時，跟得稍微慢了一點。我上面不是講了嗎，工作是努力的嘛！勤勤懇懇的嘛！成績是主要的嘛！但是有這麼一個缺點，粉碎「四人幫」以來，特別是三中全會以來，對中央的文件理解得不夠深刻，跟得不及時，我是講全國某些地方，至於你們有沒有這個缺點，請你們想一想。我重複一遍，總的來講，二十九年來，西藏的工作成績是主要的，絕大部分同志都是好同志，這一點我們要充分肯定。我們對二十九年的看法，我建議就到此爲止！不要再算細帳！細帳算不清楚。中央同志經常講，歷史舊帳宜粗不宜細。我們的事情多得很！我們應該團結起來向前看，同心同德搞四化。

我再重複地向你們建議，我首先從區黨委建議起，歷史帳不要算細帳，算細帳同中央的方針不符合，宜粗不宜細，要同心同德向前看；同心同德，面向未來。安定團結的局面來之不易。我希望同志們把我們這建議，討論清楚。如果說你們加我們一頂帽子，說胡耀邦、萬里是和稀泥的，開水泥廠的（聽說你們這裡只有兩個水泥廠），說胡耀邦、萬里來了又開了第三個水泥廠，我們承認。我們還是高標號的，五百號的水泥。你們有些同志，你們的區黨委的負責同志都是從小當紅軍嘛。誰沒有個錯話嘛，講個錯話嘛！但是全面來看，總是辦了好事嘛！所以這一點我希望同志們討論清楚。

但是我要說：我們西藏現在的情況不十分美妙。我是把兩個問題分開的，一個是歷史，一個是現狀。現狀我們九天考察下來的結果，訪問的結果，西藏人民的生活沒有多大提高，部分地方有些提高，但有些地方還下降了。許多地方人們懷念互助組時期。這個我們要不客氣地提出來！西藏人民的生活沒有多大提高，有些地方甚至有點下降，中央的同志，華主席，幾位副主席聽到這個消息是非常難受的，感覺到我們黨對不起西藏人民！同志們！我們也很難受哪。同志們！我們共產黨唯一的宗旨是爲人民謀幸福，辦好事。我們辦了三十年，

難道我們不要好好想想嗎？我再三講了，我們中央同志的心情也很難受。華主席同我談過這個問題，鄧副主席同我談過這個問題。西藏人民生活沒有顯著的提高，我們要不要負責任？首先我們負責任，首先我們中央負責任。百分之八十的責任我們來負，中央來負。但是我們有些同志是否也有責任？這一條如果我們含含糊糊講，那人民不答應。如果我們這些來西藏考察的人，講假話，我們對黨就沒有負責任。所以我們這次來，唯一的目的，是同同志們，首先是同區黨委的同志們商量，也同今天到會四千多位同志商量，我們能不能夠同心同德，使西藏人民在物質上、文化上，比較快地提高起來，或者是說，當前，我們總的奮鬥目標，是為建設一個團結、富裕、文明的新西藏而努力奮鬥！我們漢族幹部、藏族幹部、各族人民還有什麼別的目標呢？我看不能再有脫離全局的、個人的、小單位的奮鬥目標了。這是我們大家的一個總的目標，人人都不能違背這個口號！首先是我們的共產黨員。誰違背這個口號，就不夠格！共產黨是全心全意地為人民謀福利，辦好事的嘛！黨的生活十二條，一共一萬五千字，記不住，可記六個字就行了，全心全意為人民謀福利，辦好事，這就叫合格的共產黨員。

為了盡快地使西藏人民在物質文化生活較快地提高起來，我們幾個人商量，當前和今後一個時期要解決六件大事。

第一件大事，就是要在中央的統一領導之下，充分行使民族區域自治的自治權利。西藏是個自治區，而且是個相當特殊的大自治區。西藏有一百二十萬平方公里，占全國八分之一。沒有自治，就沒有全國人民的大團結。自治就是自主權：沒有自治就沒有因地制宜。不是我們現在提倡生產隊有自主權嗎？其實我們每個人都有自主權，個人的積極性。你們藏族同志喜歡吃酥油糌粑，我這個南方人吃飯喜歡吃大米，你取消他吃糌粑的自主權，你取消我吃大米的自主權，我們就團結不了嘛！不曉得我們有些同志就那麼主觀主義，總要把自己的意志強加於人，要取消人家的自主權。所以統一集中同自主權是密切結合的，這是辯證法。沒有民族的充分自治，就沒有全國人民的大團結。請你們考慮這麼個道理。所謂一刀切，一個樣，我看那是主觀主義的工作方法，不符合客觀規律。毛主席講主觀主義是黨性不純的表現，

是全黨全國人民的大敵。我們怎麼能搞主觀主義呢？為什麼不尊重這個條件，來統一領導呢？不能夠推翻統一領導，把自主權放在第一位。要在統一領導下面充分行使自主權。三十一號文件上說了的：中央和中央各部門發的文件、指示、規定，凡是不適合西藏情況的，你們不要執行。中央定了這一條，凡是不利於西藏民族團結的，不利於發展西藏生產的，你們變通辦理，你們可以向中央提意見，你們可以不執行。這一條你們自治區有權根據中央的統一政策制訂你們自己的規定。這一條我主張你們從理論上、從思想上考慮清楚，這一條考慮不清楚，西藏沒有特點。我們幾個人跑到這裡一看，除了那個布達拉宮有特點以外，別的沒多少特點，連跑到區黨委吃飯都沒有特點，還是那個饅頭啊，稀飯啊，照顧不了民族特點，都是內地的民族特點。我的意見，這條必須討論清楚，不討論清楚，西藏的工作不可能有大的進展，漢族有漢族的名字，藏族有藏族的名字，阿沛同志這個名字就很好麼，我反覆地強調，第一條要在中央的統一領導下面，充分行使民族自治區的自治權利，這是六條裡面的第一條。我今天沒有講得很仔細，因為萬里同志召開了許多座談會，他講得很好。今天在座的縣委書記以上的都在這裡吧？你們根據你們的特點，制定具體的法令、法規、條例，保護你們自己民族的特殊利益。你們都要搞啊，以後你們完全照抄照搬中央的東西，我們就要批評你們啦！不要完全照抄外地的，也不要完全照抄中央的，一概照抄照搬是懶漢思想。這是第一條。

第二條，從當前西藏相當困難的情況出發，要堅決實行休養生息的政策，要大大減輕群眾的負擔。當前西藏最大的事實，就是群眾生活水平還相當貧困，這個同志們瞭解得比我們多。我們的意見是，要大大減輕群眾的負擔。我們可以相當作主的。我們回去當然要向中央報告。我們確定在幾年之內，多少年之內還沒有定下來，或者兩年，或者三年，或者甚至五年，免去西藏人民的徵購任務。就是免去派購免去分配任務。還要取消一切形式的攤派任務。今天你去修個路去，發給你半斤糧食，無償或半無償勞動，要廢除一切無償的額外的攤派任務。有的同志提，有些牧區沒有糧食怎麼辦呢？可以實行自由議購

嘛，你願意買就買，他不願意賣就不賣嘛，我相信有多餘食糧的，他肯定要賣，自由議購。他自由議購，他換購，他互相調劑。要廢除那個分配任務。那麼，沒糧食怎麼辦呢？沒有糧食你們庫裡還有糧食，我們查了，這是一個辦法，挖庫存。第二呢？我們從內地調進糧食來，第三呢？我們已經確定了方針，我們從尼泊爾、印度搞點對外貿易，從尼泊爾、印度進口糧食比內地調糧食便宜得多。必要的時候，我們還要減點人，我這個下面還要說。議購、換購、集市貿易、等價交換，農牧民完全接受得了嘛！同志們，你們不要擔心嘛！我們有些同志做糧食工作的做了幾十年，不要擔心。我們最近兩年全國糧食大增產，前年、去年我們一共增產八百億斤。去年安徽走後門賣糧食都賣不出去，沒有倉庫。你們每年辛辛苦苦千方百計搞半年，七、八個月，辛辛苦苦搞了多少糧食呢？去年搞了一億四，算個啥啊！得罪那麼多的老百姓。老百姓拚命地說，叫做四百斤以上的先徵，他說我沒有，我只有三百九十八斤，少兩斤你不要徵購我的。你何必搞那麼緊張幹什麼呢？下個決心，至少兩年，免除徵購任務。同志們，這個我們說了是算話的。要堅決實行這個辦法！要堅決實行這個政策！不是你們先實行的，好幾個省市實行了的，內蒙實行了，陝北實行了，甘肅現在也實行了，你們是第四、五位。幾千萬塊錢怕什麼呢？我們負責，犯了錯誤中央處分我（萬里插話：絕不推，我們絕不推），我們絕不上推下卸，好漢做事好漢當。任榮同志告訴我，只要採取這個辦法，兩年就可以翻身，兩年就可以大大好轉（萬里插話：打點折扣就是三年）。是啊！三年嘛，三年要大大好轉嘛！改變那個貧困面貌嘛。（萬里插話：至少是不少人不要飯了吧）。至少是沒有要飯的嘛。這是第二大措施。

第三個大政策，要在所有的經濟政策方面，西藏要實行特殊的靈活政策，便於促進生產的發展。靈活政策加上個特殊，所有政策，包括工業、農業、財貿、外貿、牧業、手工業、交通，在所有的經濟問題上面實行特殊的、適合於西藏的靈活政策。你們不要忘記我這個「特殊」，適合西藏情況的呵！我們要向中央報告，目的是爲了較快地促進西藏的生產發展。同志們，剛才我不是講了嘛，你們西藏占全國領土

八分之一，你們平均每個人有多少土地呢？平均啊，我是連雪山也算進去了。有點誇大啊，我們內地每個人只有兩畝，你們二千二百五十畝，當然了，有些地方是不毛之地，缺氧啊，石頭啊，物資是豐富的，自然條件基本上好的，可得好好地搞啊。我說你們這個地方啊，在我看起來，沒有什麼純農業區，一個是農牧區，一個是林牧區，一個是純牧區，主要三種區，單單地搞農業是沒有出路的。譬如說江蘇有個典型的縣，叫常熟縣，它是農業三分之一、手工業三分之一、副業三分之一。單單靠糧食要富裕，一千年都翻不了身。要搞多種經營，要搞農業同牧業結合，要搞同副業相結合，要搞手工業，要把政策放寬，不要一想到糧食就是小麥、青稞麼。我三十五年以前到過你們藏族區，是四川的藏族區，這個藏族區，除了青稞以外，還有蠶豆、豌豆、蕎麥、土豆，一顆大蘿蔔二十多斤，南瓜也特別甜，還有什麼元根等等。為什麼老是想著這個麥子呢？藏族種的辣子那麼長（萬里插話：他們說一畝地的辣子可以收回千把塊錢）。大蒜、蔥，聽說還有蘋果也是很好的，我沒有吃過你們的蘋果。那個糧食有幾十種，生產隊願意種什麼就種什麼，你們干涉他幹什麼嘛，東方不亮西方亮，政策要放寬。這方面，萬里同志和縣委書記談得很多，他說要搞責任制，生產隊要劃小（萬里：個別的隊可以包產到戶），有那麼個村子只有一兩家，我看也不叫包產到戶，他幹多少就得多少。有同志怕「資本主義」，他靠勞動怎麼叫資本主義呢？資本主義是剝削人家才叫資本主義，自己勞動有什麼剝削價值。他幹多少就給他多少，我是講單家獨戶，我不是講所有的地方，你們不要誤會我的意思啊！（萬里：不要誤會了，提倡包產到戶那不行啊！）你誤會我就糟了，說胡耀邦五月二十九號在西藏提倡包產到戶了，我不是這個意思（萬里：提倡按實際情況辦事，提倡實事求是，提倡多勞多得）。對！多勞多得嘛，你們把它放開嘛，把手腳放開嘛（萬里：就是讓群眾充分發揮自己的積極性）。他那個房前屋後，讓他種南瓜嘛，我們的國家拿出一點錢來幫助他種草嘛，種樹嘛（萬里：發展家庭畜牧業）。把草籽給你，把樹籽給你，你五年八年以後有了收入，你再還我種籽錢，行不行？你們要想出一點辦法，我提倡你們七十三個縣，每個縣委一定要自己種一塊草坪，種幾畝，

種幾百棵樹，你們做示範。自留畜、自留地多發一點，一個家庭有一頭到兩頭奶牛，有那麼幾十隻羊，你還有什麼。牛、黃牛，還有什麼兔子，還有什麼蜜蜂。農民富了，我們國家才能富，你怕人家富幹什麼啊，我的意思放寬，放寬，再放寬。（鼓掌）犯了資本主義，不要你們檢討，我們檢討。這一條你們想清楚沒有？我剛才講包括副業、包括手工業，有困難的時候，國家幫助一些，貸點款，不要利息，五年、七年再還，你們的財政局、計委要訂出計畫來（萬里：對手工業、集體辦的工業，適合民族特點的，有原料的，辦起來不要搞大的，大傢伙不行，不適合你那個地方，上去下不來……）。下面我還要講這個，萬里同志提議，還要和尼泊爾、不丹、錫金、印度，發展地方貿易，這個我們去辦，去交涉。但是你們要採取積極態度，不要老是槍對槍，你來我就揍你，搞緩和唄。這個政策我另外再講。這是我講的第三條。

第四條，要把國家支援你們的大量經費，用到發展農牧業和藏族人民日常迫切需要的上面來，這是一大政策。同志們，我報告你們一個數目字，二十九年來，國家給出了你們多少錢哪？不算國家直接投資的，不算軍費，給了你們四十五億三千多萬塊錢，你們記住這個數字，四十五億三千多萬。你們自己收入工商業稅、農業稅一共多少錢呢？二十九年來，你們只收了五千七百三十八萬。你看嘛，給了你們四十五億，你們自己向老百姓要的只有五千七百萬，我何必要那個五千七百多萬呢？

中央最近還有進一步的決定，今年給你們四億九千六百萬，從明年開始，每年遞增百分之十，遞增到一九八四年，就是八個億。全國二十九個省，沒有哪一個省像對你們這樣優待。給你們的優待是正確的，不是錯誤的，因為你們這裡重要嘛，地方大嘛，你們同六個國家接壤嘛，因為你們這個地方是高寒區。國家支援你們的，比最多的省多一倍半，所以，這一條我覺得你們要公開宣傳，中央對西藏人民是很關懷的，是很照顧的。但是同時要指出來，多少年以來，錢用得是不得當的，浪費很大，把錢丟到雅魯藏布江裡去了！話要講回來，我們不去追究責任，不要算老帳了，因為過去我們沒有經驗，但是要總結經驗。從今年開始，今年四億九千六百萬，明年就是五億五千萬，

你們怎麼用？我發愁你們怎麼用，假設你們誰不負責任，有哪個閉著眼睛一開，今年拿一個五千萬，明天拿一個四千五百萬，那還行啊！我的意見，你們區黨委要認真討論（萬里：錢來之不易，要計算計算嘍）。這個四億九千萬是全國人民的血汗，是勞動人民的血汗啊，所以要認真討論，不許一個人作主，要負責任，要精打細算，要用得恰當（萬里：要用在一個發展，兩個提高上），簡單地說，就是一年要真正辦好幾件事，現在我們有些事情，阿沛同志告訴我的，萬里同志告訴我的，那個藏族同志連木頭碗都沒有，酥油桶也沒有，連毛紡廠氆氌呢都沒有嘛，都是搞那個大和洋，人民適合的、需要的，腦子裡沒有想，沒有為人民服務的觀點怎麼行呢？陰法唐同志，你現在是第一書記啊，阿沛同志，我也同你說啊，如果西藏用錢不當，我們就找你們啊，這個不客氣啊，朋友是朋友，原則是原則啊，大家作證啊，要真正為人民每年辦點好事，有幾億嘛。一九八四年有八個億嘛，用到發展農牧業生產，用到人民日常生活迫切需要的東西上面來，這個你們要開動腦筋，你們將來要向中央寫出報告來，四億九千多萬你們要統一地使用。你們不要聽上級有些部門那一套，叫作打醋的打醋，打油的打油，我統籌兼顧，不能這裡撒點胡椒麵，那裡撒點胡椒麵。因為中央三十一號文件規定了嘛，你們具體統一安排嘛，這個問題我講不清楚，萬里同志講得很多了，所以我就簡略地說一下就行了。就是每年一定要辦幾件好事（萬里：我補充一點，將來中央在長遠計畫當中，再給你們安排兩大項，一項水電，一項交通）。那就是中央另外給錢的，比如說修大飛機場啊，修大公路啊，修大水電站啊，中央另外給錢，我說的是給你們地方的，你們自己開支的，這是第四個大事情。

第五件大事情，要在堅持社會主義方向的前提下，大力地、充分地發展藏族的科學文化教育事業。這裡有個前提，要堅持社會主義方向。我們漢族有些同志，有一個錯誤的觀點，說是藏族落後，我不贊成，這是錯誤的。藏族的文化是十分豐富、歷史悠久的，布達拉宮三百多年，大昭寺一千三百多年。西藏有悠久的歷史，有很高的、世界上聞名的藏族古文化，有很好的佛教經學，西藏有很優美的音樂舞蹈，有雕塑，有繪畫，有建築，有藏醫。我覺得西藏的音樂舞蹈，比我們

漢族高明得多。當然嘍，我們也有好的嘍，一棍子打死也不對嘍，不要妄自菲薄。一個藏族，一個蒙族，一個維吾爾族，一個朝鮮族，他們的音樂，他們的舞蹈，總的來講，我覺得比我們漢族高明。我們的漢族吃了一個大虧，吃了孔夫子的虧，「非禮勿聽，非禮勿動」，非禮的聽都不要聽，非禮不能動，這是孔夫子的兩句名言。輕視西藏的歷史、語文、藝術是完全錯誤的。但是現在我們的教育事業發展得不好。我昨天同洛桑慈誠、多吉才旦、彭哲扎西同志談，我向他們建議要好好辦一所西藏的綜合大學，歷史、語文、神學或者經學、藝術、法律、雕塑，人不一定很多，有一兩千人就夠了。考試，誰有資格就進來，誰沒有這個資格，你暫時不要來。藏族為主，百分之九十八是藏族學生，漢族學生到哪裡去呢？到內地去，要下決心為藏族人民服務一輩子的才來，否則你跑到這裡來當橋梁，過渡啊，這個不行，這個沒有什麼客氣的，今年辦不成明年辦。國家包起來，包也包不了幾個錢，一百萬就行了麼，四百元錢一個人，三千人，三四一百二十萬。辦點中學，辦所大學。考試不合格的，學習不好的就退學，擇優錄取，真刀真槍。那麼漢族學生到哪裡去呢，我們也不要一腳把他踢開，一腳踢開，你們也得罵我們。我們送回到內地去安排麼，還是上大學麼。我們保證麼，各得其所，公公道道麼。因為西藏大學要培養西藏的人麼。中學，城市裡的小學，經學，聽說現在廟裡面的文書圖籍都搞壞了，我們這幾年沒有什麼多少好聽的音樂，過去有好幾首歌，叫什麼「逛新城」，還有什麼獻上哈達、青稞酒什麼呀，還有那個北京的金山上，有多好啊。為什麼廣播電台現在不放啊。我覺得很好的，我現在年紀大了，也唱不出來，那個舞蹈也搞不出來。我覺得西藏的舞蹈好。我覺得漢族幹部在西藏工作的必須學藏文，藏語藏文，搞它一二十年，同我差不多，只曉得一個什麼吉祥如意，「扎西得來」。你不要學我這個落後分子。為什麼不學？我覺得漢族幹部在西藏工作必須學藏語藏話，作為一種必修課，否則的話就是脫離群眾。所以要熱愛少數民族不是講空話，要尊重他們的風俗習慣，尊重他們的語言，尊重他們的歷史，尊重他們的文化，沒有這個就叫空口說白話。這個話很尖銳，你們聽了不要見怪，我反覆地說，任何漢族幹部，任何忽視和削弱藏

族文化的思想，都是錯誤的，都是對加強民族團結不利的。這是我講的第五個問題。

最後一個問題，要正確執行黨的民族幹部政策，極大加強藏漢幹部的親密團結。我重複說一遍，我們進藏的漢族幹部，對西藏人民的解放事業是有貢獻的，是艱苦奮鬥的。所有進藏的廣大幹部對西藏的解放是艱苦奮鬥的、是勤勤懇懇工作的、是有貢獻的，這要充分肯定。但是，是不是也有某些同志，某些人或者極少數人，有一點點不正之風呢？區黨委紀律檢查委員會，給了我一個不正之風的幾個表現的材料，我本來不想念，因爲共產黨員不能講客氣，必須要念一念。這不正之風的主要幾個表現是：第一條，違反民族政策，損害民族團結；第二條，利用職權安插私人；第三條，鬧派性，搞小圈子；第四條，不負責任，浪費國家和集體財產；第五條，作威作福，打罵群眾；第六條，搞特殊化，到處請客送禮。個別人或者是極少數人，有沒有這個不正之風，我覺得應該講。共產黨員嘛。是就是，非就非，那麼，至於是藏族有些同志，個別同志也講了一些錯話，做了一點錯事。我覺得主要不能怪他們，主要是我們的責任。因爲，我們是老師嘛，我們是老大哥嘛。二十九年以來，我們的藏族成長了，培養了，鍛鍊了一大批優秀的、很能幹的藏族幹部，一大批能幹的、同群眾有聯繫的，這個台上包括很多：你比如說阿沛同志這個人是有功的，幾十年以前就是有功的。還有熱地、巴桑同志啦，好多縣委書記啦，還有楊東生同志啦，還有多吉才旦同志啦，還有彭哲扎西，還有帕巴拉同志，還有洛桑慈誠同志，一大批吧，幾千幾萬吧！這是我們黨的民族政策的一個最大勝利之一啊。同志們！我們漢族同志要爲他們——藏族幹部的成長表示高興啊！這是我們的很大成績之一啊！我們要建立這麼一種思想：經過這麼多年，他們已經成長了。中央不是號召我們研究新情況，解決新問題嘛，新情況呢，就是他們成長起來了，那麼解決新問題呢，就要把擔子多給他們，他們挑起這個擔子比我們挑得好。所以，我們決定這麼一條，聽說有些同志不通，不通也得通，先決定後打通。這也是毛主席、周總理生前的教導，藏族幹部先占百分之六十，漢族幹部占百分之四十，五十年代末到六十年代講的。昨天我們商量

的結果，在兩三年之內，我的意見最好是兩年，把國家的脫產幹部，我不是講的不脫產的，不脫產的那要全部是藏族，國家的脫產幹部，包括教員啦，藏族幹部要占到三分之二以上（萬里插話：我那天提了個二八開）。他比我還更激進一點，我也贊成。他說藏族幹部占百分之八十，漢族幹部占百分之二十。（萬里：我指的是縣級幹部二八開，區別幹部百分之百，至於科技人員，這些問題，只要藏族歡迎，有多少占多少都可以，我沒有意見）。軍隊幹部不在內，咱們講清楚呵！軍隊幹部，兵也好，幹部也好，要漢族幹部為主。地方幹部，我的意思，兩年，最多三年，脫產幹部或者三分之二以上，或者是二八開。我們跑到這個地方，三十年啦，完成了歷史任務嘛！我們身體又不適合，工人、服務人員，為什麼要漢族來幹？我還告訴你們一個材料，毛主席在四二年為什麼提倡要大生產呢？陝甘寧邊區二百二十萬人口，養了五萬多人，就是百分之二多一點。那個時候供應緊張得很。雞也買不到，肉也買不到，那個票子一天一天地漲。老百姓有意見，毛主席當時是非常實事求是，後來一調查，公糧重了，徵購了二十六萬擔。毛主席下決心，減少十萬擔。搞大生產，自己動手豐衣足食。現在西藏怎麼樣啊？西藏人口共有一百八十三萬，但連部隊有三十萬漢族同志，這怎麼行呢！我們回去以後第一條就彙報這個問題。我在小會上講了一下，萬里同志也講了一下，有同志不贊成，說這麼一下子百分之百的漢族同志要回去怎麼辦哪？我說也好辦。百分之百報名，然後組織下命令留下百分之十五不許走，共產黨員聽命令嘛！當然也要說清楚，回去的時候，我們負責安排，絕對負責安排。你們在西藏做了貢獻，你們努了力。我們不會把你們一腳踢開的！那我們就叫沒有良心了。我們現在把組織部副部長留下來，專門辦這個事。但是，話也要講回來，你們的要求也不要太高了，也不要使我們太為難了。如果實在安排不合理的，你們寫信，寫給中央組織部，寫給中共書記處也可以。我們這些人是看群眾來信的。但是，我不是反覆地說嘛，你們要提得合理。比如說，有一條我就不贊成，你們有人要一個立方米的木材，把什麼家具都要用汽車搬回去，搬回去要兩千塊錢的運費，家具值一千塊錢，這個還行啊？我們給你們一點錢，你們到內地去買行

不行呢？這個慢慢地商量嘛，這些事情好商量嘛！都要搞得合情合理嘛，對不對啊？這樣做會不會引起幾萬個漢族工作人員幹部的動亂？我們都要走啊，看你們怎麼辦？我們總有一些好共產黨員、好樣的，我相信這一條。所以傳出去不要怕，郭錫蘭同志最怕啦，陰法唐同志也有點擔心。你鬧翻個天哪！我相信大多數是好同志，能站好最後一班崗。我相信你們好同志是會占絕對多數。這個方針我們是把它定下來了的。要有計畫地、相當大批地回到內地去妥善安排工作。目的呢，你們沒有算這個帳，減少五萬人一年就減少兩千萬斤糧食，不知你們算沒算這個帳？我們現在從內地把豬肉、雞蛋、大米、白麵，還有日用品，運上來，要花多大力氣呀！這麼一來，我看三方面會滿意，中央滿意，漢族幹部滿意，藏族幹部同人民滿意，三方面滿意，我們為什麼不幹這個事情呢！那麼將來你們年紀大了，你們回來走走親戚，來找找阿沛同志。來找找帕拉巴同志、洛桑慈誠同志、巴桑同志，他們不請你們吃點好東西啊。這一條是堅定不移的，你們把它討論清楚，不要颳什麼風。颳妖風我們也不怕。只要我們一心一意為黨工作，為人民辦好事，我們就不怕。

我要講的六條，就講到這裡為止。

我還想講幾句結束的話，所有的六條，目的是為什麼東西呢？我們希望是什麼呢？希望兩年到三年，扭轉西藏人民貧困的局面，或者初步扭轉貧困的局面。五年到六年，要超過三十年來最好的水平。十年要比較大幅度地富裕起來。

每個共產黨員，不為這個目標奮鬥，我的意見就叫不合格！就是不合格的共產黨員！我們的共產黨員沒有什麼私利，我們唯一的目的，唯一的宗旨，就是為西藏人民，為全國的人民，為全世界的人民謀福利，辦好事！

最後，我祝賀我們的藏族人民同我們的漢族人民和解放軍，親如骨肉，情同手足，永不分離！我祝賀我們藏族的同志，在兩三年、在三五年，在八十年代，同心同德貢獻自己最大的力量，為西藏人民大翻身努力奮鬥！

# 附錄五
## 達賴喇嘛在歐洲議會的演說
## （史特拉斯堡，一九八八年六月十五日）

　　今天的我們，生活在一個高度相互依存的世界。一個國家再也不能獨自解決所有的自身問題。如果缺乏世界責任，我們的生存就會危機四伏。這就是為什麼我堅信更進一步的瞭解、更密切的合作，和世界各民族更互相尊重的理由。我們可以從歐洲議會的例子汲取經驗。在混亂的戰爭之後，昔日的死敵僅僅在一代之間就學會和平共存與合作。就是因為這樣，所以我覺得有機會在歐洲議會向各位表達我的想法是一件特別榮耀、令人高興的事。

　　各位都知道，我的國家──西藏──目前正處在極端艱苦的時期。藏族人民，尤其是生活在中國人統治下的藏族人民，渴望著呈現自由、正義和自決的未來，以便保護他們的民族特徵，並且和鄰邦和平相處。

　　千餘年來，我們，藏族人民，為著要維護我們賴以生存的高原上的生態平衡，而不斷地從事精神和生態環境的潛修。遵循菩薩慈悲和不用暴力的教誨，又有高山峻嶺為屏障，我們盡量尊重各種生命，並且揚棄以戰爭作為國家政策工具的想法。

　　在我們可以遠溯至二千餘年的歷史中，處處顯示出我們是獨立的。從西元前一二七年立國以來，沒有任何一個時期，我們，我們藏族人民，曾經把我們的主權讓給外國勢力。就和其他的國家一樣，西藏也曾經走過幾段受到蒙古人、滿人、中國人、英國人、尼泊爾廓爾喀人影響的時期。這些時期都是很短暫的，藏族人民從來不認為這是主權的喪失。事實上，在某些時期西藏國王還不是一樣曾經在中國和其他鄰近國家占領大片土地。然而這些並不就表示我們，藏族人民，

可以要求取回這些領土。

在一九四九年的時候，中華人民共和國以武力侵犯西藏。從那個時候開始，西藏就處在它歷史上最黑暗的一頁。從占領開始，我們已經喪失了一百餘萬的同胞。數以千計的寺廟被摧毀成廢墟。新生的一代沒有受到教育，生活不能溫飽，也沒有自己的民族特徵。雖然現在的中國政府曾經推行某些改革，但他們也相對地對西藏高原進行大量的移民。這個政策已經使六百萬的藏族人民淪為西藏的少數民族了。以所有藏族人民的名義發表談話的我，很遺憾地對各位說：我們的悲劇還在持續進行著。

我一再勸告我的人民要他們不要採取暴力行為來紓解痛苦。然而我相信就道德標準而言，所有的人民都有權利使用和平的方式來抗議不正當的行為。不幸的是，在西藏的示威遊行卻被中國的警察和部隊以暴力血腥鎮壓。我繼續要求不要使用暴力，然而如果中國不放棄他們的粗暴手段，藏族人民對未來情勢的惡化將不負任何責任。

每一位藏族人民都希望也企求重新建立我們國家的獨立自主。上百萬的同胞已經為爭取獨立而犧牲了，我們整個國家都在為這場鬥爭而煎熬。不久前，又有一些藏族人民再度為著追求這個珍貴的目標而勇敢地犧牲。相反地，中國人對藏族人民的渴望沒有任何的回應，並且繼續採行高壓政策。

長久以來，我一直在為能夠為我國家的悲慘情形找到一種可行的解決方法而深思熟慮。我的內閣和我自己，我們曾經為了這個問題請教了很多的朋友以及有關人士。終於在一九八七年九月二十一日的時候，我在華盛頓的美國國會的人權委員會上提出了西藏和平的五點計畫。這個計畫極力主張將西藏轉化成為和平地區，一個人類和自然能夠和諧共處的地區。此外，它也要求尊重人權和民主思想，保護自然環境以及停止中國人向西藏的遷徙。

計畫中的第五點要求中國人和西藏人進行真正的會談。因此，我們提出一些我們認為可以作為解決西藏問題的想法。我想藉今天這個機會和各位提出我們反覆思考的成果的大要。

總的來說，包括後藏、康、安多的西藏，將在經過人民同意的法

律基礎上成爲一個民主的自治政體。這個政體將和中華人民共和國聯盟。

中華人民共和國政府可以保有負起西藏外交政策的責任，然而西藏政府在宗教、商業、教育、文化、旅遊、科學、運動及其他非政治領域，將以外交辦事處來推展及維持對外關係。在這些範圍內，西藏將會成爲國際專業組織的成員。

西藏政府將會在憲法或基本法的基礎上成立。基本法將會規定負有保障經濟平等、社會正義和保護環境等責任的民主政府的組織結構。這也就是說，西藏政府將有權力決定所有涉及西藏和藏族人民的事件。

田於個人自由是所有社會的眞正根源，是社會發展的胚芽，西藏政府必須要加入包括言論自由、集會自由和宗教信仰自由的「國際人權宣言」以保障個人自由。又因爲宗教是西藏民族特徵的根基，而且靈修又是西藏燦爛文化的精華，西藏政府有特殊的義務以維護和發展宗教。

政府將會由經由全民普選出來的行政首長，一個兩院制的立法國會和一個獨立的司法系統所組成。政府所在地將設在拉薩。

西藏的經濟和社會制度將取決於藏族人民之需求，尤其要考慮到提高所有人民生活水準的要求。

西藏政府將頒定嚴格的法令以保護野生動植物。天然資源的開採將受到嚴格的管制。核子及其他武器的製造、試驗和貯存應該全面禁止。核子能源及其他會產生污染和危險的技術的利用也應該禁止。西藏政府將負有把這個國家建設成我們星球上最大的自然保護區的責任。

將來將會召開一個區域性的和平會議來確定西藏爲非軍事區，從而成爲一個眞正的和平避風港。在此類會議召開之前，以及在西藏非軍事化及中立化之前，中國可以在西藏保留有少數的軍事設施。當然這些只能是具有防衛性的軍事設施。

爲了培養有利於會帶來成果的會談所需要的互信氣氛，中國政府必須要停止在西藏侵犯人權，並且放棄對西藏的移民政策。

以上就是我們思考的主體。我知道很多藏族人民會因為我的提議不夠急進而失望。毫無疑問地，在未來的幾個月內，在我們自己的團體之間，不論是流亡在外，或是生活在西藏本土的藏族人民，都會有一場大的爭辯。然而這卻是構成所有變化程序中最重要、最有價值的因子。我深深地認為，這些想法是重新賦予西藏民族特徵，是重修藏族人民基本權益、同時又能和中國利益妥協的最實際可行的方法，然而我要強調，不論和中國的談判結果將會如何，最後的決定權應該是屬於藏族人民，由他們自己決定他們的命運。因此，所有的建議將都會包含有一個詳細的程序計畫，以便經由全民表決的方式而獲知什麼是藏族人民的意願。

　　我要藉這個機會宣布我並不希望在西藏政府中擔任職位。然而我會繼續為著藏族人民的福祉而奮鬥不輟。我們隨時可以對中華人民共和國提出以我們的想法為基本結構的建議。西藏政府的和談代表團已經準備好要和中國人商討這類型提議的細節，以尋求合理的解決辦法。

　　越來越多的政府和包括美國前任總統吉米‧卡特先生在內的政治領袖，對我們的情形所給予的關注鼓舞了我們。中國近年來作風比較重實用、自由的新領導班底所帶來的改變也激勵了我們，我們懇切地希望中國政府和他們的領導同志能夠嚴肅、認真地考慮我剛才提出來的想法。唯有對話和以清晰與坦誠來對待西藏事實的態度，才有可能找出可行的解決方案。我們希望和中國政府能夠本著人類更廣泛的利益的精神來共同商討。如此，我們的建議將會以和解為基本精神，我們也希望中國能因而相呼應。

　　我的國家的獨特史實以及它精深的精神遺產，顯示著它可以完美地成為亞洲中樞的和平保護區。它在歷史上中立國家的地位是可以重建的，並且可以由此而加強整個亞洲的穩定性。如此就更能強化亞洲和整個世界的和平與安全。從此，西藏將不再是個被占領、被武力鎮壓、沒有生產能力、生活在痛苦深淵裡的國家。它將成為人類和自然和諧生存的自由避難所，一個足以解決各地區衝突的緊張局勢的模式。

中國的領導人必須要瞭解，在今天這個時代，以殖民的方式來統治占領區已經是行不通的了。真正的團結或聯盟必須是也只能是自發自願的。這種意願只有在有關的各方面都得到滿意的利益下，才有可能產生。歐洲共同體本來就是個絕佳的例子。此外，如果缺乏信心或利益，或是武力被用來當成政府統治的主要手段時，一個國家或共同體也可能會分裂成一個或許多個政體。

我想以呼籲高貴的歐洲議會議員及其選民們支持我們的努力來做結論。在以我們所提出來的方案下解決西藏問題，不僅僅是藏族人民和中國人的共同利益，它也可以強化地區和世界的和平與穩定。

我深深地感激各位給我一個機會，讓我可以和各位分享我的想法。

**國家圖書館出版品預行編目資料**

天葬：西藏的命運／王力雄著. -- 初版. --
臺北市：大塊文化，2009.03
面： 公分. -- ( from ； 57 )

ISBN 978-986-213-107-7 (平裝)

1. 西藏問題

676.6 98001882

LOCUS

LOCUS

LOCUS